World as a Perspective

世界作為一種視野

殺戮的季節

一九六五至六六年印尼大屠殺史

The Killing Season: A History of the Indonesian Massacres, 1965-66

Geoffrey B. Robinson
傑弗瑞．羅賓遜
陳信宏　譯

獻給 Lovisa 與 Sofia

目次

導讀　時光流逝的後果——嵌入冷戰的印尼歷史傷疤

許振華（國際新聞記者）

二〇二四年二月，我行走在印尼首都雅加達街頭，印尼當時除了慶祝作為全國性節日的華人新年，也在舉行一場被認為是一九九八年民主轉型以來分化最為劇烈、也對「民主進程」威脅最大的全國大選。選舉結果幾乎完美地印證了這種擔憂：在現任總統佐科威（Joko Widodo，又稱佐科）的加持下，前特種部隊軍官、前總統蘇哈托的前女婿、現任國防部長普拉伯沃（Prabowo Subianto）以五八．五九%的得票率當選總統。這引人擔憂進入民主化的印尼，將重新浮現蘇哈托「新秩序時期」（一九六六至一九九八）的「軍國主義」、「人權汙點」和「言論不自由」等元素。

二月十四日正式投票前夕，有兩部電影走向了公眾。女演員出身的印尼紀錄片導演 Lola Amaria 所掌鏡的紀錄片《流亡》（*Eksil*），在有限的幾家電影院公映。這部紀錄片聚焦十位曾經於上世紀六〇年代前往蘇聯與東歐等共產主義國家留學的印尼人，他們本為學成報國，但因留學管道涉及「印尼國父」蘇卡諾（Sukarno）與印尼共產黨（PKI），在印尼一九六五年爆發

「九三〇事件」與隨之而起的反共大屠殺及右翼軍官奪權後，他們不得不陷入「忠誠於哪個共和國」的抉擇之中，最終流亡海外。

另一部紀錄片《髒票》(*Dirty Vote*)於線上公映，講述印尼選舉舞弊和政治操控，由印尼獨立記者Dandhy Laksono執導。Dandhy的紀錄片素來以風格直接、題目大膽聞名，二〇一九年大選前，他曾發布一部討論採礦業黑暗面的紀錄片《性感殺手》(*Sexy Killer*)。《髒票》提出佐科威政府疑似違背中立、暗中為普拉伯沃助選的指控，一經發布便在X（原推特）等社交媒體引起廣泛討論。

《流亡》試圖為一九六五年以來複雜、血腥而陰沉的歷史「打破沉默」，《髒票》直問一九九八年民主化改革以來的「自由民主」究竟多大程度落到實處。二者歷史時段看似互不重疊，但都指向當下的印尼——一九九八年「改革運動」(Reformasi)二十六年後，本應被革除的言論管控、家族政治、官商勾結、軍人政治、左翼禁忌等問題，似乎從未消散，甚至愈發明顯。

當我們進入班納迪克·安德森的弟子、東南亞歷史學家傑弗瑞·羅賓遜關於一九六五至六六年大屠殺的權威著作《殺戮的季節》，就能更清晰地瞭解，印尼的現當代歷史緣何有著揮之不去的軍國主義陰影，有關「改革」、「正義」、「平反」的種種訴求，為何總是顯得進退維谷、難有結果。

「我們的墳墓無處不在」

我們的墳墓無處不在，我們的墳墓分散在各地，在各個國家，在各個大陸。

這是《流亡》開場所援引的詩歌，作者Chalik Hamid是片中的流亡者之一。導演Lola透過一九六〇年代印尼留學生的敘述，還原印尼的歷史階段：一九六五年之前，蘇卡諾帶領印尼高舉民族主義旗幟、親近蘇聯和紅色中國，因此許多學生被派往東方陣營留學；「九三〇事件」與蘇哈托上臺，使印尼海外學生面臨是否宣誓效忠新政府的困境。堅持忠於蘇卡諾的學生護照未能延期，從而失去國籍，也無法獲得「鐵幕」下極權蘇東國家的有效保護；流亡者們與印尼國內的有志之士一樣，始終維持著強烈的民族主義意識，以組建社群、蒐集檔案、積極聲援等方式，緊跟印尼政治動態、參與印尼的歷史進程。

時光流逝，曾經的印尼流亡者漸漸老去，在異國組建家庭，甚至離開人世。然而，流亡者某種程度上是幸運的，他們未曾經歷印尼國內以「反共」為名的系統性屠殺、暴力虐待與無審訊羈押。羅賓遜在本書中寫到：「一九六五至六六年的暴力摧毀了數百萬人的人生，也改變了印尼的歷史進程。」他在書中不僅雄辯地論述印尼軍方如何深度介入被標籤為「民間反制印共」、「印尼文化引起的自發暴力」、「民間宗教衝突」的系統性大屠殺，也頗為令人動容地描繪了被屠殺者、被關押者以及親屬的悲慘命運。

其中最為傳奇的故事，當為被譽為「印尼魯迅」的小說家帕拉莫迪亞（Pramoedya Ananta Toer）的經歷：他在蘇卡諾時期便曾因捍衛少數族群華人的社會地位和名譽而入獄，又因左翼傾向而在「九三〇事件」後遭民眾「私刑」攻擊、遭士兵「保護性」帶走；他以「堆積如山的人類糞便」形容一九六九年的羈押場所；在知名的扣留營、堪稱印尼版「臺灣綠島」的布魯島，他為撰寫印尼民族主義歷程的長篇小說所準備的筆記全遭沒收；但他成為了布魯島囚犯最為珍視的存在，他總是在夜裡講述二十世紀初印尼民族覺醒的豐富故事，這些故事最終成為小說巨著《布魯島四部曲》（*The Buru Quartet*），並以手抄本的形式傳遍蘇哈托時期的印尼群島。

以《啞巴的獨白》（*The Mute's Soliloquy*）為自傳題目的帕拉莫迪亞，扛住時間的摧殘，成為印尼現代歷史的活化石。澳洲的印尼研究專家Max Lane認為，《布魯島四部曲》的主角明克深入到同時遭受荷蘭殖民者和本地貴族壓榨的農民群體中，挖掘平民的主體性，與亞洲的民族主義者、西方的自由主義者和改革派建立友誼，並在尚未成為「印度尼西亞」的荷屬東印度殖民地群島上四處遊歷。於是乎，帕拉莫迪亞重新探詢印尼民族起源的小說書寫，在新秩序時期刺激了廣大青年和異議人士重新思考時代和歷史的命題，讓他們有了挑戰蘇哈托政權的論述和勇氣。

《流亡》、《殺戮的季節》與帕拉莫迪亞的人生經歷，都不斷讓我想起安德森在《比較的幽靈》一書討論蘇哈托政權如何被終結時所寫的話：「時光流逝一定會有它的社會、政治後果」。蘇哈托統治印尼三十一年，他利用一九六五至六六年大屠殺的記憶讓公眾政治噤若寒蟬，隨著時光流逝，其執政後期擁有如此恐怖記憶的群眾愈來愈少，包括婦女在內的新一代工廠工人在一九九〇年代初不斷湧現，他們已經沒有新秩序早期的畏懼感；蘇哈托讓印尼加入自由經濟體系所創造出的財富，一方面養育了一批中產階級，另一方面也讓中產階級在迭代中產生愈來愈強烈的沮喪感、怨憎感和對開放政治的期待。

「印尼問題」的冷戰視野

《殺戮的季節》中動人而幽微地描繪了許多政治犯的心情和處境：無法擁有足夠的糧食和健康的環境、不被允許寫作和討論、不被承認曾經為國家做出的貢獻、不被當人看待、無法明確自己的未來……儘管有著種種折磨，仍有許多政治犯堅持生活、互助和創作，甚至以對蘇卡諾民族主義思想的深刻理解，來對抗遭到蘇哈托當局所重塑以「反共／反無神論」為主的「班查西拉」(Pancasila)意識形態。

本書提到，政治監禁最令人驚恐的安排是「借調」：這往往意味著被羈押者在半夜時分被帶走，可能從此不再回來，要麼轉移、要麼進入強迫勞動、要麼失蹤、要麼遭到處決。這一情境令人想起，臺灣白色恐怖受難者鍾浩東行刑前與獄友合唱〈幌馬車之歌〉的場景。

所有被羈押者的見證，也如臺灣的二二八事件至白色恐怖時期的見證者們一般，為重新挖掘歷史被掩蓋的面向提供了肉身檔案 (embodiment) 和可能性。以「反恐」、「內安」、「平亂」為名義的強制拘留、強制集中、強制改造等行為，不僅存在於印尼的新秩序時期，也存在於深深嵌入冷戰的亞洲多地，尤其是本該作為社會主義陣營對立面的「自由開放世界」。這也為更深層次的對話建立了可能，背景不同的讀者很可能會在閱讀《殺戮的季節》過程中，聯想到民主化前的韓國與臺灣、一九四九至一九六〇年馬來亞緊急狀態中的「華人新村」移民項目以及大規模的逮捕和「遞解出境」行動、新加坡人民行動黨執政期間對親共派系的排擠和打壓、泰國一九七六年法政大學屠殺等。

一九六〇年代的世界動盪而對立，剛剛結束「反共」高壓緊急狀態的馬來西亞於一九六三年正式成立，新加坡於一九六五年獨立，印尼和馬來西亞的對抗在一九六六年結束，中國的文化大革命於一九六六年爆發、中南半島在一九七〇年代陷入廣泛的戰爭與政治運動狀態……與其有關的紀錄片《星國戀》、《不即不離》，漫畫《漫畫之王陳福財的新加坡史》，胡淑雯、童偉格主編的《讓過去成為此刻：臺灣白色恐怖小說選》等，也都能與《殺戮的季節》、《殺人一舉》、《沉默一瞬》、《噤聲漫步》、《流亡》等印尼文本產生共振。

《殺戮的季節》也寫到，雖然作為安德森筆下「民族主義建構典範」的印尼成功獨立建國，但超凡領袖蘇卡諾未能如願在左、右派政治對立中實現「危險平衡」，印尼的政治極化遇上美、蘇、中對抗的冷戰背景，終致矛盾於「九三〇事件」後全面爆發。對高層鬥爭並不知情的幾十萬左翼、親共或「疑似親共」群眾，遭到軍方和右翼民兵的系統性屠殺，更有一百萬人未經審訊被「分門別類」地關押在牢籠之中。一方面，儘管許多論者認為沒有直接證據表明外國勢力參與了激進軍官於九月三十日的「疑似政變」行動，但蘇聯及中國對蘇卡諾、印尼共產黨和左派軍官的援助，確實抬高了他們的鬥爭熱情；另一方面，美國、英國、澳洲等國家也不遺餘力地支持反共的印尼軍方，以物資支援、心理戰、軍事合作等方式壓制印尼左翼。

本書作者羅賓遜認為，無論蘇哈托當局和西方盟友如何極力證明印共是「疑似政變」的主使者，印尼與國際社會也不應接受如此多無辜民眾為之付出生命和自由。大屠殺是印尼本土社會矛盾的後果，但也有強烈的國際干涉因素。更何況，蘇哈托的西方朋友們面對法外處決選擇視而不見。

諷刺的是，蘇哈托掌權的印尼選擇和中國斷交，除了數百名流亡到中國的印尼左派人士，與獲得中國「撤僑接僑」的親中／親左華裔群體外，大部分遭屠殺與羈押的受害者無法獲得社會主義陣營幫助；中蘇分裂的大背景，則讓蘇聯對更為親近中共的印尼共產黨顯得態度猶疑，未能給予更多支持；反而是國際特赦組織等西方跨國人權運動網絡在一九七〇年代逐漸壯大，一九七七年美國總統卡特將外交政策轉向「人權」等因素，使等候發落的印尼政治犯有了獲釋的希望。

在此借用陳映真所說的「冷戰與內戰的雙重結構」來理解廣泛存在於印尼、新馬、泰國、韓國等地的政治矛盾：在冷戰兩大陣營對立的背景下，許多後發民族國家不得不將自身捲入左右對立之中，甚至發生內部互相憎恨、陷入對立和分裂的局面；而對於冷戰中自居「自由開放陣營」的許多政治體而言，「反共」的議程常常擴大為對所有異議分子的壓制。

一如《殺戮的季節》中布魯島囚犯所陳述，「感嘆自己以往對於印尼國家的貢獻不是遭到忽略就是遺忘」，這樣針對「左派」群體的社會性失憶、「功過」上的爭議、「定位」上的困境，也發生在香港、臺灣、新馬、智利等地。更讓印尼政治犯感到絕望的是，來自前殖民國荷蘭心理學家對被囚者的心理評估工程、繼承自日本占領時期的集中營暴力和虐待模式、源於英美的心理戰和情報等「國際因素」匯總在一起，讓被羈押者在自己的同胞手中受苦受難。美國新銳政治記者Vincent Bevins則發現，印尼反共大屠殺作為「雅加達模式」，啟發後續在巴西、智利等地發生的反左反共軍事政變，這也成了印尼軍方對巴布亞、亞齊等邊疆地區，與對非法占領的東帝汶暴力行動的靈感來源。

對於華人世界和印尼而言，這樣的左右分立還有一個也算重要的插曲：在蘇卡諾執政期間非常活躍的印尼華人社會，一度陷入效忠北京（毛澤東）、效忠臺北（蔣介石），還是積極認同印尼的困惑與爭執之中。親國民黨的華人社團因與美國一同介入一九五八至一九六一年蘇門答臘的印尼共和國革命政府「叛亂」，被蘇卡諾政權打壓和清除；等到蘇哈托上臺，華文教育、華文報刊、華人社團等「華社三寶」被全面取締，曾經熱鬧的華人左右派對立徹底失去意義。從華人內部的國族認同、左右翼認同，再到印尼社會的左右翼對立、對華人的態度，至北京和臺北的「華僑政策」，乃至於後來中國結束「輸出革命」、臺灣社會轉向「本土化」，多重因素層層疊疊，讓印尼華人問題顯得尤為尷尬和敏感。在王劉波、周濤沫等歷史學者看來，這也是印尼華人社會難以在冷戰期間團結起來爭取社群權益、長期被印尼主流社會「猜忌」的重要原因。

時至今日，秉持經濟改革姿態的中國已融入全球經濟體系，也和復交後的印尼建立全面的政治、經濟、商業甚至是軍事合作。曾以右翼華人知識分子身分聞名的印尼頂級智庫戰略與國際研究中心（CSIS）發起人瓦南迪（Jusuf Wanandi，華名林綿基）是蘇哈托政權的早期支持者，如今他成了中國與印尼「友好關係」報導中的常客。在官方層面，印尼和中國基本不再提及與「九三〇事件」有關的爭議，並在「一帶一路」倡議名義下開展廣闊的合作；在民間層面，中國與印尼的友好關係有一定的政治、社會和經濟基礎，然而，中國社會仍多少錯位地將一九六五至六六年大屠殺，理解成針對華人群體的攻擊，印尼社會則仍能見到關於中國是不是「共產國家」、是否是「威脅」的探討。

時光流逝的二重性

馬克思曾引述黑格爾說，一切偉大的世界歷史事變和人物都可能先以悲劇，再以鬧劇的面貌出現。同樣的，時光流逝造成的社會和政治後果，可以是新秩序政權後期的群眾不再害怕蘇哈托的殘暴，也可以是讓當下的印尼青年選民不再擔心「新秩序復辟」，他們甚至把與蘇哈托家族關係密切的普拉伯沃視為抖音上載歌載舞的「親民爺爺」。

今年（二〇二四）七月中旬，當選總統普拉伯沃在面向軍隊和警察的演講中說，軍警職業「聖傑」、「光榮」、「需要犧牲精神」，而「保護國民和印尼國土」是國家的首要目標。這樣有著濃郁民族主義色彩，也十分看重軍方角色的言論，能為普拉伯沃的支持者帶來安全感和認同，但似乎也坐實許多公民團體的擔憂和指控——新秩序時期的軍事政治元素將重新回到印尼的舞臺。

佐科威和普拉伯沃在二〇一四與二〇一九年總統大選中競爭，到二〇一九年當選的佐科威邀請普拉伯沃入閣，再到二〇二四年大選中兩人實際結盟，這樣「千變萬化」的政治戲劇在印尼其實並不罕見。一九九八年民主化改革後的印尼政治，一直維持著碎片化、高度利益化的「合縱連橫」局面。

二〇一四年當選總統的佐科威曾承載老政治犯、公民社會、改革與進步議程支持者的廣泛希望，尤其是回應印尼建國以來的種種人權侵犯問題。然而，佐科威憑藉政治素人形象在門閥、軍閥、豪強政治根深蒂固的印尼政壇突出重圍，也意味著他必須仰仗黨內大老梅嘉娃蒂．蘇卡諾普特麗（Megawati Sukarnoputri）背後的蘇卡諾家族勢力，和以維蘭托（Wiranto）、盧虎（Luhut Binsar Pandjaitan）為代表的新秩序時期軍官，才能推動施政議程。佐科威甚至在二〇一九年以「團結前進」等名義拉攏政敵普拉伯沃入閣，如此才能保證其發展主義面向的經濟與建設政策可以順利推進。如此種種的政治牽引，讓佐科威幾乎沒有主動回應人權爭議的動力——二〇一六年維蘭托就任印尼政治法律及安全事務統籌部長後，甚至一再強調一九六五至六六年的大屠殺在「法律程序上是正當的」。

不過，在前總統瓦希德（一九九九至二〇〇一）任期之後，佐科威至少是第二位主動回應印共問題的領導人。二〇二三年一月，他在雅加達獨立宮發表電視講話，承認印尼在一九六〇至二〇〇〇年代初期發生十二起嚴重侵犯人權的事件，其中最為重要的便是一九六五至六六年大屠殺。當年政治法律及安全事務統籌部長馬福德（Mohammad Mahfud Mahmodin）積極支持表態「承認發生事件」，甚至前往歐洲和政治流亡者舉行會議，邀請他們回國，這一幕也出現在紀錄片《流亡》中。不過，馬福德作為與佐科威同屬印尼民主奮鬥黨（PDI-P）的副總統候選人，在二〇二四年與轉向支持普拉伯沃的佐科威決裂，而離開佐科威政府內閣。佐科威有關人權問題的態度，本就限制在「承認」和「尋求恢復權利」、「尚不排除司法解決方案」等溫和措辭上。隨著佐科威卸任、馬福德離開內閣，有關的議程推進再度陷入僵局。

諷刺的是，引發佐科威和印尼民主奮鬥黨決裂的是他和蘇卡諾女兒、前總統梅嘉娃蒂的派系鬥爭，佐科威因此拒絕支持梅嘉娃蒂認可的新任總統候選人甘查爾（Ganjar Pranowo），轉而支持普拉伯沃。普拉伯沃與梅嘉娃蒂來自對立的蘇哈托系統和蘇卡諾家族，但他們也是二〇〇九年總統大選的選舉搭檔，至今也仍有不錯的私人交往。

《殺戮的季節》中提到對大屠殺受害者道歉的帕盧（Palu）市長魯斯迪（Rusdy Mastura），難能可貴地提出「轉型正義」的表態和政策，但也很難認定他願意為當年的受害者「全面平反」。如今是中蘇拉威西省省長的魯斯迪總體而言有著親民、勤政、好讀書的形象，可他也曾是《殺人一舉》集中描繪的右翼準軍事團體「班查西拉青年團」的主席。他之所以在二〇一二年三月的一場人權活動中道歉，是因為他曾在大屠殺期間奉命看守關押印尼共產黨員的房子，他的家族曾參與馬斯友美黨（Masyumi）——曾被蘇卡諾打壓，並在大屠殺期間積極對印共施加暴力的伊斯蘭教黨派。有著如此複雜出身的魯斯迪選擇為大屠殺道歉，還推動「恢復受害者家屬權利」的一項市政法規，為當時帕盧及周邊仍受到政治創傷困擾的一二一〇人提供援助。

印尼國家人權委員會曾建議將「帕盧模式」推廣至全國，但未有響應，還引來建制派政治人物、民粹主義民團的強烈反對。二〇一五年魯斯迪卸任市長後，幾乎無法保證相關預算能繼續落實。微妙的是，他在市長任內所屬的戈爾卡黨（Golkar，又稱專業集團黨）——正是蘇哈托時期的核心政黨機器。二〇一七年、二〇二三年他多次轉變政黨，如今是普拉伯沃領導的大印尼運動黨（Gerindra）成員。

不論政治動向變化，記憶始終有可能依靠述說和創造獲得強化和再生產。我看到《流亡》放映現場座無虛席，這部紀錄片涉及敏感的印尼共產黨，也非商業電影，只在雅加達等大城市的幾個電影院放映。當時的觀眾以青年為主，既有素人，也有一看就是媒體或非政府組織工作者的年輕人。看到流亡者如何對祖國念念不忘、緣何等待正義和回歸而不得，大家不約而同在觀眾席啜泣灑淚。《流亡》在兩個月期間吸引到六萬多名觀眾，被認為是一部宣傳預算有限且沒有明星陣容的紀錄片所能取得的了不起成績。

長達三十多年的蘇哈托體制造就了印尼社會一體兩面的兩大難題：被遺忘的受害者，與貧富不均、有罪不罰、發展停滯的不平等社會。二〇一四年佐科威上任時曾被寄予改革厚望，包括為國家暴力造成的悲劇提供正義，以及改變現有發展停滯問題的經濟改革，但顯然前者並未實現，後者褒貶不一。隨著普拉伯沃將於二〇二四年十月就任總統，這一切的爭議和困惑又將重開新局，有關印尼冷戰傷疤的記憶行動，也將重啟。

參考文獻

- 美國中央情報局（CIA）著，謝志瓊、鍾冰譯，《印尼「九・三〇」事件》（成都：四川人民出版社，一九八二）。
- 班納迪克・安德森（Benedict Anderson）著，甘會斌譯，《比較的幽靈：民族主義、東南亞與世界》（南京：譯林出版社，二〇一二）。
- 阿德里安・維克爾斯（Adrian Vickers）著，何美蘭譯，《現代印度尼西亞史》（北京：世界知識出版社，二〇一七）。
- 王劉波，《變動與分裂：「二戰」後初期印尼蘇門答臘北部華僑華人社會研究（1945-1958）》（北京：中國社會科學出版社，二〇一九）。
- Max Lane, *Catastrophe in Indonesia* (Kolkata: Seagull Books, 2010).
- Vincent Bevins, *The Jakarta Method: Washington's Anticommunist Crusade and the Mass Murder Program that Shaped Our World* (NewYork: PublicAffairs, 2020).
- Taomo Zhou, *Migration in the Time of Revolution: China, Indonesia, and the Cold War*, (NewYork: Cornell University Press, 2020)
- Sebastian Strangio, "Indonesia's Jokowi Admits to Serious Past Human Rights Abuses," *The Diplomat*, January 12, 2023, https://thediplomat.com/2023/01/indonesias-jokowi-admits-to-serious-past-human-rights-abuses/.
- Stephen Sherlock, "Continuity was the surprise in Indonesia's legislative elections," *New Mandala*, April 2, 2024, https://www.newmandala.org/continuity-was-the-surprise-in-indonesias-legislative-elections/.
- Wahyudi Akmaliah, "Film review: Inheriting collective memories through 'Eksil'," *Inside Indonesia*, April 12, 2024, https://www.insideindonesia.org/archive/articles/film-review-inheriting-collective-memories-through-eksil.
- *Istirahatlah Kata-kata*（詩人的漫長返鄉）, Directed by Yosep Anggi Noen, 2016.
- *Hiruk-Pikuk si Al-Kisah*（喋聲漫步）, Directed by Yosep Anggi Noen, 2019.
- *Eksil*（流亡）, Directed by Lola Amaria, 2022.
- *Dirty Vote*（髒票）, Directed by Dandhy Laksono, 2024 .

序

我最後一次和布迪亞喬（Budiardjo）見面的時候，我們在倫敦皮卡迪利圓環（Piccadilly Circus）一家他最喜歡的中式餐廳共進了一頓飯。他稍微談及自己當時正在上的夜間部課程，還有先前身為政治犯遭到囚禁的經歷。不過，我們主要談論的內容是印尼在當時發生的變化，以及他對於自己在超過十五年之後，終於有可能返鄉所懷抱的盼望。他看來頗為疲倦，倫敦的寒冷一如往常令他難以忍受；但除此之外，他看來精神相當好。幾個月後，我就收到了他去世的消息：曾為故國效力並且為其爭取獨立的他，終究只能流亡他鄉，客死在距離家園一萬英里之外的異國。

布迪亞喬的經歷並不算是不尋常。實際上，從許多方面來說，他的故事就和數以百萬計的印尼民族主義者以及左派分子一樣。這些來自各行各業的人士，都在一九六五年十月一日上午那場據稱是左翼政變行動的事件之後，遭受任意羈押、訊問、刑求、大規模殺戮以及政治流放的殘酷待遇。軍方把政變歸咎於印尼共產黨，而發動一場暴力行動，意在剷除該黨及其附屬組織，並且將廣受愛戴的左翼民族主義總統蘇卡諾趕下臺。那場行動受到美國及其盟友的協助與教唆。到了那場暴力狂潮結束之時，據估已有五十萬名真實或疑似共產黨員的人士遭到殺害，還有另外一百萬人左右遭到恣意羈押。布迪亞喬就是其中一人，在沒有受到起訴也沒有經過審判的情況下遭到監禁十四年，後來一獲釋即立刻逃離自己的祖國。因此，我在此處提到他，不是因為他的經驗與眾不同，而是因為他的經驗太過普遍，藉此強調我在本書裡講述的故事涉及了數十萬像他一樣的真實人物：他們都是別人的丈夫或妻子、朋友或愛人，但他們的人生都被那場暴力撕扯得支離破碎，再也無法恢復原狀。

我初次得知這些事件，以及外國勢力在其中扮演的共犯角色時，不禁感到作嘔又憤怒。在超過三十年後的今天，我仍然深感作嘔又憤怒，而且還更甚於當年，原因是當初的那些罪行都已幾乎遭到遺忘，但必須為那些罪行負起責任的人卻尚未受到制裁。這麼多年來，不論我做了其他什麼事情，都一直沒有辦法消除內心的這些感受。這也許就是我寫作這本書最重要的理由：分享我對這些事件所知的內容，希望能夠藉此造成某種改變，至少也要打破圍繞著這些事件的那種不該有的沉默。我沒有天真到以為可以憑著寫作而改變歷史的進程，或甚至對其造成多少影響。不過，只要本書能夠促使哪怕一個人針對這些罪行採取行動或者提出譴責，或是更深入思考自己身為公民或學者所應當背負的責任，即可令我稍微感到安慰。

不消說，我在寫作本書的過程中累積了大量的人情債。我最早開始研究一九六五至六六年的事件是在一九八〇年代初期，當時我還是康乃爾大學的研究生。從一開始，我就獲得喬治．凱亨（George Kahin）與班納迪克．安德森（Benedict Anderson）這兩位教授的鼓勵，他們兩人從一九六五年就已開始探究這項議題，並且在後來許多年間仍然持續這麼做。我也受到奧黛麗．凱亨（Audrey Kahin）的鞭策，她是一位印尼史學家，曾為康乃爾大學聲望崇高的期刊《印尼》（*Indonesia*）擔任主編多年。在三十年間的大半時間裡，喬治、班與奧黛麗都慷慨地和我分享他們的研究發現與訪談筆記，連同他們在印尼以及其他地方挖掘出來的數百份原始文件。他們也對我的想法提供了坦率的意見，同時溫和地敦促我繼續寫作。而且，彷彿這樣還不夠，凱亨夫婦甚至不收租金讓我在他們的客房住了一年，我唯一必須付出的代價就是幫忙餵他們的寵物山羊希碧兒，以及為希碧兒蓋一間小屋。

對於凱亨夫婦與班而言，解析一九六五至六六年的事件從來都不單純只是學術問題，而是要為那些在不公正的情況下遭到殺害與監禁的人士發聲、糾正嚴重扭曲而且又危險的官方歷史，並且要求作惡者負起責任。透過他們，我得以結識一群投注多年時間研究一九六五年「政變」及其後果的學者，而那些學者也同樣和我慷慨分享他們的見解與發現。我尤其感謝加布里耶．科爾克（Gabriel Kolko）與露絲．麥維（Ruth McVey），前者在一九九〇年代晚期提供了他花費多年所蒐集的數千頁美國政府解密檔案，後者則是在一九九六年令人難忘的一週當中，讓我在她位於托斯卡尼的美麗農舍裡查閱她非凡的檔案庫。我這麼說絕無誇大之處：如果沒有這些鼓舞人心的人如此慷慨分享，並且為我提供引導與鼓勵，以及他們那些嚴肅但又引人入勝的歷史研究所立下的榜樣，我絕對不可能寫出這本書，而且可能也不會想要寫這本書。要是說我有任何遺憾，實際上也的確是有，那麼就是我親愛的良師益友喬治與班，在那麼多年前帶我踏上這條道路之後，卻在我還來不及走到盡頭之前就先告別了人世。

我也必須感謝許許多多的印尼朋友與同僚，他們多年來不斷協助我理解作為本書探究主題的那些可怕事件，儘管其中有些人現在也已經離開了我們。我尤其希望感謝以下這些人為我提供的見解、學術貢獻以及友誼：Ben Abel、Andi Achdian、George Aditjondro、Haris Azhar、Suwondo Budiardjo、Arief Budiman、Leila Chudori、Hendardi、Hilmar Farid、Jafar Siddiq Hamzah、Sindhunata Hargyono、Ariel Heryanto、Diyah Larasati、Liem Soei Liong、Dede Oetomo、Degung Santikarma、Kamala Soedjatmoko、Tony Supriatma、Julia Suryakusuma、Galuh Wandita以及Baskara Wardaya。此外，我在一九八〇年代末期至一九九〇年代初期於倫敦的國際特赦組織總部擔任印尼研究主管，而在那段期間結識以及得知了不少的印尼前政治犯與人權倡議者，我也要向他們表達感謝。由於本書主題的敏感性，他們大多數人都不會想要我在這裡列出他們的姓名；基於同樣的理由，我在書中也沒有透露他們的姓名。不過，這些人當中包含許多前政治犯及其家人，還有一群勇敢的社運人士與律師，不但為他們提供辯護，也發聲捍衛人權與法治，儘管這種行為在那個時候還不常見，有時也可能會帶來危險。如果說這些人與這些經驗啟發了我提筆寫作，未免太過輕描淡寫。他們不是啟發我提筆寫作，而是令我別無選擇。

透過這些印尼的朋友與同僚，我對那場所謂的政變及其後續的暴力，開始看到了另一個不同的層面，不但更私密，也更令人哀痛。在舉行於印尼國內各地的訪談與私人集會當中，我在震驚的情緒下默默聆聽各式各樣的故事，包括鄰居遭人持開山刀砍死、囚犯遭到士兵或民兵強暴，以及父母在新秩序政權刻意的殘酷折磨下，與自己心愛的子女分離多年，或甚至永不相見。我在倫敦閱讀過千百封的信件，都是來自前政治犯以及被捕數十年之後仍然身陷囹圄的囚犯，有些感謝國際特赦組織對他們的協助，有些則是請求國際特赦組織幫忙他們重新站起來。我在雅加達以及其他地方結識了部分曾經遭到關押的人士，因為他們都會私下舉行聚會，藉此分享回憶以及為彼此提供支持。我從他們口中得知了可惡的監視與控制制度，如何干擾數十萬前政治犯及其家人的生活。我先後在國際特赦組織與聯合國從事的工作，也讓我對於新秩序政府的運作有新的洞見，尤其是在亞齊與東帝汶：在那兩個地方，印尼的軍隊與民兵組織發動的暴力行動也與一九六五至六六年的事件具有驚人的近似性。透過那些經驗以及人權報導與分析的日常實務工作，我逐漸體會到一九六五至六六年的事件多麼深刻地形塑了現代印尼，造成對於異議的極度不寬容、國家與社會的廣泛軍事化，以及利用極端暴力對付反對勢力的傾向。

在印尼以外，也一樣有許許多多的朋友與同僚，在本書漫長成形過程中的不同階段為我提供了幫助。其中當然有學者，但也有記者、作家、影片製作人、人權運動人士，以及在各種不同面向為我帶來啟發與支持的朋友。儘管我確信必定不免會有些遺漏，但我還是希望感謝他們：Nanci Adler、Christine Bloch、Martin van Bruinessen、Carmel Budiardjo、Michael Buehler、Patrick Burgess、Amander Clark、Robert Cribb、Harold Crouch、Leslie Dwyer、Martijn Eickhoff、Jonathan Emont、Victoria Forbes Adam、Ross and Ardeth Francis、Anthony Goldstone、Hillary Goyal、Wolf Gruner、David and Maria Harris、Vannessa Hearman、Eva-Lotta Hedman、Anne Lot Hoek、David Jenkins、Sidney Jones、Anett Keller、Gerry van Klinken、Robert Lemelson、Alex Li、Bill Liddle、Henk Maier、Ian Martin、Mike McClintock、John McGlynn、Kate McGregor、Jens Meierhenrich、Jess Melvin、Joshua Oppenheimer、Landon Pearson、Nancy Lee Peluso、David Petrasek、Annie Pohlman、Tessel Pollman、Hume and Azucena Rogers、John Roosa、Sara Schonhardt、Henk Schulte Nordholt、Laurie Sears、Brad Simpson、Karel Steenbrink、Karen Strassler、Scott Straus、Eric Tagliacozzo、Gaye and Andrew Taylor、Uğur Üngör、Patrick Walsh、Jessica Wang、David Webster、Saskia Wieringa，以及Juliana Wijaya。我尤其要感謝Douglas Kammen與Mary Zurbuchen以及兩位匿名評論者，因為他們仔細閱讀了整部草稿，並且提出令本書獲得不少改善的寶貴建議。我也衷心感謝David Jenkins分享他美妙的照片、George Dutton針對地圖提供我所亟需的協助，以及John Sidel對於本書草稿提出深富助益的評論，還有多年來令我受用無窮的談話——其中有些還產生了實際用途！

同樣要衷心感謝的，還有我在過去二十年來任職的加州大學洛杉磯分校當中的同事、教職員工與學生。Brenda Stevenson、Ned Alpers、David Myers與Steve Aron等先後任系主任都相當體貼，同意讓我暫時放下教學工作以專心寫作。其他同事也對本書多有貢獻，包括融洽的同事情誼為我帶來的愉快心情，還有他們提供的閱讀建議，以及他們在許多正式與非正式談話當中提出的種種思慮深刻的評論。在這群同事當中，我尤其想要感謝的有：Jade Alburo、Robin Derby、George Dutton、Nikki Keddie、Robin Kelley、Vinay Lal、Kelly Lytle-Hernandez、Benjamin Madley、Bill Marotti、Michael Meranze、Michael Salman與Peter Stacey。我要向Bibi Dhillon、Diana Fonseca、Hadley Porter以及歷史系的其他行政人員表達由衷的感謝與欣賞之意，因為他們不但致力於營造一個富有生產力又友善的工作環境，並且不論面對什麼狀況都總是保持幽默。最後，我也要衷心感謝現在與過去各個領域當中的許多研究生，他們本身的研究以及追根究柢的提問令我得以不斷從新角度思考本書探究的議題：Marie E. Berry、Sebastiaan Broere、Gustav Brown、Chao-yo Cheng、Kimberly Claire、Nicole Iturriaga、Viola Lasmana、Saskia Nauenberg、Rebekah Park、Awet Weldemichael、Maya Wester、Juliana Wilson與Matthew Wright。在這些學生當中，特別感謝Dahlia Setiyawan針對一九六五至六六年發生於泗水的事件所進行的重要研究，而且她也為本書提供了極其寶貴的研究與編輯協助。另外，我也要向我在大學部開設的人權史專題討論課當中那些優秀的學生致意，他們在本書接近完成之時提供了許多引人深思的見解與評論。

不消說，我也極度感謝普林斯頓大學出版社的Brigitta van Rheinberg與Eric Weitz鼓勵我寫作本書，並且在過程中為我提供各式各樣充滿助益的忠告與激勵。該社的Amanda Peery以及其他人也都是和善待人與處事專業的表率。我衷心感謝他們所有人。

至於我的家人，任何言語都無法充分表達我對他們的深切感激。他們滋養我，也振奮我的精神。我父親雖然已經不在人世，但我還是感謝他和我母親開啟我的眼界，鼓勵我少一點自私，多一點為別人著想，並以身教讓我學到如何對抗偏見與不義。我也要感謝我不可多得的兄弟姊妹Katharine、David與Ann，還有他們各自的家人：他們對我總是充滿關懷與支持，即便在他們自己面臨艱困與哀痛之時也是如此。隨時都能夠為我提供鼓勵與忠告的他們，對我所懷有的信心雖然令人費解，卻向來都是我的力量來源。我也衷心感謝羅賓遜與史坦諾家族散布於世界各地的成員，總是對我慷慨敞開他們的大門與心懷。

最後，對於我的太太Lovisa與我們的女兒Sofia，我只能說我對妳們的愛與感激永無止盡。自從我們在超過二十年前結識於倫敦以來，Lovisa就一再為我帶來驚奇與啟發。她總是為弱勢者熱切發聲，不但是經驗豐富而且英勇強悍的人權倡議者，也是一位善於揪出瞎扯謬論的專業編輯。最堅定認為我必須寫作本書的人就是她，而在我軟弱動搖之時，也是她堅決要求我必須堅持下去。她不只是我畢生的摯愛，也是我們的孩子Sofia的母親。幾乎與母親同樣熱切關注公正的Sofia，在過去幾年來目睹了本書的寫作過程，而對於竟然有任何作業必須花上那麼長的時間才能完成深感訝異。除了Lovisa與我的編輯之外，她也堅持我必須遵守排定的進度、保守我的承諾，在截止期限前完成我的功課。因此，在我寫下這段文字的同時，我知道她正欣慰地看著我，對於她的爸爸總算說到做到而感到自豪。

＊編按：本書印尼文姓名依照原作寫法翻譯。絕大多數印尼文名第一次出現譯為全名，其後再出現則依作者寫法以名或姓譯出。

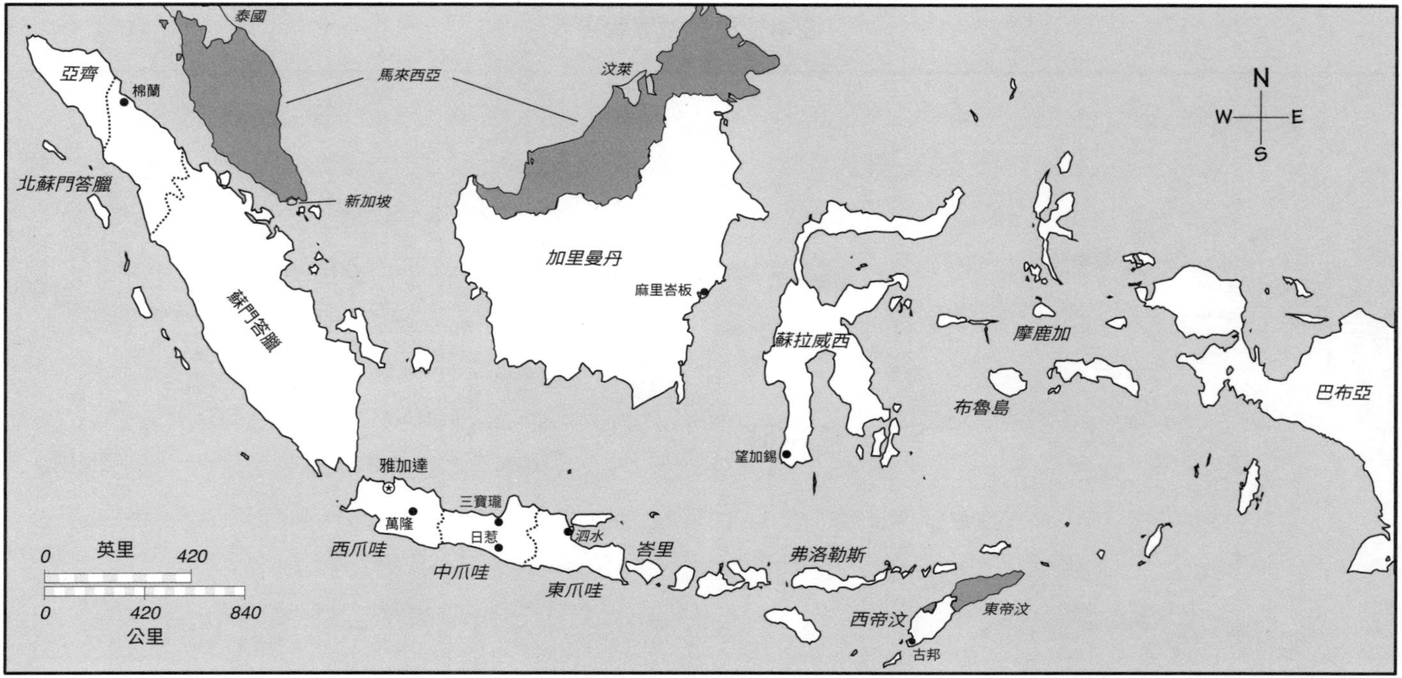
泰國
亞齊
棉蘭
馬來西亞
汶萊
N
W
E
S
北蘇門答臘
新加坡
加里曼丹
麻里峇板
蘇門答臘
摩鹿加
蘇拉威西
布魯島
巴布亞
望加錫
雅加達
三寶瓏
萬隆
日惹
泗水
0
英里
420
峇里
西爪哇
弗洛勒斯
中爪哇
東爪哇
東帝汶
0
420
840
西帝汶
公里
古邦

印尼地圖

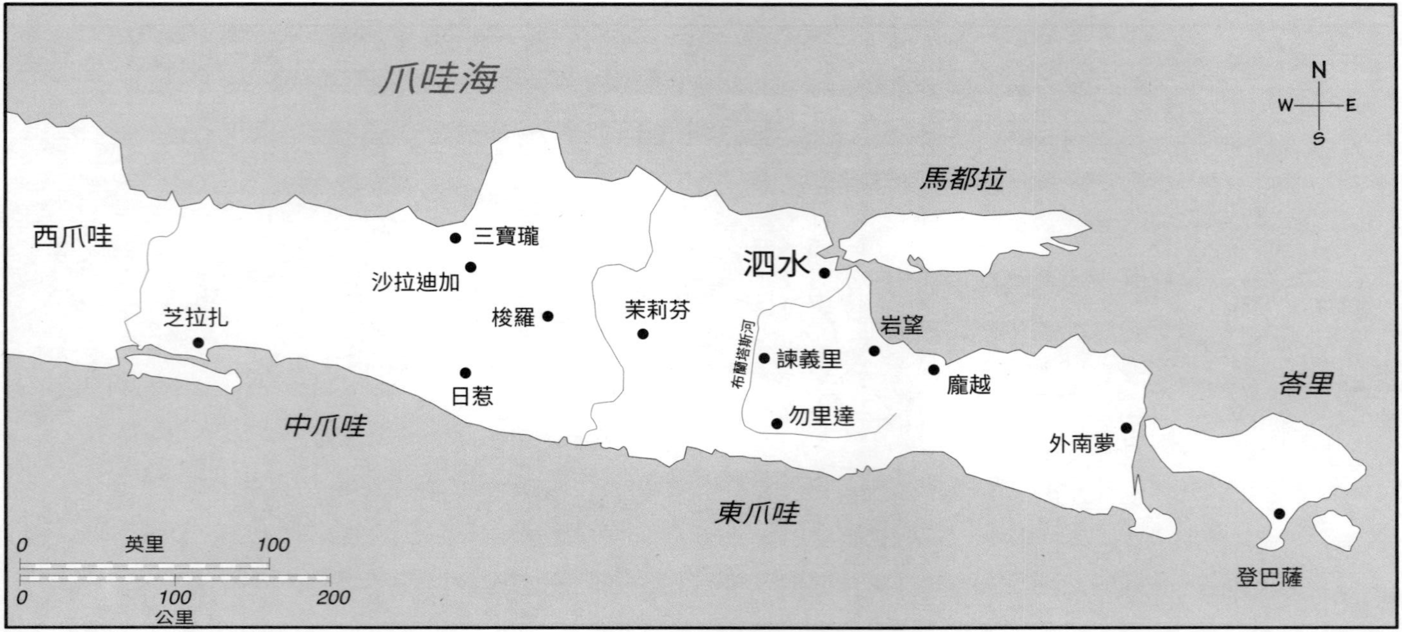
爪哇海
N
W
E
S
馬都拉
西爪哇
三寶瓏
沙拉迪加
泗水
芝拉扎
梭羅
茉莉芬
岩望
布蘭塔斯河
諫義里
龐越
峇里
日惹
勿里達
外南夢
中爪哇
東爪哇
0
英里
100
0
100
200
公里
登巴薩

爪哇島與峇里島地圖

第一章——引言

我從來不曾向你隱瞞我的想法，我認為開槍除掉一些人，是促成印尼有效改變的必要初步條件；但令我感到難過的是，率先被除掉的竟是錯誤的對象。

——英國駐印尼大使安德魯・吉爾開斯特（Andrew Gilchrist），一九六五年十月五日

從一九六五年底到一九六六年中，在這短短六個月出頭的時間裡，據估有五十萬名印尼共產黨（Partai Komunis Indonesia, PKI）及其附屬組織的成員遭到殺害。[1]另外還有一百萬人在沒有受到起訴的情況下遭到羈押，有些人被監禁長達三十年以上，而且其中許多人都遭受刑求以及其他不人道待遇。在這些受害者當中，持有武裝的人士少之又少，而且幾乎所有遭到殺害和羈押的人士，都是當時合法的政治與社會組織中的成員。這不是一場內戰，而是一場規模之大與速度之快——在二十世紀都堪稱名列前茅的大規模殺戮與監禁事件，但是卻極少受到檢視。

此一暴力造成的後果極為深遠。不到一年內，全世界最大的在野共產黨即遭到消滅，印尼的左翼民族主義總統蘇卡諾也被迫下臺。強烈反共的陸軍領導階層因此攫取政權，從而展開超

過三十年由軍方撐腰的專制統治。經由這場殘殺而崛起的政府稱為「新秩序」(New Order)，以蓄意侵害人權而惡名昭彰，在印尼本土以外的地區尤其如此，包括東帝汶、亞齊與西巴布亞(West Papua)。在接下來的幾十年裡，那些地方的死亡人口多達數十萬，包括遭到政府部隊殺害的人士在內。此一暴力也在根本層面上改變了印尼的政治與社會樣貌，留下的遺緒包括過度軍國主義，以及對於異議的極度不寬容，壓抑了批判性思考與在野勢力，尤其是左派。也許最重要的是，一九六五至六六年的事件摧毀了千百萬人的人生，他們因為與那些遭到恣意殺害或羈押的人士具有親屬或其他關係而遭到官方汙名化。即便在超過五十年後的今天(自從印尼展開民主轉型以來二十年左右)，印尼社會仍然背負那些事件所留下的深刻傷疤。

就其規模與速度，以及深遠的政治與社會影響而言，一九六五至六六年的暴力事件，堪與戰後時期最惡名遠播的幾場大規模殺戮與監禁行動相比，包括波士尼亞、柬埔寨與盧安達的慘案，而且更是遠遠超越了其他被視為拉丁美洲專制暴力象徵的事件，諸如阿根廷與智利的案例。「就遭害人數而言，」美國中央情報局(CIA)在一九六八年寫道：「發生在印尼的反印尼共產黨屠殺事件，堪稱是二十世紀最慘重的集體殺戮案件，不亞於一九三〇年代的蘇聯大整肅、二戰期間的納粹大屠殺，以及一九五〇年代初期的毛澤東鎮壓反革命運動。」[2]此外，有些學者把印尼的這場暴力描述為種族滅絕，儘管這點目前尚無共識。[3]然而，在半個世紀後的今天，這場暴力事件在國際上卻仍然鮮為人知。因此，世界歷史計畫網站(World History

Project）針對一九六五年所列出的條目，雖然包括了「家樂氏推出蘋果肉桂穀片」，卻沒有提及印尼有五十萬人遭到殺害的事實。[4]

即便在印尼國內，一九六五至六六年事件至今受到的理解也仍然極為貧乏，直到最近才成為史學家、人權運動人士與媒體嚴肅討論的焦點。二十世紀的幾乎每一場種族滅絕，在事後都出現大量的證詞、回憶錄、真相講述與鑑識調查，更遑論和解、紀念以及追求正義，但這樣的進程在印尼幾乎根本還沒開始。此外，與過去這個世紀大多數的大規模殺戮形成對比的是，發生在印尼的罪行從來沒有受到懲罰，甚至也沒有受到應有的調查，而且國際組織或國家也都沒有針對這類行動提出嚴肅的呼籲。在這方面，印尼堪稱比其他國家都更近似於蘇聯、中國與美國。

本書的目標在於打破這種令人不安的沉默。本書的首要抱負是要釐清幾個基本的歷史問題：有多少人遭到殺害與羈押？受害者是什麼人，他們又是怎麼死的？加害者是什麼人，他們受到什麼所驅使？那些遭到羈押的數十萬人以及他們的家人遭遇了什麼下場？這些基本問題不但見證了我們對於這起事件的瞭解仍有重大闕漏，而且也迫切需要回答，尤其是可靠的目擊證人和參與者都不免隨著每一年的過去而愈來愈少。除此之外，本書也探究幾個更深層的分析謎題，這些將在後續闡述。最重要的是，本書提出這幾個問題：這項異乎尋常的暴力事件是怎麼發生的？這起暴力事件為印尼社會帶來什麼後果？而且這起事件在後續這些年間受到的討論或處理為何如此之少？

除了少數例外，學者都把一九六五至六六年事件視為具有印尼的獨特色彩，主要只能透過印尼的文化、社會與政治而加以解釋。這種觀點所隱含的意思，就是那起事件當中涉及的動力帶有獨特性，不能和其他案例相比。印尼的案例雖然的確有許多特別之處，但我認為和其他的大規模殺戮與羈押事件也有許多相同點，所以採取比較廣泛的比較性觀點不但有助於理解印尼的經驗，也有助於充實這類問題的整體辯論。因此，本書不只主要聚焦於印尼，也企圖進行更廣泛的探討，包括大規模殺戮與監禁的動態、暴力事件發生後長期的沉默與無所作為，以及人權的歷史。為了達到此一目的，本書提出以下這些問題：大規模殺戮與監禁在什麼情況下最有可能發生？這類嚴重罪行為什麼有些會被記住，並且受到譴責與懲罰，但有些卻遭到遺忘並且不受追究？對於受害者、加害者以及整體社會而言，這類行為以及沉默會造成什麼樣的政治、社會與道德影響？我的預期是，詳細檢視一九六五至六六年發生在印尼的大規模暴力事件，將可讓我們對所有這些問題獲得洞見。

簡述前因後果

引發暴力的直接原因（有些記述稱之為藉口）出現在一九六五年十月一日。那天一早，印尼陸軍的六名高階將領與一名中尉遭到一群低階軍官扣押，後來更遭到殺害。那群低階軍官所屬的團體名為「九三〇運動」(Gerakan 30 September, G30S)，宣稱他們採取行動是為了預防一場由中情局在背後支持的「將領委員會」所策劃的政變，而且他們效忠的對象是總統蘇卡諾。不過，其他沒有遭害的陸軍領導層在蘇哈托少將的領導下，卻對這些說法置之不理，堅稱那個運動的幕後主使者是印尼共產黨，從而展開一項行動，目標在於消滅印尼共產黨，並且把他們認為對於該黨太過包容的蘇卡諾總統趕下臺。到了一九六六年中，蘇卡諾的權威已嚴重弱化，陸軍實質上奪取了權力，而且不但印尼共產黨以及所有的左派組織都遭到摧毀，馬列學說也正式遭禁。

陸軍領導層在對於左派的攻擊上採取了包含政治、司法和軍事等面向的各種不同策略。舉例而言，在那場疑似政變發生之後，陸軍就發動了一場細膩的宣傳戰，把那幾名將領遭到殺害的罪責歸咎在印尼共產黨頭上、指控該黨意圖武力奪權，並且呼籲大眾協助陸軍把那些叛徒「連根拔除」。不過，遠遠最重要的策略則是一項暴力行動，包括公然殺戮以及大規模羈押、虐待、刑求與強暴。這些暴力行為都帶有一種特定的模式，綜觀之下強烈顯示陸軍領導層在策劃與執行當中扮演了核心角色。

舉例而言，那段期間的逮捕、訊問與處決等做法都帶有大致相同的特色。大多數的受害者都先是在沒有逮捕令的情況下遭到陸軍、警方或者地方民兵組織逮捕，而且許多人都在訊問期間遭到殘暴對待以及刑求。經過訊問之後，他們會被分為三大類，依據的標準是他們被認定在九三〇運動以及左派組織當中的涉入程度有多高。篩選完之後，有些被羈押者即獲得釋放、有些繼續受到關押，還有些則是被選為處死的對象。那些處死對象通常由軍用車輛載往行刑地點，或是交給當地的私刑團體與民兵組織。他們遭到綁縛以及塞住嘴巴，被帶到萬人塚邊緣排成一列，不是用槍射殺，就是以開山刀或其他刀具砍死。他們的遺體經常被丟進水井、河流、湖泊或者灌溉溝渠裡，極少能夠獲得安葬。還有許多人在被殺之前與之後遭到性虐待與性暴力；男性遭到閹割，女性則是陰道與乳房被刀割開或刺穿。軀幹、頭顱以及其他身體部位都展示於路邊、市集或其他公共場所。

被捕與被殺者的身分也帶有清楚可見的模式。和其他許多的大規模殺戮與種族滅絕案例形成鮮明對比的一點是，印尼的受害者不是因為他們的族裔、國籍或宗教身分而遭到鎖定。相反的，除了少數例外，他們主要都是因為實際或疑似的政治立場，而淪為逮捕與殺害的對象。此外，被殺以及遭到監禁的人士當中，雖有部分的印尼共產黨高階幹部，但絕大多數都是尋常百姓，包括農民、種植園工人、日僱勞工、學校教師、藝術家、舞者、作家以及公務員，而且他們對於十月一日的事件根本一無所知，也沒有涉入其中。換句話說，對於印尼共產黨及其盟友的攻擊不是基於實際涉及犯罪行為的推定，而是基於連帶罪責的邏輯，以及集體報復的需求。

這場暴力當中的加害者也帶有極為重要的共同點。逮捕與處決等行為雖然經常由陸軍和警方執行，但也有許多案例的執行者是武裝平民，以及附屬於右派政黨的民兵組織。在這樣的案例當中，都會有一人或多人被挑選為特別行刑者，有時稱為「劊子手」（algojo）。這類地方人物與團體的涉入促使部分觀察者認定，這場暴力事件是不同社會與宗教團體之間的自發性「水平」衝突所造成的產物。我後續將會說明，這種觀點忽略了（而且可能是刻意掩飾）一項事實：這類團體與個人的行動幾乎總是受到陸軍當局的支持與鼓勵。如果沒有陸軍的組織、訓練、後勤協助、授權以及鼓勵，那些團體絕對不可能犯下規模如此龐大，或者持續時間那麼長的暴力罪行。

儘管有這些廣泛的相似性，殺戮的模式卻也有些重要的差異。就地理位置而言，大部分的殺戮行為都集中

在峇里遭到陸軍羈押的印尼共產黨黨員及支持者，攝於一九六五年十二月左右。(National Library of Indonesia)

在中爪哇與東爪哇這兩個人口眾多的省分，還有在峇里島、亞齊與北蘇門答臘，以及東努沙登加拉的部分地區。相對之下，在首都雅加達、西爪哇省，以及蘇拉威西與摩鹿加的大部分地區，則是比較沒有殺戮案件發生。此外，時間點也各自不同。殺戮行動在十月初開始於亞齊，接著在十月底延伸到中爪哇，然後又在十一月初擴展到東爪哇與北蘇門答臘。一九六五年十二月，在那場疑似政變過了整整兩個月後，暴力終於在峇里爆發，短短幾個月內據估就有八萬人遭到殺害。另一方面，在印尼群島東端的弗洛勒斯，這座居民以天主教徒為主的島嶼上，暴力則是直到次年二月才爆發。暴力現象在一九六六年三月開始大幅減緩，就在陸軍奪權之後不久，但是在國內部分地區仍然斷斷續續發生，一路持續至一九六八年。[5] 如同後續的討論，這場暴力的其中一項揮之不去的問題，就是該如何解釋這些差異。

在印尼國內不同地區，政治羈押的程度以及羈押與殺戮的相對程度，也有相當大的差異。舉例而言，長期羈押最普遍的地方，似乎也是大規模殺戮發生得最少的地方，諸如雅加達、西爪哇，以及蘇拉威西部分地區都是如此。反過來說也是一樣：在殺戮最嚴重的地方，諸如峇里、亞齊與東爪哇，長期羈押的現象整體而言也發生得比較少。換句話說，長期政治羈押與大規模殺戮似乎呈現反比。這種模式有一項可能的解釋，就是不同區域的軍事當局對於執行剿滅左派這項整體命令，採取了不同的策略。有些地區的軍事當局選擇大規模監禁的策略，另外有些地區則是選擇大規模殺戮。[6]

政治與社會的高度緊張也是這則故事當中極為重要的一部分。這樣的緊張在一定程度上是由冷戰形塑而成，因為冷戰在印尼促成並且凸顯了左派與右派的激烈分歧。左派有廣受喜愛而且勢力龐大的印尼共產黨，其根源可追溯至二十世紀初。在一九五五年的全國大選，也就是那場疑似政變之前的最後一場全國大選當中，印尼共產黨交出了得票數排名第四的優異成績單，接著其規模與影響力又在後續十年間巨幅增長。到了一九六五年，該黨的黨員人數據估有三百五十萬人，另外還有兩千萬人加入其附屬群眾組織，包括女性組織、青年組織、農民組織、種植園工人組織、文化工人組織等等。印尼共產黨堪稱是當時勢力最大又最廣獲支持的政黨，不但深受蘇卡諾總統重視，和北京的關係也愈來愈融洽，甚至在印尼軍隊裡也擁有一定程度的支持，尤其是空軍。

反對印尼共產黨的陣營，包括印尼陸軍的大部分成員，以及若干世俗與宗教政黨，其中最重要也最強大的是伊斯蘭教士聯合會（Nahdlatul Ulama, NU）以及右翼的世俗政黨印尼國民黨（Partai Nasional Indonesia, PNI）。這些團體雖然在許多議題上意見分歧，卻都對印尼共產黨懷有深刻敵意。此外，如同印尼共產黨，右派政黨也全都有附屬的群眾組織，經常動員舉行集會遊行以及街頭示威，還有在一九六五至六六年的暴力行動當中扮演了核心角色的武裝民兵團體。簡言之，到了一九六五年，印尼已陷入嚴重分裂，大致上劃分為左派與右派（說得更精確一點，是共產主義者與反共主義者），而且政治衝突也愈來愈由互相對立的群眾組織及其相應的武裝團體上演於街頭。

這些內部分歧又因為冷戰帶來的廣泛國際衝突以及激烈言論而更加惡化。印尼雖是不結盟主義的早期倡議者，但到了一九六〇年代初期已大幅左傾，在西方國家眼中看來更是達到了危險的程度。舉例而言，在一九六三至一九六五年間，蘇卡諾總統一再向北京示好、對美國干預越南的做法提出猛烈抨擊、退出聯合國，並且針對新近建國的馬來西亞發動一場稱為「對抗」(Konfrontasi)的大型軍事與政治運動，因為蘇卡諾聲稱馬來西亞是由英國和其他帝國主義強權成立的國家，目的在於包圍以及削弱印尼。由於所有這些原因，美英兩國還有它們的盟友於是把印尼視為一大問題。實際上，到了一九六五年夏季，美國與英國的官員已認定印尼必然會落入共產黨的手裡。如同中情局局長雷伯恩(W. F. Raborn)在一九六五年七月底向詹森總統所寫的：「印尼早已踏上一項進程，將在可見的未來成為共產國家，除非此一趨勢能夠受到逆轉。」[7]

這類焦慮並不新穎。自從一九四〇年代晚期以來，美國政府就一直致力於顛覆印尼共產黨，以及削弱或者推翻蘇卡諾總統。舉例而言，美國政府在印尼的一九五五年全國大選就暗中支持反共政黨，也在一九五七至一九五八年透過一項中情局祕密行動，向反政府的造反人士提供武裝與資金；而在那項行動失敗之後，又透過一項軍事援助與訓練計畫強化陸軍的政治地位，藉此打壓蘇卡諾與印尼共產黨。在這樣的情況下，美國及其盟友對於陸軍在一九六五年十月之後攻擊左派與蘇卡諾的行動表示歡迎，也許並不令人意外。此外，這些強權以及其他大國都在那項行動以及陸軍的奪權當中熱切提供協助，也不令人意外。

《時代》雜誌充分呈現了那個時期那種令人陶醉的樂觀氛圍，把印尼共產黨遭到消滅以及陸軍的崛起描述為「西方在亞洲多年來最好的消息」，而《紐約時報》也針對這項主題刊登了一篇報導，標題為〈亞洲出現的一縷光明〉。[8]之所以會有這些歡欣鼓舞的評估，原因並不難理解。在冷戰的情境下，又面對越戰即將爆發的背景，只要能夠摧毀世界上最大也最成功的一個共產黨，那麼數十萬人遭到屠殺與逮捕也只不過是一項小小的代價。因此，美國國務院在一九六六年提出一份事後分析報告，其中雖然提及「至少有三十萬名印尼人遭到殺害」，但最後的結論指出：「整體而言，印尼的政策改變是東南亞狀況的一大『突破』，也為其他許多國家提供了民族主義勢力挺身擊退共產主義威脅的模範。」[9]

在接下來的數十年裡，美國及其盟友仍然堅定支持蘇哈托少將的新秩序政權，不但慷慨提供大量的經濟和軍事援助，也在該政權慘淡的人權紀錄遭到國內與國際社會批評之時，忠實地為其辯護。美國政府並且大費周章遮掩自己在那項暴力行動當中所扮演的角色。一九六八年，中情局撰寫並且出版了一本記述那場疑似政變的書籍：《印尼，一九六五：一場弄巧成拙的政變》(*Indonesia-1965: The Coup That Backfired*)，書中對於那起事件的描述大體上採取了不盡可信的陸軍版本。除此之外，一連串的前美國政府官員，包括大使馬歇爾．格林（Marshall Green），以及中情局駐雅加達情報站站長休伊．托瓦（Hugh Tovar），還有他的中情局同事福斯特．科林斯（J. Foster Collins）與約翰．皮茲卡羅（John T. Pizzicaro），都發表了回憶錄與文章，一方面對於美國在其中可能扮演的角色努力轉移外界的注意，同時也針對和他們抱持不同意見的學者，質疑其人格正直與政治忠誠。[10]

大規模殺戮雖在一九六六年中消退，攻擊左派的行動卻仍然持續進行，其中最引人注意的就是恣意大規模羈押方案。在那場疑似政變之後，據估遭到羈押的一百萬人裡，只有少數幾千人受到起訴，而且這些人也是在明顯不公平的作秀審判當中遭到定罪。至於其他人，則是在沒有受到起訴的情況下被監禁於極為惡劣的環境裡（有些人被關在強制勞動營與流放地），完全不曉得自己什麼時候能夠獲釋，甚至是否有可能獲釋。雖有許多遭到羈押的人士在幾個月或幾年後獲得釋放，但其中也有不少人在後續又再度被捕，並且有三萬名左右未經起訴的政治犯在監獄或勞動營裡一路被關到一九七〇年代晚期。面對一項新近崛起的跨國人權運動，以及美國卡特總統政府所施加的高度壓力，印尼終於在一九七九年釋放了大部分仍然在押的人士。不過，即便在獲釋之後，這些曾經遭到羈押的人士以及他們的家人，卻仍然在公民、經濟與政治自由方面持續受到嚴格限制，並且背負了官方冠在他們身上的社會汙名。除此之外，多年來還有數百名在作秀審判當中遭到定罪的政治犯，遭到處決或者死於牢裡，另有數十人則是一直被監禁到蘇哈托總統終於在一九九八年下臺為止。

蘇哈托在廣大的抗議聲浪中辭職下臺，促使各方強烈要求調查一九六五至六六年事件、重新評價那個時期的歷史、對於受害者提出道歉與賠償，以及追求和解與正義。所有這些面向在後續年間全都有所進展。一九九九年，時任總統的前伊斯蘭教士聯合會領導人阿卜杜拉赫曼·瓦希德（Abdurahman Wahid）對於該組織在殺戮事件當中扮演的角色提出道歉，並且呼籲撤銷禁止印尼共產黨的新秩序法律。二○○四年，成立真相與和解委員會的法案獲得通過；二○一二年，印尼的國家人權委員會針對一九六五至六六年暴力事件發表了一份詳細報告，要求檢察總長舉行進一步調查，並且起訴必須負責的人士。不幸的是，這些倡議以及其他許多要求都遭到政府成員、退休軍官與公民社會團體的憤怒抗拒，結果前景最看好的倡議（包括前述提及的所有項目）都未能實現，不然就是大幅縮水。這樣的反彈明白顯示了新秩序對於一九六五年的問題所採取的教條式觀點仍然根深蒂固，不僅在印尼政府內，也深植於整體社會當中。陸軍的反印尼共產黨宣傳所造成的諸多謠言也是這樣。另一方面，當初唆使了一九六五至六六年暴力行動，而且大力支持新秩序政權的西方各國及其他地方的國家，對於自己扮演的角色以及在這麼多年後彌補那些罪行的必要性，則是不出意料地保持沉默。因此，在距離那場暴力超過五十年之後的今天，真相、正義與和解在印尼仍然遙不可及。

解釋與謎團

深入檢視過一九六五至六六年事件的人士對於那起事件提出了各式各樣的解釋，聚焦的重點包括心理與社會心理動態、文化與宗教分歧、社經衝突、陸軍策畫，以及國際干預。實際上，那起事件目前已有大量的學術研究，可讓我們對於那項暴力及其遺留下來的影響提出更為全面性的陳述。[11]那些學術研究將在後續章節裡深入討論，但也許還是值得在此處先概述其中的部分主要貢獻，同時凸顯一些尚未被解答的問題與謎團。

許多針對印尼這起暴力事件提出的學術與通俗記述，都強調加害者的個人與心理動機。[12]如同克里斯多福・布朗寧（Christopher Browning）針對一個德國後備警察營當中的「普通人」所寫的那部影響深遠的研究著作，以及亞歷山大・辛頓（Alexander Hinton）探討柬埔寨種族滅絕的著作，這類記述都強調同儕壓力、恐懼、順從權威以及文化規範等因素，在促成參與和默許當中所扮演的角色。[13]這類動機在印尼無疑有其重要性，否則將難以解釋為什麼有那麼多人參與那場暴力行動。此外，這類動機可能也有助於解釋社會在暴力事件結束後的那種異常沉默；極少有人膽敢冒險發聲譴責那起事件。不過，如同我們可以從其他案例得知，並且由印尼經驗所證實的，單靠這類個人動機無法解釋大規模暴力的發動與進程。個人動機對於理解那些動態雖然深具重要性，卻也必然受到其他結構性條件所形塑，尤其是在國家與國際層次上。

其他記述則是企圖藉由看似專屬於印尼文化與宗教生活的特徵，來解釋一九六五至六六年的暴力事件。這類詮釋當中最歷久不衰的一項，就是認為那些殺戮植根於「狂亂施暴」（running amok）這類異國文化模式當中。《時代》雜誌在一九六六年刊登的一篇文章就是個典型的例子：「『Amok』是個爪哇語字眼，可以用來描述共產黨政變失敗之後發生的狀況。在壓抑已久的仇恨出現全國性的大爆發之後，印尼於是展開了一場瘋狂大屠殺，奪走的性命比美國在本世紀涉入的所有戰爭當中損失的人命加總起來還要多。」[14]這種解釋受到印尼官員以及他們關係最緊密的盟友所偏好，但通常不受學者認真看待，至少也不該受到認真看待。[15]除了這種論點帶有問題重重的文化化約論，並且模糊了罪責這個關鍵問題之外，也無法解釋這起事件當中最基本的事實。也許最明顯可見的是，這種論點無法解釋持續超過十年的大規模恣意羈押方案；就定義上而言，一項橫跨一個龐大的國家並且持續多年的羈押方案，不可能會是自發性或者壓抑已久的憤怒所造成的結果。此外，這種論點也無法對大規模羈押與殺戮之後出現的那種經年累月的沉默與不追罰，提出任何可信的解釋。

有些比較精細的分析則是強調根深蒂固的文化與宗教歧異為暴力奠下基礎，例如爪哇島上比較虔誠（敬虔派）與較不那麼虔誠（非敬虔派）的穆斯林之間的衝突。[16]這類陳述讓我們得以洞悉那些可能在部分地區驅動敵意與衝突的不滿，也有助於解釋暴力的部分語言和符號為什麼會因地而異。但另一方面，這類把種族滅絕的起源歸咎於存在已久的衝突和緊張關係的陳述，也無法真正解釋這類緊張關係為什麼會在那個特定的時間與地點，突然升級成為大規模殺戮。不同團體之間的歧異如果真的那麼激烈又無可調和，那麼在所謂十月政變之前，為什麼只引起過少數的零星暴力案件？在某些衝突最頻繁的地區，暴力的爆發時間為什麼延遲了那麼久？此外，印尼國內其他地方類似的緊張關係，為什麼沒有造成同樣的大規模殺戮？

有些作者認為暴力的根源主要是社會經濟環境，那樣的環境在印尼國內不同地區，造成了人民之間的激烈衝突。[17] 這類緊張關係看來確實與我們觀察到的暴力模式有所相關，例如有些最嚴重的暴力情形發生在中爪哇、東爪哇與峇里，而這些地區由土地（以及土地改革）所引起的衝突，在那場疑似政變之前的幾年裡都最為激烈；另外還有北蘇門答臘的種植園地帶，那裡的勞資緊張關係在一九六五年達到關鍵性的高峰。儘管如此，如同以根深蒂固的文化與宗教緊張關係解釋大規模殺戮的分析論點，把潛在社經衝突視為暴力基礎的論點，也未能解釋這類緊張關係為什麼會升級成為大規模殺戮與監禁。此外，這類論點也未能針對那場暴力的獨特時序模式提出令人滿意的說法。

有少數學者主張應該把那場大規模殺戮視為陸軍與政治領導人策劃協調的結果。潔絲．梅爾文（Jess Melvin）在不久前根據一批罕見的印尼陸軍檔案而針對亞齊提出這樣的論點，我也在其他地方針對峇里提出過同樣的論點。[18] 包括道格拉斯．卡門（Douglas Kammen）、約翰．魯薩（John Roosa）與羅伯特．柯立布（Robert Cribb）在內的其他學者也強調指出，先前的研究過度誇大地方社會與文化環境的重要性，並且低估了陸軍在煽動以及策劃暴力行動方面所扮演的角色。[19] 不過，另外有些人則是反對這種論點，主要理由是那場暴力在地理和時序分布上的重大差異，使得我們不可能提出整體性的概括論點。他們雖然承認陸軍有可能在部分地區扮演了重要角色，卻也認為那些差異證明了橫向的社會與文化衝突，在其他部分地區是暴力的主要驅動力。[20]如同後續將會闡述的，我自己認為後者這種詮釋並不正確，而且顯著的時序和地理差異其實呈現了一項廣泛的全國性模式。

最後，有若干作者主張那起殺戮事件主要是一項陰謀造成的結果，幕後的主導者是外國情報機關，像是美國的中情局以及英國的祕密情報局（軍情六處，MI6），並有少數印尼陸軍人物與他們協同合作，像是蘇哈托將軍和阿卜杜勒・哈里斯・納蘇蒂安（Abdul Haris Nasution）。[21]外國機構雖然無疑在那場疑似政變之前就鼓勵陸軍打擊印尼共產黨與蘇卡諾，在事後也協助促成暴力行動的發展（我在本書裡將會詳細討論這些論點），但聲稱那整起事件是外國陰謀造成的結果並不全然可信。也許最重要的一點是，那樣的設想情境也許為少數幾名能力未必有那麼優秀的中情局和軍情六處幹員賦予了過高的重要性，同時也忽略了印尼行為者所具有的大量動機與能力，尤其是印尼陸軍領導層。因此，這種觀點延續了一種簡化的新殖民主義論述，也就是把非西方世界當中的重大政治變化，不論好壞一律歸因於美國以及其他強大外來行為者的影響。無論如何，一如我在後續將會進一步說明的，以最仔細的態度針對這項主題所從事的研究也不支持國際陰謀的主張。

這些解釋無疑提供了重要洞見。如果沒有這些洞見，我們就難以理解發生在那場疑似政變之後的暴力。儘管如此，就像我先前提過的，這些洞見也留下了一些關鍵問題沒有回答：那場暴力特有的地理與時序模式和差異是怎麼出現的？也就是說，暴力情形為什麼集中在特定區域，包括峇里、亞齊、中爪哇、東爪哇、北蘇門答臘，以及東努沙登加拉的部分地區，在印尼國內不同地區的開始與結束時間，又為什麼有那麼明顯的不同？另一方面，儘管有這些差異，那場暴力在全國各地發生的形式，又為什麼大致上頗為相似？舉例而言，印尼各地的私刑團體或行刑隊，為什麼都扮演了極為核心的角色？那場暴力為什麼經常看似促成不同社會、文化或宗教團體之間的鬥爭？而且失蹤、身體傷殘、曝屍與性暴力等做法，又為什麼那麼常見？根深蒂固的文化、宗教與社經緊張關係，是怎麼升級為大規模殺戮與監禁，又為什麼會出現這樣的升級？大規模殺戮與大規模羈押方案之間有什麼關係？必須為暴力行動負起最終責任的是什麼人？外國強權是否有涉入其中，如果有的話，又是扮演什麼角色？還有最後一個問題：那場暴力對印尼社會造成什麼影響，而且那場暴力在過去五十年來受到的討論或者處理為什麼如此之少？

更廣泛的觀點

在回答這些問題的過程中，我發現以比較性的方式思考印尼經驗是一種頗為有用的做法，也就是在思考一九六五至六六年那些事件以及其所留下的影響之時，參考種族滅絕、大規模暴力、人權以及冷戰的廣大文獻。此外，由於印尼近乎完全缺席於那些文獻當中，因此我認為印尼的例子也可能有助於進一步完善以及充實那些討論。

有幾項從廣泛文獻當中得到的見解，尤其與印尼的案例密切相關。其中最重要的一項，就是主張種族滅絕與大規模殺戮在本質上是政治行為，由懷有政治動機與政治目的的行為者（包括個人以及機構）所發動。這項主張的意思就是說，種族滅絕不會自行發生，不是社經衝突或文化衝突「自然」產生的副產品，而是政治和軍事領袖有意識的刻意行為所造成的結果。這項由班傑明．瓦倫蒂諾（Benjamin Valentino）、史考特．斯特勞斯（Scott Straus）、海倫．費因（Helen Fein）以及其他人以深具說服力的論述所提出的見解，有效轉移了種族滅絕討論的焦點，不再以純粹的心理和社會動態解釋大眾的參與和默許，而是主張居於當權地位的人士以刻意的政治行為促成大規模殺戮，並且提供鼓勵與手段讓人執行那樣的殺戮。[22]此一轉移有助於我們聚焦在容許大規模殺戮發生的結構性條件，以及這類行為的法律和政治責任這項極其重要的問題。

一項與此相關的觀察則是國家與國家機構的能力與性質，對於創造適合大規模殺戮與監禁計畫的環境條件以及執行這種計畫，扮演了不可或缺的角色。國家在後勤、宣傳、行政，以及控制暴力的手段與安排這些面向的能力，可以說是關鍵因素，決定了暴力究竟只會是零星發生的孤立案件，還是會發展為長久持續而且地理分布廣泛的大規模殺戮與監禁計畫。

儘管說來可能顯得不言自明，但其中最重要的一項條件就是特定機構的存在，諸如軍隊、警力、準軍事組織以及民兵團體，因為這些機構都具備能夠組織以及執行系統性暴力的後勤資源與傾向。[23]這類組織的一項關鍵特徵，就是我所謂的「機構文化」，意指那些組織的內部規範與行為模式。依據這些組織的歷史經驗和訓練，其行為模式可能多多少少帶有暴力性。一個機構的文化當中有一個重要面向，就是其「暴力手法」，意思是說，所有與這個機構有關的人士所學習並且施行的慣例性暴力行為。[24]我認為這類機構文化與行事手法，有助於說明某些難以藉由個人心理因素或同儕壓力所解釋的大規模暴力模式。

廣大的文獻也指出意識形態在助長種族滅絕與大規模暴力方面所具有的重要性。舉例而言，埃里克·韋茨（Eric Weitz）主張大眾政治、種族純化的觀念以及革命烏托邦意識形態，這三項條件的獨特匯集助長了二十世紀四場最嚴重的種族滅絕。[25]其他學者也強調植根於種族歧視、民族主義與現代性的意識形態（連同對於國家遭遇的生存威脅所懷有的恐懼），對於解釋種族滅絕的開展與動態所具有的重要性。[26]國家意識形態的重要性雖然無可否認，印尼的案例卻顯示革命烏托邦主義與種族純化，不必然是其中的關鍵元素。印尼的新秩序意識形態算不上帶有烏托邦或革命色彩，也沒有明顯植根於種族純化的觀念裡。陸軍領導層及其盟友想像中的國家生存威脅，不是來自於特定的種族或族裔群體，而是來自一個政治團體與意識形態，也就是印尼共產黨與共產主義。這個問題的解方也不是種族純化或甚至革命轉變，而是單純透過處決、監禁、再教育、壓迫與宣傳等手段，消除那個令人不悅的政治範疇。因此，如果有任何一種意識形態可以說是驅動了一九六五至六六年的大規模暴力（以及後來發生於亞齊、東帝汶、巴布亞及其他地區的暴力），那麼就是一種強硬乃至歇斯底里的反共以及軍國主義意識形態，其中的敘事把左派描繪成對於國家與民族的一項生存威脅。

從種族滅絕文獻當中得出的另一個見解，則是地方環境（連同地方與國家行為者之間的關係）會對大規模暴力與種族滅絕的發展進程造成重大影響。如同斯特勞斯所主張的，地方行為者在落實國家領袖制定的計畫與命令當中，扮演了極度重要的角色，做法包括辨識、羈押、分類以及殺害受到指定的敵人。[27]地方盟友執行國家計畫的意願與能力，還有國家領袖動員以及管理地方盟友與網絡的能力，都可能會加速或減緩大規模暴力的進展。另一方面，地方上的社會經濟與政治環境也相當重要，原因是這樣的環境會形塑哪些種類的緊張關係（例如土地、政治職位、工資或宗教）具有政治重要性，並且提供能夠促成衝突升級或降溫的語言、象徵符號，以及相關的集體記憶。

既有的研究也指稱，語言和視覺表現是為種族滅絕及其他種類的大規模暴力奠定基礎的關鍵要素。[28]把一個受到針對的群體描繪成非人、具有威脅性、狡猾奸詐、不道德或者性墮落，並以明言或暗示的方式煽動大眾以暴力攻擊那個群體的成員，即可如費因所貼切描述的，將那個群體有效排除於「加害者的義務範圍之外」，而導致大規模暴力遠遠更有可能發生。[29]不論是在群眾集會、印刷與電子媒體、宗教敕令、藝術作品，還是精心設計的宣傳與心理戰行動當中，對於指定群體的貶抑性呈現，都有助於創造出一套架構，使得攻擊那個群體的暴力行為顯得合理、正當，甚至具有必要性。負面描繪一旦呼應眾人對於那個指定群體的既有觀感，或是由權勢強大的軍事、政治或宗教人物提出，或者明白受到這些人物的縱容，那麼語言和暴力之間的關聯似乎就會特別強烈。這類描繪藉著消除對暴力行為的道德約束，而有助於打造出在大規模暴力當中蔚為必要成分的社會共識，或者至少是大眾的順服。

有幾位學者進一步擴大探討範圍，主張種族滅絕以及其他種類的殘暴行為通常會在戰爭的情境下發生，並且為這種關聯提出各式各樣的解釋。[30] 舉例而言，有些人主張現代戰爭的經驗造成了士兵與整體社會的殘暴化，也促成一種暴力文化，使人更有可能轉向大規模暴力。其他人則是強調「敵我分明」這種二分性的戰爭心態，連同對於國家遭遇生存威脅的恐懼，為大規模暴力與殺戮奠定了修辭與政治基礎。國際人權的史學家雖然認知到戰爭在種族滅絕的邏輯當中所占有的重要性，卻採取更加廣泛的觀點，而證明國際的法律體系、規範環境與跨國網絡，都能夠促成以及約束大規模暴力。[31] 換句話說，這些貢獻顯示，戰爭只是國際行為者與國際情境影響種族滅絕與大規模暴力的其中一種方式而已。此外，除了用來解釋種族滅絕為什麼會發生之外，這些貢獻也提供了線索，可讓我們得知大規模暴力如何能夠受到預防、終止，或是在暴力結束之後加以補救。

冷戰史學家也凸顯出類似的現象，亦即除了全面戰爭之外，強權國家在歷史上如何以各種不同方式，協助創造促成大規模暴力的環境條件。極為重要的是，這方面最傑出的學術研究，並沒有宣稱冷戰的算計直接決定了其他國家當中的事件發展進程，也沒有宣稱那些年間的軍事政變、戰爭與叛亂都單純是外國陰謀造成的結果。[32]那些研究反倒證明了這一點：中立派或左派領導人遭到推翻，以及經常隨之而來的軍事政權還有暴力的興起，其形塑力量都包括了複雜的地方利益，以及那些利益和其他因素的互動，包括區域還有國際的目標與發展。[33]這些研究發現顯示，把大規模暴力的爆發直接歸因於外國政府與祕密機構必須審慎為之。儘管如此，如同葛雷·格倫丁（Greg Grandin）針對瓜地馬拉所提出的極為有力的論點，冷戰的思考邏輯以及干預，在那些年間確實對許多國家的政府與人口造成了真實而且有時非常慘重的後果。印尼無疑就是如此，因為在一九六五年前後造就了該國政治情勢的廣大環境，即深受外國干預所影響。

最後，種族滅絕學者也強調，歷史的進程、事件以及偶然性在理解種族滅絕與大規模暴力的爆發、動態與終結當中，扮演了關鍵性的角色。[34]例如他們證明指出，歷史經驗，尤其是存在於集體與官方記憶當中的歷史經驗，有可能會對大規模暴力產生鼓勵或約束的效果。他們也主張種族滅絕與大規模殺戮的發生，是因應地方上的歷史特定情境，以及不停變化的情境而出現的結果。這種從歷史決定以及過程導向的觀點理解種族滅絕的方式，對於解釋種族滅絕的地理和時序變化以及其結束方式而言，具有不可或缺的重要性。我們也許可以進一步指出，歷史記憶連同官方歷史對於大規模暴力受到的回憶、紀念以及補救方式，可能具有特別深刻的影響。必須為大規模暴力負起責任的人士如果繼續掌權，就能夠書寫其歷史，從而建構一項社會記憶，藉此轉移罪責、模糊責任，並且阻撓一切賠償補救的努力。

一項新論述

根據這些見解，並且基於先前概述過的那些由印尼研究者書寫的豐富著作，我想要在此處提出一種新的探究方式，以因應前述的許多問題，並且解釋印尼案例當中的許多差異與特點，同時又使得印尼案例可以拿來和其他的大規模殺戮與羈押案例互相比較。此一探究方式含有三大主張，每一項主張都簡要說明如下，而這三項主張共同構成了本書的討論基礎。

陸軍

我的第一項主張是，如果要充分理解一九六五至六六年的暴力，包括其模式與差異，就必須體認到陸軍領導層在引發、促成以及組織那場暴力事件當中所扮演的關鍵角色。我的意思不是說陸軍隻手從事了所有的殺戮或者單獨行事；實際上並非如此。陸軍面臨許多社會、宗教與政治團體所施加的壓力，要求它們對左派採取「堅定行動」，而且此一行動的成功也取決於許多印尼人民經常的自願合作。我的主張是，採取大規模殺戮與羈押的做法並非無可避免，也不是自發性的結果，而是受到陸軍領導層的鼓勵、促成、引導與形塑。換句話說，如果沒有陸軍領導層，那些壓力（以及激起那些壓力的各種緊張關係，包括在個人、社經、宗教與文化層面上）絕不可能造成如此廣泛的大規模殺戮或監禁，也絕不可能在事後帶來五十年的沉默與不作為。

陸軍扮演的決定性角色有五個關鍵面向。首先，在那場疑似政變之後，陸軍立刻編造並且散播了一項國家遭遇生存威脅的論述，不但激發了攻擊左翼人士的暴力行為（包括真實的左翼人士以及僅僅遭到指稱是左翼成員的人士），並且為那樣的行為賦予肯定。透過一場精心打造的媒體與宣傳運動，陸軍為印尼共產黨及其附屬組織貼上了妖魔化以及無人性的標籤，並且呼籲將它們「連根拔除」。藉著這麼做，陸軍領導層即是授權該黨的敵人採取同樣的作為，並且為潛在的緊張與衝突轉變為實際暴

在中爪哇的一座村莊裡，陸軍軍官對士兵以及當地民兵團體成員簡報反印尼共產黨的行動，攝於一九六五年左右。(National Library of Indonesia)

力，提供了一項必要元素。

第二，陸軍領導層採取了一系列的決策，並且下令羈押、運送、分類、登記、訊問以及起訴為數極多的人口。為了落實這些決策，陸軍必須建立並且管理一套地方盟友的網絡，然後長期維繫這套網絡。如果沒有這樣的中央計畫，如果沒有陸軍獨特的組織與後勤觸及能力，大規模暴力絕不可能擴展到全國那麼多不同的地區，也不可能持續那麼長的時間。陸軍扮演的核心角色也有助於解釋那場暴力行動的獨有特徵，失蹤、身體傷殘、曝屍、性暴力以及刑虐，都是陸軍常用的暴力手段，由其機構文化形塑而成。

第三，為了執行其計畫，陸軍領導層動員了一套民間民兵團體的龐大網絡（像是伊斯蘭教士聯合會的班薩〔Banser〕以及印尼國民黨的平民青年團〔Pemuda Marhaen〕），並且鼓勵他們從事大規模暴力行動的必要基礎工作，諸如辨識身分、羈押、運送與殺戮。有些團體雖然確實偶爾會在沒有獲得陸軍明確許可的情況下採取行動，尤其是在東爪哇，但這類案例相當有限，而且也只發生在特定地區。在絕大多數的案例當中，地方或區域陸軍指揮官對於民兵部隊的行動都完全知情，而且那些行動通常也是出自他們的命令。因此，那些民兵團體深受陸軍的機構文化影響，而他們犯下的暴力行為也沿用了陸軍的各種標準手段。此外，就是透過這些受到官方許可的民兵團體，存在已久的緊張關係才會轉變為大規模暴力，暴力才會在全國的那麼多地區持續那麼長的時間，也才會有那麼多人涉入那些罪行當中。

第四，雖然只有陸軍擁有落實這項計畫的獨特組織與後勤能力，但其能力並非毫無限制。在部分地區，陸軍無法動員當地的盟友，或甚至遭到地方當局的抗拒，從而延遲或阻撓了計畫的施行。舉例而言，陸軍中央領導層在峇里遭到省長和區域軍事指揮官的抗拒，因此殺戮行動的開始時間延遲了兩個月。相對之下，亞齊的地方軍民領導階層都一致支持陸軍中央司令部的計畫，所以暴力行動幾乎是立刻展開。因此，陸軍領導層動員地方盟友的能力落差，就有助於解釋暴力的地理與時間差異。

最後，藉著攫取權力，陸軍領導層於是得以針對這項暴力行動書寫以及散播一套歷史版本，並且壓抑其他不同的版本。陸軍為了做到這一點而採取許多不同方法，包括公開儀式、作秀審判、大眾教育、電影以及其他各種宣傳方式，藉此彰顯「共產主義的潛在威脅」，並且提醒潛在的批評者，一旦被貼上左派的標籤會有多麼嚴重的後果。由此造成的結果乃是一項深具誤導性但是韌性非凡的記述，對於在暴力之後確保超過五十年的沉默與無所作為具有關鍵效用。

國際環境

我的第二項主要主張是，外國強權的作為（尤其是美國與英國）連同國際環境的部分面向，對於促成以及鼓勵陸軍在一九六五至六六年大規模暴力行動發揮了重大作用。我不是說美國或其他外國強權預先策劃了那場疑似政變或是後續的暴力，證據也不支持這樣的論點。不過，我認為可以證明的是，如果沒有強國的支持，或是當初的國際環境有所不同，陸軍的大規模殺戮與監禁方案就不可能發生。藉由強調國際環境以及強權國家採取的作為以及漠視，這項論述也比其他大部分的論述更能解釋陸軍怎麼能夠犯下這樣的罪行，而且在事後的五十年裡，為什麼會有如此引人注目的沉默與無所作為。

這項主張奠基在五大觀察上。第一，美國及其盟友雖然一概否認自己在推翻蘇卡諾以及消滅印尼共產黨當中扮演了任何角色，但目前已有眾多證據顯示它們確實涉入其中。實際上，在那場疑似政變之前，美國以及其他西方強權致力於削弱蘇卡諾以及印尼共產黨，就已有十年以上的歷史，做法包括向反共政黨提供祕密援助，以及向反蘇卡諾的反抗組織提供軍事支持。此外，在一九五八年之後，美國及其盟友更鼓勵陸軍當中的反共成員強力對付印尼共產黨，以及在政治當中扮演領導角色，不但提供愈來愈多的軍事援助，也暗中保證這樣的做法將會獲得他們的支持。在那場疑似政變的前一年，美國及其盟友又推行一場祕密活動，目的在於敗壞印尼共產黨與蘇卡諾的名聲，並且為陸軍攻擊他們的行動製造藉口。

第二，目前的證據明確顯示，在那場疑似政變之後的幾週乃至幾個月裡，美國與英國鼓勵並且促成了隨之而來的暴力。它們採取的做法是推行一項散播謠言的祕密宣傳活動，藉此進一步「抹黑」印尼共產黨，而且它們明知陸軍煽動了攻擊平民的廣泛暴力行為，卻刻意保持沉默，同時又為陸軍領導層暗中提供經濟、軍事和後勤上的援助。這些在那場疑似政變前後幾天內展開的干預做法，向蘇哈托及其盟友提供了必要的保證，讓他們知道自己可以攻擊印尼共產黨而不必擔心遭到批評，也在那個緊要關頭支持了陸軍的暴力行動。

第三，那場暴力行動深受國際政治環境的形塑，說得更精確一點即是冷戰所造成的國際環境。如前所述，那樣的國際環境支配了印尼的政治情勢，並且協助造就了高度極化的左派與右派分歧，而那樣的分歧可以說是大規模暴力發生的前提要件。冷戰在影響印尼國際關係的內容與形式當中，也扮演了不可或缺的角色，在一九六三年之後尤其如此，驅使印尼一方面愈來愈親近中國，另一方面又逐漸疏遠美國和其他西方強權以及蘇聯。畢竟，就是因為蘇卡諾逐漸左傾，才促使美、英兩國及其盟友把印尼視為一大問題，並且支持陸軍領導層對付印尼共產黨與蘇哈托的行動，而無視因此造成的人命代價。此外，也是因為印尼（以及印尼共產黨）在中蘇決裂之後，決定站在中國這一邊，而導致蘇聯在殺戮行動展開之後，幾乎沒有採取任何行動保護印尼共產黨。

第四，我認為有一點可以受到證明，亦即當時有關人權的國際規範、制度與網絡普遍薄弱，而為那場暴力行動提供了助力。最重要的一個因素也許是從一九七〇年代中期開始，在預防或遏止大規模暴力當中扮演了重要角色的跨國人權與公民社會網絡，在一九六五至六六年當時幾乎完全不存在。由於缺乏這種網絡，聯合國因此沒有注意到那場暴力，大多數的國家也都表達滿意或者不發一語，而大眾媒體則是大致上都只單純複述官方的觀點。相對之下，國際人權組織與論述的可信度在一九七〇年代迅速成長，還有那種新權威與美國卡特總統政府之間的短暫結合，則有助於解釋為印尼政治犯爭取權益的運動所獲得的異常成功，大多數的政治犯都因此得以在一九七九年底之前獲釋。

最後，印尼陸軍改寫那場暴力的歷史也獲得強大國際行為者的助力。西方政府不但為這個在一九六五至六六年殺戮事件之後上臺的政權提供經濟、政治和軍事支持，又對那起事件幾乎徹底保持沉默，因此協助確保了官方發布的事件版本得以普及，而且事件中那些不論從什麼標準來看都算是二十世紀最令人髮指的罪行，也因此未能受到適當的調查與起訴。由於這些情形，一九六五至六六年的倖存者因此和其他部分種族滅絕（尤其是猶太大屠殺）的倖存者不同，在事件發生後的半個世紀裡，沒有機會也沒有力量引起世人對於那起事件的關注。

歷史條件

本書的第三項主張，則是凸顯歷史條件與先例，在理解一九六五至六六年那場大規模暴力的動態當中所扮演的角色。說得更明確一點，我認為除了形塑那場暴力的潛在文化、宗教與社會經濟緊張關係之外，還有五項與印尼政治生活有關的關鍵歷史條件，導致大規模殺戮在印尼更有可能發生，原因是那五項條件影響了政治觀念與衝突、形塑了關鍵的政治制度與結構，並且為政治上強而有力的歷史重建以及記憶提供了基礎。

第一項條件是一段殖民與反殖民歷史，導致左派與右派的激烈意識形態歧異，在獨立後的印尼成為政治上的一條關鍵斷層。印尼雖然在語言、文化與宗教方面都涵蓋了龐大的多樣性，但到了一九二〇年代，印尼的反殖民政治卻已不只在族裔或文化認同的基礎上，也開始沿著意識形態的界線集結。在這樣的政治匯聚當中，左派的勢力異常強大，印尼共產黨的地位更是特別重要。不過，左派的地位也一再遭到挑戰，而這樣的挑戰不只來自偏好殖民統治的人士，也來自把左派視為與伊斯蘭教對立的人士，以及部分認為左派對於國家的統一與穩定造成威脅的人士。這樣的緊張關係一路延續至獨立後時期，而為愈來愈深化的左派與右派衝突奠下基礎，最後終於在一九六五年達到高峰。

第二項條件是在陸軍以及整體的政治右派當中出現的一種觀點，認為印尼共產黨對於陸軍的團結以及國家的生存造成威脅。這種觀點至少可以追溯到一九四八年九月，當時一個由印尼共產黨支持的武裝團體企圖在東爪哇的茉莉芬（Madiun）這座鄉下小鎮建立一個自主的政治指揮中心。陸軍和國家領導層（共和政府）對於自己的權威遭到這項明顯可見的威脅大感驚慌，於是立刻鎮壓了這項運動，然後羈押並且處決了主要領導者。自從那時開始，陸軍及其右翼盟友就把茉莉芬的這起事件描繪成印尼共產黨的武裝叛亂行動，證明該黨本質上不忠誠的傾向。於是，這起事件成為號召打壓印尼共產黨這項目標的理由，尤其是在一九六五年十月一日之後，當時陸軍及其盟友一再標舉茉莉芬事件作為徹底消滅印尼共產黨的理由。

造成那場暴力的第三項關鍵歷史條件是，國家形成的過程發生在戰爭與革命的背景當中，從而在獨立之後造就了一個立場保守並且在政治上強而有力的陸軍，還有一個高度軍事化的國家。如果說一個印尼「民族國家」的概念早在一九二〇年代就已經被提出，那麼一個新印尼國家的架構則是直到一九四〇年代才開始形成，也就是在印尼於二戰遭到日本占領（一九四二至一九四五）以及為了脫離荷蘭統治而發動的四年獨立戰爭這場民族革命（一九四五至一九四九）期間。在這些年間形成的這個國家，雖然表面上對於民主與人權有所關注，並且名義上由文人領導，但作為其基礎的國民軍對於文人統治與民主的堅持，卻頂多只是表面上做做樣子而已。在後獨立時期，陸軍即反覆主張自己有權直接涉入政治，後來更隨著總統在一九五七年發布戒嚴令而獲得可觀的政治與經濟權力，並且在得權之後就不願放棄。在同樣的這段時期裡，國家本身的軍事化程度也愈來愈高，包括在形式與實質上都是如此。

第四項條件是，陸軍在早期就發展出動員民兵勢力打擊國內敵人的信條與慣例。陸軍的成員在戰時占領期間曾與日本占領軍共同受訓，因此在日本占領軍的影響之下，同時也為了對抗在一九四五年之後返回印尼領土的荷蘭與同盟國部隊，印尼陸軍因此高度仰賴地方人口及其「抗爭組織」（稱為「戰隊」〔lasykar〕）的支持。這種策略後來形成「全民國防」信條，本質上即是動員地方民兵對抗國內與外來的敵人。這種策略不只在對抗荷蘭及其盟友上發揮了相當效力，也用於對付在陸軍眼中對陸軍的重要地位或者國家造成威脅的國內團體。這種策略以及在那項戰役當中使用的戰術與手段，在獨立之後又再度受到採行，而為一九六五年十月一日之後動員民兵團體羈押以及殺害左翼人士的做法構成必要基礎。

最後的一項條件是在一九六〇年代初期具體成形的一種政治態度，以激進好鬥以及高度的大眾動員著稱。這項條件受到幾項因素的推促發展，包括冷戰的極化思維、蘇卡諾的反殖民民族主義那種深具說服力但有時帶有好戰色彩的語言，以及美國和其他強權在印尼及其他地區經常表現出來的那種令人厭惡的行為。美國在一九五〇年代晚期對於區域叛亂活動的支持，以及對於越南的武力干預，尤其深具挑釁性；至於英國無視蘇卡諾的抗議而支持新建國的馬來西亞，更是無助於緩和緊張關係。另一方面，印尼在這些年間與中國愈來愈深厚的關係則是鼓勵了左翼人士的好鬥姿態，同時也加強了右翼人士的焦慮。這些因素共同強化了印尼內部既有的左派與右派分歧，並且造成愈來愈強烈的危機感，導致謠言、懷疑與敵意蔓生，因此為大規模政治暴力提供了關鍵的背景與刺激元素。

簡言之，我在此處提出並於本書後續章節當中闡釋的這項論述，強調了陸軍領導層在形塑那場大規模暴力，以及後續的漫長沉默當中所扮演的關鍵角色，還有國際行為者與環境造成的影響，以及歷史條件所帶來的衝擊。我提出這些論點，意思不是說個人動機、社會心理、文化與宗教緊張關係以及社會經濟衝突等等因素對於促成大規模暴力而言並不重要，而是更廣大的歷史與政治環境，必然不免對這些因素的重要性造成決定性的形塑與限制。

同理，我在此處雖然強調一九六五至六六年暴力事件的特定「結構性」條件，並且提及陸軍領導層刻意採取的作為，卻不表示那場大規模殺戮與監禁注定不可避免，也不表示那起事件從頭到尾都是受到計劃的結果。恰好相反，值得強調的是那場暴力乃是隨著實際上的狀況而興起與改變。也就是說，這項論述認為偶然以及單純的巧合，在對於那場暴力的解釋當中也有可能是不可或缺的元素。這些偶然當中最重要的一項（但絕非唯一的一項），就是一九六五年十月一日那場疑似政變本身。不論那項行動的策畫者是什麼人，那六名將領遭害畢竟提供了一個關鍵機會，讓陸軍及其盟友得以對左派採取強硬行動。如果沒有那起事件的發生，如果沒有陸軍領導層決定利用那起事件獲取政治上的利益，那麼印尼的政治緊張雖然強烈，卻也沒有人能夠確定這樣的緊張關係必然會造成如此大規模的暴力。

第二章——先決條件

只有持續的奮鬥才是真正的革命。不只是對抗敵人的這種外在奮鬥，而是一種內在奮鬥，致力於對抗以及壓抑一切會對革命進程造成阻礙或破壞的負面面向。從這種觀點來看，革命乃是……一首宏偉的勝利交響樂，不只是勝過敵人，也是勝過自己。

——蘇卡諾總統的獨立日演說，一九五七年八月十七日

在解釋一九六五至六六年那場大規模暴力當中，指涉印尼歷史是常見的做法，而那場暴力也無疑在某些方面受到歷史經驗影響。不過，什麼樣的歷史具有重要性，以及歷史和一九六五至六六年那場暴力之間有什麼關聯，則沒有太多共識。舉例而言，印尼官方的記述幾乎完全聚焦於印尼共產黨受到指控的狡詐歷史，強調該黨在一九二六與一九四八年先後對殖民當局和剛成立的共和國發起武裝暴動，接著又在一九六五年十月發動所謂的奪權計畫，彷彿這樣的描述就足以解釋那場疑似政變之後爆發的暴力事件。相對之下，許多民間敘事以及部分學術敘事，則是沒有明言地把那場暴力的起源歸因於一個歷史悠久的「印尼」過往，其中的奇異文化模

式，像是狂亂施暴、服從權威以及宗教狂熱，會以完全成形的狀態冒出，而形塑並且引導殺人者與被殺者的行為。這兩種描繪對於促成一九六五至六六年那場暴力的歷史力量，都沒有提供令人滿意的陳述。

本章提供一種不同的觀點，強調我認為對於促成以及形塑一九六五至六六年那場暴力最具重要性的歷史力量、行為者以及偶然性。本章首先簡短檢視印尼的殖民歷史，然後追溯左派與民族主義運動在二十世紀初的興起、一九四二至一九四五年間的日本占領、對於荷蘭統治的反抗而於一九四九年達成獨立，以及獨立之後頭十五年間的動盪。接下來，本章會更仔細檢視在獨立後崛起的每一個主要政治行為者，以及出現於他們之間的緊張關係。最後一部分則是描述那場疑似政變之前的最後一年，也就是這些緊張關係達到臨界點的時候，並且顯示幾項關鍵的決策與事件，如何協助造就了一套先決條件，終究導致一九六五年十月一日的事件以及後續的暴力。

透過這項論述，本章意在凸顯印尼現代史當中，對於促成攻擊左派人士的大規模暴力似乎特別重要的五個面向：一項殖民與革命經驗，不但激化了意識形態歧見，也造成極不相同而且相互衝突的歷史敘事；在陸軍和部分穆斯林當中出現的一種早期觀感，認為印尼共產黨對國家造成了生存威脅；在國家形成的過程中發展出一個強大、中央集權而且抱持政治保守立場的陸軍，對於保持現狀極為重視；那個陸軍發展出一種機構文化、行事手段以及信條，而為暴力打壓國內敵人提供了樣板；還有一項以大規模政治動員、激進好鬥與極化為特色的後殖民政治。

殖民與革命

我們今天稱為印尼的這個國家，這座橫跨三千英里並且涵蓋了數百個不同語言群體的龐大群島，其實是頗為晚近的發明。這個國家的現代地理輪廓是荷蘭對於一片原本並非單一政治實體的領域，遂行殖民統治所造成的結果。[1] 這麼說並不是指這座群島在歐洲人到來之前原本是一片空白。實際上的狀況正好相反，包括爪哇、蘇門答臘、峇里、蘇拉威西、婆羅洲以及其他數百座小島在內的這些島嶼，以及連接這些島嶼的水域，自從公元初年以來就有高度發展的文明以及龐大的貿易網絡，例如三佛齊這個信奉印度教與佛教的巨大貿易帝國，位於當今的蘇門答臘；還有滿者伯夷王國，其影響範圍涵蓋爪哇與峇里的大部分地區，並且延展至婆羅洲南部、蘇門答臘，以及當今印尼東部的諸多島嶼。

不過，這些文明雖然相當重要而且令人驚豔，卻沒有一個被稱為「印尼」，也不能夠以「印尼」一詞正確描述。「印尼」這個名稱以及其中包含的民族國家概念，直到二十世紀初期才出現，當時一小群本土人口（主要接受過荷蘭教育）發起了最早的民族主義運動，藉此傳達這項觀念：東印度群島的所有不同族群雖有許多相異之處，卻共同面對同一項困境與命運，也有一致的身分認同。[2] 而馬來語這種使用於區域貿易和行政上的語言，也在那時改名為「印尼語」，並且被確立為新的國家語言。如同「印尼」這個統一民族國家實體的概念，挑選那個語言作為國家語言（而不是其他數百種當地語言或甚至是荷語）也具有重要的政治意義。此舉強調了那場民族主義運動當中的一般性原則，亦即沒有一個特定的族裔或宗教群體（不論那個群體的規模多大、在經濟上具有多高的支配地位，或是有多麼高度發展）能夠支配或者定義這個國家，而且印尼的成功只會立足在統一的原則，以及一群非以族裔決定身分的公民基礎上。

殖民與反殖民遺緒

這項理想雖然有時不免遭到質疑或違逆，卻引導了長達一百年來的政治辯論。印尼雖然含有龐大的族裔和語言多樣性，也存在一些無可避免的緊張關係，但印尼的政治辯論與民族認同卻不受族裔與宗教所界定。也就是說，印尼和其他許多殖民與後殖民國家乃至美國的狀況形成鮮明對比，種族、族裔和宗教並不是印尼政治當中的主要問題所在。印尼主要的辯論與歧見都是在意識形態或哲學方面：我們應該發動什麼樣的反殖民抗爭？這個國家將會是什麼樣的國家？我們應該根據什麼樣的政治意識形態建立我們的新政府與國家？

實際上，在一九二〇至一九三〇年代期間，主導了辯論內容的世俗民族主義立場，只是受到表達的許多政治願景的其中之一而已。除了尋求以某種形式維持殖民統治的人士之外，主要的辯論參與者包括伊斯蘭教的若干派別以及革命分子與溫和左派。身為單一印尼民族主義的早期倡導者，蘇卡諾渴望把各種立場團結成一項單一運動，於是堅稱民族主義、宗教與共產主義並非根本上互不相容，而是同一項抗爭當中一樣重要的不同面向。[3]後來蘇卡諾以「納沙貢」（Nasakom，由「Nasionalisme」、「Agama」與「Komunisme」三詞結合而成，亦即民族主義、宗教與共產主義）這個簡稱所表達的這種觀念，成了民族主義抗爭當中的一項關鍵要素，但在後續年間也成了一個激烈的爭執點，一路持續到一九六五年的那場疑似政變。然而，這樣的爭執以及化解爭執的嘗試，都凸顯了核心的

蘇卡諾（手持書者）與同事和律師站在萬隆的殖民地法院前方，攝於一九二六年左右。（Leiden University Library/KITLV 142737）

辯論與關鍵問題，主要涉及意識形態與政治願景，而不是基於族裔、種族或宗教之上的認同問題。

殖民統治也在這座群島上引起政治與社會緊張，或是造成既有緊張關係的惡化，包括在殖民者與被殖民者之間，以及在東印度群島的原住人口之間。這些緊張關係包括各方競逐貴族特權，或其他特權所引發的衝突，而這些競爭者就會動員當地人口對抗自己的對手，並且經常獲得荷蘭官員和軍事力量的協助。另外有些緊張關係植根在階級衝突裡，例如介於不滿的農民與他們的地主之間，或是農業工人與經常受到荷蘭人支持的種植園主之間。還有些緊張關係則是宗教與文化的信念或實踐當中的衝突，而荷蘭當局經常會支持表面上屬於「傳統」的特權，打壓現代化人士與民族主義者的主張。[4]

殖民時期其他對於印尼造成長久影響的特徵，還有慣例性地使用本土人口輔助部隊鎮壓反抗行動，以及藉由國內流放手段懲罰批評者與反對者的做法。在十九世紀末與二十世紀初，於亞齊乃至峇里鎮壓反殖民反抗行動的殖民軍隊當中，絕大部分都是由荷蘭軍官指揮的土著部隊構成。實際上，土著士兵在殖民武裝部隊當中占有主要地位，然後又在荷蘭人的指揮下被派去殺害以及羈押其他土著人口。這樣的經驗留下了深刻的傷痕，而且大概也影響了印尼的武裝部隊在革命以及獨立後時期所採用的戰略與戰術。同樣的，印尼當局後來也採取荷蘭殖民當局的做法，對付反抗運動的領袖以及其他對手，把他們流放到群島上的偏遠地區，例如巴布亞島上的波文帝固爾（Boven Digul）。一九二六年印尼共產黨起事的領導者，以及像蘇卡諾這樣的民族主義人物，就是在一九三〇年代被荷蘭人送到這類流放地。

日本在二戰期間的短暫占領（一九四二至一九四五），也對印尼的政治發展造成重要影響，促進民族主義觀念的迅速擴散、加速大規模政治動員的步伐，並且如同安德森所言，讓印尼人「首度體驗到一個抱持軍國主義意識形態的軍事化國家」。[5] 除了協助像蘇卡諾這種老一輩民族主義人物的活動，日本當局也促使前所未有的眾多年輕人加入群眾政治組織，並且鼓勵他們參與各種軍事和準軍事團體。[6]

印尼民族主義者在雅加達接受日本軍事當局校閱，攝於一九四二至一九四五年間。（Leiden University Library/KITLV 25252）

那些組織為印尼的年輕人培養出好戰的姿態與高昂的鬥志，也造就出許多以青年為主的準軍事部隊，稱為戰隊以及抗爭組織，結果在日本於一九四五年八月戰敗之後的印尼民族革命當中扮演了中心角色。那些組織裡最重要的一個是日本在一九四三年底面對同盟軍進逼而成立的一支本土人口輔助部隊，稱為鄉土防衛義勇軍（Pembela Tanah Air, Peta）。值得注意的是，在一九四五年底至一九七〇年代末，印尼陸軍大部分的軍官都出身自鄉土防衛義勇軍，包括蘇哈托將軍在內。[7]

相當關鍵的一點是，印尼的民族主義鬥士藉由日本占領當局而接觸了日本戰鬥部隊所採用的若干較為惡名昭彰的技術與做法，包括刑求、虐待、任意監禁與集體懲罰，然後又把這些做法傳給了印尼的國民軍（Tentara Nasional Indonesia, TNI）。[8]實際上，印尼部隊在一九六五至六六年用於刑求及懲罰的許多特定手法（包括假處決、把人浸泡在汙水裡、性侵害、以點燃的香菸炙燙，以及利用陸軍的戰地發電機處以電刑），看來都是直接取自日本的戰時做法。在一九六五年之後用於羈押政治犯的那些高度軍事化的拘留營，不論是形式還是囚犯控制制度以及懲罰方法，也和日本部隊在一九四二至一九四五年間於印尼設置的戰俘營極為相似。[9]換句話說，日本的占領似乎影響了印尼國民軍的機構文化以及暴力手段。

印尼民族革命

印尼民族革命（一九四五至一九四九）對於建立印尼這個後殖民國家的主要輪廓而言尤其重要，不但在其制度與立國敘事上留下了無可磨滅的印記，並且永久形塑了政治衝突的主要焦點。[10]這場革命雖然是一項難以簡單描述的複雜事件，但主要是一場民族抵抗戰爭，因荷蘭人在第二次世界大戰接近尾聲之際，企圖返回他們的前殖民地而引發。在荷蘭及其盟友能夠返回印尼的好幾個月前，印尼民族主義者就在日本投降之後，隨即於一九四五年八月十七日宣布獨立，因而對荷蘭此舉極力抗拒。

等到同盟國部隊在一九四五年十一月登陸印尼之時，印尼民族主義者已無意放棄他們新近獲得的自由，尤其是在蘇卡諾及其同僚帶領之下宣布獨立的世俗民族共和主義者。荷蘭人則是堅稱東印度群島屬於他們所有，而且共和主義者只是一小群激進人士與「恐怖分子」，由於在戰時與日本人合作而毫無可信度。這項指控尤其針對蘇卡諾，因為他確實為了追求自己的民族主義目標而與日本人合作。荷蘭與同盟部隊的抵達造成激烈而且曠日持久的戰鬥，斷斷續續地一路持續到一九四九年底，然後荷蘭才終於在聯合國與美國的壓力下接受印尼獨立。值得注意的是，那些對荷蘭施加的外部壓力，是在共和當局於一九四八年九月鎮壓了茉莉芬的左翼暴動之後才開始真正出現，因為那項鎮壓舉動向美國政府證明了共和當局的確是真心反共。

民族革命的軍事層面，在若干重要面向形塑了印尼陸軍的規範與實踐，也就是其機構文化與行事手法。[11]荷蘭部隊對於印尼民族主義者與日本人明顯可見的合作深感憤怒，又因為他們本身在日本戰俘營裡的可怕經驗而心懷怨恨，於是採取了一些做法，在當時被部分人稱為「納粹策略」，到了晚近則是被描述為戰爭罪行。[12]他們也許是模仿自己先前的敵人，而在沒有起訴或審判的情況下，羈押了好幾千名被懷疑為獨立支持者的人士、以刑虐作為懲罰或逼供的手段，並且為了報復而放火燒毀整座村莊。在被認為支持共和反抗分子的村莊裡，荷蘭殖民部隊甚至舉行了大規模處決，並把屍體丟棄在鄰近的河流與灌溉溝渠裡，就像印尼行刑隊在二十年後對他們的共產黨受害者所採取的做法一樣。[13]

另一方面，印尼民族主義部隊經常採取的手段，則是被他們的對手描述為「恐怖行動」，在今天也會被視為是嚴重違反人權的行為。他們受到自己從日本人那裡吸收而來的好戰與鬥志所驅使，而且可能也借用了他們當初看到日本部隊在占領期間採用的方法，因此也會放火焚燒他們懷疑是對手支持者的村莊、刑求被羈押者以獲取資訊，有時也會殺害遭到監禁的通敵嫌疑犯。印尼在一九四九年獨立之後，這些手段就成了印尼武裝部隊的機構行事手法以及文化當中的一部分，在陸軍於一九六五年底展開對付左翼人士的行動之時也仍然沒有改變。

印尼民族革命對於陸軍的信條與結構同樣造成了長久的影響。[14]「全民國防」的信條就是源自於此。由於這項信條，陸軍因此藉著與平民密切合作，以打擊國內的叛亂與顛覆活動。獨立後那些年間，動員平民組成私刑團體與民兵的策略就是以這種概念為核心。那場革命也造成了印尼應該要有「國土軍」的觀念，也就是在每個省、縣、區、村都有常駐部隊，關注重點同樣是在於打擊內部動盪與顛覆的威脅。最後，在革命期間，陸軍變得愈來愈中央集權，意識形態也愈來愈具同質性，一面把各自獨立的抗爭組織併入其中央指揮之下，也致力於清除對其權威造成威脅的左翼與伊斯蘭主義部隊（例如社會主義青年團〔Pesindo〕與真主黨〔Hizbullah〕）。[15] 印尼陸軍信條與結構的所有這些面向，都促成了一九六五至六六年的大規模殺戮與監禁，而且堪稱也是那起事件的關鍵先決條件。

當然，印尼民族革命遠遠不只是印尼與荷蘭部隊之間的軍事鬥爭，而且其所造成的影響也不僅限於軍事領域。這項革命也涉及了其他根本性的問題，像是這場抗爭該由誰領導（共和主義者、聯邦主義者、伊斯蘭主義者、共產主義者，還是社會主義者）、抗爭的進行方式（透過軍事手段還是外交手段，由上而下還是由下而上），以及新成立的民族國家該採取什麼形式（世俗國家、單一國家、聯邦國家，還是伊斯蘭國家）。這些辯論受到解決或者懸而不決的方式影響了這個後殖民國家的性質，以及在後獨立時期出現的各種政治勢力之間的相互關係。此外，這些辯論也強化了激烈意識形態衝突的政治情勢，而這又是一九六五至六六年大規模暴力的第二項先決條件。

民族革命對於這個後殖民國家的影響，最明顯可見之處，也許是在宣布獨立之後那段充滿興奮的期間所頒布的憲法當中。在一九四五年八月齊聚一堂草擬這部憲法的那一小群人，察覺到必須迅速採取行動，並以明顯可見的論述支持強而有力的中央集權統治，於是設計了這麼一份基本文件，不但為總統職務賦予可觀的權力，並且設想了一個單一共和政府（也就是非聯邦式的共和政府）。不過，這種世俗專制的單一國家絕非當時唯一的選項。受到提出的其他可能選擇還包括一個社會主義但非共產主義的國家，具備仿效西方國家的民主制度；一個仿效史達林的蘇聯而建立的共產主義國家；一個為各地的區域政府賦予高度自主性的聯邦國家；以及一個神權國家，國家法律採取某種版本的伊斯蘭律法。這些立場各自都有堅定的倡導者，在獨立抗爭之前就已一再爭取影響力與權力，在獨立之後的那些年間，對於自己的勝利與失敗也懷有清晰而且滿懷怨恨的回憶。

最早的挑戰來自於伊斯蘭主義者，他們在印尼宣布獨立的時候要求憲法內容應該規定伊斯蘭律法適用於身為穆斯林的絕大多數印尼公民。這項要求提出於一份稱為《雅加達憲章》的文件裡，後來以些微的票數差距遭到拒絕，而且其倡導者聲稱這是不公平的投票過程所造成的結果。於是，印尼成了一個世俗國家，所有宗教一律平等。[16] 伊斯蘭主義者提出的挑戰沒有因為這項失敗而畫下句點。相反的，到了一九四八年，一項稱為「伊斯蘭之域」(Darul Islam) 的反叛運動已然興起，要求成立一個伊斯蘭國家。伊斯蘭之域以及其武裝組織印尼伊斯蘭軍 (Tentara Islam Indonesia) 在國內部分地區獲得強烈支持，尤其是西爪哇與亞齊，還有南蘇拉威西與南加里曼丹，並且對於共和國持續造成威脅，直到一九六〇年代初期才終於遭到打敗。[17] 剿滅伊斯蘭之域的行動代表了陸軍中央權力在爪哇內外地區的大幅深化，而這項反叛運動也造成世俗民族主義者以及陸軍內部，對於伊斯蘭主義懷有深刻的不信任。打擊伊斯蘭之域的漫長軍事行動，也為陸軍提供了發展反叛亂戰略與戰術的機會，包括惡名昭彰的「人牆」(fence of legs) 戰術，也就是動員村民在軍方認定是伊斯蘭之域基地的地區圍成一條人鏈，把叛亂人士趕出來。這類戰術令人不寒而慄地預示了陸軍在一九六五年之後清剿印尼共產黨的行動，也堪稱為那項行動提供了藍圖。

另一項重大挑戰來自於左翼的政黨，這些政黨到了一九四八年已發現自己與共和領導層愈行愈遠，尤其是共和政府的保守派支持者馬斯友美黨（Masyumi）。左翼政黨認定必須推行真正的社會革命，而不只是單純的民族解放，同時又遭到對於武裝部隊「合理化」的計畫所威脅，因此開始採取批評共和領導層的立場。一九四八年中，在一個名為慕梭（Musso）的戰前印尼共產黨人物返回印尼不久之後，批評即轉變為公開反對，因為慕梭把左派重新集結於新近激進化的印尼共產黨領導之下。一九四八年九月中，就是在這樣的背景當中，東爪哇茉莉芬這座鄉下小鎮的左派官員及軍事部隊和共和軍發生衝突，並且宣布成立「國民陣線政府」。[18] 茉莉芬的起事雖然看起來是一項出乎印尼共產黨全國領導層意料之外的地方事件，共和領袖與外國政府卻立刻指控印尼共產黨發動政變，而且隸屬於蘇聯在這個區域推翻民族主義政府的陰謀。馬斯友美黨的領導人物也加入指控，呼籲對抱持無神論的印尼共產黨發動聖戰，同時動員其準軍事組織真主黨與聖戰軍（Sabilillah）協助軍方。在接下來的幾個星期裡，共和部隊在那個地區的各處發動突襲，西自中爪哇的沃諾吉里（Wonogiri），東至東爪哇的諫義里。在那些行動當中，他們逮捕了三萬五千名左右的印尼共產黨員，也殺害了許多人（有些是在血腥的集體處決當中），包括慕梭以及至少十幾名印尼共產黨高層領袖。[19]

在茉莉芬遭害的人數雖然相對不多，而且大部分遭到羈押的印尼共產黨員也在不久之後即獲得釋放，這起事件卻大幅加深了印尼共產黨和軍方還有馬斯友美黨之間的分歧。除此之外，茉莉芬事件也在其他方面為一九六五年的暴力奠定了基礎。舉例而言，陸軍為了鎮壓茉莉芬的印尼共產黨人，採用的手段就預示了一九六五至六六年的做法，包括就地處決（見第五章圖片），以及不經起訴或審判即加以監禁。如同伊斯蘭之域事件，陸軍也動員地方民兵協助辨識、羈押以及殺害嫌疑者。這起事件並造成差異極大而且深富政治色彩的歷史敘事，對於政治辯論的影響與煽動一路持續至一九六五年。一方面，印尼共產黨及其盟友堅稱茉莉芬事件是受到「挑釁」所造成的結果，而那項挑釁乃是出自共和政府及其帝國主義盟友的設計，目的在於引誘印尼共產黨落入圈套，藉機消滅該黨。[20] 另一方面，印尼共產黨的反對者，尤其是馬斯友美黨，則是把茉莉芬事件視為明白展現了印尼共產黨的狡詐不忠，而且也是一項警告，顯示該黨自甘為外國利益服務，因此絕對不能受到信任。[21] 實際上，在一九六五年的疑似政變之後，印尼共產黨的反對者就立刻緊緊抓住茉莉芬事件的這個歷史版本，作為該黨對國家不忠而且懷抱顛覆意圖的證據。那些人士把一九六五年的失敗政變稱為「第二次茉莉芬事件」，並且歸咎於印尼共產黨，從而堅持這次必須把該黨徹底殲滅，以防他們再度造反。[22]

在這些鬥爭當中勝出並且存續下來的立場，是蘇卡諾與共和主義運動所主張的世俗民族主義模式。這項模式以及其所尋求採取的妥協，即表達於蘇卡諾在一九四五年六月寫下的「班查西拉」（Pancasila，建國五原則）這項國家意識形態或者國家哲學當中。[23] 此外，蘇卡諾本身也在民族革命之後成為國家英雄、總統，以及互相競爭的政治勢力之間不可或缺的調解者。在這樣的環境當中，陸軍扮演了一個重要的角色；這時的陸軍比起一九四五年遠遠更加強大、更中央集權，意識形態也更具同質性。相對之下，左翼與伊斯蘭主義勢力經過民族革命之後則是遭到削弱，政治上也有所妥協。不過，這些勢力並未消失，其支持者也把獨立之後的時期，視為擴張權力以及從失敗中重新站起來的機會。

自由民主與指導式民主，一九五〇至一九六五年

在一九四九年十二月造成主權移轉的那項協議提供了一個契機，讓受過教育並且具有國際觀的印尼人士得以把專制的一九四五年總統制憲法，換成一部比較合乎戰後自由主義規範的憲法。新的「自由主義」憲法採納了新近剛載入《世界人權宣言》（一九四八）的原則，包括言論自由與集會自由，並且建立一種多黨議會民主體制，也大幅降低了總統的權力。在這樣的背景下，數十個政黨因此出現，而政黨對於公職與支持者的競逐也愈來愈激烈。

一九五五年國會大選結果

四大主要政黨	席次	得票率（%）
印尼國民黨	57	22.3
馬斯友美黨	57	20.9
伊斯蘭教士聯合會	45	18.4
印尼共產黨	39	16.4

觀察者一致讚揚於一九五五年舉行的首次國會選舉，認為是這個在不久之前才剛擺脫了多年殖民統治以及戰爭與革命的國家，所獲致的一項非凡成就。[24] 更重要的是，這場選舉揭示了印尼國民黨、馬斯友美黨、伊斯蘭教士聯合會與印尼共產黨這四個主要政黨的實力，而有些先前頗具影響力的政黨則是在這場選舉當中畫下句點，其中之一就是印尼社會黨（Partai Sosialis Indonesia, PSI）。因此，這場選舉強迫造成了政治勢力的大規模重組；自此以後，內閣以及其他政府機構，都必須重視政黨的選舉實力，於是印尼共產黨以及其主要對手，也從此獲得前所未有的權力。

一九五五年的選舉也促成制憲會議的召開，其任務是草擬一部新憲法，取代施行於一九五〇年的那部過渡憲法。不過，關鍵議題的歧見終究難以化解，以致這場會議到了一九五七年底仍然未能完成其任務。在此同時，區域選舉和區域叛亂也造成政治緊張的進一步惡化。在一九五七與一九五八年舉行於爪哇部分地區的區域選舉，顯示印尼共產黨在全國選舉之後的這些年間已成長得更加強大；實際上，該黨在不少地方都贏得了地方首長及其他公職的選舉。[25]這樣的迅速增長使得右翼政黨大感驚恐，武裝部隊當中對於印尼共產黨感到不安的人士也是如此。

差不多在同時，離島的區域暴動也造成國家的動盪，包括蘇門答臘的印尼共和國革命政府（Pemerintah Revolusioner Republik Indonesia, PRRI）暴動以及蘇拉威西的全面鬥爭憲章暴動（Piagam Perjuangan Semesta, Permesta）。[26]這兩項暴動雖然沒有要求獨立，卻都希望在當地與雅加達的關係當中尋求根本性的改變，要求中央與爪哇以外的區域在財富、收入與權力的分配能夠更加平等。在這兩個案例當中，反抗人士也都包含了區域軍事指揮官在內，並且獲得印尼社會黨與馬斯友美黨的支持。此外，其背後也有美國的支持，這點將在第四章談到。

這兩項暴動為一系列強化陸軍和總統地位的決策提供了理由，並且對於印尼的發展進程造成根本性的改變。一九五七年三月，在陸軍領導層的敦促下，蘇卡諾宣布戒嚴，從而為軍方賦予了控制經濟與政治生活的高度權力。在戒嚴法之下，許多在不久之前國有化的產業都落入陸軍軍官與陸軍部隊的手中，包括原本由外國人經營的種植園、油田與煉油廠。[27]這項轉變深化了陸軍維持現狀的經濟與政治利益，也大幅改變了陸軍和印尼共產黨之間的權力平衡。

接著，蘇卡諾在一九五九年要求終結「自由」民主，回歸一九四五年的總統制憲法。他聲稱議會民主是外國進口的產物，不適合印尼傳統，而宣布建立一套新制度，稱為「指導式民主」（Guided Democracy）。他說這套制度比較適合印尼文化。[28]這項舉動受到陸軍領導層以及較為保守的民間人士歡迎，因為他們認為議會制度是政治不穩定的源頭，而且還為印尼共產黨以及其他左翼政黨帶來不少助益。[29] 藉著確保軍方在所有的主要立法與行政機構當中，都能夠和政黨一樣擁有代表席次（亦即恢復一九四五年憲法，其中載有由「功能性團體」任命代表的原則），指導式民主因此強化了陸軍在政治當中的地位以及所擁有的利益。此舉也造成印尼在後續四十年左右不再有議會民主。

至少在剛開始的時候，指導式民主似乎為議會制度的分歧與癱瘓提供了一個解方，主要是因為指導式民主迎合了蘇卡諾出眾的政治才能。舉例而言，藉著號召大眾支持伊里安查亞*這塊在一九四九年獨立協議當中規定由荷蘭保有的龐大區域必須歸還印尼的要求，蘇卡諾似乎無意間發現了一項能夠促使人們團結支持一個共同目標的公式。各種立場的政黨和群眾組織都舉行了盛大的集會與示威，支持蘇卡諾充滿激情的民族主義修辭。不過，伊里安的領土爭議在一九六二年以有利印尼的方式獲得解決之後，這種修辭的魔力即開始消退，而蘇卡諾在後續試圖找尋其他能夠團結全國的國家目標也都沒有成功。[30] 其中一項嘗試，就是他在一九六三年九月，因為馬來半島與婆羅洲北部的殘餘英國殖民地獨立建國成為馬來西亞而發動的對抗運動。不過，這項「擊垮馬來西亞」的運動不僅沒有團結國家，其所造成的氛圍反而導致政治愈來愈極化、印尼共產黨變得更加激進，陸軍也愈來愈決意阻止印尼共產黨在政治上崛起。[31]

簡言之，指導式民主雖然強化了總統和陸軍的權力，也企圖藉著去除選舉削弱政黨，卻絲毫沒有終結充滿爭議的政治。相反的，由於沒有選舉，政治因此愈來愈表達於街頭運動當中，原因是左翼與右翼政黨都企圖藉著動員愈來愈龐大的群眾及舉行大眾集會與示威，以展示自己的力量，從而爭取總統的重視。在這樣的情況下，包括青年、女性、勞工、農民、藝術家與作家等等來自各行各業的大量民眾，都因此直接涉入政治以及有時發生的激烈衝突。[32]這些示威所使用的語言和語氣，都模仿了總統愈來愈民族主義而且反帝國主義的宣告。由此造成的效果，就是連右翼政黨也開始以革命的語言表達自己的要求，宣稱自己的目標是對抗「尼科林」(Nekolim，意為「新殖民主義、殖民主義與帝國主義」)、支持「新興力量」(Nefos)，而且蘇卡諾是深受愛戴的「人民喉舌」，又號稱自己是班查西拉與納沙貢等等的堅定捍衛者。這種充滿大眾動員的氛圍以及其中經常帶有好戰姿態的革命語言，在舊秩序時期的最後幾年裡又進一步加速發展。

關鍵參與者

大眾政治在一九五九年之後的加速發展，對於發生在一九六五年十月一日事件之後的暴力而言，又是另一項主要先決條件。連同一個深度政治化、愈來愈強大，而且又對維持現狀懷有

＊譯注：伊里安查亞 (Irian Jaya) 位於新幾內亞，在二〇〇二年更名為巴布亞。

高度利益的陸軍，還有左翼與右翼政黨的激烈政治分歧，以及動員平民組成民兵團體打擊內部敵人的傳統，新的大眾政治因此為那場疑似政變以及後續的暴力，奠定了必要的結構基礎。除了印尼政治生活的這些一般性特徵之外，關鍵參與者的行動加上那場疑似政變前一年無可預期的事件發展，都提高了緊張關係，也導致暴力更有可能發生。

蘇卡諾

指導式民主制度的中心人物是蘇卡諾總統，他在印尼的現代史以及一九六五年十月那場疑似政變的敘事當中都是一位關鍵人物。[33] 批評人士雖然把他視為煽動者、好色之徒，又是個危險的左翼分子，但當時蘇卡諾在印尼國內廣泛被視為一位民族英雄，而且至今在一定程度上也仍然如此。在一九二九年因為領導世俗民族主義運動而遭到荷蘭殖民當局監禁的他，是反殖民抵抗運動當中一位勇敢、聰穎而又富有魅力的象徵人物。[34]

印尼總統蘇卡諾，攝於一九五一年左右。（Leiden University Library / KITLV 2691）

蘇卡諾也是個精明的政治運作者，利用他高超的政治手段，在一群差異極大而且相互爭執的意識形態團體、區域團體以及政治團體當中，打造出一個成功的民族主義聯盟。他標舉的民族主義雖然帶有強烈的反帝國主義與反資本主義色彩，但他卻不是共產主義者，甚至也從來不曾加入印尼共產黨。實際上，儘管他支持左翼政權，但他的意識形態立場精確說來應該算是民粹主義，而不是共產主義；他的方案與政策確實沒有什麼可以合理稱得上是馬列主義的內容。他反對無產階級的概念，也反對階級分析這種想法，並且創造了「升斗小民」(Marhaen) 這種概念，以及一種無定形的意識形態，稱為「平民主義」(Marhaenism)：後來這個用語受到了印尼國民黨挪用。

蘇卡諾最主要是國家統一觀念的熱切捍衛者：他和他同時代的人士都把這種概念拿來和備受鄙視的「聯邦主義」對比，而當初荷蘭殖民當局就是企圖利用後者消解反殖民共和運動的力量。蘇卡諾提出的班查西拉與納沙貢這兩項最以抱負宏大著稱的概念，都是融合的嘗試，希望把看似相異甚至互相對立的推動力、信仰、觀念與政治傾向團結成一個整體。[35]如同我們先前看過的，納沙貢是民族主義、宗教與共產主義三者的簡稱，而班查西拉則是試圖把社會正義與人道主義這類現代世俗概念，與一神信仰這類古老的宗教觀念結合在一起。

在獨立後超過十年的時間裡，蘇卡諾也扮演了不可或缺的政治調解者與桶箍的角色，精心平衡國內兩大政治群體的要求：一方是陸軍，一方是印尼共產黨。但隨著時間過去，他卻開始明顯左傾，不但支持印尼共產黨的各項倡議，在國外也採取更強硬的反帝國主義姿態。此一趨勢在十月疑似政變之前的最後兩年裡加速發展，只見蘇卡諾反覆譴責國內的「恐共」以及國外的「尼科林」（新殖民主義、殖民主義、帝國主義）。[36]

舉例而言，蘇卡諾在一九六三年之後對美、英兩國發動猛烈抨擊，並且鼓勵或者至少容忍對於這兩國的財產以及外交設施的攻擊。與西方的關係惡化之後，印尼於是愈來愈靠向中國。實際上，到了一九六五年，中國已大概算是印尼關係最緊密也最可靠的盟友，兩國之間也經常互派正式代表團。一九六五年一月，印尼退出聯合國，理由是聯合國遭到了帝國主義與新殖民主義強權所支配，而且還投票通過馬來西亞加入。五月，蘇卡諾在印尼共產黨建黨四十五週年的一場盛大集會上發表致詞。接著，他在八月十七日發表了由印尼共產黨關鍵人物幫忙撰稿的獨立日演說，宣告指出：「我們現在正在培養一個反帝國主義軸心：也就是雅加達—金邊—河內—北京—平壤軸心。」[37] 簡言之，在十月一日那場疑似政變之前的最後一年裡，印尼共產黨及其盟友可以滿懷自信地認定自己擁有總統的支持，而陸軍及其右翼盟友也有理由擔心總統與國家的走向。

印尼共產黨

另一個關鍵參與者是印尼共產黨。印尼共產黨成立於一九二〇年，時間甚至比中國共產黨還早，因此是亞洲歷史最悠久的共產黨，而且到了一九六五年也已是全世界最大的在野共產黨。[38] 一九六三年，印尼共產黨宣稱擁有三百五十萬左右的正式黨員，而且其附屬組織還有另外兩千萬名成員。[39]更引人注意的是，印尼共產黨是一個合法政黨，沒有武裝側翼也沒有革命計畫。根據以下將會討論到的部分記述，該黨採取「議會道路」的做法是一項策略上的錯誤，也是該黨在一九六五年十月之後瞬間滅亡的主要原因。[40]但就短期而言，這項做法卻讓印尼共產黨得以透過和平手段來到權力的門檻前面。因此在冷戰的高峰期間，這種做法似乎是令左派獲致成功的一項新奇策略。

印尼共產黨並非向來都採行議會道路。一九二六年十一月，在東印度群島仍然完全受到荷蘭控制的情況下，印尼共產黨發動了一場武裝暴動，希望藉此引發一場危機，而能夠終結殖民統治。然而，這場暴動卻立刻遭到荷蘭部隊鎮壓，印尼共產黨也因此遭禁。該黨約有一萬三千名黨員遭到逮捕，並且有超過八百人被送到波文帝固爾的一處流放地，位於印尼群島東部的偏遠地區。[41]印尼共產黨在印尼民族革命期間再度出現，而如同先前所述支持了另一場失敗的起義活動，在一九四八年九月發動於東爪哇的茉莉芬。這場起義也遭到鎮壓，但這次的鎮壓者是印尼本身的軍隊，而這項激烈衝突在二十年後仍然迴盪於印尼的政治當中。

印尼共產黨雖然一再遭遇這些組織與名聲上的挫折，卻在獨立之後不久又再度出現。不久之後，該黨老一輩的領導者就被一群新世代所取代，而從此堅定採取追求權力的合法議會道路。其中的關鍵人物包括艾地（D. N. Aidit）、盧克曼（M. H. Lukman）與喬托（Njoto），年齡都只有二十幾歲乃至三十出頭，而一九五一年一月組成的新政治局即是以他們為核心。[42]印尼共產黨在後續幾年雖然多多少少遭到排除於高階政務官職務之外，這種新策略卻在印尼舉行於一九五五年的第一場全國大選當中獲得豐碩的成果。如同先前提及的，該黨的得票數在眾多競爭對手當中高居第四，而令政治觀察家大感意外。

此一優越表現為印尼共產黨獲得了前所未聞的政治影響力，也為該黨透過議會掌權的可能性打開了大門。印尼共產黨在一九五七至一九五八年的區域選舉進一步獲得成功，又更加擴大了那項可能性。一部分就是由於這個原因，陸軍和右翼政黨才會支持一九五七年的戒嚴令，以及蘇卡諾在一九五九年以指導式民主取代自由民主的做法。不過，把選舉政治轉變為動員政治，絲毫沒有減弱該黨所受到的歡迎。實際上，印尼共產黨非常擅長於群眾動員。

印尼共產黨主席艾地在該黨的一場集會上發表演說，一九五五年九月。(Wikimedia Commons)

印尼共產黨獲得的成功以及廣大支持，部分原因在於其組織有效性，但另外也還有其他因素。[43]別的不提，印尼共產黨受到公認是各大政黨當中腐敗程度最低的一個。至於該黨所主張並且奮力爭取的不少政策，諸如土地改革、提高工資、物價管制以及工會權，也對為數可觀的人口深具吸引力。此外，儘管該黨傾向國際主義，也有不少國際上的關係，卻始終支持蘇卡諾極度熱切的民族主義立場：包括對於伊里安查亞的主張、對抗運動、國有化，以及反對尼科林強權。簡言之，印尼共產黨是一個廣受喜愛的政黨，不但擁有組織能力，傳達的訊息也相當迎合那個時代以及指導式民主的政治環境。即便是該黨的敵人，也對其長處有所體認。如同美國國家安全委員會執行祕書詹姆斯·賴伊（James Lay）在一九六〇年十二月所寫的，印尼共產黨「在組織、財務與領導上都相對健全。該黨的紀律、一致的目標以及對於政治行動手段的運用，在印尼各政黨當中頗為獨特。該黨控制勞工運動，展現過選舉實力，也避免違法行為，因此心理地位相當穩固」。[44]

由於印尼共產黨獲得廣大支持，加上其愈來愈趨激進化的發展，並且在一九六三年之後更是如此，因而在陸軍以及右翼政黨之間引起了高度憂慮。從外交政策到土地改革，乃至軍隊控制等各式各樣的議題上，他們都認為印尼共產黨對於他們的利益構成真實威脅。他們也擔心在蘇卡諾明顯可見的支持下，印尼共產黨在不久之後，恐怕就會在國家的政治領導當中扮演更核心的角色。

印尼共產黨的策略雖然帶來許多短期利益，卻也伴隨了重大風險。舉個例子來說，在一九五一年之後致力採行和平非革命道路的做法，有時限制了該黨為身為其基礎的勞動階級發聲以及促進利益的能力，從而導致團隊精神的降低以及對於大眾基礎失去內部控制。這點的一個著名案例就是所謂的「單邊行動」(aksi sepihak)，亦即該黨在部分地區的基層，對於土地改革的推動比領導層希望的強烈許多。另外，印尼共產黨愈來愈依賴蘇卡諾的支持與保護，也導致他的地位只要出現任何變化，就不免對該黨造成影響，不論那樣的變化是健康問題還是政治算計造成的後果。[45]最後，而且可能也是最重要的一點，採行和平策略導致印尼共產黨為數龐大的黨員暴露於敵人的實體攻擊之下，尤其是陸軍的攻擊。

陸軍

陸軍雖然不像印尼共產黨那麼擅長動員政治，在指導式民主的政治安排當中卻也是一個關鍵參與者，而且其權力在一九六五年十月的疑似政變之前那幾年間大幅增長。陸軍之所以具備影響力，一部分原因是它們掌握了所有，或者至少是大部分的槍桿子，但也是因為陸軍在戒嚴令之下取得了強大的政治與經濟權力。[46]那種權力當中的一個關鍵要素又是源自另一項事實：許多原本屬於外國人所有而在這時國有化的種植園以及其他財產，都交給了陸軍。陸軍的政治權力與地理掌握範圍，也因為一連串成功的軍事行動而大幅成長，包括在蘇拉威西與蘇門答臘鎮壓區域叛亂，以及在亞齊與西爪哇鎮壓伊斯蘭之域叛亂的行動，還有對於收回伊里安查亞以及粉碎馬來西亞的運動所表達的支持。[47]最後，如同第四章將會進一步仔細探討的，陸軍的權力在這些年間的成長，是獲得外國軍事援助的結果。外援讓陸軍得以將必要裝備升級以及現代化，而且也許同樣重要的是，讓中央司令部得以獲取大筆資金，從而用於強化恩庇網絡以及鞏固自身權威。

由於所有這些發展，陸軍到了一九六〇年代初期已比過往更加強大、更中央集權，意識形態也更具同質性。此外，不論在理論還是實務上，陸軍都幾乎完全聚焦於打擊國內顛覆活動，而不是抵抗外來威脅。陸軍的權力以及對於內部敵人的擔憂，又進一步受到其結構與信條當中的部分面向所強化。那些結構與信條可以追溯至革命時期，但在獨立之後也繼續有所發展與精進，[48]其中包括陸軍的「領域式結構」，在實務上就是全國每一座都市、城鎮與村莊都駐紮有受到中央指揮的部隊；另外還有全民國防的信條，亦即平民人口可以動員成為輔助民兵部隊，在陸軍的指揮下用於打擊內部敵人。立基於這些原則上，陸軍在一九六五年已建立了一套輔助部隊的網絡，稱為治安民防隊（Pertahanan Sipil, Hansip）以及國民防衛隊（Pertahanan Rakyat, Hanra），涵蓋範圍廣達全國，能夠迅速動員數十萬平民接受軍方指揮。同樣極為重要的還有「雙重功能」（dwi-fungsi）。這項信條最早提出於一九五〇年代，主張陸軍除了扮演國防角色之外，也可合法參與經濟、社會與政治事務。[49]這項信條對於陸軍的角色以及自我形象具有重要影響，也為陸軍在一九六五年以及之後採取的干預行為，提供了一項必要基礎。陸軍信條與結構的這些元素，共同為一九六五年之後打擊印尼共產黨的行動，提供了關鍵的基礎結構與模型。

指導式民主之下的印尼軍方雖然強大，卻不是一個政治統合的機構。陸軍領導層雖然整體而言對於印尼共產黨抱持懷疑或敵對的態度，並且真心害怕該黨攫取政治權力的潛力，但大多數軍官仍然效忠蘇卡諾，大體上也認同他的民族主義與反殖民觀點。此外，有些軍官和士兵還更進一步，不只支持蘇卡諾，也支持印尼共產黨，這種情形尤其可見於中爪哇、東爪哇、峇里與北蘇門答臘。[50]蘇卡諾的左翼民族主義立場在空軍當中受到的認同度最高，空軍司令歐瑪爾·達尼少將（Omar Dhani）採取的立場經常與陸軍對立。[51]此外，陸軍也因為自從一九四〇年代以來對付伊斯蘭之域武裝叛亂分子的經驗，而對激進伊斯蘭信徒抱持強烈的懷疑態度。[52]

軍隊內部缺乏政治統合，有一部分是印尼共產黨刻意促成的結果。自從一九五〇年代中期，甚至在更早之前，印尼共產黨就不斷爭取新兵支持，或者至少是爭取陸軍及其他軍種當中的軍官和士兵對該黨的同情。這就是該黨的「特設處」（Biro Khusus）這個祕密部門的主要目的，而據說這個部門即參與了九三〇運動的策畫。[53]不過，缺乏統合的情形，也是獨立之後那些年間國家機構的整體衰弱狀態所造成的結果。這種衰弱狀態導致大部分的機構都不免因為個人之間的較勁，以及植根於政治影響、物質利益與意識形態當中的分歧，而造成內部分裂。[54]後來促成那場疑似政變及其後續暴力的那項衝突，也是受到軍隊內部的缺乏統合所形塑。

其他反共政黨

在指導式民主的動員政治當中，與印尼共產黨處於對立面的，有幾個立場取向比較保守的宗教與世俗政黨，其中最重要的是伊斯蘭教士聯合會、馬斯友美黨，以及印尼國民黨的右翼成員。[55]這些政黨不論是個別行動還是共同合作，都與印尼共產黨競逐總統的信任，也在立法與行政職務當中競爭政治地位。在沒有選舉的情況下，他們追求這些目標的主要手段，就變成了群眾集會與示威、宮廷鬥爭，以及政治導向的媒體。

伊斯蘭教士聯合會是印尼國內歷史最悠久，而且規模也最龐大的宗教團體之一，在許多年間都沒有直接參與政黨政治。[56]不過，在一九五五年的選舉當中，該會卻以政黨身分參選，而贏得一八．四%的普選票，其中大部分都來自於東爪哇與中爪哇這兩個人口密集的省分。此一支持使得伊斯蘭教士聯合會在國會裡取得重要的發言地位，也獲得蘇卡諾及其盟友有些心不甘情不願的尊重。伊斯蘭教士聯合會是「傳統主義」的穆斯林政黨，遵循備受敬重的鄉下伊斯蘭教神學家奇阿依（kiai）的領導，但不提倡建立伊斯蘭國家。儘管如此，在整個一九五〇年代期間，該會卻是對印尼共產黨採取公然敵對的態度，例如指控印尼共產黨反宗教又不敬神，尤其到了一九六〇年代初期又更是如此。伊斯蘭教士聯合會也強烈批評印尼共產黨與印尼農民陣線（Barisan Tani Indonesia, BTI）對於土地改革（還有所謂的單邊行動）的支持：絕非偶然的是，土地改革的目標經常對準了伊斯蘭教士聯合會，以及其他伊斯蘭教徒所擁有的土地。如同印尼共產黨以及那些年間的其他政黨，伊斯蘭教士聯合會也動員各種群眾組織，以展現政治實力並且提出要求。這些組織包括兩個準軍事青年組織：安梭爾（Ansor）與班薩（Banser；全名為Barisan Ansor Serbaguna，意為「安梭爾多用途部隊」），經常與印尼共產黨的人民青年團（Pemuda Rakyat）發生衝突，後來在一九六五年十月之後，對於印尼共產黨員以及其他左派人士的大規模殺戮當中，他們也扮演了中心角色，尤其是在東爪哇與中爪哇。

影響力第二大的宗教政黨是馬斯友美黨。[57]這個「現代主義」的伊斯蘭教政黨擁有受過教育的西化領導層，支持群眾的分布範圍遠遠超出爪哇核心地帶，並且抱持堅定的反共立場。實際上，馬斯友美黨與印尼共產黨之間的緊張關係可以追溯到印尼民族革命，而在茉莉芬事件爆發開來。主要由於這種強烈反對印尼共產黨的態度，馬斯友美黨因此在當時受到美國官員偏好，而在一九五五年大選當中獲得美國政府暗中提供的財務與戰略支持。[58]這樣的支持協助該黨贏得二〇．九%的選票（五十七個席次），成為該場大選當中排名第二的政黨。不過，馬斯友美黨雖然得票亮眼，對於自身的政治地位卻不滿意，而且黨內的領導者也認為雅加達與外島之間的權力分配不平衡。由於這些原因以及其他因素，有些政黨領導者因此支持一九五〇年代晚期的區域叛亂，連同反共的印尼社會黨也是如此。此一舉動嚴重損害了這兩個政黨的民族主義聲望，而終究導致兩黨雙雙遭禁。不過，這兩個政黨雖然形式上遭到解散，卻仍然在幕後持續運作，批評蘇卡諾與印尼共產黨。此外，附屬於馬斯友美黨的伊斯蘭大學生協會（Himpunan

Mahasiswa Islam, HMI）也持續在檯面上運作。[59] 這兩個黨與伊斯蘭大學生協會在一九六五年十月之前，經常是印尼共產黨的批評對象，而在那場疑似政變之後，緊接而來的消滅印尼共產黨並且架空蘇卡諾的行動當中，這三個組織都扮演了核心角色。

重要性僅次於印尼共產黨的世俗政黨是印尼國民黨，其根源可以追溯到一九二〇年代。[60] 由於其漫長歷史以及扎實的民族主義聲望，印尼國民黨在一九五五年全國大選以及後續的區域選舉當中，都表現得相當亮眼。然而，這個黨卻是貪腐問題纏身；印尼國民黨雖然不是唯一一個遭受貪腐問題困擾的政黨，該黨黨員卻以利用官職為自己與黨內同志謀取利益著稱。該黨內部左翼與右翼的分裂，也削弱了黨的力量，只見雙方在國家與地方層次相互競逐領導職位。左翼黨員雖然大體上支持蘇卡諾的反帝國主義與反資本主義立場，因而對於在部分議題上與印尼共產黨合作抱持開放態度，右翼黨員卻是較為保守，深深擔憂黨會和印尼共產黨走得太近，而比較傾向於和陸軍合作。如同印尼共產黨與伊斯蘭教士聯合會，印尼國民黨到了一九六〇年代初期，已動員大量群眾組織舉行示威與集會以支持該黨的目標。在那些組織當中，有一個就是在一九六五年十月之後的大規模殺戮裡相當活躍的平民青年團。

危險年代

這些政治行為者之間的緊張關係，連同框架了獨立後政治生活的廣泛歷史力量（包括大眾政治、激烈意識形態衝突、軍方深度涉入政治，以及平民準軍事組織的動員），在一九六五年十月疑似政變之前的最後那一年達到了巔峰。印尼共產黨的激進程度在那一年大幅增長，蘇卡諾對於各種充滿爭議的議題所抱持的立場也明顯左傾，而且印尼共產黨與陸軍領導層之間的緊張關係也隨之升高。此外，那一年也出現令人對蘇卡諾的健康感到擔憂的狀況，還有政治團體之間個別發生但是頗為嚴重的肢體衝突，以及外國干預印尼事務的傳言。這些趨勢和事件雖然絕非必然會造成大規模殺戮與監禁，但無疑對那個後果有所助益。[61]

蘇卡諾彷彿早已意識到即將發生的事情，而把他在一九六四年八月發表的獨立日演說標題取為〈危險年代〉。在接下來的那一年裡，印尼共產黨開始在政府當中爭取更大的影響力，並且採取了若干愈來愈激進的立場，使得陸軍領導層坐立難安。對於陸軍最直接的威脅，是成立一個「第五軍種」的提議，主張武裝多達兩千一百萬的農民與勞工。[62]印尼共產黨主席艾地首先在一九六五年一月提出這個想法，就在外交部長蘇班卓（Subandrio）正式出訪北京回國之後不久。[63]在那場訪問上，中國的外交部長周恩來（編按：當時外交部長應為陳毅）據報提出了這項建議，並且表示中國願意為這個新軍種提供十萬件輕兵器。蘇卡諾本身對於這個提議不置可否，但也沒有立刻加以駁回，從而引起了陸軍領導層的憂慮。

第五軍種提議引來的反應正反不一。這個想法受到空軍支持，空軍司令達尼總是傾向於和蘇卡諾還有左派站在同一邊，而和其他軍種對立。另一方面，陸軍、海軍和警方的領導層，則是擔心這項計畫將會削弱他們對於武力近乎完全的獨占，而讓數以百萬計他們最頑強的敵人取得武器。不過，他們也知道直接反對這項提議，將會導致自己遭人指控不夠全心支持對抗運動，甚至是反革命。於是，他們就採取了他們在指導式民主政治當中經常採取的做法，也就是表面上假裝支持這項提議，但在實際上暗中予以阻撓。[64]

陸軍對於印尼共產黨在一九六五年初提出的第二項倡議，也採取了類似的姿態。在那個時候，蘇卡諾的納沙貢概念已廣泛受到各方援引，藉此證明自己對於總統的忠心，並且為自己偏好的政治立場賦予正當性。印尼共產黨以這項概念為基礎，而提議「所有領域都應該納沙貢化」，包括軍隊在內。這項提議在實務上代表的意思就是軍隊必須接受代表政治生活三大領域（民族主義、宗教與共產主義）的「顧問團隊」進駐於其指揮結構裡。這項提議如果獲得實行，印尼共產黨將獲得前所未有的機會，而能夠影響軍隊的政治思想與方向。再一次，空軍領導層欣然接受這項提議，陸軍領袖則是大感擔憂。如同面對第五軍種提議，陸軍領袖也承諾支持所有領域都該有納沙貢「精神」，但同時明白表現出他們在實際上絕對不會接受這項提議。由於這些經驗，有些陸軍領袖因此產生了抗拒印尼共產黨一切推進的決心，就算這麼做必須和蘇卡諾衝突也在所不惜。[65]

一九六五年初，開始有謠傳指稱一個陸軍將領委員會正在陰謀策劃推翻蘇卡諾，而且背後還有外國情報機構的協助。陸軍領袖與外國的外交官雖然都嚴正否認，但這項傳言卻沒有消失，而且五月還出現了一份文件，似乎顯示英、美兩國政府正與印尼陸軍軍官共同策劃某種祕密行動。這份後來被人稱為〈吉爾開斯特信函〉(Gilchrist Letter）的文件，是英國大使吉爾開斯特爵士寫給英國外交部的一份草稿訊息。[66]其中最引發憤慨的段落提及了與「我們在當地的陸軍朋友」共同採取「行動」的計畫。陸軍和大部分的外國大使館雖然都堅稱那封信函是偽造文件，蘇班卓、蘇卡諾與印尼共產黨卻緊抓不放，將其指為帝國主義者暗中干預印尼事務的證據。

蘇卡諾的回應是把軍方各司令召集到總統府，向陸軍司令亞尼將軍（Yani）詢問他手下的軍官是否有和英美兩國的大使館接觸。據說亞尼承認帕曼（Parman）與蘇肯卓（Sukendro）這兩名將軍有那樣的接觸，而且陸軍高階軍官偶爾會聚集在亞尼的住所「發牢騷」。不過，他否認有所謂的將領委員會或是任何推翻蘇卡諾的陰謀。[67]儘管如此，蘇卡諾卻仍然與蘇班卓以及印尼共產黨持續堅稱確實有一個將領委員會，而且陸軍政變的威脅也確實存在。根據印尼共產黨本身的說法，這項認定在接下來的那幾個月成了該黨策略規畫的核心，並且促使該黨至少部分領導人物加強與抱持進步立場的軍官合作，以預防或者遏阻陸軍所策劃的政變。

除了密室交易以及雅加達政治情勢的謠言之外，一九六五年也出現政治緊張日益升高的現象，包括在鄉下地區以及全國各地的城鎮與都市當中的街頭上。附屬於印尼共產黨的工會組織利用一波反帝國主義的情緒，而在一九六五年一月與二月，帶頭占領美國與英國的財產還有種植園，因而引發陸軍和反共政黨的憤怒反應。舉例而言，附屬於印尼共產黨的印尼共和國種植園工人工會（Sarekat Buruh Perkebunan Republik Indonesia, SARBUPRI）在二月試圖占據美國橡膠公司在北蘇門答臘所擁有的種植園，結果蘇卡諾不但沒有譴責他們的行為，反倒還向美國橡膠與固特異公司的高階主管表示，印尼政府將暫時接管外國橡膠園。他也支持占據其他西方財產的想法，因而引起加德士（Caltex）、施丹維克（Stanvac）與殼牌等外國石油公司的擔憂。[68]

在其他地方，印尼共產黨與印尼農民陣線透過單邊占領土地（單邊行動）落實土地改革的做法，則是與伊斯蘭教士聯合會和印尼國民黨還有這兩黨各自的群眾組織產生衝突。[69]在部分案例當中，尤其是在印尼國民黨與伊斯蘭教士聯合會動員其群眾組織抗拒土地改革的東爪哇、峇里和北蘇門答臘，那些衝突偶爾也會造成肢體打鬥與傷亡。[70]在那些事件裡實際遭到殺害或者受傷的人數雖然相當少，但這樣的衝突卻對各個團體之間的敵意火上加油，而對一九六五年十月那場疑似政變之後的大規模暴力，提供了一項關鍵背景與先決條件。一九六五年五月，在北蘇門答臘西馬倫貢（Simalungun）的班達貝奇種植園（Bandar Betsy）所發生的一場暴力事件就是一個典型的例子。在那裡，一名退役陸軍准尉因為想要把占據種植園土地的印尼農民陣線成員趕走而遭到殺害。[71]他的死成了陸軍和右翼政黨在一九六五年十月之後反印尼共產黨行動的一個號召點。

在城鎮與都市當中，群眾示威與集會也同樣變得愈來愈頻繁又憤怒，有時也會轉為暴力。

儘管各方都不忘採用受到認可的革命語言和符號，宣稱自己支持蘇卡諾與納沙貢，也堅定反對尼科林，並且呼籲摧毀馬來西亞等等，但對立群體之間的差異卻也明白可見。左翼的示威者要求終止美國在越南的轟炸、指控西方強權干預印尼政治、呼籲「更換」包括內閣閣員在內的反共人物、譴責恐共心態以及腐敗的「資本主義官僚」，並且呼籲禁止包括伊斯蘭大學生協會在內的若干政治團體。另一方面，右翼的示威者與反共媒體則是譴責印尼共產黨的無神論、指控印尼農民陣線透過單邊行動「恐嚇」人民、警告革命已然偏離正軌，並且影射印尼共產黨與蘇卡諾已經成了中國的傀儡。

所有的這些緊張關係又受到迅速惡化的經濟狀況所進一步加強。[72] 由於嚴重通貨膨脹，稻米價格因此快速上漲，但公務員、老師與士兵的薪資卻是停滯不變或甚至下滑。印尼貨幣印尼盾的大幅貶值，也導致進口商品變成只有極少數的富豪或者背景雄厚的人士才能夠取得。這些狀況不但令受薪階級與大部分都市居民深受其苦，也造成政府和軍事官員以及政治人物的貪腐現象更加嚴重，並且促成普遍的不確定感與焦慮感。在這樣的背景下，印尼共產黨推行反貪腐運動，並且支持物價管制、集體交涉權以及提高工資，自然獲得大量人口的歡迎。因此，也就難怪有那麼多的老師、公務員、大學教授、作家乃至士兵，開始支持印尼共產黨以及其附屬組織。

這些緊張關係雖是十月疑似政變以及後續暴力的重要先決條件，但一個關鍵的轉捩點則是出現在一九六五年八月初。八月四日，在蘇卡諾依例發表獨立日演說的不到兩個星期前，他在接見一支官方代表團的時候突然昏倒嘔吐。他生病的傳言迅速傳開，而細節雖然難以證實，那些傳言卻聲稱他可能已經來日無多。這項消息無可避免地引起焦慮，而促使不同的政黨與人物開始預先綢繆他死後的情勢。這項消息尤其令印尼共產黨及其盟友大感擔憂，只怕「蘇卡諾一旦去世或者無法視事……該黨將因此陷入毫無防衛能力的處境」。[73]由於擔心可能會突然失去自己的關鍵政治恩主，而無力抵擋陸軍以及右翼政黨，印尼共產黨因此開始考慮該如何為蘇卡諾的死做好準備。另一方面，陸軍領導層則是認為蘇卡諾一旦去世或甚至是無法視事，即可讓他們藉機奪權，不然至少也能遏止國家在他們眼中看來顯得令人驚恐的左傾趨勢。

這種情形帶來的結果，就是陸軍和印尼共產黨這兩個權力主要競逐者之間的政治緊張關係大幅升高，以及雙方開始為後蘇卡諾時代展開認真規劃。「在接下來的那個月裡，」哈羅德．克勞奇（Harold Crouch）寫道：「政治氣氛變得極度緊張。由於總統的健康狀況前景不明，政變的謠言又漫天飛舞，軍方因此準備在十月五日舉行一場盛大的軍人節慶祝活動，以便和印尼共產黨在五月舉辦的那場規模龐大的建黨週年慶活動互別苗頭。隨著兩萬名士兵聚集於雅加達，眾人也開始感到『可能會有事情發生』。」[74]

一九六五年十月一日清晨，事情確實發生了。

第三章——藉口

那些權力饑渴的將領和軍官，不但對手下士兵的命運視而不見，並且在士兵集體受苦的情況下，自顧自過著奢華愉悅的生活、侮辱我們的女性，還浪費公帑。我們一定要把這些人踢出陸軍，給予應有的懲罰。

——翁東中校（Untung），九三〇運動

一九六五年十月一日清晨，六名印尼高階將領在他們位於雅加達的住家遭到小群武裝士兵劫持。[1] 其中三人因為反抗而當場遭到槍殺，接著屍體被運到雅加達市郊的哈里姆空軍基地（Halim Perdanakusuma Air Force Base）；另外三人則是活著被帶到同一個地點，而在那裡遭到刀刺或槍殺而死。[2] 第七名將領納蘇蒂安設法逃脫，但在過程中受了傷，而他的副官則是遭到殺害。這七具屍體都在一座稱為鱷魚洞（Lubang Buaya）的橡膠樹林裡，被丟進一個乾涸的水井內，再蓋上土壤和樹葉。

這些事件雖然令人震驚，卻不是明顯可見或者必然會導致大規模暴力的後果。實際上，那

一天的危機大有可能藉著逮捕與起訴直接犯案者及他們的指揮官，還有總統的巧妙干預，而在不怎麼流血的情況下予以化解。由於那項行動後來導致史無前例的大規模殺戮與監禁，所以才被賦予了本來應該不會有的重要性。因此，針對那些事件所提出的各種相互競爭的詮釋，尤其是九三〇運動背後的主使者是什麼人以及其動機為何這些問題，五十年來一直都是學術與政治辯論的焦點。

就某些方面而言，這項辯論看起來也許像是分散了對於後續事件的注意力，尤其是數十萬人所遭到的大規模殺戮與監禁。這項暴力極為令人髮指，重要性又遠遠高過十月一日的事件，以致誰該為九三〇運動負責的問題顯得近乎無關緊要。然而，關於這場運動的辯論仍然重要，原因是這項辯論直指問題的核心：陸軍醜化、監禁、刑求與殺害印尼共產黨成員和其他左翼人士的行動，還有那些支持這項行動的人士，他們的這些做法是不是奠基在一個謊言的基礎上？衡量過證據之後，我想明白可見他們確實是如此，而且還是刻意這麼做。本章分兩部分為這項論點奠定基礎，首先依據幾項沒有爭議的歷史事實陳述十月一日的事件以及其後果，[3] 接著再概述幾項針對這場運動所提出的不同論述，一方面凸顯官方版本當中不合理以及前後不一致的部分，同時也以批判眼光檢視其他說法。後續的章節將會探究當時提出的官方敘事如何受到傳播，又是如何用來為打擊印尼共產黨與蘇卡諾的行動（包括大規模殺戮與監禁）以及陸軍的奪權提供藉口。

九三〇運動

劫持以及殺害那些將領的團體自稱為九三〇運動，領導者是翁東中校，他是總統衛隊當中的一名營長。[4]在劫持行動進行的同時，忠於此一運動的部隊也占領了雅加達的關鍵設施，包括總統府與國家電臺印尼共和國廣播電臺（Radio Republic Indonesia）。上午七點十五分左右，印尼共和國廣播電臺播出了翁東的一份聲明，宣稱這場運動的目的在於保護總統與國家，遏阻美國中情局支持的將領委員會所策劃的政變：[5]

> 將領委員會是受到中情局資助的顛覆運動，在近來非常活躍，尤其是自從蘇卡諾總統在今年八月第一週病倒以來。他們希望蘇卡諾總統會因病去世，但這項期盼沒有實現。為了達成他們的目標，將領委員會因此策劃在今年十月五日的軍人節展現實力（*machtvertoon*），把東爪哇、中爪哇與西爪哇的部隊全部召集於首都。藉著大量集結兵力，將領委員會甚至策劃發動一場反革命政變。[6]

這份聲明指稱蘇卡諾總統安全無虞，受到九三〇運動的保護，並且宣布成立一個「革命委員會」（Dewan Revolusi）的計畫，藉以捍衛革命的原則。頗具意義的是，這份聲明強調這場運動是陸軍的內部事務，「目標針對將領委員會，因為該委員會玷汙了陸軍的名譽，並且對於印尼共和國與蘇卡諾總統懷有邪惡的陰謀。」這份聲明也譴責那些將領奢華腐敗的生活方式、對於部屬的漠不關心，以及沉迷女色。[7]蘇卡諾總統聽聞了清晨發生的事件之後，先是趕赴總統府，接著前往哈里姆空軍基地。他得知那些將領已經遭到殺害之後，隨即下令停止這項行動，但沒有立即針對這場運動提出公開聲明。

另一方面，在那場運動首度發布電臺廣播之後的短短幾個小時內，其他陸軍部隊就開始集結起來加以鎮壓。這項行動的領導者是蘇哈托將軍，他後來取代了蘇卡諾成為總統。他雖是陸軍戰略後備隊（Komando Strategis Angkatan Darat, Kostrad）的指揮官，卻令人難解地沒有成為九三〇運動的攻擊目標，因此得以攫取陸軍的指揮權，而動員部隊鎮壓那場運動。那些將領的死亡，尤其是陸軍司令亞尼將軍，還有納蘇蒂安將軍因為在逃脫過程中受傷而未能干預後續的事件發展，都為蘇哈托的崛起掃除了障礙。

下午三點左右，九三〇運動的領導者發表了一系列聲明，但由於其中傳達的訊息混亂不清而進一步升高了緊張氣氛。一方面，一號令重申這場運動「完全局限於陸軍內部，目標在於終結將領委員會成員的獨斷行為」以及其爪牙的肆意橫行。[8]另一方面，其中又宣稱所有權力將就此轉移到新成立的革命委員會手中，而且蘇卡諾既有的內閣將受到解散。因此，後續的命令和先前提及保護總統的宣告互相矛盾，而令人覺得這場運動乃是與總統對立，或者至少沒有得到他的完全認同。此一印象又受到蘇卡諾總統本身的沉默所強化。

由於這個原因，也因為蘇哈托將軍採取的行動，這場運動獲得的支持於是迅速瓦解。到了十月一日下午六點左右，這場運動身在雅加達的大部分士兵都已投降或者逃跑，而由效忠蘇哈托的部隊完全控制了首都。實際上，九三〇運動展開才不到一天就已搖搖欲墜。不久之後，雅加達陸軍指揮官奧馬爾・維拉哈迪庫蘇馬將軍（Umar Wirahadikusuma）就關閉了大部分的主要媒體管道，引人注意的例外是《武裝部隊報》（*Angkatan Bersendjata*）與《戰鬥報》（*Berita Yudha*）這兩份由陸軍控制的報紙。那天晚上，蘇哈托上電臺宣告那場運動為「反革命」，並且指稱總統安全無虞，但他自己已掌握了陸軍的領導權。他並提出一項堪稱是最後通牒的要求，主張蘇卡諾必須離開哈里姆空軍基地，而且那裡的軍事部隊也必須在次日上午之前投降，否則他就會派兵消滅他們。

空軍基地的情況充滿了緊張與混亂。在那一天當中，有幾個關鍵人物聚集在那裡，包括蘇卡諾總統、空軍司令達尼、印尼共產黨主席艾地，還有幾名總統顧問。在這些人裡，只有達尼支持這場運動，蘇卡諾和艾地還有其他人則是保持沉默。[9] 在場的還有九三〇運動部隊當中剩下的幾個小組，以及附屬於印尼共產黨的女性團體印尼婦女運動（Gerakan Wanita Indonesia, Gerwani）和青年團體人民青年團的成員，其中有些人參與了劫持那些將領的行動。在蘇哈托發表晚間宣告以及對這場運動的支持者所提出的最後通牒之後，他們即必須做出決定。到了次日早晨，也就是十月二日，身在哈里姆空軍基地的大部分殘存部隊，都已經鳥獸散或者遭到羈押，而所有的關鍵人物則是早已離開：蘇卡諾返回位於茂物（Bogor）的總統官邸，距離雅加達五十英里左右；達尼、艾地與翁東則是前往中爪哇。

蘇卡諾居於守勢

在接下來的幾天裡，蘇卡諾總統的權威開始減弱，蘇哈托將軍領導下的陸軍則是極為強勢。在十月二日和軍方指揮官以及貼身助理舉行的一場會議上，總統重申自己已任命普拉諾托·雷索薩穆卓將軍（Pranoto Reksosamudro）接替遭害的亞尼將軍擔任陸軍司令。在前一天宣告自己接替亞尼職務的蘇哈托，則是拒絕接受總統的決定。考量到不與這個陸軍高階軍官合作可能帶來的後果，蘇卡諾於是退讓，而授予蘇哈托「恢復安全與秩序」的權力。

十月三日一大早，蘇卡諾終於透過廣播安撫全國民眾，表示自己安全無虞，也仍然握有國家的領導權，而呼籲大眾保持冷靜。[10] 不過，他安撫人民的話語言猶在耳，事情的發展卻迅速超出了他的掌控。在他發表全國廣播之後不到二十四個小時，那些遭害將領的屍體被人發現在哈里姆空軍基地附近的一口舊井裡，並在十月四日上午被掘出。蘇哈托將軍在現場觀看了整個過程，而在此一陰鬱的背景下發言譴責那些謀害這些將領的人有多麼陰險狡詐又野蠻，並且首度提及印尼婦女運動與人民青年團的志願成員以及空軍可能是這些殺戮行為的共犯。一群士兵、攝影師與記者在場記錄了屍體的發掘過程與蘇哈托的發言，而在後來透過印刷與電子媒體傳遍全國。

出現在陸軍控制的印刷與電視媒體上的那些駭人影像，連同蘇哈托將軍極富煽動性的發言，為第二天十月五日上午的軍事葬禮和軍方遊行隊伍奠定了基礎。在士兵和重軍事裝備的伴隨下，那些遭害將領的遺體經由雅加達的街道被運到卡利巴達烈士公墓（Kalibata Heroes' Cemetery）。這場遊行受到精心設計，作為軍方實力與團結的展現；此外，這場遊行在醜化左派的行動當中也是一個轉捩點。納蘇蒂安的女兒在他遭到劫持的過程中身受重傷，在十月五日當天仍在醫院裡為了生命奮戰，而納蘇蒂安就在墓地現場發表了一場情感懇切的演說，把那些將領稱為「國家英雄」，並且一再提及那些行凶者的狡詐與殘忍。[11] 媒體宣傳加上軍事典禮造成了強烈的煽動效果；群眾開始聚集起來，要求對那些殺害將領的人士復仇，並且禁止所有涉及九三〇運動的組織。不久之後，這些憤怒的要求即化為暴力，造成群眾打砸劫掠以及放火焚燒人民青年團與印尼共產黨的辦公室和成員住家。[12]

為了遏止復仇狂潮以及對於左翼人士的暴力，同時也為了展現自己的權威，總統於是在十月六日於茂物召開一場內閣會議。他援引革命的精神，並且針對遭到帝國主義者誘騙的危險提出警告，而呼籲部長和軍官保持冷靜，靜待他為這場危機提出「政治解方」。然而，蘇哈托及其盟友再度抗拒總統的權威，強迫他賦予他們更大的自由空間以恢復安全與秩序。十月十日，在蘇卡諾的許可下，蘇哈托成立了治安回復作戰司令部（Komando Operasi Pemulihan

Keamanan dan Ketertiban, Kopkamtib；簡稱安復部）。這個強大的憲法外機構後來成了陸軍打擊左派，以及在後續三十年間維繫陸軍支配地位的主要制度基礎。一個星期後，在十月十六日，蘇哈托正式宣誓就職成為陸軍司令，而為消滅左派以及陸軍後來攫取政治權力的發展鋪平了道路。

於是，在十月一日的事件才過了兩個星期，雅加達的情勢大體上乃是如下所述。九三〇運動已遭到軍事鎮壓，陸軍的領導權也受到蘇哈托以及效忠於他的人士所接掌。蘇卡諾雖然形式上仍然掌權，蘇哈托卻掌握了可觀的實質權力。陸軍也控制印刷與電子媒體，並且開始充分利用這些媒體散播此一事件的軍方

雅加達的印尼共產黨總部在一九六五年十月八日遭到攻擊與放火焚毀之後的殘跡。布條上的字樣寫著：「將領的劫持者去死。」(Bettman/Getty Images)

版本。有些附屬於印尼共產黨的群眾組織，尤其是人民青年團與印尼婦女運動，受到指控涉入殺害那些將領的罪行，於是這些組織的成員紛紛遭到攻擊，他們的住家與辦公室也遭到破壞。另一方面，印尼共產黨的領導層也陷入混亂，有些領導者逃到中爪哇，有些則是躲了起來，也有人遭到逮捕或殺害。

儘管有這些戲劇性的發展，打擊蘇卡諾與左派的行動卻不簡單也不快速。實際上，陸軍及其盟友又花了六個月的時間才得以奪取權力，然後又過了一年才終於把蘇卡諾趕下臺，而由蘇哈托擔任代理總統。之所以會延遲這麼長的時間，一個原因是蘇卡諾在國內大部分地區仍然深受愛戴。陸軍及其盟友承擔不起發動政變或者逮捕總統這種倉促的行動，因為這種做法很可能引來變節的指控，以致適得其反。因此，他們必須逐漸削弱蘇卡諾的正當性與權威，好讓他最後能夠顯得自然而合法地被驅趕下臺。他們達成這項目標的主要策略就是先影射，接著再公開指控蘇卡諾涉入了那場運動，或者至少給予許可。這項策略在後續幾個月透過新聞媒體、刻意安排的群眾示威以及政治審判等手段按部就班地執行，最後正式要求總統回應身為那場政變共犯的指控。

這些反蘇卡諾的舉措所面臨的一個問題是，蘇卡諾和其他許多人根本不認為印尼共產黨必須為九三〇運動負責。即便到了一九六六年一月，納蘇蒂安的一名高階助理仍然指出：「不是每個人都認定印尼共產黨是幕後指使者；也不認為這是陸軍內部的問題。陸軍其實左右為難，而且當時的情勢非常敏感。我們必須說服大眾相信實際上根本沒有將領委員會。……我們播放了翁東自白的錄音帶，但是他〔蘇卡諾〕並不信服。」[13]

打擊左派的行動之所以拖延了一段時間的另一個原因，是印尼國內有部分地區對於九三〇運動的支持度相當高。最大的挑戰在中爪哇，那裡有些關鍵陸軍部隊與指揮官支持那項運動，而且比雅加達的運動領導者堅持了更長的時間。[14]即便在那些軍官遭到羈押或殺害之後，不同政治勢力在中爪哇仍然大致上維持了將近三個星期的平衡。如同後續將會討論到的，直到蘇哈托下令派遣精銳的陸軍傘兵特種部隊團（Resimen Para Komando Angkatan Darat, RPKAD；簡稱傘特團）進駐中爪哇之後，那裡的平衡才開始改變，攻擊左派的暴力行為也才真正展開。

對於蘇卡諾與左派迅速展開打擊所遭遇的第三項障礙是，儘管蘇哈托堅持否認，但陸軍內部其實存在嚴重分裂，而且陸軍和其他軍種之間也是如此，尤其是和空軍之間的分歧。如同後續將會討論的，這樣的分裂堪稱是造成九三〇運動的條件，也是陸軍能夠以充滿把握的姿態打擊敵人之前必須先解決的問題。蘇哈托也知道陸軍和文官部門裡有些人同情印尼共產黨，因此必須研擬一項計畫因應這個問題。陸軍領導層後來終於採取了行動，做法就是全面清除不可靠的軍官、士兵與公務員，不論他們是表現了支持九三〇運動的任何徵象，還是被視為對於蘇卡諾或任何左翼政黨有所同情。

蘇哈托的「漸進政變」

由於以上的所有這些原因，從一九六五年十月到一九六六年三月的這六個月，因此成了一段緊張對峙的期間，一方是總統與他的左翼盟友，另一方則是蘇哈托將軍及其盟友。蘇卡諾總統試圖利用自己的人氣與職權，保護印尼共產黨及其附屬組織免於暴力攻擊，也針對涉入九三〇運動的指控為他的主要顧問辯護，尤其是蘇班卓、黃自達（Oei Tjoe Tat）與達尼。他反覆呼籲冷靜與團結，以防「新殖民主義」勢力乘虛而入，同時也譴責逐漸擴散的暴力，並且敦促大眾耐心等待政治解方。[15] 總統也拒絕以陸軍所創的「Gestapu」一詞描述那場運動（「Gestapu」發音近似於「蓋世太保」，是「九月三十日運動」〔Gerakan September Tiga Puluh〕的縮寫），而堅決主張那起事件應該稱為十月一日運動（Gerakan Satu Oktober, Gestok）。

另一方面，蘇哈托採取了各式各樣的策略以侵蝕蘇卡諾的威信，並且創造攻擊左派的條件。如同後續將會在第六章仔細敘述的，這些策略當中最重要的是一項縝密的媒體與宣傳行動，鼓勵對於印尼共產黨及其附屬組織的攻擊，並且把陸軍描繪成秩序和國家救贖的英勇保障者。這項行動之所以能夠推行，原因是陸軍在十月一日傍晚關閉了雅加達幾乎所有的媒體管道，並且標舉國家安全的大旗，藉此為後續對於所有媒體的嚴格管制賦予正當性。舉例而言，媒體報導煽動了民眾對於印尼共產黨的憤怒，因為後來受到證明虛假不實的那些報導，聲稱遇害將領遭到閹割，眼球也被印尼婦女運動的女性成員挖出，而且她們還在十月一日的晨曦之下圍繞著那些將領裸體跳舞，像巫婆一樣桀桀而笑。[16] 這些虛假的報導刊登之後才幾個小時，雅加達和全國各地就開始有大批群眾聚集起來，先是要求禁止印尼共產黨，接著劫掠該黨的辦公室，最後更是攻擊以及殺害該黨的黨員。

蘇哈托和統帥部的其他軍官也藉著授權以及動員大規模政治行動，以達成他們的政治目標，那些行動包括示威、請願，還有發表公開聲明要求禁止印尼共產黨及其附屬組織、把蘇卡諾及其盟友趕下臺，並且對那些應該為殺害將領負起責任的人採取堅定行動。長久以來，這類精心策劃的大規模行動都是指導式民主政治當中的一大支柱，而陸軍在這時就善加運用了這種慣常模式。在陸軍的引導下，這些要求在一九六六年初集結起來，形成「人民的三項要求」(Tritura)：禁止印尼共產黨、清除內閣當中所有與九三〇運動及印尼共產黨有關的人員，以及降低基本必需品的價格。蘇哈托與陸軍以那些示威、集會和請願都是人民意志的自發性展現為藉口，而立刻同意了這些要求。實際上，不論是這三項要求還是其表達形式，都是經過陸軍及其平民盟友討論與協調之後的結果。

在這項策略的推行當中，陸軍有不少極為熱中的平民盟友，其中許多人都是印尼受過教育的中產階級。在這些人士裡，最重要的是伊斯蘭教士聯合會的領導者。在這個時候，隨著馬斯友美黨遭禁以及印尼國民黨的分裂，伊斯蘭教士聯合會已成為全國最大也最有勢力的政黨。在十月一日之後的幾個月裡，伊斯蘭教士聯合會副主席薩布昌 (Z. E. Subchan) 崛起成為關鍵人物，領導了該黨對於印尼共產黨以及蘇卡諾的攻擊。陸軍的行動也獲得天主教黨（Partai Katolik）以及影響力龐大的天主教人物所支持，像是強硬反共而且與陸軍情報單位的緊密關係廣為人知的朱普・畢克神父（Josephus〔Joop〕Beek）。[17] 極度重要的支持也來自高中生與大學生，其中許多人顯然都認定反對蘇卡諾與印尼共產黨就是打擊威權主義與經濟崩潰。他們組成幾個行動指揮團體，像是印尼大學生行動戰線（Kesatuan Aksi Mahasiswa Indonesia, KAMI）與印尼青少年行動戰線（Kesatuan Aksi Pemuda Pelajar Indonesia, KAPPI），而參與了相對平和的街頭示威活動，但另外也有比較陰暗的一面，也就是協調「掃蕩行動」，辨識以及逮捕受到懷疑為左派的人士。最後，這項行動也獲得各式各樣的「自由派」知識分子與文化人物的積極支持，其中包括一群受過西方教育的經濟學家，經常被人稱為「柏克萊黑手黨」（Berkeley Mafia）。他們認為蘇卡諾的左傾民族主義經濟政策是一大災難，因此與陸軍合作謀求終結這樣的政策，並且促使國家開放接受外國投資。除了這群經濟學家之外，另外還有不少著名的記者與作家，例如小說家穆赫塔爾・盧比斯（Mochtar Lubis），他們在舊秩序的最後幾年開始公開批評印尼的左傾以及人民文化協會（Lembaga Kebudayaan Rakyat, LEKRA）這個附屬於印尼共產黨的文化社團。這群人士構成的中產階級聯盟，共同為陸軍的行動賦予了一種原本不會有的平民色彩，也使其消滅左派的計畫極為有效。

蘇哈托摧毀左派的策略當中還有另一項重要元素（目標同樣也是為了替這項策略博取正當

性的表象），就是成立新的偽合法組織，有權清除、羈押、訊問以及因禁任何被認為涉入九三〇運動或者對安全與秩序造成威脅的人士。其中權力最為強大的組織，是治安回復作戰司令部。由於這個司令部擁有極為廣泛的權力，能夠採取為了恢復安全與秩序所需的任何行動，因此實際上完全不受任何政治或司法機構控制，包括總統與最高法院在內。在安復部成立之後的幾個月裡，該司令部連同其區域和地方指揮處，就成了執行「清除」與「消滅」印尼共產黨及其盟友的關鍵管道。蘇哈托以該司令部的名義發布的命令，即是區域和地方上的軍事與警察機構採取行動的基礎。此外，那些命令也為反共政治與宗教領袖的聲明與行為，提供了必要的指引和理由。

陸軍領導層的策略當中還有另一個相關的元素，就是建構一套半合法的司法制度，生產不利於蘇卡諾及其盟友的證據和宣傳，而用來為逮捕他們的行動賦予合法性，或者削弱他們的權威，或是同時達成這兩種效果。這套制度當中的關鍵機構是非常軍事法庭（Mahkamah Militer Luar Biasa, Mahmillub），針對平民和軍事嫌疑犯舉行最重要的政治作秀審判。非常軍事法庭和這套制度的其他所有元素，終究都受到身為安復部司令的蘇哈托所控制。從一九六六年初開始，除了像翁東這種直接涉入九三〇運動的人士之外，其他如蘇班卓與達尼這樣的關鍵人物也被帶到這些法庭接受審判。這些政治審判明白可見的目的，就是要構陷蘇卡諾最親近的盟友，藉此對蘇卡諾本身造成無可挽救的政治傷害，進而為徹底消滅左派鋪平道路。[18]

在陸軍的策略當中，最為重要而且殘忍冷酷得極為有效的一項元素，就是一九六五年十月初發動的那場系統性暴力行動。如同後續章節會更加完整闡述的，那場行動不但包含了大規模殺戮與監禁，還有虐待、刑求、強暴、不公平的政治審判以及奴役。那場行動主要以印尼共產黨及其附屬組織成員為對象，但在某些地區也瞄準了蘇卡諾的支持者、印尼國民黨與印尼國籍協商會(Badan Permusyawaratan Kewarganegaraan Indonesia, Baperki)的成員，甚至是被認為懷有左傾思想的軍事人員。最嚴重的暴力發生在亞齊、峇里、中爪哇、東爪哇與北蘇門答臘：其中除了亞齊以外，全都是印尼共產黨非常活躍而且擁有眾

反共青年在中爪哇梅拉比火山(Mount Merapi)加入陸軍搜捕印尼共產黨領袖艾地的行動，一九六五年十一月。(Bettman/Getty Images)

多黨員的地方。大部分的殺戮都發生於一九六五年十月至一九六六年三月這六個月期間，但暴力行動並沒有在那個時間點之後完全停止。直到一九六八年，受到懷疑為左派以及蘇卡諾支持者的人士，都還是持續遭到恣意逮捕與羈押。在一九六七至一九六八年間，陸軍針對所謂的印尼共產黨殘餘基地發動了兩場大型軍事行動，其中一場在東爪哇的勿里達（Blitar），另一場在西加里曼丹。[19]除此之外，針對遭控涉入那場疑似政變的人士所舉行的政治審判，也持續了數年之久，其中有些直到一九七〇年代晚期都還沒結束。

三一一總統令

在蘇哈托與蘇卡諾（乃至更廣泛的右派與左派）的權力鬥爭當中，一九六六年三月是個關鍵的轉捩點。隨著印尼共產黨陷入混亂，數十萬左派人士不是遭到羈押，就是逃亡在外或者已經死亡，而蘇卡諾又因為失去了他的關鍵顧問以及遭到影射他與九三〇運動有關，而導致權威大幅弱化，陸軍於是成了國內最強大的政治勢力。接下來，只需藉由一項表面上看來合憲的權力轉移，即可正式確立這樣的改變。此一過程的關鍵時刻出現在一九六六年三月十一日，當時蘇卡諾總統在帶有爭議的情況下簽署一項命令，把行政權交給蘇哈托將軍，從而終結了自己的實質權力，只剩下名義上的總統職銜，也因此為陸軍的奪權提供了極為重要的「法律」基礎。

這項一般稱為三一一總統令（Surat Perintah Sebelas Maret, Supersemar）的命令，在印尼一

直受到激烈的辯論與爭議。新秩序的支持者雖然把三一一總統令指為權力合法轉移的明確證據，但批評者則是堅稱那項命令只是掩飾政變的遮羞布而已。有些人聲稱那項命令是偽造的，另外有些人則是指稱把命令呈給蘇卡諾簽署的陸軍軍官以明示或暗示的暴力威脅總統。舉例而言，他們提及那項命令是在總統府遭到效忠蘇哈托的重裝陸軍部隊包圍的情況下呈給蘇卡諾。除此之外，還有些人指稱那項命令可能根本不存在，或者就算存在，也從來不曾受到簽署：後來政府當局找不出那項命令的原始文件，也就為這個說法賦予了一定程度的可信度。

不論事實為何，總之三一一總統令明確標記了蘇卡諾權力的終結、左派的消亡，以及陸軍崛起成為國內的主要政治勢力。這項命令也為後續的若干發展鋪平了道路，包括在臨時人民協商會議 (Majelis Permusyawaratan Rakyat Sementara, MPRS) 當中逐出所有蘇卡諾支持者與左派人士，以及該會在一九六六年六月召開會議，要求蘇卡諾針對九三〇運動以及他在其中扮演的角色提出說明。這場會議基本上是一項彈劾活動，其結果早已注定。在此之後，蘇卡諾雖然偶爾試圖伸張自己的權威，大體上卻都只能扮演儀式性的角色，後來更在一九六七年三月遭到臨時人民協商會議正式剝奪總統職務、禁止參與政治，並且予以軟禁。他在三年後的一九七〇年六月二十一日去世。三一一總統令也促使臨時人民協商會議得以在一九六六年六月五日順利通過第二十五號決議案，禁止散播馬列主義與共產主義，並且宣告印尼共產黨和另外數十個左翼組織為非法。[20] 這項決議雖然合法性引人質疑，卻在後續半個世紀裡成了壓迫左派的重要法律基礎以及正當理由。最後，這項決議也為蘇哈托藉由表面上合憲的程序登上總統大位掃除了障礙。一九六七年三月，清除了所有異議分子而完全聽話的臨時人民協商會議，宣告由蘇哈托擔任代理總統，接著在一九六八年選舉他為總統，於是他從此把持這個職位三十年。

不同的詮釋

我們現在對於一九六五年十月一日，以及後續幾個月所發生的事情雖然已經有些共識，但是對於誰該為九三〇運動負責，以及他們究竟有什麼目的，卻沒有這樣的一致觀點。在超過五十年後的今天，這些問題至少有六種不同論述，其中大部分都是仰賴間接證據、相對可能性的衡量，以及一批頗為有限而且仍然備受爭議的文件證據。所以，有些人也許會因此認定我們不可能知道哪一種論述最接近事實。不過，問題其實沒有那麼令人懊惱。有些論述在本質上就比其他論述具有說服力。以下，我將嘗試概述幾項主要的詮釋，並且評估其優點與缺點。

印尼共產黨是「幕後首腦」

印尼政府針對這些事件所提出的官方版本，把六名將領遭害完全歸咎於印尼共產黨，聲稱殺害將領是該黨明目張膽奪取國家權力的行動之一。[21]官方版本雖然承認有些陸軍軍官涉入那項運動，卻堅稱他們是遭到誘騙，而且印尼共產黨的領導層是那場未遂政變的幕後首腦。在這個版本當中，蘇哈托將軍和他的盟友被描繪成阻止印尼共產黨奪權的國家救星，而對於印尼共產黨員遭到的大規模殺戮與逮捕，則是經常略過不提，就算提及也是稱之為一項令人遺憾但無可避免的發展，是該黨背叛國家的行為引起人民自發性的憤慨所造成的後果。官方版本並且暗指印尼共產黨的行動是出於中國與中國共產黨的要求，同時對於西方國家任何可能的涉入，一概否認或者予以遮掩。[22]

官方敘事另外一個比較複雜的版本，則是凸顯了印尼共產黨特別行動局（Special Bureau）以及夏姆（Sjam）這個據稱是該部門領導者的神祕人物所扮演的角色。特別行動局是一個祕密組織，負責與現役軍事人員交流，也試圖加以影響。懷疑者雖然指稱夏姆可能是臥底的奸細，任務就是把印尼共產黨誘入一項災難性的陰謀當中，再以此作為嚴懲左派的藉口；但陸軍堅稱他是印尼共產黨的人，負責引誘陸軍軍官參與該黨的陰謀。

官方記述有幾個問題。首先，其中沒有為印尼共產黨發動政變提供合理的動機。如同第二章提過的，到了一九六五年中，印尼共產黨已透過從事合法政治活動，以及與蘇卡諾總統建立密切關係的策略，達到了幾乎無法想像的政治成功。在這種情況下，我們必須要問印尼共產黨為什麼會不惜危及自己獲取的這一切而發動奪權，尤其是該黨為什麼會選擇採取武裝叛亂的策略，儘管該黨早已在過去十五年來捨棄了這種策略，因此在這方面完全沒有準備，而且這麼做又幾乎可以確定必然會引起陸軍憤怒而又猛烈的反應。美國駐印尼大使霍華·瓊斯（Howard

Jones）在一九六五年三月於菲律賓和國務院官員談話之時，對於印尼共產黨具有任何奪權的動機表達了懷疑：「印尼共產黨透過目前與蘇卡諾合作的策略所得到的成效太好了。除非黨內的領導層比我以為的還要莽撞，不然他們絕對不會對陸軍做出這種有可能激起有效反應的明確挑戰。」[23]實際上，最能夠從一場軍事政變當中獲得利益，而且也有能力這麼做的團體，不是印尼共產黨，而是陸軍本身，或者至少是陸軍當中的部分單位。

當時的外國觀察者都指出了這些，以及其他缺乏可信度的問題，包括能夠藉著把罪責歸咎於印尼共產黨而得利的大使館也是如此。舉例而言，在一九六五年十月十九日一份針對那場疑似政變提出的內部分析當中，英國大使吉爾開斯特就下結論指出：「看來最好不要相信任何聲稱印尼共產黨以翁東及其部屬作為突擊部隊，而在十月一日策劃了一場大規模起事或者奪權行動的理論。印尼共產黨的欠缺準備，以及整個事件過程呈現出來的無能……都遠非共產陰謀的典型特色。」[24]同樣的，派駐於雅加達而與印尼高階陸軍軍官建立了緊密關係的美國上校喬治·班森（George Benson），也在一九六五年十一月向安德森表示「印尼共產黨絕對不可能真的插手其中」。[25]如同喬治·凱亨在一九七一年指出的：「做出殺害陸軍軍官這種挑釁行為，只會讓陸軍更容易強力反擊，所以實在很難看出冒這種風險為什麼會合乎〔印尼共產黨或蘇卡諾的〕利益。」[26]

另外還有一部分的問題是關於證據。在這方面，官方版本的可信度又更低。別的不提，十月一日那些劫持與殺人行動的執行者就明白可見不是印尼共產黨員，而是受到身穿制服的陸軍軍官指揮的正規士兵。此外，九三〇運動在雅加達的領導者率領了兩千五百名左右的士兵，中爪哇的運動領導者也獲得不少正規陸軍指揮部與單位的支持。人民青年團與印尼婦女運動這兩個印尼共產黨附屬組織，雖然確實有成員出現在哈里姆空軍基地，其中有些人也確實參與了攻擊那些將領的行動，但他們的人數與扮演的角色遠遠比不上陸軍士兵的人數與火力。

為了證實官方版本而舉出的少數書面「證據」，其真實性也引人質疑。其中最重要的一項證據，是印尼共產黨的全國日報《人民日報》(*Harian Rakyat*) 在十月二日刊登的一篇對九三〇運動表達支持的社論。這篇社論是陸軍唯一能夠用來證明印尼共產黨涉入那場疑似政變的書面證據，因此其真實性與作者的身分都非常重要。不過，這兩方面至今都仍有引人疑慮的問題。舉例而言，共產黨的官方報紙為什麼會決定刊登社論，向一場已經失敗的政變表達支持？此外，雅加達的其他所有全國媒體，在那一天都已遭到陸軍控制或者關閉，所以印尼共產黨的報紙為什麼會獲准刊登最後一篇自證其罪的社論？更加可疑的是，其他報紙的編輯在十月一日上午就都已受到陸軍明確告知不得刊登任何關於那場運動的報導。[27]其中一份收到這項警告的報紙是伊斯蘭教報紙《伊斯蘭之聲》(*Suara Islam*)。其編輯後來透露指出，在疑似政變發生的那一天上午十一點，兩名陸軍軍官（其中一人是中校）來到他們的辦公室，指稱不准刊登他們已經寫好並且送上了印刷機的報導。如同其中一名編輯在一九六七年向凱亨所言：「所以我們就把那篇報導從印刷廠抽了回來，沒有刊登。不過，你可以看出我們差點就登出了那篇報導。」那天為什麼沒有熱心助人的陸軍軍官順道前往《人民日報》，告訴他們不要刊登那篇社論？因此，既有的證據至少顯示陸軍領導層是在向其他報紙明確提出了警告的情況下，刻意引誘《人民日報》的編輯刊登一篇關於那場運動的社論。另一個可能是，那篇足以用來定罪的社論根本不是由印尼共產黨的領導層所寫，而是有人刻意藉此製造印尼共產黨有罪的書面證據，進而為徹底消滅該黨的激烈行動提供理由。如同安德森指出的：「中情局的報告顯示〔《人民日報》的社論〕必定是預先撰寫而成。也許如此，但撰寫者不必然是印尼共產黨的領導層。」[28]

用於支持官方版本的其他證據，包括了由遭受刑求或者極端壓力的囚犯所提出的證詞與招供。就算不談把這類供詞當成證據所明顯帶有的道德與法律疑慮，其可靠性也還是不免引人質疑。鑒於這類供詞是在什麼樣的狀況下取得，有些供詞（就算不是全部）很可能其實是由情報官員和訊問者寫好，再交給囚犯簽名。據說出自印尼共產黨主席艾地的口供，就是一個典型的例子。根據陸軍提供的資訊，他在遭受陸軍羈押期間寫下了一份聲明，承認自己與印尼共產黨必須為那場運動負起責任。不過，我們無從驗證這項說法，因為他在寫下那份自白之後就立刻遭到陸軍槍殺。[29]

翁東中校與阿卜杜勒·拉提夫上校（Abdul Latief）這兩名關鍵的軍方謀反者所提出的證詞，雖然受到官方記述的高度仰賴，卻也存在著嚴重問題。他們受到訊問的內容抄本在一九六五年十一月被陸軍摘取引述，據說其中證明了他們兩人是聽從印尼共產黨的號令行事。不過，他們兩人後來在法院接受審判的時候否認了那些官方訊問報告。[30] 喬諾（Njono）這名在一九六五年十月三日遭到逮捕的印尼共產黨政治局成員，所提出的證詞也帶有類似的疑點。陸軍資訊中心在一九六五年十二月初公開了他坦承印尼共產黨主使九三〇運動的自白，但其中關於政治局組成的內容，帶有一些該黨領導者絕不可能會犯的基本事實錯誤，而且其中概述的陰謀情境，也必須要該黨幾名領導者身在國內才有可能，但他們當時卻是人在海外。[31] 安德森與麥維對於喬諾真的有可能寫下這份承認犯罪的自白表達懷疑，而在一九六六年寫道：「看來比較有可能的是……關於政治局的討論，至少有一部分是預先寫好才交給他簽名。」[32]

唯一在法律上「可以接受」的關於印尼共產黨高層涉入九三〇運動的證據，就是夏姆這個神祕人物在法院提出的證詞。在一九六七年針對政治局成員蘇迪斯曼（Sudisman）所舉行的作秀審判當中，夏姆聲稱自己是印尼共產黨特別行動局的領導者，依照艾地的命令協調了九三〇運動。但如前所述，夏姆的說法令人深感懷疑。舉例而言，實在很難想像一個承認自己在那場運動裡扮演了如此核心角色的人能夠逍遙法外那麼久；畢竟，其他許多人都在事件之後就隨即遭到圍捕、訊問以及殺害。此外，夏姆雖然終究遭到監禁、審訊，並且判處死刑，他的囚友卻提及他和陸軍以及監獄官員的關係異常友好，從來不曾遭到虐待，有時還參與訊問其他囚犯。[33] 包括以上這些狀況在內的種種反常現象，促使部分觀察者斷定指出，夏姆雖然無疑是艾地的心腹，但也可能暗中為陸軍工作。[34]由於夏姆的神祕角色以及和印尼共產黨的關聯，因此只有艾地有可能對他的證詞提出反駁，但艾地已遭到陸軍殺害。懷疑者指出，夏姆至少有可能是和他的逮捕者達成協議，藉著提供證明印尼共產黨有罪的證詞換取從輕待遇。如同一名高階政府官員在一九七九年向一名訪問者指出的：「政府只要發現某件事情的證據，夏姆就會立刻加以證實或否認。〔我們〕現在對於一切有關印尼共產黨和九三〇運動的事情都會諮詢他的意見。」[35]

最後，聲稱印尼共產黨聽從中國或中國共產黨的指示或是受其影響，這樣的說法也幾乎可以確定並不真實。英國大使在當時寫道：「有些謠言影射中華人民共和國，但這些謠言沒什麼可信度。……我猜中國涉入其中的程度差不多只和印尼共產黨一樣，也就是預先知情、提供些許支持，但沒有直接控制。」[36]近來針對這項主題從事的學術研究，大體上證實了這項評估，即便其中同時也證明了印尼共產黨領導層曾與中國最高層的領導者討論過政治策略。[37]此外，官方堅稱西方強權在此一事件當中完全沒有扮演任何角色，也牴觸了既有證據，這點將在第四與第七章進一步詳述。

「康乃爾文件」

最早在一九六六年由康乃爾大學的安德森與麥維所提出的另一項論述，指稱九三〇運動多多少少正如其本身所宣稱的，是一場由一群不滿的中階陸軍軍官對指揮高層發起的攻擊行動，原因是他們認為高層腐敗、對總統不忠，並且受到中情局控制。安德森與麥維所寫的《印尼一九六五年十月一日「政變」初探》(*A Preliminary Analysis of the October 1, 1965, "Coup" in Indonesia*) 指出，翁東及其同僚之所以會採取那樣的行動，原因是他們真心認為陸軍指揮高層與中情局勾結組成將領委員會，而打算在十月五日軍人節發動軍事政變。[38]

這項後來被人稱為康乃爾文件（Cornell Paper）的論述，乃是基於對九三〇運動本身的宣告所從事的仔細閱讀，以及對陸軍當中既有的緊張關係與分裂所從事的分析。舉例而言，這份文件強調該場運動的聲明與行動反映了低階與中階軍官的擔憂。安德森與麥維提及涉入這場運動的關鍵軍官全都來自中爪哇，並且主張其行動受到特定的文化規範與態度所形塑，而這些文化規範與態度也使得他們不同於成為攻擊目標的那些生活優渥而又腐敗的雅加達將領。

他們的主張使得十月那場疑似政變的官方論述深深啟人疑竇。印尼共產黨在政治上獲致高度成功的情況下，有什麼動機要採取那樣的行動？一個透過和平動員的策略獲得成功的政黨，為什麼會突然改變路線而發動武裝起事，尤其是這個政黨還沒有武裝派別？而且，要是印尼共產黨真的主使了這場政變，為什麼完全沒有為政變失敗的後果採取任何預防措施，像是尋求總統的支持或是動員共產黨龐大的平民黨員？藉由提出這些問題並且堅稱那場疑似政變主要是陸軍的內部事務，安德森與麥維於是揭露了陸軍在這起事件裡明顯想要掩蓋的一個層面。他們的這個做法引發了一場持續至今的憤怒論戰，也導致他們自己遭到印尼禁止入境長達三十年。

實際上，就是為了回應康乃爾文件，陸軍指揮參謀學院（Sekolah Staf dan Komando Angkatan Darat, Seskoad）前院長蘇瓦托（Suwarto）與蘇哈托將軍，因此在一九六七年委託兩名作者撰寫了九三〇運動的第二份陸軍官方論述。[39]

在康乃爾文件寫成之後的五十年來，這份文件也受到不少合理的提問。首先，這份文件似乎特地捨棄一切關於印尼共產黨可能涉入那場運動的證據。印尼婦女運動和人民青年團的志願成員身在哈里姆空軍基地、人民青年團部分小組對九三〇運動展現的同情，以及特定陸軍軍官與印尼共產黨要員在中爪哇的密切合作，也許不足以證明印尼共產黨是十月一日行動的幕後策畫者，但確實顯示了印尼共產黨對於那場運動懷有一定程度的認同，也有些許的合作。此外，如同以下將會討論到的，更近期的學術研究主張印尼共產黨主席艾地確實直接涉入那場運動的規畫，儘管他也許沒有向政治局或中央委員會告知那些計畫。藉著堅稱印尼共產黨及其附屬組織完全沒有涉及或支持那場運動，安德森與麥維似有此地無銀三百兩之嫌。

不過，雖有這些缺陷，康乃爾文件的核心論點仍然深具說服力。不論日後還會揭露出印尼共產黨的部分領導者在那場政變陰謀當中扮演了什麼角色，但毫無疑問的是，陸軍的軍官與士兵在其策劃與執行當中，都扮演了關鍵角色，不論在雅加達還是其他地方都是如此。任何解釋只要模糊或者否認軍官與士兵在其中扮演的角色，並且淡化陸軍內部的緊張關係在引發此一行動當中所發揮的作用，就純粹是誤導性的論點，而必須被視為是刻意的欺騙。

蘇卡諾：狡猾的操偶師？

第三項詮釋則是把那場疑似政變的責任歸咎於蘇卡諾總統，將他描述為一名「狡猾的操偶師」。根據這種論述，蘇卡諾要不是親自發動了劫持那些將領的行為，不然就是知道有這樣的陰謀但仍然任其發生，認定如此將會為他帶來政治利益。

聲稱蘇卡諾涉入其中的說法，原本是由陸軍及其盟友提出於一九六五年底與一九六六年初，作為削弱蘇卡諾的正當性，以及把他趕下臺的一整套協同攻勢當中的一部分。這套攻勢採用了大量的國家資源，包括蘇哈托在十月一日之後成立的情報機構與偽司法組織，並且終究促成臨時人民協商會議的彈劾行動。[40] 與蘇哈托政權關係緊密的作家安東尼・達克（Antonie Dake），後來在《蘇卡諾檔案》（*The Sukarno File*）這本書裡也提出基本上相同的論點。[41] 這項論點在近期又受到薩利姆・薩伊德（Salim Haji Said）提出，他是一名研究印尼軍方的專家，在一九六五年曾為陸軍報紙《武裝部隊報》擔任記者。[42]

在這種設想情境的一個版本裡，蘇卡諾設計了劫持但不殺害亞尼將軍的計畫，以便由另一個比較聽話的人物取代他。畢竟，利用劫持手段強制推行政治行動，在印尼有其先例。蘇卡諾自己就曾在一九四五年八月十六日連同哈達（Hatta）一起遭到激進的民族主義青年劫持，那些青年堅決認為領導者應該立刻宣布獨立，並且率領起義活動反抗日本人。他們不久即獲得釋放，雖然沒有受到傷害，卻頗感愧疚，而在次日隨即宣布獨立。這項理論的支持者表示，鑑於這段歷史，蘇卡諾有可能把劫持亞尼和其他人，視為面對難以應付的政治對手所能夠採取的一種手段。不過，這項計畫後來急轉直下，導致那六名將領遭到殺害，於是蘇卡諾即試圖撇清關係。[43]在一九七六年的一項訪談裡，曾在蘇卡諾最後一批內閣當中擔任副總理的約翰內斯・萊梅納(Johannes Leimena)向凱亨指出，他不認為蘇卡諾會下令殺害那些將領，也不認為他會期待這樣的結果：「他絕不可能同意這樣的做法——如此暴力又殘忍。」[44]

針對蘇卡諾涉入那場疑似政變所提出的主要證據，是他在劫持行動事前與事後的行為以及去處。舉例而言，指控者指稱他曾在八月與翁東會面，顯然是為了討論劫持將領的計畫，而且他也在一九六五年九月三十日簽署了撤換亞尼陸軍司令職務的命令。指控者也提及蘇卡諾在十月一日清晨選擇搭車前往哈里姆空軍基地，並且在那裡待到當天晚上，直到那場運動明顯可見已經失敗之後才離開。蘇卡諾雖然堅稱自己和另外幾名高階官員之所以前往空軍基地，是為了確保在危機一旦惡化的情況下能夠迅速前往安全地點，但他的指控者主張，他身在哈里姆就證明了他與那場運動有所勾結。

蘇卡諾針對那場運動發表的聲明，也被引為他涉入那項陰謀的證據。舉例而言，他在報導中把十月一日的事件稱為「印尼革命大海中的漣漪」，並且拒絕把那些事件稱為「政變」，而他的指控者認為，由此即可證明他對那場運動懷有同情，對於那六名將領遇害也沒有展現足夠的懊悔。此外，他反覆呼籲大眾冷靜、拒絕禁止印尼共產黨、保護外交部長蘇班卓以及內閣裡的其他左派成員，以及他堅持所有政黨都應該有所節制，耐心等待政治解方，也都被視為是他涉入以及支持那場疑似政變的證據。

這些論點的一大問題，就是其中高度仰賴的證據要不是引人懷疑，就是能夠提出頗具說服力的不同詮釋。因此，像是關於蘇卡諾的意圖和去處的幾項關鍵證據，包括他據說曾在八月與翁東會面，以及在九月三十日簽署的撤換亞尼陸軍司令職務的命令，都是來自於班邦．維賈納科（Bambang Widjanarko）的證詞，而他則是表明自己在遭到軍方羈押期間曾經遭到刑求。[45]由於我們知道嫌疑犯在這段時期備遭虐待，因犯的證詞也受到許多編造，因此我們對他的證詞所帶有的真實性至少必須抱持懷疑的態度，尤其是鑒於蘇哈托及其盟友在這個時期有多麼著重於找出能夠削弱蘇卡諾的證據。他們在調查過程中蒐集的證據明顯可見充滿偏見，也遠遠算不上具有決定性。

不過，就算我們把這些疑慮擺在一旁，而接受維賈納科的證詞，這些證據也還是不足以證明蘇卡諾是那場運動的共犯。原因很簡單，因為總統為自己的去處所提出的解釋，至少和他的指控者所提出的論點，具有同樣的可信度。同理，他對於保持冷靜以及終止暴力的呼籲，雖然被引為叛國證據，卻也大可視為是理性的反應，以及政治人物負責任的表現。[46]

蘇哈托：失落的環節？

第四項理論把蘇哈托將軍指為幕後首腦，是政變陰謀的「失落環節」。[47]在這種設想情境裡，蘇哈托是一項「為了失敗而策劃」的政變當中的關鍵人物，刻意用這樣的挑釁做法，為陸軍對印尼共產黨與蘇卡諾發動全面懲罰行動提供藉口。不出意料，這項詮釋並沒有決定性的書面資料可以提供佐證，但有充足的間接證據可以讓人對蘇哈托扮演的角色產生高度質疑。

首先是這項啟人疑竇的事實：蘇哈托雖然身為陸軍戰略後備隊這支菁英部隊的指揮官，又經常代理亞尼的職務，卻沒有成為九三〇運動的目標，而得以在事發之後短短幾個小時內，利用自己的士兵與權威鎮壓那場運動。這項理論的倡導者主張，只有極度的無能或者刻意的設計，才能夠解釋此一明顯可見的疏忽，而且刻意設計又是比較可信的解釋，要不然一個勢力這麼大的人物，為什麼會完全被排除在攻擊目標之外？

這項謎題的一個答案，在於翁東與拉提夫這兩名軍方的主要策畫者和蘇哈托具有長期的私人與職業關係，因此有理由認定他會支持他們的行動。[48]在印尼民族革命與西伊里安（特里科拉〔Trikora〕）戰役當中，蘇哈托都曾是翁東的指揮官。一九六四年四月，他還前往中爪哇參加翁東的婚禮。拉提夫在革命期間也是蘇哈托的部屬，而且是蘇哈托家族的好友。基於這樣的深厚關係，翁東與拉提夫顯然認定蘇哈托不僅不會對他們的計畫構成威脅，而且很可能會是他們的盟友。如同拉提夫在一九七八年的抗辯聲明當中所寫的：「我全心認定，如果要說有誰忠於蘇卡諾總統的領導，那就必定是他。我早在日惹就認識他，也非常清楚蘇哈托將軍是什麼樣的人。」[49]

與這項謎題相關的第二個答案，則是蘇哈托很可能預先知道那場運動的計畫。這方面的主要證據是拉提夫與蘇哈托在九月三十日晚間一場不尋常的會面，就在那場運動展開的幾個小時前。[50]沒有爭議的是，他們兩人的會面地點在雅加達的主要軍醫院，因為蘇哈托最小的兒子在幾天前燙傷，當時還在那所醫院接受治療。不過，這場會面的目的至今仍無定論。蘇哈托被人問到這場會面的時候，堅稱拉提夫到醫院去，如果不是為了要殺他，就是要確認他忙著照顧兒子而無力干預他們的陰謀。然而，拉提夫則是堅稱自己去醫院是為了向蘇哈托告知九三〇運動的計畫，亦即對將領委員會陰謀策劃的政變採取先發制人的手段，以便「能夠隨時尋求他的支持」。[51]換句話說，蘇哈托雖然聲稱自己事前對於那場運動的計畫一無所知，而且實際上差點就成了那場運動的受害者之一，拉提夫卻指稱蘇哈托預先知道那場運動的計畫，但沒有採取任何行動加以阻止。這些互相牴觸的陳述也許永遠不會有確切答案，但蘇哈托與拉提夫在那些將領遭到劫持與殺害的前一晚會面的事實，至少不免引人高度質疑蘇哈托對那項陰謀究竟事先有多少瞭解。

關於蘇哈托可能涉入一項為了失敗而策劃的陰謀，第三項證據是在那些成為攻擊目標的將領當中，蘇哈托已知至少是亞尼的競爭對手，也對納蘇蒂安深懷怨恨，因為蘇哈托曾經因為貪腐而遭到納蘇蒂安懲戒。[52]除去指揮高層這六名將領，即是掃除蘇哈托的主要對手，使他成為國內階級最高的陸軍軍官。因此，蘇哈托除了可能有意消滅左派之外，也可能把那項陰謀視為自己的軍事生涯得以更上一層樓的機會。

簡言之，從能夠取得的證據來看，不但印尼共產黨與蘇卡諾有可能是九三〇運動的主導者，蘇哈托可以說至少也有同樣的可能性。就算我們不接受蘇哈托策劃了那項陰謀的說法，至少可以合理懷疑他預先知道那項計畫，而且可能也表現出支持的態度，但後來卻在關鍵時刻翻臉不認帳，並且把那項陰謀當成徹底打擊印尼共產黨與蘇卡諾的藉口。這樣的做法顯然相當符合潛在的政治邏輯。一九六五年底，印尼共產黨頗受蘇卡諾總統的信任，而且蘇卡諾在當時也仍然深受愛戴。在這樣的情況下，絕對沒有一個團體膽敢直接採取不利於印尼共產黨的行動，不論是多麼強大的團體都一樣。藉著把九三〇運動歸咎於印尼共產黨，蘇哈托及其盟友就獲得了可以順理成章打壓該黨，並且代表陸軍奪權的藉口。

外國的陰謀？

挑釁論點的另一個變異版本，則是主張十月一日的事件是外國情報機構（尤其是美國中情局還有英國軍情六處）和其印尼盟友共謀設計的一項祕密行動所造成的結果，而那項行動的目的，就是要為反共勢力提供消滅印尼共產黨以及把蘇卡諾趕下臺的藉口。蘇卡諾自己就曾提出這種論點，把九三〇運動歸咎於「印尼共產黨領導層的偏差行為、新殖民主義勢力的陰謀詭計，以及特定個人的共謀犯罪」。[53]除此之外，部分印尼觀察者以及外國學者，尤其是彼得．戴爾．史考特(Peter Dale Scott)，也進一步闡述了這項論點。[54]

不消說，美國涉入其中的說法受到了激烈辯論。[55]一方面，美國政府官員強烈否認美國和那場疑似政變有任何關係。當時的美國大使格林呼應官方說法，在回憶錄裡寫道：「一九六五年十月一日的事件完全出乎我們的意料之外。」[56]蘇哈托也堅稱「摧毀印尼共產黨的行動完全由印尼人民獨力發起，並且成功達到目標。……絲毫沒有來自中情局的援助」。[57]鑒於這些事件之後發生了如此慘重的人命損失，而且蘇哈托的反共新秩序政權又對美國在這個區域的利益具有極高的重要性，也就不難理解美國與印尼政府為什麼都如此堅定主張這項說法。然而，如同在第四與第七章將會詳細討論的，截至目前為止受到發掘的書面證據和間接證據，都明白顯示美國及其盟友必須為一九六五年十月一日，以及後續的暴力負起直接與間接責任。

在這個可能性謎團當中的第一塊拼圖，就是在那場疑似政變發生的十年前，美國的祕密國家安全文件明確支持使用「一切可行的暗中手段與一切可行的公開手段」，包括武力在內，「以避免印尼……落入共產黨的控制」。[58]這不只是單純寫在紙上的文字而已；在一九五七至一九五八年，美國採取了合乎這項要求的行動，積極支持反印尼政府的武裝暴動。[59]此外，美國對於那些暴動的支持還包括供應軍事硬體與彈藥，以及向那些宣稱以推翻印尼政府為目標的團體提供美國飛行員以及軍事顧問。

鑒於共產主義擴張所引起的高度擔憂，美國對於共產主義在印尼造成的威脅所抱持的認知因此也相當重要。在這方面，證據再度支持了美國出手干預的可能性。目前能夠取得的文件明白顯示，美國到了一九六五年已認定印尼傾向共產主義的趨勢無可阻擋。如同先前提過的，在一九六五年中，中情局長雷伯恩對詹森總統寫道：「印尼早已踏上一項進程，將在可見的未來成為共產國家，除非此一趨勢能夠受到逆轉。」[60]如果說在共產主義威脅還相對輕微的一九五七至一九五八年，美國就已打算採取軍事干預手段，那麼在威脅看來遠遠大了許多的一九六五年，實在很難相信美國會沒有任何出手干預的計畫。要是考慮到美國於這段時期在這個區域的其他地方採取的做法，那麼美國對印尼有所干預的可能性就顯得更高。畢竟，一九六五年是詹森政府開始大幅升高越戰的時候，不但密集轟炸北越，也在南越部署了數萬人的美軍地面部隊。美國在越南既然不惜發動戰爭以阻止共產主義，那麼我們就必須假設美國也一定會考慮在印尼採取某種行動。

重要的是，我們也從解密文件得知，美國直到一九六五年都一再鼓勵印尼軍方內部的人士對印尼共產黨與蘇卡諾採取強烈行動。當時受到提議的一種做法，就是向印尼陸軍裡的「友人」提出保證，指稱陸軍如果採取不利印尼共產黨的行動，美國及其盟友將會提供支援，也會保持沉默。而且，即便在受到嚴格審查的情況下，能夠取得的美國文件也顯示，美國官員到了一九六五年已經把蘇哈托視為陸軍裡的友人之一，連同其他少數幾個堅定反共而可望採取行動打擊印尼共產黨的軍官。

也許最令人感到不寒而慄的是，美國針對打垮印尼共產黨所提出的其中一項策略，和實際發生於一九六五年的狀況幾乎一模一樣：針對印尼共產黨提出背叛國家的指控，再以此為藉口由陸軍發動大規模的報復行動。觸發這麼一串連鎖事件的理想機制，就是一項挑釁的舉動，例如散播謠言或文件聲稱右翼人士訂定了政變的計畫，促使印尼共產黨及其他進步勢力採取莽撞的行動，再聲稱那樣的行動有叛國之嫌，對國家安全造成威脅。這麼一項計畫的美妙之處，就是不需要動用太多資源，也幾乎不會留下任何外國勢力介入的蹤跡。唯一需要的就是一些暗中提供的資金、針對編造必要的文件提供些許幫助，並且向可靠的友人私下提出保證。從這個角度來看，一九六五年初的吉爾開斯特信函以及由中情局撐腰的將領委員會打算發動政變的謠言，就可能產生全新的意義。[61]

那些謠言與文件，甚至可能也包括那些將領遭到謀害的事件，會不會都是中情局和軍情六處共同策劃的一項高明行動，目的就在於引起陸軍的強烈反應，或者為這樣的反應賦予正當性？[62]這樣的可能性絕對存在，但必須強調的是，這項論點大體上仍然只有間接證據，而且這整起事件都是外國陰謀造成的結果的論點，也不是完全沒有引人質疑之處。儘管如此，如同後續章節將會詳細探討的，實際上有大量證據顯示，美國及其盟友在一九六五年扮演了關鍵角色，不但鼓勵陸軍採取行動對付印尼共產黨與蘇卡諾，也協助促成了後續的大規模暴力。

各方勢力共同造成的結果

史學家魯薩針對這些事件提出了一項最新的詮釋，而對以上各種論述都提出若干面向的質疑。魯薩援引新證據，主張十月一日的行動是一項漏洞百出的計畫，在夏姆這個神祕人物的居間牽線之下，由少數幾名進步派陸軍軍官，與印尼共產黨主席艾地共同策劃而成。[63]魏特海姆（W. F. Wertheim）以及其他人主張那項行動是蘇哈托的陰謀，刻意為了失敗而設計，但魯薩不以為然，他認為那項行動之所以潰敗，是因為策劃不周、執行拙劣，以及蘇哈托的迅速反制。此外，這樣的結果也受到美國及其他外國政府的助益，因為它們早在一九六五年之前就已一再鼓勵陸軍領袖策劃奪權。魯薩雖然承認艾地在其中扮演的角色，卻也對官方主張印尼共產黨政治局或中央委員會策劃了那場運動的說法斷然予以駁斥，並且強調該黨黨員整體上都與那場運動無關。印尼的檢察總長在二〇〇九年把魯薩的這部著作宣告為禁書，就證明了印尼當局確實認為這本書對它們本身的論述構成直接挑戰。[64]

根據這項詮釋的觀點，九三〇運動的策畫者真心認為陸軍指揮高層陰謀規劃了一場政變，所以他們劫持那六名將領就是為了先發制人。藉著羈押那六名將領而不加以殺害，他們的行動即合乎印尼政治當中歷史悠久的劫持傳統。再加上那群策畫者顯然預期這項行動會獲得總統的支持，那麼在這樣的情況下，此舉即可防止他們原本預計會發生的陸軍政變，並且促成國家政治的進一步左傾。然而，實際的發展卻出了問題，不僅因為他們被捕，更因為那些將領遭到殺害，使得蘇卡諾不可能支持那場運動的作為，從而導致其迅速潰敗。

魯薩認為艾地與夏姆都參與策劃那場運動的觀點，對於那場運動純粹是陸軍內部事務的論點構成了挑戰。另一方面，藉著主張艾地沒有向印尼共產黨的政治局或中央委員會告知那些計畫，並且證明那些計畫是與進步派的軍官合謀而成，他的論點也因此和陸軍不同，因為陸軍致力於把印尼共產黨領導層以及全黨牽連在內，並且堅稱該黨是那場運動唯一的幕後主導者。[65]實際上，如果真有一個核心的罪魁禍首，那麼魯薩認為不是印尼共產黨也不是陸軍，而是夏姆：「在軍官與印尼共產黨領袖之間擔任中間人的夏姆，無意間欺騙了雙方，而把他們拉進了一場雙方都沒有妥善規劃的行動當中。」[66]

魯薩的論述也為蘇哈托扮演的角色提供了一種合理的觀點，能夠解釋他為什麼沒有成為那場疑似政變的攻擊目標，以及他怎麼能夠在那場政變展開之後做出那麼快又那麼有效的回應。魯薩認為蘇哈托不太可能是那場行動的策畫者，也不同意那場行動是刻意為了失敗而設計的說法。另一方面，魯薩主張蘇哈托很有可能預先知道那項計畫，原因是他與拉提夫還有翁東的交情，可能也透過他自己的陸軍戰略後備隊情報來源。由此即可解釋他為何能夠在十月一日上午採取那麼迅速的行動。在這方面值得一提的是，蘇哈托要是真的預先知道那些將領即將遭到攻擊，卻沒有通報或是採取任何預防措施，那麼依據他自己的政權所設定的標準，他就等於是「直接涉入」了那場運動，而且這樣的罪名就足以讓他坐上許多年的牢，不論是否經過審判。[67]

最後，魯薩堅稱蘇哈托之所以在陸軍還沒有任何明確證據能夠證明印尼共產黨的責任之前，就在十月初針對印尼共產黨與蘇卡諾採取了迅速而且極具效率的行動，原因是陸軍在美國及其盟友的鼓勵下，早已擬定了對付印尼共產黨與蘇卡諾的計畫，所以一找到藉口就立刻付諸實行：

十月一日一早，蘇哈托就知道這場運動可望成為陸軍期待已久的奪權藉口。陸軍以如此之快的速度譴責印尼共產黨、組織反共人民團體，並且發動宣傳運動，都在在顯示了他們早已做好準備。陸軍將領顯然預先針對意外事故擬定了應變計畫。陸軍在九三〇運動之後的行為，絕對無法解釋為一連串純粹臨機做出的反應。[68]

魯薩的論述有許多優點，但如同本章探討的其他理論，他的論述也未能回答某些問題。其中一個揮之不去的問題乃是動機。就算我們接受魯薩的說法，相信原本的計畫只是要劫持而不是殺害那些將領，也還是看不出來艾地為什麼會做出這樣的挑釁行為。他在政治上難道真有那麼莽撞，不惜把印尼共產黨如此有利的地位押注在這一場豪賭上？一旦回顧先前提及夏姆的身分與角色所引起的高度疑慮，動機問題就又顯得更引人注目。考慮到他在九三〇運動潰敗之後獲得當局的特殊對待，又顯然樂於提出陸軍想聽的證詞，我們實在不得不問夏姆究竟是為誰工作。在魯薩認為他對九三〇運動的策劃扮演了關鍵角色的情況下，這個問題更是顯得尤其重要。答案如果又導回陸軍，或是陸軍當中的部分組織，像是戰略後備隊的情報單位，那麼指稱九三〇運動是陸軍及其盟友刻意設計的挑釁之舉這項理論，就又再度顯得頗為可信。當然，這些問題都無損於魯薩的關鍵主張，也就是印尼共產黨的基層黨員，對於那場運動的計畫一無所知，而且蘇哈托及其盟友利用了十月一日的事件，作為消滅共產黨並且奪取權力的藉口。

總結來說，各方對於一九六五年十月一日上午，以及後續的幾個月發生了什麼事情，雖有合理的共識，關於誰主導了那場運動、他們為什麼採取那些行動，以及那些行動具有什麼樣的歷史與政治重要性，卻仍然看法分歧。根據有些人的說法，關於那場運動的起源與本質所從事的看似無窮無盡的辯論，恐怕會讓人忘了該把注意力集中在後續那些遠遠更為重大的事件，也就是五十萬人遭到殺害，另外又有超過一百萬人遭到大規模監禁，以及左派遭到徹底消滅。無可否認，一九六五至六六年的大規模暴力確實遠比六名將領受到殺害重要得多。另外同樣也無可否認的是，針對九三〇運動提出的各種詮釋（包括官方說法在內），都無法解釋一九六五至六六年的大規模殺戮與監禁，更遑論為其賦予正當性。

但儘管如此，這並不表示關於事件詮釋的辯論與暴力的問題無關。這項辯論仍然重要，部分原因是不同的詮釋會影響後續事件（尤其是以左派為目標的大規模暴力）應當受到譴責的程度。如果說官方論述企圖為暴力賦予正當性，並且為那些負起責任的人開脫罪責，那麼其他許多不同詮釋則是明白顯示了那樣的暴力不僅不合法，也絲毫沒有正當性可言。更加重要的是，詮釋的問題之所以必須受到重視，原因是特定陳述的傳播（也就是官方的陳述）與後續的大規模暴力密不可分。

換個方式來說，一九六五至六六年的大規模暴力是九三〇運動受到提出的一項特定詮釋所造成的結果。那項詮釋把那六名將領遭到殺害歸咎於印尼共產黨，並且把該黨描繪成犯下謀殺與叛亂的罪行。這樣的敘事不但引發了極端暴力的行為，還試圖合理化這種行為。此外，這樣的敘事就短期而言也為陸軍的奪權賦予正當性，就長期而言則是為新秩序政權以及其名義上奉行民主的後繼政權提供了一則起源神話。

第四章——冷戰

一場操之過急的印尼共產黨政變，有可能會是對西方最有幫助的解方——前提是那場政變必須失敗。

——英國外交部在一份關於印尼的報告當中提出的注記，一九六四年十二月

一九六五年十月一日的事件完全出乎我們的意料之外。

——美國駐印尼大使馬歇爾・格林

九三〇運動是一場「由北京政權策劃的共產主義政變，屬於其世界革命概念的一部分」。

——陸軍報紙《武裝部隊報》

關於一九六五年十月一日那場疑似政變的一項最揮之不去而且深具爭議性的問題，就是那場行動在多少程度上是外國影響或干預所造成的結果。一個可能性是，美國及其盟友與關鍵陸軍軍官合作設計了那場必然失敗的行動，藉此為打擊印尼共產黨以及剝奪蘇卡諾的權力提供正當性。[1]另一個可能性是，美國及其盟友和那場疑似政變完全無關，而且實際上對其大感意外。[2]受到陸軍和部分外國觀察者偏好的第三種說法則是，那場運動是中國政府干預印尼國內事務所造成的結果。[3]真相大概介於這些不同的立場之間。儘管官方紀錄仍有些重要部分尚未公開，但至今確實沒有確切證據顯示美國或其盟友事先計劃了那起事件。無論如何，這樣的懷疑大概也高估了一小群中情局幹員的才能，並且忽略了當地行為者擁有充分的動機與能力，尤其是在印尼陸軍指揮高層當中。此外，也沒有任何證據顯示那場疑似政變是北京在幕後指使的結果。

不過，指稱一九六五年十月一日的行動不是由外國強權策劃，並不表示它們在促成這起事件的發生中沒有扮演任何角色。相反的，現在已有大量證據顯示外國強權確實介入其中。此一論點帶有兩項元素，首先，當時的國際環境，尤其是冷戰與反殖民民族主義的修辭與思考邏輯，影響了印尼政治的形貌，使其變得更加激進而且極化。那樣的整體氛圍，連同這個區域以及其他地方的主要強權所採取的行為，都共同促成了印尼內部的政治情境，使得陸軍奪權的可能性大為提高。有幾個主要強權都在創造這種極化與危機的氛圍當中，扮演了一定程度的角色，包括中國在內。[4]不過，扮演核心角色的最主要是美國、英國，以及它們關係最密切的盟友。

第二，除了這類「意料之外」或者間接的影響之外，強國政府（同樣以美、英及其關係最密切的盟友為主）採取的政策，也是刻意要削弱印尼共產黨與蘇卡諾總統，從而讓他們受到一個由反左派勢力組成的聯盟取代，其中最主要的就是陸軍。說得更明確一點，早在一九五八年就已展開的計畫，企圖創造條件鼓勵陸軍強力打壓印尼共產黨。為了達成此一目的，美國及其盟友向陸軍領導層當中的反左派人士提供了軍事援助、祕密保證以及財務支持，並且鼓勵他們採取行動對付印尼共產黨與蘇卡諾。美國及其盟友也推行一項抹黑印尼共產黨與蘇卡諾的祕密運動，藉此為陸軍提供打擊他們的藉口。相對之下，中國雖然也試圖影響印尼的政治情勢，對於事件進程造成的實際衝擊卻頗為有限，而且所謂中國鼓勵印尼共產黨奪權，或是中國涉入策劃十月一日那場疑似政變的說法，也完全找不到支持證據。

國際環境

一九六五年三月，美國對北越進行大規模轟炸，稱為滾雷行動（Operation Rolling Thunder）。幾個月後，數萬人的美國地面部隊接著在南越投入作戰。越南受到的干預，是國際事務當中自從二次大戰結束以來就已開始出現的幾項廣泛趨勢所共同造成的結果，而那些趨勢也深深形塑那段時期的印尼政治樣貌。在那些趨勢當中，最主要的有冷戰的展開與加速發展、強烈的反殖民民族主義在亞洲與非洲許多新近獨立國家當中的崛起，以及外國強權對那些國家的事務所從事的公開與祕密干預。這樣的廣泛情境以各種不同方式強化了印尼內部的政治激進與極化，也為在政治中使用武力的做法賦予一種新的正當性：從而為一場大攤牌、軍方奪權以及廣泛的暴力創造了理想的先決條件。

冷戰、反殖民主義與祕密行動

在一九六五年那場疑似政變之前的十五年間，是冷戰當中極化程度最嚴重而且衝突氣氛也最高漲的時期。這段時期充滿分歧的修辭與政治，在一九六一年中蘇決裂之後，又增添了另一個層面，因為中國在那之後就成為亞洲愈來愈舉足輕重的角色。實際上，如同卡斯楚領導下的古巴在拉丁美洲所扮演的角色，毛澤東統治下的中國也在亞洲區域成為左派與革命人士的燈塔。[5]蘇聯在一九六〇年代初期雖然持續為不少國家的政府提供經濟和軍事援助，但中國及其盟友在核戰、經濟發展以及革命方面所抱持的立場，卻愈來愈富有影響力。這樣的影響力終究促成印尼政治的左傾，同時也重新喚起了右派長久以來對中國抱持的懷疑。此外，在這段時期，冷戰在世界大部分地區其實一點都不冷，是如火如荼地進行著，而且準軍事部隊的使用、刑求的做法以及法外處決的行為也都出現迅速擴張。亞洲尤其如此，只見冷戰的算計以及軍事干預（包括暗中與公開的干預）在緬甸、柬埔寨、中國、韓國、寮國、馬來西亞、菲律賓和越南，都促成了曠日持久的血腥衝突。整體來看，冷戰的這些特徵對於印尼內部的左派與右派之間長久以來的政治緊張關係，造成了惡化以及賦予具體形貌的效果，並且為一九六五年十月的暴力攤牌奠定了基礎。

同樣重要的，還有強大的反殖民民族主義的崛起，尤其是在亞洲與非洲的新近獨立國家。像是印度的尼赫魯（Pandit Jawaharlal Nehru）、埃及的納賽爾（Gamal Abdel Nasser）以及迦納的恩克魯瑪（Kwame Nkrumah）等領袖，都公開質疑西方的霸權與帝國主義，而試圖以不結盟運動在兩大超級強權之間走出一條中間路線。蘇卡諾總統是這個集團當中的一位首要人物，並且主辦了這個集團的第一場重大聚會，也就是一九五五年的萬隆會議。[6] 華府及其盟友雖然傾向於把不結盟運動視為散播共產主義的特洛伊木馬，而且該運動的領袖對於從左右兩方的主要強權獲取軍事和經濟援助也都毫不遲疑，但那些國家對於不結盟與國家自給自足的追求，卻是發自真心，而且這樣的追求也在重要面向形塑了印尼的政治生活。更重要的是，不結盟運動的思考邏輯引導了蘇卡諾與鄰國的互動、影響了他看待美國及其盟友的態度，也是他廣受印尼社會各階層愛戴的主要原因。

如同這些觀察所顯示的，這些年間的印尼政治也深受美國及其他西方強權所形塑，尤其是那些強權持續不斷的努力，企圖削弱左派與中立派領袖，而把他們取代為比較合乎美國政治與經濟利益的人物。此一模式最惡名昭彰的例子，包括伊朗總理摩薩台（Mohammad Mosaddeq）在一九五三年遭到推翻、瓜地馬拉總統阿本斯（Jacobo Arbenz）在一九五四年被趕下臺，以及一九六一年一場失敗的嘗試，也就是由準軍事部隊入侵豬玀灣以求推翻卡斯楚。其他比較不為人知但仍然重要的例子，則是包括美國支持一九六〇至一九六一年逮捕剛果總理盧蒙巴(Patrice Lumumba)以及後續加以謀害的行動、中情局干預智利的一九六四年大選以確保社會主義候選人阿言德(Salvador Allende)敗選，以及美國在玻利維亞創造合適的條件，促成一九六四年底把文人總統埃斯登索羅(Victor Paz Estenssoro)趕下臺的軍事政變。[7]兩萬名美國海軍陸戰隊員在一九六五年四月登陸多明尼加共和國以阻止胡安．波希(Juan Bosch)重新掌權的事件，更是進一步強化了西方強權一心一意推翻左派政權的印象。以上所述的這些發展，連同被視為屬於其中一部分的那種外國干預的整體模式，凸顯了印尼人對於西方強權的意圖所抱持的分歧觀點，也促成印尼與西方之間愈來愈激烈的政治衝突。

這些影響又進一步受到西方強權在印尼周邊採取的行動所強化。在東南亞，西方強權到了一九六五年已經建立起一套干預模式，[8]其中最廣為人知的例子自然就是美國對越南的直接軍事干預。不過，這絕非西方插手此一區域的唯一案例。二戰結束後，大部分的歐洲強權都企圖恢復自己在東南亞區域的殖民統治，而且經常是藉由武力這麼做。法國為了奪回越南、柬埔寨與寮國而打了八年的仗(一九四六至一九五四)，而荷蘭為了阻止印尼獨立而發動的戰爭也持續了四年(一九四五至一九四九)。此外，美國雖然在一九四六年七月同意菲律賓獨立，卻幾乎立刻就在菲律賓以及東南亞其他地區開始策劃祕密行動，以摧毀左派與中立派運動，尤其是在緬甸、柬埔寨、寮國與越南。中情局在甘迺迪政府授權下，於一九六二年在寮國發動的「祕密戰爭」，只不過是那些行動當中最廣為人知的一項而已。另一方面，英國在戰後也返回其前殖民地馬來亞，直到一九五七年才同意讓這座殖民地獨立。在那些年間以及後續的一段時期裡，英國一直以殘暴的反叛亂行動打壓馬來亞共產黨。後來，英國在一九六三年支持馬來半島與婆羅洲島上的前英屬領土合併成為一個民族國家，稱為馬來西亞，而蘇卡諾則是把這項舉動視為西方強權「包圍」印尼的帝國主義陰謀。[9]

在這個區域以及其他地方發動的這些干預行動，為印尼國內批評帝國過度擴張的人士提供了批判焦點，也強化了印尼政治當中既有的衝突。這些現象，連同冷戰的極化動態，以及強大反殖民民族主義的崛起，共同形成了一個關鍵元素，而在一九六五年之前那些年間促成一套廣泛情境，形塑了政治的樣貌。

印尼的「共產威脅」

冷戰也形塑了主要強權對印尼所採取的態度以及政策。這種動態的一個例子出現在一九四八年底，在東爪哇的茉莉芬這座城鎮。相信讀者還記得，當時左派勢力在這裡起事，結果遭到印尼本身的共和軍鎮壓。[10]在冷戰初期的情境當中，有些觀察者立刻認為茉莉芬事件是蘇聯干預造成的結果，因而將那起暴動稱為一場失敗的共產政變。這項觀點雖然沒有什麼證據可以支持，在當時卻廣獲美國官員接受。因此，共和政府領導層樂於鎮壓那場運動，就被視為這個政府具有強烈的反共意識，而在美國眼中，這點就構成了支持印尼脫離荷蘭而獨立的充分理由。不過，對於共產黨的意圖所感到的焦慮，在獨立之後仍然揮之不去。

美國持續以相當認真的態度看待印尼受到共產黨接管的可能性，可從一九五三年十一月的一份國安會政策聲明（NSC 171/1）看得出來，只見其中把美國政策的首要目標描述為「預防印尼落入共產主義陣營裡」。[11] 同樣的，一九五四年十二月一份針對美國的「遠東」政策所提出的聲明（NSC 5429/5），也包含了以下這個段落：

> 為了保持這個地區的領土與政治完整性，美國應當……採取一切可行的祕密手段與一切可行的公開手段，包括以合乎憲法程序的方式，在必要而且適當的情況下使用武力，預防印尼或者印尼當中的重要部分因為遭受公開攻擊、顛覆、經濟支配或者其他手段而落入共產主義的控制；並且和其他美澳紐公約國協調公開行動。[12]

在後續十年裡，華府及其盟友在共產支配的議題方面，對於印尼的處境愈來愈感擔憂。在一九五〇年代的大部分時間裡，此一擔憂都是聚焦於蘇聯可能的影響，因為蘇聯在這個區域提供了可觀的經濟和軍事援助，盼望藉此擴大勢力範圍。蘇聯與美國的關係趨向和緩的發展，也無助於降低西方對於印尼面對的「共產威脅」所感到的憂心。實際上，在中國於一九六三年拒絕簽署《禁止核子試爆條約》之後，美國的決策官員即對中國勢力在這個區域造成的影響表現出愈來愈深的焦慮。舉例而言，一九六四年的一份國安會文件提及，印尼一旦落入共產主義的掌握，就有可能會造成馬來西亞朝向共產主義傾斜，進而影響東南亞本土。[13]

由於有確切無疑的徵象顯示印尼與中國的合作程度愈來愈高，而且這兩國各自的共產黨也是如此，所以也就進一步加深了這樣的擔憂。[14] 中國的領導層從一九六四年底開始採取若干措施，以便強化蘇卡諾在國內外的左傾立場，同時也對印尼共產黨對抗陸軍及其盟友的努力提供支持。舉例而言，在一九六五年一月一場與印尼外交部長蘇班卓的會面當中，周恩來對於成立一個由武裝勞工與農民組成的第五軍種這個想法表達了強力支持。後來，周恩來和中國的其他高階官員又主動提議向印尼供應十萬件輕兵器，並且針對向空軍初步移轉兩萬五千件左右的武器而與達尼展開協商。另一方面，中國也提議授予印尼發展核子武器的專業技術，而且到了一九六五年十月，已經針對如何展開這項計畫舉行過幾場祕密會議。最後，從一九六四年底到一九六五年，蘇卡諾總統的醫療照護都是由北京派遣的中國醫生負責，因為他已不再信任過去為他服務的西方醫生。至於中國本身，則是把印尼視為該區域愈來愈重要的一員。中國對於印尼共產黨的規模與實力頗感驚豔，也樂於能有蘇卡諾身在反帝國主義陣營當中。

暫且不論中國的這些措施是否實際上造成了十月那場疑似政變以及後續的暴力，或是在多高的程度上促成了那樣的發展，我們可以確定指出的是，正如美國及其盟友鼓勵了印尼陸軍和政治右派，中國及其盟友（例如阿爾巴尼亞與北韓）也鼓勵了印尼左派以及蘇卡諾。至少就這方面而言，中國及其盟友可以說是協助創造了促使那場疑似政變以及後續暴力更有可能發生的條件。

「共產主義」與「自由世界」之間的對抗，雖是這些年間的一股驅動力，但外國政府與印尼打交道的動機，卻也不純粹只有意識形態考量。同樣重要的還有對於必要自然資源維持控制、獲取市場以及保護私人資本的利益等需求。由於印尼在一九五三年的居民約有八千萬人，因此是這個區域規模僅次於中國的國家，並且被視為各方爭搶的政治關鍵。在經濟上，印尼蘊藏大量的礦物與資源，包括錫、石油與天然橡膠。在戰略上，印尼群島橫跨了連接太平洋與印度洋的航道，因此在當時被視為對於亞洲與太平洋的軍事和商業聯絡，具有不可或缺的重要性（至今也仍是如此）。如同美國國安會在一九五三年所寫的：

> 印尼在戰略上對於美國以及自由世界的其他成員都相當重要，因為這座龐大的群島掌控了太平洋與印度洋之間，以及亞洲與澳洲之間的通道、居住有八千萬人口，而且還是橡膠、錫與石油的生產者。印尼如果落入共產控制，對於美國以及自由世界的其他成員，將會造成嚴重的安全後果。[15]

這些政治、經濟與戰略上的利益，為外國在印尼的競爭又增添了另一個層面以及迫切性。美國與英國擔心蘇卡諾的左傾會對私人投資造成直接威脅，尤其是在石油與橡膠的產區，而中國則似乎已即將取代西方，成為印尼龐大的天然資源與外銷市場的主要受益者。這些恐懼在一九六五年初期達到高峰，因為印尼的工會以及其他人士開始要求沒收英國與美國的財產，包括石油設施與種植園在內。受到影響的企業包括美孚、加德士、施丹維克與固特異等大公司，而這些公司都有順暢的管道能夠影響華府的關鍵決策者。[16]此外，如同史學家布萊德・辛普森(Brad Simpson)以深具說服力的論點指出的，美國及其盟友迫切渴望確保印尼能夠融入由它們掌控的一套自由主義國際政治與經濟秩序，並且遏阻一場民族主義或左派經濟實驗獲得成功，以免侵蝕西方霸權。[17]由於所有這些原因，在那場疑似政變之前的幾年裡，美、英兩國及其盟友都把印尼視為一大問題，尤其是蘇卡諾與印尼共產黨。

極化、激進主義與好鬥性

不論那些主要外國強權懷有什麼深層的動機與利益，它們在那場疑似政變之前幾年裡所採行的政策（以及它們為那些政策辯護所通常會採用的冷戰修辭），確實對印尼內部的政治分歧與緊張產生了形塑效果，不但強化左派與右派的衝突，也造成政治極化、激進主義以及好鬥性的上升。[18]

舉例而言，美國及其盟友的作為，證實了蘇卡諾對於西方的帝國主義目標所抱持的疑慮。在馬來西亞於一九六三年建國之後，他對美國與英國的批評就明確變得愈來愈尖銳。英國成了顯而易見的目標，因為英國被視為創造馬來西亞這個帝國主義堡壘，用於包圍以及威脅印尼。反英情緒在一九六三年九月達到高峰，當時一群憤怒的群眾放火焚燒並且劫掠了英國大使館，而印尼的保安部隊則是袖手旁觀。美國被視為這項新帝國主義陰謀的共犯，原因是美國雖然在公開發言當中聲稱自己保持中立，實際上卻明顯可見地站在英國與馬來西亞那一邊，並且堅持以終止對抗運動作為

蘇卡諾總統在一九六五年一場舉行於雅加達的國際勞動節集會上發表演說。聽眾上方的看板描繪了「世界的勞工」出拳打擊他們的敵人。(Bettman/Getty Images)

換取美援的條件。美國與馬來西亞還有英國互相勾結的其他跡象，更是令蘇卡諾以及大多數的印尼人民不得不懷疑美國聲稱中立的真誠度。就是在這樣的背景下，蘇卡諾才會在一九六四年三月於一大群聽眾面前說出這句著名的話語：「美國，去你的援助！」

美國對越南以及印度支那其他地區的干預，又是另外一大刺激，並且為其帝國主義意圖提供了充分證據。詹姆斯・湯姆森（James Thomson）在一九六五年六月針對美國在越南的行動所帶來的副作用，寫了一份備忘錄給麥克喬治・邦迪（McGeorge Bundy），其中精確概述了這個問題：「這個令人遺憾的主題沒有什麼好說的，就是我們在越南的行動對於印尼國內那些企圖把國家帶入共產主義陣營的人士而言，有如上天賜予的宣傳禮物。」[19]早在美國於一九六五年中於越南部署地面部隊之前，蘇卡諾就已對美國多所批評。舉例而言，在一九六四年八月初，他因為承認北越政府並且與西貢斷絕關係而冒犯了美國。[20]在一九六四年八月十七日一場充滿鬥志的獨立日演說當中，他也譴責美國對越南與馬來西亞的政策。他的發言為反美情緒打開了大門，於是抨擊美國的言論成了印尼國內政治邏輯的核心。

一九六五年四月，詹森總統為了平撫兩國不斷惡化的關係而做出最後一項嘗試，派遣私人特使埃爾斯沃思・邦克（Ellsworth Bunker）前往雅加達。這項任務以失敗收場，主要是因為邦克無法針對美國外交政策的重大改變做出承諾。根據他們其中一場會面的筆記，蘇卡諾向邦克指稱美國在馬來西亞以及整個亞非世界的行為，對於美國與印尼的良好關係是「強烈而惱人的障礙」。[21] 美國在對抗運動問題當中採取的兩面手法，加上中國對那項運動的強烈支持，使得激進的群眾動員政治作為有利於印尼成功解決問題的替代方案更具吸引力。不過，這種做法也加劇了緊張、極化與好鬥性，從而為危機的發生創造了條件。

在接下來的幾個月裡，反美情緒達到了前所未有的強烈程度。七月，蘇卡諾在美國新任大使格林的呈遞國書典禮上，針對馬來西亞與越南的問題訓斥美國。七月與八月陸續發生了許多抗議活動，包括群眾在格林的官邸外面示威、位於棉蘭的美國領事館遭到攻擊，還有泗水的美國領事館也是如此。接著，蘇卡諾在八月十七日的獨立日演說當中，針對美國以及其他新殖民主義強權提出猛烈抨擊。反美修辭雖然使得部分政治挑戰者不敢輕舉妄動，卻也具有造成國內政治更加極化的效果。[22]

在印尼的右派眼中，西方國家在這個區域內外的行動，乃是西方世界決心遏止共產主義的證據。從這個觀點來看，美國與英國在其他地方的姿態，有可能對陸軍及其盟友造成壯膽的效果，促使他們在一九六五年敢於對蘇卡諾與印尼共產黨採取行動。美國無疑正希望能有這樣的結果。舉例而言，在一九六五年三月三日向國務院拍發的一份電報裡，美國大使館的國家團隊寫道：「我們採取的軍事行動以及其他作為，由於明白顯示了美國在南越、泰國、馬來西亞與菲律賓等這些鄰近的自由世界地區堅守陣地的決心，因此我們相信在長期之下，將會對印尼的行為產生有益的影響。」[23]

對抗運動也是蘇卡諾與陸軍之間的高度緊張關係的來源，而這樣的緊張也就造成陸軍和英、美兩國產生了極為重要的利益一致。陸軍領袖雖然原本支持對抗運動，卻很快就開始認為這項運動在不少方面都弊大於利。首先，他們對於這項運動為左派提供的政治機會頗感不安，尤其是支持這項運動的印尼共產黨。[24]此外，他們也認為這項運動造成了危險的情形，也就是把軍事資源抽離印尼共產黨權力中心所在處的爪哇。[25]最後，他們認為對抗運動在長期上會危及他們獲取現代武器和軍事援助的來源，也就是美國與蘇聯。這項運動雖然獲得中國的大力支持，對他們而言卻沒什麼幫助，因為截至當時為止，中國對印尼的軍援微乎其微，而且中國領導者的動機也引人懷疑。陸軍領導高層因此「從事了一系列的運作，目的在於阻礙那項政策的有效推行」。[26]

右派也認為蘇卡諾與中國的關係修好，大幅提振了印尼共產黨以及陸軍在其他軍種當中的競爭對手（例如空軍）所具備的國內勢力。在蘇卡諾接見中國高階代表團，而且空軍中將達尼也與北京商討輕兵器合約的同時，陸軍則是感覺到自己從美國與蘇聯獲得的援助恐將無以為繼。中國對於第五軍種概念的支持，以及主動提議協助蘇卡諾建造核子武器，更是引起進一步的擔憂。由於這些原因，以及其他更純粹意識形態的理由，陸軍於是開始抗議蘇卡諾對中國的示好，並且聲稱印尼共產黨與蘇卡諾的政策都只是單純聽從北京的命令行事。陸軍雖然堅稱自己不受制於任何外國強權，但這類舉動卻顯示陸軍在對抗共產主義方面，其實是明確站在美國那一邊。

美國的干預

除了在其他地方的作為所造成的間接後果之外，外國強權在一九六五年之前的十年裡所採取的政策，都是刻意以影響印尼政治的進程為目標。中國雖然扮演了一定的角色，在更低的程度上也包括蘇聯在內，但影響最大而且記載也最完整的干預行為，乃是出自於美國。美國的介入至少開始於那場疑似政變的十年前。藉著檢視美國在一九六五年之前的十年裡不惜採取哪些作為以阻止共產主義的擴張，我們即可更明白看出美國在十月一日的事件當中可能扮演了什麼角色。因此，檢視自從一九五五年開始的那些作為，不但可以讓人看出美國干預的長期發展曲線，也可讓人體會到那些作為背後的想法，以及其中採用的方式。

一九五五至一九五八年的祕密行動

美國在那場疑似政變前十年間干涉印尼政治比較常用的一種方法，就是藉著提供「資訊」和組織援助，以促使印尼人「明白瞭解國際共產主義威脅」。[27]當然，這類援助也會搭配暗中提供的現金。這種干預作為的第一個明白案例，發生在印尼舉行於一九五五年的第一場全國大選之前。美國官員深信伊斯蘭教政黨馬斯友美黨與印尼社會黨，這兩個堅定反共的政黨將會得票最多，而印尼共產黨則是會「遭遇地位下滑的結果」。[28]為了加速此一結果，美國暗中向馬斯友美黨與印尼社會黨提供資金、技術援助以及政治建議。

一九五五年一月的一份工作協調小組進展報告，明確提及美國在宣傳活動方面提供的協助，而那些宣傳的目標就是要提振馬斯友美黨的選舉結果，並且削弱印尼共產黨的吸引力：

> 隨著馬斯友美黨在反共態度上變得愈來愈積極而且公開，該黨也顯得愈來愈樂於尋求美國新聞處的協助。這個單位為馬斯友美黨的聚會準備了影片與宣傳小冊、供應帶有反共專題內容的政黨刊物、為政黨領袖提供背景資訊，也協助馬斯友美黨出版強烈反共的書籍。[29]

美國影響選舉的做法遠遠不僅限於提供反共資訊。在一九五〇年代期間曾經參與過對印尼工作的前中情局官員約瑟夫・史密斯（Joseph Smith）指出，美國在選前向馬斯友美黨資助了一百萬美元。[30]當時的美國駐印尼大使休伊・康明（Hugh Cumming）也「回憶指出，在一九五四年十二月一趟前往華府的旅程上，他受到告知有某種祕密行動即將在印尼展開」。[31]那趟旅程的時間點顯示，他所提到的行動大概涉及對馬斯友美黨暗中提供財務或宣傳上的支援。美國與馬斯友美黨的祕密連結，受到一九五七年四月一份呈交給助理國務卿的備忘錄所證實，其中指出「過去的美國聯絡人，尤其是祕密聯絡人，主要都是馬斯友美黨的成員」。[32]美國和印尼社會黨的首要人物也建立了密切關係，而且很可能也在那場選舉當中為該黨提供支持。

結果，美國影響一九五五年選舉的嘗試並不成功。原本廣獲預測會勝選的馬斯友美黨得票出人意料的低，只獲得二〇・九%的普選票，印尼社會黨的得票率更是只有二%。[33]另一方面，印尼共產黨與印尼國民黨則是獲得前所未有的支持，共計贏得將近百分之四十的選票。馬斯友美黨的慘淡表現與印尼共產黨出乎意料的成功，在艾森豪政府當中引發了擔憂。[34]後來印尼共產黨在一九五七年區域選舉當中的得票又得到更大幅度的增長，因而進一步加深美國的焦慮。美國於是開始更積極干預，以祕密與公開的手段雙管齊下，企圖削弱印尼共產黨以及顛覆蘇卡諾總統。引人注意的是，美國在這些行動當中，持續仰賴馬斯友美黨與印尼社會黨的領導人物，同時也尋求與印尼軍方的人員建立愈來愈緊密的關係。

美國在這些年間削弱蘇卡諾的嘗試，採取了許多不同形式，其中大部分都是曾在其他地方使用過的「骯髒伎倆」。舉例而言，一九七五年的一個參議院委員會指稱他們「收到若干證據，顯示中情局涉入刺殺蘇卡諾總統的計畫」，而且還找到了一名適合的特務。[35]中情局還擬定一項計畫，企圖製造色情影片與照片，顯示蘇卡諾與一名俄國空姐上床。計畫中的影片與照片一旦製作完成，就會以匿名方式寄給其他國家的新聞媒體，連同暗示蘇卡諾遭到蘇聯引誘或者要脅的報導。一名參與其中的中情局官員在回憶錄裡談及這項計畫，寫道：「我們在這個主題上其實獲得了相當程度的成功。這項報導出現在世界各地的媒體上。」[36]

不過，美國最戲劇性而且影響最大的干預行動，出現在一九五七至一九五八年，當時艾森豪政府向兩個反抗團體（印尼共和國革命政府與全面鬥爭憲章）暗中提供資金、軍事裝備與空中支援，協助它們在蘇門答臘與蘇拉威西這兩處基地對抗蘇卡諾政府。[37]這兩場叛亂都是由心懷不滿的軍官所領導，而且也獲得與馬斯友美黨以及印尼社會黨有關的重量級人物提供重大支持。這些反抗人士的目的雖然不是要推翻政府，華府官員卻把這兩場叛亂視為一個機會，能夠削弱蘇卡諾、強化主要反共政黨，並且遏阻他們所害怕的共產主義接管。

於是，一個針對印尼而成立的臨時跨部門委員會在一九五七年底認定，美國應該「強化離島反共勢力的決心、意志以及凝聚力」，好讓它們在「共產主義一旦接管爪哇的情況下能夠成為集結點」。[38]參謀長聯席會議又更進一步主張必須向反抗人士提供更多的祕密軍事支援，以避免共產黨獲得勝利，不只是在印尼，也包括這整個區域乃至「穆斯林中東」。在一九五八年四月提交給國防部長的一份備忘錄裡，那些參謀長提出了這項稍嫌誇大的論點：

當前的限制導致美國無法向異議人士提供足夠而及時的援助以確保勝利。異議人士一旦遭到打敗，幾乎可以確定必然會導致印尼受到共產主義支配。這樣的事態發展將會在馬來亞與泰國造成嚴重的反應，大概也會在寮國引發問題，而且柬埔寨可能也會包括在內。如此一來，東南亞公約組織恐怕會無以為繼，進而造成共產主義影響力在穆斯林中東的擴張。因此，如果要預防共產主義支配，就必須採取行動，包括必要的公開措施，以確保異議人士能夠獲得成功，也確保蘇卡諾政府當中的共產主義支持者能夠受到壓制。[39]

美國的援助雖然造成那場衝突持續得更久也更加血腥，反抗人士終究還是打了敗仗。對美國而言更糟的是，蘇卡諾長期以來一再懷疑美國對反抗行動提供大量的財務和軍事支援，結果這項懷疑就在一九五八年五月受到確切無疑的證實，原因是印尼部隊擊落了一架B-26轟炸機，而發現飛行員是個名叫艾倫．勞倫斯．波普（Allen Lawrence Pope）的美國人。美國聲稱波普是自由傭兵，但隨即遭到揭露，這樣的說法只不過是一項薄弱的飾詞，實情是中情局主導了一項支持反抗人士的祕密軍事行動。[40]在印尼揭發這項事實的記者會之前不到一個月，艾森豪總統才剛堅稱美國完全沒有介入那場衝突。他宣稱道：「我們的政策是從頭到尾都謹慎保持中立以及適當的態度，避免在與我們無關的事件當中選邊站。」[41]

不意外，蘇卡諾與左派大舉利用這項事實，以及在蘇門答臘發現的美國軍事裝備，抨擊反抗人士以及他們的所有支持者，包括馬斯友美黨與印尼社會黨當中的領導人物。即便在反抗行動遭到打敗之後，蘇卡諾仍然認定他們還是繼續在暗地裡陰謀策劃對他不利，於是終究禁止了這兩個政黨，並且監禁了其中幾個最著名的領導人物。在此同時，美國對於反抗人士的支持造成了美國與印尼的關係大幅走下坡，並且導致蘇卡諾對美國的意圖懷有深深不信任的充分理由。如同亞尼將軍在一九六五年六月向美國大使館官員所言：「自從印尼獨立以來，〔美國是〕唯一公開支持過一場叛亂行動的國家。總統永遠不會忘記這一點，而且反美指控也因此很容易在總統府當中受到認同。」[42]

一九五八至一九六五年的軍事援助

一九五八年的區域叛亂失敗之後，美國於是改採一項新策略，但目標仍然沒變，還是要削弱蘇卡諾以及消滅印尼共產黨。由於先前試圖促成印尼分裂的策略不但沒有成功，恐怕還強化了蘇卡諾與印尼共產黨，因此美國轉而開始與印尼陸軍建立關係。美國決策者把印尼陸軍描繪成該國唯一可靠的反共勢力，而試圖鼓勵陸軍在政治當中扮演更直接的角色，把自己視為可以取代該國文人領導層的選項，更明確的目標則是與民間盟友合作，積極除去或者換掉蘇卡諾與印尼共產黨。[43]美國採行這項策略的做法，是推動一項以造成分裂為意圖的軍事援助及訓練計畫。

這項援助計畫背後的想法是，凸顯印尼國內的政治分歧與鬥爭，以求引發一場衝突，而陸軍則幾乎確定可以在這樣的衝突當中獲得勝利。實際上，美國先後任的一連串政府，都在日益深化的政治鬥爭當中刻意向其中一方提供支持，同時也對另一方加以疏遠並且撤除支持。藉著這麼做，美國於是協助促成了一種政治環境，使得軍方在其中採取行動備受鼓舞，也有這麼做的強烈動機。

軍事援助在一九五〇年代的大部分期間都相當有限。實際上，在一九五一至一九五四年間，美國完全沒有向印尼提供任何軍事援助；[44] 而後來雖然終於決定要提供援助，數量卻相當少。舉例而言，艾森豪總統在一九五五年六月核准依據一九五四年的《共同安全法案》(*Mutual Security Act*) 撥款二十萬美元，「援助印尼推行一項警政訓練計畫以及採購警察通訊器材」。[45] 不過，這些年間缺乏實質軍事援助，並不是官方的漠視所造成的結果，而是因為美國認為和一個受到共產主義影響，或是沒有充分反對共產主義的政府，協商任何軍事援助協議將會是不智的行為。

這種觀點在一九五八年出現大幅改變，部分原因是美國體認到蘇卡諾與印尼共產黨的勢力不但沒有縮小，反倒還變得愈來愈大，尤其是在區域選舉之後。另一個原因是一項遲來的擔憂，也就是美國發現蘇聯向印尼提供的軍事援助遠遠超過美國或其盟友，而這樣的不平衡必定會對政治局勢造成影響。舉例而言，海軍在一九五八年三月呈交給參謀長聯席會議的一份備忘錄警告指出，蘇聯提供的援助「很可能會造成印尼提早落入共產集團的支配」。[46]

於是，美國開始努力執行其軍事援助計畫，但也特地確保那些援助都是流向陸軍和警方，而不是其他勢力。陸軍之所以受到選擇成為援助對象，和國防考量完全無關，而是因為陸軍被視為美國最可靠的政治盟友，也是阻擋印尼共產黨的壁壘。因此，參謀長聯席會議在一九五八年呈交給國防部長的一份備忘錄指出，對於陸軍的援助已依據以下的評估而認真展開：

（一）印尼陸軍是印尼當中唯一有能力阻擋印尼共產黨支配國家的非共產勢力；（二）在美國援助的鼓勵下，印尼陸軍參謀長納蘇蒂安將會執行他控制共產黨員的「計畫」。[47]

除了反共以外，陸軍也強烈反民主，而這樣的立場正合乎美國的利益，主要是因為美國官員認定自由選舉將會對印尼共產黨有利。因此，在一九五九年一月一份向總統建議對印尼軍援增倍的備忘錄裡，國務院強調了陸軍採取的若干「審慎但重要的步驟，藉以遏制共黨活動」：

在這方面，最重要的步驟是延後原本預定舉行於一九五九年九月的大選，因為共產主義人士原本預計會在那場選舉當中取得巨大優勢。延後選舉讓印尼得以擁有一段政治相對穩定的時期，從而發展出一個有效的政府，證明這是在共產計畫之外另一個可行的選項，也為美國以及自由世界提供了一個絕佳機會，就算沒有完全消除，至少也大幅降低了共產接管的危險。[48]

這項所謂的成就是否全然是陸軍的功勞，無疑有辯論的空間。至少，陸軍絕不是唯一在一九五〇年代晚期尋求終止印尼選舉政治的勢力。[49]但無論如何，美國決策者對於希望終結選舉的人士所提供的積極支持，確實明白可見。美國政策的思考邏輯也是如此。只要有利美國的政黨或聯盟看來有望在選舉當中勝出，美國就會支持選舉。但看起來如果是不對的陣營有可能會贏，美國就會反對選舉。

美國在一九五八年之後的軍事援助，雖然就金錢價值來看仍然相當少，與蘇聯提供的龐大援助相比之下尤其如此，但聚焦於以美國陸軍專科學校訓練印尼陸軍人員的做法，被視為極具成本效益。[50]如同內部的備忘錄一再強調的，這些計畫協助建立了「美國與印尼軍事人員之間的個人連結」，而這樣的連結在政治上極具價值。[51]在一九六四年四月寫給納蘇蒂安將軍的一封信裡，美國的麥斯威爾．泰勒將軍（Maxwell Taylor）強調了那些個人連結的高度重要性，並且希望那些連結能夠持續下去：

> 我們兩國的軍官在近年來產生的特殊關係，令我和我在聯合參謀部當中的同僚深感喜悅。……我們一旦把目光從當前的議題上轉開，而投向我們共同希望在東南亞達到的長程目標，我想即可明白看出，我們雙方的持續合作對於印尼與美國的國家利益都非常重要。[52]

在一九五〇到一九六五年間，由兩千八百名左右的陸軍軍官參與的軍事訓練計畫，也因為在陸軍的軍官團當中鼓舞了反共情緒，而被視為深具價值。舉例而言，一九六〇年的一份美國國安會報告指出，軍事援助計畫「強化了印尼的非共產主義者以及反共人士反制共產影響的決心」。[53]也許頗具象徵意義的是，在一九六五年十月一日早晨遭到殺害的六名將領當中，有五人都在美國接受過軍事訓練。

美國對陸軍提供的援助還有另一個焦點，就是在一九六二年展開的公民行動計畫，仿效了在菲律賓、南韓與南越獲得若干成效的類似計畫。[54]公民行動的概念，就是由陸軍帶頭推行對地方上的人口有所助益的方案，包括公共工程、農業與衛生，而這種概念對於印尼陸軍而言並不陌生。自從印尼民族革命以來，陸軍就參與了下至村莊層級的社會與經濟活動，而這種做法也正式體現於其「地域戰爭」與「雙重功能」的信條當中。不過，這種計畫現在更是獲得美國強力支持，也深受納蘇蒂安將軍重視，而他在一九六二至一九六五年間，就與美國的公民行動特別顧問班森上校密切合作。[55]

公民行動表面上的目標雖是要促成鄉下發展，卻也是個有用的障眼法，掩飾了以削弱印尼共產黨為目標的祕密行動。舉例而言，解密的美國政府文件顯示，公民行動是特別小組核可的一項方案當中的一部分，而特別小組就是國安會裡負責協調祕密政府行動的祕密委員會。該委員會在一九六一年十二月舉行了一場會議，其中的會議紀錄雖然仍有部分內容尚未解密，但已可讓人明白看出那項計畫的本質以及涵蓋的層面。舉例而言，紀錄內容顯示一九六二會計年度撥付了一筆沒有揭露數額的款項，「用於支持透過〔印尼的〕〔此處有不到一行的文字尚未解密〕機構所執行的公民行動與反共活動」。此外，紀錄內容也顯示一九六二與一九六三會計年度撥付了一筆沒有揭露數額的款項，用於「協助〔此處有不到一行的文字尚未解密〕祕密訓練經過挑選的人員與平民，而他們後續將會在公民行動計畫當中〔此處有不到一行的文字尚未解密〕擔任關鍵職務」。[56] 簡言之，祕密行動與公民行動計畫密不可分，而且兩者都是一項為了削弱印尼共產黨而擬定的總體方案當中的一部分。

美國的援助和訓練計畫也促使印尼陸軍軍官與美國官員建立了緊密的個人關係。這些關係終究為一套影響網絡奠定了基礎，把陸軍領導層、特定學者（包括印尼與美國學者）以及包括中情局幹員在內的美國政府官員連結在一起。[57] 蓋伊・帕烏克（Guy Pauker）與蘇瓦托上校就建立了這樣的個人關係，前者是蘭德公司的政治學家，後者則是一名支持印尼社會黨的軍官，同時也是陸軍指揮參謀學院的院長。[58] 在帕烏克的鼓勵之下，蘇瓦托逐漸接受了陸軍是國內最可靠的社會政治組織這項概念，並且向軍官指稱陸軍應該做好承擔政治與經濟領導角色的準備：而此一角色就被描述為陸軍的公民使命。[59] 此外，有不少留學過美國的經濟學家（其中許多都是就讀加州大學柏克萊分校）也是透過蘇瓦托而獲邀到陸軍指揮參謀學院主持研討會。這群有時被人稱為柏克萊黑手黨的經濟學家，後來終究形成一套網絡，把反共的陸軍領導層和現代化的經濟技術官僚連結在一起。[60]

值得注意的是，在這些關鍵年間置身於陸軍指揮參謀學院的軍官裡，其中一人就是蘇哈托，當時他是上校。一九六〇年代初期，蘇哈托在陸軍指揮參謀學院參與打造了地域戰爭的信條，以及陸軍的公民使命政策。[61]此外，他也在那裡和一群軍官還有留學過美國的經濟學家建立了緊密關係，而這群人在一九六五年十月之後，就成了他的非正式顧問團當中的核心成員。在這些年間，蘇哈托的人脈圈還包含若干在大型外國企業和陸軍之間扮演中間人的商業人士和軍官。這些人脈在一九五七年宣布戒嚴之後大為發揮效用，因為陸軍控制了主要經濟事業，而且外國企業支付的權利金也開始直接流入陸軍的口袋。[62]

一九六一年，美國官員試圖在援助計畫當中做出進一步的調整，使其能夠更具彈性而且在政治上也更為有用。在一份拍發給國務院的最高機密電報裡，美國大使瓊斯建議取消軍事援助的政治限制，以圖強化印尼陸軍對美國的信心、防止蘇聯在援助醒目的軍事裝備上取得獨占地位，並且供應現代複合武器系統，以促使印尼對於美國的訓練產生更大需求。瓊斯主張這些改變是「基於一項認知，亦即提供援助的根本目的在於政治方面，也就是強化反共的軍方領導層」。更明確來說，瓊斯主張美國應該「提供納蘇蒂安、亞尼與參謀人員強烈渴望的裝備」，以便「增進在印尼軍隊當中的影響力」。[63]

瓊斯的備忘錄如果凸顯了美國在軍事援助方面的決策，在多高的程度上奠基於政治考量，那麼他在其中提及防止蘇聯在援助醒目的軍事裝備上取得獨占地位，則是強調了一項令人擔憂的發展。赫魯雪夫在一九六〇年向印尼提供了一億美元的軍事援助，然後在接下來的五年裡又陸續撥付了幾筆龐大款項。根據一項估計，印尼在一九六〇到一九六五年間，獲得蘇聯提供約十一億美元的軍事援助，遠遠超過美國。因此，到了一九六五年，印尼的空軍和海軍已分別有百分之九十與百分之八十左右的裝備都是來自蘇聯。[64]

儘管有這些發展，國會卻在一九六三年秋天通過新的《對外援助法案》，對於向印尼提供的軍事和經濟支援施加限制。隨著印尼與美國之間的緊張關係在一九六四年進一步升高，國會與美國媒體於是又施壓要求更進一步的限制。舉例而言，一九六四年八月的《塔爾修正案》（*Tower Amendment*）要求終止對印尼的一切援助。[65] 然而，看在內部人士眼中，由於他們明白軍事援助的真正目的是在政治方面，因此與印尼徹底切割實在難謂是最合乎美國利益的做法。一旦這麼做，就等於是捨棄了一切影響印尼政治平衡的希望。因此，國務卿迪安·魯斯克（Dean Rusk）在一九六四年七月十七日寫給總統的一份備忘錄強調指出，美國的軍事援助「不是為了幫助印尼壯大軍力，而是讓我們得以和印尼內部有意願也有能力抗拒共產接管的關鍵人物保持聯繫的方法。我們認為這一點對於整個自由世界而言極度重要」。[66]

為了避免引起國會與媒體反彈，詹森政府於是公開同意停止軍援，同時在暗中向印尼陸軍裡的美國盟友持續提供援助。在一九六四年八月一份針對斷絕軍援所寫的總結概要當中，魯斯克向總統報告指出：「我們的計畫在目前的狀態，就是能夠與關鍵印尼團體維持極有價值的連結，但不會對蘇卡諾或是他的馬來西亞政策提供助力。」[67]

終究實施的斷絕援助，是針對蘇卡諾的對抗運動最高調也最有效的反制措施。不過，被認為有益於和陸軍維持關係的關鍵計畫則是受到保留，尤其是軍事訓練計畫。在一份呈交給總統的備忘錄裡，遠東事務助理國務卿威廉・邦迪（William Bundy）為保留那項計畫提出了一個現在已令人耳熟能詳的論點：「我們覺得這是與印尼軍方的一個重要連結，而這項長期資產價值仍然相當可觀。」[68] 同樣也受到保留的還有公民行動這項深受納蘇蒂安喜愛的計畫，用於掩飾不利於印尼共產黨的祕密行動，也為國家警力提供技術援助，「以保有美國在這個重要權力中心的影響力」。[69]

國家安全顧問麥克喬治・邦迪在一九六四年八月底寫給總統的一份備忘錄，概述了這個時期的美國援助策略背後的指導原則：

> 由於我們的處境極為不穩，因此更不能在印尼斷絕一切的後路：(一)我們在東南亞已經因為越南與寮國而應接不暇，實在沒有餘力再因應印尼的重大危機；(二)我們和印尼軍方一定要保持一些連結，不論這樣的關係有多麼脆弱，因為印尼軍方仍是阻擋共

產接管最主要的希望；（三）……我們要以可望持續提供的援助來引誘印尼；（四）我們絕不想造成美國在那裡的投資遭到重大攻擊。[70]

儘管有這些預防措施，一九六四年八月中通過的《塔爾修正案》還是在印尼引發了大規模的反美示威。八月十六日，在國會通過這項修正案的隔天，《紐約時報》的報導指稱美國新聞處位於日惹的傑佛遜圖書館遭到「一群高聲叫囂的印尼年輕人」占領，宣稱那棟建築物「現在已是正式屬於印尼人民的財產」。[71]在這種印尼政治愈來愈好鬥與極化的背景下，美國依據自身需求而在援助與支持上做出偏重反共勢力的差異性分配，可能有助於「打破平衡」（套用瓊斯大使所說的話），使得局勢有利於那些早已有能力也有意圖要打擊印尼共產黨的人士。無論如何，這是美國政策明白可見的意圖。關鍵的問題是，這樣的措施有沒有可能實行，又該怎麼實行。

挑釁

隨著美印關係在一九六四至一九六五年出現大幅惡化，再加上蘇卡諾愈來愈傾中的明顯徵象，美、英兩國的官員於是對印尼的情勢愈來愈感憂慮。對於美國與英國財產發動的暴力攻擊、企圖劫奪外國持有的種植園與石油設施、尖銳的反美演說以及群眾示威，都為美、英兩國提供了愈來愈立即而又重要的反擊理由。[72] 與此同時，它們也意識到不能對自己的反共盟友公然展現支持，否則將帶來災難性的後果。於是，它們一方面在表面上保持著不干預而且甚至是漠然的態度，另一方面針對行動開立的處方，則是相對也變得更加迫切也更為保密。從一九六四年底以來，他們實質捨棄了正常外交工具，而開始考慮各種非典型手段，包括祕密行動以及心理戰。在這段相同的時期，中國的領導人也採取了若干措施，而可能鼓舞了蘇卡諾與印尼共產黨正面對抗陸軍，從而造成印尼內部緊張情勢的升高。

非常手段

從一九六四年底到一九六五年中的一連串內部備忘錄，可讓人洞悉美國官員愈來愈強烈的焦慮，同時也窺見在那場疑似政變之前的九個月裡受到考慮的行動方針。一九六四年十二月，國務院一份針對英國首相哈羅德・威爾遜（Harold Wilson）即將訪問華府的行程所寫的備忘錄，建議總統在談話中表示「美國與英國必須做好與印尼發生全面軍事衝突的準備」。[73] 一九六五年一月，一份中情局備忘錄更是斷然指出：「現在美國與蘇卡諾的利益幾乎在所有面向上都互相衝突。」[74] 這份文件接著主張印尼共產黨獲得成功的機率只會隨著時間過去而提高，因此陸軍必須立即採取先發制人的迅速行動；最後又提出這項令人擔憂的評估：「〔蘇卡諾〕為當前趨勢賦予的動力與方向，正推著他邁向以下這幾種可能的後果：與英、美兩國發生戰爭、受到共產中國支配，或是由印尼共產黨接管印尼。」三〇三委員會是國安會當中接替特別小組的祕密組織，而在該會召開於三月初的一場會議上，一名中情局官員敦促擬定「一項規模更龐大的計畫或者藍圖，以遏阻印尼加入中國的陣營」，並且指稱美國一旦失去這個擁有一億零五百萬人口的國家，將會「導致在越南獲得的勝利毫無意義」。[75]喬治．鮑爾（George Ball）在三月十五日透過電話與麥克喬治．邦迪通話，指稱印尼的發展正「迅速朝著錯誤方向前進」，而且「在長期政治上，〔印尼〕對我們的重要性可能會比南越還高」。[76]助理國防部長在一九六五年六月寫給邦迪的一份最高機密備忘錄，把蘇卡諾政權稱為「不容忽視的威脅」。[77]接著，如同先前所述，在一份日期標記為七月二十日的信件草稿當中，中情局長雷伯恩向總統建議指出：「印尼早已踏上一項進程，將在可見的未來成為共產國家，除非此一趨勢能夠受到逆轉。」[78]幾個星期後，國務次卿鮑爾與國家安全顧問邦迪一致認為應該舉行一場會議，「針對共產黨可能接管印尼的嚴重性向總統提出警示。」鮑爾指稱這項發展「將是中國陷入共產主義以來最嚴重的事」。[79]

於是，在一九六五年十月之前的幾個月裡，美國政府最高層當中已有一項共識，認為必須採取堅決的新手段對付印尼，因為這個國家一旦「陷入共產主義」，將會嚴重損及美國在亞洲其他地區乃至全世界的地位。在這些考量之下，這時已被視為蘇卡諾辯護者而且又軟弱無能的瓊斯大使，受到行事強硬的格林取代。根據各方說法，格林帶著一份新的行動方案抵達雅加達。[80]

在這樣的背景下，美國與英國因此把目光轉向它們在陸軍和反共平民當中的朋友，希望在這些人士身上，看到它們已做好對抗蘇卡諾與印尼共產黨的準備。美、英兩國發現這些人士無意從事強力作為之後，便討論該怎麼激使它們在當地的盟友採取行動，並且創造與蘇卡諾及印尼共產黨攤牌的條件。

中情局在一九六四年九月的一份祕密電報裡提出最早的一個構想，也就是成立一個反共聯盟，把陸軍和平民當中可靠的人士結合起來。[81]這份電報指出，這麼一個聯盟將特別有機會在一連串的鬥爭當中獲取權力，並且認為這個聯盟的成功「將會對美國有利」。這份電報也明白指出中情局希望由可靠的陸軍人物擔任此一聯盟的核心，指稱「後繼的政府當中若有額外的軍事人物（也就是我們可以評估其當前態度的人），將有助於強化那項優勢」。中情局並且更明確指名了他們認為「友好」而且在對抗運動與共產主義問題當中「站在正義這一邊」的陸軍軍官，包括「納蘇蒂安、蘇哈托、蘇迪曼（Sudirman）、阿迪杰（Adjie）、薩巴尼（Sarbani）等諸位將軍〔文字受到刪除〕，在中層類別，則是當前比較沒有那麼堅定反共的人士。……亞尼與帕曼將軍，還有海軍上將瑪爾塔迪納塔（Martadinata）」。因此，儘管後來美國聲稱蘇哈托是個不知名的人物，但他至少在一九六四年九月就已被中情局視為對美國友好的將領，在對抗運動與共產主義問題當中站在正義這一邊。

美國官員也在這時辨識了有可能會在對抗印尼共產黨的鬥爭當中與美國合作的關鍵平民與

宗教組織，並且開始向這些組織提供協助與建議。這些組織包括勢力強大的伊斯蘭教士聯合會，而這個大型伊斯蘭政黨的黨員即是後來那場暴力的首要加害者，尤其是在該黨位於東爪哇的根基地區，那裡的殺戮情形不僅激烈，而且分布廣泛。[82] 被中情局認定為潛在資產的人物也包括若干政治圈內人，像是第三副總理哈伊爾·薩勒（Chaerul Saleh）與貿易部長亞當·馬利克（Adam Malik）。[83] 一名曾經派駐雅加達的前中情局官員指出，馬利克自從一九六〇年代初期就已和該局的關係相當緊密。[84] 大概在這個時期，薩勒與馬利克是蘇卡諾主義促進協會（Body to Promote Sukarnoism）與平民黨（Murba Party）這兩個強力反對印尼共產黨的政治組織當中的關鍵人物，想來也不是巧合。後來，這兩個政治組織都因為被指控獲得中情局支持而遭到禁止。[85]

創造條件

除了辨識潛在的朋友與聯盟，美國及其盟友也考慮了如何創造條件促成一場可讓陸軍獲勝的攤牌。其中一項提議，就是向陸軍領導層保證西方國家不會干預陸軍強硬對付印尼共產黨的行動。美國駐吉隆坡大使詹姆斯·貝爾（James D. Bell）向派駐雅加達的美國大使建議了這項策略。在一九六五年一月九日的一份電報裡，貝爾指稱在對抗運動的環境下，陸軍裡的反印尼共產黨人士可能會因為害怕遭到英國、美國與馬來西亞的部隊報復，而對於打擊印尼共產黨有所遲疑。貝爾的提議就是暗中向陸軍領導者保證，他們可以恣意對付印尼共產黨：

> 我們是否有任何方法可以向完全可靠的印尼軍方人士提出保證，指稱馬來西亞政府與大英國協不會出手干預，除非印尼共產黨明顯可見即將獲勝〔？〕……我們的政策已有一段時間都是仰賴陸軍。我們如果能夠為他們打這麼一劑強心針，他們也許會比較有意願採取行動。[86]

才兩個星期後，美國的雅加達大使館就回報了令人鼓舞的徵象，指稱陸軍指揮高層對於在蘇卡諾下臺之前即由軍方接管國家的想法「接受度相當高」。瓊斯在一九六五年一月二十一日向國務院拍發一份內容頗具揭露性（但仍有部分尚未解密）的機密電報，報告一名「絕佳」的消息來源與陸軍情報首長帕曼將軍之間的一場會面。這份電報指出，帕曼表示「陸軍指揮最高層」有「強烈意願」要在蘇卡諾去世之前「接管政府」，而且這麼一項政變的「確切計畫」已在研擬當中。此外，如同這份電報當中描述的，陸軍領導層深知任何直接以蘇卡諾為目標的政變絕不可能成功，因此有人建議「政變的做法應該要保全蘇卡諾的領導職務」，但造成他無法改變的既成事實。[87]這項描述相當符合發生於一九六五年十月一日的實際情形。

一九六五年三月，國安會的祕密三〇三委員會也把注意力轉向印尼的危機，更精確來說是轉向美國在印尼的祕密行動計畫。一份為那場會議準備的備忘錄揭露指出，自從一九六四年夏天以來，國務院和另外一個機關（那個機關的身分至今仍未解密，但很有可能是中情局）就開始「針對印尼研擬一份政治行動的執行計畫」。這項計畫的主要目標是降低印尼共產黨與「紅色中國」的影響力，並且強化反共勢力，做法是利用印尼共產黨內部的派系鬥爭、凸顯印尼傳統上對於中國的不信任，以及把印尼共產黨描繪成「紅色中國帝國主義的工具」。[88]

這項計畫有些部分早已受到實行。那份備忘錄指出：「有些資金已透過安全的機制提供給關鍵人物，以強化他們持續從事反共活動的能力與決心，因為那些活動基本上與美國的方向一致。」除了向反共的個人與團體暗中提供財務支援之外，這項新計畫也設想了各種心理戰活動，我們在後續將會更仔細加以探討。援助資金的金額與來源雖然至今仍是機密，但三〇三委員會在一九六五年三月四日核准了這項受到提議的祕密行動計畫，而且即刻生效。

一個月後，邦克大使代表詹森總統訪問印尼。表面上雖是拉攏蘇卡諾的最後嘗試，這項訪問實際上卻提供了一個理想的機會，讓他得以和反對陣營的人物會面討論緊急應變計畫。[89]在邦克於一九六五年四月向總統回報的「整體結論」當中，他概述了當時美國的主要立場：創造適當條件，以便反共勢力能夠在陸軍及其反共盟友的領導下，採取強力行動對付印尼共產黨與蘇卡諾。因此，整體結論的第十二點寫道：「美國政策應該致力於創造適當條件，為具備潛在力量的人士提供最適合發動對抗的環境。」那份文件的其他部分把「具備潛在力量的人士」明確羅列如下：「(a) 軍方，尤其是陸軍；(b) 溫和派穆斯林政治組織；(c) 其他目前處於蟄伏狀態的溫和派政治人物。」[90]

總的看來，以上所述的證據明白顯示了在一九六五年十月那場疑似政變之前的一年裡，美國官員（可能也包括馬來西亞與英國的官員）已認真考慮而且也開始實行特定策略，一方面鼓勵陸軍及其平民盟友採取行動對付印尼共產黨，同時絲毫不留下美國和其他外國政府介入其中的痕跡。這個時期的反美情緒和政治上的整體激進化，雖然限制了正常外交政策工具的效力，但極端極化以及相互對立的政治勢力之間近乎勢均力敵的狀況，卻為美國及其盟友提供了一個獨特的機會，可以操弄印尼人打一場至少就一部分而言乃是屬於美國的戰爭。到了一九六五年中，陸軍指揮高層似乎已和美國取得完全的共識。在一九六五年七月的一場會議上，亞尼據說向美國駐印尼陸軍的公民行動顧問班森表示：「我們有槍，也確保了〔共產黨人〕手上沒槍。所以要是發生衝突，我們一定會把他們消滅殆盡。」[91]

心理戰與黑色行動

最後，在那場疑似政變之前的幾年裡，美國與英國都試圖透過一項心理戰與黑色行動計畫影響印尼內部的政治平衡。這些行動的目標在於抹黑印尼共產黨與蘇卡諾，而且相當重要的是，必須引發他們與反共人物的政治衝突。實際上，這個時期的美國政府解密文件揭露了這一點：引發與印尼共產黨的攤牌不單純只是美國對印尼政策造成的副產品，而根本就是美國對印尼政策的意圖。那項行動的一個關鍵焦點是創造條件，為陸軍提供採取強力行動對付左派的藉口。這項策略並不新穎，但在一九六五年初的危機氛圍當中，這項策略卻重新獲得活力，而再度受到推行。

一九六〇年十二月的一份國安會政策文件，令人毛骨悚然地預示了一九六五年十月一日的事件，指稱美國應該「優先重視特定計畫，藉此提供機會孤立印尼共產黨，迫使該黨陷入公然對抗印尼政府的立場，從而創造採取壓制措施的藉口，能夠從印尼自身國家利益的角度賦予合理性」。[92]在一個月後的一九六一年一月，美國官員開始更加明確地討論「心理戰行動」。一九六一年一月二十六日，就在甘迺迪總統就職之後不到幾天，瓊斯大使向國務院拍發了一份最高機密電報，建議美國預作準備，「以便在能夠促成適當氛圍的時候，協調祕密與公開資源發動一場大型心理戰爭」。[93]美國以公民行動計畫作為掩飾而在印尼推動的祕密行動就在不到一年之後展開，也許不是巧合。

心理戰行動的強度與細膩程度在一九六三年之後達到了新高度，因為蘇班卓在那年一月宣布發起對抗運動之後，美國、英國與馬來西亞即開始合作削弱蘇卡諾與印尼共產黨。[94]對於英國與馬來西亞而言，心理戰屬於一項更廣泛的祕密行動，在澳洲與紐西蘭的支持下推行，目標在於削弱蘇卡諾，而且其中設想的部分情境甚至不惜分裂印尼。[95]除了向若干反印尼的反抗團體提供武器、軍事訓練和資金之外，英國與馬來西亞的最高層級官員還授權並且擬定了一場心理戰行動的指導原則，目標在於「協助以及鼓勵印尼內部的異議運動」。[96] 除了其他內容之外，那項行動也包含以祕密廣播播送譴責共產主義的言論，以及為爪哇以外的地區爭取更大的自主性或獨立性。

不過，到了一九六五年初，英國開始擔心支持分離運動會損及陸軍抗拒印尼共產黨的能力，於是對他們的計畫做出相應的調整。因此在一九六五年三月，一份受到英國新任工黨政府當中的高階閣員所核准的備忘錄裡，聯合行動委員會建議指出：

> 就長期而言，向印尼內部的異議運動提供有效支持可能會招致反效果，原因是這樣可能會減損陸軍抵抗印尼共產黨的能力……因此，〔英國應該〕藉由祕密手段，試圖讓印尼陸軍明白英國對異議分子的支持只不過是針對「對抗」運動做出的戰術反應。[97]

這些方案與對於對抗運動愈來愈感不耐的印尼陸軍軍官所採行的策略極為吻合。[98] 陸軍的策略當中有兩項比較重要的元素在一九六四年中開始推展，並且涉及蘇哈托少將以及他的親信阿里．穆爾多波中校（Ali Murtopo）、尤加．蘇加瑪上校（Yoga Sugama）與穆爾達尼少校（L. B. Murdani），全都具有陸軍情報背景。透過他們，再加上涉及一九五八年叛亂活動的人物所提供的協助，陸軍於是和馬來西亞官員安排一系列的祕密會議，規劃一項互相避免敵意的祕密策略。[99]除此之外，蘇哈托也善用自己在對抗運動的多軍種司令部（稱為科拉加〔Kolaga, Komando Mandala Siaga〕）當中擔任副司令的職務，確保身在前線面對馬來西亞的部隊不論兵力還是裝備都維持在標準以下。[100]這兩項策略明顯可見都是以顛覆蘇卡諾的政策為目的，藉此削弱他與印尼共產黨。在這方面，蘇哈托及其親信的利益正與英國、馬來西亞還有美國相符，而且他們的祕密行動所達到的也正是那些強權想要的成果。此外，蘇哈托及其同僚公開批評對抗運動的立場，以及他們對於這些祕密行動的涉入，也為將來陸軍和那些政府串通奠定了堅實基礎。

引人好奇的是，英國與美國官員在那場疑似政變前一年裡討論的計畫，看起來就和一九六五年十月一日發生的情形相當近似。這項祕密策略的核心關鍵在於挑釁：以挑釁手段刺激印尼共產黨做出一項激烈舉動，從而引發陸軍的強硬反應，也為這樣的反應賦予正當性。自從一九六四年底開始一再受到美、英兩國以及其他國家的外交人員所討論的理想狀況，多多少少就是國安會在一九六〇年提議過的那個情境：由一場「操之過急的印尼共產黨政變」引發陸軍的強烈回應，再以印尼的「國家利益」為消滅印尼共產黨賦予正當性。

在前述那份一九六四年九月的美國印尼關係情報備忘錄裡，中情局針對這項策略提出了一個初步版本。那份報告概述了有利於反共勢力獲勝的情況，而提出兩個關鍵要點。首先，那份報告指出某種政權接替鬥爭，將可帶來最大的成功機會；第二，印尼共產黨如果採取某種挑釁性的行動，陸軍就更有可能做出強力回應：「後者〔印尼共產黨〕若是採取一項強硬或激烈的舉動，必定會引起陸軍的反應。」[101] 一九六五年三月，瓊斯呼應並且支持這個想法，在國務院官員舉行於菲律賓的一場閉門會議上指出：「當然，從我們的觀點來看，由印尼共產黨發動一場失敗的政變，對於反轉印尼的政治趨勢而言可能是最有效的發展。」[102]

引發一場操之過急的共產政變這種想法，也在這個時候開始流傳於大英國協成員國政府之間，連同在印尼擴大祕密行動的計畫。在一份日期標記為一九六四年十一月二十七日的備忘錄裡，英國外交部助理部長愛德華．佩克（Edward Peck）寫道：「因此，在蘇卡諾在世期間鼓勵一場操之過急的印尼

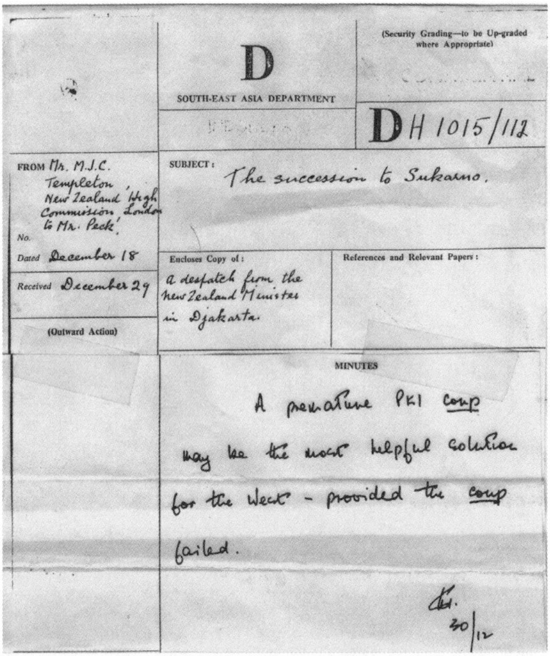
D
SOUTH-EAST ASIA DEPARTMENT
(Security Grading—to be Up-graded where Appropriate)
DH 1015/112
FROM Mr. M.J.C. Templeton, New Zealand High Commission London to Mr. Peck.
No.
Dated December 18
Received December 29
(Outward Action)
SUBJECT: The succession to Sukarno.
Encloses Copy of: a despatch from the New Zealand Minister in Djakarta.
References and Relevant Papers:
MINUTES
A premature PKI coup may be the most helpful solution for the West - provided the coup failed.
30/12

英國外交部針對一九六四年十二月一份關於印尼的報告所寫的注記指出：「一場操之過急的印尼共產黨政變，有可能會是對西方最有幫助的解方——前提是那場政變必須失敗。」（UK National Archive）

共產黨政變，可能頗有道理。」[103]紐西蘭在一九六四年十二月針對印尼撰寫了一份報告，另一名英國官員也回應指出：「一場操之過急的印尼共產黨政變，有可能會是對西方最有幫助的解方——前提是那場政變必須失敗。」[104]不久之後，英國就在一九六五年一月著手擴張其祕密行動，做法是在新加坡的情報研究部 (Information and Research Department) 當中設立一個政治作戰主任的職務，專門對付印尼。[105]

一九六五年三月四日，一份由美國大使館拍發給國務院的電報，強調了回應反美行動只剩下有限的選項。其中的結論指稱「我們唯一有效的反擊手段是在軍事領域當中」，但反對採取那樣的做法，主要是因為這樣將會損及印尼陸軍的威信與政治地位。[106]這項結論凸顯了美國在處理印尼的問題之時有多麼綁手綁腳。在這樣的情況下，採用祕密手段是無可否認的必要做法，就既有證據來看也是受到偏好的做法。結果，當時恰好已經有一項祕密行動方案。如同先前提過的，國安會的三〇三委員會在一九六五年三月初核准了一項在印尼執行的祕密行動計畫。值得注意的是，那項計畫包含了「與既有反共團體暗中建立聯繫以及提供支持，尤其是在〔此處有不到一行的文字尚未解密〕、黑色行動、媒體行動，也可能包括地下電臺，以及在既有的印尼機構與組織當中採取政治行動」。[107]

鑑於此一證據，也鑑於祕密心理戰行動的標準做法，因此我們幾乎可以確定，這時推展的行動包含了在印尼與外國刊物當中植入虛構或者具有煽動性的報導、散播關於各政黨意圖的謠言，以及流傳偽造文件，目標都是為了促成帶有高度敵意的氛圍，從而有利於對左派發動強力打擊。在美國與英國的規畫當中，這麼一項操弄手法的理想終點，就是刺激共產黨採取有損自身聲譽的行動（理想上即是一場失敗的「政變」），從而為陸軍提供壓制共產黨的藉口。[108]

在此一背景下，若干在一九六四年底與一九六五年初開始流傳的文件與謠言就產生了新意義。第一份帶有重要意義的文件，是巴基斯坦駐巴黎大使拉希姆（J. A. Rahim）寫給外交部長佐勒菲卡爾・阿里・布托（Zulfikar Ali Bhutto）的一封信。[109] 在這封寫於一九六四年十二月的信裡，拉希姆大使報告了自己在不久之前與北大西洋公約組織的一名荷蘭情報官員的對話。那名官員對拉希姆說，西方情報機關正在印尼策劃一場「操之過急的共產政變」。那場政變「預先注定將以失敗收場」，但將會為印尼陸軍提供「一個正中下懷的正當機會……藉以打垮共產主義者，並使蘇卡諾受制於陸軍的善意」。那名北約官員最後斷定指出，印尼「即將像熟透的蘋果一樣落入西方的懷裡」。這段記述為以下這種說法賦予了可信度：西方政府從一九六四年底就開始與印尼陸軍的內部人士勾結創造一個情境，讓陸軍能有立場採取強力行動打擊印尼共產黨與蘇卡諾。[110]

一九六四年底又出現了其他徵象，顯示有某種西方心理戰行動正在進行當中。一九六四年十二月，哈伊爾・薩勒（相信讀者還記得，他在九月被中情局指為可以合作的對象，也是反印尼共產黨的平民黨與蘇卡諾主義促進協會當中的關鍵人物）開始宣揚一份文件，聲稱是印尼共產黨的奪權計畫。印尼共產黨與蘇卡諾對那份文件嗤之以鼻，稱之為偽造品，部分原因是那份文件明顯可見是為了嫁禍於印尼共產黨而寫成，另一部分的原因則是，其內容的遣詞用字和印尼共產黨的大部分文件差異極大。[111] 由於這個時間點就緊接在西方機構開始討論創造促成政權接替危機的條件，以及為一場操之過急的共產政變擬定計畫之後，因此那份文件說不定（甚至很有可能）是西方情報機構製造出來的結果，或是在西方情報機構的建議之下假造而成。這無疑是種相對容易而且具有成本效益的方法，能夠創造出左派帶來政治威脅的氛圍，從而引發陸軍的強烈反應。

接著，一九六五年初開始出現傳言，指稱有個將領委員會在中情局的支持下成立，並且開始計劃某種政變行動。面對蘇卡諾的質問，亞尼堅稱那項傳言子虛烏有，但承認自己確實召集高階軍官成立了一個「智庫」討論晉升問題。[112] 與亞尼交好的美國駐印尼武官威利斯・伊瑟（Willis Ethel）後來證實陸軍成立了一個「顧問團」，針對蘇卡諾一旦死亡或者印尼共產黨奪權的狀況，擬定陸軍接管國家的緊急應變計畫。[113] 不論成立將領委員會的傳言是否屬實，總之在後續幾個月發生的事件當中成了一項關鍵要素。別的不提，這項傳言最少也在印尼共產黨與進步派軍官之間，引發了該如何遏阻這麼一場政變的迫切討論。至少有些左派以及忠心於蘇卡諾的人士，確實相當認真看待將領政變的威脅，而覺得有必要擬定計畫以求先發制人。[114] 畢竟，這就是九三〇運動宣稱的目標。由此看來，政變的謠言確實完全合乎心理戰的劇本，刺激了左派採取行動，並且正如國安會在一九六〇年描述的那樣，創造了「採取壓制措施的藉口，能夠從印尼自身國家利益的角度賦予合理性」。[115]

五月，印尼情報官員聲稱發現了一封由英國駐印尼大使吉爾開斯特所寫的信件，內容顯然為西方的陰謀提供了證據。這封寫在英國大使館信紙上的信件，據說含有以下這段文字：「最好向我們當地的陸軍朋友再次強調，唯有透過極度的審慎、紀律和協調，這件事情才有可能成功。」[116] 這封信令總統府與陸軍指揮高層大感震撼。在五月二十七日一項對地區指揮官發表的祕密演說裡，亞尼指稱蘇卡諾在前一天召見了他和其他軍種司令，質問這些「陸軍的友人」是誰。[117] 英、美兩國官員堅稱那封信是偽造而成，並且認為是出自蘇班卓的情報機構，目的在於打擊英國以及他自己在國內的敵人。實情也許真是如此。不過，從時間點與整體背景來看，這封信至少也同樣有可能是出自英國或美國的手筆，說不定是和陸軍友人的真實通訊，也說不定是心理戰的伎倆，用於刺激印尼共產黨做出莽撞的行動，從而為西方強權和陸軍提供它們求之不得的機會。[118] 如果最後證明吉爾開斯特信函是由英國或中情局偽造而成，並且刻意讓人發現，以刺激印尼共產黨與蘇卡諾採取行動，那麼我們就有令人信服的證據能夠證明中情局和美國其他機關，自從一九六〇年以來即開始提議的計畫確實受到了實行。

在十月一日那場疑似政變之前的最後幾個星期裡，受到中情局支持的將領委員會將在軍人節（一九六五年十月五日）當天或之前發動政變的傳言已甚囂塵上，而且由於流傳極廣，甚至令人不得不懷疑這項傳言的散播也是一項刻意的挑釁行為。根據克勞奇所言，在一九六五年九月那種岌岌可危的緊張政治氛圍裡，這樣的傳言必定深具說服力，而足以刺激若干勢力採取先發制人的行動，包括支持蘇卡諾、支持印尼共產黨，以及反陸軍指揮高層的勢力。[119]就算沒有直接達到這樣的結果，這項傳言至少也必定會促使那些團體考慮支持，或自行發動一項先發制人或者反擊的行動。因此，涉入九三〇運動的勢力正反映了這種反將領委員會的組成，而不是支持印尼共產黨的力量，也就相當值得重視。

總而言之，在十月那場疑似政變前夕，以及許多個月前所出現的那些偽造文件、謠傳或者其他散播（假）資訊的方法，對於激發反制將領委員會的公開暴力行動可能具有關鍵效果：而且正如國安會提議的情境，這麼一項行動即可用來引發陸軍打擊印尼共產黨的強力行動，同時也為陸軍提供這麼做的藉口。這點雖然還不能夠受到確切證明，我們卻有相當的理由可以認定，那些傳言與文件是刻意製造的結果，目的在於刺激印尼共產黨與一項為了先發制人而策劃的政變背後的主導者聯手合作。無論如何，由於有那些文件，再加上證據也證明了中情局和美國政府，確實曾經針對如何因應共產威脅提出建議方案，因此為此處探討的這種詮釋賦予了可信度：也就是聲稱美國及其他國家刻意引發左派與右派的公開對抗，原因是它們認定右派在武裝攤牌當中必然能夠獲勝。[120]

中國因素

我們不該因為以上這一切，而認定只有美國及其盟友試圖影響印尼的政治事件發展。舉例而言，蘇聯顯然也企圖透過可觀的軍事援助拉攏印尼成為其盟友，而且蘇聯看來至少也成功造成空軍和陸軍的對立。此外，如同先前提過的，在那場疑似政變之前的最後一年裡，中國的國家與政黨領袖也採取若干影響印尼政治的措施，而且無疑是刻意這麼做。中國提議向印尼提供十萬件輕兵器、支持第五軍種的構想、接納蘇卡諾包括對抗運動在內的反帝國主義外交政策，以及樂於協助印尼發展核武能力，這些舉動都明白為左派撐腰，而且可能也具有幫印尼共產黨與蘇卡諾壯膽的效果，促使他們在那場疑似政變的前一年裡敢於更直接對抗陸軍。

另一方面，在解釋一九六五年十月一日的事件以及後續的暴力之時，我們也不該輕率判定這些舉動所具有的重要性。首先，只要仔細檢視中國政府的紀錄，就會發現在一九六五年七月承諾向空軍提供的兩萬五千件輕兵器，到了九月的最後一個星期都還未送出，所以絕不可能受到九三〇運動使用於十月一日清晨。[121]在這樣的情況下，我們也就必須以懷疑的眼光看待，陸軍聲稱發現人民青年團成員以及其他左派人士持有中國武器的說法。實際上，我們完全有理由懷疑那些指控是宣傳行動的一部分，由陸軍在美國與英國的協助下設計而成，目的在於抹黑印尼共產黨，把該黨描繪成受到北京驅使。[122]同樣的，分享核武專業與技術的計畫，也遭到十月一日的事件干擾而從未實現。最仔細檢視中國書面紀錄的學者周陶沫總結指出：「在一九六五年的政治發展當中，北京的實際影響力非常有限。」[123]

在評估中國涉入策劃或主導九三〇運動的證據之時，我們也必須抱持謹慎的態度。周陶沫針對這個問題提供了一些重要線索，但沒有一槍斃命的證據。書面紀錄似乎顯示，艾地或者印尼共產黨在一九六五年八月初已擬定一項計畫，內容與發生在十月一日清晨的事件頗為相似。艾地在一九六五年八月五日於北京和毛澤東以及其他中國高階官員會面，據說這麼描述那項計畫：

> 在第一個情境裡，我們計劃成立一個軍事委員會。那個委員會的過半成員都會是左派，但也應該包含一些中間派的人士。藉由這個做法，我們就可以混淆我們的敵人。他們將會無法確認這個委員會的本質，因此同情右派的軍事指揮官也就不會直接反對我們。我們要是直接展露紅旗，他們就會立刻表態反對。這個軍事委員會的主席將會是本黨的一名地下黨員，但他會自稱〔是〕中立人士。這個軍事委員會的存在時間不該太長，否則好人也會變成壞人。這個軍事委員會一旦成立之後，我們就必須趕緊武裝勞工與農民。[124]

周陶沫認為，這段話顯示艾地是策劃九三〇運動的核心人物，而與毛澤東分享了那些計畫。

這個可能性雖然確實存在，也合乎魯薩針對艾地扮演的角色所提出的說法，但這段話卻不是只能從這個角度解讀。鑒於蘇卡諾的健康就是在這個時候出現令人深感憂心的狀況（他在一九六五年八月四日出現昏倒嘔吐的情形），因此艾地很有可能只是在向毛澤東說明蘇卡諾一旦重病或者死亡，印尼共產黨可能會採取什麼做法。此外，這段話的內容也沒有任何一部分顯示這麼一項計畫已經存在，或是印尼共產黨有意在蘇卡諾仍然健康無虞的情況下推行這項計畫。同樣重要的是，不管是這份文件還是其他受到揭露的文件，都完全沒有為印尼陸軍聲稱中國主導那場運動或是涉入策劃那場運動的說法提供任何支持。實際上，在檢視並且權衡了一切找得到的證據之後，周陶沫斷定陸軍的說法不符事實：「毛澤東並不是『政變的主謀』。」[125]

一個國家的內部事務遭到外國祕密干預的情形雖然很容易猜測，卻很難證明。關於一九六五年十月一日那場疑似政變是否有外國涉入就是如此。然而，如果說我們不可能證明那起事件究竟是不是外國祕密行動造成的結果，那麼明白可見的是外國政府以及廣泛的國際環境，的確是促成那個結果的重要助力。此外，美國及其盟友非常想要提供此一助力，也是毋庸置疑的事情。我認為這些理由，就足以讓我們對美、英兩國以及印尼陸軍的說法抱持深切的懷疑，前者聲稱自己沒有涉入其中，後者則是宣稱接受中國指示的印尼共產黨必須負起全責。我不是說一九六五年十月那場疑似政變是由外國間諜策劃以及執行，目標在於顛覆蘇卡諾以及消滅印尼共產黨。我的主張是，主要外國強權的政策與行為在間接但也刻意的情況下，協助促成了那樣的結果。更明確來說，我的意思是，美國、英國與中國的外交政策都影響了印尼國內政治，而終究導致軍事政變，以及左派與右派的暴力衝突更加容易發生。

有三項相關的動態涉入其中。首先，冷戰的整體氛圍雖然不是驅使國家行為的唯一因素，卻在一九六五年之前的那幾年裡深刻影響了印尼的政治。冷戰的氛圍影響了政治的語言與風格，將其導向愈來愈極化、激進而且好鬥的方向。那樣的氛圍絕不只是西方強權有時頗為歇斯底里的反共姿態所造成的結果。中國及其盟友對於此一氛圍的出現同樣有所貢獻，包括蘇聯在一定程度上也是。畢竟，左派愈來愈激進不是印尼獨有的現象，而是廣泛全球運動的一部分，在一九六五年達到某種高峰。除了整體的激進氛圍，冷戰情境也強化並且凸顯了印尼內部既有的意識形態分歧，有時將其重新框架為左派與右派的衝突，或是在原本也許可以調和的立場之間造成對立的激化。

第二，藉由在亞洲及其他地區從事若干特定的行為與干預做法，美國與英國政府進一步加劇了印尼政治當中左派與右派的極化與激進化。除了其他因素之外，英國在一九六三年成立馬來西亞以及美國對於此舉的支持，還有美國在一九六五年轟炸北越，以及在南越部署地面部隊，都大幅助長了蘇卡諾對於美國帝國主義的猛烈抨擊，也使得那些指控在印尼人耳中顯得更具說服力。與此同時，中國對於印尼共產黨明顯可見的支持，連同蘇卡諾在國內與外交政策上的左傾，則是引起了陸軍領導層以及右翼政黨的擔憂，從而造成他們與印尼共產黨的進一步極化。那場疑似政變的發生，就是在印尼共產黨—蘇卡諾聯盟與陸軍這兩方的極化達到危機關頭之際。

第三，美、英兩國的決策者除了採取造成間接影響的行動之外，也刻意尋求方法削弱蘇卡諾政府以及消滅印尼共產黨。他們在至少十年的時間裡採取了各式各樣的做法。一九五五年，美國政府企圖藉著向反共政黨提供財務及其他祕密援助，以影響第一場全國大選的結果。幾年後，美國政府又向武裝反抗分子直接提供軍事與財務援助，希望他們能夠推翻蘇卡諾，並且打敗印尼共產黨。後來，美國政府轉而押注在印尼陸軍上，為其提供可觀的軍事訓練與援助，希望印尼陸軍將會在美國追求消滅印尼共產黨並推翻蘇卡諾的目標當中，成為美國的盟友。就其核心而言，這些舉動都是為了利用並且加劇印尼內部的政治分歧，用意就是要促成既有政府及其夥伴的消亡。

除了國務院與國防部為了維持美國對於陸軍的支持，以及在陸軍當中的影響力，而採取的各種措施之外，中情局及其在英國的對應機構，也直接鼓勵陸軍消滅印尼共產黨並奪取政治權力。在一項看似經過協調的舉措當中，美、英兩國的官員在一九六四年開始推動一項祕密心理戰行動，目標明確在於敗壞印尼共產黨與蘇卡諾的名聲，而且更重要的是為陸軍提供藉口，以「國家利益」之名採取強力行動打擊他們。在這樣的情況下，自然難以認真看待前中情局長威廉·科爾比（William Colby）所說的那句把責任撇得一乾二淨的話語：「我們和那場政變毫無關係。」[126]

也許值得強調的是，所有這些情境因素與行動方針的重要性都取決於兩項效果：能否強化國內的政治分歧，以及能否鼓勵具備足夠固有力量的勢力採取合乎那些目標的政治行動。我們知道的是，到了一九六五年，印尼國內已有一些強大的勢力（尤其是在陸軍指揮高層當中），與美國及其盟友所追求的利益就算不是完全相同，至少也是方向一致。根據此處提出的證據，我們可以確定那些強權竭盡全力為這類勢力提供採取行動的便利機會，也向它們保證它們可以這麼做而不受懲罰。相對之下，陸軍聲稱中國在其世界革命的整體策略之下直接涉入策劃九三〇運動的說法，則是至今仍未受到任何證據支持。

第五章——大規模殺戮

即將被殺的印尼共產黨員以及同情分子，雙手都被綁縛了起來。接著，一群安梭爾成員在一支陸軍部隊的護送下……把他們帶到處刑地點，也就是森通（Sentong）這座村莊，以及普沃達迪（Purwodadi）的植物園。這些地方已經預先挖好了坑洞。被害人一一被帶到那些坑洞前，由行刑者把繩圈套在他們的脖子上，然後束緊，直到他們昏暈過去，接著再用鐵棍以及其他堅硬的器具毆打。被害人死亡之後，頭顱還會被砍下來。有數十人在森通遭到這種方式殺害，在植物園則是約有一千人。萬人塚上方都種植了香蕉樹。

——匿名，〈關於印尼反革命殘暴行為的額外資料〉

打擊印尼共產黨及其盟友的暴力行動，在那場疑似政變過後不到幾天即告展開。到了一九六六年中，據估已有五十萬人遭到殺害。在一九六八年的一份報告裡，中情局把那些事件形容為「近代最駭人也最密集的流血慘案之一」。[1] 在五十年後的今天，那些殺戮事件連最基本的事實，也都仍然充滿了不確定性與歧見。關於那些事件的本質以及背後的邏輯，也仍有嚴重的誤解。由於那些殺戮行為缺乏系統性的官方紀錄，因此要重建那些事件就必須仔細發掘各種記述，包括目擊者與加害者的證詞與回憶錄、外國政府的解密文件，以及內部報告還有軍事官員的正式聲明。[2]本章與下一章都聚焦於那些殺戮事件，而本章就以這類資料來源探討兩組相關的問題。首先，為了釐清實際上發生的事情，以及消除至少部分較為歷久不衰的誤解，本章將提出以下這幾個問題：有多少人遭到殺害？受害者是誰？他們是怎麼死的，在什麼地點，在什麼時候？此外，又是誰殺了他們？接著，本章會檢視若干為了解釋那些殺戮事件而提出的論點，並把焦點集中於強調潛在文化、宗教與社會經濟緊張關係的那些論點上。本章最後將總結那些論點的優點，同時也提出那些論點所沒有回答的若干問題。

殺戮模式

過去五十年來，由於官方刻意打迷糊仗，再加上社會的恐懼以及國際的漠不關心，因而對印尼的殺戮慘案促成了若干嚴重誤解，更遑論我們對於實際上發生的事情所得知的內容，也有許多空白之處。我們如果想要理解這些事件，並以比較性的方式加以思考，就必須釐清這些不確定性以及矯正這些誤解。

有多少人遭到殺害？

在那場疑似政變帶來的後果當中，有多少人遭到殺害？各方估計的數字從七萬八千五百人到三百萬人都有。[3]估計的落差之所以如此之大，部分原因是那些殺戮發生得非常迅速，另一部分的原因則是被害人的屍體被棄置於全國各地無可計數的無名塚裡。也許更重要的是，這樣的估計落差反映了一項事實，亦即那些必須為殺戮慘案負起責任的人物，持續掌權了三十年左右，以致根本不可能對殺戮事件的嚴重程度真正進行調查。如同在其他地方討論過的，這樣的估計落差還有另外一個原因，就是西方國家、國際組織與媒體針對共產主義者在冷戰臻於高峰之際遭到殺害的情形，刻意採取沉默與漠不關心的態度。

不意外，這個人數的問題也可見於新秩序的批評者與擁護者之間，有時極為激烈的論戰當中，只見批評者大體上引述比較高的數字，擁護者則是通常（儘管不是毫無例外）堅持採取比較低的數字。新秩序的部分擁護者甚至利用人數的不確定性，質疑是否真的曾經發生過大規模殺戮。舉例而言，儘管有前

反共的平民青年團民兵組織成員手持彎刀，一九六五年左右攝於峇里。
(National Library of Indonesia)

引的那項中情局評估，當時派駐雅加達的一名前中情局官員卻還是提及「屠殺的迷思」，還有其他中情局官員則是聲稱那些數字受到過度誇大。[4]此外，印尼當局雖然從未徹底否認曾經發生大規模殺戮，卻沒有明白揭示遭害人數，而是一再大打迷糊仗。實際上，印尼當局從一開始就企圖把焦點幾乎完全集中在六名將領遭到殺害的這件事情上，把他們塑造成一段精心編撰的官方歷史當中最吸引人目光的核心要素，一方面美化軍方，另一方面也淡化左派人士遭到大規模殺戮的情形。在官方的記述裡，除了那六名將領以外，完全找不到關於遭害人數的認真討論或者計算。舉例而言，在一九六八年針對那場「政變」及其後果所出版的官方歷史記載，雖是一本超過兩百頁的書籍，談及那些殺戮事件的內容卻只有兩個段落，而且絲毫沒有提及那些殺戮事件的嚴重程度或是肇因。那本書的作者群寫道，緊張關係「終於爆發為公開衝突，而在印尼的部分地區導致血洗事件」。[5]

儘管有這些障礙，學術界卻在近年來出現了一項粗略的共識，認為遭到殺害的人數約有五十萬。這個數字合乎各大西方大使館的內部估計，那些大使館在一九六六年二月底推斷四十萬是「非常嚴重低估」的數字，而真實的數字有可能高達一百萬。[6]五十萬這個數字也合乎印尼高階軍官在當時做出的估計，例如一名軍官就在一九六六年一月向西方駐外武官提出的簡報當中引用了這個數字。[7]值得注意的是，五十萬人遭到殺害的數字還低於其他高階印尼官員引述的數字，例如權高勢大的安復部參謀長海軍上將蘇多莫（Sudomo）在一九七六年十月接受荷蘭電視訪問，就指稱「在那場政變之後有超過五十萬人遭到殺害」。[8]此外，在一九六六年九月舉行於美國國務院的一場會議上，蘇哈托將軍的心腹楊·瓦倫多（Jan Walendouw）指稱，遭害人數達一百二十萬人，相較之下五十萬連其一半都還不到。[9]

換句話說，五十萬人遭害的數字不是印尼陸軍的批評者信口開河的結果，而是等於或甚至低於陸軍本身的官員與盟友所估計的數字。如果真要說什麼的話，那麼五十萬人遭害這個數字必須視為保守估計，除非有更透徹的調查與書面證據能夠證明事實並非如此。

受害者是誰？

那些殺戮事件有個普遍的誤解，就是認為那些事件主要是受到族裔或種族敵意所驅使，而且其中許多或者大多數的受害者都是華裔人士。[10]通俗陳述以及部分學術陳述也指稱，許多遭到殺害的人士是死於私人恩怨：因為情感糾紛、買賣問題或者家族世仇。[11]毫無疑問，確實有些人是因為這類理由而遭到殺害。在雅加達以及其他大城市，像是棉蘭、三寶瓏與泗水，有不少華裔印尼人都在那場疑似政變之後，遭到毆打以及羈押，有些經過受審而被判處長期徒刑，還有些則是遭到殺害。[12]十月一日之後的混亂氛圍無疑也為清算私仇提供了一個理想的機會。舉例而言，在約書亞·奧本海默（Joshua Oppenheimer）的《殺人一舉》（*The Act of Killing*）這部紀錄片裡，其中的中心人物就充滿自豪地描述了自己如何在那場疑似政變之後遊走於棉蘭市區，殺害他們所能找到的每個華裔人士，包括一名年輕女子的父親，原因是那名女子曾經拒絕他們其中一人的追求。[13]

不過，印尼那些殺戮事件真正吸引人注意之處，在於絕大多數的受害者之所以成為目標，都不是因為族裔或私人理由，而是因為他們在政治上的理念、活動以及關聯。[14] 為數極多的受害者都是印尼共產黨及其附屬組織的領導人與成員，尤其是人民青年團、印尼婦女運動、印尼農民陣線、印尼學生統一運動（Consentrasi Gerakan Mahasiswa Indonesia, CGMI）、人民文化協會、印尼大學畢業生聯合會（Himpunan Sarjana Indonesia, HSI），以及印尼青年暨高中學生聯盟（Ikatan Pemuda dan Pelajar Indonesia, IPPI）。即便是在一九六五年十月之後遭到殺害的華裔印尼人，看來也不是因為他們所屬的族裔而成為目標，或者至少不只是因為族裔，而是因為他們參與了某個遭到指控涉入那場疑似政變的左傾或蘇卡諾主義政黨或協會，像是印尼國籍協商會以及印尼黨（Partindo）。[15]

也許不令人意外的是，印尼共產黨的高階國家領袖也都成了攻擊目標：例如艾地、盧克曼、喬托與薩基曼（Sakirman），都在遭到軍方羈押之後，於不明的情況下遭到射殺。[16] 在這幾個案例當中，我們對於艾地被殺的狀況所知稍微較多。他在據稱招認了自己還有印尼共產黨必須為政變負起責任之後，就遭到陸軍立即處決。陸軍的一份官方歷史如此描述他被殺的過程：

艾地接著受到訊問，而當著證人的面前招供。他的供詞包含以下這段聲明：「我必須為九三〇運動事件負起全責，那場失敗的運動受到印尼共產黨的其他黨員還有群眾組織支持。如同早已知道的，我擬定了一項計畫，要在中爪哇集結共產勢力……。」訊問結束後，艾地在自己的供詞上簽了名，然後亞希・哈迪布羅托上校（Yasir Hadibroto）開吉普車把他帶到市區外。他們在波約拉利（Boyolali）駛離主要道路，來到一叢香蕉林裡的一座枯井。艾地在那裡受到射殺，然後屍體被丟入井裡，上面覆蓋了香蕉樹幹。[17]

儘管有艾地及其他印尼共產黨領袖遭到謀害，但在一九六五至六六年遭到殺害的大部分人士都不是主要政治人物。他們絕大多數都是窮人或者下層中產階級人士，包括農夫、種植園工人、工廠勞工、學校教師、學生、藝術家、舞蹈表演者以及公務員，不是住在鄉下村落與種植園裡，就是在小都市與城鎮外圍的簡陋聚落裡。不論怎麼看，他們都不會是直接知曉或者涉入十月一日事件的人。相反的，他們之所以成為攻擊目標，原因是他們自己、他們的家人或好友，加入了印尼共產黨或者該黨眾多附屬組織當中的一個，儘管這些組織在當時都合法而且廣受喜愛。肯恩・楊（Ken Young）書寫東爪哇的諫義里，就充分呈現了平民百姓純粹只是因為那樣的關聯而身陷暴力的狀況：「他們瞬間失去了希望，並且面臨死亡的下場，但不是因為自己做了什麼或者相信什麼，而只是單純因為他們可以被貼上『印尼共產黨』的標籤。只要交錯朋友，只要蒙上這樣的標籤，就必然會遭到草率處死。」[18] 簡言之，絕大多數遭到殺害的人士都不是因為他們實際上做了什麼事，更不是因為犯下了任何罪行，而是因為他們加入了合法的政治與社會組織。

他們如何遭到殺害？

那麼多人在短短幾個月裡遭到殺害，也許會引人猜測那些殺戮行為乃是仰賴現代毀滅性科技，像是強力槍械、空中轟炸、毒氣室或者化學武器。不過，實情卻不是如此。實際上，如同二十世紀末大部分的大規模殺戮，印尼的屠殺也是使用最基本的工具，其中最先進的科技不過就是無線電、槍枝與機動車輛而已。因此，這場屠殺最近似的案例不是德國，而是盧安達或柬埔寨。有些人雖是遭到自動武器或其他槍械殺害，絕大多數卻都是死於短刀、鐮刀、彎刀、長劍、冰錐、竹矛、鐵棍以及其他日常器具之下。此外，有些人雖是死在軍方或警方的拘留所內，大多數則是死在各自孤立的殺戮場上，包括種植園、山谷、稻田，或是海灘與河岸上，散布於印尼群島當中數以千計的鄉下村莊裡。

另一方面，除了極少數的例外，那些殺戮行動都不是隨機或者自發性的行為。相反的，幾乎所有記述（來自各式各樣的不同地區）都顯示，在指認與處決嫌犯，以及屍體的丟棄上，有著高度的組織性。那些記述也明白指稱大部分的受害者都是受到羈押的人士：也就是說，那些殺戮都是草率處決。如同魯薩所寫的：「反共殺戮雖有各種不同樣態，在各省當中卻有一項引人注目的一致性，也就是原本受到監禁的人從此消失無蹤的現象。」[19]嫌犯經常在夜裡遭到圍捕（有時是依據陸軍訊問官、反共組織或者樂於幫忙的外國大使館所列出的名單採取行動），然後被綁縛以及蒙上眼睛，再以卡車載運至殺戮地點。到了殺戮地點之後，他們經常會被迫列隊站在大坑洞的前方、河岸上或者山谷邊緣。接著，他們會遭到射殺、用重物毆打，或是砍殺致死，而屍體就會滾落坑洞或者旁邊的山谷或水道裡。

遭到殺害的大多數人都是在押的人員，而且那些殺戮行為實際上都是草率

被捕的印尼共產黨員在東爪哇茉莉芬附近的馬格丹遭到一名共和國士兵處死之後倒臥於溝渠裡，一九四八年。
(Nationaal Archief)

被捕的印尼共產黨員在東爪哇茉莉芬附近的馬格丹（Magetan）遭到一名共和國士兵以刺刀處死，一九四八年。
(Nationaal Archief)

處決，這兩點受到全國各地的目擊者與加害者提出的證詞所證實。一九六五年十一月，英國軍官查爾尼（K. L. Charney）根據他從一名印尼陸軍軍官獲得的資訊，而提出了以下這段關於東爪哇的陳述：

> 印尼共產黨有為數極多的男男女女遭到處決。〔文字受到刪除〕說他認識首席訊問官（他對我說了一些令人毛骨悚然的細節，我在此處就不再複述），而且首席訊問官也參與了行刑。那些受害者顯然都是無論怎麼再教育也改變不了的暴徒。行刑者提供他們一把刀子，提議他們自殺。大多數人都拒絕，於是就被要求轉過身去，而遭到從背後開槍射殺。〔文字受到刪除〕問他怎麼有辦法參與行刑，他答稱要是〔文字受到刪除〕像他一樣看到以及聽到現場的狀況，必定也會覺得自己有義務必須消滅那些他所謂的「禽獸不如的傢伙」。[20]

瑞典大使哈拉爾德·艾鐸斯坦（Harald Edelstam）在一九六六年二月遊歷東爪哇，也在這趟旅程的報告裡提及東爪哇的岩望（Pasuruan）附近，發生過這種系統性的處決活動：

> 在泗水以南四十公里處的岩望，幫助印尼人與建一座紡織廠的兩名英國紡織工程師，

提到他們在聖誕節期間受邀目睹岩望的共產黨人遭到處死的過程。那座工廠的建築工人有三分之一都因為身為共產黨員而被送上刑場，他們全都是由軍方根據當地共產黨的黨員名冊預先選定的對象。[21]

一名目擊者描述了士兵在中爪哇梭羅城外從事的一場大規模殺戮，時間是一九六五年十二月初：

我們從梭羅返回位在卡蘭安雅（Karanganyar）的家，在途中越過梭羅河（Bengawan river）。我看到很多人被綁了起來……心裡不禁納悶著這裡發生了什麼事……我感到一陣困惑。接著，在囚犯和那裡的軍隊經過一段討論之後……那些囚犯就突然遭到射殺。他們被開槍打死，屍體就直接滾進梭羅河裡。行刑地點就在鐵橋底下。[22]

一九六六年中，在北蘇門答臘的棉蘭附近，固特異橡膠種植園的園長向瑞典大使述說了數百名遭到羈押的種植園工人遭遇的下場：「每個星期六晚上，都有幾輛卡車過來把一百個左右的〔人〕載到附近的一座橋，就在種植園總部旁邊那條湍急的河流邊。他們在橋上被人用叢林刀殺害，然後屍體就被丟進河裡。」[23]

那項陳述和北蘇門答臘蛇河（Snake River）附近，一支村落行刑隊的前領袖所提出的敘述一致：「每天晚上，我們都會把我們的配額用卡車運到蛇河。卡車在那裡停下來，然後我們就把囚犯拉下車，拖到下游一百公尺處。有些人會尖叫，有些會哭，有些則是乞求我們饒命。我們會在車上打他們，這樣我們抵達那裡之後，他們才不會逃跑。」[24]

在亞齊的洛司馬威（Lhokseumawe），有一名目擊者針對那裡的囚犯所遭到的系統性處決提出了類似的記述：

> 遭到逮捕而被關在牢裡的印尼共產黨員，會在半夜被人帶去穆拿薩洛克（Meunasah Lhok）〔位在洛司馬威以西三十公里的沿岸〕。然後，就會有幾個來自社區裡的人〔平民〕，他們被軍區司令部選為行刑者（algojo）。……他們被殺了以後，就會有人挖洞放置屍體。[25]

在東邊數百英里處的西帝汶，一名小農目睹了為期三天的大規模殺戮，而他的證詞也凸顯了那些殺戮行為的系統性特質：

> 囚犯被推落地面，「像一袋袋的米一樣，有些人是頭部著地，有些人是屁股著地。」好

奇的旁觀者奉命抓住他們，每四個人抓著一名囚犯。……士兵喊出號碼，那些囚犯就一一被架到〔先前挖好的〕坑洞邊緣站著，而被人對著後腦開槍，然後屍體就滾進洞裡。[26]

這項陳述和一名在西帝汶參與處死印尼共產黨囚犯的員警，所提出的證詞一致：

囚犯在白天被下令挖掘自己的墳墓。槍決通常發生在夜裡。他們被帶到行刑地點之前都會被打得遍體鱗傷，然後綁住雙手被趕上車。他們抵達行刑地點之後，會被蒙上眼睛，下令站在墳墓前面，背對墓坑，面對行刑隊。然後，他們就會受到開槍擊斃。有些人如果在開槍之後還沒死，就會被人用刺刀刺死。然後，他們的屍體會被推進坑裡。行刑隊的成員都有指定配額，陸軍和警方分別有各自的配額。[27]

除了殺戮行為的系統性特質之外，加害者與目擊者的記述，也經常強調那些殺戮行為令人震驚的殘暴性。北蘇門答臘的一名前行刑隊成員，針對他那個小隊殺害囚犯的許多方式，提出了以下這項概述：「我們把木頭塞進他們的肛門裡，一直塞到他們死掉為止。……我們用木頭壓斷他們的脖子。我們吊死他們、用鐵線勒死他們、砍掉他們的頭、用車子碾死他們。我們被允許這麼做，證據就是我們殺了那些人，但從來沒有受到懲罰。」[28]

來自同樣那個地區的一名行刑隊長，針對自己處死一名囚犯的過程提出了以下的記述：「我的部下怕血，所以我就這樣勒死他。他的舌頭滑落出來。這是你自找的！我把他劈開，他的腸子都掉了出來。」[29] 一名加害者敘述了瑪琅（Malang）的圖連（Turen）這個地方的印尼共產黨領袖蘇沃托（Suwoto）遭到殺害的過程，其中也鮮明呈現了殺戮行為的殘暴性：「蘇沃托倉皇逃命，被人緊追在後。結果，在一把寬刃刀（彎刀）的一砍之下，他的背部就被劈開，而且劈穿了胸部。蘇沃托摔倒在地上，身體抽搐了幾下，然後他就死了。蘇沃托的屍體就這樣被棄置在道路上。」[30]

彷彿是為了強調那些遭到殺害的對象算不上是人，也可能是為了對受羈押者的命運散播混亂與充滿不確定性的資訊，所以死者的遺體極少受到正式安葬。大多數的屍體都是被丟進枯井裡、海裡、河裡、山谷裡以及灌溉溝渠裡，不然就是埋在萬人塚內。舉例而言，殺戮期間有一名在峇里從事報導的西方記者，就聽說克隆孔區（Klungkung）有一片海灘埋了一千五百人。另一名記者報導指出，在峇里的珍布拉娜區（Jembrana）有好幾千具屍體被丟進萬人塚或者海裡。[31]

在最為惡名昭彰的一個案例當中，東爪哇的布蘭塔斯河（Brantas River）據說滿是屍體，有些漂流在水上，有些被綁在竹竿上，還有些則是堆疊在木筏上。[32] 在那場疑似政變之後，為了保命而躲在河流附近的一個當地居民，後來描述了那幅情景：「〔一九六五年〕十一月開始下雨，河水變得泥濘又湍急，水中滿是雜草、樹葉、人類殘肢以及無頭的屍體。」[33]另一個不屬於印尼共產黨的目擊者針對那幅駭人的情景描述了更多細節：

> 那些屍體通常都已看不出來是人。沒有頭，腹部也被劈開。臭味令人難以置信。為了確保不會沉到水底，那些屍體都被刻意綁在或是插在竹竿上。屍體從諫義里沿著布蘭塔斯河順流而下的情形，後來更是達到巔峰，只見屍體堆疊在木筏上，上頭還飄揚著印尼共產黨的旗幟。[34]

如同這些陳述所明白顯示的，被殺的人經常遭到砍頭或者肢解。實際上，囚犯遭到斬首與肢解的現象，可見於全國各地的目擊者與加害者所提出的記述當中。還有無頭屍體與身體部位被丟棄在公共場所的故事也是如此。一名英國大使館官員提及自己和受僱於東爪哇一家紡織廠的羅斯·泰勒（Ross Taylor）之間的談話，在一九六五年十二月中寫道：

> 大約兩個星期前，住在廠區內的泰勒在清晨外出，到他住處旁邊的一條溪流邊散步，結果驚恐地看見三具無頭屍體漂流在水面上，其中一具是女性的屍體。在一小段距離之外，又有五、六顆頭顱整齊排列在一座小橋的欄杆上，再更遠處則是有一群小孩拿著竹

竿，把另外幾具無頭屍體推到溪流中央，以便往下游流去。工廠團隊裡的另一個成員，在晚上和朋友外出之後騎著速克達回家，結果在離廠區一段路程的地方，隨著頭燈的照射而震驚地發現，路旁一塊標記距離的石柱上方，竟然「妝點」著一顆頭顱。[35]

在東爪哇的外南夢（Banyuwangi），一項記述也描繪了類似的情景：

> 受害者被人用絞索套在脖子上勒死，然後屍體就以坐姿擺放在主要道路兩側的樹下。有些受害者的頭被砍掉，屍體直接被丟棄在路中央，頭顱則是被帶到其他地方去。殺戮行為發生在道路沿線以及河岸上，屍體則是埋在萬人塚內。[36]

諫義里一個私刑團體的成員憶述了當地幾個印尼共產黨員在一九六五年十月中遭到草率處決的過程，而描述了團體內另一個成員使用大刀（kelewang）的技術：「他握刀的右手只要一揮動，就會有一個印尼共產黨員的頭被砍下來而滾落地面。」[37]有個目擊者後來撰文記述了穆克達先生（Mukdar）這名年邁的學校教師，遭到安梭爾成員草率處決以及砍頭的過程：「他的雙手還被綁著，脖子就遭到來自維陽（Wiyung）的勒佐（Rejo）這個〔安梭爾〕青年用力砍劈。他殺了那個失去意識的孱弱老人。……他的頭被裝進袋子裡，然後他們把他的屍體拖到河邊丟進水裡。那具屍體就在我面前慢慢漂走。」[38]

肢解與斬首的現象，也充斥於峇里的殺戮行為所受到的報導當中。一名印尼農民陣線的要員在克隆孔的一處海灘，遭到自己的朋友殺害，記者唐恩．莫瑟（Don Moser）針對事情的過程寫道：「然後，阿里拿起他的帕朗刀（parang，一種像短劍的刀子，用於在田裡砍劈用），削掉他朋友的左耳，然後是右耳，接著是鼻子。最後，他高高舉起他的帕朗刀，把他朋友的頭砍了下來。」[39]

北蘇門答臘的一名種植園主管在棉蘭向一名美國領事官員指稱「近幾個星期至少有一百具無頭屍體被人丟棄在他的園區裡」。[40] 亞齊的一名目擊者則是記得自己看見一個名叫勞夫的男子被人把他的頭顱「插在吉普車車頭的一根竿子上……在城裡遊街示眾。……車上的乘客全都是軍人。……那是一支盛大的遊行隊伍。……我的孩子跟在後面，遊走於城裡。這是我親眼看見的景象。……一顆頭插在一輛車的上方。榮耀歸於阿拉」。[41]

公開展示屍體、頭顱以及其他身體部位的做法，幾乎可以確定是為了散播恐懼。[42] 北蘇門答臘一名前劊子手所說的話頗具揭示性。他向電影導演奧本海默表示：「我提著一顆女人的頭走進一家中國人的店裡，那個中國人就尖叫了起來。」被問到他為什麼要這麼做，那人答道：「這樣他們才會怕。」[43] 散播恐懼的這項目標，也幾乎可以確定是掌權當局有時舉行公開行刑的原因。一個特別駭人的案例，是東努沙登加拉的恩德（Ende）這座城鎮當中一名印尼共產黨要員所遭到的公開凌虐與火刑。傑瑞．凡克林肯（Gerry van Klinken）對於那幅情景的描述如下：

> 軍方逮捕了他，並在中央紀念碑張貼一張海報，公布他的行刑地點與時間。死刑由身為安梭爾成員的穆斯林於光天化日之下執行。在前往丹戎（Tanjung）的途中……他遭人以剃刀劃傷，並且於地上拖行。奄奄一息的他面對火焰完全沒有發出聲音，在一大批群眾的圍觀下遭到燒死。[44]

女性也沒有受到寬貸，尤其是她們如果是印尼婦女運動或其他印尼共產黨附屬組織的成員，不論是實際成員還是僅僅被人指稱如此。有些女性被殺之前，還會先遭到強暴並且以刀子或鐮刀毀傷。舉例而言，東爪哇諫義里的一名班薩指揮官描述了他的手下殺害一名印尼婦女運動成員的過程：「在受到羈押的印尼婦女運動領導人當中，有一個非常美麗的女子，名叫佳姆席亞（Jamsiah），偏偏她冥頑不靈地認定印尼共產黨在所有面向上都是最好的政黨。最後，佳姆席亞被帶到嘉敦安（Gadungan）的桑柏貝吉森林（Sumberbage）。她一再抗拒，結果身體被班薩砍成兩半。」[45]

東爪哇勿里達區的一項記述提及另一名印尼婦女運動成員遭到強暴與殺害的過程：「佳琵克（Japik）是印尼婦女運動當地支部的一個領導人物，也是印尼左翼教師協會（PGRI Non Vaksentral）

的成員，她和丈夫裘馬迪（Djumadi）一同遭到殺害。……他們才剛結婚三十五天而已。她遭到多次強暴，然後身體被人劈開，裂口從乳房延伸到陰部。這是安梭爾黨徒的傑作。」[46]

東爪哇瑪琅縣的一項記述，描寫了一名印尼共產黨女性黨員遭遇的類似命運：

> 奧莉普・卡蘇姆（Oerip Kalsum）是辛戈紗麗（Singosari）的登考（Dengkol）這座村莊的村長，也是印尼共產黨的黨員。她遭到殺害之前，遭到下令脫掉全身的衣服。她的肉體與貞節〔kehormatannya〕接著慘遭荼毒。然後，她被綁了起來，帶到拉萬（Lawang）的森通村莊，在那裡被絞索套住脖子，並被砍劈至死。[47]

如同這些例子所示，帶有性侵害的暴力是許多殺戮行為的一個重要特徵。女性遭遇了尤其令人震驚的暴力，但男性也同樣免不了遭受凌虐。舉例而言，有些男性遭到閹割，這樣的做法似乎是在模仿那六名將領遭到凌虐的不實指控。一項彙整於一九七〇年代的匿名記述，針對一九六五年底與一九六六年初發生於東爪哇外南夢的暴力行為，提供了以下的描寫：

> 在許多案例當中，女性都被人用長刀從陰道插入而刺穿腹部，然後再割下她們的頭顱與乳房，掛在路旁的崗哨亭示眾。……男性受害者也被割下陰莖，同樣懸吊在崗哨亭。

人民青年團成員的頭顱被人砍下，插在路旁的竹竿上或者吊在樹上。[48]

在東爪哇由皮匹特．羅奇札（Pipit Rochijat）提出的另一項記述，則是描繪了東爪哇諫義里附近一個紅燈區裡同樣駭人的情景：「肅清共產黨人的行動展開之後，顧客就不再前來（妓院）尋求性滿足，原因是大部分的顧客都太過害怕，還有妓女也是如此，因為妓院前方懸掛著許多男性共產黨員的生殖器，就像懸掛著出售的香蕉一樣。」[49]

有些在北蘇門答臘的殺戮當中扮演了活躍角色的男性，也在晚近針對自己如何對待遭到他們監禁的男男女女，提出類似的陳述。舉例而言，一支行刑隊的兩名成員描述自己如何閹割一個名叫蘭姆利（Ramli）的年輕人，並且在蛇河畔重新演示他們處死他的過程：「我們一次又一次用刀砍劈蘭姆利，然後又像這樣刺他，直到他看起來像是死了，然後就把他推進河裡。他緊抓樹根哀求著：『救救我！』所以我們就把他了結掉，藉著割下他的陰莖而殺了他。」[50]

此處收錄這些可怕的記述，不只是為了引起讀者的震驚與厭惡，更是因為其中針對一九六五至六六年那些殺戮行為的本質與模式，提供了重要線索。舉例而言，這些記述明白顯示那些殺戮並非隨機也不是自發性的行為。相反的，那些殺戮明顯含有高度的規畫與組織，絕非受到情緒或大眾的憤怒所驅使，而是精心策劃的草率處決。這些記述也凸顯了各個不同地區的加害者所採取的方法與手段，都帶有引人注目的一致性：包括刻意的殘暴對待、砍頭、虐傷、展示屍體，以及性暴力。因此，這些方法與手段顯示全國各地的殺戮加害團體，都採用一套獨特而又共通的暴力手法；這套手法的用意，顯然就是要恐嚇左派人士與一般民眾。這些行為模式為加害者的身分及其動機提供了若干線索。

殺害他們的是誰？

一如這些殺戮當中的受害者，加害者的身分主要也不是由族裔或宗教界定，而是取決於他們的政治與組織隸屬關係，以及意識形態立場。的確，這些殺戮最引人注意的一點（同時也是印尼這項案例和其他許多大規模殺戮的不同之處），就是其中的加害者與受害者，幾乎全都屬於相同的族裔與宗教群體。因此，爪哇穆斯林殺害爪哇穆斯林、峇里印度教徒殺害峇里印度教徒、新教巴塔克人（Batak）殺害新教巴塔克人、弗洛勒斯島上的天主教徒殺害弗洛勒斯島上的天主教徒，如此等等。實際上，殺人者及其被害者不僅屬於同一個廣泛的族裔與宗教群體，而且還經常是同一個村莊、同一個鄰里，甚至是同一個家族的成員。因此，除了少數例外（包括華裔印尼人所遭到的攻擊），加害者與受害者都無法藉由族裔、種族或宗教而加以區分。

相對於宗教或族裔認同，加害者的政治與意識形態認同所具有的核心地位之所以必須受到強調，部分原因是這點正是印尼的這項案例和其他許多大規模殺戮的不同之處，但也是因為許多針對印尼這項案例所從事的學術研究，都聚焦於伊斯蘭教在殺戮當中扮演的角色。伊斯蘭教的領袖、符號與修辭都經常被視為是引發以及推動殺戮行為的要素。無可否認，大部分的殺戮行為確實都是由穆斯林所為，而且伊斯蘭符號與觀念也確實用於煽動暴力以及為暴力賦予正當性。不過，在一個約有百分之八十五的人口都是穆斯林的國家裡，這樣的現象並不令人意外。比較重要的一點是，各大宗教的信徒（尤其是天主教、新教與印度教）都加入殺戮活動，也都以宗教符號和權威煽動暴力，或是為暴力賦予正當性。此外，如同在其他地方討論過的，同樣值得注意的還有另外一點，就是在高度信奉伊斯蘭教的西爪哇省，發生的殺戮事件相對極少。這些模式強烈顯示，和普遍觀點不同的是，伊斯蘭教並不是殺戮背後的驅動力，儘管宗教符號與認同無疑是廣義上的有助因素。

如果暫且不管加害者的族裔或宗教隸屬關係，甚至也不管他們共同的政治與意識形態立場，那麼他們幾乎全部共有的特色就是身為軍隊、民兵團體或者私刑組織的成員。[51]也就是說，參與殺戮行為的要不是士兵或者民防組織的成員，就是為了打擊九三〇運動與印尼共產黨而動員的眾多反共民兵團體與學生協會當中的一分子。那些組織關係以及這類連結所造成的社會心理影響，可以說是形塑了參與殺戮者的態度與行動。實際上，我認為這些團體的成員很有可能是接受，並且欣然擁抱了一種為極度暴力賦予價值的獨特機構文化，同時也學會從所屬團體的暴力手法當中採行特定種類的暴力行為。就這方面而言，印尼的殺戮參與者也許和布朗寧在《普通人》（*Ordinary Men*）當中描述的德國後備警察營成員沒有太大的不同。[52]在這兩個案例當中，團體動力、權威的壓力以及恐懼的結合，促使原本的普通人做出他們本來可能不會做的事。

不過，軍事與準軍事組織在一九六五至六六年殺戮當中所具有的重要性，還不僅限於社會心理與團體動力的領域。堪稱更重要的是大部分的殺戮行動都由陸軍發動以及策劃。儘管官方說法指稱一九六五至六六年的暴力是大眾對於印尼共產黨的憤怒所造成的自發性後果，而且一般看法也認為那些殺戮主要是受到地方上的緊張關係所驅動，並且是由地方上的暴徒領導，但大部分的證據（如同前引的記述所示，第六章也會再詳細探討）都顯示陸軍是那些暴力的主要煽動者與策畫者。

在軍方內部，有些單位的活躍程度以及參與殺戮的積極度都遠勝過其他單位。其中最惡名昭彰的一個是陸軍傘兵特種部隊團，這個精銳特種部隊在殺戮當中扮演了直接角色，尤其是在中爪哇與峇里。[53]不過，其他許多陸軍單位也參與其中，以各自獨立的行動逮捕、訊問以及殺害被指為共產黨員的人士。警方、海軍陸戰隊以及海軍的單位涉入程度較低。至於空軍的單位，則是因為同情左派（不論是實際上如此還是僅僅受到這麼認定）以及據說對九三〇運動有所涉入，因此被排除在外，而在殺戮當中幾乎完全沒有扮演任何角色。

在私刑團體當中，最積極涉入殺戮的是與反共政黨或宗教組織有關的軍事化青年團體，包括伊斯蘭教士聯合會的安梭爾與班薩、印尼國民黨的民主青年團（Pemuda Demokrat）與平民青年團（在峇里稱為「平民護盾」〔Tameng Marhaenis〕）、印尼獨立擁護者聯盟（Ikatan Pendukung Kemerdekaan Indonesia, IPKI）的班查西拉青年團（Pemuda Pancasila），以及天主教黨的天主教青年團（Pemuda Katolik）。活躍於部分地區的還有各種宗教導向的學生運動團體，包括附屬於馬斯友美黨的伊斯蘭大學生協會、天主教大學生聯盟以及印尼基督教學生運動。這些組織有時獨自行動，舉行群眾集會、簽署請願書、搗毀住宅與辦公室，以及毆打被指為左派的人士。不過，他們在殺人當中則是極少獨自行動。儘管有少數例外，但他們幾乎都是在陸軍的要求下才會動手殺人。

他們是在什麼地方以及什麼時間遭到殺害？

殺戮情形雖然幾乎可見於印尼國內的每個角落，卻是最集中發生在中爪哇、東爪哇與峇里這幾個人口密集的省分，還有在亞齊、北蘇門答臘，以及東努沙登加拉的部分地區。[54]大規模殺戮活動在特定地區遠遠比較沒有那麼集中，包括首都雅加達以及西爪哇省。[55]另外，時間方面也有差異。最早的殺戮行動在那場疑似政變過後幾天就已於部分地區展開，而在其他地區則是過了幾個星期或甚至幾個月後才開始。值得注意的是，大規模殺戮不論開始於什麼時候，都頗為規律地在持續幾個星期後即告停止。此外，最嚴重的殺戮情形在一九六六年中雖然已經結束，但部分地區的暴力卻斷斷續續地一路延續到一九六八年。[56]

根據各方說法，大規模殺戮首先在那場疑似政變的幾天後展開於蘇門答臘北端的亞齊省，然後在一九六五年十一月戛然而止，造成一萬人左右死亡。[57]在鄰近的北蘇門答臘，儘管氣氛極度緊張，也有些暴力情形，但大規模殺戮卻是直到一九六五年十一月初才開始發生，而在棉蘭市內迅速擴散開來，並且延展到該省的許多農田與種植園。到了一九六六年三月，那裡已死了至少四萬人，甚至可能是兩倍的人數。[58]在中爪哇這個人口密集的省分，大規模殺戮展開於十月的第三個星期前後，而持續到一九六六年中。那裡的死亡人數雖然沒有確切數字，十四萬卻是個廣獲接受的估計值。[59]在鄰近的東爪哇，系統性暴力在十一月初大幅增加，尤其集中在諫義里、勿里達與岩望等城鎮，以及該省東北沿岸區域的一批鄉下縣分。[60]那裡的殺戮情形在十二月逐漸平息，到了一九六六年中已大致結束，據估當時已有十八萬人死亡。[61]一九六五年十二月初，在那場疑似政變的整整兩個月後，峇里島開始發生殺戮，結果在總數僅有一百萬出頭的人口當中，就有八萬人左右在短短三個月的時間裡遭到殺害。[62]其他地區的殺戮甚至又開始得更晚。舉例而言，在印尼群島東端的東努沙登加拉省，殺戮現象直到一九六六年二月中才開始發生，然後在一九六六年三月中結束，造成多達六千名據稱是共產黨員的人士遭到殺害。[63]

暴力的廣泛地理分布明白顯示其根源不在於單純的地方衝突或者個人仇恨，而是在於某種更大的國家動態當中。另一方面，殺戮發生的特定地點，尤其是集中在亞齊、峇里、中爪哇、東爪哇、北蘇門答臘與東努沙登加拉，同時又幾乎完全沒有出現在雅加達與西爪哇，則是需要某種解釋。如果其背後的驅動力是國家層級的指示、命令或者動態，那麼殺戮為什麼只發生在部分地區？換句話說，我們該怎麼解釋這種獨特的空間分布模式？

同樣的，殺戮的時間分布，亦即在某些地區幾乎立刻展開，但在其他地區則是晚了幾個星期或幾個月，也令人對於殺戮的肇因產生疑問。我們該怎麼解釋這種有所差異的模式？漫長的時間落差至少顯示那些暴力不是自發性的結果，而是由某種外部刺激造成。於是，這點也就迫使我們必須更認真思考那些暴力的近因。我們尤其必須要問，是什麼因素造成地方上的緊張關係升級成為大規模殺戮現象。

解釋殺戮現象

過去五十年來，政府官員、新聞記者以及學者都以不同方法試圖回答這些問題，至少是其中部分的問題。許多人試圖解釋那些殺戮行為的方法，是援引某些深植於印尼社會當中的文化、宗教與社會經濟特徵以及衝突。[64]採取這種做法的人士經常談及潛在肇因與長期衝突「爆發」成為大規模殺戮。這類分析雖然極少能夠針對種族滅絕或其他形式的大規模暴力提供完全令人滿意的陳述，卻可以構成解釋當中的一部分。在認知到這一點的情況下，我打算簡要檢視為印尼的案例所提出的這類主要論點。

個人與團體心理

一九六五至六六年殺戮事件的許多通俗與學術論述，都聚焦於加害者的個人動機與心理動機（也就是那些從事羈押、刑虐與殺害等行為的士兵、民兵團體成員、私刑人士與幫派分子），以及旁觀者的冷漠或無所作為對暴力造成的助長效果。這些論述強調同儕壓力、恐懼、服從權威、文化規範、報仇以及清算舊帳的機會等因素如何促成了參與和默許。

因為從眾的壓力而甚至不惜殺人，在一九六五至六六年那些加害者的自傳式記述以及名義上的虛構故事當中是一項核心主題。其中有一項陳述是一則短篇故事，標題為〈死亡〉(Death)，寫於殺戮事件之後不久。在這則故事裡，主角描述了自己有多麼難以抗拒從眾的社會壓力以及一名軍事官員的催迫。實際上，他也確實沒有抗拒，而是參與了冷血殺害村裡鄰居的行為，包括殺害一個名叫百迪(Baidi)的朋友。[65]在等待著受到綁縛而且蒙住眼睛的囚犯被帶下軍用卡車前往行刑地點的時候，他省思了自己的參與：

> 我後悔跟著來。城裡的軍事指揮官住在我們那個小區。我們平常處得很好；他堅持要我來。「朋友，這會是個很好的經驗。」我還是可以拒絕，但是我的幾個朋友在前幾個晚上都有去，所以我覺得沒跟到隊。阿里很堅持，我雖然害怕，可是又想要去。現在，我覺得很痛苦。更糟糕的是，我的同伴圖里還過來跟我說百迪在另一輛車上。

在回憶錄與證詞當中，許多前加害者也提到自己參與的關鍵理由，包括了奉行命令的義務，以及害怕不這麼做所可能帶來的後果。例如西帝汶一座小鎮的一名員警，就這麼說明自己為何會涉入殺戮行動：「蘇哈托命令我們殺掉那些共產主義者。地方警察局長把命令傳達給我們。那時候，沒有人敢質疑那項說法的真實性。你就算只是安慰那些囚犯，也會被視為同情共產主義者，而可能會因此被殺。」[66]

對於有些加害者而言，這類顧慮也摻雜了自己乃是在幫忙「保衛國家」的想法。在奧本海默的紀錄片《沉默一瞬》(*The Look of Silence*) 裡，在一九六五年遭到殺害的一名年輕男子的叔叔向一個親戚解釋道，他雖在那個男孩被關押的監獄擔任守衛，也知道那個男孩將會遭遇什麼下場，卻無法加以干預，因為他所屬的民兵團體必須奉行陸軍的命令。「指揮官阿克西必須聽從陸軍的命令，我也一樣。我被指派去守衛那座監獄，所以我就去了。……我那麼做是為了保衛國家。」被逼問到他為什麼沒有至少請求長官不要殺他的姪子，他答道：「我要是拒絕遵守命令，那我也會受到指控。最好還是乖乖按照命令行事。」[67]

許多人必定都是因為這類原因而陷溺在殺戮行動當中難以脫身：因為他們遭到掌權者施壓，因為他們感到害怕，因為他們認定自己是在為國家服務，或是不想顯得和同儕不同。[68]他們一旦成為軍事單位或民兵團體當中的一員，而且上層也明白表達了希望他們施行極端暴力，就不難想像這時不奉命行事會有多麼困難。在布朗寧針對一〇一後備警察營所從事的研究，以及辛頓在〈你為什麼殺人?〉(Why Did You Kill?)當中對於紅色高棉的基層劊子手所進行的分析裡,這無疑也是他們所得出最明白可見的一項結論。

另一方面,許多人加入殺戮行動的原因,必定也和世界各地的年輕人加入幫派和軍隊的理由一樣:為了追求刺激,為了證明自己的強悍,為了擺脫平淡的日常生活,也為了擁有自己原本不可能得到的權力。這正是我們從奧本海默的《殺人一舉》和《沉默一瞬》當中得到的深刻印象。在這兩部片裡,我們透過棉蘭地區少數幾名低階幫派分子的駭人回憶以及重新演示,而得知那些殺戮的過程。從他們的陳述看來,驅動他們的力量主要是想要對曾經怠慢自己的人報仇,以及不受節制的權力與性暴力所產生的迷醉效果。如同民兵團體班查西拉青年團的一名前成員在後來所吹噓的:「她們要是長得漂亮,我就每一個都強暴。尤其在那個時候,根本沒有法律……我們就是法律。……尤其要是抓到一個只有十四歲的,那我會說對妳就像是地獄,對我卻是人間天堂。」[69]

印尼的殺戮當中無疑存在這類動機,否則實在難以理解那樣的大規模暴力怎麼有可能發生。然而,我們從更廣泛的文獻也可以知道(正如先前概列的那些殺戮記述所明白顯示的),這類個人動機對於暴力的展開以及整體發展進程而言,並非決定性的要素。在每一個例子裡,那些個人動機都取決於社會、經濟與政治等其他力量,也受到這些其他力量所形塑,在國家與國際層次上尤其如此。

屠殺文化

其他論述指稱要理解那些殺戮行為，最好的方法就是看待印尼人的性格、文化與宗教當中的若干基本特徵。這種說法有個特別歷久不衰的版本，指稱那些殺戮行為反映了印尼的「狂亂施暴文化」。這項論點指稱印尼人傾向於突然爆發無可解釋又不理性的暴力行為，也就是所謂的「狂亂施暴」，而在這種狀況當中會不分青紅皂白地殺害周遭的所有人。根據這類說法，一九六五至六六年的殺戮純粹是大規模的狂亂施暴。如同先前提過的，這種解釋長久以來備受印尼官員及其盟友偏愛，也出現在許多通俗論述裡。[70]例如《紐約時報》在一九六六年四月刊登的一則報導，就提出了以下這段描寫：「印尼人相當和善，而且天性待人有禮。不過，在他們的笑容背後卻潛藏著一股怪異的馬來人性格，也就是深植於內心的狂暴嗜血衝動，馬來語稱之為『amok』（狂亂施暴）。這一次，這整個國家都陷入了狂亂施暴當中。」[71]

《費加洛報》(*Le Figaro*) 把這類東方主義的幻想與狂亂的農夫暴民這種形象結合起來，而在一九六六年中向讀者指稱印尼的人口已陷入狂亂施暴：「那種古怪而凶殘的狂熱偶爾會降臨在馬來人與爪哇人的身上，結果有五十萬人喪生於失控農民的吶喊之下。」[72]一九六六年十二月，一份美國大使館報告則是在結論當中指稱，那場大規模殺戮「除了源自於對共產主義的厭惡之外，也是源自於恐懼、源自於清算舊帳的渴望，以及源自於一種大規模的狂亂施暴」。[73]

這種論點帶有某種吸引力，因為藉此似乎能夠解釋原本「和善」而「溫順」的人為什麼能夠犯下如此可怕的暴行。不過，我們也有理由對這種論點感到懷疑。除了其中帶有過度簡化的文化化約論這個明顯可見的問題之外（亦即其中暗示所有的印尼人都一樣，而且他們的行為都只能從一種永久不變的奇異文化加以理解），狂亂施暴的主張也無法解釋那場暴力當中最基本的事實。舉例而言，這種主張無法解釋那些殺戮行為發生的時間與地點，也無法解釋遭到殺害的對象為什麼絕大多數都是左派人士。也許更切中要點的是，這種主張忽略了這項事實：至少在歷史上，狂亂施暴向來都是一種儀式性自殺，因為社群裡的其他成員或者政府當局通常都會殺害「狂亂施暴者」。[74] 這種情形無疑完全沒有發生在一九六五至六六年的殺戮當中。相反的，如同先前所述，那些殺人者都與掌權當局密切合作，也從來沒有因為他們的所作所為而受到懲罰。也許最重要的是，這種主張全然無法解釋那場暴力的系統性特質、廣泛的地理分布，以及漫長的持續時間。

還有另一項與此密切相關的主張，受到印尼當局以及為其辯護者所偏好，就是指稱那些殺戮行為是印尼共產黨及其附屬組織具有顛覆性與威脅性的行為所引起的自發性反應。舉例而言，針對峇里的那些「優雅迷人的人口」為什麼會展開「如此狂暴的屠殺行為」這個問題，記者約翰．休斯（John Hughes）在一九六七年寫道：「觸發元素顯然是厭惡共產主義者的情緒突然爆發開來，因為他們在峇里平靜的表面底下雖然一直忙碌不休，但是卻犯了一項嚴重的錯誤，也就是嘲諷並且試圖削弱這座島嶼的宗教價值觀，而且不僅如此，還把目標擴及這座島嶼根深蒂固的文化傳統。」[75] 在一九七二年的一份報告裡，東努沙登加拉的軍事總督也指稱古邦（Kupang）這座城市之所以開始出現殺戮行為，原因是「百姓的情緒……以及他們想要擊垮九三〇運動的自發性狂熱達到高峰」。[76] 北蘇門答臘一名後來在區域議會擔任多年議長的前行刑隊長，也同樣指稱「那些大規模殺戮是百姓的自發行為，因為他們痛恨共產主義」。[77]

這個主題也反覆出現於美國學者與官員在一九六六年以來所發表的若干研究當中。帕烏克寫於一九六八年的一篇文章就是一個典型的例子（相信讀者還記得，帕烏克是陸軍指揮參謀學院院長蘇瓦托的親信）。他援引克利弗・紀爾茲（Clifford Geertz）的著作，而主張爪哇的「地方習俗」就是「以靜默、細膩、有禮而且集體的方式做一切事情，甚至包括挨餓在內」（他並且暗示峇里也是如此）。他指稱印尼共產黨與印尼農民陣線在爪哇與峇里因為行事作風「與當地習俗南轅北轍」，以致

> 不但使得自己與村裡比較富裕的人士為敵……也與整個社群為敵，因為他們顛覆的乃是整個社群的古老慣俗。這些顧慮可能比意識形態爭議更是殺戮行為背後的決定因素，所以那些殺戮行為在峇里的普遍程度……不亞於東爪哇與中爪哇。[78]

在一部出版於一九九〇年的回憶錄裡，在那場疑似政變發生之時派駐印尼的美國大使格林

也提出幾乎完全相同的論點。他針對爪哇與峇里社會的「和諧」本質概述了大多數為人熟知的迷思，而把屠殺的責任完全歸咎在受害者身上。「總而言之，」他寫道：

印尼的那場屠殺大體上可以歸因於共產主義在印尼鄉下令人厭憎，尤其是在爪哇與峇里，原因是共產主義奉行無神論，又標榜階級戰爭，但爪哇與峇里的文化卻極為強調寬容、社會和諧、互助……而且化解爭議的方式是藉由討論問題而達成可以接受的共識解決方案。[79]

另外還有一項與此相關的論點，在談及峇里的殺戮當中最為常見，則是指稱暴力行為受到神祕的宗教文化激情所驅使，更明確的說法則是稱之為一種儀式性的「驅魔」或「淨化」。在一個典型的段落當中，莫瑟於一九六六年寫道：「從一開始，那場政治動盪就帶有一股非理性的氣息，甚至是瘋狂。只有在這些古怪而美妙的島嶼上，……事情才有可能爆發得如此不可預測、如此猛烈，不僅略帶狂熱，還有嗜血以及如同巫術的色彩。」[80] 這種論點認為峇里人與爪哇人陷入宗教激情當中，而自發性地爆發出消滅共產黨員這種瘋癲而「狂熱」的行為。休斯同樣強調暴力的自發性與不可預測性，而這麼寫道：峇里維持其生活方式直至一九六五年十二月，然後突然「爆發一股比爪哇更嚴重的狂熱殘暴行為」。[81]

這種詮釋只含有足以使其顯得具有可信度的些微真相。許多峇里人與爪哇人有可能確實從必須驅除邪惡，或者消滅無神論者這樣的角度，來理解打擊印尼共產黨的行動。不過，這種觀點也有許多誤導人之處。就算印尼人的文化與宗教熱情真的能夠幫助我們理解暴力的激烈程度，也無法合理解釋殺害印尼共產黨員的想法如何發展出來，以及這種做法為什麼會在那些時間點展開，還有為什麼會採取那些形式。此外，如同先前那些對於殺戮行為的概述所明白顯示的，那些行為並非出於自發，而是具有系統性；那些行為不是由失控的情緒造成，而是經過策劃的結果。如同梅爾文針對亞齊所寫的：「不論是來自該省的書面證據還是口述證詞，都無法證明那些殺戮行為是宗教驅動的自發性大眾暴力所造成的結果。」[82]

簡言之，大規模暴力能夠由宗教信仰或文化信念賦予正當性或者加以描述，這點也許是形塑殺戮動態的因素之一，但印尼共產黨遭到消滅的情形卻不純粹是自發性的宗教與文化衝動所造成的無可避免的後果，甚至也不主要是這種後果。如同我後續將會主張的，殺戮行為其實是政治過程造成的結果，而且人類主體性（尤其是陸軍指揮高層冷漠自私的政治算計）在其中扮演了核心角色。

宗教與族裔緊張關係

明白可見，以對於印尼性格與文化的簡化概念解讀殺戮動態的論點，必須由帶有高度懷疑的眼光加以看待。不過，這不表示文化與宗教衝突毫不重要。每個地方的殺戮現象似乎都在某個程度上合乎宗教信仰與實踐的廣泛衝突輪廓，也受到那種衝突的語言和符號所框架。因此，要理解殺戮的模式，就必須對那些衝突有一定程度的瞭解。

文獻裡經常討論的一種模式是，把暴力與殺戮的動態歸因於穆斯林社群當中的醒目差異，至少是就中爪哇與東爪哇而言。主要的緊張關係在於有一群穆斯林認為自己比較虔誠（敬虔派），並且認為有另外一群人比較沒有那麼虔誠（非敬虔派），原因是那些人的宗教儀式把伊斯蘭教和各種前伊斯蘭的爪哇信仰與實踐混合在一起。[83]敬虔派的一個關鍵特徵，就是奇阿依備受崇敬的地位，因為這種伊斯蘭導師會針對各式各樣的議題為社群指引方向。舉例而言，供男童在其中背誦古蘭經以及學習生活課程的伊斯蘭習經院（pesantren），這種傳統伊斯蘭寄宿學校通常都是由奇阿依主持。相對之下，非敬虔派社群當中的伊斯蘭實踐，則是能夠和崇拜祖先與黑魔法這類比較古老的印度教以及泛靈論實踐活動和諧共存。精通這類實踐活動的人物據說擁有強大的靈性能力。非敬虔派社群的領導者不太可能會是伊斯蘭教神學家，而且他們的孩子也極少會就讀伊斯蘭習經院。在包括這幾點在內的許多方面上，這兩個社群都明顯不同，而且雙方長期以來也存在一定程度的互不信任，甚至是恐懼。

這些都是重要的文化與宗教區別，但單靠這些條件並不足以引發大規模殺戮。[84]這些差異之所以變得更易於引爆衝突，原因可以說是在指導式民主後期愈來愈對立又極化的政治當中，這些差異變成了政治與階級認同的代表，也與那些認同相互重疊。到了一九六〇年代初期，所謂的敬虔派與非敬虔派裂痕已和社會階級以及政治立場的差異高度重合，儘管當然不是完全重合。敬虔派社群的領導者比較有可能是富有的地主，也比較會支持像伊斯蘭教士聯合會這樣的保守宗教政黨。相對之下，非敬虔派社群則通常比較貧窮，有比較多的無地農民與佃農，也比較有可能隸屬於印尼共產黨或者印尼國民黨的左翼派系。鑒於這樣的重合，宗教與文化方面的緊張關係於是愈來愈以政治方式表現出來，而政治競爭也開始被框架為宗教認同與實踐的衝突。[85]舉例而言，伊斯蘭教士聯合會以及其他比較小的伊斯蘭教政黨，都一再指控印尼共產黨員奉行無神論或者實踐黑魔法，而印尼共產黨則是把伊斯蘭教士聯合會以及其他保守派政黨譴責為腐化者、剝削者以及宗教狂熱分子。

這類緊張關係的存在，在一定程度上能夠解釋伊斯蘭教士聯合會以及其他宗教政黨，為何會在一九六五年十月的事件之後，對於印尼共產黨表現出那麼強烈的敵意，至少在爪哇的部分地區是如此。[86]宗教與政治認同的重合（以及兩個社群在先前的政治動員）很可能助長了敵意與暴力，部分原因是藉著提供能夠煽動敵意的語言、符號與領導。舉例而言，這點有助於解釋東爪哇的伊斯蘭教士聯合會與安梭爾的成員，在攻擊印尼共產黨員的時候為什麼會高喊「真主至大！」，以及敬虔派青年為什麼會「要求解散印尼共產黨，並且要求以殺害十萬名共產黨員來償還每一名將領的性命」。如同羅奇札針對一九六五年底的情勢所寫的：「在對於印尼共產黨充滿高度仇恨的危機氛圍裡，一切行為都變成了可以允許。畢竟，對抗『不信者』(kafir) 難道不是所有人的責任嗎？」[87] 至於是不是單憑這些緊張關係就造成了暴力的結果，則沒有那麼明白可見。[88] 潛在衝突極少會這麼簡單或是自動地演變成為大規模殺戮。

在其他地區，也有不同種類的宗教與文化緊張關係。以峇里為例，那裡絕大多數的人口都信奉一種特定類型的印度教，但認為自己比較虔誠的信徒，與那些被他們視為信奉異端、無神論或者至少是對宗教漠不關心的人之間，也潛藏著一股緊張關係。這樣的緊張關係根源於存在已久的衝突，包括在種姓方面，還有自命為這門宗教的仲裁者所提倡的那種較為形式化而且階級化的印度教版本，在不同社群當中獲得的接受程度。[89]

不過，這樣的緊張關係也同樣不單純只是宗教歧異的問題。一如爪哇，峇里的宗教衝突也和社會地位以及政治立場高度重合。那些認為自己能夠仲裁宗教虔誠度的人士，經常是高種姓者（三生〔triwangsa〕），也就是島上的貴族家族當中的成員，擁有可觀的土地財富。他們傾向於支持右翼政黨，尤其是印尼國民黨的右翼派系與印尼社會黨，還有一大群比較貧窮的人口也是如此，因為他們把那些高種姓者視為不可或缺的保護者。此外，這些人也傾向於抗拒印尼共產黨推行國家土地改革法的激進手段。至於不願追隨宗教保守派與封建家族、偏好土地改革，或者對於蘇卡諾以及受他提攜的當地省長蘇迪加（Anak Agung Bagus Suteja）忠心不貳的人士，則是比較支持左翼政黨，尤其是印尼共產黨與印尼黨。

一如爪哇的情形，這種認同上的重合表示政治與社會歧異經常以宗教與文化的語言表達，也呈現在對於「傳統」的辯論當中，並且隨著全國政治在一九六〇年代初期愈來愈極化而更是如此。因此，一個例子就是比較保守的印尼國民黨支持者指控印尼共產黨追隨者信奉無神論，並且對峇里文化傳統造成威脅。相對之下，左派人士則是指控對手緊抓著峇里的封建過往不放，阻礙經濟與社會的進步。政治與宗教認同的重合，以及在辯論當中注入宗教的正反主張，無疑都導致政治辯論變得愈來愈尖銳。這樣的情形絕對提供了一個堅實的修辭基礎，促使保守人士能夠在那場疑似政變之後據此攻擊印尼共產黨。不過，在爪哇並不能單純以這些緊張關係解釋規模如此龐大的殺戮現象。

其他衝突案例則是帶有族裔色彩。最明白可見的例子就是對於華裔人口抱持的敵意，雖然有所起伏，但長期以來一直存在；而且在十月那場疑似政變之後，也有些華裔人口遭到攻擊以及殺害。那種敵意的根源可以追溯到幾百年前，有時表現出來的態樣是對於華人文化習俗的排斥，諸如說中文、用筷子進食、閱讀中文報紙，以及聚居在城裡的特定區域。那種敵意也帶有經濟層面。不論特定案例當中的事實如何，華裔印尼人普遍都被視為相當富有。但如同前述，這些緊張關係也帶有一個至關緊要的政治層面，在一九六〇年代初期的極化氛圍當中尤其如此。保守派政治領袖與陸軍經常刻意強調華裔印尼人據稱在文化、社會與經濟方面的與眾不同，從而引發厭惡、敵意，有時甚至造成暴力。[90] 另一方面，由於印尼共產黨以及其他左翼政黨有過幫他們捍衛利益的紀錄，許多華裔印尼人因此加入或者支持這些政黨。

這些緊張關係在十月一日事件的前後幾個月裡尤其明顯。由於擔憂蘇卡諾與中國愈來愈緊密，以及印尼共產黨與中國共產黨的密切交流，各方的反共人士於是都開始質疑華裔印尼人是否會對印尼保持忠誠。此時開始出現謠言，指稱有華裔印尼人為中國及其共產黨擔任間諜，並且資助印尼共產黨。於是，那場疑似政變發生之後，對於華裔人口的反感也就達到了狂熱程度。此外，陸軍內部有許多人也都懷有那樣的反感和疑慮，因此進一步火上加油，或者至少是在群眾攻擊華裔人口的時候袖手旁觀。有些華裔人士就是在這種背景下，於那場疑似政變之後遭到殺害，尤其是在棉蘭，那裡在一九六五年十二月有過多達一百人在一天當中被殺的情形，而亞齊也有許多人遭到殺害，並且有一萬人左右在一九六六年五月遭到驅逐。[91]然而，如同先前提過的，這些殺戮情形乃是例外。整體而言，華裔人口並非主要目標，而且遭到殺害的華裔人口經常都是左翼政黨，或者像印尼國籍協商會這類協會的成員或領導人。[92]

簡言之，潛在的宗教與族裔緊張關係，的確可讓我們看出在部分地區可能促成敵意與衝突的不滿情緒，也可能有助於解釋暴力的語言和符號為什麼會因地而異。但另一方面，如同大多數把種族滅絕的根源歸因於存在已久的衝突與緊張關係的那些論述，強調潛在的宗教與族裔緊張這種論點，其實無法真正解釋那些緊張關係為什麼會在那些時間與地點升高成為大規模殺戮，又是如何升高成為那樣的結果。如果不同群體之間的歧異真的這麼激烈又無可化解，那麼在十月一日的事件之前，為什麼只曾經引發過少數幾項孤立的暴力事件？在部分受影響最嚴重的地區，為什麼拖了那麼久才開始發生暴力活動？而且，印尼國內其他地方，類似的緊張關係為什麼沒有同樣造成大規模殺戮？

社會經濟衝突

針對那場疑似政變之後發生的暴力與殺戮，有些學者強調社會經濟衝突在其中所扮演的角色，尤其是為了土地與勞動條件而產生的衝突。[93]這類衝突似乎確實有其重要性，包括在形塑暴力的模式方面，尤其是暴力的地理分布，但也包含界定暴力的加害者與受害者。

舉例而言，為了土地而產生的衝突在峇里、中爪哇與東爪哇這些人口密集的省分尤其激烈，而這些省分也正是在一九六五至六六年期間殺戮活動最集中的地方。全國土地改革立法在一九六〇年代初期推出之後，那些緊張關係即大幅升高。印尼共產黨，尤其是該黨的印尼農民陣線這個農民聯盟，雖然致力尋求落實這項改革，印尼國民黨、伊斯蘭教士聯合會、天主教黨以及這些政黨的附屬農民組織，卻不是拖拖拉拉就是積極反對這項改革。印尼農民陣線的「單邊行動」——這種單邊攫奪土地的行為造成緊張升高，而在一九六五年十月之前在對立雙方之間，引發了少數幾場各自獨立的肢體衝突。在那場疑似政變之後，有些最嚴重的暴力行為似乎就是發生在土地改革施行得最成功，或者至少是受到最激烈抗爭的地方，包括中爪哇的波約拉利、東爪哇的諫義里，以及峇里的部分地區。[94]另一方面，如果以為這些地方的大規模殺戮是從土地衝突自然衍生而來，或是由土地衝突所造成的無可避免的後果，那可就錯了。因為，這類衝突雖然毫無新穎之處，一九六五至六六年的暴力卻是前所未見的現象。關鍵的問題是，既有的土地衝突如何成為廣泛殺戮的基礎，又在多高的程度上構成這樣的基礎。

勞工與管理階層之間的衝突也是如此。這類衝突在大型都會中心與港口城市愈來愈常見，像是雅加達、泗水與棉蘭。在這些地方，左翼工會在附屬於印尼共產黨的印尼中央職工會（Sentral Organisasi Buruh Seluruh Indonesia）支持之下，而開始為其會員積極要求更好的工作條件。這類衝突在商業不動產與國營種植園（主要是橡膠、棕櫚油、糖與菸草）高度集中的地區也相當常見。在這些地方，像是印尼共和國種植園工人工會這類附屬於印尼共產黨的工會，在動員農業勞工爭取權益方面獲致了相當程度的成功，包括要求更好的對待，甚至是對他們耕種的土地要求所有權。[95]

所有這些要求都導致勞工與工會幹部，不免與工廠以及種植園的業主與管理者發生衝突。後者的大多數人都活躍或隸屬於像是印尼國民黨、伊斯蘭教士聯合會以及遭禁的馬斯友美黨，這點並不是巧合。此外，在一九五七年實施戒嚴令之後，許多工廠與種植園的管理者都是軍官，因為國有化的種植園與工業都交由軍方控制。這項改變使得陸軍對這些企業擁有直接的經濟利害關係，以致無可避免地造成軍方對待左翼工會的態度與立場趨於強硬。[96]這項改變也促使軍方成立一個自己的工會組織——印尼社會主義雇員中央組織（Sentral Organisasi Karyawan Sosialis Indonesia, SOKSI），藉以抗衡印尼中央職工會與印尼共和國種植園工人工會。在部分地區，陸軍也開始訓練以及武裝激進青年團體與反共工會。簡言之，到了一九六五年十月，工會之間已經激烈鬥爭了數年之久，也許為後續的暴力創造了條件。[97]

總而言之，社會經濟衝突看來確實與一九六五至六六年的大規模暴力所受到觀察的模式有所相關，其中最嚴重的暴力行為發生在土地衝突最激烈的中爪哇、東爪哇與峇里，還有在勞方與資方的緊張關係於一九六五年達到關鍵高峰的北蘇門答臘。不過，此處同樣必須強調的是，除了一兩項例外，這些因為勞動條件而產生的衝突，以及左翼與右翼工會之間的緊張關係，在一九六五年十月之前並沒有造成廣泛的暴力行為。因此，如同藉由根深蒂固的宗教與族裔緊張關係解釋大規模暴力的分析，依據社會經濟衝突加以解釋的論點也未能說明這些衝突，為什麼會突然升高到大規模殺戮的程度。此外，這些論點也無法為殺戮的獨特時間差異提出令人滿意的解釋。因此，關鍵問題就是那些緊張關係不論多麼激烈，究竟是如何以及為何會在那些時間與地點升高成為廣泛的暴力。

簡言之，有些對於那些殺戮的既有解釋明顯比其他解釋更具說服力。依據印尼性格與文化當中看似不可變的特徵所從事的分析，大體上看來並不令人信服。此外，那些殺戮也不太可能像印尼當局和部分通俗論述所主張的那樣，是大眾對於印尼共產黨的憤怒在自發性爆發之下造成的結果。聚焦於宗教、政治與社會經濟等方面存在已久的緊張關係這種論點，似乎對殺戮的邏輯提供了比較有用的洞見。舉例而言，這種論點對於暴力的獨特空間分布至少提供了部分解釋，亦即最嚴重的大規模殺戮與最深刻的衝突之間似乎有所關聯。此外，這種論點可能也有助於解釋在許多地區助長了殺戮的那種怨恨與相互懷疑。重要的是，這種論點讓我們得以對暴力的語言和符號獲得一定程度的瞭解，儘管那些語言和符號在各地都有所不同。

然而，聚焦於潛在肇因與存在已久的緊張關係，仍然無法回答若干關鍵問題。文化、宗教、政治與社會經濟的緊張關係，為何會在部分地區升高成為大規模殺戮，卻沒有在其他地區如此，而且這樣的發展又是如何出現？那些殺戮在印尼國內的不同地區開始以及結束的時間為什麼如此不同？儘管有這類地理與時間上的差異，大規模殺戮為什麼又在全國各地都帶有大體上類似的形式？舉例而言，私刑團體或行刑隊為什麼在全國各地都扮演了如此核心的角色，而且草率處決、身體殘害、屍體展示以及性暴力等做法為什麼如此普遍？也許最重要的是，把暴力的根源歸因於潛在肇因的觀點，都傾向於把注意力從較為直接的政治過程與人類能動性之上轉移至其他地方。這麼一來，這些觀點只會導致我們對於暴力模式的理解更為模糊，也未能回答責任歸屬的關鍵問題。

第六章——陸軍扮演的角色

各位聽眾，〔九三〇運動的〕行為明白可見是反革命的，必須連根拔除。可以確定的是，只要獲得抱持進步與革命理念的人口完全支持，我們一定可以徹底粉碎反革命的九三〇運動。

——蘇哈托少將的電臺演說，一九六五年十月一日

那麼，誰必須為一九六五至六六年的大規模殺戮負起責任？簡單的回答就是陸軍。我提出這項主張的意思，不是說陸軍在其中獨自行動。實際上，陸軍和各種地方團體以及行為者合作，而這些和陸軍合作的對象都各自有想要採取行動打擊印尼共產黨及其盟友的理由。我的意思也不是說文化、宗教與社會經濟因素完全不重要；這些因素明顯有其重要性。它們提供了對印尼共產黨及其附屬組織不滿的真實與想像理由；除此之外，還為那些不滿提供若干表達的語言及符號。最後，我的意思也不是說美國與英國等強大國際行為者在促成或者煽動暴力當中沒有扮演任何角色：那些國際行為者無疑涉入了其中。我的重點是，不論一九六五年十月當時存在什

麼潛在的宗教、文化與社會經濟衝突，不論平民百姓有多麼願意投入那樣的暴力當中，也不論國際環境有多麼縱容那些暴力行為，一九六五至六六年的大規模殺戮都絕非無可避免，也不是自發行為所造成的結果。恰恰相反，目前的證據已明白顯示殺戮行為受到陸軍領導層刻意的鼓勵、促進、引導與形塑。[1] 換句話說，如果沒有陸軍領導層，一九六五年十月一日的事件就不會造成有些作者稱為種族滅絕的這種後果。

本章分成幾個部分建構這項論點。首先，本章將會顯示大規模殺戮的模式在時間與地理分布上的差異，如何密切對應於每個地方的陸軍指揮官所展現出來的政治姿態與能力，以及陸軍的後勤資源如何助長殺戮行為。那樣的密切相關強烈顯示了這一點：暫且不管其他各種考量，特定地區的陸軍領導層所抱持的姿態與能力的確是引發以及維繫大規模殺戮的關鍵要素。第二，本章將會概述陸軍如何鼓勵以及執行大規模殺戮行動，做法就是動員平民青年團體與行刑隊，並且鼓勵他們找出、羈押以及殺害印尼共產黨及其盟友的成員。陸軍和這些團體的密切關係證明了一項常見主張的錯誤，亦即那些殺人者的行為乃是基於宗教以及其他根深蒂固的衝動而自發造成的結果。第三，本章將會描述陸軍如何藉著發動一場高明的媒體與宣傳運動，把綁架與謀害將領的罪責推到印尼共產黨頭上，並且呼籲消滅該黨及其附屬組織，而藉此激發了大規模殺戮，並且為那樣的殺戮賦予正當性。第四，本章將會顯示各種宗教與政治領袖如何欣然接納並且複製陸軍那種極化又帶有報復性的語言及宣傳，而以自己可觀的權威支持暴力行動。

最後，本章將以此一證據探討責任歸屬這個至關重要的問題。

時間與空間分布的差異

在那六名將領於十月一日遭到綁架與謀害之後不到幾天，以蘇哈托少將為首的陸軍新領導層就著手殲滅九三〇運動與印尼共產黨及其附屬組織。他們以幾種方式落實這項意圖，而其中最重要的一種，就是利用壓倒性的武裝力量對付被指為行凶者的人士以及好幾十萬手無寸鐵的平民。如果沒有陸軍採用武力的做法，或是陸軍可觀的後勤資源，大規模殺戮必定不可能也不會發生。

陸軍的姿態與能力

關於陸軍在殺戮當中扮演的核心角色，最明白可見的證據也許是一項奇特的關係，一邊是一個地區的陸軍指揮官所展現出來的政治傾向與能力，另一邊則是當地發生暴力的時間與強度。此一模式明白顯示，那些殺戮是由陸軍領導層發動的結果，而絕對不是如蘇哈托政權及其後繼者向來堅稱的那樣，是大眾對於印尼共產黨的狡詐不忠所產生的自發性反應。此外，這項模式也強烈顯示了這一點：殺戮模式在地理與時間分布上的獨特差異，不是直接源自一個地方存在已久的宗教、文化與社會經濟緊張關係，也不是那些緊張關係無可避免的後果，而是源自每個地區的陸軍指揮官煽動那些緊張關係以消滅左派的能力。[2]那些陸軍指揮官做到這一點的能力取決於其他幾項因素，包括平民的政治與宗教領袖是否願意與他們合作、他們在自己的軍隊裡得到的合作或者受到的抗拒，以及他們是否能夠成功動員反共私刑團體支持他們追求的目標。

一個地區的的殺戮情形與當地的陸軍指揮官展現出來的姿態和能力之間的密切關聯，可以見於三項獨特的模式當中。首先，區域軍事指揮部如果團結一致，並且擁有足夠的兵力，那麼殺戮情形要不是如亞齊那樣發生得迅速又廣泛，就是像西爪哇那樣頗為有限。舉例而言，在最早發生大規模殺戮的亞齊，當地的軍事指揮官伊沙克．朱阿爾薩准將（Ishak Djuarsa）與他的直屬上司阿瑪德．莫科金塔中將（Ahmad Mokoginta）都一致反對蘇卡諾與印尼共產黨，也握有許多效忠他們的士兵。他們立刻就展開一項「消滅」九三〇運動與印尼共產黨的行動，並以非凡的速度與效率加以執行。因此，一般觀點雖然指稱亞齊的暴力是高度虔誠的穆斯林人口在憤怒之下促成的一種「聖戰」，但目前可以取得的證據已明白顯示，那些殺戮其實是陸軍為了摧毀印尼共產黨而刻意發起的行動當中的一部分。[3]

另一方面，西爪哇的區域軍事指揮部在伊卜拉辛．阿迪杰准將（Ibrahim Adjie）的領導下也是團結一致又握有充足的兵力。但儘管如此，西爪哇發生的殺戮情形相對之下卻是少之又少。其中的決定性差異就是阿迪杰決定不採取大規模殺戮的策略，而是偏好採取大規模逮捕的方案。[4] 阿迪杰雖然熱切反共，個人卻對蘇卡諾極為忠心。因此，和其他許多軍官不同的是，他遵循了蘇卡諾的呼籲，而沒有對印尼共產黨發動暴力攻擊。[5] 此外，由於他剛在不久之前鎮壓了該省相當棘手的伊斯蘭之域叛亂運動，因此無疑不太願意為穆斯林村民與民兵賦予武裝和動武的權力。在一九六六年二月初與英國駐外武官以及另一名英國大使館官員從事的談話裡，阿迪杰解釋了自己的做法。那兩名官員的記述指出：

> 阿迪杰表示，流血不一定是必要的做法。他的策略是把印尼共產黨的領導人物關進集中營裡，接著致力向大眾證明那些人物如何欺騙了他們，然後再把那些人放出來。……阿迪杰對於在東爪哇採行的不同策略多所批評。那種內部戰爭是錯誤的做法，留下了許多沒有撫平的傷口。[6]

第二，陸軍指揮部如果處於政治分歧，或者面對反抗，或是沒有足夠的兵力（這樣的現象普遍可見於印尼國內的許多地區），大規模殺戮就會延後發生，但只要各方力量的平衡朝向反共立場傾斜，大規模殺戮行為就會大幅加速。以北蘇門答臘為例，當地的區域軍事指揮官達亞特莫准將（Darjatmo）與省長烏倫．席特普（Ulung Sitepu）都同情左派，而且部隊裡也有多達百分之三十的士兵被認為對左派抱持同情態度。[7] 這種情形帶來的結果，就是與反共勢力之間的緊繃僵局，而因此造成大規模殺戮延後了至少一個月才告展開。因此，儘管該省存在著根深蒂固的社會經濟與政治衝突，卻是直到被美國官員描述為「猛烈反共」的蘇畢蘭准將（Sobiran）在十月二十九日取代達亞特莫之後，才開始出現殺戮行動。[8]

峇里也是如此。那裡的區域軍事指揮官夏菲烏丁准將（Sjafuddin）是蘇卡諾的擁護者，並且擁有左派省長蘇迪加的支持，因此那裡的大規模殺戮延遲了整整兩個月，直到夏菲烏丁與蘇迪加遭到邊緣化之後才告展開。在那之後，殺戮即迅速擴散，在三個月出頭的時間裡就造成八萬人左右喪生。[9]在東爪哇，區域軍事指揮官巴索奇・拉赫馬准將（Basoeki Rachmat）掌握的兵力有限，對他們的忠誠度也沒有太多信心，結果大規模殺戮直到十一月初才正式展開。[10]此外，陸軍領導者只要開始擔心受到動員協助進行殺戮的保守派穆斯林對於陸軍的支配地位構成挑戰，暴力就迅速落幕。[11]另一方面，在弗洛勒斯，由於次區域軍事指揮官蘇塔馬吉中校（Soetarmadji）不願支持反共行動，所以大規模殺戮直到他在一九六六年二月受到一名比較聽話的反共軍官取代以後，才隨之展開。[12]因此，在以上所述的每一個案例當中，大規模殺戮都是延遲到相關的陸軍指揮官（以及文人官員）受到撤換之後才開始進行。

第三，在軍事領導層當中缺乏共識或者忠心部隊兵力不足的地區，大規模殺戮則是隨著效忠蘇哈托的部隊從外地調往該處而展開。其中最惡名昭彰的部隊，都是來自於陸軍傘特團這個菁英空降突擊單位。如同我在其他地方針對峇里所指出，而且其他人也針對中爪哇提出過的，這些爭議地區的暴力都是在那些菁英機動部隊抵達的同時展開。[13]傘特團當中的部隊先是從雅加達部署至中爪哇，原因是那裡的部分陸軍成員對於九三〇運動公開表達支持。他們在十月十八日抵達中爪哇省首府三寶瓏，隨即開始鎮壓一切對於九三〇運動與印尼共產黨的支持，而在此一過程中建立了極度殘暴的名聲。大衛・詹金斯（David Jenkins）與卡門針對這些行動概括寫道：「在後續的幾個月裡，〔傘特團司令〕薩爾沃・埃迪（Sarwo Edhie）應蘇哈托的要求而在中爪哇發動了恐怖統治與大屠殺，粉碎了九三〇運動與印尼共產黨，並且把原本充滿不確定性的政治平衡決定性地傾向陸軍這一邊。」[14]傘特團的部隊在中爪哇完成任務之後，顯然就在十一月底返回雅加達。[15]

最後，傘特團的部隊在十二月初抵達峇里，這個地方在那場疑似政變之後的兩個月裡幾乎完全沒有發生殺戮情形。那支部隊抵達之後不到幾天，殺戮即大幅加速發展，並且很快達到了和其他地區相當或甚至更慘重的程度。一般的觀點認為峇里的暴力是在自發性的情況下擴散開來，而且發展得極為「狂暴」，以致精銳部隊在十二月從爪哇來到這裡的時候，主要的工作乃是必須設法阻止那樣的暴力。實際上，幾乎所有的證據都顯示傘特團的部隊與政黨當局合作策劃並且煽動了峇里的暴力，就和他們在爪哇與亞齊的做法一樣。[16]

槍枝、卡車與擊殺名單

殺戮行為雖然主要都是採用簡單的武器，而沒有仰賴繁複的現代科技，但仍然需要規劃以及後勤支持。在這兩者的提供上，陸軍扮演了關鍵性的角色，經常藉著動員當地人口以及沒收平民的財產以增補自己的資產與能力。如果沒有陸軍在後勤與組織上的領導，我們可以肯定地說，那些大規模殺戮必定不可能發生，或者至少絕對不會發生得那麼迅速，擴散範圍也不會那麼廣。

陸軍在後勤方面扮演的角色具有幾種不同形式。第一種，同時也是最明顯可見的形式，就是為其本身的士兵以及民兵盟友供應槍械。槍械不是用來執行殺戮的唯一工具：如同我們先前看過的，彎刀、短刀、竹矛與劍也都相當常見。不過，槍械在展現陸軍的力量方面深具

印尼共產黨附屬組織人民青年團的成員遭到羈押，在雅加達於武裝衛兵的看守下由一輛軍用卡車載運，一九六五年十月十日。(Bettman/Getty Images)

重要性。舉例而言，在傘特團以及其他陸軍單位採用的「耀武揚威」策略當中，強力槍械的展示與使用就是一個至關緊要的面向。還有裝甲運兵車與坦克車也是。一九六五年十一月的一份美國大使館電報，讓人得以窺見那種策略。那份電報摘引了陸軍針對印尼婦女運動的九名女性成員在中爪哇遭到殺害的過程所提出的正式記述：

> 陸軍資訊局指出，搭乘裝甲車進入梭羅市的傘兵突擊隊員（傘特團成員）……在市郊的村莊遭到印尼共產黨附屬女性組織印尼婦女運動的九名「巫婆」阻擋。她們辱罵那些士兵，並且拒絕讓他們通過。〔傘特團的〕傘兵突擊隊員平靜要求她們讓路，並且對空鳴槍之後，即「在她們的冥頑不靈之下，被迫終結這九個印尼婦女運動巫婆的呼吸」。[17]

對於獲得陸軍授權圍捕與殺害印尼共產黨員的地方盟友而言，槍械也是為他們賦予權威的重要工具。這些盟友包括了稱為治安民防隊與國民防衛隊的民防單位，其動員層級在全國各地都下探到村莊的層次。根據近來發現的一份文件，北亞齊的治安民防隊與國民防衛隊單位，都為了協助執行「消滅」九三〇運動這項明確目標，而獲得步槍與自動武器。[18] 由於治安民防隊與國民防衛隊都是國家民防組織，因此可以合理假設國內其他地區的民防單位也同樣得到了武器。此外，在受到陸軍動員的反共私刑團體當中，陸軍還挑選了部分成員提供武器和訓練。舉例而言，根據東爪哇的一項記述，第十六步兵旅的旅長薩姆上校（Sam）「將一把魯格〔手槍〕交給安梭爾在諫義里的主席，並且在諫義里以西的克洛托山（Mount Kolotok）這座小山丘上訓練他的射擊技術」。[19]中爪哇的一名前學生領袖也同樣講述了類似的經驗，提到陸軍如何為他和其他人提供武器和訓練，還有以共產黨員為目標的「殺人執照」：

> 我獲准殺害任何受到證明涉入印尼共產黨的人。有十個人獲得五七手槍，並且在卡里烏朗（Kaliurang）接受訓練。手槍是在一九六五年十一月左右提供的。……我多次返回日惹的陸軍戰略後備隊總部，主要都是為了獲取子彈。憑著那把槍，我幾乎每天都發動在日惹找出印尼共產黨同情分子與領導人的行動，從一九六五年〔底〕持續到一九六六年中。[20]

同樣重要的還有陸軍提供的卡車以及其他車輛，用於載運士兵、私刑殺手以及他們的受害者。全國各地的記述幾乎都描述了被綁縛的嫌犯受到開放式軍用車輛載運的情景。[21]那些卡車有許多都屬於陸軍本身所有，另外有些則是由陸軍向平民徵用而來。有一項最生動的記述，來自於尼可（Niko）這名曾經遭到羈押的西帝汶人：

卡車停下來的時候，聲音聽起來很可怕。喇叭聲是死亡的聲音。卡車停下來的時候，就像是在廣播上聽到的死亡樂器。就連壁虎也寂靜無聲。鳥兒毫無動靜，公雞也停止啼鳴。……我們只要聽到那個聲音，全身的毛髮就會不禁豎起來，並且體驗到最深沉的恐懼。有些囚犯會被帶上卡車。我們等著他們回來，但他們從來沒有回來。……任何一個人只要名字被叫到，就要立刻爬上卡車高高的車斗。他們的動作要是不夠快，就會被人從後面推。[22]

在沓里的尼加拉（Negara）這座城鎮，目擊者指稱連續幾天都有數十輛軍用卡車排成一列緩慢駛過主要街道，車上載滿了據稱是共產黨員的人士，全都是從周遭的村莊抓來。到了一間大倉庫，那些囚犯就在雙手遭到綁縛的情況下被一一帶下車，然後領進倉庫裡，被自動武器射殺。在十二月為期三天的時間裡，據估有六千人遭到殺害。[23] 一九六五年十二月的第二週，沓里當地的報紙刊登了一篇報導，宣稱「他們甚至不需要看見〔傘特團的〕紅色貝雷帽，只要聽到卡車的轟隆聲，就連九三〇運動的大人物也會害怕得心臟開始怦怦跳」。[24] 在亞齊一支由陸軍組織的夜間巡邏隊當中擔任過隊員的一名男子，也記得那些卡車：「我們〔當時〕正在進行夜巡。……我看到〔那些遭到羈押的人〕被帶上一輛卡車的……車斗。他們被殺的時候，我沒有看到。……

〔可是〕我知道他們被帶上卡車，一輛卡車，兩輛卡車。我〔也〕看過那些墳墓。」[25]那個時期的照片與影片也凸顯了軍用車輛，在印尼共產黨清剿計畫的執行當中所扮演的中心角色。

許多記述也提及加害者賴以鎖定逮捕或處決對象的名單。[26]一名英國大使館官員與羅斯．泰勒這名住在東爪哇岩望的英國工程師有過一段談話，而在一九六五年十二月撰寫報告指出，對方向他述說了「一場肅清行動的駭人細節，發生在岩望村的奈布里特斯工廠（Nebritext）」，而泰勒就住在那座村莊裡。

〔泰勒〕對我說，當地的陸軍指揮官有一份名單，把印尼共產黨的人員分為五類。他奉命要殺了前三類的人員。截至目前為止，那附近已有兩千人左右遭到殺害，從住得離主要道路最近的人開始，然後逐漸向外擴散。……在那間工廠本身，約有兩百人已被除掉。[27]

在部分案例當中，這類名單先由陸軍列出，再交給私刑團體，同時命令他們殺害名單上的人士或者挑選哪些人應該被殺。例如諫義里的一名班薩領導人就指出：「通常的狀況是，班薩會收到軍方分區司令部（Kodim）的印尼共產黨在押人士名單，並且附有挑選其中哪些人應該受到處決的指示。因此，那些殺戮是依據法律從事的行為。」[28]亞齊的一名前私刑團體成員也作證指出：「我們只挑選我們知道絕對是印尼共產黨員的人。……他們的名字都列在領導層編製的名單上。」[29]北蘇門答臘的一名前行刑隊長也說：「我們在三個月裡日日夜夜不斷消滅共產主義者。……我們會收到必須帶去蛇河的囚犯名單。我每天晚上都簽署那樣的名單。」[30]

在部分案例當中，陸軍當局在彙編以及審查死刑名單之時，會尋求並且獲取當地宗教與政黨領袖的默許。舉例而言，弗洛勒斯的毛梅雷（Maumere）有一項匿名記述，提及一九六六年二月底舉行於陸軍總部的一場會議，出席的政黨與社會組織的領袖都受到施壓，必須參與決定哪些在押者應該受到「處理」。

在押者一一被宣讀姓名、受到羈押的原因，以及犯了什麼罪行。氣氛非常緊張，使得他們不禁寒毛直豎，因為會議室裡的每個軍事人員都手持武器。在這樣的情況下，每個政黨與組織都必須一一表明自己對那個受到點名的在押者抱持什麼態度。……一九六六年二月二十七日的這一天晚上，就是天主教領袖開始對情勢失去掌控的時刻，或是把話說得更重一點，他們已經捨棄了天主教的原則。[31]

據說西帝汶古邦的陸軍情報官員也彙編了類似的名單，而且也同樣由當地的政黨代表審查。[32]

這類程序以及那些名單本身，都明白顯示了那些殺戮經過計劃和預謀，而不是突發的狂暴所造成的結果。實際上，陸軍在十月一日之後不久設置了一套以「肅清」政治嫌疑者為目標的系統，而那些程序和名單，幾乎毫無疑問是那套系統當中的一部分。在那套系統下，軍方官員會依據他們認為嫌疑者涉入九三〇運動的程度，而把那些人分成幾大類。這套分類制度清楚說明於蘇哈托將軍在十一月十五日依據蘇卡諾總統授權發布的一份命令裡，因此具有法律效力。[33]

最後，陸軍提供了許多嫌疑者受到監禁的羈押場所，有些人就在那些場所當中死於刑求，有些則是從那些地方被載運到處決地點。[34]除了小型地方牢房與大型監獄之外，羈押場所還包括軍方的營地、建物以及體育館。在印尼國內部分地區，陸軍也設置了集中營與勞動營，以關押愈來愈多的被羈押者。這些後勤資源成了大規模殺戮的基礎建設當中不可或缺的一部分。

動員平民大眾

當然，陸軍不是單獨行動。相反的，由於部分軍事單位和軍官的忠心程度與能力一直存在不確定性，而且也為了隱藏行跡，陸軍領導層因此四處尋求盟友。在那些盟友當中，最主要的是像伊斯蘭教士聯合會、印尼國民黨、印尼獨立擁護者聯盟與天主教黨等強烈反共政黨及其群眾組織的領導人。極為重要的是，陸軍也和各種武裝私刑團體以及民兵部隊結盟並且加以動員，在一場打擊左派的協同暴力行動當中部署這些勢力。

群眾組織

在一九六五年十月發生那些事件的幾年前，群眾組織就已經積極涉入政治，因此在那些事件之後已能夠被迅速動員。[35] 宗教與政黨的青年組織尤其如此，因為這些組織至少自從一九六三年以來就與印尼共產黨的附屬組織發生愈來愈激烈且偶爾涉及暴力的衝突。陸軍在打擊印尼共產黨及其盟友的行動當中，也尋求這些團體的合作。在一九六五年十月一日之後出現的變化是，群眾組織與陸軍的合作變得比先前更加密切而又公開，共同協調示威、宣言以及「掃蕩」行動的計畫。在陸軍明面上以及暗中的支持之下，這些群眾組織受到動員，要求對殺害那些將領的「叛徒」採取行動，從而為陸軍對印尼共產黨採取「強硬行動」提供了一個有用的理由，宣稱「這是人民的要求」。在採取那些行動的過程中，他們從事了暴力行為，包括搗毀住宅與辦公室、劫掠、毆打，並且終究發展成為大規模羈押與殺戮。

這種新式合作最早的表現，就是由激進反共群眾組織集結而成的一個綜合團體，稱為「粉碎九三〇運動行動指揮部」（Komando Aksi Pengganyangan Gerakan September Tiga Puluh, KAP-Gestapu，簡稱碎指部）。參與其中的群眾組織，除了其他各種團體以外，也包括附屬於伊斯蘭教士聯合會、印尼獨立擁護者聯盟與天主教黨的組織。碎指部雖然表面上看似是獨立的平民團體，實際上卻是由陸軍領導層在那場疑似政變的短短幾天後提出倡議而成立的結果（後來由美國政府暗中提供財務資助），並且實際上為陸軍扮演了反共政治行動指揮部的角色。[36] 碎指部成立之後，其他許多協同組織與「行動陣線」也跟著成立，而且每一個都受到陸軍當局的支持。

在這些新組織當中，最活躍的是印尼大學生行動戰線、印尼青少年行動戰線，以及一個為大學畢業生成立的類似組織，稱為印尼大學畢業生行動戰線（Kesatuan Aksi Sarjana Indonesia, KASI）。除了這些國家組織以外，陸軍當局也在省與地方層級成立了平行的組織。[37]這些學生行動戰線雖然具有看來無害的中產階級名稱，卻在一九六五至六六年打擊左派的暴力行動當中，扮演了關鍵性的角色。如同一名政治內部人士在一九六六年底向一名研究者坦承指出的：「那些學生都是狂熱的右翼分子，受到陸軍和「伊斯蘭教士聯合會副主

被懷疑為印尼共產黨員的人士，在中爪哇梅拉比火山山腳附近遭到陸軍和反共民兵羈押，一九六五年左右。（National Library of Indonesia）

席）薩布昌所利用。沒有人能夠確定他們究竟會『逮捕』什麼人，也不知道他們逮捕了那些人之後會發生什麼事。他們不是民主現象，而是法西斯主義的現象。」[38]

這些組織與陸軍的密切合作不是祕密。美國大使館官員談及那些學生與陸軍之間的關係，絲毫沒有感到意外的樣子。一名官員與這些組織的其中一名領袖A．B．納蘇蒂安（和納蘇蒂安將軍沒有親屬關係）會面之後，在報告當中指稱自己「對於納蘇蒂安與陸軍還有印尼政府其他部門當中的年輕人之間的聯繫頗感印象深刻」。這份報告接著指出，A．B．納蘇蒂安「是《精神宣言》(*Djiwa Proklamasi*)這份新發行的反共週報的其中一名創辦人暨編輯」，而隨著印尼大學生行動戰線加強行動，納蘇蒂安於是「為大學畢業生成立了一個類似的合作組織……稱為印尼大學畢業生行動戰線。後來，這個組織成了一個與陸軍還有學生團體密切合作的重要壓力團體」。[39]簡言之，如同印尼外交部長馬利克在一九六六年十月對麥維所說的：「那些學生之所以能夠採取行動，原因是他們和陸軍之間的關係。陸軍會告訴他們什麼時候行動，又該採取多大程度的行動。」[40]

民兵與行刑隊

不過，在煽動暴力與殺戮當中，更重要的是在十月一日之後受到動員的反共民兵團體。大部分的這些團體都直接隸屬於政黨，像是伊斯蘭教士聯合會的安梭爾與班薩、印尼國民黨的平民青年團（又稱為平民護盾），以及印尼獨立擁護者聯盟的班查西拉青年團。至於像治安民防隊與國民防衛隊這類單位，則是既有民防組織的一部分。在十月一日之後，這些團體實際上都變成了反共民兵組織。陸軍在指認以及找出印尼共產黨的地方領導人與黨員方面，就是仰賴這些團體及其領袖；而也就是這些人在夜裡包圍疑似左派人士的住宅、憤怒要求逮捕他們、摧毀他們的財產，並且放火焚燒他們的房屋。此外，這些人也組成追捕以及羈押疑似左派人士的隊伍，把他們帶到監禁地點，也參與殺害他們的行為。沒有確切證據顯示到底有多少人加入這些團體，但必定達數十萬人。美國大使館在一九六五年十一月中拍發的一份電報指出，單是在梭羅地區，「陸軍就訓練並且武裝了兩萬四千名左右的穆斯林青年，以便對共產主義者採取行動。」[41] 同樣的，東亞齊與北亞齊這兩個區域，也各自回報擁有一萬五千名左右的民兵成員。[42]

這些團體與陸軍的關係，多年來一再受到許多的猜測與討論。官方立場指稱這類團體乃是自主採取行動，不受陸軍影響，而是奠基在地方上存在已久的厭惡與衝突之上；有些觀察者欣然接納了這種論點，或是無意間為其賦予可信度。[43] 另一個比較常見的立場則是指稱有些地區的私刑團體雖是依照陸軍的要求行事，但其他地區的私刑團體則是依據當地的利益與衝突而獨立行動。[44]

現在已經明白可見這種共識觀點並不正確，而且除了極少數的例外，這些民兵團體與行刑隊，其實都是在陸軍的指示與控制之下行事。儘管每個區域各自有些不同，但大規模殺戮在每個地方發生的基本模式都一樣。民兵受到陸軍的動員、武裝、訓練以及支持，並且經常負責執行逮捕與殺戮行動。這並不是說這類團體的成員完全都只是單純遵循命令而已。大多數人和陸軍合作都有其本身的動機，包括恐懼、同儕壓力、憤怒，以及真心抱持的宗教信仰或意識形態信念。不過，這不表示他們在大規模殺戮當中的參與乃是出於自發或者無可避免。實際上，幾乎在每一個案例當中，他們都只有在得到陸軍的許可或者受到陸軍的敦促之下，才從事殺戮行為。發生在全國不同地區的幾個例子，就明白顯示了這一點。

在一九六五年十一月初的一份報告裡，一名美國大使館高階官員描述了一名印尼陸軍聯絡人向他解說的陸軍策略：「在中爪哇，陸軍（傘特團）正在訓練穆斯林少年並且為他們提供武器，也將會由他們站在前線對付印尼共產黨。陸軍將會盡可能避免與印尼共產黨直接衝突。」[45]此外，如同傘特團司令埃迪對一名記者所說的：「我們決定鼓勵反共的平民幫忙從事這項工作。在梭羅，我們召集了年輕人、民族主義團體以及宗教組織。我們為他們提供兩天或三天的訓練，然後就派他們去殺共產主義者。」[46]陸軍內部的文件以比較拐彎抹角的文字證實了這一點，顯示動員平民大眾攻擊印尼共產黨是陸軍刻意採取的策略。舉例而言，針對在中爪哇打擊印尼共產黨的行動，陸軍所寫的歷史指出：

> 為了打敗印尼共產黨激起追隨者參與恐怖和顛覆行動的做法，政府本身動員了平民大

眾。在一項陸軍和人民合作消滅九三〇運動殘餘分子的一般計畫當中，傘特團提供軍事訓練，包括指導如何使用武器與各種技術保衛村莊。[47]

一九六五年十一月，美國駐泗水領事館針對發生在東爪哇的諫義里與帕雷（Pare）的殺戮行動提出一份報告，其中也講述了類似的情形：

諫義里浸信會醫院的美國傳教士告訴我們，有三千四百名印尼共產黨活躍分子在十一月四日至九日期間遭到安梭爾殺害，而且平民青年團的年輕人很有可能提供了協助。……消息來源也指稱相同〔類型的〕屠殺現象發生在諫義里東北方三十公里處的帕雷；那裡據報有三百名共產黨員遭到殺害。……軍隊沒有阻止屠殺行為，實際上顯然還與反印尼共產黨的青年勾結，也許還煽動了他們。消息來源指出，茉莉芬—諫義里地區指揮官維利．蘇裘諾上校（Welly Soedjono）當時身在諫義里，並且向青年領袖表示，只要他們認真尋找，必定能夠在諫義里找到超過三千五百名共產主義者。[48]

陸軍在東爪哇和民兵合作的進一步證據，來自於民兵成員與指揮官本身的記述。班薩在東爪哇消滅印尼共產黨的一項歷史記載，為我們提供了得以一窺那個世界的罕見機會。[49] 其中可以明白看出三項模式。第一，當地的班薩指揮官反覆提及他們的部屬獲得突襲隊（Raiders）、機動旅（Brimob）和傘特團等菁英陸軍部隊所提供的軍事訓練，而且這樣的訓練使他們在消滅印尼共產黨的行動當中取得重要優勢。舉例而言，外南夢的一名指揮官指稱班薩「藉著接受傘特團教官的軍事訓練而悄悄強化了他們的部隊」。[50]第二，班薩的領導人描述了地方陸軍單位如何為安梭爾與班薩攻擊印尼共產黨村民的行動提供協助，而且經常造成致命的後果。一項記述指稱「班薩獵捕印尼共產黨員的行動受到當地軍隊的暗中支持」，另一項記述則是直言不諱地表明「陸軍協助並且支持消滅印尼共產黨的行動」。[51]最後，那些記述提到陸軍在一九六五年十月底向他們告知，逮捕以及殺害印尼共產黨員必須得到陸軍的准許才可為之。[52]因此，班薩與安梭爾的小組，都收到了逮捕與殺害印尼共產黨員的正式書面命令。瑪琅縣圖連的一名安梭爾成員指出：「殺害印尼共產黨員的命令來自印尼共和國武裝部隊（Angkatan Bersenjata Republik Indonesia, ABRI）。受到羈押的印尼共產黨員如果被轉送到班薩的小組，總是會伴隨著一份正式命令（surat perintah）。」[53]東爪哇倫格區（圖班）的一名班薩領袖後來向研究者表示：「只要排定了處決，我們就會被找去執行。行刑時間通常是在晚上，在晚禱結束後，地區辦公室會把一份時間表連同受刑人名單交給地區軍事指揮部。」[54]

同樣的基本模式也在北蘇門答臘被提及。如同肯恩．楊所寫的：「陸軍鼓勵首府（棉蘭）當地的青年團體殺害他們的共產主義者競爭對手。這裡的青年組織包括穆斯林與天主教團體，還有班查西拉青年團。」[55]棉蘭的美國官員在一九六五年十二月指出：「蘇門答臘的軍官報告指出，陸軍在呼籲大眾節制的同時，實際上卻鼓勵穆斯林殺盡所有的印尼共產黨幹部，而且北蘇門答臘每天都有數百人遭到殺害。」[56]在蛇河周圍地區執行了許多處決的一名行刑隊指揮官，也同樣描述陸軍在幕後扮演的角色：「他們開著卡車在路邊等候。他們沒有到〔河岸〕這裡來。……他們把這樣的行動稱為『人民的抗爭』，所以刻意保持距離。陸軍要是被人看到動手〔殺人〕，將會引起世人的憤怒。」[57]

在峇里，陸軍也和平民以及私刑團體密切合作執行殺戮行動。主要的私刑團體是印尼國民黨的附屬組織平民護盾，但是伊斯蘭教士聯合會的安梭爾也活躍於島上的部分地區。有時候，陸軍會帶頭行動。休斯指出，在部隊從爪哇抵達峇里之後，「軍方與警方找來文人當局，確保受到處決的是正確的對象。許多人受到……逮捕，而且通常遭到士兵射殺。」[58]在其他案例當中，殺人的工作則是委派給村民。休斯寫道：「有時候，村莊會明確受到指派清除他們之間的共產黨員。然後，就會發生集體處決的情形，只見村裡的共產黨員被聚集起來，遭到所有人以棍棒毆打或用刀刺死。」[59]

在亞齊發現的證據也顯示類似模式，並且確切證明了主要的私刑團體受到官方認可。[60]那些團體包括班查西拉防衛者陣線（Front Pembela Panca Sila）以及人民捍衛者（Pembela Rakyat），前者在一九六五年十月六日正式成立於班達亞齊（Banda Aceh），接著幾天後也在西亞齊成立，而後者則是在十月上半成立於南亞齊。[61]一如峇里，亞齊的殺戮行動有時也由陸軍本身執行，有時則是由受到陸軍督導的行刑隊執行。在幾乎每一個案例當中，都可以看到區域軍事指揮官朱阿爾薩准將以及其他高階官員先抵達一個地區，敦促當地人口對印尼共產黨採取行動，然後殺戮才告展開。[62]約翰・鮑溫（John Bowen）描述了那些官員在十月初造訪亞齊的塔肯貢（Takengon）所帶來的後果：

> 在後續的幾個星期，每天晚上都有男男女女在家裡被人抓走，帶到〔塔肯貢〕監獄，然後再用車載到北海岸道路上的隱密地點處決。……陸軍負責殺人，但命令男孩與年輕男子參與逮捕行動。「政府要我們站在第一線，讓他們事後可以撇清關係，」一名小區民防指揮官表示。[63]

在西帝汶的古邦，宗教青年團體（包括新教、天主教與穆斯林在內）與地區軍事指揮部的參謀長努爾少校（M. Noor）密切配合執行反共掃蕩行動。凡克林肯寫道，這些掃蕩行動無可阻擋地造成羈押，在許多案例當中也造成疑似共產黨員遭到草率處決：「年輕人把他們交給軍方，而且人數多得舊殖民監獄都容納不下，以致有許多人被關在獨立足球場（Merdeka Football Stadium）。軍方從〔一九六六年〕一月開始在夜裡把他們帶出去處決，此一情形在一九六六年二月至四月間達到高峰。」[64]

簡言之，目前來自許多地點的證據顯示，除了極少數的例外，民兵與私刑團體都是在明確受到軍方控制的情況下行動，尤其是在殺戮方面。長久以來，一般已接受中爪哇的情形正合乎這項論點，但現在已發現印尼國內其他地區很有可能也是如此，包括亞齊與峇里在內。這點相當重要，原因是一般觀點都認為那些地區（亞齊與峇里）的當地人口明顯採取主動，陷入「狂亂施暴」當中，因此陸軍扮演了阻止暴力的角色。現在已經明白可見那種觀點不符事實，而且聲稱暴力是平民大眾自發性造成的結果這種說法，其實正是由策劃殺戮行動的那些陸軍軍官刻意編造並且散播的謊言。

語言與宣傳

殺害印尼共產黨員與左派人士的想法不是自發產生而來。恰恰相反，這是陸軍領導層鼓勵與促成的結果，方法是使用經過精算的語言，藉此創造出充滿敵意和恐懼的氛圍，導致殺害任何與印尼共產黨有關的人士都不只顯得具有道德上的正當性，而且還是一種愛國與宗教上的義務。[65]那種語言迅速擴散到印尼全國各地，一部分是透過陸軍掌控的報紙與電視，但也透過廣播以及無數的群眾集會、示威、典禮、宣言、講道以及面對面的會議。在由此造成的反共恐慌氣氛當中，既有的政治、宗教、文化與土地衝突就很容易被點燃。[66]

「連根拔除」

這種官方語言和宣傳的幾個面向，在煽動攻擊印尼共產黨的暴力當中尤其重要。首先，這種語言極具挑釁性。在某個程度上，我們可以把這種語言理解為，延續了蘇卡諾的指導式民主在政治上造成的那種好鬥風格與氣息。畢竟，在那套制度下，各方政黨都習於以具有高度攻擊性的語言譴責自己的敵人：要求「粉碎」馬來西亞、「改造」資本主義官僚，以及「吊死」美國大使。然而，即便是以這種標準來看，陸軍在一九六五年十月一日之後使用的語言，仍然顯得令人震驚。包括蘇哈托少校在內的高階陸軍軍官，都從一開始就宣告九三〇運動與印尼共產黨必須受到「擊垮」、「粉碎」、「埋葬」、「摧毀」、「趕盡殺絕」、「消滅」以及「連根拔除」。此外，如同許多導致種族滅絕的行動，攻擊那些罪魁禍首的行為也一再被稱為「肅清」行動以及「掃蕩」。

一九六五年十月一日晚上十點十分，在印尼共和國廣播電臺上的一項全國廣播當中，蘇哈托首度使用了在後續幾個月乃至幾年裡將會受到複述好幾千次，而且也被用來為攻擊印尼共產黨的暴力行為賦予正當性的那些語句。「各位聽眾，」蘇哈托說：「〔九三〇運動的〕行為明白可見是反革命的，必須連根拔除。可以確定的是，只要獲得抱持進步與革命理念的人口完全支持，我們一定可以徹底粉碎反革命的九三〇運動。」[67]

全國各地的軍事與宗教人物，幾乎都立刻開始模仿陸軍領導層這種凶猛而又排他的語言。

在十月一日午夜從棉蘭廣播的一項演說裡，莫科金塔中將宣告指出：「為了保衛國家／民族與革命，現在已下令軍隊的所有成員，都必須堅決地徹底消滅這場反革命以及一切叛國行為，將其連根拔除。」[68]亞齊的行政委員會在十月四日發布的一份正式聲明，又更進一步宣稱道：「人民必須協助為了徹底消滅反革命的九三〇運動及其走狗而採取的一切行動。」[69]在同一天舉行於雅加達的一場群眾集會上，伊斯蘭教士聯合會副主席薩布昌代表一個反共綜合團體唸出一份聲明，其中的部分內容指出：「我們呼籲所有政黨和群眾組織……協助軍隊摧毀『反革命的九三〇運動』，將其連根拔除；而且我們也準備好要和軍隊一起合作……捍衛以及保護班查西拉國家……就算為此流盡最後一滴血也在所不惜。」[70]

十月四日同一天，就在那六名將領已經腐爛的屍體受到掘出之際，蘇哈托將軍利用此一機會，把他們的慘遭殺害直接歸責於印尼共產黨及其附屬組織。[71]一天後，伊斯蘭教士聯合會理事會也仿效陸軍的做法，把印尼共產黨及其附屬組織指為罪魁禍首，並且聲稱「每一項反革命運動都必須立刻連根拔除」。[72]在峇里，一個附屬於印尼國民黨的青年團體呼籲所有成員「為軍隊消滅九三〇運動的行動提供具體協助」。[73]在一九六五年十一月的一場群眾集會上，吉安雅（Gianyar）的新任縣長對現場達十萬人左右的群眾表示：「那些無意懺悔而且冥頑不靈的人，必須連根拔除。」[74]一九六五年十一月十二日，納蘇蒂安將軍在雅加達對一個學生行動戰線的成員發表演說，指稱「印尼共產黨明白可見背叛了國家與民族……因此我們有責任與義務把他們從印尼的國土上徹底除去」。[75]後來，莫科金塔中將在北蘇門答臘針對印尼共產黨的重新崛起提出警告，而對一群聽眾指出：「反革命的蓋世太保九三〇運動要是再度發生，我們將會遭到我們的子女譴責。為了預防那樣的狀況，我們必須盡可能把印尼共產黨深深埋葬起來，以免他們又從墳墓裡爬出來纏擾人民。」[76]

叛徒與妓女

陸軍的宣傳運動也致力於把九三〇運動與印尼共產黨描繪成野蠻、非人性、道德低劣並且邪惡。十月四日，蘇哈托在掘出將領遺體之際所發表的言論，透過國家廣播與電視對全國播送，而他在其中特地指稱印尼婦女運動與人民青年團涉入了殺害那些將領的「野蠻行為」(tindakan-tindakan jang biadab)。他這項發言的文字版本在次日刊登於陸軍控制的報紙上，伴隨著那些將領腐爛屍體的可怕照片。在十月五日為那六名將領舉行的送葬遊行與喪禮，還有納蘇蒂安的女兒在次日死亡，又提供了進一步詆毀那些疑似加害者的機會。

在這種群情激憤的氛圍裡，陸軍創造了「Gestapu」一詞用來描述九三〇運動。這個字眼明顯是想要把那項運動和「蓋世太保」（納粹的祕密國家警察）畫上等號，藉此把那項運動蒙上恣意妄為與邪惡的色彩。[77]實際上，在一九六五年十月七日向報紙總編提出的簡報裡，陸軍資訊中心主任蘇布羅托准將（Subroto）就明確提及這項歷史比喻，而把九三〇運動描述為一場

「有如蓋世太保的恐怖行動」。[78]蘇卡諾總統看出了這個字眼帶有的危險政治影響力，以及創造這個字眼的人士所懷抱的狡詐目的，因此堅持使用「Gestok」（十月一日運動）一詞。不過，「Gestapu」這個字眼終究還是勝出。[79]

陸軍的語言也以其他方式，一再把印尼共產黨及其附屬組織的成員描繪成自外於文明與道德社會的人物，把他們稱為「叛徒」、「惡魔」、「兒童殺手」、「無神論者」、「妓女」、「恐怖分子」以及「畜牲」。十月十四日，陸軍報紙《武裝部隊報》的編輯寫道：「沒有文字能夠描述蓋世太保野蠻殺害陸軍軍官的那種恐怖行為，有多麼卑鄙而又缺乏人性。」[80]因此，如同費因貼切指出的，陸軍採取了在許多種族滅絕當中都可以看到的模式，把九三〇運動與印尼共產黨呈現為「不屬於加害者的義務範圍內」。[81]藉著這樣的做法，陸軍於是促成並且鼓勵了攻擊他們的暴力行為。

此外，惡魔與無神論者等標籤也證明陸軍的宣傳援引了力量強大的宗教規範與符號。在十月五日於那六名將領的墳墓旁發表的演說裡，納蘇蒂安將軍談到陸軍備遭羞辱（dihina）與詆毀（difitnah），並且祈求阿拉提供引導。[82]在後續幾天裡，陸軍控制的媒體一再提到陸軍及其盟友負有摧毀印尼共產黨的「神聖」任務。舉例而言，陸軍報紙《武裝部隊報》在十月八日呼籲展開聖戰：「我們不能以古蘭經對付刀劍……而必須以刀劍對付刀劍。古蘭經本身就指出，你應該以別人反抗你的方式反抗對方。」[83]十月十四日，這份報紙又在社論裡指出：「神與我們同在，因為我們走在正確的道路上，走在祂為我們設定的道路上。」[84]首都以外的陸軍領導人也傳達了同樣的訊息。在北蘇門答臘，莫科金塔將軍在新成立的北蘇門答臘穆斯林聯合委員會當中發言，「敦促聽眾把這個組織擴展到地區乃至村莊層級，以便『採取伊斯蘭攻勢』對付印尼共產黨。」[85]

印尼婦女運動這個鬆散隸屬於印尼共產黨的婦女組織所遭到的妖魔化，也許最能夠讓人明白看出這種官方醜化做法的用意，而且造成的後果也最為嚴重。在九三〇運動無疾而終之後的幾個星期裡，陸軍宣傳人士及其盟友散播了一項說法，指稱那六名將領在十月一日上午被殺之前，曾經遭到性侵以及身體的毀傷。[86]這項說法先由陸軍控制的媒體加以報導，接著又受到無窮無盡的轉述傳播，其中以駭人聽聞的細節描述了印尼婦女運動的成員如何圍著那些將領裸體跳舞，然後用剃刀閹割他們，又用冰錐挖出他們的眼睛。[87]除了把印尼婦女運動的成員呈現為毫無人性的巫婆之外，這項說法也強烈喚起了男性對於閹割的焦慮。此外，如同莎斯姬亞·維林加（Saskia Wieringa）以頗具說服力的方式指出的，這項說法也利用了保守印尼男性特有的焦慮。因為，在那些男性的眼中，印尼婦女運動的成員看似不受控制的性能力（更遑論她們的自主性與活躍的政治參與），就對他們的父權地位以及世界觀構成了一項不可接受的威脅。[88]

不久之後，類似的說法也開始出現在雅加達以外的地區。在峇里，官員聲稱他們訊問一名印尼婦女運動的資深成員之後，發現那個組織的成員受到指示把自己「賣」給士兵，藉此為印尼共產黨獲取武器，而達到目的之後即殺害並且閹割受到自己誘惑的那些男子。當地報紙也盡責地報導指出：「從這些發現當中，可以明白看出印尼共產黨的計畫有多麼卑鄙惡毒。印尼婦女運動的成員利用她們毫無羞恥的性活動，攫取盡可能多的利益之後，還必須謀害她們的受害者，並且割下他們的生殖器。」[89] 明白可見，這類說法的用意就是要把印尼婦女運動的成員，乃至整個印尼共產黨呈現為不僅是政治叛徒，而且還敗德、墮落、毫無人性。[90]

藉著所有這些方式，這項說法似乎是刻意要激發對於印尼婦女運動的深刻仇恨與恐懼，從而為攻擊其成員的暴力行為提供強烈的動機以及正當理由。問題是這項說法不符合事實。針對那六名將領從事的正式驗屍，證明了他們並沒有遭到虐待或者身體的毀傷：蘇卡諾總統極力想要把這項關鍵事實傳達給大眾，但卻沒有成功。[91] 更令人不安的是，鑒於有那些驗屍結果的存在，因此可以確定包括蘇哈托在內的陸軍高層，在當時就知道那項說法不符真相。從這些事實所能夠得出唯一可能的結論，就是陸軍領導層刻意編造，並且散播了那項虛妄的說法，藉此中傷印尼婦女運動，並且煽動攻擊其成員的暴力行為。

文件、墳墓與武器

另一方面，陸軍也展開「掃蕩行動」，而為挑撥與暴力提供了更多機會。實務上，「掃蕩」代表突襲印尼共產黨員的辦公室與住宅，以及毆打或者羈押他們。在那些突襲行動的過程中，陸軍及其平民盟友聲稱發現了文件，載有印尼共產黨消滅反共人士的詳細計畫。這些發現受到陸軍控制的媒體以及廣播電臺充滿激動的報導，將其引為證據，指稱印尼共產黨確實是九三〇運動的幕後主使者，也確實計劃要消滅其敵人並且奪取國家權力。[92]

不久之後，全國各地的軍方與政治當局都開始聲稱獲得類似的發現，並且在群眾集會、講道以及宣言當中加以強調。十一月，峇里當局聲稱發現了顯示當地印尼共產黨涉入九三〇運動的文件，包括一份涉入印尼共產黨地下組織的陸軍人員名單。[93]在中爪哇各地的城鎮所發表的數十場演說裡，傘特團司令埃迪也「宣布發現了許多文件，他聲稱那些文件揭露了共產黨屠殺『民族主義』與『宗教』團體成員的計畫」。[94]在亞齊，國民陣線的首領則是宣稱收到印尼共產黨寄來的一封匿名信件，裡面帶有這項充滿威脅性的警告：「我們將會對伊斯蘭教青年復仇。」[95]奇特的是，就我們所知，這些文件都沒有在印尼共產黨領袖或成員的政治審判當中被提出為證據。

陸軍及其盟友也聲稱發現了大型坑洞，並且指控那些坑洞是印尼共產黨與人民青年團，為了掩埋其受害者而挖掘的萬人塚。一如前述的那些文件，發現大型坑洞的說法也隨即開始紛紛冒出於全國各地，而且傳聞也迅速散播開來，指稱那些坑洞是印尼共產黨為了埋葬他們計劃殺害的對象而挖掘出來的結果。[96]陸軍當局並聲稱發現了該黨打算使用的武器。[97]那些武器包括可能來自中國的槍枝，還有短刀、鐮刀、彎刀與冰錐。除了槍枝以外，其他那些物品雖然都是當時可見於幾乎任何家戶裡的日常工具，陸軍及其盟友卻還是從最凶惡的角度加以呈現。他們說，印尼共產黨打算用冰錐挖出受害者的眼睛，就像印尼婦女運動受到挖出了那六名將領眼睛的指控一樣。

不論這些關於文件、殺戮、埋屍坑洞以及武器的說法是否真實（我們也確實有充分理由對其抱持懷疑），陸軍領導者、政治人物以及宗教當局，卻都大肆利用這些說法散播這樣的訊息：鑒於印尼共產黨的邪惡計畫，因此他們別無選擇，只能「動手殺人，不然就是等著被殺」。[98] 此一訊息反覆出現於數以百計的演說、會議和群眾集會當中，也透過全國各地無數的面對面談話傳達出去。要說這樣的語言（尤其又是從握有一定權勢的人物口中說出）不會煽動包括殺人在內的真實暴力舉動，或至少是為那樣的舉動賦予許可，實在是令人難以相信。實際上，加害者針對那些殺戮提出的大多數記述，都強調這些發現是他們別無選擇，而只能採取行動摧毀印尼共產黨的原因。

媒體戰與心理戰

如同這些例子明白顯示的，散播陸軍那些煽動性語言和宣傳的一個關鍵管道是大眾媒體，而當時的大眾媒體就是印刷報紙、收音機，以及只有少數得天獨厚的人口才有的電視機。早在一九六五年十月以前，媒體就已經是極為重要的政治戰場，大部分的報紙都密切附屬於特定政黨或機構。國家通訊社安塔拉（Antara）以及國營廣播與電視機構（印尼共和國廣播電臺與印尼共和國電視臺(TVRI)雖然理論上不隸屬於任何黨派，卻也成了各方競逐控制權的激烈政治鬥爭焦點。[99] 因此，也就難怪九三〇運動的領導者首先占領的是國家廣播電臺，而蘇哈托對付他們所採取的其中一項最早的舉動，也是奪回那個電臺。同樣理所當然的現象，就是在九三〇運動展開之後的二十四小時內，陸軍就關閉了全國幾乎所有的報社，僅有陸軍本身所擁有或控制的報社例外。

《武裝部隊報》與《戰鬥報》這兩份得以繼續發行的報紙，都是由陸軍控制。不久之後，陸軍也准許其他報紙發行，但都受到陸軍資訊辦公室最嚴格的管制與「指導」。一位著名的新聞編輯表示，他和其他人「都在十月初被告知，陸軍展開了一項對付印尼共產黨的行動，任何人只要刊登批評那項行動的訊息，就會被視為印尼共產黨的盟友。保持中立是不被允許的做法」。[100] 因此，在實務上獲准發行的報紙要不是由陸軍經營，就是像《班查西拉之火》(*Api Pancasila*)這份惡名昭彰的反共日報，以及伊斯蘭教士聯合會的《社區大使報》(*Duta Masjarakat*)那樣甘為陸軍官方聲明的傳聲筒，主要的訊息是印尼共產黨犯了叛國罪。如同英國大使在一九六五年十月十九日向倫敦回報的：「自從十月二日以來已完全受到陸軍控制的媒體與廣播，確實不斷發布報導與文章強調印尼共產黨的罪責。」[101] 奇怪的是，在這樣的情境之下，印尼共產黨的全國性日報《人民日報》竟然獲准發行最後一期，而且社論還表達了對於九三〇運動的支持。如同先前提過的，那篇十月二日的社論成了陸軍證明印尼共產黨涉入那場疑似政變的唯一書面證據。

為了消滅印尼共產黨與左派人士，陸軍也採用一種心理戰爭策略，幾乎可以確定升高了緊張狀況，並且提高了暴力發生的可能性，包括殺戮行動在內。在國內被視為對印尼共產黨及其附屬組織抱持同情的部分地區，陸軍部署了心理戰隊伍，在某些地方稱為心理資訊行動隊(Tim Penerangan Operasi Mental)，另外有些地方則稱為心理指揮行動隊(Tim Komando Operasi Mental)或灌輸隊(Tim Indoktrinasi)。[102]在峇里，這些隊伍到每一座村莊散播陸軍不許中立的致命訊息：任何人要是不反對印尼共產黨，就是支持該黨，沒有所謂的中間立場。一份報紙如此描述這項訊息：「他們強調只有兩種選項，一種是站在九三〇運動那一邊，另一種是支持政府粉碎九三〇運動。沒有保持中立這種事情。」[103]

陸軍軍官強調單是宣告效忠還不足夠。在峇里展開大規模殺戮之前幾天的一場官方典禮上，克蘭比坦(Kerambitan)的地區軍事指揮官向聽眾指出，陸軍需要「前印尼共產黨成員效忠印尼共和國與班查西拉的具體證據，因為寫書面聲明很容易；最重要的是真實的證據」。[104]在十月舉行於亞齊各地的一系列群眾集會當中，區域軍事指揮官朱阿爾薩准將也敦促當地居民動手殺印尼共產黨員，不然就會遭到懲罰。塔肯貢的一名目擊者回憶指出，朱阿爾薩向一群聽眾表示：「我會把他們連根拔除！你們要是在〔村裡〕發現印尼共產黨員，卻沒有殺了他們，那麼我們懲罰的對象就會是你們！」[105]由於這樣的語言，再加上一般人尋求自保的自然衝動，因此造成原本中立的人士加入攻擊印尼共產黨的行列，甚至還有該黨的前黨員也是如此。

這些心理戰行動很有可能受到勢力龐大的安復部所支持。這個部門由蘇哈托成立於一九六五年十月十日，並且受到他的直接指揮。從一開始，蘇哈托對於安復部的授權範圍就廣泛界定為包含軍事與政治領域，而且十二月頒布的一項總統命令也明白指稱該司令部有權「藉由**實體軍事和心理行動恢復政府的權威**」。[106] 一項陸軍命令概述了消滅印尼共產黨的策略，其中明白提及心理戰的使用：「九三〇運動不該得到任何鞏固機會，而應該以一切手段加以打擊，包括心理戰在內。」[107]

除了幾乎毫不掩飾的暴力威脅與煽動之外，這種語言最引人注目的地方，在於聽起來有多麼像是處於戰爭情況下的國家所使用的修辭。整個政治領域都被化約成善與惡、效忠者與叛徒，以及國家和其敵人之間的戰鬥。在這方面，我們也許可以再一次看見指導式民主與冷戰的修辭所留下的印記。不過，這還不是事情的全貌。這種語言之所以在程度與類型上都有所不同，原因是這種戰爭語言在這時是出自陸軍之口（這個團體不但近乎獨占了武力手段，也受過使用暴力的訓練），並且把目標對準數十萬名手無寸鐵的平民。這和學生集結而成的一群烏合之眾，一面憤怒譴責他們的政治敵人，一面揮舞著手寫標語，完全是不同的兩回事。軍隊一旦宣戰，尤其是針對其本身的平民人口，涉及的利害關係就遠遠嚴重得多，結果也無可避免地更具災難性。

宗教盟友

採用妖魔化、恐懼和戰爭的語言或者激發暴力，並不是陸軍的專利。宗教領袖、政黨高層以及其他反共團體，也都熱切接納以及重複使用那樣的語言。那種語言從宗教領袖口中說出來，尤其強而有力又深具煽動性，許多人聽起來必定也覺得極富說服力。

帶頭的是伊斯蘭教士聯合會，這個政黨從一開始就極力呼籲對印尼共產黨採取強硬行動。十月五日，該黨主張禁止印尼共產黨及其附屬組織，並且指示本身的分支委員會積極鼓吹這項目標。十月七日，伊斯蘭教士聯合會的報紙《社區大使報》發表了充滿挑釁性與煽動性的反共言論，一面召喚神，一面呼應陸軍的宣傳：「讓我們捍衛革命，並且為軍隊摧毀所謂的九三〇運動這項神聖任務提供協助……也不斷向神禱告，祈求我們正確的奮鬥能夠獲得祂的幫助與賜福。」[108]

十月八日，主要由穆斯林青年組織構成的一大批群眾舉行了一場集會，並在集會結束後攻擊印尼共產黨全國總部，大肆劫掠並且放火將其燒毀。過不了幾天，全國各地的穆斯林政治與宗教領袖，就開始以必定會激起其支持者採取行動乃至暴力的宗教意象和語言，來描述九三〇運動與印尼共產黨。他們的說法指出，殺害六名將領的那些人不只是叛徒，還是「無神論者」與「異端」，其邪惡的行為必須受到穆斯林的堅定回應。他們表示，伊斯蘭是一門和平的宗教，但是如果有人違逆這門宗教以及神，就絕對不能對他們留情。這時必須做的事情，就是對那些異端發動聖戰。

這些主題在伊斯蘭教士聯合會勢力中心的東爪哇引起強烈共鳴，還有在中爪哇部分地區也是如此。備受尊敬的穆斯林人物，像是奇阿依這種深受崇仰的伊斯蘭導師，都鼓勵年輕人加入打擊印尼共產黨的行動，並且為加入這種行動的參與者提供「靈性指引」。[109]那些青年男子要出發去襲擊印尼共產黨的村莊之時，都會高喊「真主至大！」[110]印尼共產黨所謂的無神論姿態，經常被援引為以最殘暴的方式殺害其黨員的正當理由。在東爪哇圖隆阿貢（Tulungagung）的佩塔（PETA）這所伊斯蘭習經院裡，身為奇阿依的阿卜杜勒・古福爾・穆斯塔欽（Abdul Ghofur Mustaqim）提出以下這段記述：

> 我曾經目睹一名十四歲的伊斯蘭習經院學生抓住一個喬裝成香菸小販的印尼共產黨員。那名學生知道那個共產黨員以前經常詆毀宗教／伊斯蘭教。因此，他一抓住那個人，就用刀猛割他的喉嚨，幾乎割斷了他的頭。那名學生全身都是血。[111]

靈性指引與祈禱也被用來解釋這類殺戮行為，以及為其賦予正當性。一名班薩指揮官回憶了在諫義里屠殺印尼共產黨員的一場行動，他的部下在整個過程中毫髮無傷。他說：「也許是因為他們獲得奇阿依的靈性訓練，所以班薩成員完全沒有任何傷亡。」[112]在另一則故事裡，一名奇阿依說明自己如何運用伊斯蘭教的力量，幫助他的學生打敗以及殺死具有強大靈性力量（sakti）的印尼共產黨員，他說那些黨員利用「黑魔法」把自己變得刀槍不入：「為了打敗那樣的人，我為我的學生提供加持過的藤條。讚美阿拉，藉著那些藤條，那些靈力強大的印尼共產黨員總算受到打敗，然後被殺了。」[113]

許多參與殺戮行動的人士所提出的陳述，都明白顯示宗教許可具有極大的重要性，不但驅使他們做出那些行為，也在事後為其賦予正當性。一所伊斯蘭習經院的一名過往成員，在東爪哇的諫義里和龐越（Probolinggo）參與了殺戮行動，他說自己把那些殺戮行為「視為個人的宗教義務……因為印尼共產黨要是獲勝，伊斯蘭教就會遭到摧毀。而且，我父母和奇阿依也都表達了贊同」。[114]東爪哇丹貝區（Tempeh）的一名安梭爾成員回憶指出，安梭爾與班薩成員在出外殺人之前，都會先參加由伊斯蘭教士聯合會領導人舉行的會議。他指出，在那些會議上，「宗教人物說殺死印尼共產黨員是聖戰的一種形式，而且『要是不先殺了他們，我們就會被殺』」。[115]東爪哇桑貝蘇可區（Sumbersuko）的一名班薩成員，承認自己殺了許多印尼共產黨囚犯。他後來回憶說，自己殺那些人的時候，都會想著一名伊斯蘭教士聯合會的宗教學者所說的話：「一個人如果不想把印尼共產黨員趕盡殺絕，就不是真正的穆斯林。」[116]東爪哇倫格區的一名前班薩領導人說道：「我覺得這場與印尼共產黨的衝突，不只是因為意識形態上的分歧，而是一場聖戰。……他們攻擊了我們的信仰。」[117]

不過，不是只有穆斯林教士和政黨領袖會使用宗教語言和符號鼓勵殺戮行為，並且為其賦予正當性。印度教、新教與天主教的領導人物，也都散播類似的訊息。峇里的宗教權威人士，包括婆羅門祭司（pedanda）、在俗教士（pemangku）以及占卜者（balian）在內，都能夠煽動對於印尼共產黨的憤慨，從而促成暴力。宗教領袖一再以印尼共產黨「反宗教」為由，而為殺戮共產黨員賦予正當性。他們這樣的做法雖然有時是出自真心的宗教信念，但經常也是因為狹隘的政治理由。唐納．柯克（Donald Kirk）引述一名教士的說法：「我們的宗教教導我們不能殺人或傷害人……但我們覺得必須消滅那些想要侮辱神的人。」[118] 宗教符號和許可也使用在其他方式上。峇里的一名前政治犯回憶指出，在他的村莊裡，印尼共產黨及其群眾組織的成員被召集到主要廟宇，被迫說出這項誓言：「我詛咒共產黨的行為，也不想再保有黨員身分。」不過，他們卻沒有因此獲得寬貸，那道誓言反倒被當成他們有罪的「證據」，而成為羈押以及處死他們的根據。[119]

峇里的政黨，尤其是印尼國民黨，也鼓吹同樣的想法，指稱攻擊印尼共產黨行動是聖戰。[120] 印尼國民黨的一名峇里成員在一九六七年寫道：「殺死印尼共產黨員及其同情人士，在殺人者本身的眼中看來並不是犯罪或者政治行為。如果問峇里人為什麼參與殺戮行動，必定都只會得到相同的答案：為了履行淨化國土的宗教義務。」[121] 不過，這種想法不是峇里印度教神學自然產生的結果，而是由宗教與政治領袖編造出來，並且加以散播的一種詮釋。因此，像是艾達．

巴格斯·歐卡博士（Ida Bagus Oka）這名受過教育而且後來成為峇里省長的高種姓人物，就在峇里的一場集會上發言指出：「我們革命的敵人，無疑也是宗教最殘酷的敵人，因此必須徹底消滅、連根拔除。」[122]

基督教的宗教領袖也對恐懼和仇恨火上加油。瑞典大使艾鐸斯坦針對自己在一九六六年四月造訪望加錫的旅程所提出的報告裡，講述了自己在那裡遇見當地新教主教的經過，並且把對方描述為「一個討人喜歡的印尼人，年約三十五歲」。

他在望加錫的會眾約有一萬人，我獲邀參與了一場禮拜。……他們充滿熱情地頌唱了聖詩，但那場禮拜的重點是長達一個小時的講道。我聽到牧師一再提及共產主義者與格殺等字眼，於是我在禮拜結束後忍不住向主教問道：談論和解、原諒與和平不是比較合乎基督教信仰嗎？他有點窘迫地答道，現在的標準做法是在所有的講道與公開演說裡譴責共產主義者，並且接著指出：「反正國內這個地方也已經沒有共產主義者了。」[123]

在弗洛勒斯這座絕大多數居民都是天主教徒的島嶼上，教會領袖不只未能保護教區的信徒免於遭到逮捕與殺害，而且還積極利用自己可觀的宗教權威，讚揚陸軍打擊印尼共產黨的行動，也鼓勵天主教徒參與其中。在一九六五年十二月初寫於羅馬的一封牧函裡，恩德大主教加布里埃．馬內克（Gabriel Manek）稱許陸軍打敗共產主義，並且呼籲所有天主教徒協助政府「清洗」國土。

讓我們向全在全能的神獻上無盡的讚美與感謝，因為祂打敗了共產主義者的殘酷目標。也要向我們的軍隊所抱持的警惕，獻上大量的讚美與感謝，因為他們拯救了我們的祖國免於一場如此可怕的災難。……讚美以及感謝神沒有容許全國各地的天主教落入國家與宗教的敵人手中。……不論你屬於哪個天主教組織，我們都懇求你盡力協助我們的政府，盡力協助清洗國土上的革命敵人，清洗那些以九三〇運動背叛國家的人物。藉由這樣的請求，我敦促全國各地的各位以最慷慨的心胸，還有我們天主教徒本身的方式提供協助。讓我們藉著支持清洗行動繼續捍衛人道原則，以及天主教當中愛的原則。[124]

兩個月後，天主教黨與那個地區的天主教青年組織，熱切加入陸軍一場清洗行動的行列，在大約六個星期的時間裡，殺害了兩千名左右的疑似共產黨員。在那場屠殺當中，大主教又向其教區的信徒與神職人員發布第二封信，再度讚美神與陸軍根除「蛇毒」，並且向天主教徒指稱他們有義務支持清洗與「滅絕」的行動：

從去年的事件，我們可以懷著由衷的感謝斷定，神對我們民族與國家的愛極其深厚。……除此之外，不論我們喜不喜歡，我們都必須把注意力聚焦於目前正在執行並且達到高峰的清洗行動。感謝神，那項原本廣泛散播於社會裡的蛇毒，現在已受到根除以及消滅。這項由一個遭到危險元素威脅的民族所從事的滅絕行動，只不過是我們保護自己的義務而已。125

簡言之，政治與宗教領袖對於文化與宗教符號的操弄，對於殺戮的動態具有關鍵重要性。印尼共產黨雖然確實在某些面向反傳統信仰，卻不是不證自明地奉行無神論，也沒有採取這樣的正式立場，而且該黨的黨員也沒有犯下任何罪行。這些關於印尼共產黨的本質與罪責的觀點，都必須經由培植而成，也確實受到這樣的培植而成為集體行動的基礎。此外，面對印尼共產黨所謂的罪責，認為最好的解決方法就是大規模殺戮的這種觀點，也不是從伊斯蘭教、印度教、新教或天主教的戒律當中自然產生出來的結果，而是源自印尼陸軍領導層。所有這些觀點都受到刻意散播，並且由不擇手段想要看到印尼共產黨滅絕的政黨與宗教領袖提供助力。

一九六五至六六年的大規模殺戮，並非如新秩序政權及其後繼政權一向堅稱的那樣，是大眾對於印尼共產黨背叛國家的行為所產生的自發性反應，而其實是陸軍本身推動而成的結果。所謂十月的政治危機應該藉著訴諸暴力而加以解決，也確實能夠藉此獲得解決，這種想法乃是來自於蘇哈托少將主導下的陸軍領導層，而且他們也提供了實現這種想法的手段。陸軍的區域部隊以及菁英傘兵突擊隊帶頭執行清洗行動，而造成印尼共產黨及其附屬組織的成員遭到羈押、毆打以及殺害。陸軍為那些行動提供了必要的後勤裝備與組織骨幹，並且動員、訓練以及武裝了數萬名年輕人（也許是數十萬），讓他們效力於在全國各地羈押以及殺害共產黨員的民兵團體與行刑隊。陸軍引領了把印尼共產黨及其成員呈現為無神論者、叛徒、惡魔、野蠻人、妓女和恐怖分子的醜化活動，從而為殺害數以千計無辜平民的行為，提供動機並且加以合理化。陸軍以高超而且肆無忌憚的手法，利用大眾媒體達成這些目標，也很可能創造了印尼共產黨有罪的虛假書面證據。此外，陸軍還採用戰爭的語言，刻意營造出一種非友即敵的環境，但其中的暴力純粹是由握有武器者施加在手無寸鐵的人士身上。

陸軍在這方面當然有其盟友，而其中最熱切的就是抱持反共立場的宗教與政治領袖，藉著指涉存在已久的宗教與文化歧異而煽動仇恨與暴力的火焰。如同下一章將會探討的，這種暴力也受到冷戰的國際環境，以及關鍵外國強權的作為與不作為所助長。不過，如果沒有陸軍策劃的這項把印尼共產黨抹上邪惡色彩的行動，如果沒有刻意做出摧毀印尼共產黨的決定，又如果沒有為了落實此一決定而動員陸軍強大的組織與後勤能力，那些存在已久的緊張關係或者外部影響，顯然不太可能會引發規模與殘暴程度如此驚人的暴力。

第七章——〈亞洲出現的一縷光明〉

印尼的情勢發展看來頗為令人鼓舞。穆斯林在昨晚放火燒毀了雅加達的印尼共產黨總部，而且看來正在全國各地打擊共產黨員。……這是陸軍首度不聽從蘇卡諾的命令。如果這樣的情形持續下去，而把印尼共產黨清除殆盡……印尼將會迎來一個新時代。

——美國國務次卿喬治．鮑爾，一九六五年十月八日

美國和其他西方國家都堅決否認，自己對於一九六五年十月一日那場疑似政變之後的駭人暴力負有任何責任。這些國家堅稱那場暴力事件是國內政治勢力的產物，外部強權根本無力加以影響。[1]這個說法並不真實。現在已有明確的證據顯示，在那場疑似政變之後的關鍵六個月裡，西方強權鼓勵了陸軍採取強力行動對付左派，促成包括大規模殺戮在內的廣泛暴力，並且協助鞏固陸軍的政治權力。藉著這麼做，它們於是協助造成印尼共產黨及其附屬組織在政治以及實體上遭到摧毀、蘇卡諾及其親信的政治權力遭到剝奪、由蘇哈托將軍領導的陸軍菁英取而

代之，也造成印尼對西方及其倡導的資本主義模式所採取的外交政策出現巨大變化。[2]澳洲總理哈洛．荷特（Harold Holt）在一九六六年七月對紐約市的澳美協會發表演說，而在其中開玩笑指出：「在總共有五十萬到一百萬個共產主義支持者被幹掉的情況下，我想我們應該可以認定已經出現了轉向。」[3]

這齣戲的核心要角是美國與英國，但關鍵盟友和區域夥伴也提供了有力的支持，前者包括澳洲、德國與紐西蘭，後者則是以馬來西亞、泰國與日本為主。有些外國官員雖然對印尼共產黨是否確實有罪抱持懷疑，並且私下討論了那些殺戮的範圍之廣以及殘暴程度之高，但是卻沒有哪個國家的政府對於那些暴力或是陸軍的奪權表達反對。此外，即便在冷戰的環境下，就算是蘇聯及其共產主義集團的成員國，也對那些暴力採取被動與沉默的姿態，並且很快就接受了新的軍事政權。只有中國算得上是對那些暴力與陸軍的奪權真正表達了關切與批評，還有瑞典也在遠遠比較小的規模上表達了同樣的異議。

外國強權的協同行動帶有三個主要元素。第一個是暗中向陸軍領導層保證提供政治支持，以及不干預印尼的國內事務。這些保證的用意，就是要鼓勵陸軍對左派採取強硬行動，也相當於對後續的暴力開了綠燈。第二個元素是一項細膩的心理戰行動，目的在於抹黑印尼共產黨與蘇卡諾，並且在印尼國內與國外激起反對他們的聲浪。在那場疑似政變後短短幾天內即告展開的這項行動，散播了富有煽動性與誤導性的資訊，其中許多都是來自於陸軍的宣傳，內容鼓勵廣泛的暴力行動，並且壓抑批評或質疑的聲音。第三個元素是一項精心策劃的物資援助方案，向陸軍供應稻米、棉花、通訊器材、醫療用品、現金，可能也包括武器，從而為陸軍打擊印尼共產黨與蘇卡諾的行動提供助力，實際上也等於是加以獎勵。西方強權，尤其是美國與英國，就因為採取所有這些做法，而必須為那些在今天會被稱為危害人類罪的行為負起部分責任。

鼓勵陸軍

西方官員很快就意識到，十月一日的失敗「政變」，為消滅印尼共產黨以及把蘇卡諾趕下臺提供了一個絕佳的機會，而且也決心利用這個機會。為了達到此一目標，他們隨即接受陸軍的計畫，也就是把那六名將領遭到殺害歸咎於印尼共產黨，並且把這項不盡可信的說法，當成對左派發動全面攻擊的藉口。另一方面，他們也知道自己公開支持陸軍只會造成反效果，於是從一開始就決定任何援助都必須祕密提供。

打定主意之後，他們找上了陸軍領導人以及其他反共團體，而與這些對象保持祕密聯絡，同時對蘇卡諾總統及其內閣則是極力避免聯繫。此外，他們也與自己的盟友密切協調，暗中向陸軍保證將會支持對方「處理」印尼共產黨的行動，並且保持不干預的立場。在所有這些做法當中，相關國家的政府對於大規模逮捕、掃蕩與殺戮的情形出現愈來愈多深富可信度的報導，都展現了漠不關心的態度。實際上，隨著陸軍藉由暴力行動證明其「決心」，更是因此鞏固了西方的支持。

保證與沉默

在那場疑似政變之後的幾天到幾個星期的時間裡，美國高階官員對於打擊印尼共產黨及其附屬組織的行動，都以熱切的態度提出報告。[4]舉例而言，在一九六五年十月八日的一通電話當中，國務次卿鮑爾向副總統表示：

印尼的情勢發展看來頗為令人鼓舞。穆斯林在昨晚放火燒毀了雅加達的印尼共產黨總部，而且看來正在全國各地打擊共產黨員。……這是陸軍首度不聽從蘇卡諾的命令。如果這樣的情形持續下去，而把印尼共產黨清除殆盡……印尼將會迎來一個新時代。[5]

在這個階段，如果說美國官員懷有任何擔憂，也是擔心他們的印尼陸軍朋友對於印尼共產黨與蘇卡諾所採取的行動，可能會不夠迅速或是不夠強硬。在十月五日一份呈給白宮的備忘錄裡，中情局指出：「根據雅加達的美國大使館估計，印尼陸軍如果要把握機會打擊印尼共產黨，現在就必須趕緊採取行動。」[6]詹森政府的印尼工作小組提及印尼陸軍在所有的報紙當中刊登了那些遭害將領的血腥照片之後，評論指出：「主要的問題是陸軍會不會善用那些將領的死所激起的情緒，而藉機與印尼共產黨攤牌。」[7] 在兩天後的十月七日，中情局寫道：「美國大使館評論指出，陸軍恐怕會自我設限，只對直接涉入謀害將領的人士採取行動，而任由蘇卡諾取回他大部分的權力。」[8] 換句話說，大使館官員偏好對印尼共產黨員採取廣泛的恣意攻擊，而不是只對實際上可能犯下罪行的人士採取針對性的警察行動。中情局將此一訊息傳達給了最高當局，包括詹森總統在內；而且就文件紀錄看來，這樣的訊息也從來不曾受到質疑或反對。

為了確保粉碎印尼共產黨以及把蘇卡諾趕下臺的機會不會遭到浪費，美國於是向陸軍領導層保證其支持不變，並且鼓勵對方採取更強硬的行動。為了達成此一目標，美國官員在那場疑似政變之後，幾乎立刻就找上了關鍵的反蘇卡諾軍官，並且與他們保持密切聯繫。除了針對陸軍的計畫蒐集資訊以外，這些聯繫的目的在於讓陸軍能夠對美國的政治、經濟和軍事支持感到安心。美國大使格林向華府拍發電報，提議由他「向納蘇蒂安與蘇哈托等陸軍裡的關鍵人物明白表示，我們希望盡可能提供協助的意願」。[9]

核心的問題是怎麼在表面上看不出來的情況下支持陸軍。這個問題有兩個層面：陸軍如果被人發現受到美國及其盟友支持，就會輕易成為蘇卡諾與左派人士的批評目標，而這樣的批評將有可能大幅削弱陸軍的政治地位，以及在大眾心目中的正當性。此外，陸軍領導層必須考慮陸軍內部的士兵和軍官團當中，仍然殘存了對於蘇卡諾（以及印尼共產黨）的強烈支持。如果有任何徵象顯示蘇哈托與納蘇蒂安為了打垮蘇卡諾或甚至是印尼共產黨，而與外部強權合作，就很有可能會在陸軍內部引起反彈、造成蘇卡諾的地位復甦，或是導致他們兩人被其他軍官取而代之。

這些考量很快就帶來一項結論，認為如果要讓陸軍獲得的效益達到最大化，任何來自美國（以及其盟友）的支持就都必須暗中提供。一九六五年十月十四日，美國大使館概述了此一立場的道理：

> 我們必須謹慎行事的主要原因是，我們如果公開支持陸軍，反而會對它們造成阻礙，至少在蘇卡諾仍是國家與政府領導者的情況下是如此。……面對這樣的情境，我們為陸軍所做的一切顯然都必須非常低調或是暗中進行。在那樣的限制下，就每件個案而言，我認為我們可以：(A)從事展現我們真實本質的善行。……(B)從事可為印尼帶來整體幫助的行為，藉此間接提供協助，例如執行四八〇號公法第三章的為福利機構援助糧食。……(C)設法針對我們的支持向陸軍提供保證，以免它們心懷疑慮，就像它們對於「對抗」運動感到的擔憂。……(D)藉著在此處以及其他地方保持沉默以協助陸軍。[10]

簡言之，表面上雖然看來沒有外國涉入，但這其實是刻意造成的假象。這種沉默政策絕非不為陸軍及其盟友提供協助與支持，而只是要求支持必須以嚴格保密的方式提供。如同國務院在一九六六年中所寫的：「直到三月底，我們對於印尼的情勢發展所採取的主要政策都是沉默。……這項政策在目前就整體而言仍然可行，尤其是在權力轉移伴隨了全面殺戮的情況下。……在維繫這種公開立場的同時，我們在私下也始終明白表示，願意在適當時機開始提供有限的實質貢獻，藉以協助新的領導人立穩腳跟。」[11]就是在這樣的沉默下，陸軍才得以對左派發起暴力行動，而毫不擔憂引來批評或質疑。

除了廣泛表達支持以及採行刻意保持沉默的政策之外，美國及其盟友也討論了還可以採取什麼做法，鼓勵陸軍對左派與蘇卡諾採取更強硬的行為。在那場疑似政變才過了兩個星期之後，美國與英國就決定採取一項聯合策略，亦即暗中向蘇哈托與納蘇蒂安將軍提出保證，指稱在陸軍執行處理印尼共產黨的「必要工作」之時，美、英兩國絕對不會加以干預。

這項計畫由英國大使吉爾開斯特提議於那場疑似政變發生後的不到一個星期，而隨即獲得駐新加坡的英國遠東總司令政治顧問辦公室所接受。在一份拍發給外交部的電報裡，政治顧問辦公室對該項計畫表示同意，指稱「我們應該傳話給那些將領，讓他們知道我們不會在他們追捕印尼共產黨的時候攻擊他們」，以便「確保陸軍對於執行我們所認為的必要工作不會有所顧忌」。[12]這些考慮為美、英兩國在那場疑似政變之後才兩個星期所從事的一項關鍵聯合干預奠定了基礎。國務院在十月十三日向美國駐倫敦大使館拍發的一份電報，概述了這項計畫的內容：

一、你們已經聽取過簡報〔文字受到刪除〕，關於向印尼方面保證我們與英國不會在陸軍和印尼共產黨鬥爭之際，攻擊它們或是占取任何便宜。二、本部（柏格）在今天與英國大使館（特倫奇）檢視了這項主題，指出我們認為最有效的做法，就是以一般性的言詞針對我們的意圖向印尼人私下提供正式保證……接著把我們將會透過適當管道傳達給印尼方面的以下這段文字交給他。……「我們希望向各位保證，我們無意干涉印尼事務，不論直接或間接。第二，我們有充分理由相信我們的盟友都無意對印尼採取任何攻擊行動。」[13]

國務院接著又向雅加達的美國大使館拍發另一份電報，指稱那項訊息的內容經過些微修改之後已獲得核可：「你們可以透過〔美國駐外武官伊瑟〕傳達這項訊息，而他也可以明白表示這項訊息來自華府，但不能以書面方式提供。鑒於其重要性，你們也許會想要透過其他安全管道向納蘇蒂安以及其他軍方領袖重申這項訊息。」[14]第二天，大使館以明顯可見的滿意姿態回報指出：

伊瑟上校在今天向納蘇蒂安的助理傳達了我們的口頭訊息。……那名助理把內容記在一張紙上，說他會在一個小時內交給納蘇蒂安。他說，這項保證正切合需求，這樣我們（陸軍）才能確定自己在處理這裡的問題之時，不會遭到來自四面八方的圍攻。[15]

直接傳達給納蘇蒂安將軍的這項不予干預的祕密承諾，代表了一項關鍵保證，表示陸軍獲得兩個強國的政治支持：美國與英國無疑都明白這一點，而且這無疑也正是它們的意圖所在。這項訊息實際上等於是對陸軍開了一個大大的綠燈，同意它們繼續推展甚至進一步加強打擊左派的暴力行動。

縱容暴力

到了一九六五年十月底，西方官員已開始對陸軍摧毀印尼共產黨的決心表達比較大的信心。此一信心在十一月似乎更加成長，原因是一場大型暴力行動明顯可見已經展開，但有些人仍然擔憂陸軍可能不會願意藉著推翻蘇卡諾而徹底完成這項工作。陸軍終於在一九六六年三月中奪取權力之後，西方官員盛讚蘇哈托的用兵技巧，能夠以「有限的部隊」獲得勝利。在這關鍵的六個月裡，蘇哈托藉著廣泛殺戮而策劃奪權的過程中，沒有一個西方政府對那些犯下殺戮行為的個人與機構提出任何一句批評（包括在事後也是如此）。恰恰相反，它們從頭到尾都採取縱容的態度，而且還加以鼓勵。

十月二十日，在傘特團於中爪哇展開恐怖統治的兩天後，格林大使在一份拍發給國務院的電報裡報告指出，陸軍正在「努力摧毀印尼共產黨，我對於它們執行這項關鍵任務的決心與組織愈來愈感敬重」。[16] 一個星期後，大使館在十月二十八日以贊同的姿態報告指出：「截至目前為止，陸軍的表現遠勝過預期。儘管總統一再公開表達希望攻擊行動能夠停止，陸軍卻還是發動了對於印尼共產黨的攻擊。整體而言，我們相信陸軍領導高層打算繼續違背總統的希望，以便徹底清除共產黨員及其盟友（包括蘇班卓在內）。」[17]

到了十一月，西方大使館的報告已經提及「分布極為廣泛的殺戮」、「屠殺」以及「屠戮」，並且精確描述了陸軍在此一暴力當中所扮演的關鍵角色。不過，大使館官員特地強調他們的政府支持陸軍的壓制性行動。因此，美國大使館的副館長法蘭西斯·加爾布雷斯（Francis J. Galbraith）在一份報告當中概述了中爪哇受到陸軍支持的系統性肅清、逮捕與殺戮行動之後，即在結尾指稱他已「（向一名陸軍高階軍官）明白表示，大使館與美國政府整體而言贊同並且欣賞陸軍的做法」。[18] 這份報告經過複印而送交給白宮、中情局、國家安全委員會以及美國新聞處，但沒有任何紀錄顯示其中表達的立場受到反對。

到了一九六六年初，西方官員已完全明白暴力行動的非凡規模。一月，加拿大當局得到備受敬重的印尼駐渥太華大使告知，到了那時很可能已有多達五十萬人遭到殺害。[19] 二月中，英國與澳洲的大使館斷定遭害的人數可能遠高過四十萬人。英國大使吉爾開斯特在一九六六年二月二十三日拍發給外交部的一份機密電報裡提報了這項結論。[20] 這項結論是基於瑞典大使艾鐸斯坦向他提供的記述，因為艾鐸斯坦剛與愛立信印尼分公司的瑞典領導人及其印尼妻子走訪了中爪哇與東爪哇。「大使在離開前和我討論了殺戮情形，」吉爾開斯特寫道：「他覺得我提出的四十萬人死亡這個數字令人難以置信。經過他的探詢之後，他認為這個數字是極為嚴重的低估。」吉爾開斯特與美國大使格林分享了這項資訊，然後格林即向華府拍發電報說明指出：「英國大使向我告知，他的大使館與澳洲人從事的計算一致認為，九三〇運動帶來的後果造成四十萬人左右遭到殺害……但瑞典大使認定全國四十萬人的數字『遠遠太過保守』。」[21] 西方大使館官員也知道那些殺戮「要不是由陸軍直接行使，就是……由武力強大的團體……在陸軍的支持下為之」，而且那些殺戮是在「極度殘暴的情況下受到行使」，必定引起了「廣大的怨恨與失望」。[22] 在這樣的情況下，那些官員對於殺戮情形竟然沒有表達任何抗議與關切（唯一的例外是瑞典大使），也就頗為引人注意。

此外，在不久之後，同樣的這群官員更是把蘇哈托在三月十一日推翻蘇卡諾的做法讚揚為「合憲」而且「完全沒有流血」，彷彿這項做法和先前發生並且截至此時在國內部分地區仍未結束的暴力絲毫無關。舉例而言，在一九六六年三月十八日向外交部拍發的一份電報裡，吉爾開斯特就盛讚了蘇哈托的成就。他贊成一名同事的說法，認為蘇哈托擁有「巴頓的勇氣和蒙哥馬利的智慧」，並以真誠的語氣指出：「在這個隨著政府更迭而出現暴力和失序狀態的現象已經令人習以為常的世界裡，蘇哈托的奪權必定是個極為罕見的例子，能夠以巧妙又合憲的方式全面肅清政府。」[23]同樣的，在一份寫於一九六六年四月初的政治評估裡，美國大使館官員愛德華·馬斯特斯（Edward Masters）也完全沒有提及那些暴力，而是指稱「有限的政治勢力」成功把蘇卡諾驅趕下臺，採取「一種爪哇人獨有的迂迴方式，不但幾無造成傷亡，也保全了國家的統一」。[24]

西方強權的漠不關心，以及它們因此縱容並且唆使的暴力，也受到關鍵國際組織的沉默所助長，尤其是聯合國。聯合國之所以保持沉默的一個可能原因是，印尼在一九六五年一月於憤怒之下退出聯合國，從而降低了聯合國各成員國以及審議機構表達關切的熱忱。另一個更有可能的原因，則是西方國家及其區域盟友認為印尼的情勢發展大體上合乎它們的利益，因此不覺得在聯合國針對此一發展提出質疑有任何好處。不論有意還是無意，聯合國對於一九六五至六六年的反左派暴力保持沉默的態度，可以說是為那些暴力的擴散提供了更大的道德與政治空間。此一影響又受到另一項因素所加劇，亦即一九六五年那時欠缺任何強大的國際人權組織與網絡，原因是這類組織必須等到一九七〇年代晚期與一九八〇年代才會崛起。舉例而言，國際特赦組織雖在一九六三年就已成立，卻是過了十年才獲得足夠的影響力和聲譽乃至基本的研究能力，而能夠在不僅是少數幾個知名的問題地區因應人權危機。

懷疑人士與批評者

值得強調的是，默許、暗中支持以及沉默，絕不是對陸軍的奪權以及後續的單邊暴力所唯一能夠採取的反應。實際上，不是所有的國家和組織都那麼輕易信服印尼共產黨必須為那場疑似政變負起責任。此外，廣泛暴力是不是對危機的適當反應，以及陸軍的統治是否代表最好的結果，也都沒有一致的觀點。舉例而言，荷蘭、澳洲乃至部分的英國官員，都對印尼共產黨的罪責以及陸軍的可靠性表示懷疑，而瑞典的大使則是對打擊左派人士的暴力行動表達了嚴重關切。蘇聯也提出了些微的批評。不過，最強烈的公開批評來自於中國。中國不但譴責對於印尼共產黨及其附屬組織還有中國公民所發動的攻擊，也對尋求逃避暴力的印尼左派人士敞開歡迎的大門。[25]

面對陸軍聲稱印尼共產黨是九三〇運動罪魁禍首的說法，以及藉由支持陸軍作為解決方案這種做法的明智性，最早表達疑慮的是荷蘭政府官員。根據十月七日的一份英國電報，荷蘭駐北約代表認為「共產黨不太有可能發動了那場政變」。[26]海牙的一名荷蘭官員（魯克梅克〔Rookmaker〕）向那裡的英國大使表示，他對於印尼共產黨或者蘇卡諾是那場疑似政變背後的主使者感到懷疑，也對印尼陸軍領導層抱持強烈的保留態度。「魯克梅克向我強調指出，」英國大使寫道：「把那些將領視為正義之士，只要他們壓制了共產主義就能夠撥亂反正，這種想法是嚴重的錯誤。他們有些人極為腐敗，一點都不適合擔任大眾領導人。」[27]

也許有些令人意外的是，澳洲的外務部也在初期就對印尼共產黨與蘇卡諾是否負有殺害那六名將領的罪責提出了懷疑。外務部在十月十四日拍發一份電報給該國駐倫敦的高級專員公署，指稱蘇卡諾雖然可能事先對那項陰謀稍微知情，但我們「對於他是否有可能會縱容謀殺行為抱持懷疑態度」。外務部對於認定印尼共產黨在那場疑似政變當中扮演了中心角色的觀點，也認為應該謹慎看待：「印尼共產黨的人員確實參與了十月一日的事件，但該黨不太可能主導那項行動。印尼共產黨看來似乎是打算利用一項他們知曉但並非由他們造就的情勢。」[28]

即便是部分英國官員，也對美國想要立刻與陸軍合作的熱切態度抱持疑慮——主要是因為他們對於印尼抗拒馬來西亞的「對抗」運動仍然感到擔憂。舉例而言，官員在倫敦從事的一項交談，就透露了他們對於未來出現一個將會獲得美國提供大量經濟和軍事支援的印尼政權所感到的焦慮。「無可否認，一個強大的軍事政權確實勝於一個共產政權。不過，一個沒有對馬來西亞取消『對抗』運動的強大軍事政權，對於我們而言將會非常彆扭，甚至可能比政變前的蘇卡諾政權還糟。」[29] 此外，外交部在發給其北約代表團一名成員的一封信裡，也明白表示不認同美國認為印尼的狀況幾乎完全是其國內事務的觀點：「不幸的是，有些美國人傾向於完全把目光聚焦在國內的權力鬥爭，而不理會『對抗』運動的重要性。」外交部建議這名成員如此告知他的北約同僚：「看待『對抗』運動的態度仍然是我們判別不同印尼黨派的標準。」[30]

中立的中等強權也表達反對意見，尤其是瑞典大使艾鐸斯坦。他在一九六六年上半年走訪爪哇、北蘇門答臘與蘇拉威西，親自調查殺戮情形，而撼動了雅加達那種草率的外交共識；其他大使都遠遠做不到像他這樣的舉動。[31]除了提出那項令人震驚的結論，指稱四十萬人被殺的數字應是嚴重低估之外，他的報告也對印尼陸軍的行為表達了明確的擔憂乃至憎惡，而和其他大使館提出的報告形成鮮明對比。舉例而言，在一份日期標注為一九六六年五月十三日的報告裡，他把印尼的事件明白比擬為發生在納粹德國的場景。「這裡的狀況，」他寫道：「不禁令人回想起納粹德國的猶太人在一九三〇年代遭到的迫害，以及伊斯坦堡的希臘少數族群在一九五五至一九六五年間的遭遇。」[32]

蘇聯及其共產主義集團的夥伴，對於十月一日的事件或是後續對於左派的壓迫，都沒有立刻做出回應。[33]這樣的猶豫有一部分是中蘇決裂造成的結果，因為此一決裂促使蘇聯認定印尼共產黨與蘇卡諾在中國的影響之下確實主導了那場疑似政變，所以就某方面而言的確是罪有應得。[34]這樣的猶豫還有另一部分則是反映了一項擔憂，亦即採取錯誤的舉動可能會導致蘇聯無法收回十億美元的債務，並且把印尼更加推向西方。[35]不過，蘇聯官員終究還是譴責了那些殺戮行為。舉例而言，有一項說法指稱蘇聯駐雅加達大使針對左派人士遭到的迫害，而向納蘇蒂安將軍提出抗議。後來屠殺行動在一九六五年十一月正式展開之後，蘇聯外交部長阿納斯塔斯·米高揚（Anastas Mikoyan）據說提出了正式關切，稱之為「白色恐怖」。[36]儘管有這樣的批評，蘇聯及其盟友最終卻還是接受了新的軍事政權。

也許不令人意外的是，對於陸軍在十月一日之後採取的行動所提出最尖銳的批評，乃是來自於中華人民共和國。舉例而言，駐雅加達的外交官提及中國大使館在那六名將領的葬禮當天並沒有降半旗。後來中國官方又進一步加強抗議與譴責的力道，原因是示威群眾開始把目標轉向中國的機構與個人，而導致一所華人大學遭到放火，以及中國商務參贊的總部在十月中旬遭到保安部隊攻擊。[37]中國針對那項攻擊提出正式抗議，指控攻擊者是先前毆打了一名商務專員，並且在其辦公場所搜查文件的「印尼部隊」。這份抗議函要求印尼方面道歉、懲罰「肇事者及其煽動者」，並且保證未來不會再發生類似事件。[38]在接下來的幾個星期裡，北京廣播電臺與《人民日報》針對「印尼的事件發布了愈來愈多的尖銳抗議、要求以及評價」。[39]十月底，《人民日報》據說指稱九三〇運動是為了反制「中情局策劃的一項顛覆行動」。[40]一九六六年初，在反共學生與陸軍對中國大使館發動一場攻擊之後，中國的批評力道也隨之達到新高。印尼陸軍的回應，則是指控中國推行「黃色新帝國主義」。[41]中國的抗議雖然通常聚焦於印尼對待中國公民或者華裔印尼人的方式，但也為十月一日之後滯留於中國或者到中國尋求保護的四千五百名左右的印尼左派人士提供庇護。[42]一九六七年，這兩國斷絕了外交關係。

最後，國際組織和運動其實發起了不少重要的抗議與活動，只是在主流媒體上極少受到注意。凱瑟琳·麥格雷戈（Katharine McGregor）稱之為「反抗社群」，其中包括以下這些組織：亞非人民團結組織，成員涵蓋了在一九六五年之後流亡海外的部分印尼左派人士；與印尼關係密切的荷蘭社會主義女性所組成的一個網絡;位於荷蘭的印尼委員會;國際勞工組織;以及國際特赦組織。[43]除了國際特赦組織以外,這些組織都與國際社會主義網絡有所關聯,因此它們的批評傾向於反映左派的政治與經濟關注,而不是強調一般性的人權侵害。同樣的,左派國際媒體不只批評大規模殺戮與羈押,也批評新政權的經濟政策與政治方向。舉例而言,法國共產主義日報《人道報》(*L'Humanité*)就一再批評陸軍的政治立場,並且為印尼左派辯護。[44]不過,由於種種原因,這些批評的聲音卻遭到支持陸軍的穩定聲浪所淹沒,而從來不曾真正有機會減緩或者逆轉不斷進逼左派的行動。

心理戰

批評者與懷疑人士的聲音之所以不容易被人聽到,其中一個原因是資訊的扭曲,也就是英、美兩國的政府機構與它們的印尼陸軍朋友策劃了一場巧妙的國際宣傳與心理戰行動,而扭曲了關於那場疑似政變以及後續暴力的資訊。這項在十月一日的事件過後不到幾天就隨即展開的行動,其目的相當明確,就是「抹黑」印尼共產黨與蘇卡諾、強化陸軍的政治地位,以及促使蘇卡諾下臺。透過這項行動,英、美兩國的相關當局及其盟友(包括澳洲、德國、馬來西亞以及其他國家)有效鼓勵了相當於危害人類罪的廣泛暴力,同時也降低國際社會對於此一暴力的受害者所感到的同情,因此也就不會採取行動支持他們。

「抹黑印尼共產黨」

針對十月一日究竟發生了什麼事，以及誰該為此負起責任，雖然就連西方國家也懷有深切的懷疑，但英、美兩國的官員卻毫不遲疑地把握住這個機會，把情勢轉為對印尼共產黨與蘇卡諾不利。[45]英國的遠東總司令政治顧問辦公室在十月五日呈遞給外交部的一份備忘錄，以令人欽佩的清晰言詞說明了這種想法與策略：

> 看著印尼共產黨恢復影響力並且為將來具備奪權實力的狀態做好準備，並不合乎我們的利益。我主張我們不該錯失當前這個機會，並且要善加利用此一狀況。……我建議我們應當果斷採取一切可行的祕密行為，設法抹黑印尼共產黨在陸軍和印尼人民眼中的形象。……遠東總司令已向國防參謀長報告過了這一點。[46]

外交部在十月六日的回覆當中完全支持「以無可溯源的宣傳或心理戰活動永久削弱印尼共產黨」這項提議，並且針對「合適的宣傳主題」提出了若干具體建議，包括「印尼共產黨謀害將領與納蘇蒂安女兒的殘暴行為；中國對特定武器供應進行干預；印尼共產黨以外國共產勢力使者的身分顛覆印尼；艾地及其他著名共產黨員前往現場的事實；翁東與印尼共產黨差點綁架了蘇卡諾；如此等等」。這份備忘錄也強調，這項行動的執行必須極度謹慎並且嚴格保密，另外還提供以下這些具體指引：

我們要趁印尼人仍然暈頭轉向的時候迅速採取行動，但做法必須細膩，例如：

(a)所有活動絕對都必須無法溯源；
(b)英國的參與或合作應該受到仔細掩飾；
(c)我們應該盡可能與馬來西亞密切合作；
(d)一切材料最好都應該看似源自巴基斯坦或菲律賓；
(e)馬來西亞與英國在表面上都應該維持全然無意干預的態度。[47]

就在同一個時間，美國官員也正在策劃幾乎完全相同的心理戰計畫。舉例而言，大使館在十月三日拍發給華府的一份電報就建議指出，《美國之音》對於那場疑似政變的報導應該「在目前先暫時謹守事實」，但同時也聚焦於印尼共產黨與空軍的罪責：「在能夠細膩為之的情況下，也許可以把特定事實資訊融入廣播的整體內容當中，那些資訊包括印尼共產黨在九三〇運動〔扮演了角色〕，以及空軍領導層的涉入，尤其是達尼。如果能夠在第三國的廣播當中用為背景簡報材料，效果可能會特別好。」[48]

美、英兩國的官員已在幕後開始協調他們的宣傳計畫。[49]十月五日，美國駐倫敦大使館的一名官員，與英國官員分享了幾份來自美國駐雅加達大使館的電報，「一方面報告最新情勢，同時也提供宣傳指引」給《美國之音》、美國新聞處及其他機構參考。[50]那些電報明白指示美國機構強調印尼共產黨在那場疑似政變當中扮演的角色，並且凸顯其殘暴性，同時也淡化軍方內部的一切分裂徵象。此外，那些電報也仿效陸軍的做法，提議喚起民眾對於一九四八年茉莉芬暴動的記憶。舉例而言，其中一份電報建議指出：

> 迅速演變的事件需要立即（重複）立即的處理。就目前而言，凸顯共產黨的參與，避免提及蘇卡諾與陸軍和空軍之間的歧異，並且反覆強調陸軍將領遭到的駭人毀傷、印尼人民的震驚，以及涉入政變的人士所展現出來的殘暴。也許可以影射提及印尼共產黨在一九四八年於茉莉芬展現過類似的殘暴行為。[51]

隨著事件的發展，美、英兩國的心理戰行動也逐漸擴展。印尼共產黨的罪責與殘暴仍然是最主要的主題，但在這時又加上了其他的報導與評論，提及中國在那場疑似政變當中可能扮演的角色（但從未受到證明），以及與印尼共產黨的關係。此一討論焦點提供了抹黑印尼共產黨與中國的機會，也順帶踢了北越一腳。舉例而言，美國大使館在一九六五年十月十一日的一份電報裡提議指出，印尼國內的廣播應該影射中國在十月一日的事件當中所扮演的角色：「對於印尼，我們應該主張中國共產黨試圖獲取控制權而終結印尼的獨立，利用印尼共產黨以及其他受到它們影響的組織與人員，甚至是印尼政府最高層的部分人士。」至於印尼以外的廣播，大使館則是建議聚焦於一般認為中國習於採取的暴力與恐怖行動策略，並且指稱印尼共產黨採取了這種策略，而造成災難性的後果。[52]

這些試圖把中國連結於九三〇運動以及印尼共產黨罪責的做法，有一項引人注目之處，就是美國官員本身對於此一主張的真實性也抱持懷疑，而且就連最基本的支持證據都沒有。舉例而言，美國駐雅加達大使館在一九六五年十月底，概述了一份對於那場疑似政變的詳細分析，承認中國的涉入沒有受到證實：「有間接證據顯示北京知道這項陰謀，或甚至涉入其中，但這點並未獲得證實。」[53]

大約在同一個時間，美國駐香港領事館也對於中國涉入那場疑似政變的指控表達了強烈懷疑，指稱那些指控純粹只奠基於間接證據上，並且由明顯懷有政治意圖的人士所散播。該領事館同時指出，要是有任何證據顯示美國散播了這項說法，很有可能會損及美國的可信度。儘管表達了這樣的保留態度，領事館的這份電報卻還是在最後針對中國涉入政變陰謀這項缺乏根據的指控，提供了該怎麼加以散播的建議：「總而言之，至少就目前來說，要散播中國共產黨涉入其中的論點，最好的方法應該是：首先，讓發生在印尼的事件以及印尼人自己提出的聲明講述其本身的故事；第二，繼續從事祕密宣傳；第三，根據印尼內部出現的證據以及當地的情勢，而在其他國家傳播耳語。」[54]

使用陸軍媒體

西方的外交官深知在那場疑似政變之後，印刷與廣播媒體已然成為政治鬥爭的關鍵戰場。他們也知道陸軍在這場戰爭當中擁有明確優勢。如同先前一個章節討論過的，陸軍最明顯可見的優勢就是在那場疑似政變發生後的兩天內，即已關閉所有反對派媒體管道，並且對仍在營運的媒體幾乎完全掌握了控制權。

如同美國大使館在十月五日所寫的：「安塔拉通訊社與所有的報紙都暫停營運，只有兩家言論愈來愈反共的陸軍報紙例外。作為全體人口主要新聞來源的印尼廣播電臺，也受到陸軍嚴密控制。」[55]美國大使館在幾天後描述了陸軍的主導政治地位而這麼指出：「額外資產就是陸軍控制了資訊媒體。……〔媒體〕有效採取了反對九三〇運動及其支持者（印尼共產黨）的立場。……陸軍持續嚴密掌控媒體。《印尼每日郵報》(*Indonesian Daily Mail*) 今天出現於街頭上，把陸軍資訊主任蘇干迪 (Soeghandi) 列為總編輯。」[56]美國官員知道陸軍控制的媒體所提供的新聞報導極為聳人聽聞，而且刻意煽動情緒。[57]中情局針對其本身在印尼從事的祕密行動所寫的一份備忘錄指出，陸軍領導層已經「展開心理戰機制，控制媒體是影響輿論的先決條件，而且也騷擾或者中止了共產黨的輸出」。[58]

就是在這樣的背景下，並且挾著這樣的理解，美國政府決定利用印尼媒體的報導以及陸軍發布的消息，作為其本身的報導來源以及指引媒體的準則。[59]國務院在十月六日寫道：

我們已經開始執行我們的規畫，也就是在《美國之音》與資訊計畫當中引用印尼的消息來源與官方聲明，並且在這個階段不加入美國的評論。至少在當前的狀況下，我們相信雅加達廣播電臺與印尼的新聞媒體都提供了許多這類材料，也就是把罪責歸咎於印尼共產黨，並且強調九三〇運動叛亂分子的殘暴。不過，這些消息如果在未來幾天或者幾個星期裡逐漸枯竭，我們將會再度檢視狀況。《美國之音》在對印尼以外地區的關鍵廣播裡，將會針對印尼的情勢提供類似的報導。[60]

這是一項表裡不一的舉動，經過刻意算計，一方面協助散播陸軍充滿毀謗性與煽動性的宣傳，另一方面又藉口自己只是單純報導「事實」而沒有提供「評論」。如同英國駐華府大使館的一名官員在當時所說的：「會吸引美國人的報導，就是兩份陸軍報紙試圖把印尼共產黨和九三〇運動連結起來、煽動大眾對於將領遭害的憤慨情緒、要求禁止印尼共產黨青年組織等等的這類內容。」[61]

英國對於美國喜好的報導雖然提出這項充滿鄙夷的評論，自己卻也採用了完全相同的策略。這點可見於國協關係部在十月十三日拍發給英國駐坎培拉高級專員公署的一份電報裡。這份電報先是複述了前引那份十月六日外交部電報所列出的心理戰指導方針，接著又針對如何利用陸軍控制的媒體提出以下的指示：「我們引用雅加達廣播電臺與陸軍報紙等媒體所提供的那些經常頗為有用的放送內容，而希望透過英國廣播公司與馬來西亞廣播電臺等媒體的公開廣播，把這些觀點傳達給印尼大眾，尤其是趁著印尼本身的通訊媒體仍有部分停止營運的當下。」[62]

英國駐雅加達大使館與外交部在十一月底的一段通聯，為英國官員樂於使用陸軍宣傳內容的態度提供了證據。舉例而言，這段通聯揭露了吉爾開斯特提及那六名將領遭到身體毀傷的記述，其實是取自《每日郵報》這份受到陸軍控制的報紙。此外，吉爾開斯特還模仿陸軍媒體的煽動性文筆，而添加了這段評論：「以刀子和剪刀毀傷身體的這種令人驚駭的行為，就是發生在〔一九六五年十月一日〕事前的一個小時裡，而且時間也許還更短。」[63] 外交部官員接著即在沒有加注任何前提的情況下引用這項記述，儘管蘇卡諾總統及其他人都提出了頗有根據的否認論點。一名官員（唐金〔Tonkin〕）評論指出：「儘管蘇卡諾在十二月十二日否認那六名將領曾經遭到身體毀傷，東南亞監控小組（SEAMU）的輸出仍然會包含那項暴行的傳聞。」幾個部門的官員都行禮如儀地簽署了那份文件。[64]

另外也有證據顯示，美國及其他西方官員欣然依據印尼陸軍的直接與間接要求，而調整了自己的報導。舉例而言，美國大使館在一九六五年十月七日的一份電報裡寫道：

收到印尼陸軍間接提出的要求，希望我們不要〔重複〕不要過度強調陸軍企圖對共產黨尋求報復。陸軍覺得單是恢復秩序和穩定就已經忙不過來了，如果再製造它們打算屠殺共產黨員的印象，將會造成更大的負擔。……這不表示我們應該對印尼共產黨手下留情，也不表示我們應該放緩把共產黨員和九三〇運動連結在一起的努力。這點應該受到強調。不過，這確實表示我們在臆測或推論陸軍將會對所有共產黨員採取報復行動這方面應該有所節制，也不該對陸軍貼上反共的標籤。[65]

澳洲與德國官員也表現出類似的態度，也就是願意回應印尼陸軍的需求和偏好，而根據其宣傳內容影響自己國家的媒體報導。[66]例如理查．坦特（Richard Tanter）就指稱澳洲外務部「持續不斷確保澳洲廣播電臺對於印尼的事件所從事的報導，遵循該部的指導方針」，並且提及「在殺戮臻於高峰之際，印尼陸軍要求該部協助確保澳洲廣播電臺，會以陸軍希望的方式報導印尼的政治局勢」。[67]貝恩德．謝弗（Bernd Schaefer）也提及在那場疑似政變之後，德國駐雅加達大使館「透過德國通訊社德新社（DPA）記者烏里希．葛倫丁斯基（Ulrich Grundinski）協助安排了西德的媒體報導」。謝弗指出，除了提供大使館的設施讓葛倫丁斯基撰寫以及發送他的報導之外，大使館官員還確保他能夠取得所有由陸軍提供的資訊。[68]

印尼陸軍軍官也向友好的區域政府直接請求宣傳上的協助。這些做法當中的一名關鍵人物是蘇肯卓准將，他是前陸軍情報官以及國務大臣，也是亞尼將軍的智庫當中唯一沒有在十月一日遭到殺害的成員。[69]在一九六五年十一月初與一名馬來西亞外交部官員的會面裡，蘇肯卓明白提出陸軍抹黑印尼共產黨以及削弱外交部長蘇班卓的計畫。為了達成此一目的，他要求馬來西亞政府協助「對蘇班卓的人格與政治謀殺，而由蘇肯卓提供背景資訊」。蘇肯卓也對官方的《大馬之音》廣播電臺在報導上的處理方式提出明確要求：「不該攻擊蘇卡諾，但要強調印尼共產黨的暴行〔以及〕九三〇運動。……印尼政府取得翁東及其他人針對九三〇運動提出的錄音聲明，在〔印尼〕陸軍同意之前不得〔由〕《大馬之音》廣播。」[70]

鑒於證據明白顯示西方各國政府在十月一日之後不到幾天，就展開了祕密心理戰與宣傳行動，而且那些行動又聚焦於印刷和廣播媒體，因此可以合理認為，它們的特務也涉入印尼國內的一場祕密心理戰行動。最受懷疑的焦點，就是在那場疑似政變之後展開的媒體轟炸，如第六章所述。舉例而言，安德森主張那項行動的協同程度與精細度，超出雜亂無章的陸軍資訊局所具備的能力，因此印尼國內的媒體宣傳行動，有可能受到外國情報單位進行協調以及提供資金，尤其是美國中情局和英國軍情六處。[71]

這個時期比較引人懷疑的一項媒體事件，就是言論聳動的反印尼共產黨報紙《班查西拉之火》，在那場疑似政變過後不到幾天突然冒了出來，然後又在大眾被煽動而展開暴力之後消失無蹤。這份報紙受到猜測是國際介入的一場心理戰行動所製造出來的產物，而其所有人與發行人是前陸軍情報官蘇肯卓的事實，又進一步加深了這項懷疑。[72] 關於他可能涉入一場心理戰行動這個問題，比較重要的一點是在十月一日之後的那段時期裡，他扮演了陸軍和多個外國政府的居間聯絡人這項角色，廣泛走訪亞洲與歐洲以獲取經濟和軍事上的援助與支持。此外，由於他是《班查西拉之火》的所有人與發行人，而且又要求馬來西亞在宣傳上協助抹黑印尼共產黨與蘇班卓，因此那些討論與協商很可能也涵蓋了心理戰的媒體策略與規畫。

友好的記者

國際心理戰行動的另一項元素，是由幾個西方國家政府培植「友好」的外國記者。如同在十月十三日拍發給英國駐坎培拉大使館的一份電報所指出的，英國政府官員正在盡力促成「有益」的媒體評論。「我們正在向新聞媒體提供背景引導，希望盡可能廣泛促成有益的評論，尤其是在不結盟國家當中。我們也試圖把適當的材料引進在印尼廣受閱讀的報紙，像是《海峽時報》。」這份電報接著請求大使館向澳洲與紐西蘭當局告知這些計畫，並且邀請它們合作推行這項宣傳行動：「它們的觀點，以及在這些短期宣傳活動當中所能夠提供的任何合作，都會令我們深懷感激。」最後，這份電報提及必須透過不同管道討論的祕密活動：「我們也正在考慮較為隱密的活動，將會透過其他管道告知澳洲。」[73] 澳洲人滿心願意合作推行這項宣傳行動。

在一九六五年十月或十一月，澳洲大使館官員理查・伍爾科特（Richard Woolcott）向坎培拉傲然拍發一份電報，指稱「我們現在已能夠影響幾乎所有大城市報紙的社論內容了」。[74]

美國政府無疑也正在採取同樣的做法——向友好的記者提供簡報、資訊管道以及鼓勵，希望他們會針對發生在印尼的事件散播有所幫助的報導。十月四日，在一通電話交談當中，國務次卿鮑爾向深富影響力而且得過普立茲獎的《紐約時報》專欄作家暨副主編詹姆斯・雷斯頓（James Reston），提供了一段政府偏好的報導情節，指稱「他不確定是否應該把這項說法指為來自政府，但任何人都可以自行主張印尼共產黨……是幕後主使者，而且蘇卡諾正試圖拉攏印尼共產黨以恢復自己的平衡」。鮑爾接著指出：「現在對陸軍而言是一段非常關鍵的時期：陸軍要是確實採取行動，它們的實力可以徹底消滅印尼共產黨；但它們要是不行動，可能不會再有這樣的機會。」[75] 身為美國政府越南政策忠實支持者的雷斯頓回答指出：「每個人都有權厭惡別人，而他〔蘇卡諾〕就是我厭惡的對象。……我們不需要他。」也許不令人意外，雷斯頓後來針對印尼共產黨遭到消滅以及蘇卡諾被趕下臺所寫的一篇文章，標題就取為〈亞洲出現的一縷光明〉。[76]

一九六六年二月，大使館表達了對於美國錯失機會的擔憂，也就是未能針對發生在印尼的狀況傳達事實及其影響。為了矯正此一情形，大使館提議找上可靠的美國記者，根據近期的大使館報告向他們提供背景簡報，好讓他們能夠透過美國與世界各地的媒體散播消息。這份電報裡提及《紐約時報》的傑瑞·金恩（Jerry King）與合眾國際社（United Press International）的泰德·史坦納（Ted Stannard）這兩名記者，「兩人都是大使館熟識的記者，不但資深而且行事謹慎」。[77]其他記者無疑也獲得了大使館與印尼陸軍的簡報，而結果就是極少有人發布在任何重要面向上與官方說法有所不同的報導。實際上，大多數的美國記者都照抄陸軍控制的媒體所刊登的誇大報導，而沒有加上評論，儘管那些報導的可信度在當時就已經備受懷疑。例如布萊恩·梅伊（Brian May）就寫道，一名西方記者「報導〔那些將領的〕屍體遭到砍頭以及分屍。不過，陸軍提供的照片顯示沒有分屍的情形；此外，在屍體被挖掘出來當時在現場目睹的蘇干迪准將，也表示沒有分屍狀況」。[78]

經濟和軍事援助

連同暗中提供的政治保證以及祕密推行的心理戰行動，美國政府及其盟友也在十月一日之後，就幾乎立刻開始向陸軍領導層祕密提供物資援助，包括通訊器材，大量的稻米、棉花、醫療用品、現金，以及後勤支援，可能還有武器。[79]隨著陸軍終於在一九六六年三月十一日，透過表面上號稱「不流血」的政變而奪權，接著「對抗」運動也在那年稍晚結束之後，援助的大門即就此敞開，有幾個國家於是急忙向印尼提供前所未有的大量經濟和軍事援助。[80]另外有一點雖然終究沒有那麼重要，但還是值得一提，就是蘇聯及其盟友在這段時期仍然持續為印尼提供經濟和軍事援助，唯一提出的威脅是印尼的新統治者如果不償還債務，那些援助就會斷絕。[81]

十月一日之後頭六個月的援助，雖然就金錢價值而言並不高，但是卻經過精心安排，以確保能夠為陸軍帶來最大的政治效益，同時也削弱或摧毀其對手。舉例而言，書面紀錄明白顯示，一項援助一旦有可能造成或者促進印尼共產黨及其盟友被消滅，西方國家就會暫時捨棄它們通常對援助所抱持的謹慎姿態。同樣值得注意的是，隨著暴力行動的發展逐漸加速，而且西方各國政府在一九六五年十一至十二月間，對於那樣的行動也獲得愈來愈多的理解，陸軍及其盟友所得到的物資援助卻持續流入，甚至還有所增加。舉例而言，格林大使在十二月三日呼籲透過祕密管道迅速供應緊急稻米，藉以「打破平衡」，讓局勢有利於當下正準備奪權的「友好」勢力。[82]我們很難不得出這樣的結論：左派在那場疑似政變之後的六個月裡遭到徹底消滅的情形，被視為陸軍走在正確道路上的證據，而且也受到鼓勵。

援助的政治邏輯

西方官員針對向陸軍提供援助的可能性所從事的討論，幾乎在十月那場疑似政變發生之後就立刻展開。從一開始，那些討論就衡量了援助的潛在價值，以及這樣的援助一旦廣為大眾得知，將會為「好人」帶來什麼樣的政治危險。在一九六五年十月十一日一份拍發給外交部的最高機密電報裡，英國大使吉爾開斯特指出，關於印尼共產黨與蘇卡諾的罪責雖然仍有疑慮存在，澳洲與美國駐雅加達的大使卻都同樣希望支持陸軍，協助它們粉碎印尼共產黨。「我還想再補充一點，」吉爾開斯特寫道：「我的澳洲同僚看來和美國人一樣急切想要鞏固將領的地位，方法是滿足他們最主要欠缺的金錢和稻米。這麼做的目標是要促使他們徹底解決共產黨。」[83]

到了十月的第三個星期，美國政府對印尼提供短期援助的政策已經大致成形。十月二十二日的一份國務院備忘錄，明白指出將為陸軍提供目標性物資援助，而且為了避免對雙方造成政治問題，此一援助將祕密進行，也會依據陸軍表達的需求而提供：

> 鑒於前述，我們認定印尼方面將會想要避免任何顯示印尼政府明確轉向美國的表徵。就短期而言，我們向它們提供的援助可能必須祕密或者半祕密進行，並且是針對它們小型而臨時性的具體需求。我們相當樂於配合這樣的做法。除了向印尼方面證明我們不會利用它們國內的動盪進行干預，我們也認為可能需要一段時間讓情勢冷卻。……要是真的發生印尼共產黨造反的情形，我們當然會盡力滿足陸軍向我們提出的需求。[84]

美國駐雅加達大使館贊同國務院的評估，強調援助的目的應該在於強化陸軍的政治地位以打擊其對手。大使館建議「在不公開宣傳的情況下提供精心規劃的少量援助〔文字受到刪除〕讓我們在目前這場政治權力的生死鬥爭當中希望勝出的一方獲得加強」。因此，大使館如果受到要求提供這類援助，「也許可以考慮由美國政府提供一次性的祕密貢獻〔數行文字受到刪除〕。我建議國務院現在就檢視是否有資金能夠用於此一目的，以便能夠迅速回應這類要求，同時也檢視這種行動能夠如何進行。」[85]

如同這份電報以及後續的電報所示，美國援助的主要目的在於政治方面；援助的用意在於協助陸軍鞏固其政治地位，並且摧毀印尼共產黨以及削弱蘇卡諾的權勢。大使館在一九六五年十一月十九日拍發的一份電報強調了這一點，在預計舉行於曼谷的會談之前，先探討向印尼提供援助的計畫。「最重要的是，」這份電報表明：「我們不該提供會裨益蘇卡諾的援助。」接著，這份電報先是清楚說明在陸軍明白展現其政治意圖之前，任何向陸軍提供的具體公開援助都必須謹慎為之，然後又補充指出，協助陸軍粉碎印尼共產黨的援助不受這類考慮所限制：「經過精心安排而能夠幫助陸軍對印尼共產黨的行動加以因應的援助不在此限。」[86]

在所有這些援助討論當中，最核心的要素是稻米。稻米是印尼大部分地區的主食，在公務員和陸軍人員的薪資當中也是一項關鍵元素，因此被視為對於協助陸軍鞏固政治地位具有關鍵重要性。在那場疑似政變之後才剛過一個星期，國務院就寫信向雅加達大使館指出：「我們有意向印尼陸軍提供稻米以因應迫切需求。」為了此一目標，國務院於是要求大使館估計稻米存量與供應量：包括供應一般大眾以及發放給公務員和軍隊所需的量。「在後者這項關聯當中，請你判斷就短期而言，陸軍是否能夠發放印尼政府的稻米存量並且公開宣傳，一方面不需要發放太多的量，同時又能夠讓它們藉此得分。」[87]

接下來的一項發展也許不是巧合，因為才過幾天之後，印尼的稻米價格就突然下跌。根據伊斯蘭教士聯合會的報紙《社區大使報》所刊登的一則報導，稻米價格下跌是因為陸軍發現印尼共產黨的倉庫裡囤積了許多稻米，而把那些稻米釋放到市場上。[88] 這項說法深具政治價值，一舉就同時抹黑印尼共產黨又抬高了陸軍。這則報導也掩飾了事實，亦即泰國與日本等友好國家在美國的協助下暗中向陸軍供應稻米。[89] 如同美國大使館在十月二十一日提出的報告：「米價原本高達每公升兩千印尼盾，但已在上週六下降為九百印尼盾，原因是地方的存糧以及從印尼共產黨的倉庫當中查扣的稻米被釋出。陸軍之所以能夠釋出那些稻米，原因是泰國提供的七萬噸稻米已即將運到。」[90] 此外，如同大使館在另一份訊息裡指出的，陸軍的舉動「迫使米價降到政變前的水準，而鄉村當中流傳的說法是，蘇哈托一掌權之後，稻米就源源不絕而來」。[91] 祕密糧食援助策略確實奏效了。

軍事援助

一九六五年十月一日的事件，也在美國及其盟友的軍事援助政策當中引發了重大改變，而且此一援助又同樣幾乎完全著眼於政治目標。[92] 不到幾天內，美國官員就開始向陸軍祕密提供軍事和後勤支援，包括可攜式通訊器材、醫療用品，可能還有武器與彈藥。此一援助的金錢價值雖然不高，卻是特地為了支持以及鼓勵陸軍（尤其是納蘇蒂安與蘇哈托將軍）對付印尼共產黨與蘇卡諾而提供。一九六六年九月，隨著「陸軍孤立蘇卡諾，並且正式結束了對馬來西亞的『對抗』運動」，一項正式的軍事援助計畫於是恢復執行，為陸軍領導者提供關鍵支持，也為他們提供保護，讓他們不必為自己賴以獲取權力的暴力行為負起責任。[93]

舉例而言，為了回應在那場疑似政變之後過沒幾天即提出的一項要求，美國大使館為納蘇蒂安將軍提供了他所要求的可攜式通訊器材。此後不久，納蘇蒂安的一名高階助理向美國駐外武官伊瑟上校表示，納蘇蒂安「對於可攜式通訊器材表達了高度欣賞」。[94]十一月中，國務院拍發電報向大使館指出：「我們剛收到〔一項〕對於簡單通訊器材的要求，好讓陸軍領導人物能夠互相保持聯絡；此事目前正受到審酌。」[95]

美國官員認為向陸軍提供現代通訊器材，具有行動上與政治上的價值。在行動方面，這類器材將可幫助陸軍領導者在對抗印尼共產黨與蘇卡諾這場「巧妙平衡的鬥爭」當中協調他們的行動，也使得美國情報機構能夠監控那些行動，讓美國掌握陸軍對於印尼共產黨的攻擊。[96]政治上，此舉將會傳達美國支持以及信任陸軍的強烈訊息，而在未來帶來好處。格林大使針對即便只是提供少量的這類器材也能夠帶來的政治效益評論指出：「我自然滿心想要看到陸軍取得最合乎它們需求的器材。建議三〇三委員會及早重新考慮這一點。」[97]

美國政府官員也考慮了向陸軍提供更具體的軍事和後勤援助，所可能帶來的政治利益和危險。在那場疑似政變的三個星期後，國務院建議美國協助陸軍把部隊從外島地區載運到爪哇，以補強那裡的反共勢力。不過，雅加達的大使館官員反對這項構想，理由是此舉不可能保密，而一旦出現美國涉入的證據，對陸軍將是有害無益。[98]儘管如此，美國官員仍然持續支持向陸軍祕密提供精準軍事援助的想法。

在考慮這類援助當中，官員明白表示這種援助的核心目的是對陸軍領導人物保持「重要的影響管道」，藉以「強化他們的信心」，讓他們認為自己可以是把印尼從混亂當中拯救出來的主要行為者，並且撫慰他們，讓他們知道自己擁有「一些真正的朋友」。國務院拍發於一九六五年十月二十九日的一份電報，清楚說明了官方對於向陸軍提供軍事援助的邏輯所抱持的想法：

> 印尼陸軍領導者與我們的軍方之間那種軍隊對軍隊的密切關係，提供了重要的影響管道。……在接下來的幾天、幾個星期或幾個月裡，隨著軍方開始理解他們自己所陷入的那些問題與困境，也許會出現前所未有的機會，可讓我們對人與事件造成影響。……我們應該設法強化他們的信心，讓他們認定印尼可以從混亂當中被拯救出來，而且陸軍是拯救印尼的主要力量。……我們應該向他們傳達這項訊息，亦即印尼與陸軍有真正的朋友，隨時準備幫忙。[99]

這份文件也明言提及提供殺傷性軍援的可能性，指稱「對付印尼共產黨可能需要小型武器與裝備」。大使館在對於這份電報的回覆當中指出：「我們同意貴部分析的整體結論。」至於武器這項確切主題，大使館補充指出：「我們早已在另一份訊息裡提過對於小型武器可能會有的需求。我們認為蘇聯有可能提供這類物品，因為陸軍的攻擊對象雖是印尼共產黨，但莫斯科仍有可能認為這麼做是阻擋中國共產黨將其觸角伸入印尼的最佳方法。」[100]在後續的另一份訊息裡，國務院提及它們預期自己有可能會收到陸軍對於小型武器的要求，而這麼一項要求「將會涉及更廣泛也更深層的考慮」。[101]

一九六五年十一月初，在針對該如何回應蘇肯卓提出的一項要求所從事的討論當中，突然談及向陸軍提供「醫療用品」的可能性。[102]有些觀察者認定書面紀錄裡提及的「藥物」與「醫療用品」等字眼，其實是「武器」與「彈藥」的祕密代稱。[103]這項可能性將在後續探討。不過，值得強調的是，就算那些電報的探討主題的確是醫療用品，那麼向陸軍提供這樣的援助也還是具有政治、後勤與心理上的真實重要性。這樣的舉動乃是向陸軍領導層傳達一個明白的信號，顯示美國支持他們的作為，而且願意撥出稀少的陸軍資源供打擊印尼共產黨使用。

美國官員之間針對醫療用品這項主題的討論，明白顯示了美國官員熱切想要協助印尼陸軍的態度。在一九六五年十一月四日拍發給國務院的一份電報裡，大使館提及蘇肯卓代表蘇哈托與納蘇蒂安提出對這類用品的需求，而敦促美國政府做出「善意回應」：

陸軍在這裡對於打擊共產主義者做出了一流的表現，而且就目前各種跡象來看，也顯然是印尼新興的權威。……鑒於這樣的背景，所以我才會認為我們對於蘇肯卓提出的藥物需求應該給予善意回應。提供這種物品正可讓我們向新權威表達我們樂於提供幫助。[104]

拍發於十一月五日的第二份電報，則是強調了提供這項援助，在美國與印尼陸軍官員眼中所具有的重要性，以及美國政府樂於提供協助的熱切態度。這份電報也引人質疑醫療用品與藥物等字眼，是否有可能其實是指涉更具殺傷性的物品。這份上呈白宮的電報，其中的部分內容如下：

> 副館長……在十一月五日下午會見消息來源，並且執行了指示。……消息來源相當滿意。他說他們尤其需要大量的維他命以保持士兵……健康強壯。副館長強調指出，在我們能夠更進一步之前，必須更加瞭解……陸軍對於印尼的政治未來所抱持的想法。[105]

這份電報有幾個面向引人高度懷疑，此處探討的主題可能根本不是醫療用品。首先，以

「維他命」保持士兵「健康強壯」這件事情所受到的強調看來頗為令人費解，還有消息來源的名字刻意受到省略的情形也是如此。維他命對於印尼陸軍而言真有那麼高的重要性嗎？而且提供維他命真有那麼敏感，以致消息來源的名字連在一份祕密電報裡都不能提及？此外，一項為印尼陸軍提供維他命的計畫居然需要尋求白宮核可，也顯得頗為奇怪。極少有來自雅加達的電報會呈到美國總統的桌上，這份電報為什麼會是例外？最後，如果此處談論的主題真的只不過是提供醫療用品與維他命，那麼其中提到美國政府在「更進一步」之前「必須更加瞭解」陸軍的政治想法這句話，就不免顯得頗為奇怪。

不論「藥物」、「維他命」與「醫療用品」這些字眼實際上指的是什麼東西，總之三〇三委員會（負責協調機密政府行動的國安會祕密委員會）立刻就核准了向陸軍暗中提供這些物品，於是大使館因此寫道：「非常感謝五七六號電報核准藥物的供應。此舉相信會是一項明智的投資，不論從什麼角度來看都合情合理，而且往後將會帶來好處。」[106]

後勤與地下現金

除了這類物資援助之外，也有證據顯示美國官員在暴力臻於高峰之際，向陸軍領導層及其盟友提供了極其重要的後勤援助以及地下現金。如同先前提過的，一名記者在一九九〇年報導指出，雅加達的美國大使館官員羅柏．馬騰斯（Robert Martens）在那場疑似政變之後的幾個月裡，向印尼陸軍提供多份名單，列有數千名印尼共產黨幹部的姓名。根據那位名叫凱希・卡達娜（Kathy Kadane）的記者所言：「在幾個月的時間裡，多達五千個名字被提供給那裡的陸軍，美國人則是在事後針對遭到殺害或逮捕的人士劃掉其姓名。」[107] 馬騰斯後來雖然否認有這樣的意圖，這些行為卻幾乎可以確定促成了許多無辜人士遭到殺害或者羈押。此外，這些行為也傳達了一項強烈的政治訊息，顯示美國政府同意並且支持陸軍對印尼共產黨所採取的行動，儘管那項行動殘害了許許多多的人命。

有些表面上看似屬於平民的團體，實際上卻是由陸軍成立，並且直接涉入攻擊印尼共產黨以及其他左派人士的暴力行動，而美國當局也為這些團體提供了財務援助。舉例而言，在一九六五年十二月初，當時美國以及其他國家的官員對於攻擊左派的那些暴力行為都已相當清楚其規模與本質，但國務院卻還是核准撥付五千萬印尼盾給碎指部，也就是陸軍為了摧毀九三〇運動與印尼共產黨而在十月初成立的一個強硬反共的行動陣線。在一份拍發給遠東事務助理國務卿邦迪的祕密電報裡，格林大使詳細說明了撥付這筆現金的計畫以及背後的思考邏輯：

> 這份電報的目的在於確認我先前表達的贊同，也就是我們應該向馬利克提供他為碎指部的活動所請求的五千萬印尼盾〔此處有一．五行文字尚未解密〕。碎指部截至目前為止的活動，是陸軍計畫當中的一項重要元素，而且從結果來看，我也認為非常成功。這

> 個由陸軍發起但是由平民組成的行動團體，仍然擔負了當前以印尼共產黨為目標的鎮壓行動的重任。……我們提供的這項支持被人發現或是在日後遭到揭發的機率，就和其他黑袋行動（black bag operation）一樣非常得低〔此處有兩行文字尚未解密〕。[108]

鑒於這項證據，值得一提的是美國大使館在一九六六年一月二十日拍發的電報當中，提及有揮之不去的謠言指稱美國政府（尤其是格林）策劃了反蘇卡諾與反印尼共產黨的抗議活動。那些謠言指稱格林專精於動員青年示威活動，以推翻不討美國喜愛的政府，並且提及他先前派駐南韓之時，在這方面所獲得的「成功」。[109]那份電報還提到從「《班查西拉之火》集團的消息來源」所得到的資訊，指稱蘇卡諾與蘇班卓指控學生示威活動是由「尼科林」策劃而成。[110]美國官員雖然斷然否認這些指控，但格林支持撥款給碎指部的書面證據顯示，那些謠言距離事實並不遠。

截至目前為止，解密的官方文件並未顯示有其他的這類「黑袋行動」，但我們可以合理假設其他個人與組織也得到了些許財務援助。[111]可能獲得地下現金的對象包括堅定反共的人物以及大使館的聯絡人，像是種植園部長暨天主教黨主席弗蘭斯·塞達（Frans Seda）、《班查西拉之火》集團的達瑪萬·摩納夫（Darmawan Moenaf）、馬斯友美黨的若干領袖，比如A·B·納蘇蒂安這樣的反共行動陣線成員，以及伊斯蘭教士聯合會的領導者暨友好人士，包括該黨副主席薩布昌。[112]最後，雖然至今還沒有決定性的書面證據可以證明，但有些財務援助看來很有可能是暗中直接流向了個別陸軍軍官，包括蘇哈托在內。在對於物資援助的要求當中，納蘇蒂安將軍的助理於一九六五年十一月向格林暗示指出，蘇班卓雖然仍可取得政府的資源與資金，但陸軍能夠取得的有限，而且蘇哈托「尤其缺乏資金」。[113]

援助與暴力

在這段時期撥付的經濟和軍事援助當中，有一項比較令人不安的模式，就是援助隨著陸軍支持的暴力所浮現的證據而增加。實際上，援助的提供與陸軍的政治可靠性這兩者之間的連結，是這段時期的外交通訊當中一再出現的一項主題。不過，印尼共產黨遭到摧毀只是大局的一部分。西方政府也希望陸軍把蘇卡諾趕下臺，並且把印尼經濟轉向由西方國家支配同時也對外資有利的自由市場。廣泛援助計畫的落實條件，始終都取決於陸軍是否願意滿足這項期望。[114]

在一九六六年一月拍發給大使館的一份電報裡，國務院明白指出，向陸軍提供的精準祕密援助雖然持續進行，但一項更為重大而又公開的援助計畫則是必須等到「印尼的溫和派人士真正有能力也有意主掌國家」之後，才有可能執行。[115]隨著蘇哈托在一九六六年三月中奪取權力，那項政治條件至少有部分獲得滿足，於是援助也就開始源源流入。在美國決策者的眼中，在那個時刻提供援助將會帶來深遠的政治效益。國務院在一九六六年三月二十九日發電報向美國駐吉隆坡大使館指出：「我們相信糧食與纖維的緊急援助有助於鞏固當前的非共產黨領導者，從而對自由世界有利。」[116]

於是，在一九六六年三月底一場舉行於華府的高階會議裡，美國國務卿魯斯克向英國大使告知，美國將會把五萬噸的稻米運往印尼。[117]國務院的一份內部備忘錄也提及，它們正在安排以寬厚的條件把七萬五千噸的棉花賣給印尼，而且美國也暗中提供其他類型的經濟援助，包括債務重整。[118]四月初，日本宣布援助計畫，向印尼提供價值三千萬美元的稻米與棉花。[119]英國在一九六六年五月跟進，向印尼當局提供一百萬英鎊的雙邊援助。[120]那個月稍晚，印尼的新任駐華府大使與國務院官員會面商討長期多邊援助與債務重整的計畫，還有臨時雙邊援助。印尼大使向國務院官員表示，印尼的債務總數是二十五億美元，遠超出它們的償還能力，因此印尼希望獲得大量的經濟援助，主要來自美國、德國、日本、荷蘭以及英國。[121]

一九六六年七月，格林對於情勢的正面發展表達了興奮態度：「我敢說近年來世界上沒有其他地方能夠像過去這一年來的印尼那樣，讓共產黨／中國共產黨的命運出現如此戲劇性的反轉。」在此一基礎上，他提議了各式各樣的新式援助，包括軍事訓練、教育交流，以及「經濟援助，包括十萬捆的棉花以及多達五十萬噸的稻米」。[122]八月，格林據說向蘇哈托承諾提供五億美元的雙邊援助。九月，有個人遞送了種植園部長塞達的一封信，要求立刻取得那筆金額當中的五千萬美元，以償還印尼對國際貨幣基金積欠的債務。外交部長馬利克在九月拜訪華府，美國政府承諾以寬厚的條件向印尼進一步提供五萬噸稻米與十五萬捆棉花。[123]差不多在同一個時間，格林與一名印尼官員針對一項「對印尼提供的短期援助計畫」進行商談，但紀錄裡刪除了那名官員的名字。根據格林對於那場會面的記述，那個匿名官員與蘇哈托討論了「美國的提議」，並且指稱「蘇哈托對於我們的支持深覺感激與鼓舞，因為這些支持將會有助於穩定情勢」。[124]

在此同時，友好的政府已開始與印尼陸軍官員以及技術官僚會面，為經濟復甦預作規畫。那些計畫涵蓋了一項大規模的債務重整方案、長期的經濟和軍事援助承諾，以及放寬外國投資限制。一九六七年，這些計畫集結成一個新的多邊集團，稱為印尼事務政府間小組（Inter-Governmental Group on Indonesia），而為印尼挹注了數億美元的援助與投資。[125]從世界銀行、國際貨幣基金、印尼領導人以及友好政府的觀點來看，這項多邊經濟援助方案為印尼的經濟復甦與現代化提供了必要基礎。不過，在一九六六年中開始大量流入的援助與外國投資也造成重大的政治後果，也就是鞏固新的陸軍政權，以及粉飾那個政權賴以上臺的那場龐大暴力行動。

蘇哈托在一九六六年三月中奪權成功，也促成軍事援助大幅增加，而且那些援助絲毫不理會陸軍對於數十萬平民遭到殺害以及恣意監禁所必須負起的責任。在一九六六年十月二十七日的一份備忘錄裡（也就是在最嚴重的暴力狂潮消退之後才過了幾個月），美國大使館即敦促「盡快」恢復一項完整軍事援助計畫。大使館提議指出，這項援助計畫除了其他元素之外，也應該涵蓋「選擇性的非作戰項目，以協助提振陸軍內部的士氣，並且強化蘇哈托將軍及其同僚的地位」。[126] 如同經濟援助，恢復軍事援助的決定主要也是奠基於一項政治計算：亦即由陸軍支配的政權對於美國而言是最佳的結果，因此應該竭盡全力鞏固這麼一個政權的政治地位。

簡言之，西方國家並非如它們經常聲稱的那樣，對於那場疑似政變之後的國內政治事件僅是無辜的旁觀者。恰恰相反，在十月一日之後，美、英兩國以及它們的若干盟友，幾乎立刻展開了一場協同行動，協助陸軍在政治與實體上摧毀印尼共產黨及其附屬組織、把蘇卡諾以及他最得力的親信趕下臺、以一群由蘇哈托為首的陸軍菁英取而代之，並且對印尼的外交政策做出朝西方靠攏的大幅轉向。它們採取的做法包括暗中向陸軍領導人提供政治保證、在暴力不斷升高的情況下保持沉默、發動一場高明的國際宣傳攻勢，以及向陸軍及其盟友祕密提供物資援助。藉著所有這些做法，它們幫忙確保了打擊左派的行動能夠持續不停，而終究導致受害者多達數十萬人。

第八章——大規模監禁

全家人平靜地安睡著。
他們突然被一陣聲響驚醒，
那是捶打門板以及靴子踏地的聲音。
鍍鎳的手槍指向他們，提出指控，
發號施令
蹲在那邊的角落，
穿著內褲就好。
這幅在黎明破曉之際遭到突襲的景象，
一直留存在我的回憶裡。

——印尼共產黨總書記蘇迪斯曼，〈責任分析〉(Analysis of Responsibility)

除了有五十萬人在十月那場疑似政變之後遭到殺害，另外還有好幾十萬人在印尼陸軍的要求下遭到恣意羈押、訊問、淩虐、強迫勞動以及長期監禁。如同那些殺戮行為，大部分的大規模羈押都發生在那場疑似政變之後的六個月裡。不過，在一九六六年底至一九六八年間又有幾波的逮捕行動，後續零星的羈押情形也一路持續到一九七〇年代。遭到羈押的人士有一小部分因為被人指控涉入那場疑似政變，而遭到起訴以及審判。有些受到審判的人士遭到處死，另外有些人則是在許多年後死於牢裡。在蘇哈托將軍於一九九八年下臺之後不久，少數留存下來的囚犯終於獲得釋放。不過，大多數的被羈押者都從來不曾受到審判，而是在長達數月乃至數年的時間裡，被關押在駭人的環境當中，懸宕於法律的管轄之外，最後才在毫無解釋、道歉或者賠償的情況下獲得釋放。即便在獲釋之後，這些曾經遭到羈押的人士以及他們的家屬，也還是受到各種正式與非正式的限制，而且官方為此提出的理由似是而非，聲稱是因為他們曾經遭到逮捕，或是曾被指控涉入九三〇運動。

本章與下一章將探討這項主題，而本章首先對大規模監禁行動加以檢視，以求瞭解其發生原因與方式、這種行動與同時期的大規模殺戮有什麼關係，以及對於被羈押者造成的後果。簡單說，本章主張這種行動具有三個決定性特徵：這是一項高度組織性的計畫，帶有全國層級的詳細規畫與協調；這項計畫的發動者以及執行者是陸軍領導層，尤其是蘇哈托；至於其思考邏輯、發動理由以及執行方式，則是和發生在其他專制情境下的大規模拘禁行動極為相似，尤其是在第二次世界大戰的日本占領期間。本章也主張大規模監禁與大規模殺戮具有兩方面的整體關聯：第一，大部分遭到殺害的人士都先受到羈押；第二，在殺戮比率最高的地區，長期監禁的比率都比較低。[1]最後，本章主張大規模監禁行動的發動理由、論述、方法與組織（幾乎可說是所有的面向）都象徵了蘇哈托政權的超級軍事主義以及對於「秩序」的執迷。

本章分成三個部分闡述這些論點。首先探討大規模羈押的幾個基本事實問題：有多少人遭到羈押？他們是什麼人，又是遭到誰所羈押，受到怎麼樣的對待？接著，本章將更詳盡檢視長期監禁計畫當中的關鍵模式，包括對於囚犯的分類、羈押的環境狀況，以及監禁與殺戮之間的關係。最後，本章將會仔細檢視布魯島（Buru Island）的案例：在一九六九至一九七九年間，共有一萬名左右的被羈押者，在沒有經過起訴或審判的情況下，遭到流放關押於這裡從事強迫勞動。

羈押、訊問與凌虐

在一九六五年十月一日那場疑似政變之後至少十年的時間裡，印尼的在押政治犯人數是全世界數一數二的多，足以相比於蘇聯和中國、法西斯統治的西班牙與葡萄牙，還有拉丁美洲的獨裁政權。數十萬的男性以及人數較少但仍然相當可觀的女性，在印尼群島各地被關押在狹小的殖民時代監獄、陸軍拘留所、祕密羈押中心，以及強迫勞動營裡，不知道自己什麼時候能夠獲得釋放，或甚至是否有可能獲得釋放。如果有人仍然抱持懷疑，認為十月一日的事件之後那場攻擊左派與蘇卡諾的行動，不必然是陸軍領導層刻意協調推動的結果，那麼這項大規模監禁計畫的基本事實與模式，必定能夠消解那樣的懷疑。

羈押的模式

如同被殺的人，一九六五年十月一日之後遭到羈押的人數也沒有確切的統計數據。實際上，羈押行動的分布範圍極為廣泛，發生的速度又極快，因此即便是直接負責的印尼當局，也無法確知在任何一個時間點究竟有多少人在押。如同檢察總長在一九七一年一場記者會上所說的，政治犯的人數無法確知，因為那個數字「就像是日圓兌美元的浮動匯率一樣：每天都會改變」。[2]人數的問題又受到另一項因素的複雜化，亦即有許多被羈押者在牢裡或是被有關當局「借調」之後遭到殺害，卻沒有留下他們被押或者被殺的紀錄。

被拘禁人數的估計值從十萬六千到三百萬都有。[3]十萬六千這個數字無疑太低，因為在一九七〇年代中期，即便是想要淡化這個問題的關鍵印尼軍事機構，也指稱被羈押者的人數介於六十萬至七十五萬之間。[4]最高的三百萬這個數字不是沒有可能，但沒有受到什麼具體證據的支持。國際特赦組織在一九七七年提出的一百萬，看起來是比較合理的數字。[5]這個數字雖比印尼當局在當時提出的數字稍高，實際上卻是低於官員在一九八〇與一九九〇年代所引用的數字。舉例而言，內政部的一名高階官員在一九八五年宣布一百七十萬左右的「政變參與者」

（其中有超過一百四十萬人都曾是C類囚犯）必須在一九八七年的全國大選之前重新登記。[6] 一九九〇年代中期，據說因為身為前政治犯而遭到剝奪特定政治與公民權的人數也達一百四十萬。[7]

遭到羈押的人士來自各行各業，從最高的政府官員與政黨幹部乃至最低的佃農都有。最知名的被羈押者有蘇卡諾政府裡的關鍵人物，例如蘇班卓與黃自達，還有印尼共產黨的領導人物，像是蘇迪斯曼與喬諾，以及高階軍官，像是達尼、蘇帕吉歐（Supardjo）、拉提夫以及翁東。這些人物大多數都在一九六六至一九七六年間受到起訴與審判，結果全部遭到認定有罪，而被判處漫長的有期徒刑，也有些人被判死刑。[8] 羈押

政治犯在雅加達附近的唐格朗（Tangerang）監獄受到武裝衛兵看守，攝於一九六五年十二月左右。（Bettman / Getty Images）

行動並且以首要的知識分子與文化人物為目標，包括知名作家帕拉莫迪亞（Pramoedya Ananta Toer），還有記者、公務員、藝術家、舞者、操偶師、教師與音樂家。陸軍當局顯然特別擔心這類人士，因為他們有可能影響教育程度較低的人口，而陸軍對那群人口相當沒有信心。[9]

不過，絕大多數遭到拘禁的人士都不是重要的政治領袖或者首要的文化人物，而是普通百姓，包括農民、佃農、種植園工人、街頭小販等等。他們之所以遭到羈押，純粹只是因為涉及左派政黨以及數十個被視為抱持左傾立場的組織，不論他們是真的身為那些團體的成員或是與那些團體有關，還是僅僅遭到這樣的指控。儘管那些團體在十月那場疑似政變當時都是合法的政治與社會組織，而且直到在一九六六年正式遭禁之前都是如此，但在一九六五年十月之後，單是身為那些團體的成員就構成了被捕的充分理由。

除了因為政治活動與政治關聯而遭到羈押的人士以外，有些人被押的原因則是沒有那麼明顯的政治色彩，也許是身分遭到誤認，不然就是私仇報復的受害者。[10]不過，這類案例並非常態，因此不該拿來佐證那場羈押行動是隨機進行或者自發造成的後果。相反的，如同以下所述，關於那些羈押行為的一切都指向一個事實，亦即那些羈押都是正式政策的產物。那樣的政策造就了一種縱容的環境，使得報復私仇的行為能夠發生。就這方面而言，印尼的經驗和其他大規模羈押的例子並沒有太大的不同，像是史達林統治下的蘇聯、毛澤東統治下的中國、佛朗哥統治下的西班牙，或是阿根廷與智利的軍事政權。

逮捕行動經常由身穿制服的士兵或員警，依據指揮官的命令執行。不過，在許多案例當中，士兵和員警都與反共政黨或宗教組織周邊的民兵團體與私刑人士合作。如同在先前的章節裡探討過的，這些合作對象包括正式組織的民兵團體，像是治安民防隊與國民防衛隊，還有附屬於政黨的青年團體，像是印尼國民黨的平民青年團、伊斯蘭教士聯合會的班薩與安梭爾，以及印尼獨立擁護者聯盟的班查西拉青年團。從各方說法來看，這類民兵團體的涉入乃是刻意造成的結果。如同我們看過的，從一開始，包括蘇哈托本身在內的最高軍事當局，就明確呼籲一般大眾協助陸軍連根拔除九三〇運動的工作。

大眾涉入大規模監禁的行動有助於達成幾個相關目的。首先，這樣有助於製造一種假象，讓人覺得反對九三〇運動與印尼共產黨的行為，是民眾對於叛徒自發性的憤怒所造成的結果。軍方當局只要一受到質問責任問題，就總是一再搬出這套說法來擋。動員地方民兵也有助於確保非法逮捕的責任不會完全落在煽動那些行為的陸軍軍官身上，而是會廣泛分散在許多人的頭上。這項做法不僅加速了摧毀左派的行動，也限制了大眾對陸軍產生廣泛反彈的可能性。由於有那麼多人涉入其中，由於共犯網撒得如此之廣，發生反彈的機會因此大幅降低。

如同其他大規模羈押的案例，發生在印尼的行動也得益於部分被羈押者願意為逮捕他們的人擔任線民及訊問者。[11] 不論是出於恐懼，還是因為遭到凌虐或其他種類的身心脅迫所造成的結果，有些印尼共產黨的黨員與領袖確實在受羈押期間「改變立場」，而成為陸軍行動的工具。[12]

舉例而言，根據大部分的說法，印尼共產黨總書記蘇迪斯曼在一九六六年十二月六日終於遭到逮捕，就是因為該黨中央委員會的一名成員背叛了他。實際上，蘇迪斯曼指稱那名成員實際上還帶著士兵到他的藏身處。[13]

除了這些整體觀察之外，逮捕行為也遵循了若干熟悉的模式。除了極少數的例外，嫌疑犯都是在沒有逮捕令的情況下遭到羈押，並且是在無預警的情況下從街上直接被抓走，或是在半夜被人闖入家裡帶走。在部分案例當中，士兵要求嫌犯跟他們走的理由是希望對方「釐清」一些事物，而沒有表明對方其實是受到逮捕。在許多例子當中，尤其是在鄉下地區，嫌犯都是遭到民兵成員羈押，然後被帶到鄰近的警察或陸軍支部接受處理。[14]另外還有些例子，則是先由地方民兵成員或私刑人士，向嫌犯發動某種威脅或攻擊，然後士兵或警察就會前往現場，以「保護」嫌犯不受群眾傷害為由而帶走他們。作家帕拉莫迪亞在一九六五年十月十三日被捕，就是這種模式的典型表現：

> 晚上十點三十分，一陣聲響打斷了帕拉莫迪亞的工作。他望出窗外，看見一批群眾聚集在他家的大門外。那群人大多數都戴著面罩，要求他開門讓他們進去。那群暴民從附近的建築工地撿拾了石頭，開始以石頭丟擲房屋，打破窗戶也砸壞了門，同時威脅著要放火燒掉這名作家的住宅，而且是把他燒死在裡面。……突然間傳來一陣機關槍

聲。群眾從大門前稍微後退。四、五個員警和士兵出現在巷道上，走向大門，群眾紛紛從他們面前退開。「我們來帶你前往安全處所，」其中一名士兵對帕拉莫迪亞說：「把你需要的東西打包好。」[15]

在幾乎所有受到紀錄的案例當中，逮捕過程都頗為殘暴，即便在受羈押者年齡偏大而且沒有抵抗的情況下也是如此。受羈押者經常遭到毆打，有時還被綁縛並且蒙上眼睛，然後再帶上軍用車輛載往羈押中心。印尼黨祕書長阿迪蘇瑪托（Adisumarto）在一九六六年遭到逮捕的時候已經六十幾歲，目擊者如此描述他的被捕過程：「他被打得滿臉腫脹流血。他想要對這項沒有逮捕令的逮捕行動表達抗議，但這樣只是導致狀況更糟，最後他被拖上等在一旁的吉普車，載到政治犯收容營。他的妻女都被迫目睹了這場駭人的景象。」[16] 一九六五年十一月連同親戚在中蘇拉威西一座村莊裡遭到逮捕的拉辛・馬哈布（Rahim Marhab），也是一個典型的例子：

> 我在工廠燒製磚塊的時候……佩拉瓦（Pelawa）那座村莊來了一群三百人左右的暴民。他們把我、我哥哥哈加薩、我叔叔哈拉蒂和我的表親阿吉抓了起來。突然間，他們開始用黑木的木板打我們，除了我的腳底和腳趾以外全身都打。他們不斷打我的頭，打得我滿頭鮮血。我昏倒了兩次以後，我們被帶到帕里吉區（Parigi）的警察局。[17]

逮捕行動經常伴隨著摧毀嫌犯的個人財產。小兒科醫師暨印尼大學畢業生聯合會成員蘇米雅希（Sumiyarsi）描述指出，在她於一九六五年被捕之時，一切東西都遭到摧毀，包括她家人的「書籍、音樂收藏、相簿、信件與私人文件、珍貴檔案等等」。[18] 前去逮捕帕拉莫迪亞的士兵與私刑人士也同樣以他的藏書與手稿作為摧毀目標，搬到院子裡堆成一堆放火燒掉。[19] 對於這類物品的恣意摧毀，顯示那些加害者的目標不是要找尋以及保存犯罪證據，而只是單純要懲罰所謂的叛徒以及挫敗他們的士氣。這些做法和史達林政權在一九三〇年代晚期的大整肅具有驚人的相似性，當時蘇聯對於所謂的「人民公敵」也是大肆摧毀其財產。[20]

當然，有些財產是遭到扣押而不是摧毀；值得注意的是，在陸軍的突襲行動當中，有許多檔案文件都在印尼共產黨幹部的辦公室與住宅當中被取走。接著，陸軍官員會利用其中部分檔案編造印尼共產黨罪責的官方論述。除了這類檔案之外，從事突襲行動的人士也經常扣押財產，包括金錢、手表、珠寶、摩托車、汽車、住宅以及商業大樓。這些扣押行為是士兵與私刑人士直截了當的劫掠行為，而且明顯可見受到其指揮官所同意。這種做法除了為陸軍帶來珍貴的資產之外（其中有些用於羈押與殺戮的行動當中），允許士兵與民兵成員從事劫掠行為，也有助於提振他們的士氣，至少短期而言是如此。

被羈押者如果沒有立刻遭到殺害，就會被載運到許多的監獄和羈押中心接受初步訊問（使用的運輸工具通常是卡車，但有時也使用船隻或火車）。有些人被帶到鄰近的軍隊駐地，另外有些人則是被帶到陸軍在十月一日之後的幾天內所成立的非正式設施。這些訊問地點有許多都是遭到陸軍當局扣押的商業和居住建築，例如在棉蘭的甘地路（Jalan Gandhi）有一棟惡名昭彰的兩層樓建築，許多被羈押者都在那裡遭到陸軍當局凌虐以及殺害；另外，在雅加達的薩哈里山二路（Jalan Gunung Sahari II）也有一棟外觀不起眼的建築，有數百名被羈押者就在這裡遭到一個令人聞之色變的軍事單位逼供，名為卡隆行動小組（Tim Operasi Kalong）。這些場地都沒有任何招牌或標示表明其用途，實際上就是祕密羈押中心。這類祕密羈押中心的數量與地點雖然沒有正式紀錄，但曾經遭囚的人士與人權組織的證詞顯示，印尼群島各地幾乎每一座城鎮都至少有一座祕密設施，而雅加達、泗水、萬隆與棉蘭等大城市則是有不只一座。[21]

訊問通常都由陸軍或警方人員執行。訊問者的授權來源不只一個，但主要是成立於一九六五年十月中的安復部這個強大的國安機構。[22]如同先前所述，從事訊問的人員都是在官方認可的反共情境當中行事，而在這樣的情境裡，所有左派人士都被認定犯下了令人髮指的罪行，因此不值得受到文明人道的對待。所以，訊問過程完全沒有遵循任何正常的法律程序。被羈押者沒有獲得提供任何法律諮詢，也沒有保持沉默或者無罪推定的權利，更沒有對於逮捕機構的決定提出上訴的機會。簡言之，羈押行動不受任何羈束。

一開始的訊問程序包含例行性的資料蒐集：被羈押者的姓名、出生日期、住址、所屬政黨等基本資料都被記載在寬大的硬皮記帳本當中，或是由軍事人員打字成一式三份的檔案。不過，訊問進行到一定程度之後，焦點就會轉向被羈押者參與了哪些被宣告為具有顛覆性的組織或活動，不論他們是真的參與其中，還是僅僅遭到這樣的指控。這個階段的訊問有可能非常漫長，尤其是對重要人物。例如蘇迪斯曼就指稱自己「在十八天裡被訊問了十四次，時間不少於七十個小時，審前陳述長達一百五十二頁」。[23]

訊問的一個常見特徵是凌虐以及其他種類折磨，尤其是在囚犯剛受到羈押的那段時期。[24]凌虐有各種不同形式，包括以不同長度的木棍、電線以及其他材料猛烈毆打；以桌腳或椅腳壓斷腳趾或腳掌；打斷手指以及拔除指甲；電擊；還有用香菸與燒熔的橡膠燙傷。有些被羈押者被迫觀看或者聆聽其他囚犯遭到凌虐，包括自己的子女或配偶在內。[25]蘇米雅希在她的回憶錄裡敘述了自己如何目睹一名和她身在同一個房間裡的年輕人遭到訊問者毆打：

那兩個打手立刻開始用棍子打他。他們打了他的右肩和左肩、他的脖子、他的喉嚨，還有他的頭，一次又一次，然後又打他的胸部和背部，完全不理會那個年輕人的尖叫與哀求，而且那個年輕人也一再試圖以手臂保護自己。鮮血噴得到處都是。他的臉開始腫起來，變得又黑又青，可是毆打還是沒有停止。然後，那個年輕人不再動了，（指揮官」約翰少校（Johan）一語不發，就像機器人一樣冷眼旁觀。[26]

卡梅爾．布迪亞喬（Carmel Budiardjo）也轉述了一則類似的故事，是與她一同遭到羈押的印尼中央職工會社運行動者絲莉．安巴（Sri Ambar）告訴她的。絲莉．安巴在現場看著一名年輕的社運行動者在訊問期間被活活打死：

他們開始鞭打他的時候，她人也在那個房間裡。他們對準了他的背部和脖子，因為這是身體上最脆弱的部位。……鞭打愈來愈猛烈，絲莉設法避開目光。她盯著自己面前的一張紙，努力想要把心思集中在任何事物上，以求忽略發生在她眼前的暴行。不過，她聽到那人跌倒之後，還是忍不住轉頭去看發生了什麼事。他撲倒在地板上，嘴裡冒出濃濃的白沫。她匆忙趕到他身前，那些施虐者完全沒有阻止她。……過了一會兒之後，那個年輕人就死了。[27]

囚犯也遭遇各式各樣的性暴力，而且受害者不分男女。[28]有些人是生殖器遭到電擊，[29]有些人被迫在訊問者的觀看與辱罵下當眾性交。有些女性被迫脫光衣物，遭受訊問者的強迫撫摸與強暴。[30]中爪哇有一名女子因為被人懷疑身為印尼婦女運動成員而遭到逮捕，她提出的記述就是個典型的例子：「我被打了一頓，然後被剝光衣服。我的陰毛和頭髮都被燒掉。我唯一能做的事情就是尖叫以及呼召上帝的名。……我一度被迫坐在一名男性囚犯的懷裡。我在全身赤裸的情況下被人抓住，還被命令要對所有訊問我的官員親吻他們的陰莖。」[31]

有一名和幾個青少女共同受到羈押的人士記述指出，那幾個青少女被人指控在哈里姆空軍基地參與了虐殺將領的行為，結果遭到陸軍的羈押人員猥褻與強暴。後來，同樣在受到羈押期間，她們還被迫在鏡頭前面重演她們被人指控在哈里姆跳過的淫蕩舞蹈。[32]軍方和監獄官員的性剝削行為也相當常見。有些監獄和軍方官員利用自己的權勢強暴女性囚犯，或是把她們帶到監獄外面賣為妓女。[33]

如同其他大部分的

女性政治犯在中爪哇的普蘭通甘拘留營（Plantungan）禱告，一九七七年。（David Jenkins）

政治監禁案例，陸軍也經常利用凌虐手段獲取資訊，藉此找出並且逮捕更多嫌犯。舉例而言，囚犯遭到逼迫供出其他黨員的姓名與下落，或是自己所屬政黨的計畫、網絡與意圖。凌虐逼出的供詞，也用於政治審判與宣傳行動當中。實際上，自白和訊問供述幾乎是政治審判裡唯一提出的證據；舉例而言，陸軍荒誕卻有效的心理戰行動，就是奠基在幾名年輕女子針對印尼婦女運動成員遭指控在鱷魚洞做出的行為所提出的供詞。[34] 如同波布統治下的柬埔寨與佛朗哥統治下的西班牙，印尼的訊問者真正在乎的顯然也不是實際上的事實，而只是要獲取證據支持既有的罪責論述。

除了這類工具性的目標以外，印尼的被羈押者之所以遭到凌虐還有其他若干目的。如同其他大規模監禁行動，其中一個目標就是要羞辱、恐嚇以及促使被羈押者背叛其同志。必須清楚說明的是，這類凌虐沒有司法上的目的，而是單純針對囚犯受到認定的變節行為或者政治信念而施以懲罰。例如有一名被羈押者講述了兩個左派記者（蘇羅托〔Suroto〕與瓦魯喬〔Walujo〕）在被軍方羈押期間所遭受的一項深具羞辱性的痛苦待遇：「士兵先把一大堆啤酒瓶砸碎在地板上，然後迫使那兩人以雙手和雙膝著地，爬過鋪滿地板的碎玻璃。他們的衣服被玻璃割得破爛，身上也滿是傷口，而且同時還必須不停高喊『Hidup Sukarno!』（蘇卡諾萬歲！）。」[35]

有時候，階級較低或者政治立場遭到懷疑的士兵與官員，會覺得自己有必要透過凌虐囚犯，向上級證明自己的可靠。類似的需求也可能有助於解釋一種現象，亦即囚犯一旦轉而為逮捕他們的人扮演線民和訊問者的角色，都會表現得異常殘暴。在不擇手段想要保住自身性命的情況下，他們有時會企圖向逮捕者證明自己的價值，而做法就是背叛自己先前的同志，並以超乎尋常的殘暴行為凌虐他們。[36]

長期監禁

如果說初步羈押的基本事實提供了強烈的跡象，顯示發生在一九六五年十月之後的大規模監禁受到陸軍的鼓勵與促成，那麼更長期監禁的模式更是毫無疑問地顯示，那項計畫的核心設計者與策畫者是陸軍指揮高層。那項計畫有三個面向尤其深具揭露性。首先，在那場疑似政變之後幾個星期內啟動的政治犯分類系統，就是由陸軍領導層設計而成，並且透過陸軍的授權以及指揮體系所落實。第二，政治犯遭到關押的條件（以及他們獲釋的條件）明白反映了陸軍領導層的政治動機與利益，並且毫不在乎正義或正當法律程序的規範。第三，大規模羈押強度的區域性差異，就像殺戮模式的差別一樣，似乎也和區域陸軍當局的立場、利益與策略直接相關。

分類囚犯

經過初步訊問之後，軍方官員會依據被羈押者涉入九三〇運動的程度而把他們分成A、B、C三大類。[37]A類的被羈押者被認為「明顯直接涉入」九三〇運動，不論是因為他們參與該項運動、參與規劃過程，還是知道那項計畫但沒有通報有關當局。B類囚犯被指為「明顯間接涉入」那項運動，這個類別的主要對象是印尼共產黨及其許多附屬組織的領導人物，以及其他受到指控對於該項運動表達了贊同，或者對於鎮壓該項運動的措施表達了反對的人士。就實質上而言，B類包含了沒有證據可以證明實際上涉入那場疑似政變的左派領導人物。如同檢察總長蘇吉．阿爾托（Sugih Arto）在一九七一年說明指出的，「接著還有B類囚犯。我們確知他們是叛徒，他們抱持明確的意識形態，但是沒有足夠的證據可以控告他們。」[38]C類囚犯是「可以合理假設直接或間接涉入」那場「政變」的人。[39]更明確來說，C類涵蓋了印尼共產黨的同情人士以及附屬於印尼共產黨的群眾組織當中的成員，另外也包括據說「涉入」一九四八年茉莉芬暴動的人，以及沒有立即反對一九六五年那場疑似政變的人。這套分類系統最早在一九六五年十一月十五日被明白列為逮捕與處理嫌犯的指引，出現在蘇哈托將軍依據蘇卡諾總統授權而發布的一份命令裡。[40]那份命令後來數度在蘇哈托的授權下受到修正以及重新發布，但基本的分類系統都沒有改變。[41]

這套系統有幾個一看就頗為引人注目的特點。首先，這套系統確認了只要身為印尼共產黨或是其附屬組織的成員，或者對其抱持同情，就足以構成被羈押的理由。而且，這套系統還是出現在那些組織遭到正式禁止的幾個月之前，也就是說那些人所加入或者抱持同情的對象雖是合法組織，卻還是不免因此遭到監禁。第二，這套分類系統採取的罪責概念不是基於被告做出的行為，而是基於他們的隸屬關係以及受到認定的觀念、態度與意圖。第三，這套系統提出了「直接」與「間接」涉入的這項模糊分別，彷彿這兩個用語和類別本身乃是不證自明。實際上，那份命令的內容極為空泛，給人一種匆忙寫就的感覺。不過，那樣的空泛可能是刻意造成的結果，並且為陸軍領導層提供了幾乎毫無限制的權力，可以羈押任何人，也可以任意決定要監禁還是釋放他們。[42]最後，可能也是最重要的一點是，他們提出的安復部命令與囚犯分類系統都凸顯了這一點：大規模政治監禁是一項以中央集權的協調方式刻意推行的行動，根本不是自發性的憤怒或者大眾情緒失控所造成的結果。[43]

在十月一日之後據估遭到關押的一百萬人當中，絕大多數都被歸為C類囚犯，也就是因其政治立場或者受到認定的認同傾向而「可以合理假設直接或間接涉入」九三〇運動的人。如同先前所述，這個群體包含了數十萬曾是印尼共產黨相關群眾組織成員的人，但這些人對於一九六五年十月一日的事件幾乎全都一無所知，更遑論涉入其中。另外有一群為數較少的人被歸為B類囚犯，人數也許有三萬：這群人因為在左翼組織裡居於領導地位而被判定為「明顯間接涉入」九三〇運動，但沒有足夠的證據能夠加以起訴。[44]舉例而言，這個群體包括了遭到鎖定的左翼團體當中的地方及區域幹部、首要的文化人物，以及被視為對左派或蘇卡諾抱持同情的軍官與政府文官。如同以下將會討論到的，有一萬名左右的B類囚犯終究被送到布魯島，在沒有受到起訴或審判的情況下在那裡被監禁了長達十年。最後還有一個遠遠小了許多的群體，可能只有幾千人，則是被歸為A類囚犯：這群人被認定為「明顯直接涉入」規劃以及執行那場疑似政變，或是沒有向有關當局舉發那項陰謀。這個群體包括著名的政黨人物、效忠蘇卡諾的人士，以及涉及那項疑似政變陰謀的高階軍官。儘管不是全數如此，但許多A類囚犯最終都在舉行於一九六六年初至一九七六年間的政治作秀審判當中遭到起訴以及判刑。[45]

監獄環境

被羈押者不論被歸為什麼類別，都是監禁在相當於嚴重虐待的監獄環境裡，而許多囚犯也因此生病或者死亡。[46]監獄環境雖然各有不同，而且也有部分被羈押者受到堪稱良好的待遇，但大多數人卻都體驗了嚴重的過度擁擠、達到危險程度的營養不足、缺乏基本生活設施、不衛生的環境，以及欠缺醫療照護。更糟的是，被羈押者還隨時處在可能會被監獄當局「借調」(dibon)的恐懼當中：所謂的借調，就是從牢房被帶去沒有受到透露的地點，通常是被帶去處決。最後，被羈押者也都患有心理與情緒上的問題，一部分是因為與家人還有朋友分離，以及對於自己的命運所感到的不確定性，但也是因為高壓的意識形態灌輸活動。一名高階安復部軍官指稱那種活動的目標在於「重新調整被羈押者的心理狀態」。[47]

由於有數十萬人在短短幾個月的時間內被捕，因此羈押場所自然一直都處於爆滿的狀態。有許多當初由荷蘭殖民當局興建的牢房，原本都僅是為了容納一、兩人而設計，現在卻經常同時關押好幾人。在安復部位於雅加達的卡隆羈押中心這個惡名昭彰的地點，一個長三公尺、寬二．五公尺的牢房經常會塞進五個人；在萬隆的一間拘留所，有六名被羈押者睡在一間長四公尺、寬三公尺的牢房裡；在中蘇拉威西的馬埃薩監獄（Maesa），有二十名囚犯被塞進一間同樣大小的牢房裡；此外，還有一名被羈押者描述自己和另外八個人被關在一間長二．五公尺、寬一．五公尺的牢房裡。[48]

軍方當局提供的食物並不足夠，而這個問題在許多案例當中又因為貪腐情形而雪上加霜。[49]即便在預算足以餵食大批被羈押者的地方，糧食也經常來不及送到囚犯面前，就先被監獄當局偷走或者賣掉。囚犯要是幸運的話，一天可以吃到兩餐，餐點內容則是少許的米飯和一小塊鹹魚或天貝。更常見的情形是一天只有一餐，內容為少許的玉米、木薯或者其他根莖類作物，再加上一塊鹽片或者鹹魚。為了保持健康，囚犯必須由身在外面的家人或朋友提供食物以補充營養。不過，對於羈押處離家遙遠，或是沒有家人，或者家人太過貧窮或害怕而不敢前往羈押中心的囚犯而言，則是連這個選項也不可得。這類囚犯想要補充營養，只能靠著吃老鼠、蜥蜴、蛇、昆蟲，以及他們能夠找到的其他任何形式的蛋白質。[50]這種糧食短缺的情形所造成的結果可想而知。如同帕拉莫迪亞在牢裡寫信向他女兒指出的：

妳大概從沒看過這種情形，人一旦瘦到正常體重的百分之五十以下，肢體動作就會顯得異於尋常，心理狀態也會變得相當古怪。這麼一個人的眼睛會從眼窩裡凸出來，但視力卻還是模糊。他的皮膚乾裂，移動起來關節僵硬不已，就像默片裡的大金剛一樣。他走起路來會不停環顧周圍，猶疑不定地緩緩點著頭，但是眼神空洞茫然。這種情景在日本占領期間曾經相當常見，結果現在又再度重現於印尼的政治犯之間。[51]

被羈押者也不得享有基本的生活設施。牢房通常都沒有床鋪、床墊或枕頭，沒有桌椅，也沒有蚊帳可以阻擋瘧蚊。大多數的被羈押者都睡在水泥地上，幸運的話則是得以睡在外面的家人或朋友提供的草蓆上。肥皂與牙膏等基本盥洗用品極少受到供應，因此必須從外面取得，或是拿別的東西和其他囚犯或警衛交換而來。更糟的是，人滿為患的牢房經常沒有自來水也沒有馬桶。關押在這類牢房裡的囚犯別無選擇，只能排便在水桶和塑膠袋裡，或是直接排在地板上。帕拉莫迪亞在一九六九年如此描述他的羈押場所：「在努薩安邦島（Nusa Kambangan）的中加朗監獄（Karang Tengah Prison），我們走進被分配給我們的營房裡，而在那裡發現……堆積如山的人類糞便。每一間營房都是一樣的情景：一堆惡臭的糞便，從門口一路延伸到茅坑。」[52]

在這樣的情況下，也就難怪許多被羈押者都生了重病，也有些人因此死亡。到了一九七〇年代晚期，國際特赦組織推斷認定結核病已成了印尼政治犯之間的「流行病」，而且在情況最糟糕的監獄裡，「超過半數的囚犯」都遭到感染。[53] 這樣的狀況又因為大多數的羈押設施缺乏適當的醫療照護而雪上加霜。僱用全職醫療人員的設施少之又少，通常都是仰賴偶爾到訪的巡迴醫師或護士。在沒有醫療人員的情況下，囚犯只能依靠囚友，因為其中有些人是經驗豐富的醫生與護士。[54]另外有些人則是著手研究針灸與腳底按摩等傳統醫療方式，藉此為自己和囚友緩解身體的不適。就算是駐有護士或醫師的設施，也免不了藥物長期短缺的情形。因此，囚犯同樣只能自求多福，被迫從監獄外面或是向腐敗的監獄官員獲取藥物。蘇旺多．布迪亞喬（Suwondo Budiardjo）在薩倫巴監獄（Salemba）遭受嚴重的支氣管炎折磨了幾個月之後，終於得以從監獄外面取得藥物。他在獲釋之後寫道：「如果沒有我的家人、別的囚友、國際特赦組織的善

東加里曼丹桑貝勒佐拘留營（Sumber-Rejo）的政治犯，一九七七年。（David Jenkins）

心人士、教會團體以及其他人的幫助，我們一定有很多人會死在薩倫巴，包括我自己在內。」[55]

除了這些艱困的狀況之外，有些囚犯也必須從事強迫勞動。[56]實際上，有些羈押中心的組織和運作方式就等於是勞動營，為政府的工程計畫、製造計畫以及農業生產提供無償勞工。其中最惡名昭彰的是後續將會檢視的布魯島這座監獄島嶼，但除此之外還有其他許多地方。在別的例子當中，南蘇拉威西的莫空羅伊營區（Mocong Loe）、中蘇拉威西的艾梅洛洛（Ameroro）與南加南加（Nanga-Nanga）這兩座營區，還有南蘇門答臘的克瑪羅島營區（Kemaro Island），基本上都是A類與B類囚犯的流放地。[57]同樣的，在雅加達的薩倫巴監獄、城外的唐格朗監獄，以及爪哇南岸的努薩安邦監獄園區，政治犯也都必須在監獄農場工作以及參與其他無償的工程計畫。[58]另外還有許多例子，則是拘留營當局強迫囚犯為他們從事「徭役」，像是修造建築物、整理花園以及清潔等工作。

這些實體環境條件雖然駭人，但從被羈押者的回憶錄與證詞看來，至少對於某些人而言，羈押期間最令人難以承受的卻是心理與情感方面的壓力。他們的記述一再提及自己感到的憤怒、挫折與怨恨，因為他們不被當成人類看待，而是被視為畜牲，連最基本的人性尊嚴需求以及身為社群一員的可能性都遭到剝奪。因此，例如陳瑞麟（Tan Swie Ling）就寫道：「九三〇運動的政治犯在遭到羈押期間，從來沒有被當作人看待。」[59]蘇米雅希也在她的回憶錄裡強調指出：「我們彷彿完全不被看成是人，而只不過是一片片的鹹魚或者一塊塊的木頭。」[60]

詹金斯這位記者在一九七七年走訪了東加里曼丹的桑貝勒佐拘留營，後來在他的記述裡提到那裡「瀰漫著聽天由命以及心懷怨恨」的氣氛。當時那座營區收容了五百二十五名B類囚犯，包括四百七十名男性與五十五名女性，其中大多數人都已在未經起訴或審判的情況下被關押了十二年之久。詹金斯寫道，遭到監禁那麼久之後，那些囚犯對於自己的處境都懷有矛盾的態度，但他們內心的憤怒或者決心卻是毋庸置疑。

一方面，他們表現出來的言行就像是已經體認到反抗絲毫沒有用處。……但另一方面，他們對於自己的長期關押也明顯心懷怨恨。只要警衛不在場，他們就會以充滿憤慨的語氣談起拘留營裡的狀況。……在桑貝勒佐，讓人感受最強烈的就是被羈押者所懷有的傲氣與尊嚴；他們許多人的臉上都顯露出頑強的決心。……在桑貝勒佐，沒有一個人顯得害怕或是逆來順受，也不像其他營區那樣有模範囚犯會以言不由衷的話語為班查西拉式的生活辯護。[61]

一九六五年十月之後的政治監禁當中最令人驚恐的面向，就是「借調」被羈押者的做法。幾乎所有被羈押者的回憶錄都提到過這種做法，也就是有關當局會把被羈押者從牢裡帶走，而且經常都是在半夜時分。他們被帶去什麼地方從來不會受到透露，也可能從此不再回來。「借調」一詞是陸軍採取歐威爾式雙言巧語的典型例子，代表的意思有可能是把囚犯轉移到另一座羈押中心、帶去接受訊問，或是送去從事徭役，但也經常是處決的前奏。最後一點無疑正是親眼目睹過這種做法的政治犯所抱持的理解。[62]

被羈押者也因為是遭到恣意的監禁，所以深為不確定的感受所苦。[63]除了少數人以外，絕大多數都是在沒有經過起訴或審判的情況下受到關押，而且他們遭到羈押的理由也不曾受到說明，因此他們完全無法得知自己會被羈押多久，或是究竟會不會有獲得釋放的一天。在一九七五年的一場政治審判上，葉添興（Yap Thiam Hien）這位勇敢的人權律師引述了一名政治犯的請求：「我們就像樹上的葉子一樣，只是等待著要掉到地上，與大地合而為一。幫助我們重獲自由，和我們沒有受到保護的家人團聚。至少幫助我們接受審判，讓這種磨耗心志的不確定性能夠結束。」[64]

對於許多政治犯而言，他們在羈押期間被迫接受的意識形態灌輸課程也同樣令人深感難熬。這種課程的目標在於「清除」被羈押者原有的觀念，包括共產主義、無神論以及舊秩序思維，而以奠基在對於神的信仰以及陸軍版本的班查西拉之上的「健康」觀念取而代之。[65]安復部一名高階軍官在一九七七年針對這種課程說明指出：「我們必須確認我們已經把他們的心智轉變為班查西拉式的心智。」[66]負責執行這種方案的陸軍當局彷彿呼應米歇爾・傅柯（Michel Foucault），指稱囚犯就像是精神病患，而他們自己則是能夠「治癒」病人的醫生。一名曾經遭到羈押的人士回憶指出，薩倫巴監獄有個陸軍上尉在一堂灌輸課裡對囚犯這麼說：「我把你們當成精神病患看待，原因是你們遭到了舊秩序還有無神論的思想所感染，而我就像是能夠讓你們恢復健康的醫生。」[67]如同詹金斯在桑貝勒佐對於囚犯的觀察所顯示的，陸軍的療法不總是有效。

一九七〇年代中期，印尼陸軍和政府當局又更進一步，開始對政治犯進行心理測驗。受到測驗的囚犯，包括了中爪哇普蘭通甘女子監獄裡超過四百名的女性。一九七五年底，有二十五名左右來自各領域的學者，在軍隊心理學家蘇米特羅少將（Sumitro）的陪伴下，抵達這座監獄從事這項工作。[68]囚犯在第一天被聚集起來，花了幾個小時的時間填寫內容繁多的心理測驗卷以及接受訪談；第二天，她們又被聚集起來聆聽那些學者針對她們的心理健康狀態提出結論。那些學者的評估結果極為正面：他們認為囚犯對於「新環境」的調適令人讚嘆，並且指稱囚犯絕佳的心理健康是「堅定的宗教信仰」所帶來的結果。在一九七七年走訪普蘭通甘監獄的詹金斯，則是提出了不太一樣的解讀：

> 這裡和其他地方一樣，獄方也對囚犯施加強大的心理壓力，以迫使她們遵循「班查西拉社會」的規範。在某些案例當中，由此造成的結果是原本個性獨立的女性轉而為她們過去所唾棄的生活型態辯護；一個個沒有了靈魂的空殼子，有氣無力地說著熱烈的

感謝言詞，感謝那個剝奪了她們的自由長達十年以上的政府。[69]

值得注意的是，荷蘭的資深心理學家與社會科學家在設立這項心理測驗方案當中扮演了重要角色。初步研究顯示，政治犯的心理評估是印尼與荷蘭幾所大學正式合作的「KUN-2」計畫當中的一部分。[70]在那項計畫的條件下，荷蘭學者協助印尼的同僚針對政治犯設計心理測驗。根據一九七〇年代晚期的荷蘭媒體報導，這項計畫的目標是要調查囚犯的「共產主義程度」。[71]因此，除了揭露陸軍利用「科學」專業追求政治目的之外，這項計畫也顯示了一項令人不安的可能性，亦即印尼國內外的醫學專業人士與學者，有可能在陸軍的恣意政治監禁與思想改造方案當中淪為共犯。此一可能性凸顯了史學家佩特里・皮蒂凱寧（Petteri Pietikainen）提出的這項觀察：「在威權國家裡，精神病學以及其他所有的科學，尤其是以人為研究對象的科學，都極易捲入政治、權力與陰謀詭計當中。」[72]

殺或押？

儘管有整體上的相似性，監禁模式卻還是因地而異：在部分地區，尤其是雅加達、西爪哇、蘇拉威西與布魯島，有許多人都持續受到羈押；而在亞齊、峇里與東爪哇等其他地方，遭到長期監禁的人數則是為數不多。也許更重要的是，長期羈押與大規模殺戮之間存在著反向關係：

在長期羈押人數較多的地區，被殺的人數就比較少，而且反之亦然。[73]因此，遭受長期羈押的囚犯最密集的地區，也是殺戮程度相對較低的地區，諸如雅加達、西爪哇、南北蘇拉威西，以及布魯島。相對之下，長期監禁程度較低的地區，殺戮程度則是相當高，諸如亞齊、峇里與東爪哇。實際上，亞齊與峇里差不多在一九六七年之後就幾乎不再有人受到羈押。[74]

如同殺戮情形，長期監禁似乎也在一定程度上受到區域軍事指揮官的態度與策略所形塑。消滅九三〇運動與印尼共產黨的命令雖然明確來自陸軍中央領導層，區域軍事指揮官對於該如何達成這樣的目標卻還是有些自主決定權。[75]有些地區的區域指揮官明顯偏好殺戮政策，另外有些則是採取大規模監禁的策略。因此，亞齊的區域軍事指揮官選擇以殺戮而不是羈押的手段對付九三〇運動的疑似支持者，或者說得更精確一點，是選擇把被羈押者殺掉而不是長期監禁。相對之下，西爪哇的區域軍事指揮官則是選擇採取大規模羈押但殺人不多的策略。[76]這類策略上的不同，也許有助於說明其他區域以及全國層次上的差異。

第二，監禁模式似乎受到後勤考量所影響，像是不同地區的主管當局所掌握的設施與資源。羈押以及處理數量龐大的囚犯不但耗費時間，而且也非常昂貴。為了處理以及掌握囚犯，必須成立全新的官僚體系並且挹注資金以維持其運作。有些區域及地方指揮部比較有能力成立這樣的體系，所以也可能比較有意這麼做。因此，區域及地方指揮官所擁有的設施與資源（像是監獄、牢房、軍營、倉庫、訊問人員、辦事員、糧食與汽油）如果比較少，或是不願把資源投注在羈押上，監禁率就會比較低。此一模式帶來的可怕後果，就是有更多原本會受到羈押的人士因此遭到殺害。簡單說，在羈押的後勤管理遭遇困難的情況下（不論是因為缺乏空間，還是因為收容以及餵食囚犯的成本太高），結果似乎就是愈來愈訴諸殺戮的手段。

在幾個不同地點都可以觀察到這種模式。舉例而言，蔡晏霖與卡門觀察發現，北蘇門答臘鄉下地區原本關押的大批囚犯對陸軍的預算造成沉重負擔，而可能因此造成更多的殺戮行為：「一直有……揮之不去的傳言，指稱撥給羈押中心的預算不敷使用，於是陸軍打算殺掉許多囚犯，甚至可能把他們送到亞齊處死。」[77] 英國大使吉爾開斯特在一九六六年二月針對殺戮模式而拍發給外交部的電報也同樣指出：

> 當然，雅加達沒有大規模殺戮的現象。為數眾多的人士，可能有數千人之譜，在早期就遭到圍捕而被關進監獄裡，不然就是在監獄人滿為患之後被送到離岸的小島上。其中有些人可能因為實際考量而遭到殺害，例如為他們供應糧食所帶來的沉重負擔（棉蘭就是如此）。[78]

爪哇部分地區也有類似的狀況。例如在東爪哇的外南夢，陸軍據說就無力或是不願關押所有遭到逮捕的人士。於是，許多人因此被送回伊斯蘭教士聯合會的班薩民兵組織處死。一名前班薩領導人指出：「每天晚上，地區軍事指揮部都會把幾十個印尼共產黨員送到我們這裡來，並且附上殺掉他們的命令。」[79] 美國大使館也在一九六五年十一月底報告指出，中爪哇有為數眾多的囚犯，但軍方已無力或無意收容他們以及為他們供應糧食。如同其他地區，那裡採取的解決手段也是「由軍事人員在夜裡『運送』被羈押者，而在途中把他們交給指定的民間行刑隊」。[80] 兩年後，中爪哇的普沃達迪地區在一場掃蕩共產黨員的行動期間，地區軍事指揮官據說向一名印尼記者表示：「我們要是把每一個印尼共產黨員都抓起來……根本不曉得該怎麼處置他們。我們沒有空間可以羈押他們。」[81] 那裡也有數百名政治犯遭到殺害。

最後，在陸軍當局利用囚犯為政府計畫或私人需求提供勞動力的地區，殺戮行為似乎也比較少，因此再度顯示了長期羈押與大規模殺戮之間的反向關係。舉例而言，在利用政治犯提供勞動力的做法相當普遍的南蘇拉威西與中蘇拉威西，殺戮行為就都相當少。不過，這種關係最明白可見的案例是布魯島上的強迫勞動營，那裡有一萬名左右的B類囚犯被監禁了長達十年。曾被關押在布魯島的作家帕拉莫迪亞在獲釋幾年後指出：「被送到布魯島的人都逃過了遭到處死的命運。」[82]

監獄島嶼布魯島

一九六九年，爪哇的監獄裡有兩千五百名左右的B類政治犯先後搭乘火車與船隻，而被祕密運送到布魯島這座位於印尼群島東端的小島上。在全副武裝的士兵嚴密看守下，他們以最基本的工具和材料開始建造營房、道路、工作人員總部、圍牆與警衛室，結果那裡就成了亞洲規模最大也最惡名昭彰的集中營之一。[83]

在接下來的幾年裡，陸續又有好幾波的B類囚犯加入這第一批囚犯的行列。到了一九七五年，布魯島上的囚犯總數已至少達一萬人。[84]除了因為挨餓、自殺以及罹病而死亡的數百人以外，這些囚犯都在布魯島上待到一九七〇年代晚期。最後一批囚犯終於在一九七九年底返回爪哇，距離當初載運第一批囚犯的船隻抵達布魯島整整相隔十年。被關押在那裡的囚犯沒有一個人受到犯罪起訴，而且他們最終的獲釋，也沒有給出任何可信的理由。

印尼陸軍當局在一九六九年底終於承認這座營區的存在，但堅稱那裡不是集中營，而是個安置區，為「移居住民」提供機會，讓他們成為具有生產力的公民，一方面開發國內的一個偏遠地區，同時接受政治「矯治」。布魯島在形式上由檢察總長掌管，實際上卻是一個由陸軍控制的流放地，更精確來說是由勢力龐大的安復部掌握。[85]布魯島的一切，從營房與庭院的布局，乃至所謂的移居住民所受到的待遇，以及為其賦予正當性的語言，都充滿了陸軍的特色。那種軍方精神可以明顯見於蘇哈托總統在一九六九年十二月，第一次針對布魯島所發表的公開言論當中：「外國媒體的部分內容試圖把布魯島貶抑為印尼版的〔荷蘭殖民流放地〕波文帝固爾或者集中營。他們忘了在歷史上，戰爭總是會為落敗的一方帶來風險。」[86]因此，那些被羈押者乃是被視同戰敗的敵人。

實際上，有些觀察者以及先前的囚犯雖然試圖把布魯島比擬為荷蘭殖民當局放逐政治反對者的地方，但布魯島其實和那些地方頗為不同，而且還更糟。比較合適的比擬對象是日本軍事當局在二戰期間設置於印尼及其他地方的戰俘營。[87] 如同那些戰俘營，布魯島上的囚犯也被迫在衛兵看守下從早到晚工作，建造營房與員工宿舍、道路與步道，以及把濃密的叢林與草地轉變為農地。如同日本戰俘營裡的俘虜，被關押在布魯島的囚犯也只會得到最基本的糧食配給，必須另行補充營養才能保持活命。他們睡在幾乎毫無便利設施的營房裡，生病也得不到醫療照護，而且隨時活在被懲罰的恐懼裡，只要稍有違犯行為，或是被認定違反了規定或者特定指揮官的命令，即不免遭遇懲罰。此外，如同日本戰俘營裡的俘虜，布魯島上的囚犯也必須持續不斷接受政治訊息和指導的轟炸，表面上的目的是要改進他們的意識形態以及對他們再教育，但實際上卻只是導致挫折與絕望。兩者之間最主要的差別是，布魯島上的囚犯承受這樣的待遇和羞辱長達十年，日本的戰俘營則是只存在了三年半的時間，而且布魯島的囚犯所遭到的壓迫不是來自外來占領軍，而是來自他們「自己」的保安部隊。

存在於印尼國內其他地方的基本羈押狀況，在布魯島上也同樣普遍可見，[88] 但布魯島上的囚犯還遭遇更進一步的虐待與羞辱，包括強迫勞動在內。[89] 他們只有鐮刀、斧頭與鋤頭這類最基本的工具，卻必須清除森林與草地以闢建道路與步行小徑，連接營區裡的不同單位。他們也花費數月乃至數年的時間把草地和濃密的森林開闢成灌溉稻田。他們建造軍官宿舍、營區建築，以及自己和後續的囚犯所居住的營房。更糟的是，他們辛勤勞動所造就的作物與產品，還經常遭到營區的官員據為己有，要不是供自己使用，就是拿到楠勒阿（Namlea）這座小鎮的市場上轉售。

他們的勞動總是受到武裝警衛督導，所以也就隨時都處於遭受懲罰的威脅之下。這類懲罰除了單純的殘暴以及缺乏公平性之外，其中一個特別引人注意的面向，就是效法了戰俘營那種高度軍事化的作風。疲憊不堪而又營養不足的囚犯一旦違反規則或者得罪了警衛，就會被迫做一百下伏地挺身、在雨中或豔陽下立正罰站長達數小時，或是雙手舉在頭部後方而以蹲姿繞行庭院。[90] 陸軍顯然極為缺乏想像力，因此只能藉著從日本占領時期學來的有限方法懲罰囚犯。

囚犯的勞動成果，包括稻米及其他食物，表面上是用來供應囚犯本身食用，而他們生產的糧食也確實在營區當局提供的貧乏配給之外構成了必要的補充。但儘管如此，尋求足夠的糧食卻仍然一再是眾人關注的焦點。帕拉莫迪亞寫道：「吃蛇是很常見的情形。有些人也吃木蛀蟲，先把頭摘掉，然後吃富含脂肪的身體下半部，而且有時候是直接生吃。狗也成了我們充饑的食物。」[91]

心理負擔

布魯島上的囚犯除了必須面對身體上的勞動負擔之外，遭受監禁的情形也為他們造成了心理和情感上的沉重負擔，而且其嚴重程度在某些方面還遠遠超越了身體上的辛勞。在布魯島囚犯的記述當中，最常見的一項主題就是沉默。舉例而言，曾被關押在布魯島的囚犯感嘆自己以往對於國家的貢獻不是遭到忽略就是遺忘，也不准談論或書寫任何有意義的事物，又不能看報紙、聽廣播，唯一能夠閱讀的書本也只有宗教典籍。作家不准取得紙筆，而且就算獲准寫作，他們寫下的文字也隨時都有可能遭到沒收或銷毀。所以，帕拉莫迪亞原本計劃針對民族主義運動初期寫一部小說，而在九塊石板上寫滿了筆記，結果那些石板遭到營區當局沒收，而且從未歸還。[92]

布魯島囚犯的回憶錄還有另一個和其他政治犯一樣的常見主題，就是不被當人看待的羞辱：被當成畜牲、物品，或是沒有自我意志的機器人。這種不承認囚犯人格的現象可見於許多不同形式當中，包括他們一再提及獄方提供的食物根本不適合人吃，而且也與外界斷絕聯繫，包括他們心愛的家人，還有使他們得以成其為人的社會連結。在一段呼應了漢娜．鄂蘭(Hannah Arendt)的文字當中，曾經遭囚的塞蒂亞萬(Setiawan)指稱政治犯不被承認為「政治個體」，而只是「生理動物」；他們都只有編號，而沒有名字。[93] 帕拉莫迪亞也寫道，在長達多年的時間裡被人當成動物對待，使得政治犯因此喪失了自信、尊嚴以及人格感受。[94]

布魯島的囚犯和其他地方那些沒有起訴即遭到羈押的人士一樣，他們的心理負擔當中最令人難以承受的無疑也是不確定感，包括對於自己的未來，還有對於家人與心愛的對象所可能遭遇的命運。[95]由於這些囚犯完全沒有受到起訴、審判或者定罪，因此根本不知道自己還必須在島上待多久，而且主管當局也沒有針對這一點做出任何釐清，也許是刻意如此。有些囚犯因此放棄希望，為自己假設了最糟的下場，從而陷入絕望或精神疾病的狀態；也許無可避免的其中一項後果，就是有些人藉著自我了斷尋求解脫。[96]另外有些人則是緊抓著各種浮木，例如可能在營區指揮官的宿舍裡工作過的囚犯所傳出來的謠言，或是利用一兩個囚犯藏在營房裡的收音機聆聽廣播以找尋線索。他們一方面納悶著自己是不是有可能獲得釋放，同時又擔心並且思念自己身在爪哇的家人，因為大部分的囚犯除了與家人分隔多年之外，甚至也沒辦法和他們通信。理論上，囚犯每個月可以寄一張明信片回家，但實際上那些明信片極少能夠寄到目的地。[97]

彷彿這樣還不夠，布魯島的囚犯也必須接受一項高壓的思想灌輸與再教育課程，名稱叫作「心理引導」課程，由一名「總部心理引導官」策劃舉辦。這項課程的明確目標是要促使所有囚犯捨棄「共產主義意識形態」、信奉並且實踐受到國家承認的宗教，還有接受陸軍版本的國家意識形態班查西拉。如同檢察總長在一九七二年十月所言：「一個人只要達到了成為真正的班查西拉信徒這項條件，自然就可以從布魯島回來。」[98]

這項計畫有幾個明白可見的問題。第一是認定布魯島上的所有囚犯都是共產黨員，但實際上有許多人其實不是。如同塞蒂亞萬據說在一九七〇年代向紅十字國際委員會派往布魯島的一個代表團所指出的：「我們其實不全都是共產主義者，我們只是遭到政府厭惡的人。」[99]第二個問題是絕大多數的囚犯都是民族主義者以及蘇卡諾的忠實追隨者，所以他們原本就是班查西拉的熱切支持者。實際上，班查西拉在一九六五年之前數度遭到攻擊的時候，他們當中有許多人都曾經幫忙捍衛這項意識形態。對於這些囚犯以及其他無數的印尼人而言，身為左派、蘇卡諾主義者或甚至是共產黨員而同時信奉班查西拉，並沒有任何牴觸。所謂這兩種立場的衝突其實是陸軍自己創造出來的結果，產生自政治上的權宜以及對於印尼政治史的理解不足。囚犯之所以反彈，原因是他們實際上極為瞭解而且長久擁護班查西拉，卻竟然必須聽從陸軍軍官幫他們上課，而且這些軍官不只對班查西拉的含意理解低落，還在講解當中加以扭曲。新聞部長就是這個問題的縮影：身為軍官的他，在一部關於政治犯的荷蘭紀錄片當中接受訪談，結果竟然記不得班查西拉的五項主要原則。[100]

營區當局偶爾提供的文化、體育和宗教禮拜活動，是囚犯在那些負擔之下得以稍微喘口氣的機會。有些前囚犯在回憶錄裡以懷念的語氣提及他們獲准參與的音樂和戲劇表演、在泥地足球場與排球場上的競爭，以及在教堂或清真寺裡感受到的群體交融。[101]不過，最受珍視的其中一項回憶，是在夜裡聚集於帕拉莫迪亞的小屋，聆聽他針對二十世紀初那段印尼民族覺醒的早年時期講述一則豐富多采的故事。這則口述歷史由一群蓬頭垢面的政治流放者提出的建議所形成並且重塑，後來帕拉莫迪亞就以此為基礎，寫成一套共有四冊的歷史小說傑作，書名恰如其分地取為《布魯島四部曲》(*The Buru Quartet*)。這套著作出版於帕拉莫迪亞從布魯島獲釋之後不久，頭兩冊立刻就成了暢銷書；一年後，檢察總長以這套著作含有共產主義教誨這項子虛烏有的理由對其下達禁令。[102]

國際連結

布魯島雖然地處偏遠，而且又缺乏有意義的政府資訊，但這座島嶼的故事終究開始流傳到印尼其他地區乃至國外。最早的記述來自被人偷帶到爪哇的囚犯信件，傳閱於朋友與同情分子之間，有時也分享給人權組織。隨著消息逐漸擴散，人權組織也開始表達關切，印尼當局於是試圖安撫國內外的民眾，聲稱這座監獄島沒有什麼駭人之處。

一九七一至一九七二年間，當局核准一群印尼與外國記者登上布魯島親眼觀察那裡的狀況。最早前往從事報導的其中一人是印尼記者馬瑟爾．貝丁(Marcel Beding)，他在一九七一年底踏上布魯島。他發表於《指南日報》(*Kompas*)這份全國性日報的文章採取了出人意料的批評語調，而這麼問道：

> 他們必須〔在布魯島〕待多久？他們自己也問著這個問題。他們的家人問著這個問題，

我自己也加入他們的行列。而這個問題的答案，就像一九七一年十二月那天下午第二區上方的天空一樣黑暗。……他們全都是孤獨的男人。他們全都孤獨地從早到晚不停勞動。他們也深受不確定的感受所苦，不只無法確知自己的未來，也無法確知自己身在大海另一端的心愛對象將會遭遇什麼命運，包括他們的父母、妻子、兒女、親戚。[103]

大多數外國記者與人權組織的記述也一樣語帶批評，針對布魯島囚犯的生活實況描繪了一幅慘淡的圖像，並且對於當局在沒有起訴或審判的情況下羈押他們的這種做法所帶有的明智性與合法性表達疑慮。一名在一九七一年十二月走訪布魯島的外國記者針對強迫勞動制度提出評論，而在《新聞週刊》當中寫道：「對於不曾有過農耕經驗以及年紀較大的人，還有知識分子而言，艱苦的體力勞動就是嚴厲的懲罰。」[104]

受到這些報導的語氣和內容所激怒，陸軍於是宣告布魯島在接下來的五年裡不再對記者與遊客開放。在那段期間，唯一造訪島上營區的人士就只有包括安復部司令蘇米特羅將軍在內的軍事當局人員、偶爾出現的紅十字國際委員會代表團、幾名傳教士、少數經過特別挑選的記者，以及一群心理學家。囚犯對於這些到訪人士的記述，可讓我們窺見印尼當局的態度與行為，並且證實（如果這點需要證實的話）布魯島拘留營就和整個政治監禁方案一樣，也是陸軍中央領導層的計畫。

在一九七〇年代的大半期間，布魯島囚犯與外界唯一有意義的聯繫就是透過紅十字國際委員會短暫來訪的那些小型代表團。[105] 囚犯與當局雙方都極為熱切地為這些訪問預作準備。囚犯策劃著怎麼與營區當局鬥智，設法把敏感資訊交給代表團。其中一項策略是指派一名會說法語或德語這類歐洲語言的囚犯與紅十字國際委員會的代表溝通。他們的假設是，監督這些互動的士兵不會聽得懂那些歐洲語言，而這樣的想法可能也沒錯。另一項比較危險的做法，則是預先準備好書面報告，在囚犯接受檢查的時候偷偷交給代表團的成員。另一方面，陸軍當局也焦急做著準備，包括下令打掃營區，以及警告囚犯不得說出任何可能會被解讀為批評的話語。此外，陸軍當局也設法把訪問時間限縮在一兩天內，並且避免紅十字國際委員會的代表與囚犯從事長時間的交談；普遍的常態是和每一批囚犯接觸的時間只有十五分鐘左右。[106]

在一九七三或一九七四年的一次訪問當中，一名囚犯趁著幫代表團成員提行李上船的機會，而把一份描述布魯島上狀況的手寫報告交給了他們。不幸的是，那份報告的消息傳到了營區指揮官耳裡，導致他做出憤怒的回應。一名囚犯回憶指出：

> 在訪客離開的次日，獄方召集所有囚犯舉行了一場特殊點名。指揮官氣急敗壞地尖聲質問是誰把一封英文信件交給那些瑞士訪客。……那封信沒有署名，但是描述了囚犯的真實處境，指稱實情和他們看到的狀況完全不一樣，因為那些表象都是經過安排的

> 結果。在等待交遞信件者自首的時候，所有囚犯就站在雨中淋雨。由於沒有人自首，警衛隊長因此威脅要用全新的科技找出罪魁禍首，也就是用測謊器。[107]

儘管情勢如此艱困，紅十字國際委員會還是對營區內部的狀況獲得了頗為準確的理解。而該委員會雖然依照本身的標準守則而承諾不把這些發現結果公開，卻還是得以堅持要求獄方做出些許改變。舉例而言，在一次訪問過後，帕拉莫迪亞和其他人即得到獄方提供紙筆，並且獲准再度寫作。此外，紅十字國際委員會也透過和國際特赦組織等其他人權組織的非正式聯繫，而得以把他們對於營區內部狀況所獲致的印象大致傳達出去；這些資訊為其他組織賦予了自信，讓他們敢於從事自己的報導以及為那些囚犯請命。

布魯島還有另外一群訪客，是一支受到政府核可的學者代表團，成員大多數都是心理學家，同時也伴隨幾名印尼記者，在一九七三年十月中到島上待了幾天。[108] 由後來當上教育部長的心理學教授弗阿．哈桑（Fuad Hasan）率領的這支「跨大學心理學團隊」，主要由幾位大學教授組成，都是來自印尼大學與加查馬達大學（Gadjah Mada University）這兩所聲譽良好的學校。這個團隊表面上是前來評估囚犯的心理健康，但明顯是依據陸軍的命令行事，尤其是這個團隊還受到安復部司令蘇米特羅及其他高階陸軍軍官隨行。如同在一九七五年針對普蘭通甘女子監獄的囚犯進行研究的心理學家，這群學者可能也無意間成了陸軍和新秩序政府的「科學」部門。至於伴隨他們而來的記者，則是成了政權的宣傳工具，在恣意專斷的政治監禁方案愈來愈受抨擊的情況下，以他們的報導迴避批評或者轉移焦點。

此外，從帕拉莫迪亞對於這項訪問的記述，可以看出那些心理學家在對於囚犯的訪談裡可能違反了醫療保密與獨立性的基本守則。舉例而言，他們不是評估囚犯的心理健康狀況，而是詢問他們的政治信念，詢問他們對於九三〇運動以及將領遭害有什麼想法，以及他們偏好什麼樣的政治制度。在後續幾年裡，囚犯又接受了一連串的書面心理測驗，然後再接受進一步的團體訪談，訪談者除了那些心理學家之外，還有記者與高階陸軍軍官，包括蘇米特羅在內。在這些訪談裡，囚犯再度被問及他們的政治觀點與宗教信仰。一名記者詢問帕拉莫迪亞在羈押期間是否「找到了神」，另一人則是問他監獄對他而言是否帶有任何靈性價值。這項訪談最後由蘇米特羅發表一段愚蠢的演說，在記者熱切記著筆記的情況下，敦促囚犯不要放棄希望。

一名未經起訴或審判而被監禁了十二年的印尼政治犯，在坐牢期間向當局質問道：「你們為什麼不把我送上法庭？」他後來表示，當局對他說這是一件政治事務，「而在政治事務當中，黑有可能變成白，白也有可能變成黑。」[109] 這句話簡潔扼要地反映出發動於一九六五年十月一日之後的大規模監禁方案當中的一個關鍵層面，亦即其出發點不是司法動機，而是純粹的政治動機。那句話也許刻意略過不提的則是那項政治目標究竟是什麼，以及背後的推動者是誰。此處呈現的證據毫無疑問地證明了，那項行動的主要目標在於消滅印尼共產黨與印尼左派，而且其背後的主要推動力是蘇哈托領導下的陸軍領導層。

除了這項整體結論之外，那項行動還有幾個值得強調的特徵。首先，大規模監禁的範圍之廣以及系統性特質（包括可見於全國各地的羈押與虐待模式、繁複的囚犯分類系統，以及對於行政命令的高度仰賴）都明白顯示這種行動受到中央集權式的規畫與協調，並且證明了任何聲稱此一行動具有自發性或隨機性的說法絕非事實。第二，監禁的方法與後勤支援（包括執行逮捕的軍官表現出來的殘暴行為、訊問當中經常出現的刑求與性暴力，以及採用高度軍事化的生活管理、懲罰手段與解釋理由）明確顯示陸軍是主導監禁行動的機構，而二戰時期的日本則是陸軍推行監禁方案的仿效對象。第三，監禁模式的地理差異，就像大規模殺戮的強度所呈現出來的空間差異一樣，似乎也和區域及地方軍事當局在落實國家層級命令當中所抱持的姿態、利益與策略有關。把這些性質綜合起來，即可看出羈押方案以及涵蓋此一方案在內的那場龐大暴力行動所帶有的一項決定性特徵：那場行動所採取的組織、語言、方法與領導，都是根深蒂固的軍國主義所造成的結果。

第九章——釋放之後的限制、約束與懲罰

我們全都知道篩選是一種手段，讓政府能夠在國家機構當中約束以及消除共產主義人士與潛在共產主義威脅，還有各種極端主義活動。這種手段在創造一個潔淨並且具有權威的國家當中占有非常戰略性的地位。

——武裝部隊司令特里·蘇特列斯諾將軍（Try Sutrisno），一九九〇

大規模羈押方案、刑求、強迫勞動以及作秀審判持續達十年以上，但到了一九七九年底，A類囚犯卻已絕大部分都獲得釋放，只剩下幾十人還在牢裡。鑒於羈押方案的龐大規模，以及新秩序政權堅稱這項方案對於國家安全具有關鍵重要性，因此縮減這項方案的決定也就必須受到進一步檢視。政權為什麼在一九七〇年代晚期終究決定釋放除了少數幾十人以外的其他所有囚犯？這項舉動是否代表政權的性質出現了根本性的改變？此外，這項舉動對於獲得釋放的囚犯、他們的家人以及整個印尼社會又會帶來什麼後果？

本章的論點是，釋放大多數政治犯的決定是人權組織在一九七〇年代中期推動的一場大型

國際運動所造成的結果。那場運動之所以能夠獲得成功，主要是因為人權方面的全球規範與態度還有美國政府的立場，在當時正好出現重大改變，而且印尼也正好難以抵擋外部經濟壓力。不過，本章明白指出釋放囚犯的想法遭到強力抗拒，尤其是陸軍領導層，而且他們也堅持必須持續保護國家免於「共產主義的潛在威脅」。因此，即便在囚犯獲釋之後，他們與他們的家人在生活中的每個面向，仍然繼續遭受正式與非正式的嚴苛限制。正式限制一路持續到新秩序政權在一九九八年結束為止，而深層的社會與心理影響又延續了遠遠更久。

最後，本章主張獲釋囚犯所遭受的嚴苛限制是新秩序政權一項整體執迷當中的一部分，也就是對於創造以及維持秩序、紀律和穩定的執迷。這種執迷體現於一項非凡的意識形態篩選、監督與控制方案裡，而這項方案在一九七九年釋放囚犯的舉動之後不但沒有畫下句點，反倒還更為強化。此外，這種執迷也可見於一套國家宣傳與審查的制度裡，而政權的軍國主義思想，就透過這套制度深深根植於印尼的社會與政治生活當中。

釋放囚犯

在一九六五年十月之後的一段時間裡，國際上對於印尼的恣意羈押方案一如預期沒有做出強烈反應。西方的大使館雖然向本國政府回報了那些逮捕行為，卻完全沒有在公開或私下場合對那些行為表達抗議，也沒有針對那些遭到羈押的好幾萬人遭遇了什麼命運提出探詢。實際上，在至少長達十年的時間裡，最重要的批評都不是來自政府或政府間組織，而是來自少數幾名外國學者以及非政府組織，偶爾也來自被羈押者本身。政治作秀審判也是如此。這些審判開始出現於一九六六年初之時，有幾個西方大使館派了館內人員前往觀察以及提出報告。不過，隨著那些審判持續舉行，出席觀察的大使館官員卻愈來愈少。到了一九六七年，只剩下少數幾人還願意撥空前往。安德森後來回憶自己和澳洲政治學家赫伯・費斯（Herbert Feith）在一九六七年七月出席了印尼共產黨總書記蘇迪斯曼的審判，而這麼寫道：「在第一天的審判之後，大使館官員顯然對於出席旁聽感到厭倦，或者是還有其他事情要忙。赫伯也很忙，所以在審判的最後幾天，一直到蘇迪斯曼被判死刑為止，我都是現場唯一留下來的外國人。」[1]

為印尼囚犯請命的運動

這種情形一直維持到一九七〇年代初期，才開始有幾個國際人權組織積極為印尼的政治犯請命，尤其是國際特赦組織、國際法學家委員會、塔波爾（Tapol）以及若干教會團體。不同於先前的倡議活動，這些組織刻意採取不帶意識形態的姿態，主張絕大多數的印尼政治犯都是因為他們和平的政治信念而遭到關押，因此必須受到公平審判，不然就該獲得無條件釋放。這些組織採取一種在不久之後即蔚為常態的人權倡議方式，在公共領域提出他們的主張，不但利用示威活動與媒體「點名羞辱」印尼當局，也呼籲其他政府堅持要求印尼遵循基本人權規範。[2]

這些努力最後促成國際特赦組織在一九七七年推動一項大型運動以及出版一份報告，而該組織也在同年贏得諾貝爾和平獎。

由於種種原因，那項運動以十年前的那些殺戮與羈押行動所未能達到的方式，吸引了西方政治與文化菁英的注意。一個原因是那項運動出現的時間，正值蘇聯與東歐的政治監禁問題愈來愈受到世人關注，而且國際人權運動也開始興起。[3] 印尼囚犯的命運，在國際上聚焦於表達自由、恣意羈押、刑求以及強迫勞動的新興關注當中引起了強大迴響。由於印尼的政治犯當中有不少人是廣受敬重的知識分子與文化人物（至少登上新聞的那些人士是如此），於是此一問題對於北美和歐洲那些受過教育的中產階級閱聽大眾也就顯得易於理解。一部分由於這些原因，印尼囚犯的訴求因此在一九七三年左右開始獲得國際聲援，包括以荷蘭為主的特定西方國家，以及像是國際勞工組織這樣的世界組織。[4]

為印尼政治犯請命的運動也因為卡特在一九七六年十一月當選美國總統而獲得助力。不論卡特領導下的政府對於他以人權為基礎的外交政策願景在落實上有哪些可以批評之處，他確實為一套奠基在人權之上而且難以漠視的要求與主張開啟了大門。[5] 那項運動出現的時間，也正值美國內部一段政治自省的時期。在水門案（Watergate）與越戰之後，美國國會（連同許多記者、知識分子與文化人物）以批判眼光重新檢視了美國在東南亞與世界各地的外交政策當中被視為嚴重失敗的問題。美國國會就是在這樣的背景下，而於一九七六年中針對「印尼的人權問題」舉行了聽證會。[6]

卡特當選總統所造成的影響遠遠超出華府之外。印尼國內的人權倡議人士，甚至是政治犯本身，都聽聞了他的願景，並認為可以用作他們的鬥爭武器。一名曾經待過布魯島的前政治犯在回憶錄裡指出，卡特在一九七七年一月發表就職演說的消息立刻就傳遍了整座營區，而引發充滿希望的傳言，認為他們可望在不久之後獲得釋放。[7] 此外，在一九七七年八月發表的一封公開信裡，一名剛獲釋的政治犯也提及卡特的新做法，指稱「要求尊重人權的這項重新出現的呼籲，無疑帶來了新希望！」[8] 簡言之，為囚犯請命的運動所提出的核心訊息，在一九七〇年代中期獲得的接受度異常之高，而那些非政府組織也充分利用了此一形勢。

這麼說並不是指人權運動人士僅是跟隨著政府官員的腳步。恰恰相反，紀錄明白顯示，人權運動人士早在大多數西方國家政府加入此一行列的多年之前，就已開始推行他們的運動，而且在卡特就職之前與之後，他們都面對了漠不關心或冥頑不靈的政府對於人權運動的抗拒。美國國務院在一九七六年中提出的一份官方印尼人權報告，就讓人得以深切窺見此一問題。這份報告檢視了《世界人權宣言》當中羅列的特定權利類別，結果提出的陳述根本是直接援引印尼陸軍的宣傳，而完全與現實脫節：

第三條：生命、自由與人身安全的權利受到一九六六年的《緊急權力法》（*Emergency*

Powers Act）限定。不過，印尼政府並未從事非法殺戮，而且自由與人身安全的權利大體而言也受到重視。

第五條：酷刑或者殘忍、不人道或侮辱性的待遇或刑罰，並沒有被政府當成政策工具使用，政府也沒有在官方上予以容忍。

第八條：合法救濟權有可能難以獲得，原因是幾套制度同時並存造成了複雜化，而且法院又人力不足且案件過多。

第九條：恣意逮捕與羈押的情形，在印尼都是發生於涉及國家安全的案件當中。約有三萬一千人持續遭到羈押，原因是印尼領導層擔憂共產主義者如果得以再度集結，印尼將會再次陷入失序狀況，而且社會大眾可能仍然對那些被羈押者抱有憤怒，所以他們如果獲釋返家，恐怕會引起騷亂。

第十一條：適當的保障程序顯然在刑事審判當中受到遵循。這類程序也顯然在政治審判裡受到遵循。根據一九六六年《緊急權力法》的規定，被羈押者不必接受審判。

這份報告也聲稱印尼新聞媒體的自由程度在亞洲僅次於日本，而且集會自由也幾乎完全不受限制（這項說法實在令人難以置信）。國務院漫不在乎地指出：「除了禁止共產黨以外，一般大眾的集會自由並未受到超乎尋常的限制。」[9]

國務院雖然採取了如此怯懦的姿態，為印尼政治犯請命的運動卻在一九七六年中已開始對西方各國政府以及國際組織的態度產生影響，更遑論印尼國內的人權組織。那些組織雖然不免滿心想要與印尼當局維持密切關係，因為它們仍然把印尼當局視為關鍵的策略與政治盟友，但美國以及其他強權卻開始針對囚犯的命運提出質疑，甚至聲稱印尼政府如果不處理這個問題，它們自從一九六六年以來所提供的那些豐厚的經濟和軍事援助可能會因此斷絕。舉例而言，一支美國參議員代表團在一九七六年底訪問雅加達，要求蘇哈托解決囚犯問題，否則恐將喪失可觀的美援（還有國際貨幣基金與世界銀行的援助）。在同一個時期，美國人權副國務卿派翠西亞·德里安（Patricia Derian）以及其他政府官員，也極力運作要求印尼當局釋放那些囚犯，並且同樣明白指稱美援及其他外援都將受此影響。[10] 湊巧的是，這些要求正提出於印尼極度需要經濟援助的時候。國營的印尼國家石油公司（Pertamina）在一九七五年初近乎破產，而揭露了印尼經濟與政治制度當中一項可能造成災難性後果的弱點。[11]

官方回應

從一開始，就可以明白看出印尼陸軍當局對於外界如何看待它們消滅印尼共產黨以及排除蘇卡諾的行動極為敏感。安德森與麥維這兩位康乃爾學者在其未發表的論文裡，針對那場疑似政變的官方說法所提出的質疑，竟然會引起印尼陸軍當局如此憤怒的反應，就顯示了它們有多麼擔憂。同樣頗具揭示性的另一點，則是官方針對那場疑似政變所發表的第一份正式陳述不是以印尼文寫成，而是採用英文，但這種語言在印尼只有極少數人口看得懂。[12]那份陳述的前言對於當局出版這麼一本書的原因，提供了頗為耐人尋味的說法。其中揭露指出，這本書不僅以外國讀者為對象，而且也是在陸軍領導層的命令下進行研究撰寫而成，目標就是為了駁斥外國批評者的論點：

> 鑒於西方國家當中有些圈子對於印尼的新秩序發起了一場反對運動，標舉造反者對於〔九三〇〕事件的觀點，本書的兩名作者因此奉派前往美國與荷蘭，而得以在那項運動的核心加以觀察。在此處應該指出的是，某些東方集團國家發動的「政治游擊戰」早已廣為人知，因此這兩名作者並未如先前計劃的那樣被派往那些國家。藉著研究那些對印尼抱持敵意的運動，兩名作者因此得以改寫他們的手稿，以便因應那些圈子產製的文章所提出的問題。[13]

該書的前言也證實指出，陸軍在當時的關注焦點就是外國對於那場疑似政變的官方說法所提出的質疑。這個問題雖然從未徹底消失，但陸軍到了一九七〇年代初期已將注意力轉向政治犯的議題。明白可見，此一轉變的原因就是政治犯在此時已成了外國批評的主要焦點。

隨著外部壓力持續升高，印尼當局於是以它們希望能夠滿足外國批評者的方式做出回應。[14]為了達到這個目標，它們對於那麼多囚犯為何在沒有經過起訴或審判的情況下持續遭到羈押，提出了一連串一變再變的解釋，但沒有一項具有可信度。有關當局提出的這些前後不一的解釋，對於新秩序政權以及其領導者的思維提供了重要洞見，因此值得在此簡要加以檢視。

它們最早試圖為那麼多政治犯遭到羈押的情形提出合理化的解釋，是把焦點放在審判上，強調那些審判都遵守印尼一九四五年憲法的規定，並且大體上依循國際人權標準。隨著國內外的批評者開始指出這些說法當中的諸多問題（其中最明顯可見的一點，就是絕大多數的囚犯都從來不曾受到起訴或審判，而且無論如何，實際上舉行的審判也根本不合乎國際公平標準），陸軍於是改變了策略。[15]

雖然從未捨棄合法性與法治性這種站不住腳的論點，它們卻也開始主張未經審判的囚犯之所以受到關押，其實是為了他們本身的安全著想。政府表示，社會大眾對他們的仇恨極為強烈，因此他們要是太早獲釋，可能不會受到他們所屬的社區接受，甚至可能會遭遇肢體暴力。[16]例如印尼代表團在一九七六年六月向國際勞工組織提出的聲明，就指稱「釋放被羈押者如果沒有經過仔細準備，很可能會……對被羈押者本身的人身安全造成真實而且嚴重的危險，因為他們原屬社區的成員可能還沒忘卻這些被羈押者在那場失敗政變前後那段恐怖與威嚇時期所扮演的角色」。[17]

第三種解釋可能比較接近真實原因，就是在政府的觀點當中，這些未經審判的囚犯對國家的安全與穩定造成了威脅，一般將其描述為共產主義的潛在危險。[18]就算他們從未受到審判，就算沒有足夠的證據可以用任何罪名起訴他們，當局也依據他們的政治信念以及過去的往來對象，而認定他們對政府與國家還有班查西拉這種神聖的意識形態造成了致命危險。因此，在為了官方的布魯島介紹手冊所寫的序言裡，檢察總長蘇吉．阿爾托澄清指出，被送到島上的囚犯都是受到當局認定「在九三〇運動的策畫、督導與執行當中扮演了重要角色的人士……但我們沒有足夠的證據能夠進一步起訴他們。我們仍然認為，讓他們回到社區會對我們的安全造成危險」。[19]

事實是，所有這些解釋都得不到任何證據支持。到了一九七〇年代中期，已有數萬名B類與C類囚犯獲得釋放，但政府卻舉不出他們有任何一人遭到暴力攻擊的例子。[20]此外，在印尼共產黨的最後一點殘存勢力於一九六八年遭到徹底消滅之後（甚至可以說是在更早之前），共產主義顛覆的威脅就已幾乎可以說是完全不存在。實際上，阿里．穆爾多波將軍這名高階軍官在一九七六年十一月被人具體問及這兩項解釋之時，就向國際特赦組織的祕書長馬丁．恩納爾斯（Martin Ennals）表示：「共產主義顛覆對於印尼政府而言不是一項嚴重威脅，而且〔獲釋的〕政治犯也沒有遭遇大規模的報復行為。」[21]

面對這些顯而易見的問題，印尼政府官員於是匆忙為好幾千名政治犯在未經審判之下持續遭到恣意監禁的情況找尋其他解釋理由。日益升高的國際壓力，尤其是來自華府的壓力，也促使他們積極尋求可信的解釋。如同國際法學家委員會在一九七六年十二月所寫的：「在一九七六年間，美國國會以及其他機構都針對印尼政治犯的問題施加了強大壓力。」[22]印尼當局因此開始提出一項新解釋，雖和其他說法頗為不同，卻沒有更令人滿意。

官員在這時表示，B類囚犯之所以還不能釋放，原因是當時的經濟環境相當困難，所以他們回歸社會將會難以找到工作，而前囚犯失業的情形必定會造成安全威脅。安復部參謀長蘇多莫海軍上將在一九七六年十二月解釋指出，在B類囚犯能夠受到釋放之前，「必須要確保他們有充足的就業機會，因為失業會構成各種違法行為的溫床，而這點本身就會對國家安全造成威脅」。[23]為了解決這個問題，陸軍當局提議不讓B類囚犯返回他們位在爪哇以及其他地方的家鄉，而是安置於國內人口較少而且發展程度也較低的地區，包括蘇門答臘、加里曼丹與蘇拉威西，由他們建立開拓者殖民地，開闢新的農地。換句話說，如同國際特赦組織以及其他人士指出的，印尼當局等於是提議擴張布魯島重新安置計畫，創造一整套的流放地網絡。[24]

國際特赦組織就是在這樣的背景下針對印尼的囚犯出版了一份全面性的報告，並且發動一項大型的媒體與宣傳運動，呼籲釋放那些囚犯。一九七七年出版的這份報告以及這項運動的展開，就在卡特就任總統之後不久，結果在印尼政府為自己持續羈押政治犯的行為賦予正當性的嘗試當中造成了一個轉捩點。

面對國際特赦組織的報告，印尼政府起初的反應是嗤之以鼻，稱之為帶有政治動機的抹黑行為。政府和軍方官員聲稱共產黨人士把持了國際特赦組織，因此其報告不值一哂。[25]認為國際特赦組織是共產主義的溫床，而且該組織位於倫敦的印尼研究部充斥了印尼共產黨的黨員以及同情人士這種想法，瀰漫於整個新秩序政權裡。在一九九三年舉行於雅加達的一場會議上，前外交部長莫赫塔爾．庫蘇馬阿馬查（Mochtar Kusumaatmadja）對我說，國際特赦組織的印尼研究負責人是印尼共產黨的活躍黨員。當時擔任那個職務的人恰好正是我，於是我就利用那個機會向他表明他錯了。不過，他堅持認為自己沒有錯，宣稱實際上的負責人是個遠遠比我更重要的人物。

最後，印尼政府終於體認到它們必須對那份報告裡呈現的證據提出比較嚴肅的回應。於是，外交部在一九七八年一月以英文出版了一本小冊，內容一方面回歸先前關於法治的說法，同時也援引其他解釋。在這本小冊裡，政府透露它們添加了另一個類型（X類），用於涵蓋在一九六五年的事件之後過了整整十三年卻尚未受到處理的政治犯，並且毫不羞赧地證實指出，B類囚犯之所以在未經審判的情況下受到關押，原因是沒有足夠的證據能夠對他們提出刑事起訴。這本小冊的內容值得引述於此：

涉入九三〇運動的人士所受到的逮捕與羈押，其目的從來就不只是要保護公共秩序及安全等社會利益。相反的，他們受到羈押也是為了要把他們的案件送上法院接受審判，好讓他們為自己的違法行為負起責任，或者他們如果有資格回歸社會，接受審判也合乎他們身為社會成員所享有的基本權利。

要落實此一政策，第一步就必須確認每一個人實際上涉入九三〇運動事件的程度，做法是一項徹底調查的程序，其中涉及在國家層級上對於資料進行仔細篩選以及交叉核對。根據這項本質上持續不斷進行的程序，因此建立四種類別：

A類：以策畫者、領導者或執行者等身分明白而且直接涉入那場未遂政變的人士，其罪行有充足證據可以證明，因此其案件可送上法院接受審判……

B類：有強烈徵象顯示他們與A類囚犯扮演了類似角色的人士，尤其是在那場未遂政變的準備階段。由於至今為止沒有足夠的證據，因此還無法對他們進行審判，但如果草率加以釋放，將不免危及國家的安全與穩定，還有他們自己的人身安全……

C類：間接涉入九三〇運動的人士，並且經過調查確認不屬於A類與B類，因此能夠回歸社會……

X類：一項暫時性的分類，指的是仍在處理過程中的囚犯，必須待處理完成後才能判定他們該被歸為A類或B類，或是應該受到釋放。[26]

除了這些不斷改變的理由之外，印尼當局也試圖藉由其他手段迴避批評，也就是針對受羈押人數拋出一大堆不精確、具有誤導性而且一再改變的資訊。印尼政府顯然希望這些數字能夠打消外國支持者的疑慮，同時阻擋反對者的批評。不過，對於數字的這種輕率處理方式，並沒有對政府產生保護效果，而是成為國際批評的新焦點，不但沒有減少這個問題所引起的注意，反倒還更為增加。[27]

在那個階段，昔日的盟友挺身而出，為印尼的立場提出最後一搏的辯護。舉例而言，前美國駐印尼大使法蘭西斯．加爾布雷斯（他在九三〇運動發生當時是大使館副館長）在一九七八年初針對一篇文章提出憤怒回應。那篇文章名為〈在印尼的監獄裡〉，由國際特赦組織兩名工作人員執筆，發表於《紐約書評》當中。在他針對那篇文章所寫的信裡，加爾布雷斯不但複述了印尼政府針對人數所提出的那些缺乏可信度的說法，也試圖合理化印尼持續羈押政治犯的行為，聲稱那些政治犯全都是「共產黨幹部」，而且政府是在「對抗共產主義叛亂」。

> 印尼以及印尼大部分的鄰國……都正在對抗共產主義叛亂，而且這種情形已經持續多年。蘇哈托政府迫切想要發展國家經濟，因此對於釋放那批三萬名出頭仍然在押的共黨幹部（不是國際特赦組織指控的十萬人）自然有所遲疑，因為他們可能會對那樣的叛亂火上添油。不過，政府在過去幾年來已釋放了數萬人，也已經宣布打算在今年底

前再釋放一萬人，並且在接下來的兩年裡每年各釋放一萬人。[28]

加爾布雷斯的核心論點不只不符實情（印尼並沒有在對抗共產主義叛亂），而且這封信也顯然對人權與法治的若干最基本信念置之不理。如同恩納爾斯對加爾布雷斯提出的回應：

總而言之，我們必須指出加爾布雷斯先生的主張背後潛藏著一項駭人的深層邏輯。他說，由於那些未經審判的政治犯對印尼造成共產主義叛亂的威脅，因此對於釋放他們，「蘇哈托政府……自然有所遲疑」。專制政府總是以這樣的邏輯主張為數眾多的人員，應該在未經審判而且沒有證據的情況下受到長達多年的羈押。在一個國家的歷史當中，一旦出現政治極化現象，這時每一個人的保障就只能夠仰賴法治。只要加爾布雷斯先生願意稍微省思一下，就必定會意識到如果不仰賴法治，那麼人即有可能因為單純的懷疑或者牽連入罪而遭到駭人並且獨斷的待遇。[29]

面對這類愈來愈強烈的國際批評，印尼當局到了一九七八年中已開始接受B類囚犯必須受到釋放的事實。最後，到了一九七九年底，在他們遭到聲稱涉入但從未因此受到起訴或審判的那些事件已經過了十四年以上之後，最後的一批囚犯終於獲得釋放。然而，這不表示他們的苦難已然結束。

限制

在印尼那些前政治犯的回憶錄、信件以及偶爾發表的公開聲明當中，都可以見到一項共同的主題：他們雖然形式上得到釋放，卻沒有真正獲得自由。如同一名前布魯島囚犯在回憶錄裡所寫的：「我不想說我們獲得『自由』，因為事實是我們回到爪哇之後，根本一點都不自由。」[30]另一人則是把所有前囚犯的狀況描述為「他們的自由受到限制，也就是說其實不自由」。[31]在新秩序臻於高峰之際，批評者把前囚犯及其家人遭受的限制描述為一套集體懲罰制度，可以比擬為古爪哇國王、荷蘭殖民當局、日本占領軍以及歐洲法西斯政權採取的做法。[32]著名的印尼人權律師葉添興，指稱那種限制相當於「褫奪公權」。[33]

自從被羈押者獲釋的那一刻開始，他們的自由就出現受限的徵象。他們雖然從未受到起訴或審判，但他們獲釋的條件卻是必須承認自己曾經加入遭禁的組織、譴責九三〇運動，並且宣誓效忠國家意識形態班查西拉。[34]而且，這些條件還只算是前菜而已。如同安復部參謀長蘇多莫在一九七八年十二月釐清指出的：「他們獲得釋放回歸社會之後，還是必須透過具體行為向政府證明自己已經有意識地放棄了共產主義意識形態，並且忠於班查西拉意識形態。……這樣的調整本身就是一種社會過程……而且除了執法機關之外，也需要整個社會的監督。」[35]

在三十年左右的時間裡，新秩序當局推動了為數多得令人咋舌的政策與做法，而對數千名前因犯及其眾多親友的生活造成深刻影響，有時甚至也毀了他們的人生。這些政策與做法觸及他們生活中的幾乎每個面向，不管是政治表達與結社、經濟活動，乃至家庭關係當中最私密的細節，而且也對其造成實際上的限制。如同一九七四年一份陸軍內部文件所描述的，這些政策與做法的目標是要「針對前〔政治〕犯創造一套有效又有效率的整合監控制度」，藉此「在政府、軍隊與社會當中消除九三〇運動的所有殘跡」。[36] 由於政權呼籲一般百姓協助落實這套制度，以致全國都因此蒙上陰影，造成充滿恐懼和互相懷疑的氛圍，而且對於批判性歷史探究與政治辯論的概念深感焦慮。

政治權利

首先，前政治犯的政治權利明白受到限制。根據印尼的基本選舉法規定，任何人只要被認定「對憲法不忠」或是散播馬列主義思想，保安部隊即可剝奪其投票權。一九八五年的六十三號總統令授權有關當局針對前政治犯進行檢視與審查，以決定他們是否該獲准投票。[37] 如同先前提過的，內政部在同一年宣告一百七十萬名左右遭控「涉入」九三〇運動與印尼共產黨的人士將受到審核，以決定他們是否具有在一九八七年選舉當中投票的資格。[38] 即便是獲准投票的人士，也是在受到官方監視以及施壓他們支持執政黨戈爾卡黨（Golkar）的陰影下為之。來自峇里的前政治犯露．蘇塔莉（Luh Sutari）在這方面的經歷，就是個典型的例子。她後來向一名訪談者表示：「每次只要舉行選舉，我們就必須參加一項宣傳課程，也奉命必須加入戈爾卡黨。」[39]

前因犯的政治權利也受到其他方式的限制。舉例而言，前政治犯（ex-tapols，eks-tahanan politik的縮寫）加入政黨的申請獲得通過之前，必須先接受意識形態篩檢。至於原已當選為官員但後來被發現或者遭到指控與印尼共產黨有所關聯的人，則是會遭到撤銷職務。關於個人曾與印尼共產黨或九三〇運動有所關聯的指控，有時也無可避免地會被用來攻擊某些政治人物或是敗壞其名譽，尤其是對於政權有所批評的政治人物。舉例而言，新的印尼民主黨（Partai Demokrasi Indonesia）有三百名黨員在一九九五年遭到指控與共產黨有所關聯。[40]「涉入」印尼共產黨或者九三〇運動的指控，也是用來騷擾以及限制勞工的組織行為、學生運動以及其他各種政治活動的常見手段。[41]

為了限制前因犯的政治權利與活動，政府和軍事官員也企圖以捏造的理由重新逮捕他們、對他們提出露骨的威脅，或是要求他們接受陸軍官員所謂的「指導」（pembinaan）。這些做法通常發生在全國大選或者其他重要政治事件的情境下。舉例而言，在一九六〇年代晚期與一九七〇年代初期，有些區域會因為總統即將來訪而重新逮捕剛獲釋的政治犯，以確保總統到訪期間的安全。[42] 一九七二年，內政部長向獲釋的C類囚犯提出警告，指稱他們要是被逮到試圖重啟共產主義，就會再度受到逮捕而歸為B類囚犯。[43]針對一九七七年選舉異常現象所受到的批評，蘇哈托總統威脅指出：「選舉行政的批評者可以歸類為非法共產黨或者非法穆斯林組織的成員。」[44]一九九四年，雅加達大都會區的區域軍事指揮官亨卓普里約諾（Hendropriyono）宣布表示，在重要的亞太經合組織會議舉行於雅加達之前，軍方將會「對所有前囚犯進行指導活動」，目標是要「避免特定人士做出有辱政府與國家的行為」。[45]

在這樣的情況下，大部分的前政治犯都選擇保持沉默，並且避免涉入任何政治活動。一名前政治犯針對他們為何保持沉默提出這樣的解釋：「我們只要做出任何吸引公眾注意的行為，就會被指控實踐共產主義或蘇卡諾主義。」[46]實際上，在前囚犯的回憶錄與證詞裡，可以看到他們一再提及這種保持沉默的決定，以及害怕自己的身分遭到曝光的心態。一名來自中爪哇的前囚犯回憶起自己在一九八三年前往雅加達協助一場遊行的裝飾工作：「我深怕自己曾是政治犯的身分被人發現。……我避開媒體，以防我的身分遭到揭露。我閉上嘴巴，只聽不說。」[47]另一名來自峇里的前囚犯表示，即便在他自己的村莊裡，「我也從不談論敏感的話題。我要是和別人談話，只會談論一般性的事物，也就是可以談論的事物、我自己知道的事物。」[48]

社會與經濟權利

此外，前政治犯雖然獲得釋放，而且根本沒有因為任何罪行而受到定罪，他們在獲釋後卻還是必須向各個地方當局報到（wajib lapor），通常是每週或每月報到一次，而且持續時間長達好幾年。[49]如果有人未能報到，不管是因為健康問題還是家中事務，就會遭到有關當局自行決定如何施以約束與懲罰。前政治犯如果想要出國，通常也必須取得官方許可，儘管這項要求看來並沒有法律根據。一九九二年底，政治與安全事務統籌部長宣布，有三萬三千名左右的前印尼共產黨囚犯仍然名列於政府的禁止出境黑名單上。另外，在一九六五年十月當時身在海外的數千名印尼人（其中有些是印尼共產黨及其附屬組織的成員，但不是全部），也在後續至少三十年間實質上遭到阻止返鄉。[50]政府官員雖然指稱流亡人士能夠獲准回國，但也警告說他們一旦申請回國，就應該準備面對自己過往的政治活動與政治關聯所帶來的法律訴訟。

前政治犯如果想要換發國民身分證、申請貸款、參加課程或者從事任何經濟活動，也都必須獲取特殊許可。每一項報到要求，都再次為當局提供了對那些前囚犯從事監控、限制、騷擾以及敲詐錢財的機會。而且，由於這類需求的根據都不在法律當中，而是在於合法性存疑的行政或軍事規定裡，所以總是隨著地點與時間而異，導致前囚犯原本就已缺乏保障而且備受干擾的生活，又因此添加了額外的不確定性與焦慮。

有許多的「敏感」職業，也都禁止前政治犯從事。[51]如果沒有政府和軍事當局的明確許可，他們就不能進入公務部門或軍隊工作，也不能任職於「策略性產業」，包括石油與天然氣生產、礦業、化學製造、電力、食糖與橡膠生產、郵務、銀行業，以及海空與鐵路運輸。[52]此外，依據規定的不同解讀，前政治犯也可能遭到禁止擔任企業與合作社的董事，以及教師、記者、操偶師、大學教授、演員、教士，還有律師：簡言之，只要是任何可讓他們有機會散播左派思想的職業都包含在內。[53]由於他們被排除於許多就業領域之外，因此試圖藉著弄個小生意為業，例如賣麵、賣糕點、修理腳踏車，或者擔任家教。[54]不過，即便在這方面，他們也還是面對嚴重阻礙。舉例而言，獲取銀行貸款幾乎是不可能的事情，因為不但需要政府官員核可，而且貸款人也必須擁有財產，但前政治犯名下的土地與房屋經常在他們遭到羈押之時就一併遭到沒收，從此不再歸還。[55]

在種種官方歧視機制當中，較為惡名昭彰而且被人拿來與納粹德國還有南非種族隔離政權相比的一項，就是前政治犯的國民身分證必須注記「ET」的字樣，代表「Eks-tapol」（前政治犯）。這項政策明訂於內政部在一九八一年針對「前九三〇運動政治犯的指導與監控」所制定的規範裡，影響範圍及於一百萬人左右。[56]「ET」標記對於前政治犯造成的影響，除了以他們沒有犯過也沒有因此受到起訴的罪行而把他們貼上汙名化的標籤之外，也可能在日常生活中帶來危險的後果。由於「ET」標記確保了政府當局、潛在雇主、日常往來對象以及未來結婚對象的親屬全都知道他們「不光采」的過往，因此對生活中的每個面向都造成阻礙，包括與官方的互動乃至個人關係以及家庭生活中最私密的事務。曾有不只一個批評者把「ET」標記比擬為猶太人在納粹統治下所必須配戴的大衛之星。[57]

這些政策最令人難以接受且又富有爭議性的一個面向，就是其影響對象不僅限於曾經遭到羈押的人士（不論多麼不公正，他們好歹還是因為自己的政治活動與政治信念而遭到羈押），而且還及於他們的親屬、子女，甚至是孫輩。[58]當時的批評者指出，新秩序政府把隸屬於印尼共產黨以及左派視為一項「可繼承的罪惡」或是「跨世代罪惡」（dosa turunan）。由此造成的結果，就是許多年輕人雖然在那場疑似政變當時可能根本還沒出生，而且也許從來不曾見過他們「不潔」的父母，卻還是必須背負沉重的社會汙名。這種汙名終究不免造成嚴重的情感傷害，從而促成各式各樣的心理問題。[59]對於無可計數的尋常百姓而言，這種汙名也導致失業、朋友與家人的疏遠、欺凌、退出學校，並且難以找到終生伴侶，因為雇主、朋友以及姻親屬家全都害怕與他們牽扯上任何關係。許多前因犯採取的解決方法，就是與家人徹底斷絕關係，從此改名換姓，把自己的真實身分隱藏起來。[60]

約束與懲罰

在前因犯遭受的限制當中，核心要素是新秩序政府深深影響了印尼社會的兩項特徵。第一項是一套深具侵擾性的意識形態監控與大規模監視制度，目的在於根除、孤立、約束以及懲罰所有與印尼共產黨以及其他遭禁組織有任何關係或是受其影響的人。[61]第二項是一套繁複的宣傳與審查制度，目的同樣也是為了維持社會秩序、紀律以及控制。這兩套制度都值得仔細檢視，不只因為有好幾十萬名印尼人深受其害，也因為從中能夠看出印尼政府的心態與內部運作。許多限制與規範雖然都在新秩序政府於一九九八年垮臺之後受到正式廢止，但背後那些具有毒害性的觀念與準則卻仍然存留於政府與社會當中。

心理篩檢

意識形態監控的制度在一九六〇年代晚期藉由一套規範而建立，其目標在於去除軍隊與公務體系當中的左派人士。[62]在後續的三十年裡，這套制度又進一步發展並且強化，藉由總統、內閣以及軍方發表的一系列令人眼花撩亂的命令與指示，而涵蓋了全國公務體系、武裝部隊以及「策略性」產業當中的所有成員以及準成員。此外，到了一九八〇年代，政府的意識形態篩檢規範與準則已受到許多私人雇主與服務提供者跟進採用，從而實際上造成一張巨大的監視與意識形態監控網，由政府與準政府機構以及印尼社會本身所強制執行。

在一九六五年十月一日之後不久建立的意識形態審查程序，在內部文件裡被稱為「心理篩檢」(screening mental) 或「意識形態心理篩檢」(screening mental ideologis)。通過篩檢的人可以領到一張證明 (Surat Bebas G-30-S/PKI)，保證他們已「擺脫共產主義影響」，在理論上可讓他們從此過著正常的生活。原則上，只有想要進入公務部門、軍隊或者「策略性產業」就業的人士才需要這類證明，但實際情形是，到了一九七〇年代初期，幾乎所有人從事各種事務都必須出示這種證明，包括例行性的日常事務，像是「申請安裝電話、到地政事務所調閱土地所有權狀，或是申請進入高等教育機構就學」。實際上，需要出示這種證明的情境極為廣泛，以致沒有這種證明的人就像賈斯特斯．范德克魯夫（Justus M. van der Kroef）所說的，只能活在「一種安全未定狀態」（a kind of security limbo）當中。[63]

在一九八〇年代初期頒布新規定之後，這種審查程序就被稱為「潔淨環境」（bersih lingkungan）運動，因為這套新制度不只評判個人的行為、言語和信念，也評判其家庭與社會環境。[64]如同其中一項命令所說明指出的：「意識形態心理篩檢包括針對公務人員以及準公務人員的環境進行評估，其中涵蓋他們的個人認同以及家人的個人認同，還有他們周遭的環境、居住地點，以及往來對象。」[65]只有身處於潔淨環境裡的人，才有可能通過審查。以下這些問題摘自一九八〇年代中期的官方篩檢問卷與面談，可以讓人對這種審查程序獲得一些理解：[66]

一、概述你的家族史（包括你的內、外祖父母、他們的宗教信仰，以及他們的社會處境）。

二、你如果已婚，也以相同方式概述你太太的家族史……

五、你對於戈爾卡黨（執政黨）有什麼看法？……

十、你對於P–4方案〔官方的意識形態灌輸方案〕有什麼看法？
十一、你對九三〇運動有什麼瞭解？你對於那起事件有什麼看法？
十二、你的家庭成員有人「涉入」九三〇運動嗎？如果有的話，是以什麼方式涉入其中？
十三、馬列主義是什麼？
十四、共產主義據說是一種潛在威脅，為什麼？
十五、你對於新秩序有什麼看法？
十六、你對於舉布條抗議的行為有什麼看法？
十七、你對於拒絕投票的印尼公民有什麼看法？
十八、你對於〔軍隊的〕雙重功能有什麼看法？

在這套制度遭到批評之後，審查程序於是在一九九〇年更名為「特別審核」（penelitian khusus或litsus），而「潔淨環境」一詞則是逐漸受到棄用。[67]不過，除了名稱改變之外，這套制度還是維持不變：和先前的制度帶有相同的歐威爾式極權心態，對於忠誠與服從懷有相同的執迷，對於意識形態的罪責與不純淨也抱有相同的概念。如同先前的安排，特別審核的目標也是要處理共產主義的潛在威脅、約束以及消除那些與九三〇運動或者印尼共產黨有任何關聯的人士，並且強制要求對於政府及其意識形態的效忠與服從。[68]

審查工作雖是由成立於各個政府部門與機構當中的「特別審核小組」執行，但這套制度的總責任卻是掌握在一九八八年取代了安復部的國家穩定協調機構（Bakorstanas）這個強大的國家安全機構手中。在這項政策於一九九〇年發表當天所舉行的一場官員會議上，武裝部隊司令暨國家穩定協調機構首長蘇特列斯諾將軍清楚說明了這項政策的威權理由（也就是對於約束、秩序以及潔淨的強調）：

> 我們全都知道篩選是一種手段，讓政府能夠在國家機構當中約束以及消除共產主義人士與潛在共產主義威脅，還有各種極端主義活動。這種手段在創造一個潔淨並且具有權威的國家當中，占有非常戰略性的地位。因此，我們必須竭盡全力確保這樣的篩檢在性質上維持一致，同時具有全面性與持續性，而且具有堅實的法律基礎。[69]

國家穩定協調機構在同一天發布的一份新聞稿，又為這項政策提供了另一項理由：避免「潛在共產主義威脅」，尤其是預防九三〇運動與印尼共產黨「捲土重來」：

> 雖然我們在實質上得以鎮壓這些〔印尼共產黨〕叛亂，而且印尼共產黨的教誨以及其

他信條也受到法律禁止，但共產主義這種政治意識形態還沒被消滅。……實際上，這些信條的支持者仍然持續參與九三〇運動的活動，並且做出了幾項捲土重來的非法嘗試。……因此，我們必須預防潛在的共產主義威脅，並且提高我們對於這種威脅的警覺。由於這個原因，涉入九三〇運動以及其他被禁組織的概念已受到廣義界定，以便涵蓋以及預防九三〇運動的殘餘分子，在當前與未來策劃捲土重來的一切嘗試。[70]

依據這些目標，新政策在如何辨識涉入九三〇運動或印尼共產黨以及其他被禁組織的可能跡象這一點上，訂定了範圍大得令人震驚的準則。軍方當局說明指出：「基本上，任何人只要在任何一個時間點曾經透過言語、行動或文字，對於九三〇運動的印尼共產黨參與者或者九三〇運動事件的政治信仰與策略**表達支持的態度或信念**，就可以被指為『涉入』九三〇運動。」[71]必須說明的是，這樣的定義表示一個在一九六五年之後才出生的人，只要讀過一本書、寫過一篇文章，或者表達過一項意見，而能夠被推斷為對於印尼共產黨懷有同情，那麼這個人即可被判定為「涉入」一九六五年的那場疑似政變。

不過，這套篩檢制度還不僅止於此。如同先前的制度，特別審核的用意也是要探究以及評判個人和其「環境」裡的其他人「互動」所可能帶來的「負面」後果。如同一九九〇年的一份官方文件所明白指出的：

基本上，所有人都會受到自己所處環境裡的互動對象所影響。因此，每一名公務人員都必須接受「特別審核」，檢查他們是否曾與涉入九三〇運動事件的人員以及共產主義支持者互動，因為這類互動有可能影響一個人本身的態度、意見以及思考方式，從而導致這個人對於班查西拉、一九四五年憲法還有國家與政府的效忠以及服從，遭受整體上的負面影響。[72]

這種安排存在著明顯可見的問題。首先，這種做法極易遭到嚴重濫用；雇主與審查委員會有可能利用政治不可靠性作為藉口，剔除他們不想要或者難以應付的員工，或者為朋友與家人創造職缺。[73]不過，這種安排當中危害最大的面向，乃是不只依據個人的行為或言語判定罪責（儘管這樣就已經夠糟了），也絕對不是依據個人犯下的任何罪行，而是依據他們被認定的想法、觀念以及往來對象。實際上，這是一種集體懲罰方式，奠基在一項充滿偏見的托詞上，聲稱政治理念是一種病毒感染，或者也許是遺傳問題，有可能透過身體或社交上的互動而散播。[74]

因此，名稱雖然改變，意識形態篩檢制度的基本要素卻還是維持不變。其目標是要約束以及消除政治上不可靠的人士，以確保對於政府及其意識形態的絕對服從與效忠。在這套制度之下，國家當局有權針對數十萬人和印尼共產黨以及其他被禁組織的可能關聯進行調查。任何一個人只要被發現具有這樣的傾向或者關聯，就會遭到剝奪各種政治、社會與經濟權利。[75]簡言之，這是一套法外制度，目的在於監控以及懲罰思想，其語調以及歇斯底里的反共態度堪比於美國的麥卡錫主義，而其範圍之廣也堪比於中國文化大革命的意識形態清洗。[76]

「共產主義的潛在威脅」

新秩序政權形塑了前囚犯的人生以及整體印尼社會的第二個特徵，是一項由國家資助的長期密集宣傳計畫。透過這項計畫，新秩序當局針對一九六五至六六年的事件，成功推廣了一項深具誤導性但持久度驚人的歷史陳述，並且為其賦予支配地位，同時也壓抑了其他不同版本。從一開始，這項陳述就把印尼共產黨描繪成暴力的罪魁禍首，另一方面又把反共暴力捧為英勇行為，並且是維持國家穩定與安全的必要之舉。官方敘事也把印尼共產黨呈現為殘忍又惡毒，一再提起「共產主義的潛在威脅」，並且提醒任何潛在批評者，被貼上左派標籤將會帶來多麼嚴重的後果。

此外，如同艾利爾・賀嚴多（Ariel Heryanto）所言，官方對於共產黨的殘酷與顛覆所捏造出來的形象深深滲入大眾文化裡，導致政治反對派遭到壓抑，並且促成大眾的服從與沉默。[77]在新秩序統治期間，各種謊言與經過揀選的真相持續不停流出，造成深遠影響。不論批評者喜不喜歡這樣的情形，但有許多印尼民眾實際上都相信官方塑造的這些說法（不但當時如此，至今也是一樣）。如同安德森與麥維在五十多年前的預言，官方對於印尼共產黨的妖魔化造成了深刻而且歷久不衰的後果：

聲稱印尼共產黨資助那起事件的「妖魔化」解釋說法，在長期之下具有一項效益，就是把印尼的共產黨員自從茉莉芬事件以來只稍微抹除了一部分的負面形象再度深植人心。不論往後有人提出什麼問題，也不論有人提出什麼樣的反駁論點，一個人只要吸收了印尼共產黨在目前受到呈現的這種觀點，從此以後就只有可能把共產黨視為一個犯有暴行與叛國罪行的團體。[78]

新秩序宣傳最重要的一個例子，而且其影響力至今仍然可以感受得到，就是《九三〇運動的背叛行為》(*Pengkhianatan Gerakan 30 September/PKI*) 這部冗長的影片。在一九八四至一九九八年間，這部片是印尼全國所有學童每年都必須看的作業。[79] 這部影片以露骨而暴力的畫面呈現那場疑似政變，也涵蓋了官方對於印尼共產黨的狡詐與墮落所提出的一切說法，包括印尼婦女運動的女性成員遭到指控的那些淫蕩行為，並且以毫無疑問的姿態宣稱印尼共產黨必須為那六名將領所遭到的刑虐與殺害負起責任。這部影片以〈黃花藺〉(Genjer-Genjer) 這首流行歌曲搭配描繪最殘酷暴行的畫面，從而把這首歌和印尼共產黨受到指控的野蠻連結在一起。

觀看這部影片所引起的強烈感官體驗以及不安感受，無疑對觀眾造成了深刻影響。許多兒童都覺得這部片非常嚇人，有些看完之後還遭受心理創傷以及作惡夢。鑒於這部片有十五年的時間是所有學童都必須觀看的作業，而且每年九月三十日也都必須在電視上播放，因此受影響的人數可以保守估計達到好幾億人。在蘇哈托於一九九八年辭職下臺之後舉行的民調，就可以為這項結論提供支持。《時代報》(*Tempo*)與《指南日報》這兩個聲譽崇高的全國媒體在一九九九年舉行了一項民調，發現九七％的受調者都看過這部片，而且七二％表示這部片是他們認識一九六五年十月一日事件的主要資訊來源。次年，《指南日報》的一項調查發現，七七％的受訪者認同片中對於印尼共產黨所塑造的那種「殘酷成性、不信有神，而且毫無道德」的形象，並且有超過半數認同共產黨員相當於殺人犯。[80]

在超過三十年的時間裡，數以百萬計的印尼學童也在國家要求的歷史與公民課程當中，淪為國家無所不用其極的宣傳對象。在整個新秩序統治期間，學校教科書與教師手冊針對那場疑似政變都只列出官方版本的陳述，以印尼共產黨的殘暴、墮落與不忠，對比於那六名將領的英勇與犧牲，並且一再把他們稱為「革命英雄」，同時又描繪陸軍以無私的英勇挽救了國家與民族。教科書與手冊雖然詳細描述那六名將領據稱遭到的虐待與殺害，卻絲毫沒有提及五十萬名手無寸鐵的老百姓遭到殺戮，以及另外一百萬人遭到監禁的事實。

也許更令人訝異的是，這項扭曲史實的官方歷史版本並不是往日的遺跡。實際上恰恰相反，在蘇哈托被迫下臺，且印尼開始轉型邁向民主的多年後，這個歷史版本卻仍然教導於學校裡。[81]紀錄片《沉默一瞬》裡有個令人震驚的場景，拍攝於蘇哈托下臺幾年後。在那一幕裡，一名小學教師這麼向他班上的學生講述那場疑似政變的故事：

共產黨員很殘忍，他們不相信神。為了改變政治制度，共產黨員綁架了六個陸軍將領。他們用剃刀割那些將領的臉，你會喜歡那樣嗎？想像看看，你的眼睛要是被人挖出來會有多麼痛。他們的眼睛就這樣被扯了出來！你如果要宰一隻雞，卻是這樣把牠的頭扯斷……這樣是不是很殘忍？共產黨員就是很殘忍，所以政府必須壓制他們。共產黨員被關進牢裡，他們的孩子也不能當政府官員。喂，你是共產黨員的孩子！你不准為政府工作。喂，你的祖父是共產黨員！你不准加入陸軍！喂，你的祖母是共產黨員！你不准當警察！〔所以，說得明白一點，你如果〕反叛國家，就要被關進牢裡。所以，我們要感謝那些英雄。因為他們的奮鬥，我們的國家才能夠成為……民主國家！[82]

新秩序的歷史版本也透過準宗教性的公共儀式美化軍方，同時強化關於印尼共產黨的負面與非人性迷思。這些儀式當中最重要的是「神聖班查西拉日」(Hari Kesaktian Pancasila)，在每年的「政變」週年當天舉行於矗立在那些將領送命地點的神聖班查西拉紀念碑。這項儀式除了哀悼那些將領之外，也同時抹除了數十萬名遭到殺害或羈押的百姓在社會當中的記憶，並且針對從來不曾消失過的共產主義威脅提出警告。[83]

值得注意的是，這樣的反共儀式在新秩序結束後許久仍然持續舉行，而把一套可以追溯到一九六〇年代末期的觀念與說法有效保存了下來。舉例而言，在二〇一一年的典禮上，陸軍參謀長普拉莫諾・埃迪・威波沃將軍（Pramono Edhie Wibowo，他的父親是惡名昭彰的傘特團司令薩爾沃・埃迪・威波沃）向全國表示，對於共產主義者的戒心必須繼續維持，九三〇運動事件才不會再度發生：「這場由陸軍籌辦，藉著朗誦信仰告白以及聯合禱告為我們的革命英雄祈福的活動，並不是要延續仇恨，但我們必須明白〔九三〇運動〕事件確實發生過。身為國家的繼承者，我們必須保持警戒，以免同樣的事件再度發生。」[84]

當局也試圖藉由持續監禁以及偶爾判刑處死剩下的A類囚犯，來威懾大眾保持沉默與服從。舉例而言，在一九八五至一九九〇年間，有二十名A類囚犯遭到槍決。其中四人同是總統衛隊成員，都在一九九〇年二月的同一天行刑，距離他們當初遭到逮捕已超過二十年。除此之外，還有六名前印尼共產黨員本來預定要在次月行刑，結果因為面臨強烈的國際批評而獲得延期。[85]另一方面，至少有二十幾名年老的囚犯在一九九〇年代凋零於牢裡。[86]

沉默與服從也透過官方的審查而維持。在新秩序統治的大半期間，國家審查者檢視了書籍、電影、藝術作品以及媒體，確認其中是否有任何內容提及一九六五至六六年的事件而對官方敘事形成質疑。他們也禁止在過去曾與印尼共產黨或左翼組織有過關聯的作者所推出的作品，就算他們根本指不出那些作品有什麼內容算得上是支持或者散播共產主義思想。此外，只要有人被發現持有或者散發那些作品，就會被關進牢裡。[87] 新聞編輯與出版商如果膽敢挑戰界線，就會受到國家當局的人員造訪，偶爾也會遭受懲罰或是被關閉印刷廠。於是，一種自我審查從此逐漸成為出版商、編輯與大多數作者之間的常態。

反抗

鑒於這些事實，自然很容易引人產生想像，認為新秩序對待前政治犯的方式以及一九六五至六六年的暴力行動，必定會在伴隨著蘇哈托於一九九八年五月辭職下臺而來的改革與民主時代受到嚴厲的批評與辯論。不過，實情卻不全然是如此。外國與印尼的批評者其實在殺戮展開才幾個月就排除萬難而開始發聲抗議，並且在超過三十年的獨裁統治期間仍然持續不懈。舉例而言，我們已看過康乃爾大學的學者早在一九六六年一月即公開質疑陸軍對於那些事件的描述版本，結果引發與印尼當局的一場激烈爭辯，持續數十年之久。一九七六年，其中一名學者安德森針對印尼的人權狀況向國會作證，不但在證詞裡嚴厲指責印尼政府，並且在結尾提出這項直言不諱的評估：「問題不在於濫用權威的個人，而是在於政府。這個政府在過去整整十年來已證明自己愈來愈專制，不但懷疑自己的人民，也對弱勢者的權利毫不在乎。」[88] 至於國際人權組織，像是國際特赦組織、塔波爾與國際法學家委員會，也從一九七〇年代初期就一再針對這些議題提出批評與討論，並以它們推行的運動協助促成數萬名政治犯獲得釋放。

即便在印尼內部，也是很早就出現了批評的聲音。[89] 後來在一九六七年被判死刑的印尼共產黨總書記蘇迪斯曼所提出的辯護發言，就是針對新秩序的殘暴所最早提出而且也深具說服力的一項批判。[90] 後來死於不明狀況的印尼學生運動人士蘇福義（Soe Hok Gie），也在這一年針對陸軍不經起訴或審判即羈押政治反對者的做法公開提出批評。這些孤獨的異議聲音獲得少數幾名私人執業律師所鼓勵，因為他們藉著訴諸法治以及成立像是法律扶助機構（Lembaga Bantuan Hukum）這樣的新興人權組織，企圖對政權造成約束。此外，儘管有陸軍對於新聞媒體的粗暴審查，卻依然還是有部分的印尼記者與學生運動人士不惜盡其一己之力揭露暴力現象。即便是強硬反共的前國防部長納蘇蒂安將軍，也提出了若干批評，在一九七五年指稱政治犯「應該受到釋放，當然同時也應該把受到起訴的犯行以及安全要求納入考量。……歇斯底里的反共反應是不必要的」。[91]

這些早期的干預雖然重要，對於一九六五至六六年事件以及前政治犯受到的待遇所提出的批評與辯論，卻在一九九〇年代達到另一個層次，部分原因是一群充滿活力的年輕社運人士所付出的努力。這個新世代熱切擁抱了跨越國界的民主與人權理念。除此之外，還有另一部分的原因是新秩序政權內部的衰敗與意見歧異，以及人權的國際規範在冷戰結束後出現了較為整體性的改變。在這樣的背景下，新秩序當局面對前所未有的國內批評，尤其是針對年老的政治囚犯還有政治犯及其家屬所受到的待遇，而且其中有些批評還是來自現任或退休的國家官員。這樣的批評為平民當中的著名人物以及人權團體打開了一道加入辯論的門戶，從而升高要求改變的壓力。

為了回應各界對於前政治犯受到的限制所提出的批評，新秩序的高階官員於是每隔一段時間就暗示有些限制可以逐漸取消。一九九三年中，一群退役軍官要求廢止身分證上的「ET」標記，主張這種標記已經過時，也不合乎現代社會的法治概念。[92] 武裝部隊司令費薩爾・譚俊(Feisal Tanjung)在一九九三年十二月向一個國會委員會表示，軍方不反對去除前政治犯身分證上的「ET」標記，但這項改變屬於內政部的職權。[93] 一九九五年，隨著印尼獨立五十週年紀念日即將來臨，一群平民著名人物再度呼籲取消「ET」標記。[94] 總統的國家宣傳顧問魯斯蘭・阿布杜加尼(H. Roeslan Abdulgani)要求政府停止使用這項標記，並且赦免前政治犯。他說：「作為一個國家，我們早該原諒自己同胞的罪過。」[95] 最後，政府終於在一九九五年中宣布取消國民身分證上的「ET」標記，同時也有一小群政治犯獲得釋放，包括前空軍司令達尼在內。[96]

這些雖然無疑是正面發展，但反應卻是褒貶不一，除了遺憾這些發展來得這麼遲，也懷疑這些發展是否會帶來任何有意義的改變。一名年紀較大，未經審判而被羈押了十三年的前政治犯，在談到去除「ET」標記的提案之時說道：「我已經太老了，這項政策對我的人生不會有任何改變。……他們要是在幾年前這麼做，在我們大多數人還夠年輕的時候，那我們就還可以享受我們的人生。」對於這項政策變化是否會大幅改變政府和軍事官員看待前政治犯的態度與行為，他也表達了不難理解的懷疑。「鄰居都知道我們是什麼人，他們也都對我們很好，」他說：「可是地方官員比較戒慎恐懼，而且就心理上而言，我也不知道這是不是會對他們的想法造成任何改變。」[97]

這種懷疑態度的原因不難理解。即便在「ET」政策的改變受到宣布之際，以及在那之後的許多年裡，高階軍官都仍然堅稱共產主義是一種潛在危險、前政治犯必須受到控制與監督，而且意識形態篩檢的做法也應該持續下去。舉例而言，就在「ET」政策的改變受到宣布之前，譚俊將軍仍對赦免年邁的印尼共產黨囚犯這個想法嗤之以鼻。他說：「我們還是可以預見他們受到釋放所可能帶來的危險。」曾任軍官的國會議長也同樣主張應該抱持謹慎態度：「那些囚犯雖然年紀已經相當大，但我們還是必須把印尼共產黨帶有的潛在危險銘記在心。」另一方面，新聞部長哈爾莫科（Harmoko）與高階軍事官員也強調指出，「ET」標記雖然被取消，但前政治犯還是會繼續受到監控。[98]

總而言之，新秩序政權在一九七〇年代晚期決定釋放數千名未經審判的政治犯，無疑是一項協調一致的跨國運動促成的結果，這項運動由人權組織領導，並且獲得部分西方國家政府支持，尤其是美國。這項運動的成功乃是基於三項異乎尋常且暫時巧合的因素：人權非政府組織、美國國會與白宮都一致傾向於採取行動；當時的國際環境有利於以國際人權的語言從事號召；而且印尼政府又特別禁不起經濟制裁，不論是實際制裁或者只是威脅實施制裁。

然而，新秩序雖然終究屈服於人權組織與美國政府共同施加的壓力，而釋放了未經審判的政治犯，卻沒有就此停止監控其敵人的政治活動與思想。實際上，在釋放那些政治犯之後，新秩序反倒對於前政治犯及其家屬實施了愈來愈繁複的限制，不但對他們人生中的幾乎所有面向都造成干擾，也留下長久的傷痕。此外，那些限制彰顯了陸軍領導者內心一項根深蒂固的執迷，也就是對於他們眼中那群危險又難以管束的人口維繫控制、秩序和約束。這種執迷可見於新秩序及其統治下的印尼社會所具備的標準特色，也就是一套揉合了思想控制、監視、維持治安、宣傳與審查的高壓制度。這些制度不僅對前政治犯及其家屬造成沉重負擔，也阻礙並且扭曲了社會當中的正常政治論述以及社交互動。

另一方面，這些政策與制度也總是不免受到些許反抗，而政權在一九九〇年代開始裂解之後，那樣的反抗也隨之增長。在蘇哈托將軍於一九九八年五月辭職前後那段充滿變動的政治改革時期，這兩種傾向（一邊是壓制言論、消除異議分子以及維持控制的衝動，另一邊則是開口發聲、進行討論以及追求自由的渴望）都獲得了表達機會。

第十章——真相與正義？

現在，我的孩子已經開始有了他們自己的生活，我因此開始思考，我為什麼應該保持沉默？我開始想著那些命運和我相似的人，那些像我一樣遭到社會拋棄的人。我決定開始談論那些把這個國家帶往錯誤道路的謊言。我要這麼做，這樣我的同胞加害他們自己同胞的惡行才不會在以後再次發生。

——前政治犯「艾嘉莎・蘇瑪尼」(Agatha Sumarni)

二〇〇一年三月，有人為二十具左右的一九六五至六六年暴力受害者遺體舉行了一場重新安葬的典禮。一個受害者團體從中爪哇沃諾索博區（Wonosobo）的一個萬人塚當中挖掘出那些屍體，而決定在淡滿光（Temanggung）附近的卡洛蘭（Kaloran）舉行一場涵蓋多種信仰的典禮加以重新安葬。[1] 哀悼者把那些遺體裝進棺材裡，而準備出發前往當地的公墓。不過，他們還來不及動身，就遭到一批群眾攻擊。那群人奪過棺材並加以劈開，然後把遺體倒在地上，宣稱共產黨員不能葬在他們的公墓裡，並且要求地方當局解散那個受害者團體，以避免共產主義在當地重新崛起。當地的警方當局沒有採取任何作為以預防那起攻擊事件，也沒有在事件發生後設法加以阻止。此外，攻擊者也完全沒有受到羈押或者起訴。相對之下，身為前政治犯的典禮主辦者則是被迫躲藏起來，其他的家屬與支持者也遭到警告不得再嘗試類似的做法。那項攻擊行為達到了目的：由於暴力的威脅，那個地區在後續十年以上都沒有再次出現挖掘以及重新安葬遺體的行為。

蘇哈托總統於一九九八年五月在來自各界的改革要求當中辭職下臺，提供了一個前所未有的機會，可讓一九六五至六六年的事件受到重新檢視。蘇哈托下臺激發了許多呼聲，包括要求針對暴力進行徹底調查、重新書寫那些事件的歷史、起訴犯下嚴重罪行的人、對受害者道歉以及賠償，還有和解。[2]在後續年間，這些面向全都出現了些許進展。不過，如同前述的故事所示，每前進一步就至少又會跟著後退一步。更糟的是，新秩序看待一九六五年問題的那種偏狹專制心態，並沒有隨著時間過去而逐漸消失，反倒有跡象顯示這種心態仍然根深蒂固。陸軍的反印尼共產黨宣傳所造就的種種不盡可信的迷思，也一樣揮之不去。因此，在一九九八年提出的那些尋求真相、正義與和解的目標能夠達成之前，顯然還有很長一段路要走。

本章將探討兩個相關的問題，亦即如何為一九六五至六六年建立一項公平而真實的紀錄，以及如何為那些事件的受害者爭取正義。首先，我會簡短陳述印尼官員還有史學家、社運人士、倖存者、藝術家與記者自從一九九八年以來在挖掘過往這方面所做出的努力，而明白指出這一點：在蘇哈托辭職後的頭幾年裡，官方與民間對於一九六五至六六年的事件出現了一種顯著的開放態度，一部分是因為當時瀰漫的改革精神，另一部分是因為當時冒出了許多分享資訊和政治意見的新管道。接著，本章會把這些充滿希望的徵象對比於另一方面的證據，亦即這些新出現的開放性所激起的一股強烈反彈，最早始自二〇〇〇年。我將主張這股反彈促使國家官員對於政策改變、真相蒐集或者追求正義等領域當中一切有意義的倡議，採取了拒絕容忍的專斷態度，進而激勵並且強化了各種保守的宗教與政治團體對於改革的抗拒。

前進一步

先談好消息：自從新秩序結束以來，已出現了若干官方倡議，希望重新檢視一九六五至六六年的暴力，並且處理倖存者與前囚犯所遭受的不公正待遇。許多這些倡議背後的推動力都是一股改革的精神以及一項早在一九九八年以前就已開始發展的國內人權運動。那項運動的成員主要是非政府組織與學生團體，但也受到國家人權委員會（Komisi Nasional Hak Asasi Manusia, Komnas HAM）支持，而為蘇哈托下臺後出現的許多正面改變提供了關鍵的法律和修辭架構。[3]舉例而言，在許多出現於一九九八年之後的非政府組織及其他團體所使用的語言裡，還有在一九九九與二〇〇〇年頒布的新人權法律當中，都明白可見人權觀念與規範的重要性以及可信度。[4]

官方聲明與作為

在一九九九年十月當上總統的前伊斯蘭教士聯合會領導人瓦希德，又大幅提振了這種新出現的開放精神。他在二〇〇〇年三月做出一項震驚全國的舉動，為伊斯蘭教士聯合會在一九六五至六六年大規模殺戮當中扮演的角色道歉，並且敦促人民「坦率談論」那個時期的歷史。這些並不是單獨出現的舉動。舉例而言，瓦希德在一九九九年就職之後不久，即邀請帕拉莫迪亞這位著名作者暨前政治犯（他的著作已遭禁超過三十年之久）到總統府會面。此外，在國際人權日（一九九九年十二月十日）的一場演說當中，他邀請政治流亡人士返鄉，接著又指示內閣採取措施恢復前政治犯、被羈押者以及流亡人士的權利。在一項堪稱是他最大膽的舉動當中，瓦希德呼籲撤銷臨時人民協商會議在一九九六年通過的第二十五號決議案：當初這項決議案禁止了印尼共產黨以及所有共產主義言論，稱之為違反憲法。藉著這麼做，他公開挑戰了新秩序當中持續時間最久的一項法律暨象徵基礎。[5] 即便在成為總統之前，瓦希德在一九九九年初就打破了官方否認一九六五至六六年事件的長久傳統，而提議成立一個獨立的全國和解真相委員會（Komisi Pencari Kebenaran untuk Rekonsiliasi, KINKONAS）。這項提議雖然從未實現，但一個由人權運動分子與立法人士組成的聯盟仍然持續推動這個想法。於是，一項規定成立真相與和解委員會的法律終於在二〇〇四年通過。[6]

在這個時期，國家人權委員會從事的工作也可以明白看出一股類似的改革與開放精神。這個委員會雖是在一九九〇年代初期為了阻擋國際上對於印尼的人權紀錄愈來愈大的批評聲浪而成立，到了一九九〇年代晚期卻已發展出非凡的獨立性。[7]二〇〇三年，這個委員會針對蘇哈托在位期間發生過最嚴重的人權侵犯罪行展開廣泛調查，其中包括一九六五至六六年的罪行在內。[8]這項調查雖然只聚焦於布魯島上的政治犯，但最後提出的報告，對於官方數十年來在此一主題上保持的沉默是一項重大突破以及挑戰。[9]

在另一項更重要的里程碑當中，國家人權委員會在二〇一二年針對一九六五至六六年暴力的所有面向發表了一份詳細報告，並且要求檢察總長進一步調查，以便起訴必須負責的人。[10]在印尼官方組織發表過的所有報告當中，這份報告首度明白指稱一九六五至六六年的暴力相當於「危害人類罪」，並且斷定印尼軍官必須負起個人罪責。這份報告雖然建議檢察總署從事進一步調查，卻也提議採行非司法救濟方式，例如成立真相與和解委員會，以便「讓受害者及其家屬感受到正義」。這些都是相當大膽的提議，也獲得受害者團體以及人權社群裡的許多人士熱切歡迎。

此一邁向和解與開放的動態，在二〇一二年初似乎又進一步加快，當時中蘇拉威西的帕盧(Palu)市長對於一九六五至六六年暴力的受害者發表了一項罕見的公開道歉：這是繼瓦希德總統在二〇〇〇年初道歉以來首次又有政府官員這麼做。這位市長並在當地推行一項補償方案，向倖存者及其家屬提供免費醫療、獎學金以及小型企業補貼。[11]他雖然沒有支持起訴暴力加害者，並且明確避免向印尼共產黨道歉，但他的公開聲明以及補償方案仍被視為代表了大眾看待一九六五至六六年事件的態度所出現的轉變，也是其他行政官員可以仿效的模式。

二〇一四年七月選出的新總統使得人權運動人士滿懷希望，認為追求和解與正義的進程也許可在國家層次上獲得更大的推動力。新任總統佐科．維多多（Joko Widodo；一般稱他為佐科威〔Jokowi〕）在競選期間曾經承諾要處理存在已久的人權議題，包括一九六五至六六年事件的棘手問題。由於佐科威被視為政治局外人（他不是雅加達政治菁英的一員，也不是軍人），因此各方都期待他的政府會願意以開放而直率的方式因應這個問題。這項期待又受到其他因素強化，包括他在擔任梭羅市長期間對於一個一九六五至六六年受害者團體的支持，還有他身為誠實坦率的「人民公僕」的聲譽。

二〇一六年四月，政府採取了一項史無前例的做法，召開一場全國論壇，稱為「討論一九六五年悲劇」。[12] 這場活動由國家人權委員會與總統的諮詢委員會主導，找來了數十名倖存者、學者、人權運動人士以及軍事與政府官員，除了聆聽證詞之外，也討論那項暴力事件及其所留下的影響。外界抱持審慎樂觀的態度，認為這場論壇代表了官方對於一九六五至六六年事件的態度已經出現重大轉變，所以政府可能終於會「採取進一步的措施以化解國家的黑暗過往」。[13]

非政府組織的倡議

這些官方措施雖然重要，但國家與地方層級的非政府組織也推行了運動，要求調查一九六五至六六年的罪行、把加害者繩之以法，以及尋求各種形式的和解與療癒，而且有時還與國際組織合作。[14]不過，這項運動也反映了涉入其中的各個組織所抱持的目標與理念存在著重大差異。因此，有些歷史較久的國家與國際層級非政府組織，強調的重點是確立歷史真相與正義，以及推動結構性的政治與司法改革；但許多新成立的地方層級非政府組織，則是聚焦於和解、療癒，以及因應倖存者當下的生理與心理需求。當然，這兩種做法有些互相重疊之處，但其間的差別仍然顯示了輿論在看待一九六五年事件的觀點當中，存在著一項有意義的分歧。

許多致力於追求歷史真相與正義的國家層級非政府組織，都是起源於蘇哈托掌權期間的最後十年裡，當時人權的語言和理想在印尼社運人士之間獲得了一股新的正當性。舉例而言，這些組織當中有一些原本是前政治犯的地下支持團體，後來發展成為社運組織，一方面為倖存者爭取基本權利，同時也持續為他們提供必要的心理支持以及些許的經濟資助。其中最知名的一個團體，是一九六五年殺戮受害者研究院（Yayasan Penelitian Korban Pembunuhan 1965–66, YPKP）。由前政治犯成立於一九九九年的YPKP，自稱其目標是「揭露真相與釐清歷史」，以及「參與為印尼追求正義、真相、繁榮、和平、民主與人權的努力」。[15]

其他同樣聚焦於人權、歷史真相與正義的國家層級非政府組織，還有政策研究與倡導研究所（Lembaga Studi dan Advokasi Masyarakat, ELSAM），成立於一九九〇年代中期，失蹤者與暴力受害者委員會（Komisi untuk Orang Hilang dan Korban Tindak Kekerasan, Kontras），在改革運動臻於高峰之際成立於一九九八年，以及獨立的反女性暴力國家委員會（Komisi Nasional Anti Kekerasan terhadap Perempuan, Komnas Perempuan），同樣成立於一九九八年。[16]同樣活躍於這個領域裡的，還有兩個比較晚近才成立的國家層級組織，分別為正義與真相聯盟（Koalisi Keadilan Pengungkapan Keadilan, KKPK）以及亞洲正義與權利（Asia Justice and Rights, AJAR），後者是個總部位於雅加達的區域人權組織。[17]在質疑官方對於一九六五至六六年事件的論述、為受害者與倖存者爭取正義，以及倡導可望預防這類罪行在未來再度發生的根本結構改變等方面，這些組織都堅持不懈，不但各自如此，而且也經常共同合作。

一如以往，印尼的非政府組織至今仍然持續和國際人權組織密切合作，以便更廣泛傳播它們的訊息。國際特赦組織、人權觀察、塔波爾、東帝汶與印尼行動網絡、印尼觀察（Watch Indonesia）以及其他團體，都仿效這些國家層級非政府組織的做法，而為一九六五年的問題積極奔走，通常強調追求真相、正義與問責的必要性。[18]印尼國內與國際上的社運人士也在推行運動及宣揚訊息等方面密切合作。[19]在那些合作當中，比較重要的一項是召開一九六五國際人民法庭（International People's Tribunal 1965）的聯合倡議。[20]這項倡議由印尼人權運動人士暨學者努希亞巴尼．卡嘉桑卡娜（Nursyahbani Katjasungkana）主導，並且受到由社運人士、律師與倖存者組成的一個廣泛跨國網絡支持，最終促成一九六五國際人民法庭在二○一五年十一月召開於海牙，總共為期三天。根據這個法庭本身的記述，其任務是「檢視〔一九六五至六六年那些罪行〕的證據、建立正確的歷史與科學紀錄，並且把國際法原則適用在蒐集到的證據上」。[21]在聆聽證詞並且檢視了大量紀錄之後，一九六五國際人民法庭的合議法官判決那項暴力相當於包含種族滅絕在內的危害人類罪。[22]這個法庭雖然沒有正式的法律地位，卻促使國際社會廣泛注意到一九六五至六六年的罪行沒有受到懲罰的問題。此外，這項活動的策畫者也打算把法庭的判決結果呈交給聯合國人權理事會與聯合國人權事務高級專員辦事處，並且建議聯合國討論印尼是否應為包含種族滅絕在內的危害人類罪負起責任的問題。[23]

這些廣泛作為雖然極為重要，但大部分的國家組織也已開始追求比較平實但重要性毫不稍減的目標，也就是確保倖存者以及他們居住於其中的社群在當前的心理與物質福祉。這樣的轉變有一部分是因為那些組織對於國家層級的改革與行動極為牛步而深感挫折，同時也意識到倖存者的需求除了需要有真相與正義這種比較崇高但也較為遙遠的目標之外，也必須要有比較直接的措施，包括療癒、和解與賠償。舉例而言，政策研究與倡導研究所這個國家組織在二〇一五年底支持了一項社區計畫，在峇里的一座村莊開挖一個萬人塚，並且為死者舉行適當的宗教儀式。這場開挖的目的不是要蒐集罪行證據（例如對遺骸進行鑑識檢驗），而是要善盡那個宗教社群所認為的宗教義務。政策研究與倡導研究所指出，由社群共同從事那項工作「遠比政治菁英採取的作為更加重要又更有意義，因為政治菁英禁止討論一九六五年事件的做法，只會造成受害者背負的汙名難以消除」。[24]

這種整體做法上的轉變，是受到數十個小型的社會、宗教與社區團體所啟發的結果。那些地方和區域層級的團體，都致力於因應自身所屬社區在一九六五至六六年事件以及其他議題方面的需求與擔憂。在這些地方倡議當中，比較引人注目的是人權侵犯受害者聲援組織(Solidaritas Korban Pelanggaran Hak Asasi Manusia, SKP-HAM)。[25]這個團體成立於二〇〇四年底，至今已在中蘇拉威西的帕盧地區精心蒐集了一千兩百名左右的一九六五至六六年暴力受害者所提出的證詞，同時也致力於支持受害者以及促使更多民眾關注他們的困境，並且已經達成了一些值得注意的成果。舉例而言，先前提過帕盧市長在二〇一二年向受害者道歉並且推行補償方案，主要就是人權侵犯受害者聲援組織的努力所促成的結果。另一方面，這個組織也幾乎完全放棄了加害者有可能會被繩之以法的期待。在二〇一三年的一場訪談裡，這個組織的創辦人暨領導者指出：「我們知道人權法庭是不太可能發生的事情，但是像市長發表的那項公開道歉還是很有幫助。」[26]

另一項同樣聚焦於和解與補償的地方非政府倡議，是一九六五聯合祕書處(Sekretariat Bersama 1965, Sekber 1965)。刻意採取非政治立場的一九六五聯合祕書處，優先注重的工作是確保受害者及其家屬的物質與情感福祉，還有與先前的敵人取得和解。由於此一原因，這個團體並不推行像是要求真相與正義這樣的政治主張，除非可以確定這樣的活動不會對其成員的生活造成複雜化。由於類似的原因，這個團體也不支持把加害者繩之以法的要求。在一九六五聯合祕書處的觀點當中，我們不能信賴法律體系會帶來正義，而且無論如何，主要的加害者也都已經不在人世了。[27]簡言之，如同許多地方團體，一九六五聯合祕書處也純粹只聚焦於和解與補償，而不是真相與正義。佐科威總統在二〇〇五至二〇一二年擔任梭羅市長期間，獲得他支持的就是這個團體。

這類組織當中的第三個重要例子，是一個名為虔誠穆斯林社群人民倡議團體（Masyarakat Santri untuk Advokasi Rakyat, Syarikat，簡稱虔議團體）的非政府組織。這個組織雖然隸屬於伊斯蘭教士聯合會，且這個伊斯蘭政黨的成員又在一九六五至六六年殺戮當中扮演了核心角色，但虔議團體卻致力於重新檢視那項暴力的歷史，並且鼓勵伊斯蘭教士聯合會與印尼共產黨的前黨員尋求和解。[28]如同虔議團體的專案協調人伊瑪姆·阿吉茲（Imam Aziz）向一名研究者表示的：「虔議團體一直在調查那些屠殺事件……以便展開和解進程。這項進程主要涉及伊斯蘭教士聯合會，因為該黨的青年犯下了大部分的暴力。」[29]不過，虔議團體沒有倡導司法救濟措施。實際上，他們判定尋求平反的司法管道仍然遭到尚未改革的政府以及腐敗的法律制度所阻擋，因此認為最佳的解決方法是透過地方層級的社群和解追求修復式正義。這類地方層級的修復式正義倡議，在近年來已愈來愈受喜愛也愈來愈常見。根據二〇一三年的一項估計，這種做法已發生在「印尼各地數以萬計的家庭以及數以千計的鄰里當中」。[30]

文化干預

對於一九六五至六六年事件的沉默，也逐漸開始被各種人士打破，包括印尼的記者、學者、前因犯、社運人士、學校教師，以及利用各種形式與媒體從事創作的藝術家。透過在文化領域的干預，他們已開始針對某些較為根深蒂固的態度（那些態度在新秩序時期發展出來並且獲得支配地位）提出質疑，尤其是較為年輕的藝術家所創作的作品。利用圖像、影片與音樂進行創作，並且透過社群媒體平臺分享的這些作品，對於印尼社會造成的影響可能終究會比傳統媒體的干預更大，因為像是歷史書籍、報紙與回憶錄這類傳統媒體，受眾都僅限於受過教育的菁英當中的一小群人。[31]

自從一九九八年以來，印尼的記者與新聞媒體已善加利用政府管制的放寬以及網路和社群媒體的迅速擴張，而對一九六五至六六年的事件進行遠遠更為公開而且嚴謹的調查。大型日報，像是《指南日報》與《雅加達郵報》，刊登了在新秩序統治下絕不可能獲准刊登的報導與社論；至於《時代報》、《編輯》（*Editor*）與《D&R》等廣泛發行的週刊，則是刊登了對於官方敘事提出挑戰或者疑問的調查報導、專題以及訪談。舉例而言，《時代報》在二〇一二年針對一九六五至六六年的事件發行了一本爆炸性的特刊，標題為〈劊子手的告白〉，內容包含了殺人者、倖存者以及人權倡議人士的訪談。[32]

長久以來一直對一九六五至六六年保持沉默的印尼學者，也同樣利用這個新環境從事新研究，以及探究在此之前向來遭到禁止或者至少是敏感的主題。最多產的其中一位是史學家巴斯卡拉．沃達亞（Baskara Wardaya），他自從一九九八年以來已針對一九六五至六六年事件及其後果寫作以及編輯了幾本書，也在國內與國際論壇針對這項主題發表過演說。[33] 在尋求對於歷史獲得更清楚的理解以及對於過往的不義發表公開言論當中，同樣活躍的還有史學家阿斯維．瓦曼．阿丹（Asvi Warman Adam）。[34] 另一方面，一批新世代的印尼學者也開始對一九六五至六六年的事件進行嚴肅的歷史研究與分析。其中最具開創性的是一群出身自批判性社會歷史與人類學傳統的學者，包括希爾瑪．法里德（Hilmar Farid）、阿尤．拉蒂（Ayu Ratih）與德貢．桑提卡瑪（Degung Santikarma）。他們的著作不僅增加了我們對於一九六五至六六年的實質理解，也大幅擴展了調查的分析焦點。[35] 這個新群體也包括在美國接受過訓練的學者，諸如荷馬萬．蘇里斯提佑（Hermawan Sulistiyo）、伊萬．加多諾．蘇查莫戈（Iwan Gardono Sudjatmoko）與約瑟夫．查卡巴巴（Yosef Djakababa），前兩人的博士論文都對那些大規模殺戮揭露了新觀點，而後者的博士

印尼週刊《時代報》發行於二〇一二年的特刊封面，其標題為〈一九六五年劊子手的告白〉。（Tempo）

論文則是探究了九三〇運動在建構新秩序歷史當中所扮演的角色。[36]

也許更令人驚奇的，是前政治犯及其他倖存者的回憶錄大量出現。自從一九九八年以來，已有數十部這類作品被出版，其中大多數都是出版於蘇哈托垮臺之後不久，當時改革精神仍然相當強烈。這些作品包括著名國家政治人物的回憶錄，像是前外交部長蘇班卓，另外也有著名的前政治犯，像是前印尼婦女運動領袖蘇拉米女士（Ibu Sulami）以及作家帕拉莫迪亞。[37]帕拉莫迪亞在一九九九年出版的回憶錄，以及他在同一年舉行的國際巡迴簽書會，對於開啟討論政治犯經驗以及賦予別人這麼做的勇氣，顯然具有相當重要的影響。[38]因此，除了主要政治行為者的回憶錄以外，現在也有許多書是由比較不那麼知名的人物寫成，並且由全國各地的地方印刷廠出版。其中有些作品是受害者寫下的記述，包括因為身為左翼組織成員而遭到羈押的人士，還有父母遭到殺害或者失蹤的人。[39]此外，也有前加害者獨自或者與人合作寫成的回憶錄以及地方歷史。[40]在過去十年間出現的另一個新文類，是倖存者、目擊者與加害者的證詞與口述歷史的彙編。[41]這些作品看來顯示了回憶錄領域的逐漸民主化，而此一發展可望對我們理解那些年的歷史有所幫助。不僅如此，這些作品看來也反映了倖存者產生的一種新意願，甚至是決心，也就是要打破數十年來的沉默，不但為他們自己，也為了別人。如同一名前囚犯在獲釋超過三十年後所說的：

現在，我的孩子已經開始有了他們自己的生活，我因此開始思考，我為什麼應該保持沉默？我開始想著那些命運和我相似的人，那些像我一樣遭到社會拋棄的人。我決定開始談論那些把這個國家帶往錯誤道路的謊言。我要這麼做，這樣我的同胞加害他們自己同胞的惡行，才不會在以後再次發生。[42]

另一項類似但才剛起步的民主化與反抗趨勢，則是明顯可見於印尼的學校教師之間，尤其是歷史教師。由於對官方核准的教科書與課程當中那種單邊的陳述感到不耐，也對於改變那些標準所遭遇的障礙感到挫折，有些教師因此開始採用其他的教材與教學方法。[43]在一項由反女性暴力國家委員會與虔議團體資助的創新學程裡，中學生訪問了一九六五至六六年事件的女性倖存者，拍出一部合作紀錄片，名為《灰白：女性的過往》(*Putih Abu-Abu: Masa Lalu Perempuan*)。二〇一二年，印尼歷史教師協會的會長承認自己使用了課外教材，也鼓勵學生透過其他資訊來源從事課外學習。[44]二〇一六年，廖內 (Riau) 的一名高中教師說自己在課堂上播放了奧本海默的《沉默一瞬》，並且鼓勵學生上網探索一九六五年的歷史。對於試圖限制學生瞭解這些事件的當局，她毫不客氣地說：「不要再欺騙人民了。年輕的一代沒有你們以為的那麼笨，因為他們現在可以藉由網路得知一切。」[45]

與此相關的小說作品在過去二十年來也大幅增加，大部分都是以批判性的觀點描繪一九六五至六六年的事件，不然至少也是把那些事件納入成為故事當中不可或缺的要素。在這些作品當中，最引人注意的是蕾拉・楚多莉（Leila Chudori）與拉思米・帕穆查（Laksmi Pamuntjak）這兩名印尼女性作家所寫的小說。[46]楚多莉的《返鄉》(*Pulang*) 探究一九六五至六六年事件對於個人的影響，書中的主要角色是一群住在巴黎的人物，他們因為與左派有實際或遭人指控的關聯，以致大半輩子都不得不在巴黎過著流亡生活。[47]帕穆查的小說《安巴》(*Amba*) 基本上是一則愛情故事，故事背景是一九六五年發生在中爪哇的暴力，以及布魯島上的大規模監禁與強迫勞動。[48]透過對於人物的深入描繪以及對於歷史情境的細膩呈現，這兩本小說都讓讀者能夠以新方式看待一九六五年的事件；藉著這麼做，這兩本小說實際上即是對官方敘事提出挑戰。[49]因此，這兩本小說在印尼國內外都獲得叫好又叫座的成績，也就帶有深長的意義。[50]

除了作家以外，採取各種風格與形式進行創作的藝術家（包括影片、照片、音樂與社群媒體的創作者）也同樣扮演了關鍵角色，包括開創對於一九六五至六六年事件的新認知，以及對於新秩序的正統論點提出挑戰，而且影響對象尤以不曾親身經歷過那段歷史的新世代印尼民眾為主。[51]這些作品之所以強而有力，不只是因為觸及許多新受眾，也因為其中使用了許多與新秩序宣傳相同的媒體形式，尤其是影片與音樂。就這個意義上而言，這些作品乃是在熟悉的領域裡正面挑戰那些舊敘事。有些作品利用這些創作形式為長久以來遭到壓抑的主題、故事以及看待一九六五年事件的觀點發聲，尤其是前政治犯與左派人士的觀點。另外有些作品則是直接挪用官方宣傳材料的影片與音軌，經過重新混編或者重新詮釋，傳達出較為顛覆性的新敘事以及可能性。舉例而言，在近期的一項「影片改造」當中，印尼的影片藝術家重新剪輯了《九三〇運動的背叛行為》這部惡名昭彰的政府影片，目標在於揭開國家宣傳的神祕面紗，並且加以解構以及顛覆，從而讓人獲得新的理解。[52]

在這種創作類型當中，有一批比較新奇的作品來自於一九六五公園社群（Komunitas Taman 65）的創作。這個鬆散的團體由一群年輕藝術家成立於二〇〇五年，成立地點在峇里一座為一九六五年的受害者所設立的小型紀念公園。除了其他作品之外，他們出版了一本散文暨故事集，名為《拒絕遺忘：一九六五公園社群的故事》(*Melawan Lupa: Narasi-Narasi Komunitas Taman 65*)，內容對於官方的一九六五至六六年記述提出質疑。[53]這個團體還發表了一套由前政治犯創作以及演唱的歌曲集《監獄歌曲：沉默者之歌》(*Prison Songs: Nyanyian Yang Dibungkam*)。[54]

重新找回與左派有關的音樂並且加以演出，也是另外若干團體與藝術家所著重的工作。而在此一復興運動當中，最具核心重要性的音樂作品莫過於〈黃花薊〉這首曾經廣受喜愛的民俗歌曲，其歷史最早可以追溯到日本占領時期，但因為被認為與印尼共產黨有關而在新秩序期間遭禁。[55]這首歌的歌詞講述一名貧窮的女子為了養活家人，而採集黃花薊到市場上販賣。現在，對於鼓吹在歷史上重新評價一九六五至六六年事件以及為受害者爭取正義的倡議人士而言，〈黃花蘭〉已成了他們的頌歌。只要在YouTube上稍微搜尋一番，即可看到除了賓・斯拉梅（Bing Slamet）與莉莉絲・蘇里安尼（Lilis Suryani）在一九六〇年代錄製的原版歌曲之外，比較年輕的印尼藝術家也為這首歌錄製了數十個新版本，包括饒舌與雷鬼的版本，並且持續在各式各樣的正式與非正式場合演出這首歌。[56]這些藝術家的其中一位是托米・席馬圖龐（Tomi Simatupang），這名住在德國的印尼人這麼描述自己初次聽到這首歌的情景：「那一天，我走進一間正在播放《義的革命日記》（*Gie*）的戲院，結果我的人生就此改變。那部片裡有一首歌，那首歌有個簡單而令人難忘的旋律，在那之後的幾天裡一直縈繞在我的心頭上。那首歌就叫作〈黃花蘭〉。」席馬圖龐深深著迷於這首歌，於是把接下來的五年投注於研究以及籌備一場他稱為「黃花蘭狂熱」（Genjer-mania）的紀錄片音樂會，匯集了現場演出的音樂、資料影片以及自製影片，內容都是關於那首歌以及一九六五至六六年的事件。[57]

如同這則故事所顯示的，影片在激起對於一九六五年事件的批判性省思當中也扮演了重要角色，尤其是對於年輕一代的印尼人而言。[58]雖有幾部關於那些事件的外國電影於新秩序期間推出，但那些電影在印尼國內造成的影響卻遠遠比不上在蘇哈托死後出現的電影。關於一九六五年事件的國內電影包括了幾部商業片，其中一部名為《舞者》（*Sang Penari*），內容講述一則發生在那項暴力期間的愛情故事。這部電影大幅偏離標準敘事，不但明確描繪軍方與民兵團體在殺戮當中扮演的角色，看待受害者的眼光也充滿同情。賀嚴多寫道，這部電影因此「對於官方意識形態採取了截至目前為止最具政治批判性的立場」。[59]

不過，絕大多數新推出的電影都是紀錄片，印尼國內外都是如此。影響力比較大的外國紀錄片有《皮影戲》（*The Shadow Play*, 2001）、《國家的裂解》（*Terlena: Breaking of a Nation*, 2004）、《殺害將領的女人》（*The Women and the Generals*, 2009）以及《沉默之聲——印尼悲歌》（*40 Years of Silence*, 2009）。關於一九六五至六六年事件的國內紀錄片數量較多，儘管品質與公共影響力高低不一。其中許多電影的製作者都是前政治犯以及對他們的處境感到同情的非政府組織。例如《灰白：女性的過往》這部紀錄片，就是在非政府組織虔議團體與反女性暴力國家委員會的指導下攝製而成。[60]除此之外，還有五、六部紀錄短片是由創意人性研究所（Lembaga Kreatifitas Kemanusiaan）製作而成：這個前政治犯網絡的組成人士，在當初都是因為身為人民文化協會的成員而遭到羈押。[61]這些短片的發行範圍與公共影響力雖然比較有限，卻因為幫前政治犯發聲以及質疑官方敘事而引人注意。近年來影響力比較大的國內紀錄片有《萬人塚》（*Mass Grave*, 2002）、《奇都里安街十九號》（*Tjidurian 19*, 2009）、《我的家鄉布魯島》（*Buru Island My Homeland*, 2016）以及《恐懼錄音室》（*On the Origin of Fear*, 2016）。[62]

不過，不論是在印尼國內還是國外，遠遠最具影響力的電影仍是奧本海默執導的作品。《殺人一舉》和《沉默一瞬》都毫不閃避地直視一九六五至六六年的事件。這兩部片都記述了令人難以置信的暴行：加害者割斷受害者的喉嚨、砍掉他們的頭，以及飲用他們的鮮血。不過，這兩部片最令人震驚之處，也許是其中揭露了那些殘暴行為在五十年後造成的影響：因為片中講述的內容，就是那項暴力以及隨之而來的漫長沉默如何摧毀了受害者的人生，並且敗壞了在那之後所出現的社會。[63] 那項遺緒最令人感到不安的其中一個徵象，就是加害者至今仍可自由講述他們那些駭人的故事，卻不必害怕遭到起訴或者譴責。此外，在《沉默一瞬》裡看到一個家庭如何至今仍然受到五十年前的事件所纏擾，也同樣令人深感不安。那個家庭有個成員名叫蘭姆利（Ramli），在年輕時於一九六五年遭到一個由軍方撐腰的民兵團體砍劈致死。隨著影片的進展，我們可以看到蘭姆利的弟弟（一個名叫阿迪〔Adi〕的中年驗光師）勇敢質問那些殺害他哥哥的凶手，要求他們為自己的行為擔起責任或是表達懊悔。不過，他得到的卻是否認、威脅以及沉默。

一部分是因為那令人感到不安的主題，但也是因為其獨特的電影性質，這兩部片因此在印尼國內激起熱烈的辯論，也在國外引發對於此一事件前所未有的高度認知。實際上，這兩部片造成的影響極為重大，有些分析家因此稱之為「奧本海默效應」。《殺人一舉》的印尼語版本起初只能祕密播放，但最後仍然在公共場合以及網路上受到數以千計的印尼人觀看。許多人看過之後，都說這部片牴觸了他們在歷史課上學到以及從父母口中聽到的一切，並且對於自己遭到政府欺騙表達了不敢置信以及憤怒的感受。[64] 第二部片《沉默一瞬》首映於二〇一四年底，不但比第一部片受到更廣泛的宣傳，也激起更多的公開評論與反應。不出預料，國家官員與反共團體聲稱這部片是共產主義宣傳，並且尋求阻擋這部片的播放或是予以禁止。儘管有這些嘗試，大多數的印尼評論家卻都認為這部片應該要列為必看影片，並且堅決認為當局應該為當初那些罪行負起責任。這部片造成的影響（以及這部片描繪了某種全新的英勇行為），也許可以從一件事情當中看出來，也就是片中的主角阿迪現身播放現場之時，獲得了觀眾久久不停的熱烈掌聲。[65]

後退一步

不過，不是所有的消息都是正面的。實際上，在幾乎每個領域裡，前述的那些行動都遭到了強烈抗拒，有時甚至頗為醜陋。如果說印尼雖然出現了種種進步（甚至可以說正是因為這些進步），卻也遭遇反共力量的強烈反彈，這樣的說法並不算誇大。這樣的反彈有一部分可以歸因於一套看待共產主義與印尼共產黨的常規與態度，至今仍然根深蒂固於印尼社會裡。除此之外，權高勢大的國家官員與政治人物所發表的聲明以及展現出來的姿態，還有一套能夠追溯至新秩序早年的潛在法律和規範體系，也為那樣的反彈添柴加火。

國家當局

對於前囚犯與印尼共產黨員限制權利的許多行政命令與規定，雖然在蘇哈托總統於一九九八年辭職之後不久終於被撤銷，但限制左派思想、組織與活動的根本法律基礎卻保留了下來，[66] 其中最主要的是一九六六年的臨時人民協商會議第二十五號決議案。相信讀者還記得，這項決議案禁止傳播或提倡共產主義與馬列主義，也禁止印尼共產黨以及一切與這些意識形態有關的組織或活動。臨時人民協商會議在驅逐了內部所有左派與蘇卡諾主義分子之後而實施的這項法律，刻意採取模糊的文字，造成涵蓋範圍極為廣泛。新秩序的規畫者刻意把這項法律設計成無所不包，藉以限制以及懲罰不同意見，尤其是來自左派的不同意見。這項法律應用在這個目的上已經超過半個世紀。

儘管有伴隨著蘇哈托政權的終結而出現的改革精神，但立法機構不願撤銷這項嚴苛的法律，卻也顯示了反共的思想與焦慮仍然多麼根深蒂固。實際上，立法機構不只沒有撤銷這項法律，甚至還藉著通過新的反左派立法，進一步深化壓迫的法律基礎。最明顯的例子是一九九九年的第二十七號法律，其中規定散播或者支持「共產馬列主義」思想或是對班查西拉表達反對的行為，可以受到判處長達二十年的徒刑。[67] 官方與社會對於左派異議思想的抗拒以及反彈，有一大部分都受到這些法律賦予了合法基礎以及政治理由。

反共立場驚人的持久性也可見於國家當局和政治人物，對於先前描述過的那些倡議所做出的反應。瓦希德打算開啟對於一九六五至六六年事件的討論，尤其是他對遭到伊斯蘭教士聯合會暴力攻擊的印尼共產黨受害者所提出的道歉，以及撤銷一九六六年臨時人民協商會議第二十五號決議案的提議，都引起迅速又激烈的反應；根據某些說法，這就是他在二〇〇一年七月下臺的其中一個原因。宗教領袖、國會議員和軍官都紛紛提出批評，學生組織與反共治安維持團體也舉行群眾示威，聲稱瓦希德的行為是嘗試重振共產主義與印尼共產黨的危險舉動。[68]同樣的，規定成立真相與和解委員會的法律在二〇〇四年通過之時雖然引起眾人歡欣鼓舞，卻也在不久之後遭到聲音極大的反共聯盟質疑，結果在二〇〇六年遭到憲法法院撤銷。

除此之外，也有計畫企圖改變學校課程看待一九六五年事件的方式，但這些計畫仍不免遭遇相同的命運。經過一段為了反映開放性的新精神而放寬並且修改全國教科書標準的時期之後，教育部在二〇〇六年下令所有提及「九三〇運動」的文字都必須改為新秩序所偏好的「九三〇運動／印尼共產黨」（G30S/PKI）這個用語。[69]檢察總長也依據相同的原則下令撤除一切偏離官方敘事的教科書，指稱那些教科書擾亂了公共秩序。[70]實際上，新秩序在一九九八年的結束雖然帶來了相當程度的媒體自由，官方卻沒有因此停止審查的行為。舉例而言，國家官員在二〇〇九年禁了史學家魯薩針對一九六五年事件而寫的《大屠殺的藉口》（*Pretext for Mass Murder*）這本書。[71]這項禁令終究在法院裡遭到推翻，顯示官方對於審查的態度已經出現一定程度的軟化，或是有所分裂。此外，如同魯薩所言，這項禁令造成的結果只是讓這本書獲得許多額外的讀者。儘管有這些改變，審查的可能性卻還是持續存在，儘管實施狀況看來已沒有先前那麼高的一致性。[72]

國家人權委員會的二〇一二年報告所得到的官方反應也一樣極度負面。不論是現任與前任的陸軍軍官，還是著名的政治與宗教人物，都公開批評了這份報告。在一場由退伍軍人舉辦，並且邀請了人民代表大會的副議長、宗教學者理事會（Majelis Ulama）的成員，以及民兵團體班查西拉青年團的代表共同參加的會議上，這份報告遭到批評以及斷然拒絕，理由是其中沒有談及「印尼共產黨的暴力行為」。[73] 在這場會議結束後，一個由退役軍人及其他人組成的代表團晉見了時任總統的蘇西洛·班邦·尤多約諾將軍（Susilo Bambang Yudhoyono），敦促他不要接受那份報告的建議，也不要向印尼共產黨道歉。[74] 八月，伊斯蘭教士聯合會的領導層也同樣拒絕接受那份報告。[75] 面對這些反對聲音，檢查總署於是將報告擱置，宣稱報告尚未完成。[76] 在參加了一場紀念國家英雄日的國家典禮之後，檢察總長澄清指出，反共暴力「原則上」沒有「達到可以被視為嚴重侵犯人權的程度」。[77] 國家人權委員會成員史丹利·阿迪·普拉瑟提歐（Stanley Adi Prasetyo）指出，這些發展削弱了一九六五至六六年事件可能會受到認真處理的期望：「看到這一切，使得大眾轉向悲觀，原因是前方的道路看來已變得愈來愈狹窄而曲折。我們真的要把解決這些嚴重罪行的工作留給我們孫子輩去處理嗎？」[78]

另一方面，佐科威總統上任三年之後，並沒有實現各界先前認為他的政府將會真正做出改變的希望。舉例而言，他在二〇一五年八月迴避了以涵蓋真相與正義機制的做法全面解決一九六五至六六年暴力的要求，而是提議成立一個和解委員會檢視以及處理過往的人權罪行，包括一九六五至六六年的那些罪行在內。佐科威在二〇一五年八月十四日向人民協商會議致詞表示：「政府希望促成全國性的和解，這樣未來的世代才不必背負歷史的重擔。我們的子孫必須要能夠自由面對寬廣的未來。」[79]司法與人權部的人權局長重申這項觀點，在二〇一五年八月主張「過去的人權侵犯行為應該以和解的姿態加以處理」。[80]檢察總長也同樣指出，這麼一個委員會的目標將是秉持和解的精神，透過「非司法手段」解決人權侵犯行為。[81]

值得在此指出的是，和解就原則上而言雖是個值得讚許的目標，但這項概念在印尼卻有一段不盡正面的歷史。和解的語言經常被用來迴避對於正義與揭露真相的要求。印尼當局也總是對於非司法解決方式表達偏好，理由是這種方式比較合乎印尼的「價值觀」，而且比較不會「揭開舊傷」。因此，官方提議的和解與非司法解決方式不是整體轉型正義過程當中的一部分，與正義和真相的追尋齊頭並進，而是獨立的機制；不是與追求真相和司法矯正手段互補，而是加以取代。印尼當局對於東帝汶採取的立場無疑就是如此。在印尼非法占領東帝汶長達二十四年的時間裡（一九七五至一九九九），該國的部隊在那裡犯下了包括種族滅絕在內的危害人類罪。印尼當局利用和解與修復式正義的說法掩人耳目，成功阻擋了國際與國內從一九九九年開始嚴正要求把加害者繩之以法的呼聲。[82]由此造成的結果，就是雖然經過了二十年的時間，而且種種惡行也證據確鑿，卻沒有一個印尼軍官因為那些發生在東帝汶的罪行而被起訴。官方呼籲對於一九六五至六六年的那些嚴重罪行採取和解與非司法補救方式，就必須從這個角度加以看待。

更明確來說，佐科威總統就是在這樣的脈絡下於二〇一六年七月決定任命韋蘭托將軍（Wiranto）擔任政治法律及安全事務統籌部長這個權勢極大的職務。在一九九九年擔任武裝部隊司令的韋蘭托，曾經主導發生在東帝汶的系統性暴力，而被控告危害人類罪。[83]他在二〇一六年獲得任命的幾個月後，重申了政府希望透過非司法機制解決一九六五至六六年事件的意圖。[84]此外，韋蘭托也明白指出政府認為一九六五至六六年的暴力具有法律上的正當性，因此非司法機制不僅是政府偏好的方法，也是唯一可行的方法。韋蘭托表示：「司法程序一旦不再是選項，我們就應該使用我們擁有的手段。我們可以透過慎思與理解而解決案件。」[85]

為了達成此一目的，韋蘭托在二〇一六年底宣布政府將針對一九六五至六六年事件成立一個特別小組，由來自國家機構、執法單位與公民社會的代表組成。[86]人權倡議者雖然不反對和解的概念，但堅持認為追求和解不能欠缺其他配套措施，像是尋求真相、道歉、正義以及社會修復。[87]不過，政府顯然堅決單獨推動和解。如同韋蘭托在二〇一六年十月說明的，非司法措施採取的原則是「不怪罪任何政黨、不煽動仇恨或報復，並且以法律為政府的決定賦予正當性」。[88]

無論如何，近年來的官方聲明已明白顯示，在缺乏揭露真相與正義的機制之下，即便是象徵性的和解也幾乎不可能達成。舉例而言，在開始有傳言指稱佐科威可能會在二〇一五年的獨立日演說當中向一九六五至六六年暴力的受害者道歉之後，伊斯蘭團體與高階軍官即憤怒堅稱沒有必要向印尼共產黨道歉。[89]國防部長里亞米札德・里亞庫杜將軍（Ryamizard Ryacudu）在二〇一五年八月接受記者訪問，嘲笑了國家應該向印尼共產黨受害者家屬道歉的想法。「不好意思，」他說：

可是請依照邏輯想想這件事情。……當初造反的是誰？是誰先殺誰？是誰殺了那些將領？我們為什麼應該向那些殺害我們並且對我們造反的人道歉？這樣就像是我被人揍得鼻青臉腫，結果還要向那個痛打我一頓的人道歉一樣。[90]

為了強化自己的論點，這名部長堅稱道歉將會等同於承認罪責，接著再次老調重彈，聲稱談論過往只會造成麻煩：「夠了，別再糾結了。我們應該往前看。請求原諒就表示承認我們錯了，這樣又會引來賠償的要求。然後呢？這樣只會沒完沒了。……不要把我們達到的一切成就都抹髒了。」最後，他訴諸國家就像是家庭這種專制政權常用的說法，而把印尼共產黨受害者比擬為子女，就算遭到父母惡待也還是應該敬愛並且原諒他們的父母：「所以，印尼共產黨應該要愛印尼。他們沒有必要懷著報復的情緒。他們必須要採取新的思考方式。他們要是身陷在報復的情緒裡，就沒有辦法進步。」[91]

也許不令人意外，在二〇一五年十月一日紀念遭害將領的年度典禮上，佐科威總統談及這個主題的時候明確拒絕道歉。「向誰道歉？」他問道：「在雙方都聲稱自己是受害者的情況下，到底誰該原諒誰？」[92]人權運動人士指出，無論如何，道歉也只有在知道實際上發生了什麼事的情況下才會有意義。如同一名人權運動人士所寫的：「一項不義的歷史敘事必須要受到建構，也就是講述實際上發生的事情，然後道歉才能夠在這樣的基礎上發生。……『對不起』需要奠基在真相之上，就算真相極為苦澀也不例外。」[93]

關於追尋真相，政府對於二〇一五年十一月的一九六五國際人民法庭，以及二〇一六年四月針對一九六五年事件召開的全國論壇所表現出來的反應，也令人難以感到樂觀。包括副總統尤素夫·卡拉（Jusuf Kalla）、國防部長里亞庫杜、政治法律及安全事務統籌部長盧胡特·潘查伊坦（Luhut B. Panjaitan）以及檢察總長穆罕默德·普拉瑟提歐（Muhammad Prasetyo），全都批評該法庭干預印尼國內事務，也提出新殖民主義的虛妄指控，並且聲稱參與其中的印尼人對國家不忠。一九六五國際人民法庭提出種族滅絕的判決之後，印尼憲法法院的前院長據說指稱該法庭是個「笑話」。[94]此外，政府雖然因為在二〇一六年四月舉行那場全國論壇而獲得讚揚，但引人注目的是，潘查伊坦在論壇的致詞中拒絕向受害者道歉、低估了遭到殺害的人數，並且挑戰社運人士找出他們指控的萬人塚。值得一提的是，這項活動並沒有帶來任何有意義的措施，包括向受害者道歉或者提供賠償、終結那些罪行不受追罰的狀態，或是強化對於那項暴力的歷史理解。恰恰相反，四月的這場論壇引來了憤怒的反彈。二〇一六年六月，一群退役將領舉行了一場「反印尼共產黨」論壇，請來不少軍方人物致詞，包括國防部長里亞庫杜，還有各個保守派伊斯蘭組織的代表。不出預料，致詞者都針對共產主義的再起提出警告、要求印尼共產黨向印尼人民「道歉」，並且敦促大眾不要「重新揭開往事」。[95]

地方當局和「社群」

區域及地方當局也採取行動以預防或者壓抑藝術家、記者、社運人士與學者的活動。有些以一九六五至六六年事件為主題的會議與研討會雖然獲准舉行，而且過程也相當平順，其他許多活動卻不是遭到禁止，就是半途遭到中斷。這類禁令在十月一日事件週年紀念日前後的幾個星期裡尤其常見。在幾乎每一個案例當中，這些干預行為都以執行一九六六年臨時人民協商會議第二十五號決議案，以及一九九九年第二十七號法律為由賦予正當性。除此之外，大部分的案例也訴諸其他理由，包括干預行為是為了回應所謂的社群對於「重揭舊傷」所感到的「不安」，以及為了防止印尼共產黨可能藉此再起或者捲土重來。而且，在一種令人回想起一九六五至六六年那些反共行動的方式當中，當局也和地方反共團體合作，就算不是公開動員那些團體，至少也是毫不遲疑地同意它們的要求，或是對那些團體攻擊疑似共產黨員的行為袖手旁觀。

值得強調的是，在這類案例當中，受到警方和軍方當局如此嚴正看待其擔憂的那些「社群」，都是自從一九九八年以來在印尼國內愈來愈活躍的激進反共組織。這類團體許多都與一九六〇年代的反共民兵團體具有歷史與意識形態上的直接關係，不然就是代表軍方與警方本身的利益與擔憂。儘管已經過了五十年以上的時間，包括將近二十年的改革與民主，它們用來攻擊敵人的語言卻仍然可以明白看出，就是在一九六五至六六年煽動大規模殺戮的反共宣傳所使用的那種語言，而且那種語言也在新秩序期間維持著充滿恐懼和仇恨的氛圍。

舉例而言，那樣的社群包含了伊斯蘭大學生協會，也就是在一九六五至六六年積極領導攻擊行動對付印尼共產黨及其附屬組織的團體。在雅加達兩所大學的學生於二〇〇六年九月發生一場衝突之後，伊斯蘭大學生協會即採用一九六五至六六年那時以及在整個新秩序期間使用的那種語言和修辭，在一份聲明裡提及敵對大學團體高舉鐵鎚與鐮刀的圖片，而指稱「〔對方的〕激進分子表現出共產主義傾向的徵兆」，並且要求當局採取「果斷行動」，包括逮捕「刻意散播共產主義」的學生以及「為散播共產主義的行為提供保護」的大學教職員，進而呼籲印尼人民「對於校園及其周圍地區的潛在共產主義威脅保持警覺」。[96]

如同這個案例所示，在關於一九六五至六六年事件的辯論當中，學生與學者並沒有完全站在同一邊。實際上，整體氛圍雖然轉向以更開放而且批判性的態度探究那個問題，但仍有些學者與大學行政人員堅決反對一切有關歷史修正、正義或者和解的討論。其中這麼一個人物是阿米努丁·卡斯蒂（Aminuddin Kasdi），他是泗水州立大學的歷史教授，曾是安梭爾成員，也是印尼史學家協會（Masyarakat Sejarawan Indonesia）的創辦人暨成員。[97]卡斯蒂雖然早已因為他強硬的反共觀點而知名，卻沒人想到他會在二〇〇九年九月決定與反共陣線（Front Anti-Komunis）合作舉行一項公開焚燒左派書籍的活動，地點選在備受敬重的區域性報紙《爪哇郵報》（*Jawa Pos*）總部外面。引人注目的一點是，這項焚書活動雖然引發了同僚與學生的不安，卡斯蒂卻沒有因為危害公共安全而被逮捕，也沒有受到大學校方的任何懲戒。三年後，卡斯蒂在二〇一二年九月又再度煽動反共的火焰，在泗水穆罕默迪亞大學（Muhammadiyah University Surabaya）的法學院舉行了一場研討會，名稱是「當心印尼的潛在共產威脅」。[98]

在那個心懷憂慮的社群裡，另一個受益於官方支持的成員是西爪哇反共人民聯盟（Persatuan Masyarakat Anti-Komunis Jawa Barat, Permak），這個組織的支持者包括惡名昭彰的伊斯蘭捍衛者陣線（Front Pembela Islam）、伊斯蘭大學生協會以及卡斯蒂的印尼史學家協會。[99]二〇〇八年四月，西爪哇反共人民聯盟發表一份聲明，譴責國家人權委員會調查一九六五至六六年罪行的決定。這份聲明匯集了反共團體經常表達的論點，而且還添加了大量的新秩序宣傳以及散播恐懼的語言。舉例而言，這份聲明聲稱消滅印尼共產黨是「百姓對於印尼共產黨的單邊行為所產生的自發性反應」，而且暴力行動是為了「維護法律以及捍衛印尼共和國單一國家」所必須採取的合法「警察行動」。此外，一九六五年的政治情勢「有如戰爭」，當時「任何人只要握有權力，就會消滅自己的敵人」。根據這些主張，西爪哇反共人民聯盟於是斷言指出，重新探究九三〇運動的舉措是「非歷史行為，並且可能危及印尼民族與國家的團結」，對於「一個相對和諧而且早已忘卻過往的社會造成紛亂」。該聯盟指出，發動調查只會在沒有充分理由的情況下「揭開舊傷」，而堅稱更加好的做法是「對一個過往時代的黑暗歷史翻頁，而把目光投向未來」。最後，這個聯盟採用令人回想起一九六〇年代與新秩序的語言，呼籲政府「清除國家人權委員會裡那些捍衛前印尼共產黨員與新式共產主義者的人士，因為那些共產分子正在尋求再度崛起以及捲土重來的方法」。[100]

國家人權委員會調查一九六五至六六年事件的計畫，也是退役軍警溝通論壇（Forum Komunikasi Purnawirawan TNI-POLRI）在二〇〇八年四月發布的一份憤怒聲明所斥責的對象。這份聲明除了提出其他論點，也認定國家人權委員會探究一九六五至六六年問題的做法乃是偏離了其原本的目的；此外，保安部隊在一九六五至六六年所做的事情只不過是善盡它們對國家的責任，不但「合乎實在法，也……不構成對於人權的嚴重侵犯」。這份聲明也批評國家人權委員會的「部分成員」和「某些非政府組織」都「以傲慢而挑釁的方式運用法規」，因而可能「在當下以及未來破壞國家的團結與和諧，也有損武裝部隊的精神與士氣」。於是，這個論壇反對國家人權委員會調查一九六五至六六年事件的計畫，支持保安部隊的退役成員拒絕出席該委員會作證，要求該委員會的領導層盡快受到撤換，也敦促該委員會「不要再被當成打擊我們國家的棍棒」。[101]

反共團體也主動追蹤一切他們認為代表了共產主義再起的徵象，並且向當局舉報。舉例而言，印尼愛國運動（Gerakan Nasional Patriot Indonesia）在二〇〇九年寫信給警政署長，敦促警方立刻逮捕一個前政治犯組織的領袖，理由是那個組織在其中一名成員的家中舉行會議，而在那場會議上試圖「散播共產主義思想」。[102] 遭到指控的那個組織是先前提過的一九六五年殺戮受害者研究院，是個合法登記的受害者支持團體。印尼愛國運動在那封信裡陳述了本身的部分成員如何向當地官員與警方提出舉報，於是當局隨即出面干預而解散了那場會議。[103] 接著，那封信援引了幾項禁止散播共產主義言論的命令與法律（其中當然也包括了一九六六年的臨時人民協商會議第二十五號決議案，以及一九九九年的第二十七號法律），然後要求警政署長禁止一九六五年殺戮受害者研究院並且逮捕其領袖。

這類裝腔作勢的反共行為在近年來仍然持續不休。舉例而言，在二〇一五年十一月，繁榮正義黨（Partai Keadilan Sejahtera）的一名黨員指稱參與一九六五國際人民法庭的印尼人是為印尼共產黨「辯護」的國家叛徒，並且呼籲起訴他們：「印尼共產黨是造反者，他們怎麼可以受到辯護？你可以說〔那些參與國際人民法庭的人〕違反了一九六六年的共產主義禁令，所以也就是反抗國家。」[104] 二〇一六年四月，一個名為班查西拉陣線（Pancasila Front）的非政府團體譴責討論一九六五年事件的全國論壇，而且提出的理由也令人相當熟悉，就是那樣的討論會「揭開舊傷」，也違反了班查西拉、一九四五年憲法以及一九六六年臨時人民協商會議第二十五號決議案。這個團體宣稱該論壇的參加者有百分之八十五到九十都是印尼共產黨的支持者，並警告那個論壇將會「為共產意識形態重新注入活力，〔並且〕迫使政府為〔攻擊〕印尼共產黨員的暴行道歉」。[105]

文化領域

和一九六五至六六年有關的文化與藝術作品尤其是抗拒和批評的一大焦點。先前討論過奧本海默的那兩部紀錄片，都是經常遭到反共暴動行為鎖定的目標，而且許多播放場次都因為「社群」表達的擔憂而遭到取消。在大部分的例子裡，暴動的帶頭者都是像伊斯蘭捍衛者陣線這類激進伊斯蘭團體，或者班查西拉青年團這種反共民兵團體。[106]不過，如同在一九六五至六六年當時的情形，這些團體的公共角色經常掩蔽了國家官員的共犯行為，例如藉著下令取消播放那些電影以回應這些團體的擔憂。[107]舉例而言，影片審查協會（Film Censorship Institute）在二〇一四年禁止了《沉默一瞬》公開播放，理由是「這部片會導致觀眾同情印尼共產黨與共產主義」。[108]

不過，早在奧本海默的紀錄片成為辯論主題之前，與一九六五年事件有關的印尼電影就已經是政治爭議的一大焦點。以二〇〇八年為例，一部劇情長片因為在中爪哇面對所謂的社群成員發動的抗議，而導致拍攝工作中斷。這部電影名為《萊絲翠》(*Lastri*)，內容講述一男一女的愛情故事，他們在一九六五年十月之後因為身為左翼組織的成員（印尼婦女運動與印尼學生統一運動）而遭到迫害。這部片的導演雖然據報向國家警察取得了拍攝許可，但「當地社群」發動抗議，而迫使拍攝工作停止。[109] 一個名為印尼反共聯盟（Koalisi Masyarakat Anti Komunis Indonesia）的團體概述了那些抗議活動的發生理由，強調那部電影改編自前印尼婦女運動成員的證詞，並且是一項刻意「扭曲歷史」的嘗試。接著，這個聯盟又複述了陸軍針對印尼婦女運動編造的那套敗德墮落的說法：「印尼婦女運動在那個時期的歷史，就是其中有部分成員是妓女，而且有許多目擊者都指稱（印尼婦女運動的成員）信奉自由性愛。印尼婦女運動在鱷魚洞凌虐那些將領的殘暴行為，就清楚證明了她們的道德與人性觀有多麼低落。」簡言之，反共聯盟指稱那部片之所以不該受到拍攝，原因是那是一件「宣傳與挑釁」的作品，永遠不該被播放，否則將會因為引發新的社會衝突以及「揭開舊傷」而造成國家不穩定。[110]

同樣的模式在近年來也明顯可見。實際上，對於印尼共產黨與左派的反彈不但沒有消退，在佐科威當上總統之後似乎還更加速發展，顯示這種反彈可能受到政治對立與投機所強化。舉例而言，在二〇一五年七月，班查西拉青年團的成員偕同地方員警前往詩人暨社運人士克拉納（Kelana）位於中爪哇肯德爾（Kendal）的住家，聲稱要調查他散播共產主義思想這種非法又具有挑釁性的行為。在更具體的層面上，他們指稱他把自己一場表演的照片上傳至臉書，標題取為「印尼共產黨覺醒日」，並且指控他的牆上掛著與〈黃花蘭〉這首歌相關的材料。那些民兵成員援引一九六六年臨時人民協商會議第二十五號決議案，而要求克拉納把臉書網頁上以及他家裡那些「共產主義屬性的事物」全部移除，並且催促警察逮捕他。[111]

二〇一五年八月，倖存者團體一九六五年殺戮受害者研究院取消了一場原本計劃舉行的會議，原因是籌備者收到伊斯蘭團體的死亡威脅，而且情報官員與警方也「建議」他們不該繼續進行。這場會議原定在八月七日至八日舉行於中爪哇的沙拉迪加（Salatiga）這座城市，出席人員包括國家人權委員會與反女性暴力國家委員會的代表，還有司法與人權部長。不過，反共團體堅稱這場會議是共產活動的幌子，並且在臉書上散播一項謠言，指稱一九六五年殺戮受害者研究院在城裡到處張貼了鐵鎚與鐮刀的旗幟和布條。該研究院的領導人貝吉約．翁東（Bedjo Untung）表示，那些指控不但子虛烏有，而且是一種挑釁行為。他也指稱威脅實際上是來自伊斯蘭捍衛者陣線與伊斯蘭捍衛守護者（Garda Pembela Islam），因為這兩個團體都「使用聖戰的語言，並且聲稱〔濺灑〕前政治犯的鮮血是符合教規的行為」。[112]

一如往常，爭議到了那場疑似政變的週年紀念日前後又更加升高。二〇一五年十月，蘇門答臘、爪哇與峇里的警方當局都出手阻止各項紀念或討論一九六五至六六年事件的和平活動。在沙拉迪加，一群大學生因為出版一本雜誌《燈籠》（*Lentera*）檢視一九六五至六六年發生在該市的事件，而受到警方訊問。那些學生雖然都沒有遭到正式起訴，卻被下令要求把那些雜誌全部燒毀。警方聲稱要求燒毀雜誌的不是他們，而是大學校方；但那本雜誌的學生主編表示，他們最早收到關於那本雜誌的負面評論，就是來自警方、軍方與市長，而且抗議活動終究造成他們被警方訊問，最後警方也下令他們燒毀所有雜誌。[113]

二〇一五年十月，西蘇門答臘的有關當局羈押了湯姆．伊利亞斯（Tom Ilias）這名瑞典籍印尼人，接著將他驅逐出境並且列入黑名單，原因是他和一九六五至六六年殺戮事件的其他受害者共同試圖造訪據說是他父親埋身處的一座墓地。在一九六五年當時，有數以千計在海外工作或讀書的印尼人都遭到禁止返鄉，伊利亞斯即是其中一人。他有許多年都處於無國籍的狀態，最後才終於在一九八〇年代初期獲得瑞典公民身分。他在二〇一五年返回蘇門答臘，結果當地的有關當局指控他和同行的夥伴正在拍攝一部影片，講述印尼共產黨所遭受的殘暴攻擊。不過，他們否認了這項指控。根據當時與他同行的一名友人所言：

> 湯姆．伊利亞斯是來從事一場個人朝聖之旅，可能是最後一次探望他父母的墳墓。……他父親的埋身處是國家人權委員會對於一九六五年殺戮事件的調查當中所記錄的其中一座萬人塚。現在，湯姆深感沮喪，因為他被驅逐出境導致他被列入黑名單。他再也沒辦法回到印尼來了。

地區警察局長承認伊利亞斯一行人確實受到羈押，但聲稱「我們只是為了保護他們不被村民攻擊而已」，因為村民對於有人針對一九六五年的殺戮事件拍攝紀錄片感到不滿。[114]

才幾天後，峇里的警方也出面干預一場舉行於烏布（Ubud）這座城鎮的國際作家節，禁止了其中關於一九六五至六六年事件的三場座談會與一場電影播放活動。[115] 吉安雅區警察局長針對這項決定所做出的解釋，可想而知地援引了一九六六年的臨時人民協商會議第二十五號決議案。如同幾乎所有的國家官員，他也提及社群的利益以及避免揭開舊傷的必要。「這麼做是為了人民的利益著想，」他說：「作家節的精神不是要討論只會揭開舊傷的事物。」[116] 對於這項禁令，原定出席其中一場被禁座談會的重量級印尼作者艾卡．庫尼亞文（Eka Kurniawan）評論指出：「近來，新一波的反共浪潮似乎再度興起，儘管共產主義已經幾乎完全不存在於印尼。審查思想的行為如果受到容忍，那麼這種行為就會持續發展，直到臻於巔峰為止，而這樣的巔峰就是消滅異己。」[117]

這種干擾破壞的模式，也就是由執法官員標舉安全與「社群憂慮」的名義而出面干預，阻止有關一九六五年事件的文化活動，在那之後也一直不斷持續發生。舉例而言，雅加達的歌德學院（Goethe Institute）原本安排在二〇一六年三月舉行《我的家鄉布魯島》這部電影的播放活動，結果遭到伊斯蘭捍衛者陣線放話威脅要前來鬧場。和警方會面討論之後，主辦方於是選擇取消這場活動。[118] 許多關於一九六五年事件的電影都因為遭到擾亂而無法播放，這只是其中的一個例子而已。實際上，二〇一六年底的一份報告顯示，表達自由在印尼遭到限制的情形於前一年有所增加，其中大部分的限制都是以擾亂或者禁止電影播放活動與研討會的形式出現。而在遭禁的電影當中，大多數都是以一九六五年的事件為主題。[119]

當然，對於一九六五至六六年事件的沉默與不作為並不全然只是國家宣傳、官方審查與根深蒂固的反共主義所造成的結果。這種情形也源自各式各樣的社會壓力與個人選擇。瑪麗・澤布臣（Mary Zurbuchen）在二〇〇二年以深刻的洞察力指出「壓抑個人回憶」的這種普遍現象，而提到受害者、目擊者與加害者的回憶都一直被禁錮在「審慎的沉默當中」。[120] 沉默無疑是前囚犯的優先選擇，不論這樣的選擇是被迫還是主動做出。沉默看起來是比發言更好的選擇，因為語言無法充分表達他們的感受，也因為發言對於前囚犯而言仍是一件危險的事情。賀嚴多在晚近指出，那樣的沉默也有可能是出自單純的不在乎，尤其是就許多年輕一代的印尼人而言，因為一九六五至六六年的事件在他們眼中已顯得極為遙遠，也沒有什麼值得他們注意之處。[121]

此外，我們也有理由認為沉默的道路受到許多直接或間接涉入殺戮與逮捕行動的人士所選擇，不論他們是身為加害者還是旁觀者。鑒於陸軍採取的策略是動員民眾執行一九六五至六六年的暴力，屬於這一類的人必定為數極多，保守估計有數十萬。不管是出於內疚、想要忘記，還是害怕遭到迫害（這點顯然不太可能），這類人都偏好保持沉默。由此可見，平民百姓涉入大規模殺戮有可能和事後的沉默與不作為有所關聯。動員群眾執行暴力行動的做法（例如透過民兵組織），對於日後追求真相與正義可能會構成一道重大障礙。

簡言之，一九九八年以來，雖然有些徵象顯示對於一九六五至六六年歷史的重新探究出現了一種新的開放態度與勇氣，而且對於受害者的協助也出現些許進步，但這類努力所遭到的抗拒並沒有消失。實際上，我們甚至有理由認為，正因為過往的正統論點所受到的質疑愈來愈強烈，抗拒的敵意也隨之增強。此外，反共行動雖然經常來自地方上的社會與宗教團體，但那些團體的做法顯然是遵循了確立已久的官方反共規範與傳統，而且國家當局、政治人物以及限制性法律也為那些行動提供助力，甚至是鼓勵。在改革人士這一邊，過去幾年的紀錄顯示他們已不再像先前那樣仰賴國家解決問題，而是更把重點放在追求草根性與地方性的實驗手段與解決方案。這類地方性解決方案雖然前景頗為看好，卻也更容易遭到地方反共團體與聯盟的擾亂行為所影響。這項評估如果沒錯，那麼未來的道路將會布滿困難與衝突。

第十一章——暴力、遺禍與沉默

沒錯，死人確實會說話，不過是以他們自己的方式，並且依照他們自己的時間。布痕瓦爾德、拉文斯布呂克、達浩、奧許維茲以及其他所有的人類屠宰場，甚至包括印尼的那些在內，都無法阻止死者發聲。

——帕拉莫迪亞，《啞巴的獨白》(*The Mute's Soliloquy*)

一九六五至六六年的暴力摧毀了數百萬人的人生，也改變了印尼的歷史進程。超過五十年後，那場暴力在印尼以外已大致上遭到遺忘，而且關於那場暴力的歷史問題與分析問題等根本性問題也仍然沒有獲得解答。我在本書先前的章節裡講述了那場暴力的經過，一方面試圖呈現其中的複雜性，同時也為那些沒有受到回答的問題提供一些答案。目前有許多人，尤其是在印尼國內，都致力於打破長久以來圍繞著那些事件的沉默，而我的希望就是能夠藉著寫作本書而為他們的努力有所貢獻。接下來還必須要做的事情，就是把事件經過與論點的主線統合起來，並且指出其中某些影響較為廣泛的意涵。為了做到這一點，我想要回到我在一開始所提出的三個核心問題：我們可以怎麼解釋那場暴力？那場暴力造成的後果是什麼？那場暴力在過去半個世紀以來為什麼那麼少受到討論以及處理？除了聚焦於印尼的經歷之外，我也想要指出那樣的經驗有可能怎麼促使我們對於大規模殺戮與監禁的邏輯、對於這類暴力留下的影響，以及對於這種暴力所受到的處理獲得進一步的理解。

暴力

我們可以怎麼解釋一九六五至六六年發生在印尼的大規模暴力？簡單說，我在本書當中的主張是那項暴力並非根深蒂固的文化、宗教與社會緊張所造成的自然結果，而是由陸軍籌劃，獲得各大強權以及國際環境的促成，並且因為印尼現代政治史的若干獨特性質而更容易發生。既有的衝突雖以各種方式協助形塑那場暴力並且為其添柴加火，但這不是自發性出現的情形。如果沒有陸軍的領導，如果沒有強權國家的協助以及國際環境的助力，那些衝突絕不可能造成範圍與強度如此驚人的暴力。

把焦點放在陸軍的領導上，能夠解釋那項暴力當中長久以來令觀察者深感困惑的特定模式與差異。舉例而言，這種觀點能夠解釋社會與經濟方面的緊張關係如何轉變為大規模暴力、暴力為何在全國各地發生的形式都如此相似、為何各地的民兵團體都扮演了如此重要的角色，以及那項暴力的獨特語言來自何處。重要的是，強調陸軍扮演的角色也有助於解釋殺戮與長期羈押等行為在不同地理位置與時間上的顯著差異。那些差異最主要反映了不同的區域指揮官如何以各自的政治立場、策略以及能力執行中央下達的命令，但也反映了另外一項事實，亦即陸軍在推展其行動之時如何仰賴地方和區域當中一批可靠程度不一的中間人，也善加利用了每個地方在社會經濟、宗教與政治上各自不同的既有緊張關係。就這個意義上而言，暴力在地理分布與發生時機上的差異，反映了中央的陸軍計畫如何受到不同的中間人與地方條件所改變。

在一九六五年十月一日過後不久展開的大規模羈押所帶有的若干特徵，凸顯了陸軍扮演的中心角色，以及那項行動的協同性本質。首先，各種不同地點都採取相同的監禁方法（尤其是在訊問當中經常出現刑求與性暴力的行為，並且採用高度軍事化的懲罰手段），顯示陸軍是主導了這一切的機構。第二，羈押行動的龐大規模與系統性特質（尤其是囚犯分類和運輸的精密系統）明白顯示那是中央策劃與協調的產物，而不是自發或隨機造成的結果。最後，監禁程度的地理分布差異，似乎和區域及地方軍事當局執行國家層級命令的立場、能力與策略有關。

此外，我在本書當中也主張大規模殺戮與羈押不是兩種各自獨立的程序，而是陸軍領導的打擊左派行動當中兩個密切相關的面向。殺戮與羈押行為之間的密切關係可以明白見於若干模式當中。一個頗為駭人的模式就是許多遭到殺害的人士（甚至也許可以說是大多數）都是先受到羈押，然後才從羈押地點被帶到別的地方處死。同樣駭人而且頗具揭示性的另一點則是這項證據（儘管還不完整）：殺戮情形最嚴重的地方，就是長期羈押率最低的地方。殺戮與長期羈押這兩者之間的負相關，顯示有些陸軍當局把殺戮當成羈押的替代手段。綜合來看，這些性質凸顯了羈押方案的一個決定性特徵：如同整體的暴力行動，屬於其中一部分的羈押方案也是陸軍刻意策劃以及推行的結果。

還有另一個進一步的證據，能夠證明那項暴力是陸軍打擊政治左派的協同行動當中的一部分，但矛盾的是，這個證據卻是在那項暴力最明顯的表現結束之後才浮現。隨著大多數政治犯在一九七〇年代晚期獲得釋放之後，公然的暴力於是轉變為一項協同性的方案，不但壓抑、控制以及約束前囚犯，也在政府與社會當中清除左派人士以及其他政治異議者。這項方案直接影響了一百萬名左右的前囚犯，另外也包括他們的家屬、朋友以及同僚，從而在政治與社會關係當中造成一股深刻的寒意（或是如黎安友〔Andrew Nathan〕針對北韓以及其他專制國家所言的，是「一種充滿焦慮的從眾現象」），持續了超過三十年之久。[1] 那套壓抑與控制的機制當中，雖然有些元素在蘇哈托總統於一九九八年辭職之後受到廢除，但引導那套機制以及構成其基礎的許多專制觀念與態度，甚至是基本法律，在整體印尼社會當中卻顯然已根深蒂固。

陸軍打擊左派的暴力行動受到外國強權的協助與鼓勵，尤其是美、英兩國，而且也在重要面向上受到國際環境所形塑。我的意思不是說外國強權預先陰謀策劃了那場疑似政變或是後續的暴力，儘管這種可能性不能完全受到排除。重點是，美國及其盟友藉由許多不同方式（包括適時提供經濟和軍事援助、推行祕密宣傳以及心理戰行動，還有刻意保持沉默的政策）協助創造了有助於陸軍奪權的政治環境，也鼓勵陸軍及其盟友推行打擊左派的暴力行動。也就是說，美國及其盟友協助並且教唆了可能包括種族滅絕在內的危害人類罪。

除了強權國家的刻意行為以及漠視之外，國際環境的某些面向，尤其是冷戰、激進反殖民民族主義的崛起，以及人權規範與網絡的孱弱，也協助促成了同樣的結果。冷戰的情境之所以對大規模暴力具有鼓勵效果，一方面是因為冷戰採用了高度對立性的政治邏輯和語言，另一方面也因為冷戰導致大眾對於被視為共產黨員的暴力受害者缺乏同理心。像蘇卡諾這樣的反殖民民族主義者，欣然採取激進的政治風格而大量使用挑釁性的語言，造成緊張關係進一步升高。在這種情境下，國際人權規範因此難以受到重視，主要由左派跨國團結網絡發出的抗議聲音也因此遭到淹沒。另一方面，如同我在本書裡所主張的，國際規範在一九七〇年代晚期出現的變化，尤其是針對國家暴力與人權方面，再加上新近獲得影響力的跨國人權網絡以及激進反殖民民族主義的式微，似乎構成了一股暫時約束印尼的重要力量，促使印尼調整對待左派政治犯的政策。

最後，我在本書裡也指出，有五項廣泛的歷史條件導致大規模殺戮與監禁在印尼更容易發生，而且也有助於解釋那些殺戮與監禁行動的獨特模式。首先，這個國家的殖民與革命歷史使得左派與右派的意識形態歧異成為印尼政治的一條關鍵斷層線，並且為各自相異的歷史敘事與記憶構成基礎，尤其是在陸軍、印尼共產黨以及若干穆斯林政黨這幾方。第二，可以追溯至革命時期的嚴重衝突在陸軍和部分穆斯林之間造成一種觀點，認為印尼共產黨是國家的威脅，因而激起深刻的互相猜疑與敵意。第三，革命期間以及革命結束後的國家建構過程，造就了一個政治上強而有力的陸軍，不但抱持保守立場，並且極為注重維持現狀。第四，陸軍內部發展出一套仿效日本與荷蘭殖民部隊以及革命經驗的機構文化、行事手法以及信條，不但使其遠遠更有可能以暴力壓制自己的國內敵人，也形塑了它們這麼做的手段。最後，印尼獨立之後出現了以激進、對立與大規模動員著稱的政治局面，更是為平民百姓廣泛參與陸軍的暴力行動奠定了基礎。

除了這些具體結論之外，印尼的案例對於最有可能促成大規模殺戮與監禁的條件，也凸顯了若干較為一般性的觀察。也許最重要的一項觀察，就是大規模暴力絕非古代文化傾向、根深蒂固的宗教歧異、潛在的社經條件甚至是政治衝突所自然造成或者無可避免的後果，而是掌握政治與社會權力的人物在歷史上從事的具體行為與漠視所造成的結果。換句話說，潛在的偏見、緊張關係、衝突與仇恨不論有多麼根深蒂固，都不會自動或者無可避免地導致大規模暴力。轉向大規模殺戮與監禁的發展需要有除了敵意或衝突之外的元素；必須要有一個行為者表達出衝突可以也應該透過暴力解決的想法，也必須要有一個具有這種傾向與能力的機構。明白可見有可能扮演這種角色的機構就是軍隊、警力、民兵團體以及革命運動，因為這些團體的機構規範與信條，都把暴力呈現為正當而有效的政治目標達成手段，並且擁有執行暴力的後勤與組織能力。我認為就是這些機構扮演了關鍵的媒介或加速器，而把敵意與衝突轉變為包括種族滅絕在內的大規模暴力。

這些機構怎麼做到這一點，有很大程度取決於它們的內部機構動態。經過一段時間之後，這類機構會發展出我在本書裡所稱的獨特「機構文化」，其中可能多多少少帶有暴力成分，同時也會針對其本身的存在與權力界定出特定的威脅。這類機構也會發展出我所謂的「暴力手法」，基本上就是與該機構相關的人士所習得的固定暴力行為。透過包括社會化、灌輸、指揮權以及同儕壓力等各種程序，機構的成員將會接受這些機構文化，並且落實其行事手法，從而可能加速暴力的發展，並且為暴力賦予獨特的性質。以印尼為例，這類機構文化與行事手法可以說促成了暴力的某些常見特徵，像是使用特定的刑求手段、斬首以及閹割受害者、公開展示屍體與屍塊，以及把屍體丟棄在水井、灌溉溝渠以及河流裡。這類行為與模式難以從個人心理、偶然情況或者根深蒂固的社會或文化緊張關係解釋。此外，這類行為也不太可能會是書面命令或指示造成的結果。

另一方面，印尼的例子凸顯了區域和地方上的行為者與環境條件，在大規模暴力的邏輯與動態當中所具備的關鍵重要性。如同斯特勞斯和其他人指出的，即便在暴力是由中央下令的情況下，暴力的實行也不免必須仰賴這類「中間層次」的行為者與環境條件。他們如果是中央司令部的熱切盟友，有意願也有能力執行其命令，那麼大規模暴力就會受到促進或者加速發展。

相對之下，重要的區域和地方行為者如果抗拒中央的指令，或是缺乏執行那些指令的組織與後勤能力，暴力的發展速度就很有可能會減緩，至少是等到這些條件改變為止。重點是，即便在最中央集權也最專制的政治體系當中，這類中間層次的行為者也還是具有一定程度的自主性，而那種自主性的行使就有助於解釋暴力模式當中為何會出現重要的地理與時間差異。印尼無疑就是如此，可以看到暴力的強度與性質，隨著區域和地方軍事指揮官及其平民盟友的政治立場與能力而異。

印尼的例子也證實了一項長久以來的判斷，亦即種族滅絕與大規模殺戮會受到特定語言的激發與推促，那種語言會抹煞目標族群的人性，把他們描述為無神論者、叛徒、禽獸、野蠻人、妓女，或者恐怖分子。如同費因和其他人所主張的，利用公共論述、敘事以及視覺呈現，把目標群體有效排除於加害者的道德社群之外，會導致從衝突轉變為大規模暴力的發展遠遠更有可能發生。此外，大眾媒體也在那樣的過程當中扮演了關鍵角色，尤其是在科技、政治權力或者武力可讓一方控制或者壟斷媒體，從而幾乎完全排除其他聲音的情況下。印尼的例子所帶來的另一項洞見，就是這類敘事與呈現造成暴力加速發展的影響力，不是取決於其本身的可信度或真實性，而主要是取決於作者或發言者在民眾心目中所帶有的權威。依據情境不同，這麼一名作者或發言者可能是陸軍軍官、政治領袖或者宗教權威人物，但隨著暴力展開，可以想見軍事人物的權威將會因此增加。

對於這些主要屬於國內的進程，印尼的例子顯示了國際行為者以及國際環境有可能透過哪些方式對於種族滅絕與大規模暴力的動態帶來助力或者加以限縮。以最簡化的方式來說，種族滅絕與大規模殺戮會受到各種強化加害者的國際行為（以及漠視）提供助力，包括武器移轉、宣傳與心理戰行動、軍事干預、非殺傷性物資援助、不作為，以及刻意保持沉默。如前所述，也許比較沒有那麼明顯可見的是，普及的國際規範如果把暴力視為達成特定政治或道德目標的正當手段，也會為種族滅絕與大規模殺戮提供助力。這個類別無疑包括了烏托邦式與革命式的意識形態，但印尼的例子顯示，包括「國家安全」、「法律和秩序」以及「發展」等其他規範也可能受到援引，而為國家的極端暴力提供助力或者賦予正當性。

如果說這些結論證實了我們對於種族滅絕與大規模暴力當中受到大量研究的案例（尤其是猶太大屠殺以及亞美尼亞與盧安達的種族滅絕）所得到的理解，那麼印尼的經驗至少有三項特徵與那些案例不同，而且可能指向新方向。首先，相對於那些代表性的種族滅絕事件，印尼的受害者之所以成為攻擊目標，主要不是因其所屬的族裔、種族或宗教，而是因為他們的政治認同；也就是說，受害者全都是左派人士。接著，那些大規模殺戮與羈押也不像許多種族滅絕事件那樣，發生在國際或國內戰爭的情境之下，而是發生在一段相對和平的時期。第三，許多發動種族滅絕的政權，包括希特勒的德國、史達林的蘇聯、毛澤東的中國以及波布的柬埔寨，都是受到烏托邦願景所驅使，但蘇哈托的新秩序卻絕非如此。

這些差異對於種族滅絕與大規模暴力的某些既存理論構成了挑戰，或者至少顯示了那些理論有可能怎麼受到修正。舉例而言，印尼的受害者如果主要是以政治認同受到界定，那麼強調大規模暴力是由族裔、種族或宗教仇恨引起的這種論點，就必須擴大範圍，以便解釋依據政治認同而鎖定受害者的做法。由此浮現的圖像就會像是我在本書裡為印尼所描繪的樣貌，亦即在造成大規模暴力的因素當中，國家政府（尤其是軍事當局）的刻意行為遠比個人心理、「原生情感」、存在已久的族裔競爭、宗教仇恨或者社經條件來得更加重要。印尼的經驗也有效提醒了我們，就算不是所有的大規模政治暴力與種族滅絕都帶有明白可見的政治層面，那麼也是大多數都有，而且政治認同和族裔、宗教或種族認同之間的界線極少是絕對性的。也就是說，就算遭到暴力鎖定的目標主要是由族裔、種族或宗教信仰界定，鎖定那些目標的加害者也幾乎總是抱持了一定程度的政治意圖。[2]

同樣的，由於印尼的大規模殺戮不是發生在戰爭的情境之下，我們因此必須考慮這項可能性：我們一般認為戰爭對種族滅絕所造成的影響，諸如殘暴化、對於威脅的認知、強調背叛的論述，以及創造敵我分明的心態，也同樣可能在其他情境下出現。印尼的案例顯示，這些影響不只可能在傳統的戰爭當中出現，也可能出現在激烈但大體上不涉及暴力的政治理念衝突當中。這兩種情境顯然都能夠引發聲稱國家面臨存在威脅的說法、激烈的政治對立、大規模動員，以及強調背叛的論述，而這一切都可能鼓勵或者加速大規模暴力的發生。另一方面，印尼的經驗也讓人有理由相信這一點：國際規範與合法政權只要質疑、顛覆或以其他方式削弱這種二元修辭，不論是標舉人權還是其他原則，就都有可能抑制或甚至阻止包括種族滅絕在內的大規模暴力。

最後，由於蘇哈托的新秩序並非受到烏托邦願景所驅使，因此我們必須思考這項可能性：韋茨主張種族滅絕與大規模殺戮背後的意識形態力量是烏托邦主義，但實際上也許不必然是如此。一個可能性是，把希特勒、佛朗哥、史達林、毛澤東、波布與蘇哈托連結在一起的共同特點，乃是一套可以統稱為軍國主義的國家規範、實踐做法以及制度。標準上，軍國主義涵蓋一套信條與論述，可以用來把國內對手輕易描繪成敵人或是對於國家的生存威脅，因此對那些人使用或者威脅使用強烈暴力不但具有正當性，甚至是必要的行為。在實踐上，軍國主義提供了實際的暴力慣例與手法，而可供國家領袖藉此利用武力因應這類受到認知的威脅。在制度上，軍國主義提供了長時間大規模推行暴力所不可或缺的結構與組織能力。簡言之，對於以大規模暴力加害一群人口的做法，軍國主義提供了極為關鍵的規範性、教條性以及組織性建構元素。

遺禍

印尼的一九六五至六六年暴力造成了哪些後果以及遺禍呢？最明顯可見的是那項暴力造成至少五十萬人死亡，並且粉碎了更多人的人生。為數一百萬名左右的政治犯，在獲釋之後超過三十年的時間裡，都與他們的家人遭受了極其嚴苛的限制，不但涵蓋範圍及於其政治、社會與經濟方面的權利與自由，而且也包括各種正式與非正式的限制。在「秩序和穩定」的大帽子下，他們遭到官方限制投票權、禁止從事各式各樣的「敏感職業」，也因為一套高壓的監控制度而導致生活中的所有面向都遭到妨礙。許多人還因為涉入印尼共產黨或者那場疑似政變（不論是實際涉入還是僅僅遭到這樣的指控）而背負了社會汙名。此外，以遭到殺害的人士來說，一九六五至六六年事件對他們的家人與朋友所造成的結果就是家庭生活的破滅，以及喪失一名配偶、父親、母親、心愛的叔叔、阿姨、姪女或祖父母。就算那些失蹤的家庭成員得以返鄉，這起事件造成的傷害也無法輕易消除：配偶經常已經再婚或者遷居他處，子女則是根本不認得他們，或是因為聽聞了官方陳述當中對於印尼共產黨的殘暴與背叛行為所提出的描述，而不願與他們有任何瓜葛。這種由國家當局和社會常規在長達數十年的時間裡強加於眾多人口身上的對待與經驗，造成的長期心理與社會影響幾乎不可想像。

另外有個現象雖然遠遠比較少為人知，而且我在本書裡也沒有詳細描寫，但一九六五至六六年的暴力對於參與其中的人士似乎造成了非常深遠的心理影響，不論他們是身為加害者還是旁觀者。[3]這種現象的鮮明例子可以見於奧本海默的《殺人一舉》和《沉默一瞬》這兩部紀錄片裡，也就是加害者表現出來的那種深受折磨的行為。不過，在經歷過各類這種情境的加害者與旁觀者所留下的回憶錄、虛構式記述以及證詞當中，也都能夠看到同樣的症狀，諸如作惡夢、身體疾病、心理困擾、家庭暴力以及物質濫用。舉例而言，在一九九四年於峇里訪問社群成員的過程中，我遇到了兩名男子，他們在小時候曾經目睹陸軍處死印尼共產黨員，而被受害者的血肉噴濺在身上。我問他們是否願意和我分享他們的故事，結果他們先是拉開嘴角露出笑容，接著卻克制不住地哭了起來。還有些記述則是提及曾經的殺人者後來顯然喪失了理智、產生無法控制的暴力傾向，或是遭受各種幻象所苦。

學者和其他觀察者都傾向於把這類反應描述為「創傷」的徵象。使用這樣的術語雖然可能有其益處，而且我也絕不是這方面的專家，但也許值得指出的是，大多數身陷於這類症狀當中的印尼人並不以這種用語加以描述。遠遠更加常見的解釋方法，都是奠基在被鬼纏身、靈魂附體，以及宗教失衡或宗教義務這類觀點之上。至於那些症狀的治療方法，也同樣經常採取特定的文化形式。舉例而言，西帝汶一名曾經參與殺戮行動的前員警開始出現異常行為而毆打妻子，他的家族於是決定該要讓他接受一項儀式，以冷卻他體內的血。他的女兒後來回憶道：「他被人帶到河邊。他們在那裡宰了一條狗，先是逼他喝下那條狗的幾滴血，然後又用剩下的血在他的額頭上畫了個十字，以便冷卻他體內燥熱的血。結果那樣好像還不夠，所以他們找上了一個信仰治療師。我爸爸後來對我說，他在那個時候才終於感到自己找回了平靜的心靈。」[4]

在超越個人心理的層次上，一九六五至六六年事件也代表了藉由殺戮、監禁或審查等手段強迫一整個世代與左派有關的作家、社運人士以及藝術家閉上嘴巴：這樣的做法嚴重削弱了印尼的文化與智識生活，不然至少也是深深改變了其發展進程。那場迫害的受害者包括了印尼國內部分最受敬重的文化人物。不過，印尼的政治與文化生活受到的影響遠遠不僅限於少數幾位高知名度的知識分子而已。另一個更大也更棘手的問題是，自從一九二〇年代以來對於現代印尼政治認同與文化的建構深具核心重要性的一整套左派思想、寫作以及政治行動因此遭到摧毀，也遭到法律禁止。這個過程導致印尼無法理解自己的過往，並且弱化了批判性思考與分析這兩種極其重要的傳統。更直接的影響是，印尼人想要對一九六五至六六年事件進行批判性分析本來就面臨了相當大的困難，而這個過程又對此一困難造成雪上加霜的效果。

此外，推行暴力並且扭曲歷史的那個聯盟在消滅了左派之後，更是封閉了大眾抒發政治表達與批評的一個重要管道。藉著這麼做，那個聯盟很可能導致大眾的憤怒與不滿轉變成其他機構形式，包括像是伊斯蘭捍衛者陣線這類團體的激進伊斯蘭主義、像是班查西拉青年團這種右翼民族主義「青年團體」，以及像是惡名昭彰的普拉伯沃．蘇比安托將軍（Prabowo Subianto）所推行的那種民粹政治運動。如同賀嚴多、莫利．黎克里夫（Merle Ricklefs）以及其他人所主張的，左派在一九六五至六六年之後遭到消滅，是新秩序末年出現伊斯蘭化進程的必要前提，而且那項進程也一路持續至今。[5]消滅左派的行動也促成了政治菁英僱用所謂的「preman」（流氓）充當打手的做法，而如同奧本海默的紀錄片所鮮明呈現的，這種做法也在左派遭到消滅之後深深扎根於政府與社會當中。[6]政治在一九九八年之後的民主化與分權化，不但沒有侵蝕那種傾向，還協助造就了新型態的政治暴行，包括其伊斯蘭變體。如同一個流氓向一名研究者所說的：「在當今的改革時期，民族主義、捍衛國家……以及其他那一大堆屁話都已經不夠了。現在，注重聖戰和對抗惡行〔maksiat〕的團體才是王道。」[7]這些團體以及它們擁護的那種暴力偏狹心態，在目前尚未完全支配印尼政治，但對於該國在宗教寬容與文明有禮方面的傳統與公開形象確實構成了揮之不去的威脅。

另外，由於其他若干不太相同的原因，一九六五至六六年的大規模暴力也造成宗教生活與宗教隸屬的重大改變。在官方的壓力下，加上害怕遭人指控為無神論者，許多印尼人都在一九六五年之後捨棄了他們過往的泛靈宗教信仰體系，而在伊斯蘭教、印度教、天主教、新教與佛教這五種受到官方認可的信仰當中擇一信奉。在大部分的情況下，這項改變都造成不受官方認可的信仰體系流失大量信徒，同時也無助於提振那五大宗教的活力。實際上，藉著強制推行宗教正統的概念，新秩序政權可以說是促成了一種歧視、迫害與暴力攻擊的模式，而此一模式的受害者即是表面上看似異端的團體，包括伊斯蘭教阿瑪迪派（Ahmadis）、基督復臨安息日會，以及爪哇的喀嘉文（Kejawen）這種前伊斯蘭信仰體系的信徒。這種模式不只在新秩序結束後仍然存續了下來，甚至還可以說在那之後又更加速發展。同樣重要的是，由於建制宗教在一九六五至六六年的暴力當中是明白可見的共犯，因此這些宗教的領袖也就不願對那段歷史進行有意義的檢視，更遑論採取措施彌補他們的罪過。

一九六五至六六年的事件也對印尼的女性以及性別關係造成深刻影響。如同先前看過的，成年與未成年的女子，尤其是印尼婦女運動的成員，都成了殺戮與羈押的目標，而且其中有許多人也遭受攻擊者和獄卒的性暴力。除了淪為攻擊目標之外，女性也因為身為在反左派行動當中遭到殺害或羈押的那些男性的母親、妻子、姊妹或女兒而背負汙名以及遭受歧視。此外，藉著對女性發動身體與心理上的攻擊，新秩序也推翻了一項根源自二十世紀初的印尼民族主義覺醒而致力於在政治與社會上為女性賦權的強大運動，並且以一項過時的父權理想取而代之，主張女性溫順馴良，不理會政治，只歸屬於家庭當中。如同一九六五至六六年的大規模暴力所殘留下來的其他遺禍，這種理想在新秩序結束後的二十年間也受到了質疑。[8] 但儘管如此，這個過時的理想並沒有受到推翻，而是以各種不同形式存留了下來，包括立法者與行政官員做出的決策，經常對性別不平等以及攻擊女性的暴力視而不見，甚至還加以強化，而且他們也一再以影射的言語指稱女性涉入政治是違背印尼傳統的行為。

更廣泛來說，一九六五至六六年的暴力標誌了冷戰歷史當中一個關鍵的轉捩點，代表東南亞的左派政黨從事合法政治動員這項不尋常的實驗就此終止，同時越南、柬埔寨、寮國、菲律賓、泰國以及其他地方也都加速採取以武力干預打壓左派的策略。印尼共產黨遭到消滅之後，通過合法國會競爭追求政治權力的道路即對共產主義政黨徹底關閉，只剩下暴力叛亂、衝突與戰爭的途徑。印尼共產黨遭到消滅也促使美國及其盟友抱持一項錯誤的樂觀態度，認為訴諸武力以及與基本上反民主的軍事政權結盟即可打敗共產主義。有些觀察者還更進一步指稱消滅印尼共產黨的行動（尤其是採取刻意挑釁、心理戰策略以及暗殺隊等手段）可能為世界其他地區的祕密反共行動提供了樣板。舉例而言，史考特指稱美國在柬埔寨的西哈努克親王與智利的阿言德分別於一九七〇與一九七三年遭到推翻的事件當中所扮演的角色，以及美國自從一九六〇年代以來在中美洲資助暗殺隊的做法，可能都是仿效一九六五至六六年那項據認為獲得了成功的印尼行動。[9]

最後，一九六五至六六年的事件確立了印尼政府的若干特徵，也形塑了印尼政府在後續半個世紀裡對待異議與反對聲音的方式。在一九六五年之後，印尼政權一再以包括法外殺戮、刑求與恣意羈押在內的極端暴力手段打擊對手，不論是真實的對手還是單純受到其本身所認定的對手。印尼政權以那些在一九六五至六六年事件當中經過實地演練的技術與手法作為基礎，而部署民兵團體與準軍事部隊打擊政府的實際與疑似反對者。這種做法尤其常見於爪哇中心地帶以外的地區，包括東帝汶、亞齊與巴布亞。在那些地方以及其他地區，印尼政權都殺害以及羈押了為數眾多的批評者，而且也採取一九六五年之後用來對付左派的那些刑求與性暴力手段，加害這些被羈押者。由於這類濫權行為缺乏任何有意義的法律或政治制裁，一種暴力與免責的文化因此深深扎根於陸軍及其盟友機構當中。[10] 新秩序因為這些特徵而名副其實地被稱為惡名昭彰的人權侵犯者，並且在一九六六年之後造成數十萬人喪生。[11] 即便在新秩序於一九九八年垮臺，並且展開了一段民主化與分權化的發展之後，國家政府的許多這些特徵仍然留存了下來。

除了這些結論以外，暴力在印尼造成的長期後果也有可能讓人對於這個更廣泛的問題獲得若干洞見：大規模暴力對於受害者、加害者以及整體社會而言會造成哪些政治、社會與道德影響？我們對於大規模殺戮與監禁在受害者及其心愛之人身上造成的影響所獲得的理解，大部分都受到印尼的經驗證實。這些影響涵蓋心理困擾、精神疾病、家庭及其他社會關係的瓦解、經濟困難、社會排擠，以及政治權利遭到剝奪。也許沒那麼明顯可見的是，印尼的案例也讓我們看到大規模暴力與沉默，同樣可能對加害者與旁觀者造成重大影響。在直接涉入殺害或刑求行為的人士身上，長期後果尤其可能包括心理困擾與精神疾病。即便是單純目睹了這類行為的人，也很可能遭受心理困擾，尤其是在強制沉默導致他們找不到管道能夠表達懺悔或者尋求原諒的情況下。

印尼的經驗還顯示了另一點：這類暴力與沉默也可能對整

東加里曼丹桑貝勒佐拘留營的入口，一九七七年。門上的告示牌寫著：「注意：大門必須隨時關閉上鎖。」(David Jenkins)

體社會造成深遠影響。單就最明顯可見的影響而言，在發生了大規模暴力之後，我們可以預期將會看到以下這些狀況：慣於採用暴力手段因應對於國家的疑似威脅、在安全部門內形成一套有罪不罰的機構文化、在政治與社會生活當中出現整體性的軍事化或殘暴化、性暴力與家庭暴力的強度升高，以及關鍵國家機構缺乏大眾的信任。許多經歷過長期暴力的國家無疑都是如此，像是柬埔寨、東帝汶與南非。此外，這種情形也適得其所地成為轉型正義領域當中許多研究作品的焦點。

儘管還需要有遠遠更多的研究才可能得出任何確切的結論，但顯然很有可能的是，在別的歷史詮釋一律遭到官方壓抑，而且至少有兩個世代的時間沒有任何賠償、平反、紀念以及正義的情況下，前述所有那些問題想必會大幅惡化。畢竟，一個社會如果在採行了部分或全部的這些轉型正義機制之後，也還是無法完全擺脫深刻的個人與社會創傷乃至政治失能，那麼我們顯然可以合理假設，那些問題在沒有從事這種反省的社會裡只會更加嚴重。

關鍵的問題是，這類傷害究竟有沒有可能受到補救，尤其是在拖延了這麼久之後，而且又有哪些機制有助於達成此一目標。對於好幾百萬人而言，這個問題的答案純粹是否定的：那樣的傷害不可能受到補救。對於倖存下來的人乃至整體社會而言，答案則是較為複雜。有些人似乎認為只要官方道歉就已足夠，有些人認為釐清歷史紀錄才是終極目標，另外還有些人則是認為必須透過完整的司法程序讓加害者負起責任才行。這些極為不同的觀點應當令我們對於任何簡單的解決方案抱持戒慎的態度，尤其是那些試圖把某一項價值凌駕於其他所有價值之上的解決方法，特別是想要以和解這種比較軟性的解方取代正義與懲罰的目標。實際上，如果說印尼的案例可以讓人學到任何東西，那麼就是和解雖然無疑是一件好事，而且單純追求正義也絕對不夠，但我們仍有充分理由懷疑以犧牲正義作為代價的和解，是否有可能帶來令人滿意的解決方案。

沉默

鑑於一九六五至六六年暴力帶來的那些影響深遠而又令人不安的後果，我們自然應該要問：那項暴力在過去半個世紀以來，為什麼極少受到談論或者處理？不過，首先且讓我提出一項排除聲明。聲稱印尼的暴力遭遇了完全的沉默，對於勇敢發聲加以譴責的人士而言並不公平。如同我們看過的，許多人都曾經這麼做，包括記者、藝術家、教師、作家、電影導演、人權運動者、學者，甚至是部分政治人物。儘管面對重重障礙，他們仍然開始以意義重大的方式對主流敘事提出質疑。

然而，前述的提問在重要面向上確實沒錯：雖然已經有些積極措施受到採取以求促成改變，針對一九六五至六六年事件從事公開討論仍然存在嚴重限制，甚至是禁忌。同樣重要的是，儘管有公民主動採取的行動，印尼當局卻未能跟進，不然就是刻意阻擋一切想要因應那項暴力的認真嘗試。截至二〇一七年為止，尚未有真相委員會設立，沒有針對數以百計散布於全國各地的萬人塚進行全面性開挖的行動，沒有紀念死者或者其他受害者的紀念建物被興建，沒有發動適切的司法調查，沒有加害者受到刑事起訴，國家也沒有提出正式的道歉或者賠償。另一方面，國際社會也拒絕發聲譴責這些事件，甚至不願以這些事件的實質樣貌加以稱呼：也就是危害人類罪。在那些事件過了超過半個世紀之後，一項否認、阻撓以及有罪不罰的模式仍然盛行於印尼。

印尼在這方面的失敗，和其他若干國家形成了對比。那些國家，尤其是阿根廷、波士尼亞、柬埔寨、智利、德國、日本、盧安達、南非以及東帝汶，也都曾有類似的暴力過往，但在努力之後獲致了得來不易的進展，儘管那樣的進展並不完整。這些國家的紀錄雖然遠非完美，而且也仍有許多尚未完成的工作，但這些國家的當局至少做了一些斷斷續續的努力，企圖面對自己的暴力過往、透過成立真相委員會尋求對於那段歷史獲得共同的理解、至少把部分加害者繩之以法、承認並且紀念過往的罪行，以及向那些罪行的受害者提供某種賠償（或者至少是道歉）。實際上，儘管有印尼公民社會的英勇努力，印尼在所有這些面向的表現卻都極為低落，可以說是和少數幾個因為迴避有意義的人權行動而惡名昭彰的國家為伍，包括中國對於大躍進與文化大革命、蘇聯對於大整肅與集體化運動，以及美國對於美洲原住民遭到的種族滅絕還有廣島與長崎遭到原子彈轟炸所表現出來的態度。

問題是為什麼？儘管有公民社會行為者的英勇努力，印尼為什麼會置身在這批不光彩的國家之間？在事情過了將近半個世紀之後，那些罪行為什麼沒有受到適切調查，更遑論是懲罰？官方為什麼沒有提出道歉，國家為什麼沒有做出有效的和解嘗試，又為什麼沒有推動賠償的措施？

最簡單的答案，就是這些問題取決於政治權力。和其他許多犯下種族滅絕或其他危害人類罪行的政權形成鮮明對比的是，蘇哈托將軍的新秩序政權存續了超過三十年。在那段時間裡，這個政權利用宣傳、（錯誤）教育、公開典禮、壓抑與恐懼等手段封上批評者的嘴巴，並且阻礙要求採取行動的呼聲。此外，由於必須為暴力負起責任的人持續掌權了那麼長的時間，因此得以書寫那項暴力的歷史，並且把印尼的政治與社會生活重塑成特定樣貌，導致質疑官方版本的嘗試充滿危險而且也不太可能被提出。換句話說，如同中國、俄國與美國的政權，印尼政權對於國家權力的長期掌握，也限制或阻撓了追求真相與正義的努力，因為這類努力牴觸了加害者的個人利益、政治利益以及機構利益。

也許更出人意料的是，在一九九八年之後取代了新秩序的那個表面上看似民主的政權，竟然採取了許多相同的技術與機制，也造成令人膽寒的類似效果。除了一九六〇年代晚期尚存的法規，持續為壓迫左派的行動構成法律基礎之外，最引人注目的另一點是，自從一九六五年以來就把印尼共產黨描繪為必須消滅的狡詐敵人，對於民族與國家的存在造成顛覆性威脅的那種舊式專制心態，至今也仍然揮之不去。

惡毒的反共與專制觀點如果確實在印尼國內保有支配地位，那麼對於一九六五至六六年事件追求有意義改變的動力，就不太可能來自該國國內。自從一九九八年以來，包括立法、司法、總統與武裝部隊等國家機構都未能在這項議題上推動有意義的進展，而這份可悲的成績單無疑也就指向了相同的結論。也許這就是為什麼真心關注人權（包括一九六五至六六年問題在內）的印尼人士在近年來都愈來愈轉向採用草根性策略，而繞過國家的政治行為者以及機構，或是單純不予理會。這類非國家解決方案雖然不免在範圍上比較有限，也無法承諾任何迅速的修正成效，但實際上卻已開始產生成果，例如促成地方上的和解、道歉以及補償措施。不過，如果說這種做法在某種意義上前景更為看好，那麼這種由下而上促成漸進改變的策略在本質上也比較困難，尤其是一整套批判思考與政治行動的傳統都已遭到摧毀，不然至少也是遭到無可挽救的破壞。

對這個問題雪上加霜的是，這類倡議至今仍然遭受了極大的社會阻力，而且其中有些抗拒行為也頗為醜陋。這種阻力的存在原因相當複雜。在某些案例當中，國家當局煽動或者促成了所謂的社群憤怒。在另外有些案例裡，反對印尼共產黨與左派的立場則似乎是奠基在發自內心的宗教與政治信念之上。在這類反應當中，我們可以看見五十年來的極化政治和語言所造成的影響：由於那種政治和語言歷經長期的醞釀而成，因此占據了支配地位。不論我們對於那些觀點本身有什麼看法，也不論那些觀點在批評者與外人眼中顯得有多麼過時，如此長久又深刻的遺緒畢竟無法輕易抹除。這項分析就算只有一部分正確，我們也可以預期一九六五至六六年的事件在可見的未來將會持續是深刻衝突的焦點，甚至可能會是暴力衝突。就長期而言，我們只能希望各方將會理解到某種和解確實有其必要，而且要達成這樣的和解，就必須對異於主流的真相以及某種型態的正義抱持開放態度。

另一方面，述說真相、紀念以及正義的概念仍有進一步的障礙。其中一項障礙就是人權倡議者雖然竭盡了全力，這類倡議獲得的大眾支持卻仍然有限，甚至在倖存者之間也是如此。如同澤布臣指出的，有些倖存者可能純粹只是「寧可不表達或是不和別人分享自己的痛苦與委屈」。[12] 他們的沉默也可能是因為語言和記憶表達創傷經驗的能力有限：澤布臣把這個問題描述為「完整拾回或者呈現過往的不可能性」。[13] 賀嚴多提出一項令人沮喪的觀點，認為沉默可能單純只是反映了對於一九六五至六六年歷史的不感興趣，尤其是年輕一代的印尼人。當然，沉默的選擇也很有可能是植基於恐懼之中，因為那樣的恐懼在新秩序結束二十年後仍然根深蒂固。

如同暴力本身，針對一九六五至六六年事件所表現出來的沉默與不作為，也是強權國家與國際環境的若干特性所促成的結果。就像我們看過的，新秩序從一開始就受到美國及其他國家的熱切協助，而那些國家都認為只要能夠消滅印尼左派，付出一九六五至六六年暴力這樣的代價並不算高。那些國家提供的支持採取了各種不同形式，包括在暴力發生前以及發生期間祕密提供的經濟、宣傳與政治支持，接著又在事後的數十年間提供大量的經濟和軍事援助。美國政府及其官員也大費周章轉移外界的注意力，不讓人發現他們涉入了那場疑似政變以及後續的暴力，並且刻意擾亂有可能證明他們涉入其中的文件紀錄。實際上，在過去五十年來的大部分時間，美國官員都拒絕或迴避學者依據《資訊自由法》(*Freedom of Information Act*) 而針對一九六五至六六年事件的相關文件資料所提出的解密要求，尤其是來自印尼以及關於印尼的中情局情報報告。[14] 舉例而言，有一項古怪但頗具揭示性的舉動，國務院在二〇〇一年企圖收回一冊一九六四至一九六六年的解密文件，儘管那冊文件早已被出版並且發送至各圖書館。[15]

也許不消說的是，在過去五十年來的大部分時間，美國及其盟友都不曾主動發起也不曾支持任何致力於釐清真相，或者為一九六五至六六年受害者尋求正義的方案或進程。唯一的重大例外出現在一九七〇年代末期，當時卡特政府對印尼政府施壓，要求他們釋放數千名在那場疑似政變已經過了超過十年卻仍然未經起訴而在押的政治犯。值得注意的是，那項舉動出現的背景是一場為了那些政治犯而發動的強大國際運動。如果沒有那場運動，實在令人懷疑美國是不是有可能採取任何行動。

簡言之，一九六五至六六年罪行所受到的沉默與不作為，主要責任雖然無疑在於印尼當局身上，但美國政府及其他西方國家也必須分擔罪責。由於那些國家對於在一九六五至六六年罪行之後上臺的政權提供經濟、政治和軍事支持，並且在那場罪行發生後幾乎完全保持沉默，因而協助確保了那起事件的官方版本得以普及，也遏阻了應有的調查與起訴行動，儘管那起事件不論就什麼標準來看，都算得上是二十世紀最嚴重的罪行之一。

除了那些國家的行為以及視而不見之外，對於一九六五至六六年事件及其後果的沉默與不作為，也可以說是國際人權歷史與實踐的兩項特徵所造成的結果。第一項特徵是一九四八年的《聯合國防止及懲治種族滅絕罪公約》對於種族滅絕受害者的定義，導致政治團體被排除在外。該公約的第二條指出，種族滅絕是明列於公約裡的特定行為，「意在全部或局部消滅一個民族、族裔、種族或宗教團體」。[16] 藉著把種族滅絕的範圍局限於民族、族裔、種族或宗教團體，這項公約可以說是降低了依據政治認同而進行大規模殺戮這種行為令人髮指的程度。這麼一來，為這種行為的受害者尋求國際司法或政治行動協助的嘗試就難以成功。從反面來看，這也正是為什麼有些學者與倡議人士（最近期的例子就是一九六五國際人民法庭的法官）致力於要把印尼的那項暴力稱為種族滅絕。他們的期望是，使用「種族滅絕」一詞將會為受害者引來更多同情，並且促使那起事件更有機會獲得嚴肅的政治與司法反應。這個嘗試是否能夠成功仍然需要觀察，但目前看來機會相當渺茫。

人權歷史當中對於一九六五至六六年事件遭到的沉默與不作為具有促成效果的第二個面向，是跨國人權與公民社會網絡在當時相對薄弱。自從一九七〇年代晚期以來對於全球各地幾乎每一項大規模暴力案件都毫不懈怠地提出報導的國際人權運動，在一九六五至六六年那時還處於發展初期，以致發生在印尼的事件幾乎完全沒有詳細的報導。儘管有國際團結團體做出的努力以及新興的國際特赦組織提出的少數報導，表達憤慨的聲音在當時的氛圍卻極少有機會能夠讓人聽到，而且影響力網絡大體上也沒什麼效果。媒體當中的異議聲音同樣也相當罕見。在那樣的情境裡，不論是強權國家還是像聯合國這樣的國際組織，都感受不到必須對發生在印尼的罪行表達關切的壓力，更遑論採取任何行動以阻止或者懲罰加害者。

因此，我們也許可以主張那些犯下重大罪行卻逃過了國際譴責的國家（諸如中國、俄國、美國與印尼）之所以能夠得逞，至少有部分原因是那些罪行全都是發生在人權規範與網絡於一九七〇年代晚期開始達到關鍵重要性與正當性的多年之前。相對之下，在人權運動於一九七〇年代晚期興起之時或之後才犯下罪行的大多數國家（例如阿根廷、柬埔寨、智利、瓜地馬拉與盧安達），則是受到了不同的描述，也受到愈來愈具支配地位的普世人權語言所評斷。換句話說，罪行發生的時間相對於人權規範與網絡所具備的地位，對於那些罪行會受到多麼強烈以及什麼性質的批評與反應可能是一項關鍵的影響因素。在這方面一個明顯可見的異數乃是納粹德國，其罪行早在一九七〇年代晚期之前就已受到譴責以及懲罰。不過，納粹德國犯下的罪行堪稱極為獨特，受到的譴責又與同盟國的獲勝以及戰後目標息息相關，因此這個例子也許可以被視為一項證明了常態的例外。

由於人權方面的普遍國際規範在一九七〇年代晚期之後出現大幅轉變，新秩序時期那種引人注目的沉默因此已逐漸受到種種呼聲所取代，要求某種問責性、要求述說真相、要求正義、要求對印尼暴力的受害者提供賠償。這無疑是印尼在東帝汶的種族滅絕行動受到那麼嚴厲譴責，並且終究在一九九九年受到制止的原因之一。現在，一套真正跨越國界的網絡把印尼與國際組織、社運人士、學者以及藝術家連結了起來，促使關於一九六五至六六年事件的資訊更容易傳播，也為協助其受害者的運動提供了支撐。這些事件開始受到國際媒體的大量報導，也獲得新一代的學者、藝術家與電影人投以關注，即是見證了世事在過去二十年來已出現多大的變化。然而，如同我在本書裡所主張的，一切有意義的改變至今仍然在印尼國內外遭受強烈抗拒，尤其是在涉及真相與正義的關鍵問題上。而且，這種情形可能還會持續許多年。

鑒於這些經驗，印尼的案例也許可為我在一開頭提出的第三個問題提供一些洞見：有些嚴重的罪行為什麼會受到銘記、譴責以及懲罰，另外有些卻遭到遺忘而不受責罰？印尼帶給我們最重要的洞見，純粹就是權力很重要。只要必須為暴力負起責任的人仍然掌握權力，尋求真相、正義、和解、賠償與紀念的進程就不太可能會出現。即便在政權被推翻之後，那些進程也還是不容易展開，尤其是那個政權如果在掌權期間致力於散播一項歷史版本，不但怪罪受害者、把注意力從責任問題上轉移開來，並且威脅聲稱任何提出不同歷史版本或者要求正義的嘗試都會帶來危險。換句話說，對於歷史的爭奪就和命名以及懲罰人權侵害行為的努力一樣，其中都涉及權力。印尼的經驗也顯示，沉默與不作為有可能源自國際情境的個別要素，包括強權國家採取的姿態、關於人權的普遍國際規範，以及跨國公民社會網絡的力量與傾向。印尼的案例凸顯了一項令人失望的事實，亦即前述的第一點，也就是強權國家的姿態，可能具有決定性的影響，而只要揭露事實不合乎那些國家的利益，國際規範與公民社會網絡就發揮不了太大的力量。

較為正面的是，印尼的經驗明白顯示國家控制歷史敘事、記憶以及正義的力量並非絕對。即便是在新秩序統治下最黑暗的那些年間，儘管面對了暴力的威脅以及真實的暴力，還有無所不在的恐懼以及意識形態的監控，印尼國內外卻仍然有人敢於質疑官方敘事、分享或者保守自己的記憶、為別人的經驗作證，以及藉由某種方式追求正義。自從新秩序在一九九八年垮臺之後，從事這些行為的渴望和機會也隨之增長，而且幾乎可以確定那些人必然會持續這麼做，不論有多少阻礙。這項經驗提醒了我們，歷史不是先天注定，而且歷史記憶與正義的問題也絕非無可改變，而是永遠都能夠受到詮釋與爭論。也就是說，即便強大的利益導致改變看似不可能發生，即便法律和社會規範看似對正義造成阻礙，但只要有少數人願意採取行動，包括出面作證這類良心舉動在內，就還是有可能造成改變，而且經常也確實如此。

這一切都不禁引人要問，面對印尼這起事件以及其他類似的案例，學者與公民究竟應該怎麼辦。一個答案是我們應該什麼都不要做，而這個答案的理由相當令人熟悉，也就是最好不要揭開舊傷、我們對於別人怎麼處理他們本身的歷史無權置喙，學者尤其不該涉入自己想要研究的主題。不過，我寧願冒著打破所有這些常規的風險，而指出實際上有一些事情是我們可以做也應該做的。首先，至少就印尼的這起事件而言，我認為我們應該堅持要求我們的政府完全公開那段時期的檔案，藉此協助釐清歷史紀錄。在事情發生已經超過五十年後的今天，絕對不可能再有任何為相關檔案保密的正當理由。第二，我認為我們應該要求我們的政府鼓勵一切具有公信力的司法程序，藉此對可能必須為那些罪行負起責任的人士究責；此外，也對堅決尋求真相與和解的努力提供支持。最後，我認為我們應該竭盡全力打破那可怕的沉默與無知，唯有如此才能改變那些罪行在超過半個世紀以來一直沒有受到注意也沒有受到懲罰的狀況。不論本書發揮了其他哪些效果，我只希望至少能夠對這些目標的達成有所幫助。我知道這個希望不太可能實現，但這麼做也絕對勝過毫無作為。

58, no. 2 (Summer 1985): 264.

10. 關於新秩序政府的這些特徵，見Benedict R. O'G. Anderson, ed., *Violence and the State in Suharto's Indonesia* (Ithaca, NY: Cornell Southeast Asia Program, 2001); Robinson, *"If You Leave Us Here, We Will Die": How Genocide Was Stopped in East Timor* (Princeton, NJ: Princeton University Press, 2010), especially chapter 3.
11. 關於新秩序的人權紀錄與名聲，見Amnesty International, *Power and Impunity: Human Rights under the New Order* (London: Amnesty International Publications, 1994); Amnesty International, *Indonesia: An Amnesty International Report* (London: Amnesty International Publications, 1977).
12. Mary Zurbuchen, ed., *Beginning to Remember: The Past in the Indonesian Present* (Seattle: University of Washington Press, 2005), 7.
13. 同上，6。
14. 二〇一七年三月，美國政府的國家資訊解密中心（National Declassification Center）宣布指出，為了「回應公眾評論」，它們已開始檢視美國駐雅加達大使館在一九六三至一九六六年間的機密資料。不過，目前仍不清楚這項進程是否會帶來任何與過去不同的結果。值得注意的是，沒有任何徵象解釋此一解密舉動將會包含中情局或其他情報機構的檔案。"Declassification of Indonesia Files in Progress," National Declassification Center, March 6, 2017.
15. 那冊文件是US Department of State, *Foreign Relations of the United States, vol. 26, Indonesia; Malaysia-Singapore, Philippines (1964–66)*. 見National Security Archive, "CIA Stalling State Department Histories,"July 27, 2001, accessed August 27, 2015, http://nsarchive.gwu.edu/NSAEBB/NSAEBB52/.
16. United Nations, Convention on the Prevention and Punishment of the Crime of Genocide, December 9, 1948, Article II.

2. 我們也知道種族滅絕發生之前經常會先出現另一種現象，也就是以暴力迫害受到政治界定的敵人，像是一九三〇年代的德國社會民主黨人，接著再攻擊受到種族或宗教界定的群體。如同Mazower所寫的：「納粹為自己設定的任務是消除來自左派的威脅（在第三帝國初期，這項威脅被視為比猶太人的反動更加迫切），而這項任務極為巨大，目標涵蓋了德國社會非常大的一部分，包括社會民主政黨的數百萬黨員。我們如果要理解那項在一九三九年秋季開始施加於波蘭人與猶太人身上的巨大暴力，就必須記住領導層早已核准了多高程度的殘暴虐待行為（不只針對左派，在一九三四年甚至也針對他們本身的右派同志）。」Mark Mazower, "The Historian Who Was Not Baffled by the Nazis," *New York Review of Books*, December 22, 2016, 70–72.
3. 關於那項暴力的心理遺禍，見Laurie J. Sears, *Situated Testimonies: Dread and Enchantment in an Indonesian Literary Archive* (Honolulu: University of Hawaii Press, 2013); Ariel Heryanto, *State Terrorism and Political Identity in Indonesia: Fatally Belonging* (New York: Routledge, 2006); Leslie Dwyer and Degung Santikarma, " 'When the World Turned to Chaos': 1965 and Its Aftermath in Bali, Indonesia," in *The Specter of Genocide: Mass Murder in Historical Perspective*, ed. Robert Gellately and Ben Kiernan (Cambridge: Cambridge University Press, 2003), 289–305; Robert Lemelson, dir., *40 Years of Silence* (Los Angeles: Elemental Productions, 2009), DVD.
4. Mery Kolimon，引用於Willy van Rooijen, "Murdering Army, Silent Church," *Inside Indonesia* 124 (April–June 2016). 根據社區成員的說法，第十章提過的峇里一座萬人塚在二〇一六年受到開挖，也是為了終結長久以來令當地社區深受其苦的一連串令人不安的事件，因為那些事件被視為是遺骸沒有受到適當埋葬所造成的結果。ELSAM, "Pembongkaran Kuburan Massal Peristiwa 1965 di Dusun Masaen, Jembrana," October 29, 2015.
5. 賀嚴多寫道：「當代伊斯蘭化這項驚人而迅速的過程，之所以能夠在上個世紀最後十年以來開始出現，其中一個原因就是左派所遭到的屠殺。」Ariel Heryanto, *Identity and Pleasure: The Politics of Indonesian Screen Culture* (Singapore: NUS Press, 2014), 75. 另見Merle C. Ricklefs, *Islamisation and Its Opponents in Java: A Political, Social, Cultural, and Religious History, c. 1930 to the Present* (Honolulu: University of Hawaii Press, 2012).
6. 關於「preman」這種流氓，尤其是在北蘇門答臘，見Loren Ryter, "Pemuda Pancasila: The Last Loyalist Free Men of Suharto's Order?," in *Violence and the State in Suharto's Indonesia*, ed. Benedict R. O'G. Anderson (Ithaca, NY: Cornell Southeast Asia Program), 124–55.
7. 引用於Heryanto, *Identity and Pleasure*, 129–30.
8. 舉例而言，成立於一九九八年的反女性暴力國家委員會，就針對性別歧視與暴力這類揮之不去的問題積極提議解決方法。
9. Peter Dale Scott, "The United States and the Overthrow of Sukarno, 1965–1967,"*Pacific Affairs*

198–200.

111. "A Poet Wanted by Mass Organization Pemuda Pancasila for Uploading PKI Photos on Facebook," accessed July 24, 2015, http://www.tribunal1965.org/en/.

112. "Dapat Ancaman FPI, Temu Nasional Korban 65 Dibatalkan," CNN Indonesia, August 6, 2015.

113. "Police Order Recall and Burning of Magazine on 1965 Communist Purge," *Tempo*, October 18, 2015. 遭到下令燒毀的那一期雜誌是No. 3/2015 (October 9, 1965)，總共印刷了五百本。見"Student Magazine Withdrawn for Publishing about 1965 Massacre," *Jakarta Post*, October 20, 2015.

114. "1965 Purge Survivor in Search of Father's Grave Gets Deported, Blacklisted," *Jakarta Globe*, October 18, 2015.

115. 那場活動是烏布作家與讀者節。遭到取消的內容包括主題為「見證一九六五年」、「繼續書寫一九六五年」以及「峇里，一九六五年」的座談會。遭到取消播放的電影是奧本海默的《沉默一瞬》。關於細節與評論，見Ubud Writers and Readers Festival, accessed June 13, 2017, http://www.ubudwritersfestival.com/schedule-changes/. 另見"At a Bali Festival, Indonesia Enforces Silence about Its Bloody Past," *New York Times*, November 6, 2015.

116. "Ubud Festival Banned from Discussing 1965 Massacre," *Jakarta Post*, October 23, 2015.

117. "Indonesia Threatens to Shut Down Bali's International Writers Festival," *Sydney Morning Herald*, October 24, 2015.

118. 這部電影終於播放於國家人權委員會的辦公室。二〇一六年二月，一場稱為「左轉」(Belok Kiri) 的藝術節也因為類似的原因而不得不更改場地。"Screening Packed Despite Threats," *Jakarta Post*, March 17, 2016.

119. 這份報告由東南亞言論自由網絡 (Southeast Asia Freedom of Expression Network) 提出。在其中提到影片播放遭到禁止或者干擾的案例，整整有一半都是《沉默一瞬》的播放活動。見"Indonesia Faces Real Threats on Free Speech Rights," *Jakarta Post*, September 17, 2016.

120. Zurbuchen, "History, Memory," 577.

121. Heryanto, *Identity and Pleasure*, 111, 117.

第十一章：暴力、遺禍與沉默

1. 黎安友針對北韓的特權制度寫道：「身處於特權中層的人員不敢質疑這套制度，因為他們擔心這麼做可能會導致自己被降級到更貧困的層級。這套制度在整個社會造成一種充滿焦慮的從眾現象，相當於蘇聯的古拉格以及納粹德國的種族排除。」Andrew J. Nathan, "Who Is Kim Jong-un?" *New York Review of Books*, August 18, 2016.

97. 見Permak, "Organisasi Pendukung," n.d., reprinted in H. Firos Fauzan, *Pengkhianatan Biro Khusus PKI: Pelurusan Sejarah Tragedi Nasional 1 Oktober 1965*, 6th ed. (Jakarta: n.p., 2009), 183.

98. Dahlia G. Setiyawan, "The Cold War in the City of Heroes: U.S.-Indonesian Relations and Anti-Communist Operations in Surabaya, 1963–1965"(PhD diss., University of California at Los Angeles, 2014), 254.

99. 見Permak, "Organisasi Pendukung."

100. Permak, "Pernyataan Sikap Terhadap Rencana Pengungkapan Pelanggaran HAM 1965," Jakarta, April 1, 2008, reprinted in H. Firos Fauzan, *Pengkhianatan Biro Khusus PKI: Pelurusan Sejarah Tragedi Nasional 1 Oktober 1965*, 6th ed. (Jakarta: n.p., 2009), 180–82.

101. Forum Komunikasi Purnawirawan TNI–POLRI, "Pernyataan Sikap," Jakarta, April 24, 2008, reprinted in H. Firos Fauzan, *Pengkhianatan Biro Khusus PKI: Pelurusan Sejarah Tragedi Nasional 1 Oktober 1965*, 6th ed. (Jakarta: n.p., 2009), 184–86.

102. GNPI, "Surat No. 011/Sekre/G.Patriot.Jatim/II/2009 kepada Bapak Kepala Polisi RI," February 2, 2009, reprinted in H. Firos Fauzan, *Pengkhianatan Biro Khusus PKI: Pelurusan Sejarah Tragedi Nasional 1 Oktober 1965*, 6th ed. (Jakarta: n.p., 2009), 189–90.

103. 一九六五年殺戮受害者研究院的主席後來針對這項逮捕向國家人權委員會提出抗議。根據他的陳述，他們的團體才剛要展開會議，「結果三個情報官員和一個身穿制服的員警就在這時抵達，命令我們停止開會」。見"YPKP Adukan Pembubaran Rapat ke Komnas HAM," *Kompas*, February 24, 2009.

104. "PKS Politician Wants 'Traitors' at IPT 1965 to Be Prosecuted," *Jakarta Globe*, November 22, 2015.

105. "Pancasila Front Group Rejects 1965 Tragedy Symposium," *Tempo*, April 17, 2016.

106. 在一個案例當中，班查西拉青年團的成員闖入茂物的一家廣播電臺，原因是該臺在對於《殺人一舉》提出的評論裡，把班查西拉青年團稱為「惡棍」。

107. 印尼官員也以其他方式表達他們對那兩部紀錄片的敵意。《殺人一舉》在二〇一四年獲得奧斯卡提名之後，一名總統發言人即提出警告，指稱印尼不會「受到外部力量的擺布」而匆忙推動和解。Josua Gantan, "Indonesia Reacts to 'Act of Killing' Academy Nomination," *Jakarta Globe*, January 23, 2014.

108. "Indonesia Faces Real Threats on Free Speech Rights," *Jakarta Post*, September 17, 2016.

109. 涉入其中的團體包括伊斯蘭捍衛者陣線以及Hizbullah Bulan Bintang。見Heryanto, *Identity and Pleasure*, 104.

110. Koalisi Masyarakat Anti Komunis Indonesia, "Latar Belakang Mengapa Produksi Film Lastri Ditolak," Jakarta, November 19, 2008, reprinted in H. Firos, Fauzan, *Pengkhianatan Biro Khusus PKI: Pelurusan Sejarah Tragedi Nasional 1 Oktober 1965*, 6th ed. (Jakarta: n.p., 2009),

82. 關於東帝汶的正義與和解問題，見Robinson, *"If You Leave Us Here, We Will Die,"* chapter 10.
83. 關於韋蘭托受到的控告，見同上，212–14。
84. 舉例而言，見"Government to Settle Past Human Rights Violations via a Non-Judicial Mechanism," *Jakarta Globe*, October 6, 2016.
85. 同上。
86. 根據一項記述，這個特別小組預計包含檢察總署、國家警察機關、法律專家與國家人權委員會的代表，另外還有未指明的公共代表。"Government to Form Task Force on Human Rights Abuses during 1965 Purge: Minister," *Jakarta Globe*, October 1, 2016.
87. 舉例而言，委員會主席在二〇一七年二月的一項發言當中表示：「和解必須達到某些最低限度的條件，像是找出真相、道歉、承認當初發生的暴力、平反受害者及其親屬，以及保證悲劇不再發生。」*Kompas*, February 6, 2017. 另見"Mechanisms to Resolve Past Human Rights Abuses Remain in Place: State Commissioners,"*Jakarta Globe*, February 2, 2017.
88. "Government to Form Task Force on Human Rights Abuses during 1965 Purge: Minister," *Jakarta Globe*, October 1, 2016. Santoso與凡克林肯在二〇一七年初寫道：「受害者原本盼望一九六五年問題也許有可能受到司法解決，或者由一個總統委員會調查那些事件並且平反受害者，但韋蘭托的措施幾乎徹底扼殺了這樣的盼望。」Santoso and van Klinken, "Genocide Finally Enters Public Discourse."
89. "Apology for PKI: Sorry Is Not the Point," *Jakarta Post*, August 28, 2015.
90. "Menhan sebut PKI sudah bunuh 7 jenderal, permintaan maaf tak perlu,"Merdeka.com, accessed August 19, 2015, http://www.merdeka.com/peristiwa/menhan-sebut-pki-sudah-bunuh-7-jenderal-permintaan-maaf-tak-perlu.html.
91. 同上。
92. 引用於Jon Emont, "The Propaganda Precursor to 'The Act of Killing,' " *New Yorker*, October 24, 2015. 副總統尤素夫・卡拉在二〇一五年十一月表示：「第一批受害者是我們的將領，他們〔殺害將領的凶手〕應該請求我們的原諒。」見"Kalla: Pemertintah Tidak Akan Minta Maaf untuk Kasus HAM 1965," *Kompas*, November 11, 2015.
93. "Apology for PKI: Sorry Is Not the Point," *Jakarta Post*, August 28, 2015.
94. 關於一九六五國際人民法庭受到的這些以及其他官方反應，見Santoso and van Klinken, "Genocide Finally Enters Public Discourse."
95. 關於這場「反印尼共產黨」論壇，見同上。
96. Pengurus Besar Himpunan Mahasiswa Islam (PBHMI), "Awas Bahaya Laten Komunis," Jakarta, September 2006, reprinted in H. Firos Fauzan, *Pengkhianatan Biro Khusus PKI: Pelurusan Sejarah Tragedi Nasional 1 Oktober 1965*, 6th ed. (Jakarta: n.p., 2009), 172–73.

67. 一九九九年第二十七號法律的全稱是*Undang-Undang Nomor 27 Tahun 1999 tentang Perubahan Kitab Undang-Undang Hukum Pidana yang Berkaitan dengan Kejahatan Terhadap Keamanan Negara*, May 19, 1999。
68. Zurbuchen, "History, Memory," 572.
69. 此舉的操作性規定是Kementerian Pendidikan, *Peraturan Menteri Pendidikan Nasional Nos. 22/23/24, 2006.* 為了解釋這些新規定，教育部長據說援引了一九六六年臨時人民協商會議第二十五號決議案。見Adam, *1965: Orang-Orang di Balik Tragedi*, 4–5. 另見Schonhardt, "Veil of Silence Lifted in Indonesia."
70. John Roosa, "The September 30th Movement: The Aporias of the Official Narratives," in *The Contours of Mass Violence in Indonesia, 1965–68*, ed. Douglas Kammen and Katharine McGregor (Singapore: NUS Press, 2012), 26.
71. 檢察總署在二〇〇九年十二月禁了這本書，但拒絕說明理由，只聲稱書中含有一百四十三個不宜的段落。同上，49。
72. 二〇一〇年十月，憲法法院撤銷一項實施了四十七年，允許檢察總署單方禁止書籍的法律。詳見Lawan Pelarangan Buku, accessed December 21, 2015, http://lawanpelaranganbuku.blogspot.com/.
73. Hatley, "Truth Takes a While, Justice Even Longer."
74. 國家人權委員會的一名成員指出，那場會議是總統立場的一個轉捩點：「在那之前，總統看來已願意聽從受害者與總統諮詢委員的意見，但那些意見卻彷彿瞬間遭到了掩埋。」Prasetyo, "Jangan Biarkan," 265.
75. 值得注意的是，附屬於伊斯蘭教士聯合會的虔誠穆斯林社群人民倡議團體這個非政府組織接受了國家人權委員會的報告，並且呼籲總統道歉以及推行社群和解。這個組織的立場反映了伊斯蘭教士聯合會內部的重大分歧，其中一方持續支持軍方，另一方則是贊同瓦希德。
76. 國家人權委員會的一名成員，把檢察總長拒絕接受那份報告的理由稱為「老掉牙的陳腔濫調」。同上。
77. "PKI Purge Not a Gross Violation of Human Rights, Says AGO," *Jakarta Post*, November 11, 2012.
78. Prasetyo, "Jangan Biarkan," 265.
79. 引用於"No Justice in Sight for Rights Abuse Victims as President Touts Reconciliation over Prosecution," *Jakarta Globe*, August 14, 2015.
80. "Reconciliation Not Enough to Address the Painful Past: Activists," *Jakarta Globe*, August 23, 2015.
81. 關於捨棄真相與和解委員會而成立一個和解委員會的決定，見Johannes Nugroho, "Indonesia Can Learn from Timor Leste on Human Rights," *Jakarta Globe*, July 21, 2015.

54. 這張CD在二〇一五年八月二十一日發表於雅加達的歌德之家。見“Prison Songs,” *Kompas*, August 22, 2015.

55. 關於〈黃花蘭〉這首歌及其遭禁過程的簡短歷史，見Setiawan, *Aku Eks Tapol*, 203–16.

56. 關於蘇里安尼錄製的那個優美的〈黃花蘭〉版本，見https://www.youtube.com/watch?v=nof35Gjdusw. 這首歌也受到不少關於一九六五至六六年事件的紀錄片和劇情長片使用，包括*40 Years of Silence*, *Putih Abu-Abu*, and *Gie*. 關於這首歌在新秩序下臺之後受到印尼左派使用的情形，有一項討論可見於Heryanto, *Identity and Pleasure*, 85–86.

57. “The Act of Singing,” *Exberliner*, August 24, 2015. 關於席馬圖龐的〈黃花蘭〉版本，見https://www.youtube.com/watch?v=q8i08pd-NNQ.

58. 關於影片在後新秩序時代扮演的角色以及重要性，見Heryanto, *Identity and Pleasure*, chapters 4–5. 賀嚴多雖然認為年輕一代的印尼人通常對一九六五至六六年事件不感興趣，卻也主張影片和其他視覺媒體對他們的影響比印刷作品來得大。同上，91, 111, 117。

59. *Sang Penari* (Isfansyah, 2011)改編自Ahmad Tohari出版於一九八〇年代的*Ronggeng Dukuh Paruk*這套三部曲作品。Ifa Isfansyah, dir., *Sang Penari* (Jakarta: Salto Films, 2011), DVD. 關於《舞者》，見Heryanto, *Identity and Pleasure*, 101–2. 另一部值得注意的虛構電影，是一九九九年的*Puisi Tak Terkuburkan*，導演為Garin Nugroho。

60. 虔誠穆斯林社群人民倡議團體也在二〇〇七年攝製了一部虛構短片，*Sinengker: Sesuatu yang Dirahasiakan*.

61. 關於創意人性研究所及其製作的影片，見Heryanto, *Identity and Pleasure*, 94.

62. 關於《萬人塚》，見Heryanto, *Identity and Pleasure*, 102–3. 關於《奇都里安街十九號》，見同上，111–17。關於《我的家鄉布魯島》與《恐懼錄音室》，見“More Films on the Indonesian Tragedy,” *Jakarta Post*, September 11, 2016.

63. 如同賀嚴多所寫的：「〔《殺人一舉》〕不只是關於發生在一九六五至六六年的事情，更是關於當今的印尼，關於部分……劊子手在今天怎麼記得那個過往，以及那些殺人者希望這個世界對他們留下什麼樣的記憶。」Heryanto, *Identity and Pleasure*, 123.

64. 關於《殺人一舉》的獨特重要性以及各種性質，有一段深入思索可見於同上，118–32。

65. 關於這兩部片的播映所引起的公眾反應，詳見Joshua Oppenheimer, “The Release of *The Look of Silence* in Indonesia,” press materials, Drafthouse Films and Participant Media, accessed June 13, 2017, http://thelookofsilence .com/press.

66. 舉例而言，澤布臣在二〇〇二年指出，國家穩定協調機構與特別審核制度雖然都在二〇〇〇年三月廢止，「要求前政治犯定期向地方當局報到，而且對他們的就業機會與公民權利有所限制的規定仍然存在。在印尼的部分地區，這些政策還是受到大力推行」。Zurbuchen, “History, Memory,” 577n33.

Tulungagung, 1996); Tim PBNU, *Benturan NU–PKI, 1948–1965* (Jakarta, 2013).

41. 重要的例子包括Wardaya, *Truth Will Out*; Putu Oka Sukanta, ed., *Breaking the Silence: Survivors Speak about the 1965–66 Violence in Indonesia*, trans. Jennifer Lindsay (Clayton, Victoria: Monash University Publishing, 2014); Mery Kolimon, Liliya Wetangterah, and Karen Campbell-Nelson, eds., *Forbidden Memories: Women's Experiences of 1965 in Eastern Indonesia*, trans. Jennifer Lindsay (Clayton, Victoria: Monash University Publishing, 2015); Kurniawan et al., *Massacres*; Roosa, Ratih, and Farid, *Tahun Yang Tak Pernah Berakhir*.

42. "Agatha Sumarni"，引用於Wardaya, *Truth Will Out*, 152. 峇里的一名倖存者也表示：「我只要和別人說話，而那個人寫下了我的故事，這對我來說就是一項勝利。這項勝利就是我不再被封住嘴巴，而能夠說出事情的真相。」I Ketut Sumarta，引用於Sukanta, *Breaking the Silence*, 48.

43. 二〇一六年，國家人權委員會呼籲修改官方學校教材：「我們不能仰賴新秩序政府提供的歷史版本。」見"Rights Body Calls for Revision of History Books," *Jakarta Post*, March 31, 2016.

44. Sara Schonhardt, "Veil of Silence Lifted in Indonesia," *New York Times*, January 18, 2012.

45. "High School Teacher Introduces Alternative Narratives on 1965 Tragedy," *Jakarta Post*, April 17, 2016.

46. 其他做出重要貢獻的人物還包括艾卡．庫尼亞文與亞悠．塢塔米，前者的歷史小說被人拿來和帕拉莫迪亞的作品相提並論，後者的小說*Saman* (1998)與*Maya* (2013)則是對於產生自一九六五至六六年事件的新秩序政權提出尖銳批評。

47. Leila S. Chudori, *Pulang* (Jakarta: Kepustakaan Populer Gramedia, 2012).

48. Laksmi Pamuntjak, *Amba* (Jakarta: Gramedia Pustaka Utama, 2012).

49. 這些作者也以其他方式對於正統敘事提出挑戰。舉例而言，帕穆查寫了許多公開批評政府官方記述的評論文章。見Laksmi Pamuntjak, "Censorship Is Returning to Indonesia in the Name of the 1965 Purges," *Guardian*, October 27, 2015.

50. 楚多莉、帕穆查與塢塔米都是二〇一五年法蘭克福書展的特別來賓，而她們的作品也都在那裡廣獲好評。Alex Flor, "In the Spotlight," *Watch Indonesia*, October 28, 2015.

51. 針對其中部分倡議行動所提出的評論，見Keller, "How to Deal with the Past?" 另見Anett Keller, *Indonesien 1965ff. Die Gegenwart eines Massenmordes. Ein Politische Lesebuch*. (Berlin: Regiospectra, 2015); Indonesien 1965ff, accessed June 13, 2017, http://indonesien1965ff.de/.

52. 見Viola Lasamana, "Remixing Archives of Injustice and Genocide" (paper presented at the conference Memory, Media, and Technology: Exploring the Trajectories of Schindler's List, USC Shoah Foundation, Los Angeles, November 16–18, 2014.

53. Komunitas Taman 65, *Melawan Lupa: Narasi2 Komunitas Taman 65* (Denpasar: Taman 65 Press, 2012).

(Jakarta: Tempo, 2015).

33. 舉例而言，見 Baskara T. Wardaya, *Bung Karno Menggugat! Dari Marhaen, CIA, Pembantaian Massal '65 hingga G30S*, 7th ed. (Yogyakarta: Galang Press, 2009); Baskara T. Wardaya, ed., *Luka Bangsa Luka Kita: Pelanggaran HAM Masa Lalu dan Tawaran Rekonsiliasi*. (Yogyakarta: Galang Press, 2014); Bernd Schaefer and Baskara T. Wardaya, eds., *1965: Indonesia and the World, Indonesia dan Dunia*, bilingual ed. (Jakarta: Gramedia Pustaka Utama, 2013); Baskara T. Wardaya, ed., *Truth Will Out: Indonesian Accounts of the 1965 Mass Violence*, trans. Jennifer Lindsay (Clayton, Victoria: Monash University Publishing, 2013).
34. Asvi Warman Adam, *1965: Orang-Orang di Balik Tragedi* (Yogyakarta: Galang Press, 2009).
35. 舉例而言，見 John Roosa, Ayu Ratih, and Hilmar Farid, eds., *Tahun yang Tak Pernah Berakhir: Pengalaman Korban 1965: Esai-Esai Sejarah Lisan* (Jakarta: Elsam, 2004); Hilmar Farid, "Indonesia's Original Sin: Mass Killings and Capitalist Expansion, 1965–66."*Inter-Asia Cultural Studies* 6, no. 1 (2005): 3–16.
36. Hermawan Sulistiyo, "The Forgotten Years: The Missing History of Indonesia's Mass Slaughter" (PhD diss., Arizona State University, 1997); Iwan Gardono Sudjatmiko, "The Destruction of the Indonesian Communist Party: A Comparative Analysis of East Java and Bali" (PhD diss., Harvard University, 1992); Yosef Djakababa, "The Construction of History under Indonesia's New Order: The Making of the Lubang Buaya Official Narrative" (PhD diss., University of Wisconsin at Madison, 2009).
37. Soebandrio, *Kesaksianku tentang G-30-S* (Jakarta: Forum Pendukung Reformasi Total, 2000); Sulami, *Perempuan—Kebenaran dan Penjara* (Jakarta: Cipta Lestari, 1999); Pramoedya Ananta Toer, *The Mute's Soliloquy: A Memoir*, trans. Willem Samuels. (New York: Hyperion East, 1999).
38. Zurbuchen, "History, Memory," 577. 帕拉莫迪亞遭到禁止出國達四十年左右。見 "Pramoedya Ke Luar Negeri," *Tempo*, April 5, 1999; James Rush, "Pramoedya Ananta Toer," *The Ramon Magsaysay Awards* (Manila: Ramon Magsaysay Foundation, 2003), 12:229–53.
39. 幾個引人注意的例子包括 Hersri Setiawan, *Aku Eks Tapol* (Yogyakarta: Galang Press, 2003); Tan Swie Ling, *G30S 1965, Perang Dingin dan Kehancuran Nasionalisme: Pemikiran Cina Jelata Korban Orba* (Jakarta: Komunitas Bambu, 2010); H. Suparman, *Dari Pulau Buru Sampai ke Mekah: Sebuah Catatan Tragedi 1965* (Bandung: Nuansa, 2006); Sumiyarsi Siwirini C., *Plantungan: Pembuangan Tapol Perempuan* (Yogyakarta: Pusat Sejarah dan Etika Politik (Pusdep), Universitas Sanata Dharma, 2010).
40. 舉例而言，見 Agus Sunyoto, Miftahul Ulum, H. Abu Muslih, and Imam Kusnin Ahmad, *Banser Berjihad Menumpas PKI* (Tulungagung: Lembaga Kajian dan Pengembangan Pimpinan Wilayah Gerakan Pemuda Ansor Jawa Timur and Pesulukan Thoriqoh Agung

Violations," October 1, 2016.

20. 根據其籌辦者所言，一九六五國際人民法庭「成立於二〇一三年，共同促成這個結果的人士包括一群流亡海外以及身在印尼國內的受害者，還有一群國際上的人權運動人士、藝術家、知識分子、記者與學者。這項計畫獲得印尼各種公民社會團體的支持，並以他們在過去十五年來針對一九六五至六六年罪行所採取的行動為基礎，從事進一步的工作」。見 International People's Tribunal 1965, accessed June 12, 2017, http://www.tribunal1965.org/en/.
21. IPT 1965 press statement, cited in *Jakarta Post*, November 5, 2015.
22. 關於該法庭的審議程序和結果，見 Aboeprijadi Santoso and Gerry van Klinken, "Genocide Finally Enters Public Discourse: The International People's Tribunal 1965," in *1965 Today: Living with the Indonesian Massacres*, ed. Martijn Eickhoff, Gerry van Klinken, and Geoffrey Robinson, Special Issue, *Journal of Genocide Research* 19, no. 3 (2017).
23. "Rights Group to Highlight RI Genocide at UN," *Jakarta Post*, September 19, 2016.
24. ELSAM, "Pembongkaran Kuburan Massal Peristiwa 1965 di Dusun Masaen, Jembrana," October 29, 2015.
25. 見 SKP-HAM, accessed November 18, 2015, www.skp-ham.org.
26. 同上。
27. Baskara T. Wardaya, "Transitional Justice at the Grass-roots Level: The Case of Sekber' 65" (paper presented at the conference 1965 Today: Living with the Indonesian Massacres, Amsterdam, October 2, 2015).
28. 見 Syarikat, accessed November 4, 2015, http://www.syarikat.org/. 其他帶有反共過往的宗教人物也表達了類似的和解精神。耶穌會學者 Franz Magnis-Suseno 在一九六〇年代曾是一個狂熱反共青年團體的成員，現在也提倡這樣的做法。他寫道，印尼共產黨雖是個備受痛恨與害怕的敵人，「卻不能因此為數百萬受其吸引而加入印尼共產黨的人士所遭到的系統性殺戮與消滅賦予正當性」。Franz Magnis-Suseno, "Membersihkan Dosa Kolektif G30S," *Kompas*, September 29, 2015.
29. Chloe Olliver, "Reconciling NU and the PKI," *Inside Indonesia* (July 2007). 亦可見 Ariel Heryanto, *Identity and Pleasure: The Politics of Indonesian Screen Culture* (Singapore: NUS Press, 2014), 87, 97.
30. Ronnie Hatley, "Truth Takes a While, Justice a Little Longer," *Inside Indonesia* 112 (April–June 2013).
31. 關於這類媒體在印尼具有相對比較大的影響力，見 Heryanto, *Identity and Pleasure*, 90–91.
32. "Liputan Khusus: Pengakuan Algojo 1965," *Tempo*, October 1–7, 2012, 1–7, 50–125. Published in English as Kurniawan et al, eds., *The Massacres: Coming to Terms with the Trauma of 1965*

Past? Approaches, Impact, and Challenges of Locally Driven Civil Society Initiatives" (paper presented at the conference 1965 Today: Living with the Indonesian Massacres, Amsterdam, October 2, 2015).

15. Yayasan Penelitian Korban Pembunuhan 1965–1966, accessed November 18, 2015, ypkp65.blogspot.com.

16. 除了針對一九六五至六六年事件的研究與倡議之外，政策研究與倡導研究所也協助地方團體從事「透過個人記憶尋求真相的工作」。Zurbuchen, "History, Memory," 578. 見 ELSAM, accessed November 18, 2015, http://elsam.or.id/beranda/. 失蹤者與暴力受害者委員會在多年來針對各式各樣的人權議題積極從事倡議活動，包括一九六五至六六年事件在內，並且在二〇一五年策劃了一場展覽，名為「黑色九月行動：抗拒冷漠」。見 Kontras, accessed November 18, 2015, http://www.kontras.org. 反女性暴力國家委員會針對一九六五至六六年事件當中的性別暴力進行了研究，並且和其他團體合作為那種暴力的受害者建立了支持系統。見 Komnas Perempuan, *Kejahatan terhadap Kemanusiaan Berbasis Jender: Mendengarkan Suara Perempuan Korban Peristiwa 1965* (Jakarta: Komnas Perempuan, 2007).

17. 正義與真相聯盟是一套由四十七個國家與地方團體組成的網絡，針對包括一九六五至六六年事件在內的人權案件舉行了聽證會，並且將聽證會的結果發表為一份重大報告。見 KKPK, Menemukan Kembali Indonesia, accessed November 18, 2015, Kkpk.org/category/50-tahun-1965/. 亞洲正義與權利推行了許多人權相關計畫，針對包括一九六五至六六年事件在內的各種案例進行研究、出版刊物、拍攝影片，以及舉行訓練。見 Asia Justice and Rights, *Surviving on Their Own: Women's Experiences of War, Peace, and Impunity* (Jakarta: Asia Justice and Rights, 2014); Asia Justice and Rights, *Enduring Impunity: Women Surviving Atrocities in the Absence of Justice* (Jakarta: Asia Justice and Rights, 2015).

18. 舉例而言，國際特赦組織在二〇一六年的年度報告當中強調了一九六五至六六年罪行沒有受到追罰的問題。見 "Amnesty Slams RI's Rights Record," *Jakarta Post*, February 25, 2016. 二〇一六年九月，該組織把他們關於一九六五年事件的所有文件公開於網路上。見 "Indonesia 1965 Documents," Amnesty International, accessed June 12, 2017, www.indonesia1965.org. 另一方面，人權觀察呼應了國家人權委員會向歐巴馬總統提出的要求，而敦促維多多總統施壓美國政府釋出關於一九六五至六六年事件的美國文件。見 "HRW Calls on US Government to Reveal Truth about 1965 Massacre," *Jakarta Post*, April 14, 2016; "Indonesian Rights Body Urges Obama to Open Secret US Files," *Jakarta Post*, March 11, 2016.

19. 舉例而言，見國際特赦組織和亞洲正義與權利、東帝汶與印尼行動網絡、走在一起 (La'o Hamutuk)、塔波爾、印尼觀察，以及法律、人權與正義基金會 (Yayasan Hak) 共同發表的聯合聲明："Close Gap between Rhetoric and Reality on 1965 Mass Human Rights

5. Zurbuchen, "History, Memory," 571–72.
6. 關於真相與和解委員會的起源，見同上，574。
7. 舉例而言，在二〇〇〇年初，國家人權委員會發布了一份極為犀利的報告，指控印尼軍隊在東帝汶犯下了廣泛而且系統性的人權侵犯行為。見Geoffrey Robinson, *"If You Leave Us Here, We Will Die": How Genocide Was Stopped in East Timor* (Princeton, NJ: Princeton University Press, 2010), 206–7.
8. 見Komisi Nasional Hak Asasi Manusia (Komnas HAM), "Laporan Akhir Tim Pengkajian Pelanggaran HAM Berat Soeharto (Sub-Tim Pengkajian Kasus 1965)," in *Luka Bangsa Luka Kita: Pelanggaran HAM Masa Lalu dan Tawaran Rekonsiliasi*, ed. Baskara T. Wardaya (Yogyakarta: Galang Press, 2014), 273–47. 關於該委員會的調查，有一項記述可見於Asvi Warman Adam, "Penyelidikan Pelanggaran HAM Berat Soeharto," in *Luka Bangsa Luka Kita: Pelanggaran HAM Masa Lalu dan Tawaran Rekonsiliasi*, ed. Baskara T. Wardaya (Yogyakarta: Galang Press, 2014), 267–71.
9. 關於國家人權委員會調查一九六五年事件的歷史，見Stanley Adi Prasetyo, "Jangan Biarkan Jalan Itu Kian Menyempit dan Berliku," in *Luka Bangsa Luka Kita: Pelanggaran HAM Masa Lalu dan Tawaran Rekonsiliasi*, ed. Baskara T. Wardaya (Yogyakarta: Galang Press, 2014), 259–65.
10. Komisi Nasional Hak Asasi Manusia (Komnas HAM), *Ringkasan Eksekutif Hasil Penyelidikan Tim Ad Hoc Penyelidikan Pelanggaran HAM yang Berat Peristiwa 1965–1966*, Jakarta, July 23, 2012), in *Luka Bangsa Luka Kita: Pelanggaran HAM Masa Lalu dan Tawaran Rekonsiliasi*, ed. Baskara T. Wardaya (Yogyakarta: Galang Press, 2014), 25–257. 另見Komisi Nasional Hak Asasi Manusia (Komnas HAM), "Pernyataan Komnas HAM tentang Hasil Penyelidikan Pelanggaran HAM Berat Peristiwa 1965–1966,"Jakarta, July 23, 2012.
11. 關於市長的道歉，以及人權侵犯受害者聲援組織這個團體的歷史與努力，見Nurlaela A. K. Lamasitudju, "Rekonsiliasi dan Pernyataan Maaf Pak Wali Kota," in *Luka Bangsa Luka Kita: Pelanggaran HAM Masa Lalu dan Tawaran Rekonsiliasi*, ed. Baskara T. Wardaya (Yogyakarta: Galang Press, 2014), 371–83.
12. 見"Indonesia Urged to Hold Truth and Reconciliation Process over Massacres,"*Guardian*, April 13, 2016; "HRW Calls on US Government to Reveal Truth about 1965 Massacre," *Jakarta Post*, April 14, 2016; "Pancasila Group Rejects 1965 Tragedy Symposium," *Tempo*, April 17, 2016.
13. "Wiranto Vows to Settle Historic Human Rights Abuses," *Jakarta Post*, September 15, 2016.
14. 關於這些非政府倡議的概述，見Katharine McGregor, "Memory and Historical Justice for the Victims of Violence in 1965" (paper presented at the conference 1965 Today: Living with the Indonesian Massacres, Amsterdam, October 2, 2015); Anett Keller, "How to Deal with the

Indonesia: Subversion Trials in Yogyakarta (London: Amnesty International Publications, 1989).

88. Anderson, "Prepared Testimony on Human Rights in Indonesia," 11.
89. 如同賀嚴多所寫的：「即便在新秩序的專制統治臻於高峰之際，也還是可以在平民百姓當中發現大膽的異議聲音。」Heryanto, *Identity and Pleasure*, 106.
90. Sudisman, "Analysis of Responsibility: Defense Speech of Sudisman, General Secretary of the Indonesian Communist Party at His Trial before the Special Military Tribunal, Jakarta, 21 July 1967," trans. Benedict Anderson (Melbourne, Victoria: Works Co-operative, 1975).
91. 引用於*Kompas*, July 28, 1975.
92. 見Hardoyo, "Time to End the Cold War on Former Political Prisoners". 幾個月後，安復部前司令蘇米特羅將軍據說這麼表示：「我已經不再把印尼共產黨視為潛在威脅了，我們不要繼續把他們當成代罪羊。」引用於*Forum Keadilan*, no. 13–14 (October 1993).
93. *Kompas*, December 14, 1993.
94. 這些著名人物包括魯斯蘭・阿布杜加尼、A.B.納蘇蒂安、Franz Magnis Suseno與T. Mulya Lubis。見"Amnesti, Menyembuhkan Luka Lama," *Surabaya Post*, April 3, 1995.
95. "Ideology Propagator Attacks Policy on Ex-Political Prisoners," *Jakarta Post*, March 15, 1995. 一九九五年初舉行於雅加達的一場研討會，主題就是前政治犯所遭到的權利限制。見"50 Tahun Kemerdekaan RI dan Problem Tapol Napol di Indonesia," Jakarta, January 28, 1995, n.p. 關於那場研討會提出的省思與結論，見"Membenahi Beberapa Kendala."
96. 相關的命令在一九九五年八月十八日受到撤銷。
97. 引用於"Clement Times: Suharto Frees Prisoners, Lightens Coup-Era Blacklist,"*Far Eastern Economic Review*, August 24, 1995.
98. 同上。一名區域高官宣告道：「共產主義意識形態不可能消滅。」引用於"Membenahi Beberapa Kendala."

第十章：真相與正義？

1. 關於此一事件的更多細節，見Katharine McGregor, "Mass Graves and Memories of the 1965 Indonesian Killings," in *The Contours of Mass Violence in Indonesia, 1965–68*, ed. Douglas Kammen and Katharine McGregor (Singapore: NUS Press, 2012), 234–62.
2. Mary Zurbuchen, "History, Memory, and the '1965 Incident' in Indonesia,"*Asian Survey* 42, no. 4 (2002): 564–81.
3. 同上，569。
4. 這兩項關鍵法律是Republik Indonesia, *Undang-Undang Republik Indonesia Nomor 39 Tahun 1999 tentang Hak Asasi Manusia*; Republik Indonesia, *Undang-Undang Republik Indonesia Nomor 26 Tahun 2000 tentang Pengadilan Hak Asasi Manusia*.

78. Benedict Anderson and Ruth McVey, *A Preliminary Analysis of the October 1, 1965 "Coup" in Indonesia* (Ithaca, NY: Cornell Modern Indonesia Project, 1971), 132. 一群荷蘭醫師在一九七四年到印尼從事一趟研究之旅，而在事後撰文描述了這種描繪以及一九六五年的事件本身所造成的心理影響：「除了新聞媒體促成這類焦慮之外，有些人也仍然因為政變期間的事件而產生焦慮性精神病。」引用於van der Kroef, "Indonesia's Political Prisoners," 641.

79. Arifin C. Noer, dir., *Pengkhianatan Gerakan 30 September/PKI* (Jakarta: Perum Produksi Film Negara, 1984).《九三〇運動的背叛行為》是依據一九六九年四月訂立的「安復部電影計畫」而攝製的其中一部電影。關於新秩序利用電影作為宣傳工具以及因此留下的影響，見Ariel Heryanto, *Identity and Pleasure: The Politics of Indonesian Screen Culture* (Singapore: NUS Press, 2014), chapters 4–5.

80. 所有這些數字都引用於Yosef Djakababa, "Narasi Resmi dan Alternatif Mengenai Tragedi '65," in *Luka Bangsa Luka Kita: Pelanggaran HAM Masa Lalu dan Tawaran Rekonsiliasi*, ed. Baskara T. Wardaya (Yogyakarta: Galang Press, 2014), 366.《時代報》在二〇〇〇年針對中學生舉行的一項調查，發現九〇%的受調者都指稱自己主要是透過電影得知一九六五年事件的歷史。Heryanto, *Identity and Pleasure*, 82.

81. 二〇〇〇年代初期，新的中學教科書稍微淡化了反共訊息，卻引起高度爭議。二〇〇七年，這些教科書遭到檢察總長禁止，取而代之的教科書則是回歸了先前的舊敘事。同上，83。

82. 引用於Joshua Oppenheimer, dir., *The Look of Silence* (Drafthouse Films, 2016).

83. 見Katharine McGregor, *History in Uniform: Military Ideology and the Construction of Indonesia's Past* (Honolulu: University of Hawaii Press, 2007); Katharine McGregor, "Memory and Historical Justice for the Victims of Violence in 1965"(paper presented at the conference 1965 Today: Living with the Indonesian Massacres, Amsterdam, October 2, 2015); Djakababa, "Narasi Resmi dan Alternatif," 362.

84. "KSAD: Komunis Harus Tetap Diwaspadai," *Berita Yahoo*, September 30, 2011.

85. 關於政治犯的處決，見Amnesty International, *Indonesia: Four Political Prisoners Executed* (London: Amnesty International, February 1990); Amnesty International, Open Letter to President Suharto, March 9, 1990. 關於官方對於國際特赦組織的干預行為所表現出來的憤怒反應，見"Pangab: Indonesia Tidak Mau Didikte," *Kompas*, March 11, 1990.

86. Amnesty International, *Indonesia: The 1965 Prisoners—A Briefing* (London: Amnesty International Publications, 1995).

87. 舉例而言，兩名大學生在一九八八年因為持有以及散發前布魯島囚犯帕拉莫迪亞的文學作品而遭到逮捕。名為Bambang Subono與Bambang Isti Nugroho的這兩名學生以顛覆罪名遭到判決有罪，分別處以七年與八年有期徒刑。見Amnesty International,

取代了 Presiden Republik Indonesia, *Keputusan Presiden No. 300/1968*. 見 Bakorstanas, "Coordinating Meeting of Special Review (Litsus) for the Republic of Indonesia Civil Servants, July 19, 1990: Clarification of Presidential Decree No. 16," trans. and reprinted in Asia Watch, "Indonesia: Curbs on Freedom of Opinion," September 4, 1990.

68. 國家穩定協調機構的一份文件說明指出，「效忠與服從」是「受到印尼共和國僱用為公務員的絕對前提」，而「為了辨識是否涉入九三〇運動而從事的特殊審查，是判定效忠與服從程度的其中一種方法」。Bakorstanas, "Coordinating Meeting of Special Review," 5.

69. Bakorstanas, "Statement by the Head of the Coordinating Body for Securing National Stability to the Opening of the Coordinating Committee on Departmental and Agency Special Review Units," Jakarta, July 19, 1990, trans. and reproduced in Asia Watch, "Curbs on Freedom of Opinion," September 4, 1990.

70. Bakorstanas, "Coordinating Meeting of Special Review," 4.

71. 同上，5。

72. 同上，5。或者，如同蘇特列斯諾將軍向國家官員所說的：「我們使用『影響』一詞，原因是社群裡的每一項互動基本上都會造成某種程度的影響。沒有人能夠免疫於周遭環境的影響。」Bakorstanas, "Statement by the Head of the Coordinating Body," 9.

73. 關於執行政治篩檢當中的濫用與貪腐問題，見 Hardoyo, "Effects of the 'Clean Environment' Campaign."

74. 一九九四年，一名前政治犯指出，針對前政治犯所訂定的規範把「罪責視為能夠透過基因遺傳」，並且「改變了集體懲罰的概念」。Hardoyo, "Time to End the Cold War on Former Political Prisoners," *Inside Indonesia* (March 1994): 14–15. 坦特把這種做法描述為一項「種姓理論」，導致「罪責延伸及於多個世代以及家庭的當代分支及其姻親」。Tanter, "Intelligence Agencies," 296.

75. 根據一項報導，政治與安全事務統籌部長在一九八八年指稱公務體系裡仍有十七萬五千名左右的C類前政治犯，而這些人將在不久之後受到解僱。一九八五年十一月，加德士、印尼國家石油公司以及特索羅（Tesoro）等石油公司據報共有一千七百名左右的石油工人因為疑似有親人涉入印尼共產黨而遭到解僱。Liberation, "Intervention on the Question of Indonesia."

76. 舉例而言，見 "Membenahi Beberapa Kendala Pembangunan Hukum Moderen Indonesia Sesuai dengan Jiwa Pancasila/UUD 45," Jakarta, April 1, 1995, n.p. 如同在這些其他的案例當中，對於監控意識形態的執著「向我們提醒了印尼政府有多麼重視思想控制」。Tanter, "Intelligence Agencies," 296.

77. Ariel Heryanto, "Where Communism Never Dies," *International Journal of Cultural Studies* 2, no. 2 (August 1999): 147–77.

55. 見Hardoyo, "Effects of the 'Clean Environment' Campaign," 5.
56. Kementerian Dalam Negeri, *Instruksi Mendagri No. 32 / 1981.*
57. Hardoyo, "Bersih Diri."
58. 安復部的一份內部文件概述了政府對於政治犯的政策，而以充滿威脅性的文字規定政治犯的家屬必須受到「監控與引導，以免他們成為九三〇運動人士的目標，同時也確保他們成為良好公民（全心奉行班查西拉與一九四五年憲法）」。Kopkamtib, Daerah Djawa Timur, "Pokok-Pokok Kebidjaksanaan tentang Penjelesaian Tahanan."
59. 關於一九六五年事件造成的情感與心理影響，以及相關的汙名，見Robert Lemelson, dir., *40 Years of Silence* (Los Angeles: Elemental Productions, 2009), DVD.
60. 關於前囚犯及其家屬面臨的社會汙名以及其他問題，見Andrew Marc Conroe, "Generating History: Violence and the Risks of Remembering for Families of Former Political Prisoners in Post–New Order Indonesia" (PhD diss., University of Michigan, 2012); Hardoyo, "Effects of the 'Clean Environment' Campaign"; Annie Pohlman, "A Fragment of a Story: Gerwani and Tapol Experiences," *Intersections: Gender, History, and Culture in the Asian Context* 10 (August 2004), http://intersections.anu.edu.au/issue10/pohlman.html. 另見前政治犯的陳述，收錄於Baskara T. Wardaya, ed., *Truth Will Out: Indonesian Accounts of the 1965 Mass Violence*, trans. Jennifer Lindsay (Clayton, Victoria: Monash University Publishing, 2013), 124–28, 136–46, 151–52; Sukanta, *Breaking the Silence*, 94, 105, 112, 121–22, 153–56.
61. 有一項針對那套制度提出的犀利分析，見Tanter, "Intelligence Agencies," especially chapter 12.
62. 規定在政府組織裡篩檢以及去除前印尼共產黨員的其中一項主要命令，是Presiden Republik Indonesia, *Keputusan Presiden No. 300/1968 tentang Penertiban Personil Aparatur Negara/Pemerintah*. 這項命令授權安復部這個強大的國家安全機構執行此一政策。
63. van der Kroef, "Indonesia's Political Prisoners," 643.
64. 一九九〇年以前的關鍵規定為Kementerian Dalam Negeri, *Instruksi Mendagri No. 32/1981; Kopkamtib, Petunjuk Pelaksanaan Kopkamtib No. JUKLAK 15/KOPKAM/V/1982* [May 27, 1982] *tentang Screening Mental Ideologis terhadap Pelamar untuk Menjadi Pegawai Negeri Sipil Karyawan Instansi Pemerintah/Perusahaan Swasta Vital*. 見Hardoyo, "Bersih Diri."
65. 見Hardoyo, "Implikasi."
66. "Pertanyaan-Pertanyaan Screening Pegawai Negeri/Swasta yang Masih Bekerja dan yang Akan Masuk (Test)," photocopy, November 1985。如同坦特所顯示的，陸軍在東帝汶的軍事行動期間、在勞資爭議當中，以及其他許多情境裡，也都把像這樣的問卷當成政治監視與控制的手段。見"Intelligence Agencies,"292–94.
67. 這項新制度明定於Presiden Republik Indonesia, *Keputusan Presiden No. 16/1990 tentang Penelitian Khusus Bagi Pegawai Negeri Republik Indonesia*, August 17, 1990. 這份命令

on the Prevention of Discrimination and Protection of Minorities," London, August 1988, 2。在一九九二年的全國大選之前，政府也宣布有三萬六三四五名左右的前印尼共產黨囚犯不得投票。Amnesty International, *Power and Impunity: Human Rights under the New Order* (London: Amnesty International Publications, 1994), 94.

39. 引用於Putu Oka Sukanta, ed. *Breaking the Silence: Survivors Speak about the 1965–66 Violence in Indonesia*, trans. Jennifer Lindsay (Clayton, Victoria: Monash University Publishing, 2014), 101.
40. 見"Oetojo Says Security Checks OK," *Jakarta Post*, January 11, 1995.
41. Tanter, "Intelligence Agencies," 291.
42. van der Kroef, "Indonesia's Political Prisoners," 637.
43. 同上。
44. 引用於美國廣播公司在一九七七年六月一日的一項廣播當中，收錄於*Indonesian News Selections: Bulletin of the Indonesian Action Group*, no. 3 (June 1977): 18. 在部分選舉之前，陸軍據說發起運動鼓勵民眾找出印尼共產黨的符號，並且向當局舉報。Personal communication from Douglas Kammen, January 26, 2017.
45. 引用於"Bakorstanasda Jaya akan Data Ulang Mantan Narapidana," Jakarta, *Neraca*, September 5, 1994.
46. 引用於John McBeth, "Prisoners of History," *Far Eastern Economic Review*, February 16, 1995, 27–28.
47. 引用於Sukanta, *Breaking the Silence*, 79.
48. 同上，47。
49. 受到託付這項任務的地方當局包括了村長與鄰長，但安復部的內部文件明白顯示他們是在陸軍當局（例如軍區司令）的命令與督導下行事。見Kopkamtib, Daerah Djawa Timur, "Pokok-Pokok Kebidjaksanaan tentang Penjelesaian Tahanan/Tawanan G-30-S/PKI di Djawa Timur," Surabaya, November 6, 1969.
50. 有一項針對這些流亡人士的命運所提出的評論，見"Nasib 'ET' dan Anak-anaknya," *Surabaya Post*, April 3, 1995. 關於前政治犯及其他人被列入黑名單，見Amnesty International, *Power and Impunity*, 23.
51. 這些限制明定於Kementerian Dalam Negeri, *Instruksi Mendagri No. 32/1981 tentang Pembinaan dan Pengawasan terhadap Eks Tapol/Napol G30S/PKI.*
52. Tanter, "Intelligence Agencies," 295.
53. Hardoyo, "Bersih Diri," 2. 另見Hardoyo, "The Effects of the 'Clean Environment' Campaign in Indonesia," May 1990, 5.
54. 舉例而言，見Suparman, *Dari Pulau Buru*, 270–81, 295–317; Marni, "I Am a Leaf in the Storm," trans. Anton Lucas, *Indonesia* 47 (April 1989): 49–60.

(October 28, 1977): 8–13.

25. 舉例而言，蘇多莫就表達了這種觀點。Krisnadi, "Tahanan Politik," 54.

26. Department of Foreign Affairs, Republic of Indonesia, *Indonesian Government Policy in Dealing with the G-30-S/ PKI (The 30th September Movement of the Indonesian Communist Party) Detainees* (Jakarta: Government Printing Office, January 1978), 17–18.

27. 關於一再改變的官方數字以及那些數字所受到的懷疑，見 Amnesty International, *Amnesty International Report*, 31–44, 113–17; van der Kroef, "Indonesia's Political Prisoners," 626–27, 634–35.

28. Francis J. Galbraith and Martin Ennals, "What Happened in Indonesia? An Exchange," *New York Review of Books*, February 9, 1978.

29. 同上。

30. Suparman, *Dari Pulau Buru*, 242.

31. Sumiyarsi Siwirini C., *Plantungan: Pembuangan Tapol Perempuan* (Yogyakarta: Pusat Sejarah dan Etika Politik (Pusdep), Universitas Sanata Dharma, 2010), 162.

32. 舉例而言，見 "Beberapa Perkembangan, Pemikiran dan Tindakan di Bidang Hak Hak Asasi Manusia 'ET,' " Jakarta, April 14, 1994, n.p.; Hardoyo, "Implikasi Penegasan Pangab Tentang Penghapusan Stigmatisasi 'ET' pada KTP eks-Tapol/Napol," Jakarta, December 23, 1993, n.p.

33. 引用於 Hardoyo, "Bersih Diri dan Bersih Lingkungan Khas Indonesia," April 18, 1990, n.p. 關於葉添興的生平與成就，見 Daniel Lev, *No Concessions: The Life of Yap Thiam Hien, Indonesian Human Rights Lawyer* (Seattle: University of Washington Press, 2011).

34. Douglas Kammen and Faizah Zakaria, "Detention in Mass Violence: Policy and Practice in Indonesia, 1965–1968," *Critical Asian Studies* 44, no. 3 (2012): 462. 前囚犯在他們的回憶錄裡提到這些宣誓典禮，都帶有厭惡的語氣。見 Sumiyarsi, *Plantungan*, 160; Suparman, *Dari Pulau Buru*, 254.

35. Press Statement of Kopkamtib Chief of Staff, December 1, 1976, reprinted in Amnesty International, *Amnesty International Report*, 121–23.

36. Angkatan Bersendjata Republik Indonesia, "Operasi Ksatria 1974: Langkah Mendasar Untuk Penanggulangan dan Pencegahan Bahaya Latent Subversi Kiri,"photocopy, n.d.

37. Presiden Republik Indonesia, *Keputusan Presiden No. 63 / 1985 tentang Tata Cara Penelitian dan Penilaian terhadap Warga Negara Republik Indonesia yang Terlibat G.30.S / PKI yang Dapat Dipertimbangkan Penggunaan Hak Memilihnya dalam Pemilihan Umum.*

38. Richard Tanter, "Intelligence Agencies and Third World Militarization: A Case Study of Indonesia, 1966–1989" (Ph.D. diss., Monash University, 1990), 300n53. 根據一項記述，受到審核的人士約有四萬人在一九八七年的選舉當中遭到剝奪選舉權。Liberation, "Intervention on the Question of Indonesia: Item 9 of the Agenda of the UN Sub-Commission

Rekonstruksi, Persepsi 9 (n.d.): 56.

11. 關於印尼國家石油公司危機，見 Hamish McDonald, *Suharto's Indonesia* (Sydney: Fontana, 1981), 159–64.
12. Nugroho Notosusanto and Ismail Saleh, *The Coup Attempt of the "September 30 Movement" in Indonesia* (Jakarta: Pembimbing Massa, 1968). 官方的印尼文版本直到一九八九年才出版。Nugroho Notosusanto and Ismail Saleh, *Tragedi Nasional Percobaan Kup G30S / PKI di Indonesia* (Jakarta: PT Intermasa, 1989).
13. Notosusanto and Saleh, *Coup Attempt*, ii–iii.
14. 在一九七六年中與蘇多莫海軍上將私下會面之後，荷蘭教會代表團的一名成員寫道：「我不確定我的感覺是否確實沒錯，但他看起來對於世界輿論的在意程度比我原本以為的還要遠遠更高。」Confidential Memo on "Political Prisoners," July 30, 1976, by J. Bos, General Manager, ICCO, Netherlands.
15. 關於那些政治審判受到的國際批評，見 Amnesty International, *Amnesty International Report*, 45–54; Anderson, "Prepared Testimony on Human Rights in Indonesia," 9–10.
16. 見 Anderson, "Prepared Testimony on Human Rights in Indonesia."
17. "Statement of the Government Delegate of Indonesia," ILO meeting, Geneva, June 16, 1976, 3.
18. 自從一九六〇年代晚期以來，陸軍內部文件就經常提及「共產主義的潛在危險」。舉例而言，見 Kopkamtib, Team Pemeriksa Pusat, *Partai Komunis Indonesia dan G.30.S / PKI* (Djakarta, April 1969).
19. 引用於 Amnesty International, *Amnesty International Report*, 95–96.
20. Anderson, "Prepared Testimony on Human Rights in Indonesia."
21. Amnesty International, *Amnesty International Report*, 115.
22. *ICJ Review*, no. 17, December 1976. 范德克魯夫以更寬容的語氣指出，到了這個時候，外國壓力已造成政府政策的若干正面改變：「一部分是因為國際特赦組織持續不斷的探究、幾個國家政府對於雅加達的囚犯政策所提出的公開批評……還有英國、美國以及其他外國……運動的負面宣傳，蘇哈托政權於是在近年來採取措施改善了監獄狀況以及加速釋放『C』類囚犯。」Justus M. van der Kroef, "Indonesia's Political Prisoners," *Pacific Affairs* 49 (1976): 646.
23. "Press Statement of the Kopkamtib Commander," December 1, 1976, reprinted in Amnesty International, *Amnesty International Report*, 121–23.
24. 額外營區的設立，可見於這段時期的印尼新聞媒體報導當中。其中一座營區被描述為「新布魯島」，設立於中加里曼丹的南巴里托 (South Barito)，用於收容 A 類與 B 類囚犯。*Kompas*, June 20, 1977. 有一項針對陸軍的提議所提出的批評，見 Amnesty International, *Amnesty International Report*, 34, 100. 關於這項提議方案的一項較具同情姿態的陳述，見 David Jenkins, "Inside Indonesia's Prisons," *Far Eastern Economic Review*

108. 關於這場訪問的詳細記述，見 Pramoedya, *The Mute's Soliloquy*, 46–64.
109. 引用於 McBeth, "Prisoners of History," 27–28.

第九章：釋放之後的限制、約束與懲罰

1. Benedict Anderson, "Seperti Minum Air Pegunungan," preface to Tan Swie Ling, *G30S 1965, Perang Dingin dan Kehancuran Nasionalisme: Pemikiran Cina Jelata Korban Orba* (Jakarta: Komunitas Bambu, 2010), xvii.
2. 關於國際特赦組織在這段時期推行各項運動的概述，見 Amnesty International, *Indonesia: An Amnesty International Report* (London: Amnesty International Publications, 1977), 144–46.
3. Moyn 提出了一項頗具說服力的論點，指稱一九七〇年代是人權歷史上的一個關鍵轉捩點。Samuel Moyn, *The Last Utopia: Human Rights in History* (Cambridge, MA: Harvard University Press, 2012).
4. 舉例而言，印尼在這個時期派往日內瓦參加國際勞工組織年度會議的代表，都一再受到逼問布魯島及其他地方的政治犯遭到強制勞動的指控。見 "Statement of the Government Delegate of Indonesia," ILO meeting, Geneva, June 16, 1976.
5. 卡特政府在捍衛與提倡人權方面的紀錄，並非向來都合乎其言論。極為引人注目的一點是，對於印尼部隊在東帝汶廣泛侵犯人權而且可能達到種族滅絕程度的行動，卡特政府就一直視而不見。
6. 這場聽證會由眾議院國際關係委員會國際組織小組委員會舉行於一九七六年五月。受邀出席作證的人士包括印尼新秩序的著名批評者：康乃爾大學的安德森教授以及國際特赦組織。
7. H. Suparman, *Dari Pulau Buru Sampai ke Mekah: Sebuah Catatan Tragedi 1965* (Bandung: Nuansa, 2006), 243.
8. "A Call to Respect Human Rights," reprinted in *Indonesian News Selections: Bulletin of the Indonesian Action Group* (Australia) 4 (August 1977): 9–12.
9. DOS Memo, "Indonesia," [1976], US Declassified Documents Catalog [DDC], 1994, #2515. 這份文件似乎是為了一九七六年五月針對印尼人權問題舉行的國會聽證會而準備。有一項針對國務院在那些聽證會上的證詞所提出的嚴厲批評，見 Benedict R. O'G. Anderson, "Prepared Testimony on Human Rights in Indonesia," in *Human Rights in Indonesia and the Philippines* (Washington, DC: US Government Printing Office, 1976, hearings before the Subcommittee on International Organizations of the Committee on International Relations, House of Representatives, 94th Congress, December 18, 1975, and May 3, 1976), 72–80.
10. I. G. Krisnadi, "Tahanan Politik Orde Baru di Pulau Buru 1969–1979,"*Sejarah: Pemikiran,*

Will Out, 92, 99–120, 123; Sukanta, *Breaking the Silence*, 72–77, 137–41.

89. 關於強制勞動方案以及政權為其賦予正當性的嘗試，見 Amnesty International, *Amnesty International Report*, 96–97.

90. 關於這類懲罰的例子，見 Pramoedya, *Mute's Soliloquy*, 26, 38, 40, 43–45.

91. 同上，38。

92. 同上，46。

93. Setiawan, *Aku Eks Tapol*, 155–56. 另見 ibid., vi–vii, 183–84.

94. 經過那麼多年遭到禁止寫作，最後終於在一九七三年又再度獲准寫作，讓帕拉莫迪亞因此得以爬出深淵：「透過寫作，我終於得以重新發現自己是個印尼人，是個有尊嚴的人，依循一套價值觀生活以及行動……不是無能為力，而是實際上擁有意志，能夠界定自己的歷史進程。」Pramoedya, *The Mute's Soliloquy*, 36.

95. 舉例而言，如同帕拉莫迪亞所寫的：「四年的羈押以及對於我的未來所感到的不確定性，確實造成了嚴重的心理傷害。」同上，35。

96. 關於憂鬱和自殺的問題，見前布魯島囚犯的記述，收錄於 Sukanta, *Breaking the Silence*, 141; Wardaya, *Truth Will Out*, 117.

97. Sumiyarsi, *Plantungan*, 144–45. 范德克魯夫指出，通信特權在一九七一年五月遭到中止，獄方提出的藉口是有些布魯島囚犯試圖聯絡爪哇的印尼共產黨地下組織。van der Kroef, "Indonesia's Political Prisoners," 645.

98. 引用於同上，645。

99. Setiawan, *Aku Eks Tapol*, x.

100. 那部紀錄片是 *Blok aan het Ben, een Gevangenis in Indonesië*，在一九六九年播放於荷蘭電視節目 *Achter het Nieuws* 當中。

101. 但引人注意的是，有些囚犯覺得宗教指導與禮拜的活動頗具壓迫性。舉例而言，見 Setiawan, *Aku Eks Tapol*, 43–63.

102. 見 Laurie J. Sears, *Situated Testimonies: Dread and Enchantment in an Indonesian Literary Archive* (Honolulu: University of Hawaii Press, 2013), 162–65. 即便在那項禁令之後，學生也還是持續販賣這套著作，而且如同第九章所描述的，這些學生當中有些人也遭到逮捕下獄。

103. 引用於 Amnesty International, *Amnesty International Report*, 101.

104. *Newsweek*, February 14, 1972，引用於同上，97。

105. 關於紅十字國際委員會訪問的記述，見 Suparman, *Dari Pulau Buru*; Pramoedya, *The Mute's Soliloquy*; Setiawan, *Aku Eks Tapol*; Amnesty International, *Amnesty International Report*, 71–74; Sukanto, *Breaking the Silence*, 73, 75; Wardaya, *Truth Will Out*, 118.

106. Sukanto, *Breaking the Silence*, 73, 75; Sumiyarsi, *Plantungan*, 140–42, 153.

107. 引用於 Sukanta, *Breaking the Silence*, 75.

Douglas Kammen and Katharine McGregor (Singapore: NUS Press, 2012), 94.

81. Maskun Iskandar, "Purwodadi: Area of Death," in *The Indonesian Killings, 1965–1966: Studies from Java and Bali*, ed. Robert Cribb, no. 21 (Clayton, Victoria: Monash Papers on Southeast Asia, 1990), 204.

82. 引用於McBeth, "Prisoners of History"。如同一名前陸軍軍官後來說明的：「有很多人受到逮捕，可是這樣在供應糧食以及其他方面造成了問題。情形很棘手，所以必須把他們全部集中在一個地方。……把他們送到布魯島的想法就是在這個時候冒出來的。」引用於Wardaya, *Truth Will Out*, 19.

83. 關於布魯島，見Amnesty International, *Amnesty International Report*, 90–100; Komisi Nasional Hak Asasi Manusia (Komnas HAM), "Laporan Akhir Tim Pengkajian Pelanggaran HAM Berat Soeharto (Sub-Tim Pengkajian Kasus 1965)," in *Luka Bangsa Luka Kita: Pelanggaran HAM Masa Lalu dan Tawaran Rekonsiliasi*, ed. Baskara T. Wardaya (Yogyakarta: Galang Press, 2014), 273–347; Asvi Warman Adam, "Pelanggaran HAM Berat Soeharto: Kasus Pulau Buru," in *Luka Bangsa Luka Kita: Pelanggaran HAM Masa Lalu dan Tawaran Rekonsiliasi*, ed. Baskara T. Wardaya (Yogyakarta: Galang Press, 2014), 349–59; I. G. Krisnadi, "Tahanan Politik Orde Baru di Pulau Buru 1969–1979,"*Sejarah: Pemikiran, Rekonstruksi, Persepsi* 9 (n.d.): 47–58; Sindhunata Hargyono, "Buru Island: A Prism of the Indonesian New Order," draft paper, Northwestern University, 2016.

84. 安復部針對一九七六年提出的官方數據是一萬一〇八五名被羈押者；國際特赦組織估計「約為一萬四千人」。Amnesty International, *Amnesty International Report*, 91.

85. 同上，95。舉例而言，在一九七二年十月，檢察總長指稱把政治犯送往布魯島的法律根據是一九六九年的安復部五號規定，其中授權檢察總長「羈押以及流放被視為擾亂社會的囚犯，不限時間與地點」。引用於van der Kroef, "Indonesia's Political Prisoners," 631.

86. 引用於Krisnadi, "Tahanan Politik," 65.

87. 帕拉莫迪亞表示，被荷蘭人羈押在波文帝固爾的囚犯所受到的待遇，遠遠勝過布魯島的囚犯。他認為布魯島較為適切的比較對象是日本、德國與蘇聯的死亡集中營。Pramoedya, *The Mute's Soliloquy*, 39, 25. 一個名叫Leo的前布魯島囚犯也寫道，待在布魯島上的經驗「就像是日本占領期間的強制勞動（romusha）……當時如果有人死了，沒有任何儀式向他們致意」。引用於Sukanta, *Breaking the Silence*, 72. 另一名前布魯島囚犯Setiawan寫道，布魯島的「靈感」來自於波文帝固爾，但幾乎每個面向都比波文帝固爾更糟。見Setiawan, *Aku Eks Tapol*, 149–53.

88. 前布魯島囚犯的回憶錄與記述當中都以豐富的細節敘述了這些狀況。舉例而言，見Pramoedya, *The Mute's Soliloquy*; Setiawan, *Aku Eks Tapol*; H. Suparman, *Dari Pulau Buru Sampai ke Mekah: Sebuah Catatan Tragedi 1965* (Bandung: Nuansa, 2006); Wardaya, *Truth*

1968–1976,"draft paper, University of California at Los Angeles, November 2016; Dyah Ayu Kartika, "The Politicization of Psychology: The Role of Psychologists in Indonesia's Detention Camps During New Order Era" (MA thesis, International Institute of Social Studies, 2016).

71. 舉例而言，見"Professor Jaspers besprak met mevr. Sadli 'afwijkend gedrag,'" *De Waarheid*, April 22, 1978.

72. Petteri Pietikainen, *Madness: A History* (London: Routledge, 2015), 281. 坦特也指出，利用心理學家訊問政治犯的做法顯示了「印尼的情報機構跟從工業國家的情報機構，也試圖為它們獲取政治支配地位的策略賦予科學色彩」。Tanter, "Intelligence Agencies," 296.

73. 在一項深富洞察力的分析當中，卡門與Zakaria指出殺戮對羈押的比率存在顯著差異，並且為那些不同的數值提出了數種解釋。Kammen and Zakaria, "Detention in Mass Violence," 451–56.

74. 這些地方當然有些受到長期羈押的囚犯。根據一份文獻，亞齊在一九七四至一九七五年有七十四名政治犯。van der Kroef, "Indonesia's Political Prisoners," 635. 在峇里，到了一九七〇年代晚期仍有十幾人在押，其中包括Pudjo Prasetio。他在一九七九年遭判無期徒刑，而一直被羈押在峇里，到了一九九五年才移監到三寶瓏的一座監獄。見Amnesty International, *Indonesia: 1965 Prisoners—A Briefing* (London: Amnesty International, 1995).

75. 卡門與Zakaria也提出一項類似的論點，指稱區域軍事指揮官對於蘇哈托的命令所做出的反應各不相同。Kammen and Zakaria, "Detention in Mass Violence," 453–54. 另見van der Kroef, "Indonesia's Political Prisoners," 635.

76. 卡門與Zakaria認為，除了指揮官的政治偏好與個人偏好之外，還有一個影響這類結果的關鍵要素，則是當地的政黨競爭本質。Kammen and Zakaria, "Detention in Mass Violence," 454–56. 這項可能性值得進一步研究。

77. Yen-ling Tsai and Douglas Kammen, "Anti-Communist Violence and the Ethnic Chinese in Medan, North Sumatra," in *The Contours of Mass Violence, 1965–68*, ed. Douglas Kammen and Katharine McGregor (Singapore: NUS Press, 2012), 147.

78. British Embassy Jakarta (Gilchrist) to FO (de la Mare), February 23, 1966, DH 1011/66, FO 371/186028, National Archives of the United Kingdom.

79. Agus Sunyoto, Miftahul Ulum, H. Abu Muslih, and Imam Kusnin Ahmad, *Banser Berjihad Menumpas PKI* (Tulungagung: Lembaga Kajian dan Pengembangan Pimpinan Wilayah Gerakan Pemuda Ansor Jawa Timur and Pesulukan Thoriqoh Agung Tulungagung, 1996), 158.

80. David Jenkins and Douglas Kammen, "The Army Para-Commando Regiment and the Reign of Terror in Central Java and Bali," in *The Contours of Mass Violence in Indonesia, 1965–68*, ed.

營區據知也曾存在於東加里曼丹、中加里曼丹，以及北蘇門答臘的橡膠種植園周圍。關於中蘇拉威西的營區，見Nurlaela A. K. Lamasitudju, "Rekonsiliasi dan Pernyataan Maaf Pak Wali Kota," in *Luka Bangsa Luka Kita: Pelanggaran HAM Masa Lalu dan Tawaran Rekonsiliasi*, ed. Baskara T. Wardaya (Yogyakarta: Galang Press, 2014), 371–83. 關於南蘇拉威西，見Taufik Ahmad, "South Sulawesi: The Military, Prison Camps, and Forced Labour," in *The Contours of Mass Violence in Indonesia, 1965–68*, ed. Douglas Kammen and Katharine McGregor (Singapore: NUS Press, 2012), 156–81. 另見前囚犯的記述，收錄於Sukanta, *Breaking the Silence, 14, 56–59, 149, 165; Kurniawan et al., eds., The Massacres: Coming to Terms with the Trauma of 1965 (Jakarta: Tempo, 2015), 105–9, 112–14.*

58. 關於唐格朗與努薩安邦島的強迫勞動，見Amnesty International, *Amnesty International Report*, 85–88; Hersri Setiawan, *Aku Eks Tapol* (Yogyakarta: Galang Press, 2003), 198. 關於薩倫巴監獄，見S. Budiardjo, "Salemba," 18.
59. Tan, *G30S 1965*, 48.
60. Sumiyarsi, *Plantungan*, 49.
61. Jenkins, "Inside Suharto's Prisons," 10.
62. 舉例而言，陳瑞麟指稱印尼共產黨人物Nyoto就在受到軍方羈押期間受到「借調」，結果從此消失無蹤。Tan, *G30S 1965*, 55. 另見S. Budiardjo, "Salemba," 15. 關於前囚犯的記述當中其他提及「借調」情形的內容，見Sukanto, *Breaking the Silence*, 36; Wardaya, *Truth Will Out*, 24–25.
63. 未經起訴或審判而被羈押了十四年的布迪亞喬，後來這麼寫道：「對於我們這些新秩序統治下的政治犯而言，最沉重的負擔就是這種不確定性。」S. Budiardjo, "Salemba," 8.
64. 引用於Amnesty International, *Amnesty International Report*, 51.
65. 北蘇門答臘一座監獄裡的一堂這種灌輸課留下了一份獨特的影音紀錄，見一九六七年的NBC紀錄片*Indonesia: The Troubled Victory*。
66. 引用於Jenkins, "Inside Suharto's Prisons," 8.
67. S. Budiardjo, "Salemba," 17.
68. 關於一名囚犯對於這場造訪的記述，見Sumiyarsi, *Plantungan*, 124–27. 加入這支代表團的蘇米特羅少將，是武裝部隊心理發展中心的主持人，而不是安復部司令。Tanter, "Intelligence Agencies," 298.
69. Jenkins, "Inside Suharto's Prisons," 11.
70. 涉入其中的荷蘭機構是奈梅亨（Nijmegen）的拉德堡大學（Radboud University）以及阿姆斯特丹大學；印尼的參與機構是印尼大學、加查馬達大學以及巴查查蘭大學（Pajajaran University）。見Marnix de Bruyne, "Hoe Nederlandse psychologen collaboreerden met Soeharto," *Wordt Vervolgd* 12, no.1 (December 2016–January 2017): 34–35; Sebastiaan Broere, "The Gray Area of Indonesian Psychology: The KUN-2 Project,

45. 一九六七年七月，檢察總長指稱A類囚犯約有四千七百人。van der Kroef, "Indonesia's Political Prisoners," 634. 一九七五年十二月，安復部參謀長海軍上將蘇多莫指稱A類囚犯有一千兩百人，其中七百六十七人已受到審判以及定罪。*Kompas*, December 3, 1975. 一九七六年，蘇多莫向一名荷蘭教會代表指出，八百一十名A類囚犯已經受到定罪，另有兩百二十人正在等待審判，還有一九四四人則是因為缺乏證據而在未經審判的情況下受到關押。Confidential memo on "Political Prisoners," July 30, 1976, by J. Bos, General Manager, Inter Church Coordination Committee for Development Projects (ICCO), The Netherlands. 政治審判的命令發布於Presiden Republik Indonesia, *Keputusan Presiden No. 370/1965 tentang Penunjukan Mahkamah Militer Luar Biasa untuk Perkara G30S/PKI*, December 4, 1965.
46. 當然，這些普遍模式還是有些例外。舉例而言，一名記者在一九七七年走訪了六所羈押設施，而指稱尼巴亞監獄（Nirbaya prison）的環境還算不錯，其中關押了一百名左右的高地位A類囚犯。見David Jenkins, "Inside Suharto's Prisons," *Far Eastern Economic Review* (October 28, 1977): 8–13. 關於監獄環境的一項全面概觀，見Amnesty International, *Amnesty International Report*, 71–89.
47. 引用於Jenkins, "Inside Suharto's Prisons," 8.
48. 見Tan, *G30S 1965*, 34, 53; Sumiyarsi, *Plantungan*, 48; S. Budiardjo, "Salemba,"15–16; Sukanta, *Breaking the Silence*, 151.
49. 見Sukanta, *Breaking the Silence*, 53, 66, 92; Wardaya, *Truth Will Out*, 95, 129, 131; Pramoedya, *The Mute's Soliloquy*. 在一九六六至一九七二年間，囚犯糧食的官方支出據說平均每天每名囚犯只有二．五印尼盾，相當於每八十名囚犯只有一美元左右。引用於van der Kroef, "Indonesia's Political Prisoners,"644.
50. Pramoedya, *The Mute's Soliloquy*, 10–11.
51. 同上9–10。
52. 同上，12–13。
53. Amnesty International, *Amnesty International Report*, 77.
54. 蘇米雅希敘述了她幫助病患的嘗試，以及監獄醫療設施的不足。見Sumiyarsi, *Plantungan*, 93–94, 102–11. 在一九六六至一九七二年間，囚犯醫療服務的官方支出據說平均是每月每名囚犯〇．三印尼盾，相當於每兩千名囚犯三美元左右。引用於van der Kroef, "Indonesia's Political Prisoners," 644.
55. S. Budiardjo, "Salemba," 16.
56. 連同再教育和重新安置，囚犯的強迫勞動也明定於一九六八年十月的一項安復部指示裡。見Kopkamtib, *Petunjuk Pelaksanaan No. PELAK-002/KOPKAM/10/1968 tentang Kebijaksanaan Penyelesaian Tahanan/Tawanan G30S PKI.*
57. 此處只列出了在一九六五年至一九七〇年代晚期這段期間的部分重新安置營。其他

Sumiyarsi, *Plantungan*, 70n8.

35. Slamet, "Letter from Indonesia," 61. 這點不禁讓人聯想到柬埔寨的吐斯廉監獄（S-21）。在波布統治期間，那座監獄裡有一幅把胡志明呈現為狗的畫像，而囚犯都被迫向那幅畫像鞠躬。見David Chandler, *Voices from S-21: Terror and History in Pol Pot's Secret Prison* (Berkeley: University of California Press, 1999), 134.
36. Tan, *G30S 1965*, 31.
37. 另外還有一個X類別，用於指涉尚未受到分類的囚犯。以下的概述主要取自Amnesty International, *Amnesty International Report*; van der Kroef, "Indonesia's Political Prisoners."
38. 引用於"Indonesia Special," Wordt Vervolgd (March 1973): 12. 海軍上將蘇多莫也在一九七六年七月指稱B類囚犯「間接涉入」那場疑似政變，但「缺乏能夠呈交給法院的證據」。*Sinar Harapan*, July 26, 1976.
39. 一九七五年，C類又進一步細分成幾個子類（C1、C2與C3），目的顯然是要明確區分罪責標準。見van der Kroef, "Indonesia's Political Prisoners," 633.
40. Presiden Republik Indonesia, *Instruksi Presiden/Pangti ABRI/KOTI No. 22/KOTI/1965—Kepada Kompartimen2/Departemen2, Badan2/Lembaga2 Pemerintah—Untuk Laksanakan Penertiban/Pembersihan Personil Sipil dari Oknum "Gerakan 30 September,"* signed on president's behalf by Soeharto (Kepala Staf Komado Operasi Tertinggi/Panglima Operasi Pemulihan Keamanan dan Ketertiban), November 15, 1965，引用於Boerhan and Soebekti, "*Gerakan 30 September*," 2nd ed. (Jakarta: Lembaga Pendidikan Ilmu Pengetahuan dan Kebudajaan Kosgoro, 1966), 238–48. 這項命令又是基於納蘇蒂安將軍在十一月十二日發布的指示，還有蘇哈托將軍在一九六五年十月十日發布的指示，其中概述了在陸軍內部清除九三〇運動成員的程序。見Kammen and Zakaria, "Detention in Mass Violence," 443.
41. 在一九六五年十一月的命令當中明定的分類系統，「成了總統令No. 09/KOGAM/1966當中概述的長期政治犯正式分類方式的基礎」。Kammen and Zakaria, "Detention in Mass Violence," 460. 這套系統又進一步受到Kopkamtib, *KEP-028/KOPKAM/10/1968*所修正，也受到KEP *010/KOPKAM/3/1969*修正，引用於Amnesty International, *Amnesty International Report*, 118–20.
42. 舉例而言，卡門與Zakaria主張相關命令當中使用的語言極度模糊，因而為軍方當局賦予了「非凡的裁量權」。Kammen and Zakaria, "Detention in Mass Violence," 444, 450.
43. 如同卡門與Zakaria所寫的，那些命令「顯示了對於政治左派的攻擊不是一場水平衝突，而是兩項因素共同造成的結果，一項因素是蘇哈托與陸軍指揮高層的策略性計算，另一項因素則是區域陸軍指揮官接收並且執行的命令」。同上，445。
44. 安復部在一九七六年統計的B類囚犯人數為二萬九四七〇人，另外有一三〇九人則是已經獲釋。見Amnesty International, *Amnesty International Report*, 36.

19. Pramoedya, *The Mute's Soliloquy*, xix.
20. 見Roy A. Medvedev, *Let History Judge: The Origins and Consequences of Stalinism* (New York: Knopf, 1971).
21. 關於一份已知羈押場所的局部清單，連同一份顯示其約略地點的地圖，見國際特赦組織荷蘭分會的報告："Indonesia Special," *Wordt Vervolgd* (March 1973): 16–17. 關於另一份稍微不同的地圖，見Tapol, *Indonesia: The Prison State* (London: Tapol, 1976), 8–9.
22. 蘇哈托將軍在一九六五年十一月以安復部司令的身分建立了這套由陸軍控制的調查與起訴機制，詳見Kammen and Zakaria, "Detention in Mass Violence," 445–48.
23. Sudisman, "Analysis of Responsibility," 1.
24. 這些情形詳細描述於前囚犯的回憶錄及其他記述裡。舉例而言，見Sumiyarsi, *Plantungan*, 58, 62, 63; Tan, *G30S 1965*, 19–37; C. Budiardjo, *Surviving Indonesia's Gulag*, chapter 10; Sulami, *Perempuan—Kebenaran dan Penjara* (Jakarta: Cipta Lestari, 1999); Sudjinah, *Terempas Gelombang Pasang* (Jakarta: Pustaka Utan Kayu, 2003); S. Budiardjo, "Salemba," 13; Wardaya, *Truth Will Out*, 91, 94; Sukanta, *Breaking the Silence*, 35, 37, 51–52, 55, 117, 136, 163–64.
25. 舉例而言，見Pramoedya, *The Mute's Soliloquy*, 4–5.
26. Sumiyarsi, *Plantungan*, 58.
27. C. Budiardjo, *Surviving Indonesia's Gulag*, 83.
28. 關於囚犯遭受性暴力的問題，見Komnas Perempuan, *Kejahatan terhadap Kemanusiaan Berbasis Jender: Mendengarkan Suara Perempuan Korban Peristiwa 1965* (Jakarta: Komnas Perempuan, 2007); Annie Pohlman, *Women, Sexual Violence, and the Indonesian Killings of 1965–66* (New York: Routledge, 2015); Saskia Wieringa, *Sexual Politics in Indonesia* (New York: Palgrave, 2002); C. Budiardjo, *Surviving Indonesia's Gulag*.
29. 舉例而言，見Lambatu bin Lanasi的案例，收錄於*Breaking the Silence*, 52–53.
30. 布迪亞喬敘述了絲莉．安巴的遭遇，她在雅加達的卡隆羈押中心接受訊問的時候，一再遭到剝光衣服以及毆打。C. Budiardjo, *Surviving Indonesia's Gulag*, 79–80. 陳瑞麟提到男性囚犯有時也會在接受訊問之前被迫脫光衣服。Tan, *G30S 1965*, 24.
31. 引用於Wardaya, *Truth Will Out*, 148.
32. Sumiyarsi, *Plantungan*, 70n8.
33. 舉例而言，一名前囚犯指稱普蘭通甘女子監獄的指揮官把一名年輕囚犯當成「情婦」。見Sumiyarsi, *Plantungan*, 96, 99, 152–53. 那座監獄裡的另一名囚犯回憶指出，「那裡的軍官〔和囚犯〕從事了違法的性行為，所以有很多沒有父親的嬰兒出生於普蘭通甘」。引用於Wardaya, *Truth Will Out*, 149. 關於軍方和警方當局從事強暴行為的額外記述，見Sukanta, *Breaking the Silence*, 53, 155.
34. 前述那部拍攝青少女重演舞蹈的影片，顯然在蘇班卓的審判當中被呈為證據。

der Kroef, "Indonesia's Political Prisoners," 639–40.

9. Sumiyarsi Siwirini C., *Plantungan: Pembuangan Tapol Perempuan* (Yogyakarta: Pusat Sejarah dan Etika Politik (Pusdep), Universitas Sanata Dharma, 2010), 44n7. 另見Rachmi Diyah Larasati, *The Dance That Makes You Vanish: Cultural Reconstruction in Post-Genocide Indonesia* (Minneapolis: University of Minnesota Press, 2013).

10. 見van der Kroef, "Indonesia's Political Prisoners," 630, 638–39.

11. 許多前囚犯的回憶錄裡都討論了線民與叛徒的問題。舉例而言，見Suwondo Budiardjo, "Salemba: Cuplikan Kecil Derita Nasional," unpublished typescript, 1979, 11–12; Carmel Budiardjo, *Surviving Indonesia's Gulag* (London: Cassell, 1996); Tan Swie Ling, *G30S 1965, Perang Dingin dan Kehancuran Nasionalisme: Pemikiran Cina Jelata Korban Orba* (Jakarta: Komunitas Bambu, 2010). 另見前囚犯的證詞，收錄於Baskara T. Wardaya, ed., *Truth Will Out: Indonesian Accounts of the 1965 Mass Violence*, trans. Jennifer Lindsay (Clayton, Victoria: Monash University Publishing, 2013), 90, 108–9, 155.

12. 舉例而言，印尼農民陣線的一名前領袖描述指出，一名向當局供出他的印尼共產黨幹部，後來也參與了對他的訊問：「在〔警察〕總部，那個〔印尼共產黨〕幹部就跟著警察一起從事訊問工作，辱罵著我們。他甚至比警察還要殘忍！有不少印尼共產黨幹部都做了這種事，原因是他們承受不了自己所遭受的恐怖和暴力。」引用於Wardaya, *Truth Will Out*, 90.

13. Sudisman, "Analysis of Responsibility: Defense Speech of Sudisman, General Secretary of the Indonesian Communist Party at His Trial before the Special Military Tribunal, Jakarta, 21 July 1967," trans. Benedict Anderson (Melbourne, Victoria: Works Co-operative, 1975), 3.

14. 舉例而言，見倖存者、目擊者與加害者的陳述，收錄於Wardaya, *Truth Will Out*, 41, 90, 93–94; Putu Oka Sukanta, ed., *Breaking the Silence: Survivors Speak about the 1965–66 Violence in Indonesia*, trans. Jennifer Lindsay (Clayton, Victoria: Monash University Publishing, 2014), 64–65, 110, 117, 133–34, 151, 160, 163–64.

15. Willem Samuels, introduction to Pramoedya Ananta Toer, *The Mute's Soliloquy: A Memoir* (New York: Hyperion East, 1999), xviii. 帕拉莫迪亞針對自己被捕的過程寫道：「我的雙手被綁在背後，綁縛手腕的繩子又繞過我的脖子。在印尼革命初期，這種繩結是一名囚犯即將被殺的確切徵象。」同上，3–4。

16. Ibrahim Slamet, "Letter from Indonesia," *Index on Censorship* 3, no. 1 (1974): 61.

17. 引用於Sukanta, *Breaking the Silence*, 151.

18. Sumiyarsi, *Plantungan*, 37–38, 161. 一個名叫Rukiah的印尼婦女運動成員也有過類似經驗，她位於望加錫的住家在一九六五年十月遭到一群伊斯蘭大學生協會成員洗劫：「他們過了一個小時還是沒有找到Rukiah，於是開始拿取一切有價值的物品：手表、收音機、衣服，甚至是餐具。」Sukanta, *Breaking the Silence*, 160.

Ropa to Rostow, July 9, 1966, *FRUS*, vol. 26, 444; Rusk to Johnson, August 1, 1966, *FRUS*, vol. 26, 452.

122. Embtel 144, US Embassy Jakarta to DOS, July 9, 1966, *DDC*, 1981, #368C.
123. Simpson, *Economists with Guns*, 225.
124. Embtel 1124, US Embassy Jakarta to DOS, September 7, 1966, RG 59, Central Files, POL 15 INDON, NARA.
125. 這個小組由十四個捐贈國與四個國際金融機構組成。關於這個小組的籌組過程與初期的工作，見Simpson, *Economists with Guns*, 238–39.另見*Administrative History: State Department*, vol. 1, chapter 7, section L–Indonesia [ND], *DDC*, 1994, #3184.
126. Embtel 2007, US Embassy Jakarta to DOS, October 27, 1966, RG 59, Central Files, DEF 19 US-INDON, NARA.

第八章：大規模監禁

1. 有幾項研究分析了羈押與殺戮之間的關聯，其中一項是Douglas Kammen and Faizah Zakaria, "Detention in Mass Violence: Policy and Practice in Indonesia, 1965–1966," *Critical Asian Studies* 44, no. 3 (2012): 441–66.
2. 引用於Justus M. van der Kroef, "Indonesia's Political Prisoners," *Pacific Affairs* 49 (1976): 626.
3. 十萬六千人這個數字提出於官方真相調查委員會在一九六六年一月發表的報告裡。見Komando Operasi Tertinggi (KOTI), *Fact Finding Commission Komando Operasi Tertinggi* (Jakarta, January 10, 1966), 3.
4. 一九七五年四月，外交部長馬利克指稱約有六十萬人受到羈押，而安復部參謀長海軍上將蘇多莫則是在一九七六年十月提出七十五萬人這個數字。引用於Amnesty International, *Indonesia: An Amnesty International Report* (London: Amnesty International Publications, 1977), 41. 關於人數的進一步討論，見Kammen and Zakaria, "Detention in Mass Violence,"451; van der Kroef, "Indonesia's Political Prisoners," 625–26, 635.
5. Amnesty International, *Amnesty International Report*, 23.
6. 這名官員是社會與政治事務處長Hari Sugiman。*Tapol Bulletin* 70 (July 1985): 1. 關於被羈押者的人數，見Richard Tanter, "Intelligence Agencies and Third World Militarization: A Case Study of Indonesia, 1966–1989"(Ph.D. diss., Monash University, 1990), 299–300.
7. 舉例而言，見John McBeth, "Prisoners of History," *Far Eastern Economic Review*, February 16, 1995, 27–28. 一百四十萬人這個數字也可能是陸軍對於國內「冥頑不靈」的共產黨員所估計的人數。舉例而言，一九六九年的一份安復部文件提到有一三九萬六一七三名印尼共產黨員就讀了縣級的「黨校」。見Kopkamtib, Team Pemerika Pusat, *Partai Komunis Indonesia dan G.30.S/PKI* (Djakarta, April 1969), 55.
8. 關於這些政治審判，見Amnesty International, *Amnesty International Report*, 45–54; van

110. Embtel 2115, US Embassy Jakarta to DOS, January 20, 1966, RG 59, Central Files, XR POL INDON-US, NARA.

111. 大使館電報回報了若干平民和軍事人物經常針對物資援助提出的要求。舉例而言，見Embtel 1245, US Embassy Jakarta to DOS, October 28, 1965, RG 59, Central Files, POL 23-9 INDON, NARA; Embtel 1401, US Embassy Jakarta to DOS (Section 1 of 2), November 10, 1965, RG 59, Central Files, POL 23-9 INDON, NARA; Embtel 1408, US Embassy Jakarta to DOS, November 11, 1965, RG 59, Central Files, POL 23-9 INDON, NARA; Embtel 2115, US Embassy Jakarta to DOS, January 20, 1966, RG 59, Central Files, XR POL INDON-US, NARA.

112. 塞達在一九六四年到一九六六年二月這段期間擔任種植園部長。在一九六六年中短暫擔任農業部長之後，他擔任了兩年的財政部長（一九六六至一九六八）。他在一九六一到一九六八年間也是天主教黨的黨主席。Embtel 2115, US Embassy Jakarta to DOS, January 20, 1966, RG 59, Central Files, POL 23-9 INDON, NARA; Embtel 1245, US Embassy Jakarta to DOS, October 28, 1965, RG 59, Central Files, POL 23-9 INDON, NARA.

113. US Embassy Jakarta to DOS, November 19, 1965, *DDC*, 1979, #435C.

114. 如同辛普森所寫的：「大使館只要一有機會就向雅加達的官員明白表達這一點，指稱援助將連動於印尼在幾個方面的表現，包括反轉蘇卡諾的政策、恢復印尼的經濟信用，以及藉由西方債權國與國際機構認同的政策穩定經濟。」Simpson, *Economists with Guns*, 213.

115. Deptel 959, DOS to US Embassy Jakarta, January 18, 1966, RG 59, Central Files, AID(US) INDON, NARA.

116. Deptel 1892, DOS to US Embassy Kuala Lumpur, March 29, 1966, RG 59, Central Files, XR POL 23-9 INDON, NARA.

117. Memorandum of Conversation, US Secretary of State and Others, March 31, 1966, RG 59, Central Files, AID(US) 15-6 INDON, NARA.

118. DOS Report "Indonesia," [May 1966?], *DDC*, 1994, #3183. The White House approved the sale in June 1966. Simpson, *Economists with Guns*, 217.

119. Simpson, *Economists with Guns*, 212.

120. British Embassy Jakarta (Murray) to FO, Telegram No. 24, May 10, 1966, IM 1051/74, FO 371/187573, UKNA.

121. Deptel 3970, DOS to US Embassy Jakarta, June 1, 1966, RG 59, Central Files, AID (US)-INDON, NARA. 根據國務院的一份備忘錄，那筆二十五億美元的債務當中有一億四千四百萬美元的債主是美國，十億美元的債主是蘇聯，而大部分債務都是以軍事器材的形式提供。國務院估計那一年的償債支出可能會達到四億五千萬美元，比當年可能的外匯總收入還高。DOS Report, "Indonesia," [May 1966?], DDC, 1994, #3183. 另見

95. Deptel 610, DOS to US Embassy Jakarta, November 12, 1965, Indonesia, vol. 5, Country file, NSF, box 247, LBJ Library. 這項要求極有可能是由蘇肯卓提出，因為有不少文件都描述了他對通訊器材的反覆請求。見 *FRUS*, vol. 26, 364–66, 368–71, 440–43. 關於蘇肯卓對於各種援助的請求，見 Simpson, *Economists with Guns*, 186.

96. 記者凱希・卡達娜根據她對美國政府官員的訪問而報導指出，美國提供的通訊器材都採用國家安全局知道的頻率，於是美國情報官員即可監控陸軍的通訊，包括「蘇哈托的情報單位針對在特定地點殺害特定人物而下達的命令」。Kathy Kadane, Letter to the Editor, *New York Review of Books*, April 10, 1997.

97. Embtel 1970, US Embassy Jakarta to DOS, Roger Channel, January 5, 1966, RG 59, Central Files, DEF 21 INDON, NARA.

98. Embtel 1160, US Embassy Jakarta to DOS, October 22, 1965, Indonesia, vol. 5, Country file, NSF, box 247, LBJ Library.

99. Deptel 545, DOS to US Embassy Jakarta, October 29, 1965, Indonesia, vol. 5, Country file, NSF, box 247, LBJ Library.

100. Embtel 1304, US Embassy Jakarta to DOS, November 2, 1965, Indonesia, vol. 5, Country file, NSF, box 247, LBJ Library.

101. Deptel 610, DOS to US Embassy Jakarta, November 12, 1965, Indonesia, vol. 5, Country file, NSF, box 247, LBJ Library. 辛普森寫道，大約在這個時候，「白宮也授權中情局駐曼谷的情報站向蘇肯卓提供小型武器，『以便武裝中爪哇的穆斯林與民族主義青年，藉此打擊印尼共產黨』」。Simpson, *Economists with Guns*, 186.

102. 「我們今天通知英國、澳洲與紐西蘭的大使館，讓他們知道我們收到了蘇肯卓對於醫療用品的要求，而我們〔將會〕祕密提供這些用品。」Deptel 610, DOS to US Embassy Jakarta, November 12, 1965, Indonesia, vol. 5, Country file, NSF, box 247, LBJ Library.

103. Gabriel Kolko, personal communication, October 1998.

104. Embtel 1333, US Embassy Jakarta to DOS, November 4, 1965, Indonesia, vol. 5, Country file, NSF, box 247, LBJ Library.

105. Embtel 1350, US Embassy Jakarta to DOS, November 5, 1965, Indonesia, vol. 5, Country file, NSF, box 247, LBJ Library.

106. Embtel 1353, US Embassy Jakarta to DOS, November 7, 1975, RG 59, Central Files, XR DEF 6 INDON, NARA。另見 Simpson, *Economists with Guns*, 186.

107. Kathy Kadane, "US Officials' Lists Aided Indonesian Bloodbath in '60s," *Washington Post*, May 21, 1990.

108. Embtel 1628, US Embassy Jakarta to DOS, December 2, 1965, *FRUS*, vol. 26, 379–80.

109. 南韓的朴正熙少將在一九六一年五月十六日透過軍事政變掌權的時候，格林是美國駐首爾大使館的高階外交官（代辦）。

Slaughterhouse," 93–96. 關於東德的政策，見 Cavoski, "On the Road."
82. US Embassy Jakarta to DOS, December 3, 1965, *DDC*, 1977, #128E.
83. British Embassy Jakarta (Gilchrist) to FO, Telegram No. 2134, October 11, 1965, DH 1015/179, FO 371/180318, UKNA.
84. Deptel 508, DOS to US Embassy Jakarta, October 22, 1965, RG 59, Central Files, POL 23–9 INDON, NARA.
85. Embtel 1164, US Embassy Jakarta to DOS, October 23, 1965, Indonesia, vol. 5, Country file, NSF, box 247, LBJ Library.
86. Embtel 1511, US Embassy Jakarta to DOS, November 19, 1965, Indonesia, vol. 5, Country file, NSF, box 247, LBJ Library.
87. Deptel 434, DOS to US Embassy Jakarta, October 9, 1965, RG 59, Central Files, XR DEF 6 INDON, NARA. 關於美國在這段時期針對提供稻米援助所從事的審議，見 Simpson, *Economist with Guns*, 196.
88. *Duta Masjarakat*, October 13, 1965.
89. 十月十二日，納蘇蒂安的助理向伊瑟上校表示：「蘇肯卓將軍〔在十月九日前後〕經由曼谷返國的途中……安排了從曼谷運送大量稻米到印尼。」Embtel 969, US Embassy Jakarta to DOS, October 12, 1965, RG 59, Central Files, POL 23–9 INDON, NARA.
90. Embtel 1113, US Embassy Jakarta to DOS, October 21, 1965, Indonesia, vol. 5, Country file, NSF, box 247, LBJ Library.
91. US Embassy Jakarta, Joint Weekly Report No. 41, October 23, 1965, RG 59, Central Files, POL 2–1 INDON, NARA.
92. 此處的討論雖然聚焦於美國的軍援，但其他國家顯然也涉入類似的活動。舉例而言，一項記述指稱西德情報機構聯邦情報局「協助印尼的軍事特勤部門壓制了雅加達的一場左翼暴動，向其提供衝鋒槍、無線電器材，以及價值三十萬馬克的金援」。Heinze Hoehne and Herman Zolling, *The General Was a Spy* (New York: Bantam, 1972), xxxiii.
93. Secretary of Defense (McNamara), Memorandum for the President, Effectiveness of US Military Assistance to Indonesia," March 1, 1967, FRUS, vol. 26, 493–95. 關於在這個時期促成援助正式恢復的審議過程，有一項詳細的討論可見於 Simpson, *Economists with Guns*, 222.
94. Embtel 1017, US Embassy Jakarta to DOS, October 14, 1965. Indonesia, vol. 5, Country file, NSF, box 247, LBJ Library. 大約在同一個時間，美聯社一則發自雅加達的報導引述了一個「知情消息來源」的說法，指稱「蘇哈托將軍派了〔一名〕上校到美國尋求提供通訊器材的協助，以便遏制共產威脅」。Deptel 408, DOS to US Embassy Jakarta, October 13, 1965, Indonesia, vol. 5, Country file, NSF, box 247, LBJ Library.

的行動。他在流放期間就讀了匹茲堡大學，而一般認為他就是在那裡與美國情報界建立了關係。他在一九六三年底返回印尼，在一九六四年被任命為經濟行動最高司令部（Supreme Command of Economic Operations）的國務大臣，並且在一九六五年涉入陸軍和馬來西亞之間的祕密協商。見Harold Crouch, *The Army and Politics in Indonesia* (Ithaca, NY: Cornell University Press, 1978), 49, 75, 81, 107. 辛普森寫道，他是「中情局在陸軍裡層級最高的聯絡人之一」。Simpson, *Economists with Guns*, 186.

70. 最後，蘇肯卓「警告指出，印尼政府與馬來西亞政府透過陸軍建立的關係在目前必須保密，因為印尼共產黨要是發現這一點，必定會用來打擊陸軍的名譽。……陸軍在曼谷成立特別組織與馬來西亞政府直接聯繫，繞過那裡的印尼大使館」。Embtel 563, US Embassy Kuala Lumpur, November 17, 1965, RG 59, Central Files, POL 23-9 INDON, NARA.
71. Benedict Anderson, personal communication, October 1983, Ithaca, NY.
72. 十一月六日，美國駐雅加達大使館拍發電報指出：「我們獲得可靠的線報，指稱蘇肯卓的《班查西拉之火》這份反印尼共產黨、蘇班卓與中國共產黨的開創性報紙，已在今天遭禁〔也許是支持蘇卡諾的新聞部長Achmadi的傑作〕，但雅加達戰爭主管〔奧馬爾．維拉哈迪庫蘇馬〕正在反抗這項舉動。」Embtel 1360, US Embassy Jakarta to DOS, Joint Sitrep No. 47, November 6, 1965, Indonesia, vol. 5, Country file, NSF, box 247, LBJ Library.
73. CRO to British Embassy Canberra, Telegram No. 2679, October 13, 1965, FO 371/181455, UKNA.
74. Tanter, "Great Killings," 139.
75. George Ball Telcon with James Reston, 3:05 p.m., October 4, 1965, Papers of George Ball, box 4, Indonesia (4/12/64-11/10/65), LBJ Library.
76. James Reston, "A Gleam of Light in Asia," *New York Times*, June 19, 1966.
77. Embtel 2411, US Embassy Jakarta to DOS, February 26, 1966, RG 59, Central Files, POL 23-9 INDON, NARA.
78. Brian May, *The Indonesian Tragedy* (London: Routledge and Kegan Paul, 1978), 103. 一個例外是《紐約時報》的Seymour Topping，他的報導準確指出爪哇與峇里的殺戮行為都是由陸軍犯下或是煽動而成。見Seymour Topping, "Indonesia Haunted by Mass Killing," *New York Times*, August 24, 1966.
79. 關於美國在一九六五年十月一日之後那段時期提供援助的思路與實質內容，有一項詳細記述可見於Simpson, *Economists with Guns*, chapters 7-8。
80. 一九六六年八月簽署曼谷協定之後，對抗運動即正式告終。
81. Boden因此寫道：「在印尼的共產主義者遭到迫害與屠殺的同時，莫斯科正在尋求和軍事政權達成協定。」關於這個時期的蘇聯援助與投資政策，見Boden, "Silence in the

後，看來遠遠比較有可能的情形是……中國在那場政變失敗後才開始介入，以求保住自己在印尼的政治地位以及保護自己先前的盟友。」Cavoski, "On the Road," 77.

54. Contel 740, US Consul Hong Kong to DOS, October 27, 1965, RG 59, Central Files, POL 23-9 INDON, NARA.
55. Embtel 853, US Embassy Jakarta to VOA, October 5, 1965, RG 59, Central Files, POL 23-9 INDON, NARA.
56. Embtel 923, US Embassy Jakarta to DOS, October 9, 1965, Indonesia, vol. 5, Country file, NSF, box 247, LBJ Library.
57. 如同美國大使館在十月五日所寫的：「雅加達的新聞媒體……大體上都把關切焦點集中在陸軍將領遭到謀害的事件。這兩份報紙都刊登了一系列屍體遭到毀傷的駭人照片。」Embtel 857, US Embassy Jakarta to DOS, October 5, 1965, RG 59, Central Files, POL 23-9 INDON, NARA.
58. CIA Memorandum, "Covert Assistance to the Indonesian Armed Forces Leaders," November 9, 1965, *FRUS*, vol. 26, 362.
59. 其他西方國家政府也採取同樣的做法。舉例而言，謝弗寫道西德駐雅加達大使館「立即開始把陸軍宣傳當成事實，即便是收到了……引人懷疑或者明白編造而成的陸軍訊問規定之後仍然如此」。Schaefer, "Two Germanys," 104-5.
60. Embtel 903, US Embassy Jakarta to DOS, October 7, 1965, RG 59, Central Files, XR POL 23-9 INDON, NARA.
61. British Embassy Washington (Gilmore) to FO (Murray) October 5, 1965, DH 1015/163, FO 317/180317, UKNA.
62. CRO to British High Commission Canberra, Telegram No. 2679, October 13, 1965, FO 371/181455, UKNA; FO to Office of the Political Advisor to the C-in-C Far East, Singapore, Telegram No. 1835, October 6, 1965, FO 317/180317, UKNA.
63. British Embassy Jakarta (Gilchrist) to FO (Stewart), "A Further Report on the Attempted Coup d'Etat," November 22, 1965, DH 1015/311, FO 371/180324, UKNA.
64. FO (Tonkin) Cover Note to Dispatch No. 16 (November 18, 1965) from Gilchrist to Stewart, November 23, 1965, DH 1015/311, FO 371/180324, UKNA.
65. Embtel 903, US Embassy Jakarta to DOS, October 7, 1965, RG 59, Central Files, XR POL 23-9 INDON, NARA.
66. 法國媒體也高度仰賴從受到陸軍控制的媒體所蒐集而來的資訊。見 Schutte, "September 30, 1965."
67. Tanter, "Great Killings," 138-40.
68. Schaefer, "Two Germanys," 105.
69. 蘇肯卓遭到蘇卡諾解職並且送往國外，指控他在一九六〇年發動了打擊印尼共產黨聞媒體針對那些事件所提出的主流陳述。見Heniz Schutte, "September 30, 1965, and Its Aftermath in the French Press," in *1965: Indonesia and the World, Indonesia dan Dunia*, ed. Bernd Schaefer and Baskara T. Wardaya, bilingual ed. (Jakarta: Gramedia Pustaka Utama, 2013), 128.

45. 舉例而言，美國駐雅加達大使館在一份拍發給華府的電報裡寫道，他們「仍然深深不信服印尼共產黨領導層策劃了一九六五年十月五日的政變。印尼共產黨當時的處境太過順利，並不需要發動政變」。Embtel 828, US Embassy Jakarta to DOS, October 3, 1965, Indonesia, vol. 5, Country file, NSF, box 247, LBJ Library.

46. Office of the Political Advisor to C-in-C Far East, Singapore, to FO, Telegram No. 671, October 5, 1965, FO 371/180313, UKNA. 同一天，吉爾開斯特大使呼籲「及早推行精心〔策劃的〕宣傳與心理戰行動，以便加劇內亂」，並且確保「印尼陸軍摧毀印尼共產黨以及促使印尼共產黨奔逃」。Office of the Political Advisor to the C-in-C Far East, Singapore, Telegram 264, October 5, 1965, FO 1011–2, UKNA，引用於Simpson, *Economists with Guns*, 178.

47. FO to Office of the Political Advisor to the C-in-C Far East, Singapore, Telegram No. 1835, October 6, 1965, FO 317/180317, UKNA.

48. Embtel, 827, US Embassy Jakarta to DOS, October 3, 1965, RG 59, Central Files, POL 23–9 INDON, NARA.

49. 他們很有可能也和自己的密切盟友進行協調，包括澳洲、紐西蘭、馬來西亞與德國。無論如何，這些國家全都在這個時期採取了類似的心理戰與宣傳策略。舉例而言，見Tanter, "Great Killings," 129–44.

50. US Cables Received by Stanley and Circulated to Cable, Peck, Tonkin, Hewitt, and others in the Foreign Office, October 5, 1965, FO 371–180319, UKNA.

51. Embtel 851, US Embassy Jakarta to DOS, October 5, 1965, RG 59, Central Files, POL 23–9 INDON, NARA. 關於英國與美國官員針對心理戰計畫與宣傳主題所從事的進一步討論，見US Embassy Jakarta to DOS, Embtels 853, 855, 857, 858, October 5, 1965, RG 59, Central Files, POL 23–9 INDON, NARA; Embtel 1058, October 18, 1965, RG 59, Central Files, POL 23–9 INDON, NARA; British Embassy Jakarta to FO, Telegram No. 2224, October 16, 1965, DH 1015/203(A), FO 371/180319, UKNA.

52. Embtel 952, US Embassy Jakarta to DOS, October 11, 1965, RG 59, Central Files, POL 23–9 INDON, NARA.

53. Embtel 1184, US Embassy Jakarta to DOS, October 26, 1965, RG 59, Central Files, POL 23–9 INDON, NARA. 如同第四章提過的，中國在那場疑似政變當中扮演的角色至今仍未受到證實。Zhou, "China and the Thirtieth of September Movement". 如同Cavoski所寫的：「中國涉入這些事件的真實規模至今仍是個謎。……查閱過所有解密的中國文件之

Riksarkivet]; Edelstam to Bergstrom, "Resa till centrala och ostra Java," May 13, 1966, UA/HP 1/Mal XI, Riksarkivet; Edelstam to Bergstrom, "Likvidering av kommunister pa norra Sumatra, Indonesien," June 16, 1966, UA/HP1/Mal XI, Riksarkivet.

32. Edelstam to Bergstrom, "Resa till centrala och ostra Java," May 13, 1966, UA/HP 1/Mal XI, Riksarkivet.
33. 關於蘇聯與印尼在一九六五年十月前後的關係，見Ragna Boden, "Silence in the Slaughterhouse: Moscow and the Indonesian Massacres," in *1965: Indonesia and the World, Indonesia dan Dunia*, ed. Bernd Schaefer and Baskara T. Wardaya, bilingual ed. (Jakarta: Gramedia Pustaka Utama, 2013), 86–98. 關於東德，見Schaefer, "Two Germanys," 99–113.
34. 見Boden, "Silence in the Slaughterhouse"; Schaefer, "Two Germanys"; Jovan Cavoski, "On the Road to the Coup: Indonesia between the Non-Aligned Movement and China," in *1965: Indonesia and the World, Indonesia dan Dunia*, ed. Bernd Schaefer and Baskara T. Wardaya, bilingual ed. (Jakarta: Gramedia Pustaka Utama, 2013), 66–81.
35. Cavoski, "On the Road," 80.
36. Boden, "Silence in the Slaughterhouse," 90–91.
37. US Embassy Jakarta, Joint Weekly Report No. 41, October 23, 1965, RG 59, Central Files, POL 2-1 INDON, NARA. Cavoski提及「中國對於那麼多共產黨員遭到殺害提出強烈譴責」。Cavoski, "On the Road," 77.
38. Indonesia Working Group, Situation Report No. 32, 5:00 a.m., October 18, 1965, Indonesia, vol. 5, Country file, NSF, box 247, LBJ Library. 中國也抗議印尼士兵搜查中國大使館人員宿舍以及中國工程師住處的行為。Zhou, "China and the Thirtieth of September Movement," 53.
39. US Embassy Jakarta, Joint Weekly Report No. 41, October 23, 1965, RG 59, Central Files, POL 2-1 INDON, NARA.
40. 引用於*Guardian*, October 26, 1965.
41. "Awas Neo-imperialisme Kuning," *Angkatan Bersendjata*, April 25, 1966, cited in Zhou, "China and the Thirtieth of September Movement," 55.
42. Zhou, "China and the Thirtieth of September Movement," 55–56. 中國也派遣了幾艘船隻到印尼的港口城市載運想要逃往國外的華裔印尼人。
43. 塔波爾這個由卡梅爾・布迪亞喬創辦而且深富影響力的人權暨團結組織，必須等到一九七三年才告成立。關於這些跨國人權運動的例子，見Katharine McGregor, "The World Was Silent? Global Communities of Resistance to the 1965 Repression in the Cold War Era" (paper presented at the annual meeting of the Association for Asian Studies, Chicago, March 28, 2015).
44. 不過，Schutte指出《人道報》雖然批評壓迫行為，卻不曾認真質疑過陸軍和西方新擊。……地位比較不重要的小人物紛紛遭到系統性的逮捕與監禁或者處決。……外島的當地軍事指揮官可以對印尼共產黨自由採取直接行動，而他們也正在這麼做。」Embtel 1326, US Embassy Jakarta to DOS, November 4, 1965, FRUS, vol. 26, 354.

19. Department of External Affairs to Canadian Embassy Jakarta, January 26, 1966, 20-INDON-1-4, National Archives of Canada.
20. British Embassy Jakarta (Gilchrist) to FO (de la Mare), February 23, 1966, DH 1011/66, FO 371/186028, UKNA.
21. Embtel 2347, US Embassy Jakarta to DOS, February 21, 1966, Record Group [RG] 59, Central Files of the Department of State, 1964–66 [Central Files], POL 23-9 INDON, US National Archives and Records Administration [NARA].
22. 舉例而言，見British Embassy Jakarta (Murray) to FO (de la Mare), January 13, 1966, FO 371/186027; Guidance No. 26 from FO and Commonwealth Relations Office (CRO) to Selected Missions, January 18, 1966, DH 1015/289, FO 371/186027; British Embassy Jakarta (Murray) to FO (Stewart), "Indonesia: Annual Review for 1965," February 7, 1966, DH 1011/1, FO 371/186025, UKNA.
23. British Embassy Jakarta (Gilchrist) to FO, Telegram No. 527, March 18, 1966, DH 1015/111, FO 371/186029, UKNA.
24. Airgram A-598, US Embassy Jakarta (Masters) to DOS, "A Political Assessment of Lt. General Suharto," April 6, 1966, RG 59, Central Files, 1964–1966, POL 15 INDON, NARA.
25. Taomo Zhou, "China and the Thirtieth of September Movement," *Indonesia* 98 (October 2014): 29–58.
26. UK Permanent Delegation NATO Paris to FO, Telegram No. 61, October 7, 1965, FO 317/180317, UKNA.
27. British Embassy in The Hague (Burrows) to FO (Hanbury-Tenison), October 14, 1965, DH 1015/216, FO 371/180320, UKNA.
28. Australian Department of External Affairs to Australian High Commission, London, AP118, October 14, 1965, UK Foreign Office archive, DH 1015/161(B), FO 317/180317, UKNA.
29. FO (Stanley) to FO (Brown and Cable), October 14, 1965, FO 371/180318, UKNA; replies from Brown and Cable, October 15, 1965, FO 371/180318, UKNA。另見British Embassy Jakarta (Gilchrist) to FO, Telegram No. 2134, October 11, 1965, DH 1015/179, FO 371/180318, UKNA.
30. Letter from FO (Cable) to UK Delegation NATO (Millard), November 16, 1965, DH 1015/288, FO 371/180323, UKNA.
31. 舉例而言，見Edelstam to Nilsson (Foreign Minister), "Utrotningen av kommunist-partiet i Indonesien," February 21, 1966, National Archives of Sweden, Riksarkivet [UA/HP 1/XI,

9. Embtel 868, US Embassy Jakarta to DOS, October 5, 1965, US Department of State, *Foreign Relations of the United States* [*FRUS*], vol. 26, *Indonesia; Malaysia-Singapore, Philippines (1964–66)*, 309.
10. Embtel 1002, US Embassy Jakarta to DOS, October 14, 1965, Indonesia, vol. 5, Country file, NSF, box 247, LBJ Library (emphasis added). 美國大使館也在十月二十三日拍發給國務院的一份電報裡寫道：「對於反共勢力以及美國還有自由世界在印尼的目標而言，現在正是緊要關頭。美國政策的核心問題，就是我們如何能夠幫助正確的那一方獲勝，但又必須暗中行事，以免我們的協助淪為阻礙而非資產。」Embtel 1166, US Embassy Jakarta to DOS, October 23, 1965, Indonesia, vol. 5, Country file, NSF, box 247, LBJ Library.
11. DOS Report, "Indonesia," [May 1966?], US Declassified Documents Catalog [DDC], 1994, #3183. 在一九六六年四月受到任命為國安顧問的Walt Rostow，據說也在呈交給總統的一份備忘錄裡提出類似的評估。Simpson, *Economists with Guns*, 189. 後來的一份政策文件指出，「避免對於發生在印尼的事件從事**可見的**干預」是合乎美國利益的做法（字體強調由我所加）。Airgram A-263, US Embassy Jakarta to DOS, "Annual Report on Relations with Communist Countries," December 21, 1966, DDC, 1980, #85B.
12. Office of Political Advisor to Commander in Chief [C-in-C] Far East, Singapore, to Foreign Office (FO), Telegram No. 678, October 8, 1965, FO 371/18031, National Archives of the United Kingdom [UKNA].
13. Deptel 1918, DOS to US Embassy London, October 12, 1965, Indonesia, vol. 5, Country file, NSF, box 247, LBJ Library. 這項計畫受到鮑爾與國務卿魯斯克的討論以及核准。見 George Ball Telcon with Dean Rusk, 5:40 p.m., October 12, 1965, Papers of George Ball, box 4, Indonesia (4/12/64–11/10/65), LBJ Library.
14. Deptel 447, DOS to US Embassy Jakarta, October 13, 1965, Indonesia, vol. 5, Country file, NSF, box 247, LBJ Library.
15. Embtel 1006, US Embassy Jakarta to DOS, October 14, 1965, FRUS, vol. 26, 321. 後來的一份電報指稱「昨晚助理告知伊瑟，納蘇蒂安對我們的訊息深感滿意，並且希望英國不再騷擾。」Embtel 1017, US Embassy Jakarta to DOS, October 14, 1965, Indonesia, vol. 5, Country file, NSF, box 247, LBJ Library.
16. Embtel 1090, US Embassy Jakarta to DOS, October 20, 1965, cited in Simpson, *Economists with Guns*, 184.
17. Embtel 1255, US Embassy Jakarta to DOS, October 28, 1965, Indonesia, vol. 5, Country file, NSF, box 247, LBJ Library.
18. 這份基於和一名印尼陸軍軍官的談話寫成的報告指出：「在中爪哇，陸軍（傘特團）正在訓練穆斯林少年，也為他們提供武器，並且會讓他們站在前線對付印尼共產黨。……由於印尼共產黨的大部分領導高層都在雅加達，因此陸軍避免進行正面攻

123. Edelstam to Bergstrom (Utrikesdepartementet), "Likvidering av kommunister pa norra Sumatra, Indonesien," June 16, 1966, National Archives of Sweden, U/HP 1/XI, Riksarkivet.
124. 引用於 Prior, "Silent Scream," 133.
125 引用於同上，134。

第七章：〈亞洲出現的一縷光明〉

1. 前中情局長科爾比在他的回憶錄裡寫道：「中情局針對印尼的事件進程提出了一連串的報告，但我們在那些事件裡沒有扮演任何角色。」William Colby, *Honorable Men: My Life in the CIA* (New York: Simon and Schuster, 1978), 227. 另見中情局官員托瓦與科林斯以及前大使格林的否認說詞，在第四章曾經提及。
2. 那項論點也以頗具說服力的方式提出於 Bradley Simpson, *Economists with Guns: Authoritarian Development and U.S.-Indonesian Relations, 1960–1968* (Stanford, CA: Stanford University Press, 2008), especially chapters 7–8.
3. 引用於 Richard Tanter, "The Great Killings in Indonesia through the Australian Mass Media," in *1965: Indonesia and the World, Indonesia dan Dunia*, ed. Bernd Schaefer and Baskara T. Wardaya, bilingual ed. (Jakarta: Gramedia Pustaka Utama, 2013), 140.
4. 大多數其他西方國家的官員也都採取同樣的做法。舉例而言，謝弗寫道，十月一日之後發生的連鎖事件「獲得身在雅加達的西德代表熱切歡迎」。Bernd Schaefer, "The Two Germanys and Indonesia," in *1965: Indonesia and the World, Indonesia dan Dunia*, ed. Bernd Schaefer and Baskara T. Wardaya, bilingual ed. (Jakarta: Gramedia Pustaka Utama, 2013), 101.
5. George Ball Telcon with Vice President, 9:18 a.m., October 8, 1965, Papers of George Ball, box 4, Indonesia (4/12/64–11/10/65), Lyndon Baines Johnson Library [LBJ Library]. 十月九日，美國大使館也從雅加達回報了以下這些「令人鼓舞的發展」：「印尼的共產黨員在許多年來首度四散奔逃。……當今非共產黨人士的口號是『吊死艾地』。……印尼共產黨的組織已受到破壞，黨內文件也四處散落。……陸軍維繫著當前這場行動的勢頭。……截至目前為止，陸軍已逮捕了數千名印尼共產黨活躍人士。」Embtel 923, US Embassy Jakarta to Department of State (DOS), October 9, 1965, Indonesia, vol. 5, Country file, NSF, box 247, LBJ Library.
6. CIA Report No. 14 to White House Situation Room, "The Indonesian Situation,"October 5, 1965, Indonesia, vol. 5, Country file, NSF, box 247, LBJ Library.
7. Indonesian Working Group Situation Report No. 8, 5:00 a.m., October 5, 1965, Indonesia, vol. 5, Country file, NSF, box 247, LBJ Library.
8. CIA Report No. 21 to White House Situation Room, "The Indonesian Situation,"October 7, 1965, Indonesia, vol. 5, Country file, NSF, box 247, LBJ Library.

101. British Embassy Jakarta (Gilchrist) to Foreign Office (Stewart), "Attempted Coup in Indonesia," October 19, 1965, DH 1015/215, FO 371/180320, UKNA.

102. 關於這些隊伍在峇里的行動，見 Robinson, *Dark Side of Paradise*, 293–94. 關於亞齊，見 Melvin, "Mechanics of Mass Murder," 155, 180.

103. "Orpol/Ormas PKI Bujar, Kekridan, Patjung dan Senganan Lempar Badju," *Suara Indonesia* (Denpasar), November 18, 1965.

104. "Kerambitan Bersih dari PKI," *Suara Indonesia* (Denpasar), December 1, 1965.

105. 引用於 Melvin, "Mechanics of Mass Murder," 116. 在米拉務（Meulaboh），朱阿爾薩據說向一群聽眾表示：「你們如果不殺〔印尼共產黨〕，那麼動手殺人的就會是他們。」引用於同上，118。

106. Presiden Republik Indonesia, *Keputusan Presiden/Panglima Tertinggi Angkatan Bersendjata Republik Indonesia/Panglima Besar Komando Operasi Tertinggi (KOTI), No. 179/KOTI/1965*, December 6, 1965, cited in van Langenberg, "Gestapu and State Power," 51 (emphasis added).

107. Dinas Sejarah TNI-AD, "Crushing the G30S/PKI in Central Java," 164.

108. *Duta Masjarakat*, October 7, 1965.

109. 見 Sunyoto et al., *Banser Berjihad*, 124, 136, 157.

110. Sunyoto 引用了許多例子。見 Sunyoto et al., *Banser Berjihad*, 128, 131, 133–35, 154. 另見 Sukanta, *Breaking the Silence*, 64.

111. 引用於 Sunyoto et al., *Banser Berjihad*, 131–32.

112. 引用於同上，136。

113. Kiai Djalil，引用於同上，160。

114. Kurniawan et al., *Massacres*, 19.

115. 同上，31。

116. 同上，36。

117. 同上，37。

118. Donald Kirk, "Bali Exorcises an Evil Spirit," *Reporter*, December 15, 1966, 42.

119. Sukanta, *Breaking the Silence*, 39.

120. 根據蘇福義的說法，峇里的印尼國民黨領袖「煽動民眾從事暴力行動，聲稱上帝贊同殺害印尼共產黨員，還說法律不會譴責這麼做的人。」Soe Hok Gie, "The Mass Killings in Bali," in *The Indonesian Killings, 1965–1966: Studies from Java and Bali*, ed. Robert Cribb, no. 21 (Clayton, Victoria: Monash Papers on Southeast Asia, 1990), 255–56.

121. Ernst Utrecht, "Het Bloedbad op Bali," *De Groene Amsterdammer*, January 14, 1967. 在一九六七年的 NBC 紀錄片 *Indonesia: The Troubled Victory* 當中，一名峇里線民也針對殺戮情形提出類似的解釋。

122. *Suara Indonesia* (Denpasar), October 7, 1965.

Suara Indonesia (Denpasar), November 5, 1965.

90. 在十月開始由陸軍控制的媒體所流傳的另一則聳動故事，聲稱駐紮在中爪哇的陸軍軍官Katamso上校遭到印尼共產黨把他的妻子和七個子女殺害之後剁成碎屍。如同印尼婦女運動的那則故事，這則故事後來也證明是刻意編造的謠言，顯然是由陸軍散播，目的在於引發恐懼和焦慮。見Benedict Anderson and Ruth McVey, *Preliminary Analysis of the October 1, 1965 "Coup" in Indonesia* (Ithaca, NY: Cornell Modern Indonesia Project, 1971), 114n6.
91. 一九六五年十二月，蘇卡諾援引官方驗屍報告證明自己的論點，但沒有受到任何注意。見Anderson and McVey, *Preliminary Analysis*, 49n8. 有一項論點基於對官方解剖報告的分析，而對這些指控提出了決定性的駁斥，見Benedict R. O'G. Anderson, "How Did the Generals Die?," *Indonesia* 43 (April 1987): 109–34.
92. 關於這些犯罪證明文件受到發現的媒體報導，有些早期的例子可見於*Duta Masyarakat*, October 12, 13, 15, 1965; Sukanta, *Breaking the Silence*, 52.
93. Robinson, *Dark Side of Paradise*, 293.
94. Jenkins and Kammen, "Army Para-Commando Regiment," 88.
95. Melvin, "Mechanics of Mass Murder," 139.
96. Sunyoto與他的共同作者提及東爪哇有兩個這種案例；在這兩個案例當中，安梭爾或班薩的部隊據說把那些坑洞當成萬人塚，用來掩埋他們殺害的印尼共產黨員。Sunyoto et al., *Banser Berjihad*, 119, 157. 關於發現坑洞這種說法的其他參考資料，見*Angkatan Bersendjata*, October 8, 1965; Sukanta, *Breaking the Silence*, 26, 52; Kurniawan et al., *Massacres*, 13, 25, 31, 37, 52. 印尼社會黨的一名高階人士在一九六七年向凱亨表示，他認為那些坑洞「完全是捏造出來的結果，目的在於為後續殺害共產主義者的行為賦予正當性」。George Kahin interview with senior PSI figure, June 14, 1967, Jakarta, Kahin Papers.
97. 關於發現武器這種說法的早期例子，見*Duta Masjarakat*, October 12, 1965; *Angkatan Bersendjata*, October 14, 1965.
98. van Langenberg, "Gestapu and State Power," 48–49. 關於加害者在陳述中提出這類說法的例子，見Kurniawan et al., *Massacres*, 25, 31, 37.
99. 如同美國大使館在十月中旬於雅加達提出的報告：「印尼新聞媒體以及其他資訊媒體的活動，幾乎可以確定必然會是持續不斷的爭論焦點，爭論的其中一方是蘇卡諾及其支持者，另一方則是陸軍領導層和其他反共人士。……對於安塔拉這個印尼唯一的新聞社，陸軍對於其活動似乎仍然感到不滿，而持續訊問以及騷擾該社的人員。當然，該社已深受共產主義者滲透。」Embtel 1047, US Embassy Jakarta to Department of State, October 17, 1965, RG 59, POL 23-9 INDON, NARA.
100. 引用於Roosa, "September 30th Movement," 29.

75. 原文收錄於*Berita Yudha*, November 12, 1965, translated and reproduced in *Indonesia* 1 (April 1966): 182–83.
76. British Embassy Jakarta (Cambridge) to South East Asia Department Foreign Office (Tonkin), December 23, 1965, DH 1015/349, FO 371/180325, UKNA.
77. 這個詞語最早出現於書面上，是在受到陸軍控制的其中一份報紙裡。"Inilah tjerita kebinatangan 'Gestapu,' "*Angkatan Bersendjata*, October 8, 1965. 根據大多數的記述，這個詞語乃是由《武裝部隊報》社長蘇干迪准將所創。van Langenberg, "Gestapu and State Power," 46.
78. CIA to White House Situation Room, "The Indonesian Situation." Report No. 21, October 7, 1965, Indonesia, vol. 5, Country file, NSF, box 247, LBJ Library.
79. 關於「Gestok」一詞的起源與政治意義，見Kammen and McGregor, *The Contours*, 3–4.
80. *Angkatan Bersendjata*, October 14, 1965.
81. 見Helen Fein, "Revolutionary and Anti-Revolutionary Genocides: A Comparison of State Murders in Democratic Kampuchea, 1975–1979, and in Indonesia, 1965–1966," *Comparative Studies in Society and History* 35, no. 4 (October 1993), 799.
82. 納蘇蒂安的演說在一九六五年十月五日透過印尼共和國廣播電臺播送，並且在十月六日受到《戰鬥報》報導。關於這場演說的內容，見Boerhan and Soebekti, "Gerakan 30 September," 87–88. 納蘇蒂安經常提起毀謗與狡詐這兩個主題。在一九六六年三月十二日一場伊斯蘭大學生協會的聚會上，他發表了一場惡名昭彰的演說，據說宣稱「毀謗比謀殺更野蠻！」那天晚上，維洛古南監獄（Wirogunan prison）據說有二十一名政治犯被帶出牢房而遭到處死。Hersri Setiawan, *Aku Eks Tapol* (Yogyakarta: Galang Press, 2003), 182.
83. *Angkatan Bersendjata*, October 8, 1965.
84. *Angkatan Bersendjata*, October 14, 1965.
85. Tsai and Kammen, "Anti-Communist Violence," 143.
86. 關於印尼婦女運動的聳動故事，其中的第一個版本出現於一九六五年十月十一日的《戰鬥報》。這個故事也出現在陸軍資訊局的刊物裡。見Pusat Penerangan Angkatan Darat Republik Indonesia, *Fakta2 Persoalan Sekitar Gerakan 30 September* (Jakarta: Penerbitan Chusus nos. 1, 2, and 3, October–December 1965).
87. 這則故事有個早期重述版本，把發生在鱷魚洞的事件稱為一場「死亡派對」，見Boerhan and Soebekti, "Gerakan 30 September," 95–97. 這則故事在許多年後仍然持續受到轉述。舉例而言，見Sunyoto et al., *Banser Berjihad*, 99. 這則故事並且忠實呈現於一九六七年一部NBC的紀錄片裡：*Indonesia: The Troubled Victory*.
88. Saskia Wieringa, *Sexual Politics in Indonesia* (New York: Palgrave, 2002).
89. "Pengakuan Seorang Ketua Gerwani. Diperintahkan Mendjual Diri Kepada Anggota ABRI,"

59. 同上，180。關於陸軍在協調峇里的殺戮當中所扮演的角色，另見Kurniawan et al., *Massacres*, 67, 69; Robinson, *Dark Side of Paradise*, chapter 11.

60. 關於大部分的這些證據，見Melvin, "Mechanics of Mass Murder," especially chapters 3–5.

61. 同上，104、133。

62. 「目擊者證詞顯示朱阿爾薩利用這些會議明白號召當地平民『協助』軍方，做法是追捕以及殺害印尼共產黨員，同時也向不參與其中的人提出警告……指稱他們恐怕會淪為這種暴力的對象。」同上，133。

63. John Bowen, *Sumatran Politics and Poetics: Gayo History, 1900–1989* (New Haven, CT: Yale University Press, 1991), 119–20.

64. van Klinken, *Making of Middle Indonesia*, 235.

65. Michael van Langenberg, "Gestapu and State Power in Indonesia," in *The Indonesian Killings, 1965–1966: Studies from Java and Bali*, ed. Robert Cribb, no. 21 (Clayton, Victoria: Monash Papers on Southeast Asia, 1990), 47; John Roosa, "The September 30th Movement: The Aporias of the Official Narratives," in *The Contours of Mass Violence in Indonesia, 1965–68*, ed. Douglas Kammen and Katharine McGregor (Singapore: NUS Press, 2012), 29.

66. 詹金斯與卡門寫道，蘇哈托及其陸軍軍官同僚特地「在早已深度而且危險極化的社會裡煽動大眾當中的緊張關係，刺激虔誠的穆斯林（在某些地方是印度教徒與基督徒）以毫不留情的態度攻擊他們那些通常比較貧窮而且支持印尼共產黨的非敬虔派（名義上是穆斯林）鄰居」。Jenkins and Kammen, "Army Para-Commando Regiment," 91. 另見van Klinken, *Making of Middle Indonesia*, 237–38.

67. 關於蘇哈托的十月一日電臺演說內容，見Boerhan and Soebekti, *"Gerakan 30 September,"* 2nd ed. (Jakarta: Lembaga Pendidikan Ilmu Pengetahuan dan Kebudajaan Kosgoro, 1966), 77–79.

68. 引用於Melvin, "Mechanics of Mass Murder," 87.

69. 引用於同上，98。

70. 原文收錄於*Berita Yudha*, October 5, 1965, reprinted in *Indonesia* 1 (April 1966): 203–4.

71. 關於蘇哈托在一九六五年十月四日於鱷魚洞發言的內容，見Boerhan and Soebekti, *Gerakan 30 September,* pp. 87–88.

72. Pengurus Besar Partai NU, Jakarta, October 5, 1965, cited in Sunyoto et al., *Banser Berjihad*, 104–6.

73. 引用於Robinson, *Dark Side of Paradise*, 287n41. 在十月八日的一場群眾集會上，印尼國民黨領袖 (I Gusti Putu Merta) 呼籲蘇卡諾總統命令峇里省長蘇迪加「肅清」當地政府內部的所有九三〇運動人士。*Suara Indonesia* (Denpasar), November 2, 1965.

74. *Suara Indonesia* (Denpasar), November 11, 1965. 要求把印尼共產黨「連根拔除」的呼聲，在西帝汶古邦也相當普遍。van Klinken, *Making of Middle Indonesia*, 234.

官方文件指稱北亞齊有一萬四一八二名治安民防隊與國民防衛隊的成員。見Melvin, "Mechanics of Mass Murder," 161, 186.

43. 舉例而言，對於不熟悉相關歷史背景的人士來說，奧本海默針對一九六五至六六年事件所拍的第一部紀錄片《殺人一舉》，可能會讓人覺得加害者都只不過是地方上的流氓匪徒，其行為和廣泛的陸軍行動無關。奧本海默針對這個主題所拍的第二部紀錄片《沉默一瞬》，則是矯正了此一印象，明白指出陸軍以一輛輛卡車把蒙上眼睛並且綁縛了雙手的囚犯載運給那些地方上的惡棍，由他們殺害那些囚犯，並且把屍體丟進棉蘭附近的蛇河裡。

44. 舉例而言，見Hermawan Sulistyo, "The Forgotten Years: The Missing History of Indonesia's Mass Slaughter" (PhD diss., Arizona State University, 1997); Christian Gerlach, *Extremely Violent Societies: Mass Violence in the Twentieth-Century World* (Cambridge: Cambridge University Press, 2010). 這類作者雖然同意陸軍可能在部分地區扮演了重要角色，卻把這些差異引為證據，指稱在其他的地區，水平的社會與文化衝突才是驅動暴力的主要力量。關於這種觀點在近期受到的一項批評，見Roosa, "State of Knowledge."

45. Embtel 1326, US Embassy Jakarta to Department of State, November 4, 1965, Indonesia, vol. 5, Country file, NSF, box 247, Lyndon Baines Johnson Library [LBJ Library]. 在一九六五年十一月十三日的一份電報裡，格林大使指出：「在東爪哇與中爪哇，平民反共部隊在陸軍的首肯下每晚殺害五十到一百名印尼共產黨員。」引用於Jenkins and Kammen, "Army Para-Commando Regiment," 90.

46. 引用於Jenkins and Kammen, "Army Para-Commando Regiment," 88.

47. Dinas Sejarah TNI-AD, "Crushing the G30S/PKI in Central Java," in *The Indonesian Killings, 1965–1966: Studies from Java and Bali*, ed. Robert Cribb, no. 21 (Clayton, Victoria: Monash Papers on Southeast Asia, 1990), 166.

48. Contel 32, US Consulate Surabaya to US Embassy Jakarta, November 14, 1965, Indonesia, vol. 5, Country file, NSF, box 247, LBJ Library.

49. Sunyoto et al., *Banser Berjihad*, 89–136, 153–60.

50. 見同上，124。關於額外的例子，見同上，101、153、157。

51. 同上，113, 153。另見同上，115、121。

52. 同上，124。

53. 同上，159。

54. 引用於Kurniawan et al., *Massacres*, 37.

55. Young, "Local and National Influences," 93.

56. 引用於Tsai and Kammen, "Anti-Communist Violence," 141n40.

57. Oppenheimer, *Look of Silence* (0:59).

58. John Hughes, *Indonesian Upheaval* (New York: David McKay Co., Inc., 1967), 181.

30. Oppenheimer, *Look of Silence* (0:49).

31. 引用於van Klinken, *Making of Middle Indonesia*, 240–41.

32. 同上，239–40。

33. Presiden Republik Indonesia, Instruksi Presiden/Pangti ABRI/KOTI No. 22/KOTI/1965, 15 November 1965.

34. 這些羈押場所以及其中的囚犯所受到的待遇，在第八章有詳細的探討。

35. 以北蘇門答臘為例，陸軍指揮官在那場疑似政變之前就已開始動員反共團體：「身為虔誠的穆斯林，莫科金塔把陸軍人員調派至大型種植園、成立支持穆斯林以及支持陸軍的報紙、藉著招募地方暴徒培育激進青年團體，而且在印尼對馬來西亞發動的對抗運動當中，甚至開始武裝陸軍本身的工會當中的成員。」Tsai and Kammen, "Anti-Communist Violence," 134.

36. 碎指部據說是在最高行動司令部（KOTI）政治處長Sutjipto准將的提議之下成立，而且陸軍戰略後備隊的軍官也鼓勵該部舉行的群眾集會。Harold Crouch, *Army and Politics in Indonesia* (Ithaca, NY: Cornell University Press, 1978), 141. 在一九六五年十二月初的一份祕密電報裡，美國大使格林清楚說明了向該團體提供祕密現金的計畫：「本電報的用意在於確認我先前同意的做法，亦即向馬利克提供他為了碎指部的活動所要求的五千萬印尼盾。」Embtel 1628, US Embassy Jakarta to Department of State, December 2, 1965, US Department of State, *Foreign Relations of the United States* [*FRUS*], vol. 26, *Indonesia; Malaysia-Singapore, Philippines (1964–66)*, 379–80.

37. 舉例而言，傘特團抵達峇里之後不久，就成立了「粉碎反革命九三〇運動行動陣線協調組織」(Badan Koordinasi Kesatuan Aksi Pengganjangan Kontrev Gestapu)。見"Badan Koordinasi Kesatuan Aksi Pengganjangan Kontrev Gestapu," Suara Indonesia (Denpasar), December 10, 1965. 類似的組織也成立於西帝汶古邦，但時間晚了一點。見van Klinken, *Making of Middle Indonesia*, 231–35.

38. 說出這段話的人是Mansuruddin Bogok，他是當時的外交部長馬利克的合作夥伴。Adam Malik and Company Interview with Ruth McVey, October 2, 1966, New York, personal archive of Ruth T. McVey [McVey Papers], box 2, file 31c。

39. Airgram A-583, US Embassy Jakarta to Department of State, March 25, 1966, POL 2 INDON, NARA.

40. Adam Malik and Company Interview with Ruth McVey, October 2, 1966, New York, McVey Papers, box 2, file 31c.

41. Embtel 1435, US Embassy Jakarta to State Department, November 13, 1965, POL 23-9 INDON, NARA, cited in Jenkins and Kammen, "Army Para-Commando Regiment," 91–92n61.

42. 東亞齊的班查西拉防衛者陣線號稱擁有一萬五千名成員，一九六五年底的一份政府

18. 這份文件的內容寫道：「在肅清／消滅九三〇運動的架構下，北亞齊第五區的治安民防隊／國民防衛隊成員獲得北亞齊Kosehkan提供武器。」引用於Melvin, "Mechanics of Mass Murder," 187.
19. Kurniawan et al., eds., *The Massacres: Coming to Terms with the Trauma of 1965* (Jakarta: Tempo, 2015), 12.
20. 同上，53。
21. 關於東爪哇的這類文獻，見Vannessa Hearman, "Dismantling the Fortress: East Java and the Transition to Suharto's New Order Regime" (PhD diss., University of Melbourne, 2012), 105, 108, 116; Kurniawan et al., *Massacres*, 13–14, 17, 21, 25, 28, 31–32, 40. 關於中爪哇，見Putu Oka Sukanta, ed., *Breaking the Silence: Survivors Speak about the 1965–66 Violence in Indonesia*, trans. Jennifer Lindsay (Clayton, Victoria: Monash University Publishing, 2014), 42, 133. 關於亞齊，見Melvin, "Mechanics of Mass Murder," 17, 155, 203. 關於弗洛勒斯，見Kurniawan et al., *Massacres*, 71–72, 78–79. 關於北蘇門答臘，見Joshua Oppenheimer and Michael Uwemedimo, "Show of Force: A Cinema-Séance of Power and Violence in Sumatra's Plantation Belt," *Critical Quarterly* 54, no. 1 (April 2009): 84–110.
22. Sukanta, *Breaking the Silence*, 118.
23. Robinson, Dark Side of Paradise, 297–98. 關於峇里人針對卡車受到的使用所提出的其他記述，見Sukanta, *Breaking the Silence*, 134; Kurniawan et al., *Massacres*, 63, 66–67, 69.
24. 引用於Robinson, *Dark Side of Paradise*, 298.
25. 引用於Melvin, "Mechanics of Mass Murder," 203.
26. 關於東爪哇的這類名單，見Kurniawan et al., *Massacres*, 28, 37, 57. 關於中爪哇，見Baskara T. Wardaya, ed., *Truth Will Out: Indonesian Accounts of the 1965 Mass Violence*, trans. Jennifer Lindsay (Clayton, Victoria: Monash University Publishing, 2013), 30. 關於峇里，見Kurniawan et al., *Massacres*, 65, 67, 69. 關於北蘇門答臘，見Joshua Oppenheimer, *The Look of Silence* (Drafthouse Films, 2016), DVD (0:49). 關於弗洛勒斯，見van Klinken, *Making of Middle Indonesia*, 239–41; Kurniawan et al., *Massacres*, 73. 關於西帝汶，見Sukanta, *Breaking the Silence*, 25.
27. Windle Memorandum, Appended to British Embassy Jakarta (Cambridge) to South East Asia Department, Foreign Office (Tonkin), December 16, 1965, DH 1015/335a, FO 371/180325, UKNA.
28. Rohim，引用於Agus Sunyoto, Miftahul Ulum, H. Abu Muslih, and Imam Kusnin Ahmad, *Banser Berjihad Menumpas PKI* (Tulungagung: Lembaga Kajian dan Pengembangan Pimpinan Wilayah Gerakan Pemuda Ansor Jawa Timur and Pesulukan Thoriqoh Agung Tulungagung, 1996), 156.
29. 引用於Melvin, "Mechanics of Mass Murder," 142.

門認為北蘇門答臘的大規模殺戮開始於一九六五年十一月二日。

9. 峇里在十月與十一月發生了一些衝突，包括造成少數傷亡的肢體衝突，但完全沒有像十二月那樣的狀況。見Robinson, *The Dark Side of Paradise*, 286, 290–92.
10. 東爪哇的兵力頗為有限，因為該省的十六個營有八個在當時正駐紮在其他地方。David Jenkins and Douglas Kammen, "The Army Para-Commando Regiment and the Reign of Terror in Central Java and Bali," in *Contours of Mass Violence in Indonesia, 1965–68*, ed. Douglas Kammen and Katharine McGregor (Singapore: NUS Press, 2012).
11. 一九六六年九月，一名高階軍官向美國駐泗水領事館表示：「陸軍認為右派分子對於國家的短期與長期安全和福祉所造成的威脅不亞於左派分子。伊斯蘭國的觀念就和印尼共產黨以及印尼國民黨的極端蘇卡諾主義者一樣令人擔憂。」Contel 45, US Consulate Surabaya to US Embassy Jakarta, September 13, 1966, RG 1964–66, 59, POL 15 INDON, NARA.
12. 蘇塔馬吉是夏菲烏丁的門徒，也和他一樣對於印尼共產黨採取行動的速度頗為緩慢。他終究遭到逮捕，由Abdul Djalal中校接替他的職務，而Djalal立刻就執行了蘇哈托的命令。Gerry van Klinken, *The Making of Middle Indonesia: Middle Classes in Kupang Town, 1930s–1980s* (Leiden: Brill, 2014), 235–36。另見John M. Prior, "The Silent Scream of a Silenced History: Part One. The Maumere Massacre of 1966," *Exchange: Journal of Missiological and Ecumenical Research* 40, no. 2 (2011): 117–43; Steven Farram, "The PKI in West Timor and Nusa Tenggara Timur, 1965 and Beyond," *Bijdragen tot de Taal-, Land-en Volkenkunde* 166, no. 4 (2010): 381–403.
13. 關於傘特團在煽動中爪哇與峇里的暴力當中所扮演的關鍵角色，見Jenkins and Kammen, "Army Para-Commando Regiment."
14. 同上，80。
15. 傘特團轄下兩個駐紮於中爪哇的營，顯然在雅加達營離開之後繼續留在該省。有些記述指稱傘特團的部隊在十一月轉移到鄰近的東爪哇，和效忠蘇哈托的部隊以及若干武裝青年團體與民兵部隊，合力清剿印尼共產黨及其附屬組織。不過，詹金斯與卡門對於這種說法提出質疑，認為傘特團的部隊直到一九六六年六月才前往東爪哇。見同上，96、98–99。
16. 在我先前的著作裡，我主張峇里的大規模殺戮是在傘特團部隊於一九六五年十二月初抵達之後才展開。詹金斯與卡門在那之後提出證據，顯示峇里在傘特團部隊抵達的前幾天發生了若干殺戮情形。不過，確切無疑的是殺戮情形在這些外部軍隊抵達之後即大幅加速發展。見Robinson, *Dark Side of Paradise*, 295–97; Jenkins and Kammen, "Army Para-Commando Regiment."
17. Embtel 1360, US Embassy Jakarta to Department of State, November 6, 1965, RG 59, POL 23–9 INDON, NARA.

及籌劃暴力當中所扮演的角色。見Douglas Kammen and Katharine McGregor, eds., *The Contours of Mass Violence in Indonesia, 1965–68* (Singapore: NUS Press, 2012), 1–24; John Roosa, "The State of Knowledge about an Open Secret: Indonesia's Mass Disappearances of 1965–66," *Journal of Asian Studies* 75, no. 2 (2016): 281–97; Robert Cribb, "Political Genocides in Postcolonial Asia," in *The Oxford Handbook of Genocide Studies*, ed. Donald Bloxham and A. Dirk Moses (Oxford: Oxford University Press, 2010), 445–65.

2. 關於另一個相關的主張，見Douglas Kammen and Faizah Zakaria, "Detention in Mass Violence: Policy and Practice in Indonesia, 1965–1968," *Critical Asian Studies* 44, no. 3 (2012): 441–66. 卡門與Zakaria在解釋那場暴力的時間與空間差異之時，也把政黨競爭的本質納入考量：這項因素確實有必要進一步研究，但此處沒有加以探究。
3. 關於那個案例以及支持證據，見Melvin, "Mechanics of Mass Murder"。梅爾文寫道，亞齊的陸軍領導層「從第一天就對印尼共產黨發動了非常迅速的協同攻擊」。她援引的證據是莫科金塔在一九六五年十月一日午夜發表的一項演說，其中下令「軍隊的所有成員都必須堅決地徹底消滅這場反革命以及一切叛國行為，將其連根拔除」。她也引述亞齊的行政委員會在一九六五年十月四日發布的兩項命令。第一項命令支持「徹底消滅」九三〇運動的計畫，第二項命令則是宣告「人民必須協助」那項計畫。同上，87, 97–98。
4. Kenneth R. Young, "Local and National Influences in the Violence of 1965," in *The Indonesian Killings, 1965–1966: Studies from Java and Bali*, ed. Robert Cribb, no. 21 (Clayton, Victoria: Monash Papers on Southeast Asia, 1990), 67.
5. 伊斯蘭大學生協會領袖在一九六七年向凱亨表示，阿迪杰「全心效忠蘇卡諾，絕不可能對他不利。」George Kahin interview with five HMI leaders, June 18, 1967, Jakarta, Personal archive of George McT' Kahin [Kahin Papers].
6. 阿迪杰也憶述了他在「雅加達接見一群來訪的伊斯蘭教士聯合會政治人物，他們在那場政變之後前來鼓勵他動手殺害共產主義者。他痛罵了他們一頓……指稱反政變不是他們的勝利，而且他要是發現他們違反班查西拉原則，那麼他就會以對付印尼共產黨一樣的嚴厲手段對付他們」。British Embassy Jakarta (Murray) to South East Asia Department, Foreign Office (Cable) February 10, 1966, DH 1015, FO 371/186028, National Archives of the United Kingdom [UKNA].
7. 這項估計由美國官員提出於Embtel 1098, US Embassy Jakarta to Department of State, October 20, 1965, Record Group [RG] 59, 1964–66 [Central Files] POL 18 INDON, National Archives and Records Administration [NARA].
8. 引用於Yen-ling Tsai and Douglas Kammen, "Anti-Communist Violence and the Ethnic Chinese in Medan, North Sumatra," in *Contours of Mass Violence in Indonesia, 1965–68*, ed. Douglas Kammen and Katharine McGregor (Singapore: NUS Press, 2012), 141. 蔡晏霖與卡

92. 見Tsai and Kammen, "Anti-Communist Violence," 142–46. 梅爾文主張指出，十月一日之後發生在亞齊的大多數反華暴力雖然都具有政治動機，但仍然有些不是如此。見Melvin, "Mechanics of Mass Murder," chapter 6.
93. 舉例而言，關於土地衝突的重要性，見Rex Mortimer, Indonesian *Communism under Sukarno: Ideology and Politics, 1959–1965* (Ithaca, NY: Cornell University Press, 1974). 關於發生在峇里的衝突所帶有的社會經濟層面，見Robinson, *Dark Side of Paradise*, chapter 10.
94. 肯恩．楊指出，諫義里是殺戮事件的其中一個中心，而那裡就有嚴重的土地衝突，其中有些造成了肢體衝突與傷亡。Young, "Local and National Influences," 75. 關於峇里，見Robinson, *Dark Side of Paradise*, chapters 10–11.
95. Tsai and Kammen, "Anti-Communist Violence," 133; Stoler, *Capitalism and Confrontation.*
96. Daniel Lev, *Transition to Guided Democracy: Indonesian Politics, 1957–1959* (Ithaca, NY: Cornell Modern Indonesia Project, 1966).
97. 蔡晏霖與卡門描述了北蘇門答臘日益升高的緊張情勢，而斷定「那個區域有龐大的印尼共產黨支持群眾，同時又有個逐漸壯大的軍方與穆斯林聯盟等著要反擊」。Tsai and Kammen, "Anti-Communist Violence," 134。Sunyoto也凸顯了班薩的小組在已知是印尼共產黨與印尼共和國種植園工人工會據點的種植園地區所發動的幾場致命攻擊，尤其是在勿里達與諫義里。Sunyoto et al., *Banser Berjihad*, 116–17。此外，與陸軍軍官Kemal Idris談過的美國大使館官員指出，他一聽聞那場疑似政變的消息，就隨即聯絡陸軍戰略後備隊總部，而受到告知「不要把他的部隊帶入棉蘭，而是要轉向附近的橡膠及其他種植園，開始圍捕以及消除共產黨員。Idris估計認為，他光是在十月的第一個星期。就『鞏固』了（意指殺害或逮捕）百分之二十到三十的種植園工人」。Airgram #A-82, US Embassy Jakarta to Department of State, August 17, 1966, RG 59, Central Files, POL 23-6 INDON, NARA。我們雖有充分理由能夠懷疑廣泛的殺戮行動是否真如這項記述所稱的開始得那麼早，但這項記述確實凸顯了陸軍的觀點，亦即認為許多種植園工人都是共產黨員，而必須受到「綏靖」。

第六章：陸軍扮演的角色

1. 潔絲．梅爾文在近來依據新發現的印尼陸軍文件而針對亞齊提出了這項論點。見Jess Melvin, "Mechanics of Mass Murder: How the Indonesian Military Initiated and Implemented the Indonesian Genocide—The Case of Aceh" (PhD diss., University of Melbourne, 2014). 我在其他地方也針對峇里提出過這項論點，見Geoffrey Robinson, *The Dark Side of Paradise: Political Violence in Bali* (Ithaca, NY: Cornell University Press, 1995). 其他學者，尤其是道格拉斯．卡門、凱瑟琳．麥格雷戈、約翰．魯薩與羅伯．柯立布，也同樣強調先前的研究過度誇大了地方社會與文化條件的重要性，同時又低估了陸軍在煽動以

82. Melvin, "Mechanics of Mass Murder," 13.

83. 肯恩・楊寫道：「這兩群人互相疏遠對方，一方致力於嚴格遵循他們心目中的正統伊斯蘭戒律（他們經常被稱為敬虔派），另一方則是把伊斯蘭教與伊斯蘭教傳入之前的信仰與實踐混合在一起（爪哇人，敬虔派經常把他們稱為非敬虔派）。」Young, "Local and National Influences," 65. 關於非敬虔派的歷史與宗教實踐，見 Niels Mulder, "Abangan Javanese Religious Thought and Practice," *Bijdragen tot de Taal-, Land-en Volkenkunde* 139 (1983): 260–67; Merle C. Ricklefs, "The Birth of the Abangan,"*Bijdragen tot de Taal-, Land-en Volkenkunde* 162, no. 1 (2006): 35–55; Clifford Geertz, *The Religion of Java* (Glencoe, IL: Free Press, 1960).

84. 如同Robert Hefner針對岩望的例子所主張的，敬虔派與非敬虔派的歧異不只在於宗教方面：「不論此一衝突有哪些非常真實的宗教層面，但從任何組織面向來看，這種衝突都絕非完全只關於宗教，甚至也不是以宗教為主。」引用於 Young, "Local and National Influences," 88. 另見 Robert W. Hefner, *The Political Economy of Mountain Java.*

85. 針對印尼政治提出的許多理論論述，尤其是針對中爪哇與東爪哇的殺戮，都是奠基在這項觀念上：亦即敬虔派與非敬虔派在爪哇社會當中構成各自不同而且經常互相衝突的文化潮流（aliran）。舉例而言，見 Robert R. Jay, *Religion and Politics in Rural Central Java* (New Haven, CT: Yale University Southeast Asia Studies Program, 1963); Lyon, *Bases of Conflict in Rural Java*; Hefner, *The Political Economy of Mountain Java;* Merle Ricklefs, *Islamisation and Its Opponents in Java: A Political, Social, Cultural, and Religious History, c. 1930 to the Present* (Honolulu: University of Hawaii Press, 2012).

86. 這點可能也有助於解釋殺戮情形在特定省分當中的地理分布。舉例而言，Chandra在針對東爪哇的殺戮所從事的人口分析當中，發現人命損失在伊斯蘭教士聯合會勢力最大的地區最為慘重，在印尼共產黨與印尼國民黨的據點則是最輕微。見 Chandra, "New Findings on the Indonesian Killings of 1965–66."

87. Rochijat, "Am I PKI or Non-PKI?,"43.

88. 如同Chandra所承認的：「伊斯蘭教士聯合會受到的支持強度與殺戮程度之間雖有明白的統計關聯，本研究使用的方法卻不能證明這兩種現象具有因果關係。」Chandra, "New Findings on the Indonesian Killings of 1965–66. "

89. 關於峇里的種姓緊張關係背後的歷史與政治，見 Robinson, *Dark Side of Paradise.*

90. 西爪哇在不久之前的一九六三年五月還發生過反華暴動。Tsai and Kammen, "Anti-Communist Violence," 137. 卡門針對一九六五年十月之後發生於北蘇門答臘的反華暴力寫道：「陸軍一開始動員或者必須重新動員反共暴力，華裔人口就構成了現成的第一個目標：不但易於辨識，也近在身邊。」Douglas Kammen, personal communication, January 24, 2017.

91. 龍目島與松巴哇島上也可能發生過嚴重的反華暴力，但這些案例尚未受到詳盡研究。

印尼是一個「極度暴力的社會」。見Christian Gerlach, *Extremely Violent Societies: Mass Violence in the Twentieth-Century World* (Cambridge: Cambridge University Press, 2010).

65. Sjoekoer, "Death," 24.
66. Sukanta, *Breaking the Silence*, 26.
67. Oppenheimer, *Look of Silence* (1:08).
68. 全國各地都有無數這類故事，顯示民眾遭到施壓加入民兵團體與行刑隊。一名在亞齊參與大規模行刑的學校教師作證指出：「我沒有同意，我只是個老師而已。……哦，有些人大聲尖叫，那些印尼共產黨〔的人〕。……我〔在其中一個殺戮地點〕幫忙，我並不想。我看到有些人遭到懲罰。老天爺……他們〔被砍了頭〕。……血流了出來。」引用於Melvin, "Mechanics of Mass Murder," 195.
69. Oppenheimer, *Act of Killing* (1:56).
70. 舉例而言，一名印尼作家寫道，亞齊在一九六五年「因為年輕人狂亂施暴」而導致數千人被殺，而那些年輕人之所以這麼做，原因是「共產主義的教誨嚴重牴觸了亞齊人民的信仰，因為他們都是伊斯蘭教義的熱切信徒」。Rusdi Sufi, *Pernak Pernik Sejarah Aceh* (Banda Aceh: Badan Arsip dan Perpustakaan Aceh, 2009), 183, 193, 194.
71. C. L. Sulzberger, "Mass Murders go on in Indonesia," *New York Times*, April 19, 1966.
72. *Le Figaro*, August 1966, cited in Heinz Schutte, "September 30, 1965, and Its Aftermath in the French Press," in *1965: Indonesia and the World*, ed. Bernd Schaefer and Baskara T. Wardaya, bilingual ed. (Jakarta: Gramedia Pustaka Utama, 2013), 124.
73. Airgram #A-263, US Embassy Jakarta to Department of State, December 26, 1966, US *Declassified Documents Catalog* [*DDC*], 1980, #85B.
74. Robert Cribb, "Genocide in Indonesia, 1965–1966," *Journal of Genocide Research* 3, no. 2 (2001): 219–39; John C. Spores, *Running Amok: An Historical Inquiry*, Southeast Asia Series, no. 82 (Athens, OH: Monographs in International Studies, 1988).
75. John Hughes, *Indonesian Upheaval* (New York: David McKay Co., Inc., 1967), 175.
76. 引用於van Klinken, *Making of Middle Indonesia*, 233.
77. Oppenheimer, *Look of Silence* (1:02). 額外的例子可以參考一名退伍軍官的證詞："It Was Just Unavoidable Fallout," in Wardaya, *Truth Will Out*, 5–26. 另見一名前安梭爾成員的證詞："AM: 'We Never Buried the Bodies,' " in Kurniawan et al., *Massacres*, 26–29.
78. Guy Pauker, "Political Consequences of Rural Development Programs in Indonesia," *Pacific Affairs* 41, no. 3 (Fall 1968): 390.
79. Marshall Green, *Indonesia: Crisis and Transformation, 1965–1968* (Washington, DC: Compass Press, 1990), 59–60.
80. Don Moser, "Where the Rivers Ran Crimson from Butchery," *Life*, July 1, 1966, 26–27.
81. Hughes, *Indonesian Upheaval*, 175.

軍在普沃達迪的行動，見 Maskun Iskandar, "Purwodadi: Area of Death," in *The Indonesian Killings, 1965–1966: Studies from Java and Bali*, ed. Robert Cribb, no. 21 (Clayton, Victoria: Monash Papers on Southeast Asia, 1990), 203–13. 關於勿里達，見 Vannessa Hearman, "Dismantling the Fortress: East Java and the Transition to Suharto's New Order Regime" (PhD diss., University of Melbourne, 2012).

57. Melvin, "Documenting Genocide"。另見 Melvin, "Mechanics of Mass Murder."

58. 一九六六年三月，英國駐棉蘭領事估計死亡人數為四萬人。Tsai and Kammen, "Anti-Communist Violence," 146. 幾個月後，瑞典駐棉蘭的名譽領事（Nyberg）估計北蘇門答臘與亞齊有九萬人被殺，而一名瑞典傳教士則是認為單是北蘇門答臘就有二十萬人被殺。Edelstam to Bergström, "Likvidering av kommunister på norra Sumatra, Indonesien," June 16, 1966, UA/HP 1/XI, Riksarkivet. Ann Stoler 認為那裡可能有多達十萬人被殺。Ann Laura Stoler, *Capitalism and Confrontation in Sumatra's Plantation Belt, 1870–1979* (New Haven, CT: Yale University Press, 1985).

59. Douglas Kammen and Faizah Zakaria, "Detention in Mass Violence: Policy and Practice in Indonesia, 1965–1968,"*Critical Asian Studies* 44, no. 3 (2012): 452.

60. 在 Chandra 針對東爪哇的殺戮所從事的詳細人口分析當中，他指出諫義里、勿里達與岩望等鄉下城鎮受到的影響最嚴重，而東北沿岸地區的六個縣（蘇達約〔Sidoardjo〕、帕莫卡桑〔Pamekasan〕、巴那魯干〔Panarukan〕、三邦〔Sampang〕、潔水〔Sumenep〕以及泗水）則是遭受了高出平均的損失。見 Chandra, "New Findings on the Indonesian Killings of 1965–66". 加害者的記述顯示外南夢、圖隆阿貢與瑪琅也有許多殺戮情形。見 Sunyoto et al., *Banser Berjihad*, 127.

61. 一九六五年十二月二十三日的一份澳洲大使館電報指出，西德官員估計東爪哇在那個日期之前已有七萬人被殺。見 Jenkins and Kammen, "Army Para-Commando Regiment," 95. 至於東爪哇的被殺人數，卡門與 Zakaria 引述了一個介於十八萬至二十萬之間的總數。Kamen and Zakaria, "Detention in Mass Violence," 452。Chandra 在結論當中指出，根據總人口數減少了十七萬五一六九人的估計值來看，東爪哇的被殺人數「很可能超過十五萬」。見 Chandra, "New Findings on the Indonesian Killings of 1965–66."

62. 關於峇里死亡人數的一項討論，見 Robinson, *Dark Side of Paradise*, 273.

63. 凡克林肯根據最近期的證詞以及人口統計證據而提出六千人這個數字。見 van Klinken, *Making of Middle Indonesia*, 249–50. 另見 John M. Prior, "The Silent Scream of a Silenced History"; Mery Kolimon, Liliya Wetangterah, and Karen Campbell-Nelson, ed., *Forbidden Memories: Women's Experiences of 1965 in Eastern Indonesia*, trans. Jennifer Lindsay (Clayton, Victoria: Monash University Publishing, 2015); Farram, "The PKI in West Timor and Nusa Tenggara Timur, 1965."

64. 舉例而言，一名學者主張一九六五至六六年的暴力是一項事實所造成的結果，亦即

Douglas Kammen and Katharine McGregor (Singapore: NUS Press, 2012), 75–103.

54. 我們對於這些模式仍有許多未知之處，尤其是在爪哇與峇里以外的地區。不過，有些絕佳的區域和地方研究已大幅增進了我們的理解。關於中爪哇，見 Margot Lyon, *Bases of Conflict in Rural Java* (Berkeley, CA: Center for South and Southeast Asia Studies. Research Monograph No. 3, 1970); Young, "Local and National Influences in the Violence of 1965"; Jenkins and Kammen, "Army Para-Commando Regiment". 關於東爪哇，見 Robert W. Hefner, *The Political Economy of Mountain Java: An Interpretive History* (Berkeley: University of California Press, 1990); Greg Fealy and Katharine McGregor, "East Java and the Role of Nahdlatul Ulama in the 1965–66 Anti-Communist Violence," in *The Contours of Mass Violence in Indonesia, 1965–68*, ed. Douglas Kammen and Katharine McGregor (Singapore: NUS Press, 2012), 104–30; Hermawan Sulistyo, "The Forgotten Years: The Missing History of Indonesia's Mass Slaughter" (PhD diss., Arizona State University, 1997); Siddharth Chandra, "New Findings on the Indonesian Killings of 1965–66," *Journal of Asian Studies* 76, no. 4 (November 2017). 關於泗水，見 Dahlia G. Setiyawan, "The Cold War in the City of Heroes: U.S.-Indonesian Relations and Anti-Communist Operations in Surabaya, 1963–1965" (PhD diss., University of California at Los Angeles, 2014); Robbie Peters, *Surabaya, 1945–2010: Neighbourhood, State, and Economy in Indonesia's City of Struggle* (Singapore: NUS Press, 2013). 關於峇里，見 Geoffrey Robinson, *The Dark Side of Paradise: Political Violence in Bali* (Ithaca, NY: Cornell University Press, 1995); I Ngurah Suryawan, *Ladang Hitam di Pulau Dewata: Pembantaian Massal di Bali 1965* (Yogyakarta: Galangpress, 2007); Leslie Dwyer, "The Intimacy of Terror: Gender and the Violence of 1965–66 in Bali," *Intersections: Gender, History, and Culture in the Asian Context* 10 (August 2004). 關於亞齊，見 Melvin, "Mechanics of Mass Murder". 關於北蘇門答臘，見 Tsai and Kammen, "Anti-Communist Violence". 關於印尼東部，見 Gerry van Klinken, *The Making of Middle Indonesia: Middle Classes in Kupang Town, 1930s–1980s* (Leiden: Brill, 2014); John M. Prior, "The Silent Scream of a Silenced History: Part One. The Maumere Massacre of 1966," *Exchange : Journal of Missiological and Ecumenical Research* 40, no. 2 (2011): 117–43; Steven Farram, "The PKI in West Timor and Nusa Tenggara Timur, 1965 and Beyond," *Bijdragen tot de Taal-, Land-en Volkenkunde* 166, no. 4 (2010): 381–403.
55. 關於西爪哇，見 Nina Herlina, " 'Tata Sunda' Digonceng Konflik Sosial Politik,"in *Malam Bencana 1965 Dalam Belitan Krisis Nasional: Bagian II, Konflik Lokal*, ed. Taufik Abdullah, Sukri Abdurrachman, and Restu Gunawan (Jakarta: Yayasan Pustaka Obor Indonesia, 2012), 51–78.
56. 一九六七至一九六八年，隨著陸軍在中爪哇的普沃達迪與東爪哇的勿里達展開反共行動，殺戮之火也再度燃起，但這些殺戮大概是不同的動力所造成的結果。關於陸

Rochijat, "Am I PKI or Non-PKI?," 44.

36. Anonymous, "Additional Data on Counter-Revolutionary Cruelty in Indonesia, Especially in East Java," in *The Indonesian Killings, 1965–1966: Studies from Java and Bali*, ed. Robert Cribb, no. 21 (Clayton, Victoria: Monash Papers on Southeast Asia, 1990), 174. 東爪哇帕雷的一項記述指出：「受害者被帶下卡車，排列在預先挖好的坑洞前面。然後，就有人用一個日本士兵留下的一把武士刀將他們的頭砍掉。」Rochijat, "Am I PKI or Non-PKI?," 45.
37. 引用於Sunyoto et al., *Banser Berjihad*, 136.
38. 這名作者也描述了一名年老的腳踏車修理匠遭到處死的過程：「他哭了起來，而由於他沒辦法不發出聲音，所以他們就用一團土塞住他的嘴巴。勒佐接著動手，他的彎刀砍斷這個受害者的脖子，這個毫無反抗之力的獨眼腳踏車修理匠。他的頭滾進一個麻袋裡。」Anonymous, "On the Banks of the Brantas," 250–51.
39. Don Moser，引用於Robinson, *Dark Side of Paradise*, 299。莫瑟也記述了峇里一名左傾縣長的命運，他先是被軍方羈押，然後在被押期間遭到處決。同一天稍晚，有人看到參與行刑的其中一名士兵拿著一個紙包，裡面裝著那名縣長的耳朵和手指。
40. 引用於Tsai and Kammen, "Anti-Communist Violence," 146.
41. 引用於Melvin, "Mechanics of Mass Murder," 153.
42. 柯立布寫道，展示屍體與屍塊的做法「凸顯了那些殺戮行為的用意除了消滅敵人之外，也在於製造恐懼」。Cribb, "Indonesian Massacres," 248.
43. Oppenheiner, *Look of Silence* (1:20).
44. van Klinken, *Making of Middle Indonesia*, 243–44.
45. 引用於Sunyoto et al., *Banser Berjihad*, 155.
46. Anonymous, "Additional Data," 172.
47. 同上，171。
48. 同上，175。北蘇門答臘的前劊子手也吹噓自己如何戳刺女性的腹部以及割下她們的乳房。見Oppenheimer, *Look of Silence* (0:18, 0:37).
49. Rochijat, "Am I PKI or Non-PKI?,"44.
50. Oppenheimer, *Look of Silence* (0:59).
51. 目擊者、倖存者與加害者的證詞在這個關鍵要點上都完全一致。加害者的證詞可見於Kurniawan et al., *Massacres*。此外，目擊者、倖存者以及若干加害者的證詞也可見於Wardaya, *Truth Will Out*; Sukanta, *Breaking the Silence*。
52. Christopher R. Browning, *Ordinary Men: Reserve Police Battalion 101 and the Final Solution in Poland* (New York: HarperCollins, 1993).
53. 關於傘特團在殺戮行動中扮演的角色，有一項嚴謹而且深具揭露性的記述，見David Jenkins and Douglas Kammen, "The Army Para-Commando Regiment and the Reign of Terror in Central Java and Bali," in *The Contours of Mass Violence in Indonesia, 1965–68, ed.*

名單，顯示該把哪些囚犯帶去蛇河。我每天晚上都簽署那樣的名單。」Oppenheimer, *Look of Silence* (0:49).

22. Wardaya, *Truth Will Out*, 127. 有一項類似的記述，提及士兵在中爪哇克拉登（Klaten）附近的威迪河（Wedi River）河畔從事了一場大規模殺戮，見同上，57。
23. H. Edelstam to H. Bergström, "Likvidering av kommunister på norra Sumatra, Indonesien," June 16, 1966, UA/HP 1/XI, Riksarkivet. 目擊者與加害者的記述裡經常提及囚犯被載運到行刑地點的現象，而且通常是由卡車載運。一名印尼記者表示，中爪哇普沃達迪地區的一名官員對他說：「囚犯被抓起來之後，他們每天晚上都會帶走七十五個人，分成兩批。後來，他們沒有來得那麼頻繁，變成每個星期六晚上帶走七十五個囚犯。」Maskun Iskandar，引用於 Robert Cribb, "The Indonesian Massacres," in *Century of Genocide: Critical Essays and Eyewitness Accounts*, ed. Samuel Totten and William S. Parsons, 3rd ed. (New York: Routledge, 2009), 259.
24. Oppenheimer, *Look of Silence* (0:24 minutes).
25. 引用於 Melvin, "Mechanics of Mass Murder," 188.
26. Gerry van Klinken, *The Making of Middle Indonesia: Middle Classes in Kupang Town, 1930s–1980s* (Leiden: Brill, 2014), 246–47.
27. "Beny: The Search for Healing," in Sukanta, *Breaking the Silence*, 27。關於峇里一項類似的記述，見 "Permadi: A Life in Painting," in Sukanta, *Breaking the Silence*, 133.
28. Oppenheimer, *Act of Killing* (2:05).
29. Oppenheimer, *Look of Silence* (0:02).
30. Agus Sunyoto, Miftahul Ulum, H. Abu Muslih, and Imam Kusnin Ahmad, *Banser Berjihad Menumpas PKI* (Tulungagung: Lembaga Kajian dan Pengembangan Pimpinan Wilayah Gerakan Pemuda Ansor Jawa Timur and Pesulukan Thoriqoh Agung Tulungagung, 1996), 129.
31. Geoffrey Robinson, *The Dark Side of Paradise: Political Violence in Bali* (Ithaca, NY: Cornell University Press, 1995), 301.
32. 見 Olle Törnquist, *Dilemmas of Third World Communism: The Destruction of the PKI in Indonesia* (London: Zed Books, 1985), 233–34; Sunyoto et al., Banser Berjihad, 153。另見 Pipit Rochijat, "Am I PKI or Non-PKI?,"trans. Benedict Anderson, *Indonesia* 40 (October 1985): 37–56.
33. Anonymous, "On the Banks of the Brantas," in Cribb, "Indonesian Massacres,"249.
34. Rochijat, "Am I PKI or Non-PKI?,"44.
35. Geoffrey Windle Memo on Situation in East Java, Appended to British Embassy (Cambridge) to Foreign Office (Tonkin), December 16, 1965, FO 371/180325, UKNA. 一名當地居民也指出：「通往科托克山（Mount Kotok）的道路一度布滿了印尼共產黨員的人頭。」

Robinson, special issue, *Journal of Genocide Research* 19, no. 3 (2017). 另見Wardaya, *Truth Will Out*, 121–24, 125–28.

13. Oppenheimer, *Act of Killing*.
14. Coppel與Mackie所得出的結論，都認為華裔人口不是一九六五至六六年那場廣泛殺戮當中的受害者。見Charles A. Coppel, *Indonesian Chinese in Crisis* (Kuala Lumpur: Oxford University Press, 1983); Mackie, "Anti-Chinese Outbreaks."
15. 舉例而言，蔡晏霖與卡門針對北蘇門答臘的殺戮寫道：「有些線民雖然提及特定人物遭到謀害，像是印尼國籍協商會省支部祕書暨印尼共產黨日報*Harian Harapan*主編Tan Fhu Kiong，但沒人記得有任何逮捕或殺害華裔人口的系統性行動。」Tsai and Kammen, "Anti-Communist Violence," 142. 在一九六五至六六年事件當中遭到鎖定的若干華裔印尼人所寫的回憶錄，也反映出類似的模式。舉例而言，見Tan Swie Ling, *G30S 1965, Perang Dingin dan Kehancuran Nasionalisme: Pemikiran Cina Jelata Korban Orba* (Jakarta: Komunitas Bambu, 2010); Djie Siang Lan (Lani Anggawati), *Di Dalam Derita Manusia Membaja*, 2nd ed. (Klaten: Wisma Sambodhi, 2004).
16. 艾地在一九六五年十一月二十五日當天或者前後那幾天遭到槍決，喬托在一九六五年十二月六日前後，盧克曼在一九六六年四月三十日前後。其他被殺的高階黨幹部包括I Gede Puger這名峇里的印尼共產黨高階人物，他在一九六五年十二月遭到草率處決。見John Roosa, "The State of Knowledge about an Open Secret: Indonesia's Mass Disappearances of 1965–66,"*Journal of Asian Studies*, 75, no. 2 (May 2016): 281–97.
17. Dinas Sejarah TNI-AD, "Crushing the G30S/PKI in Central Java," in *The Indonesian Killings, 1965–1966: Studies from Java and Bali*, ed. Robert Cribb, no. 21 (Clayton, Victoria: Monash Papers on Southeast Asia, 1990), 165.
18. Kenneth R. Young, "Local and National Influences in the Violence of 1965," in *The Indonesian Killings, 1965–1966: Studies from Java and Bali*, ed. Robert Cribb, no. 21 (Clayton, Victoria: Monash Papers on Southeast Asia, 1990), 82.
19. Roosa, "State of Knowledge," 19. 梅爾文指出亞齊也有類似的模式。見Jess Melvin, "Mechanics of Mass Murder: How the Indonesian Military Initiated and Implemented the Indonesian Genocide—The Case of Aceh"(PhD diss., University of Melbourne, 2014); Jess Melvin, "Documenting Genocide,"*Inside Indonesia* 122 (October–December 2015).
20. Report by K. L. Charney, Group Captain, attached to UK Embassy Jakarta (Murray) to Foreign Office (Peck), November 25, 1965, FO 371/180325, UKNA.
21. H. Edelstam to Nilsson (Foreign Minister), "Utrotningen av kommunist-partiet i Indonesien," February 21, 1966, UA/HP 1/XI, Riksarkivet. 使用名單的做法受到廣泛記述。如同北蘇門答臘一名行刑隊指揮官後來作證指出的：「我們在三個月裡日日夜夜不斷消滅共產主義者。我們把他們帶到離這裡兩英里外的地方，然後挖洞活埋他們。我們會收到年二月提出一百萬這個估計數字。見Edelstam to Nilsson, "Utrotningen av kommunistpartiet i Indonesien," February 21, 1966, Utrikesdepartementets arkiv, Serie HP, Grupp 1, Mal XI, Politik: Allmänt Indonesien, 1965 maj–juli 1966, National Archives of Sweden, Riksarkivet [UA/HP 1/XI, Riksarkivet]. 在一九六六年六月的一份報告裡，這名大使提及前德國大使（Werz）提議了更高的數字。見H. Edelstam to H. Bergstrom (Utrikesdepartementet), "Likvidering av kommunister pa norra Sumatra, Indonesien," June 16, 1966, UA/HP 1/XI, Riksarkivet.

7. 那名軍官是Stamboel上校。見letter from British Embassy (Murray) to Foreign Office (de la Mare), January 13, 1966, FO 371/186027, UKNA.
8. Amnesty International, *Indonesia: An Amnesty International Report* (London: Amnesty International Publications, 1977), 22. 安復部在一九六六年針對那些殺戮提出的一份報告，據說斷定被殺的人數總計為一百萬。Robert Cribb, "On Victims Statistics," in *The Massacres: Coming to Terms with the Trauma of 1965*, ed. Kurniawan et al. (Jakarta: Tempo, 2015), 133.
9. 瓦倫多在國務院的那場會議上講述了「穆爾多波上校親手處死不可靠人員的血腥往事。瓦倫多說：『任何人只要不相信法治，都遭到了槍殺。』瓦倫多認為遭到肅清的共產黨員人數達一百二十萬人」。Deptel 49647, Department of State to US Embassy Jakarta, September 19, 1966, Record Group [RG] 59, Central Files of the Department of State, 1964–66 [Central Files], POL 23-6 INDON, US National Archives and Records Administration [NARA].
10. 關於這項誤解的一段詳細討論，見Robert Cribb and Charles A. Coppel, "A Genocide that Never Was: Explaining the Myth of Anti-Chinese Massacres in Indonesia, 1965–1966," *Journal of Genocide Research* 11, no. 4 (December 2009): 447–65.
11. 舉例而言，印尼史學家蘇里斯提佑指稱在一九六五年的前後幾年裡，意識形態都被當成個人衝突與世仇的藉口。見Hermawan Sulistiyo, "Mass Murder from 1965–1966: Vendetta and Jingoism," in *The Massacres: Coming to Terms with the Trauma of 1965*, ed. Kurniawan et al. (Jakarta: Tempo, 2015), 83–87.
12. 見J.A.C. Mackie, "Anti-Chinese Outbreaks in Indonesia, 1959–1968," in *The Chinese in Indonesia: Five Essays*, ed. J.A.C. Mackie (Honolulu: University of Hawaii Press, 1976), 117–18. 關於北蘇門答臘，見Yen-ling Tsai and Douglas Kammen, "Anti-Communist Violence and the Ethnic Chinese in Medan, North Sumatra," in *The Contours of Mass Violence in Indonesia, 1965–68* ed. Douglas Kammen and Katharine McGregor (Singapore: NUS Press, 2012), 131–56. 關於三寶瓏，見Martijn Eickhof, Donny Danardono, Tjahjono Rahardjo, and Hotmauli Sidabalok, "The Memory Landscapes of '1965' in Semarang," in *1965 Today: Living with the Indonesian Massacres*, ed. Martijn Eickhoff, Gerry van Klinken, and Geoffrey

第五章：大規模殺戮

1. US Central Intelligence Agency, Directorate of Intelligence, *Indonesia—1965: The Coup That Backfired* (Washington, DC: CIA, 1968), 70.
2. 除了比較老舊的出版文獻以及解密的外國政府文件之外，此處的記述尤其參考了近期出版的倖存者與加害者回憶錄及證詞，包括Baskara T. Wardaya, ed., *Truth Will Out: Indonesian Accounts of the 1965 Mass Violence*, trans. Jennifer Lindsay (Clayton, Victoria: Monash University Publishing, 2013); Putu Oka Sukanta, ed., *Breaking the Silence: Survivors Speak about the 1965–66 Violence in Indonesia*, trans. Jennifer Lindsay (Clayton, Victoria: Monash University Publishing, 2014); Kurniawan et al., eds., *The Massacres: Coming to Terms with the Trauma of 1965* (Jakarta: Tempo, 2015); Mery Kolimon, Liliya Wetangterah, and Karen Campbell-Nelson, eds., *Forbidden Memories: Women's Experiences of 1965 in Eastern Indonesia*, trans. Jennifer Lindsay (Clayton, Victoria: Monash University Publishing, 2015). 此處的記述也援引了幾個加害者在奧本海默的那兩部紀錄片裡所提出的非凡證詞。那兩部紀錄片分別為*The Act of Killing* (Drafthouse Films, 2013)以及*The Look of Silence* (Drafthouse Films, 2016)。
3. 官方的一個真相調查委員會在殺戮進行期間從事了十天的調查（一九六五年十二月二十七日至一九六六年一月六日），然後即提出七萬八千五百人這個數字。Komando Operasi Tertinggi (KOTI), *Fact Finding Commission Komando Operasi Tertinggi* (Jakarta, January 10, 1966). 這個數字廣泛受到認為是嚴重低估；該委員會的一名成員就向蘇卡諾表示，實際數字較此高出數倍之多。Oei Tjoe Tat, *Memoar Oei Tjoe Tat: Pembantu Presiden Sukarno*, ed. Pramoedya Ananta Toer and Stanley Adi Prasetyo (Jakarta: Hasta Mitra, 1995), 192. 一九八九年，在那項暴力當中扮演了直接角色的薩爾沃・埃迪・威波沃准將指稱死亡人數達三百萬，但一般都認為這個數字太高。若干文獻提出的兩百萬這個數字也被認為太高。有一項針對這些估計所提出的評論，見Robert Cribb, ed., *The Indonesian Killings, 1965–1966: Studies from Java and Bali*, no. 21 (Clayton, Victoria: Monash Papers on Southeast Asia, 1990), 12.
4. Richard Howland, "The Lessons of the September 30 Affair," *Studies in Intelligence* 14 (Fall 1970): 26. 另見Hugh Tovar, "The Indonesian Crisis of 1965–1966: A Retrospective," *International Journal of Intelligence and Counterintelligence* 7 no. 3 (Fall 1994): 313–38; J. Foster Collins and Hugh Tovar, "Sukarno's Apologists Write Again," *International Journal of Intelligence and Counterintelligence* 9, no. 3 (Fall 1996): 337–57.
5. Nugroho Notosusanto and Ismail Saleh, *The Coup Attempt of the "September 30 Movement" in Indonesia* (Jakarta: Pembimbing Massa, 1968), 77.
6. British Embassy (Gilchrist) to Foreign Office (de la Mare), February 23, 1966, FO 371/186028, National Archives of the United Kingdom [UKNA]. 瑞典大使（艾鐸斯坦）在一九六六

產黨的情形預作規畫。」見“Record of a Telephone Conversation between Colonel George Benson, Ruth McVey, and Fred Bunnell on November 15, 1965,” McVey Papers, box 9, file 190.

114. 政治局成員喬諾在一九六六年受審期間提出的證詞裡明白指出了這一點。見*“Gerakan 30 September” Dihadapan Mahmillub, Perkara Njono* (Jakarta: Pusat Pendidikan Kehakiman A.D., 1966), 31–42. 另見Crouch, *Army and Politics*, 133.

115. NSC 6023, “US Policy on Indonesia,” December 19, 1960, DDC, 1982, #592. 馬利克的部分隨從在一九六六年也認為將領委員會的傳言是由中情局和美國大使館刻意散播而成的結果。見Ruth McVey Interview with Adam Malik and Company, October 2, 1966, McVey Papers, box 2, file 31C, 8.

116. 引用於Brian May, *The Indonesian Tragedy* (London: Routledge and Kegan Paul, 1978), 125–26.

117. 美國大使館針對亞尼的演說所寫的報告指出，亞尼向區域指揮官指稱自己對蘇卡諾坦承表示，陸軍裡有些人員「對於政治問題尤其非常不滿」，而且有些人「認同美國人」。Embtel 50, US Embassy Jakarta to Department of State, July 10, 1965, RG 59, Central Files, POL INDON-US, NARA.

118. 還有另一個可能也值得受到進一步研究，也就是吉爾開斯特信函與將領委員會打算發動政變的傳言，也許其實是陸軍戰略後備隊的情報負責人暨蘇哈托盟友穆爾多波上校捏造出來的結果。

119. Crouch, *Army and Politics*, 133.

120. 前中情局官員Ralph McGehee表示，這種策略在一九六五年之後成了中情局的招牌手段。Interview with Ralph McGehee, November 1983, Ithaca, NY.

121. Zhou, “China and the Thirtieth of September Movement,” 40.

122. 舉例而言，史考特提及中國暗中偷運武器給印尼共產黨的謠言，似乎是源自於出現在曼谷、香港與吉隆坡等地的媒體報導，而且那些報導的消息來源都模糊不清。他指出，這種無法追蹤來源的消息正是中情局祕密媒體行動的「招牌風格」。Scott, “United States,” 260.

123. Zhou, “China and the Thirtieth of September Movement,” 58.

124. “Chairman Mao Meets the Delegation of the PKI,” *Chinese Communist Party Central Archives*, August 5, 1965, cited in Zhou, “China and the Thirtieth of September Movement,” 51.

125. Zhou, “China and the Thirtieth of September Movement,” 58.

126. Frederick Bunnell Interview with William Colby, August 1978, McVey Papers, box 10, file 198.

104. British Foreign Office note on Mr. M.J.C. Templeton, New Zealand High Commission in London to Mr. Peck, "The Succession to Sukarno," December 18, 1964, FO 371/175251, UKNA. 引人注意的是，紐西蘭駐雅加達公使館提出的原始報告也提及一場操之過急的印尼共產黨政變所能夠帶來的好處，指稱「印尼共產黨如果發動奪權……就我們看來將在不少重要面向上對於印尼以及我們本身都有利」。Report from the New Zealand Legation, Jakarta to Secretary of External Affairs, Wellington, "Sukarno and the Succession," December 1, 1964, FO371/175251, UKNA.

105. Simpson, "United States," 56.

106. Embtel 1735, US Embassy Jakarta to Department of State, March 4, 1965, RG 59, Central Files, POL INDO-US, NARA.

107. Memorandum Prepared for the 303 Committee, "Progress Report on [*less than one line of source text not declassified*] Covert Action in Indonesia," February 23, 1965, *FRUS*, vol. 26, 234–37.

108. NSC 6023, "US Policy on Indonesia," December 19, 1960, *DDC*, 1982, #592; Roosa, *Pretext for Mass Murder*, 193.

109. 英國學者Neville Maxwell在巴基斯坦外交部檔案裡發現了這份文件。他在一九七八年六月五日寫信向《紐約書評》描述這份文件的內容，這封未刊登的信件後來發表為Neville Maxell, "CIA Involvement in the 1965 Military Coup: New Evidence from Neville Maxwell," *Journal of Contemporary Asia* 9, no. 2 (1979): 251–52.

110. 分享這項資訊很有可能是一項心理戰行動所採取的手段之一。在這樣的設想情境裡，那名荷蘭北約官員有可能刻意向那名巴基斯坦大使透露這項具有煽動性的資訊，而合理預期這項資訊將會流傳到印尼人的耳中。

111. Ruth McVey, Letter to George McT. Kahin, Benedict Anderson, Herbert Feith, and Frederick Bunnell, July 4, 1978, McVey Papers, box 8, file 172. Mortimer引述了《人民日報》指稱那份文件是偽造品的報導（一九六五年一月二十二日）。Mortimer, *Indonesian Communism under Sukarno*, 367.

112. 這個智庫的成員據報包含了Suprapto、Harjono、帕曼與蘇肯卓等將領。US Central Intelligence Agency, Directorate of Intelligence, *Indonesia—1965: The Coup That Backfired* (Washington, DC: CIA, 1968), 191. 陸軍指揮參謀學院前院長蘇瓦托也涉入應急計畫的籌備。他與帕烏克是好友，曾在李文沃斯堡 (Fort Leavenworth) 受訓，而且伊瑟上校指稱他「非常支持美國」。David Ransom Interview with Col. Willis Ethel, n.d., McVey Papers, box 10, file 198, 5.

113. David Ransom Interview with Col. Willis Ethel, n.d., McVey Papers, box 10, file 198, 5. 在一九六五年十一月被人問到將領委員會的時候，班森也同樣表示：「我認為參謀部人員是聚在一起談論他們不會寫下來的事情，也就是針對他們有一天不得不面對印尼共

July 10, 1965, RG 59, Central Files, POL INDON-US, NARA.

90. Memorandum for the President, "Ambassador Bunker's Report on Indonesia,"April 24, 1965, cited in Frederick Bunnell, "American 'Low Posture' Policy toward Indonesia in the Months Leading up to the 1965 'Coup,' " *Indonesia* 50 (October 1990): 45.
91. 引用於Theodore Friend, *Indonesian Destinies* (Cambridge, MA: Harvard University Press, 2003), 102.
92. NSC 6023, "US Policy on Indonesia," December 19, 1960, *DDC*, 1982, #592.
93. Embtel 2154, US Embassy Jakarta to the Department of State, January 25, 1961, *FRUS*, vol. 23, doc. 143.
94. 大英國協的成員國政府在一九六三年針對「對抗」運動採取祕密戰爭手段，目標在於引發「長期的權力鬥爭，進而導致內戰或無政府狀態」。Simpson, "United States," 53.
95. 關於這些計畫的詳細記述，見David Easter, "British and Malaysian Covert Support for Rebel Movements in Indonesia during the 'Confrontation,' 1963–1966,"*Intelligence and National Security* 14, no. 4 (Winter 1999): 195–208.
96. 引用於同上。
97. JA(65)9 (Final)，引用於同上。
98. 克勞奇寫道：「於是，在一九六四與一九六五年間，陸軍領袖採取了一系列的措施，目標在於阻礙對抗政策的有效落實。」Crouch, *Army and Politics*, 73.
99. 根據各方記述，有些印尼社會黨以及前印尼共和國革命政府／全面鬥爭憲章的人物協助聯繫馬來西亞方面。這些人物包括Des Alwi、Daan Mogot、Welly Pesik與Jan Walandouw。見Masashi Nishihara, *The Japanese and Sukarno's Indonesia: Tokyo-Jakarta Relations, 1951–1966* (Honolulu: University Press of Hawaii, 1976), 149; Crouch, *Army and Politics*, 74–75; Julius P. Pour, *Benny Moerdani: Profil Prajurit Negarawan* (Jakarta: Yayasan Kejuangan Sudirman, 1993), 323–43.
100. 蘇哈托在一九六五年一月一日被任命為科拉加副司令。魯薩寫道：「蘇哈托減緩了部署行動，並且把駐紮在馬來西亞邊界附近的部隊保持在人員與裝備都不足的狀態。」John Roosa, *Pretext for Mass Murder: The September 30th Movement and Suharto's Coup d'Etat in Indonesia*, (Madison: University of Wisconsin Press, 2006), 187. 另見Crouch, *Army and Politics*, 71–75.
101. CIA Intelligence Info Cable #TDCS-315–00846–64, "US-Indonesian Relations," September 19, 1964, *DDC*, 1981, #273B.
102. Howard P. Jones, "American-Indonesian Relations," presentation at Chiefs of Mission Conference, Baguio, Philippines, Howard P. Jones Papers, box 21, Hoover Institution Archives, 12, cited in Roosa, *Pretext for Mass Murder*, 193.
103. 引用於Roosa, *Pretext for Mass Murder*, 190.

80. 格林曾經擔任駐南韓大使，並且自從一九五〇年代初期就與中情局官員威廉・科爾比結為好友。關於格林的任命，見Memorandum from the President's Special Assistant for National Security (McGeorge Bundy) to President Johnson, June 30, 1965, *FRUS*, vol. 26, doc. 125.

81. CIA Intelligence Info Cable #TDCS-315–00846–64, "US-Indonesian Relations,"September 19, 1964, *DDC*, 1981, #273B.

82. 同上。

83. 一九六四年九月的中情局檔案指出：「納蘇蒂安與魯斯蘭・阿布杜加尼掌握下的那些抱持政治意圖的陸軍人士，也對薩勒與馬利克懷有好感。……各方勢力據此結合起來絕非不可想像，而且當前的離心傾向如果能夠受到遏阻，那麼這個聯盟就會非常強大。」同上。

84. 這名前官員在一九九〇年向一名訪談者指出：「在他〔馬利克〕離開而返回莫斯科之前〔他在一九五九至一九六二年間在那裡擔任印尼大使〕，我依據局方的授權和他會面，告訴他籌備反共行動的時機已經到了。……他說他會想想看。……中情局立刻動了起來，於是他就成了反抗陣營應急計畫當中的一員。」BBC interview with William (Bill) Ostlund, April 1990.

85. 蘇卡諾主義促進協會成立於一九六四年九月，而在一九六四年十二月十七日遭禁。這個協會由馬利克與報紙主編B. M. Diah領導，並且受到薩勒支持。平民黨成立於一九四八年，後來在一九六五年一月六日遭到「凍結」。該黨在一九六四年的領導人是Sukarni，而馬利克與薩勒則是關鍵資助者。見Crouch, *Army and Politics*, 65; Rex Mortimer, *Indonesian Communism under Sukarno: Ideology and Politics, 1959–1965* (Ithaca, NY: Cornell University Press, 1974), 377; Coen Holtzappel, "The 30 September Movement: A Political Movement of the Armed Forces or an Intelligence Operation?," *Journal of Contemporary Asia* 9, no. 2 (1979): 238.

86. Embtel 836, US Embassy Kuala Lumpur to Department of State, January 9, 1965, Indonesia, vol. III, Country file, NSF, box 247, LBJ Library.

87. Embtel 1435, US Embassy Jakarta to Department of State, January 21, 1965, US Declassified Documents, accessed June 2, 2017, http://tinyurl.galegroup.com/tinyurl/44QB88.

88. "Progress Report on [*less than one line of source text not declassified*] Covert Action in Indonesia"。見"Memorandum Prepared for the 303 Committee," February 23, 1965, *FRUS*, vol. 26, 234–37.

89. 邦克這趟訪問之旅的這個次要目標，顯然受到了吉爾開斯特信函所提及。根據美國大使館的一份電報，亞尼將軍在一九六五年五月底在一場區域指揮官的集會上指出，吉爾開斯特信函提到「詹森總統個人使者的來訪，將可讓他們有充分的時間討論以及準備精心設計的聯合計畫」。Embtel 50, US Embassy Jakarta to Department of State,

64. Zhou, "China and the Thirtieth September Movement," 41.
65. *New York Times*, August 14, 1964.
66. Memorandum for the President from Secretary of State Dean Rusk, "Your Meeting with Prime Minister Tunku Abdul Rahman," July 17, 1964, US Declassified Documents, accessed June 1, 2017, http://tinyurl.galegroup.com/tinyurl/47QSU4. 瓊斯大使在他的回憶錄裡寫道，藉著持續向陸軍和警方提供若干援助，「我們因此強化了他們，讓他們得以因應與蓬勃發展的印尼共產黨幾乎無可避免的攤牌對決。」Howard P. Jones, *Indonesia: The Possible Dream* (New York: Harcourt Brace Jovanovich, 1971), 324.
67. Memorandum for the President from Secretary of State Rusk, August 30, 1964, *FRUS*, vol. 26, attachment to doc. 67.
68. Memorandum for the President from Assistant Secretary of State William Bundy, August 27, 1964, Kahin Papers, "Jones File."
69. 同上。
70. Memorandum for the President from Special Assistant for National Security McGeorge Bundy, August 31, 1964, *FRUS*, vol. 26, doc. 67.
71. *New York Times*, August 16, 1964.
72. 關於美國對這些攻擊行為的反應，見*New York Times*, January 21 and 24, February 26, April 23, May 2, August 16, 18, and December 9, 1964; February 4, 19, 20, and 27, March 1, 17, 19, 20, 22, and 24, April 7, 18, and 29, May 22, July 19, August 1, 4, 8, 22, and 31, and September 15, 1965.
73. Memorandum for the President from the Department of State, "Harold Wilson Visit to Washington," December 5, 1964, *DDC*, 1978, #431A.
74. CIA, Office of National Estimates, Special Memorandum No. 4–65, "Principal Problems and Prospects in Indonesia," January 26, 1965, Indonesia, vol. III, Country file, NSF, box 247, LBJ Library.
75. "Memorandum Prepared for the 303 Committee," February 23, 1965, *FRUS*, vol. 26, 237n3.
76. George Ball Telephone Conversation (Telcon) with McGeorge Bundy, March 15, 1965, George W. Ball Papers, box 4, Indonesia (4/12/64–11/ 10/65), LBJ Library.
77. Memorandum for the National Security Adviser from the Assistant Secretary of Defense, Attached to Report on Military Assistance Reappraisal FY 1967–1971, Office of the Assistant Secretary of Defense, International Security Affairs, June 1965, *DDC*, 1981, #33A.
78. Draft Letter from CIA Director W. F. Raborn to the President, July 20, 1965, Kahin Papers, "Chronological File."
79. George Ball Telephone Conversation (Telcon) with McGeorge Bundy, August 16, 1965, George W. Ball Papers, Mudd Library.

Visit," April 20, 1961, *DDC*, 1981, #367A; Memorandum from Executive Secretary of NSC, "US Policy on Indonesia," December 19, 1960, *DDC*, 1982, #592.

51. 見NSC 5429/5, DDC, 1982, #586; Memorandum for the Secretary of Defense, September 22, 1958, DDC, 1982, #2386. 關於美國軍事訓練在這段時期造成的影響，有一項精心研究可見於Bryan Evans III, "The Influence of the United States Army on the Development of the Indonesian Army (1954–1964)," *Indonesia* 47 (April 1989): 25–48.
52. Telegram (JCS 5747) from CJCS to US Embassy Jakarta, April 8, 1964, RG 59, Central Files, DEF 19 US-Indonesia, NARA.
53. OCB Report on Indonesia (NSC 5901), January 27, 1960, *DDC*, 1982, #590.
54. 這項計畫從一九六二年開始受到美國軍事訓練顧問團的指導，該顧問團的領導人為班森上校。Scott, "United States," 248, 255.
55. 關於公民行動的一項正面記述，見Guy Pauker, "Political Consequences of Rural Development Programs in Indonesia," *Pacific Affairs* 41, 3 (Fall 1968): 400–401.
56. "CIA Paper for the Special Group," December 11, 1961, and "Minutes of the Special Group," December 14, 1961, cited in "Memorandum Prepared for the 303 Committee," February 23, 1965, *FRUS*, vol. 26, *Indonesia; Malaysia-Singapore, Philippines (1964–66)*, 237n2.
57. 關於這個網絡，見Scott, "United States," 246–51.
58. 根據部分記述，帕烏克也把康乃爾文件交給印尼陸軍裡的聯絡人以及其他官員。Personal communication with George Kahin, May 1984, Ithaca, NY。另見"Points from Talks with Lance Castles," September 18–19, 1966, personal archive of Ruth T. McVey [McVey Papers], box 4, file 97, 1.
59. 蘇瓦托也是班森上校的合作夥伴，而為公民行動計畫提供指導與支持的美國駐雅加達軍事訓練顧問團辦公室，就是由班森主持。Scott, "United States," 255.
60. David Ransom, "The Berkeley Mafia and the Indonesian Massacres," *Ramparts*, October 9, 1970; Hamish McDonald, *Suharto's Indonesia* (Sydney: Fontana, 1980), 68–86.
61. Sundhaussen, *Road to Power*, 188.
62. 這套網絡當中的關鍵成員是美國大型石油公司加德士與施丹維克，其所支付的權利金都流向陸軍的石油公司以及另一家印尼石油公司，前者是由蘇哈托的盟友Ibnu Sutowo所主持的國家石油開發公司（Permina），後者則是由哈伊爾·薩勒主持的國家天然氣開發公司（Pertamin）。另一個重要成員是美國航太巨擘洛克希德，這家公司有可能支付回扣以換取陸軍的合約。在那些受到指控的安排當中，被指為中間人的兩名人物是在一九六〇年加入蘇哈托幕僚的Alamsjah將軍，以及生意人Bob Hasan。這兩人後來都成為蘇哈托將軍的親信以及生意夥伴。Scott, "United States," 254–57.
63. Embtel 2536, US Embassy Jakarta to Department of State, March 7, 1961, *FRUS*, vol. 23, *Southeast Asia (1961–1963)*, doc. 152.

1982, #2385.

40. 那場行動使用了多達二十架屬於民航空運公司（Civil Air Transport）的飛機。民航空運公司是中情局成立的傀儡航空公司，在一九五〇與一九六〇年代期間用於在東亞與東南亞各地從事祕密軍事行動。波普的飛機在一九五八年五月十八日遭到擊落。他在印尼受審而被判處死刑，但在一九六二年獲得釋放，並且獲准返回美國。

41. David Wise and Thomas B. Ross, *The Invisible Government* (New York: Random House, 1964), 145。政府謊稱中立的說法，得到主流媒體的採信與複述。見*New York Times*, May 9, 1958.

42. Embtel 2650, US Embassy Jakarta to Department of State, June 7, 1965, RG 59, Central Files, DEF 6 INDON, NARA.

43. 認為軍方可以在當時所謂的「低度開發」國家扮演「現代化」與「政治穩定」的媒介，這種想法並非在印尼的案例當中所獨有。這是一種極為廣泛的趨勢，由身在美國的社會科學家於一九五〇年代末期與一九六〇年代提出，並且受到艾森豪與甘迺迪領導的政府所支持。見Ron Robin, *The Making of the Cold War Enemy: Culture and Politics in the Military-Intellectual Complex* (Princeton, NJ: Princeton University Press, 2001).

44. 相對之下，該區域的其他國家則是收到了為數可觀的援助。舉例而言，印度支那的國家在同一時期獲得總數超過十二．五億美元的軍事援助。泰國得到一億四千萬美元左右，菲律賓則是得到一億一千四百萬美元左右。完整數據請見NSC, "Costs of Approved and Projected United States Economic and Military Programs in the Far East," *FRUS*, vol. 12, part 1:290–293.

45. Memorandum for the Director of the Foreign Operations Administration from the White House, June 16, 1955, *DDC*, 1992, #1557.

46. Memorandum for the Joint Chiefs of Staff from Department of the Navy, "Sino-Soviet Bloc Assistance to Indonesia," March 28, 1958, *DDC*, 1982, #2384.

47. Memorandum for the Secretary of Defense from the Joint Chiefs of Staff, "Aid for Indonesia," September 22, 1958, *DDC*, 1982, #2386.

48. Memorandum for the President from the Department of State, January 30, 1959, *DDC*, 1995, #0224.

49. 見Daniel Lev, "On the Fall of the Parliamentary System," in *Democracy in Indonesia: 1950s and 1990s*, ed. David Bourchier and John Legge, no. 31 (Melbourne: Monash Papers on Southeast Asia, 1994), 39–42.

50. 國務院在一九六一年呈交給總統的一份備忘錄指出，美國在一九五八年開始對印尼積極提供軍援，截至一九六一年平均每年援助兩千萬美元左右，到了一九六一會計年度初始之時的總數共達五千九百八十萬美元。在同一個時期，中蘇援助總計約達十億美元。見Memorandum for the President from the Department of State, "The Sukarno

24. Ulf Sundhaussen, *The Road to Power: Indonesian Military Politics, 1945–1967* (Kuala Lumpur: Oxford University Press, 1982), 188.
25. Rudolf Mrazek, *The United States and the Indonesian Military, 1945–1966* (Prague: Czechoslovak Academy of Science, 1978), 2:152.
26. Crouch, *Army and Politics*, 73.
27. Progress Report on NSC 5518, "US Objectives and Courses of Action with Respect to Indonesia," April 3, 1957, *DDC*, 1982, #588。另見NSC 171/1, "United States Courses of Action with Respect to Indonesia," November 1953, *FRUS*, vol 12, part 2.
28. 「大選如果在近期的未來舉行……馬斯友美黨與社會黨可能會擁有最大的勢力，而共產黨的地位將會相對下滑。」NSC 171/1, "United States Objectives and Courses of Action with Respect to Indonesia," November 1953, 397.
29. Operations Coordinating Board, Progress Report on NSC 171/1, "United States Objectives and Courses of Action with Respect to Indonesia," January 12, 1955, 13; NSC Series, Policy Papers Subseries, box 8, NSC 171/1—Policy on Indonesia, Dwight D. Eisenhower Presidential Library.
30. Joseph B. Smith, *Portrait of a Cold Warrior* (New York: Putnam, 1976), 210–11, 215.
31. Kahin and Kahin. *Subversion as Foreign Policy*, 78.
32. 引用於同上，78n12。
33. Herbert Feith, *The Indonesian Elections of 1955* (Ithaca, NY: Cornell Modern Indonesia Project, 1957), 58.
34. 凱亨夫婦寫道：「印尼舉行於一九五五年的第一場全國大選，促使艾森豪政府以更加擔憂的態度專注於印尼的國內政治。印尼共產黨在選後雖然僅是第四大黨，華府卻認為這是一項非常不利的發展。」Kahin and Kahin, *Subversion as Foreign Policy*, 79.
35. Select Committee to Study Governmental Operations with Respect to Intelligence Activities, US Senate, *Interim Report: Alleged Assassination Plots Involving Foreign Leaders*, November 20, 1975, 4.
36. Smith, Portrait, 238–40, 248. 這項計畫顯然是由Sam Halpern這名中情局計畫次長室遠東組的官員策劃而成。在一九九〇年的一場訪談裡，Halpern指稱這項計畫造成了反效果，但墨西哥市、曼谷與菲律賓的報紙都報導了這則新聞。BBC interview with Sam Halpern, October 23, 1990, transcript in author's possession.
37. 關於這些區域叛亂，見Kahin and Kahin, *Subversion as Foreign Policy*; Barbara Harvey, *Permesta: Half a Rebellion* (Ithaca, NY: Cornell Modern Indonesia Project, 1977).
38. "Special Report on Indonesia," prepared by the Ad Hoc Interdepartmental Committee on Indonesia for the NSC, September 3, 1957, *FRUS*, vol. 22, *Southeast Asia (1955–1957)*, 436–40.
39. Memorandum from the Joint Chiefs of Staff to the Secretary of Defense, April 8, 1958, *DDC*,

12. NSC 5429/5, "Statement of Policy by the National Security Council on Current US Policy in the Far East," in *FRUS*, vol. 12, part 1:1066.
13. National Security Action Memorandum 288, March 17, 1964, cited in Franz Schurmann, *The Logic of World Power: An Inquiry into the Origins, Currents, and Contradictions of World Politics* (New York: Random House, 1974), 450.
14. 關於中國在這個時期與印尼的關係，見David Mozingo, *Sino-Indonesian Relations: An Overview, 1955–1965* (Santa Monica, CA: Rand Corporation, 1965)。另見Taomo Zhou, "Ambivalent Alliance: Chinese Policy towards Indonesia, 1960–1965,"*China Quarterly* 221 (March 2015): 208–28; Taomo Zhou, "China and the Thirtieth of September Movement," *Indonesia* 98 (October 2014): 29–58.
15. NSC 171/1, "United States Courses of Action with Respect to Indonesia," 396. 另見Memorandum from Joint Chiefs of Staff to Secretary of Defense, February 28, 1958, US *Declassified Documents Catalog* [*DDC*], 1981, #313B.
16. 在一九六五年三月十五日的一通電話當中，國務次卿喬治．鮑爾向國家安全顧問麥克喬治．邦迪表示，他「非常擔心印尼，而且他昨天和今天都在會見石油公司」。George W. Ball Papers, series 3, Seeley G. Mudd Manuscript Library, Princeton University [Mudd Library].
17. Bradley Simpson, *Economists with Guns: Authoritarian Development and U.S.-Indonesian Relations, 1960–1968* (Stanford, CA: Stanford University Press, 2008); Bradley Simpson, "The United States and the International Dimension of the Killings in Indonesia," in *1965: Indonesia and the World, Indonesia dan Dunia*, ed. Bernd Schaefer and Baskara T. Wardaya, bilingual ed. (Jakarta: Gramedia Pustaka Utama, 2013), 52.
18. 如同克勞奇所寫的：「一九六四與六五年的外交政策發展對國內造成的影響，強化了早已受到印尼共產黨新近發展出來的激進立場所推動的趨勢。」Harold Crouch, *The Army and Politics in Indonesia* (Ithaca, NY: Cornell University Press, 1978), 68.
19. James C. Thomson Jr. Memorandum for Mr. Bundy, June 11, 1965, National Security Council, NLK-77–95 #3. Personal archive of George McT. Kahin [Kahin Papers].
20. Franklin B. Weinstein, "The Uses of Foreign Policy in Indonesia" (PhD diss., Cornell University, 1972).
21. Embtel 2116 (part 2 of 3), US Embassy Jakarta to Department of State, April 5, 1965, Indonesia, vol. 4, Country file, NSF, box 247, Lyndon Baines Johnson Library [LBJ Library].
22. Weinstein, "Uses of Foreign Policy," 588.
23. Embtel 1735, US Embassy Jakarta to Department of State, March 4, 1965, Record Group [RG] 59, Central Files of the Department of State, 1964–66 [Central Files], POL INDO-US, US National Archives and Records Administration [NARA].

第四章：冷戰

1. Peter Dale Scott, "The United States and the Overthrow of Sukarno, 1965–1967," *Pacific Affairs* 58, no. 2 (Summer 1985): 239–64; W. F. Wertheim, "Suharto and the Untung Coup—the Missing Link," *Journal of Contemporary Asia* 1, no. 2 (Winter 1970): 50–57.
2. Marshall Green, *Indonesia: Crisis and Transformation, 1965–1968* (Washington, DC: Compass Press, 1990); US Central Intelligence Agency, Directorate of Intelligence, *Indonesia—1965: The Coup That Backfired* (Washington: CIA, 1968); H. W. Brands, "The Limits of Manipulation: How the United States Didn't Topple Sukarno," *Journal of American History* 76 (December 1989): 785–808; B. Hugh Tovar, "The Indonesian Crisis of 1965–1966; A Retrospective," *International Journal of Intelligence and Counterintelligence* 7, no. 3 (Fall 1994): 313–38.
3. 在指控中國策劃了那場疑似政變的外國觀察者當中，其中一人是Victor Fic, *Anatomy of the Jakarta Coup: October 1, 1965* (New Delhi: Abhinay Publications, 2004).
4. 見Bernd Schaefer and Baskara T. Wardaya, eds., *1965: Indonesia and the World, Indonesia dan Dunia*, bilingual ed. (Jakarta: Gramedia Pustaka Utama, 2013).
5. 關於古巴在這些年間於拉丁美洲扮演的角色，見Tanya Harmer, *Allende's Chile and the Inter-American Cold War* (Chapel Hill: University of North Carolina Press, 2011).
6. 關於萬隆會議，見George McT. Kahin, *The Asian-African Conference, Bandung, Indonesia* (Ithaca, NY: Cornell University Press, 1956).
7. 關於瓜地馬拉，見Greg Grandin, *The Last Colonial Massacre: Latin America in the Cold War*, updated ed. (Chicago: University of Chicago Press, 2011). 關於剛果，見Stephen R. Weissman, "What Really Happened in Congo," *Foreign Affairs* 93, no. 4 (July–August 2014): 14–24. 關於玻利維亞，見Thomas C. Field Jr., *From Development to Dictatorship: Bolivia and the Alliance for Progress in the Kennedy Era* (Ithaca: Cornell University Press, 2014). 關於中情局在這些年間的祕密行動，見Rhodri Jeffreys-Jones, *The CIA and American Democracy* (New Haven, CT: Yale University Press, 1989), 82–155.
8. 關於美國在艾森豪年間於東南亞以及其他地方的干預行為，有一項極有助益的概要，見George McT. Kahin and Audrey Kahin, *Subversion as Foreign Policy: The Secret Eisenhower and Dulles Debacle in Indonesia* (New York: New Press, 1995), 3–19.
9. 蘇卡諾反對這項計畫還有另一個理由，亦即婆羅洲的沙巴與砂拉越地區的人民將因此遭到剝奪決定自己未來的權利。
10. Ruth Ann Swift, *The Road to Madiun: The Indonesian Communist Uprising of 1948* (Ithaca, NY: Cornell Southeast Asia Program, 1989).
11. NSC 171/1, "United States Objectives and Courses of Action with Respect to Indonesia," in US Department of State, *Foreign Relations of the United States* [*FRUS*], vol. 12, *East Asia and the Pacific (1952–54)*, part 2:398.

意的挑釁舉動，意在刺激陸軍對印尼共產黨與左派採取行動。英國大使吉爾開斯特在那場疑似政變過了幾個星期之後寫道：「將領受到了最極端的挑釁，而被迫在十月一日採取行動。」British Embassy Jakarta (Gilchrist) to Foreign Office (Stewart), "Attempted Coup in Indonesia."

62. 有些印尼觀察者強調指出，這項危機很有可能是由奸細引發的結果。舉例而言，一名前印尼社會黨幹部就在一九六七年提到，十月一日那場運動的古怪行為似乎是刻意要引發陸軍的強烈反應，並且猜測夏姆可能是軍情六處的奸細。George Kahin interview with senior PSI figure, June 14, 1967, Jakarta, Kahin Papers.

63. Roosa, *Pretext for Mass Murder*. 魯薩援引的新證據包括蘇帕吉歐准將在一九六六年針對那場運動所寫的一份文件，還有政治局成員 Iskandar Subekti 在牢裡寫下的一份文件，以及他對於印尼共產黨員 Asep Suryaman 從事的訪談。克勞奇也在許多年前提出過類似的說法，亦即印尼共產黨領導層頂多只是一群左傾軍官合作的夥伴而已。見 Harold Crouch, "Another Look at the Indonesian Coup," *Indonesia* 15 (April 1973): 1–20. 另見 Crouch, *Army and Politics*.

64. 見 Roosa, "September 30th Movement," 49.

65. Roosa, *Pretext for Mass Murder*, 201. 那項論點的額外支持證據，就是在十月一日遭到殺害的那六名將領當中，帕曼是政治局成員薩基曼的同胞兄弟。看來薩基曼不太可能對於殺害將領的計畫知情。

66. Roosa, "September 30th Movement," 39. 當時有些觀察者認為艾地（也許還包括喬托）可能採取了這項行動以迫使印尼共產黨走上比較激進的路徑。這項推論的根據是，有些徵象顯示印尼共產黨內部存在分裂現象，一方是支持北京的群體（艾地與喬托），另一方是支持莫斯科的群體（Jusuf Adjitorop 與盧克曼），此外還有少數獨立人士（薩基曼）。George Kahin interview with General Kabul Arifin, Colonel Partono, and Kusnadi, May 16, 1967, Jakarta, Kahin Papers.

67. 根據官方的規定，受到懷疑直接涉入那場運動並且被界定為 A 類囚犯的人員，包括了所有「從事規劃、參與規劃過程，或者知道那場反革命運動的計畫卻沒有通報有關當局」的人士。見 Presiden Republik Indonesia, *Instruksi Presiden/Pangti ABRI/KOTI No. 22/KOTI/1965—Kepada Kompartimen2/Departemen2, Badan2/Lembaga2 Pemerintah—Untuk Laksanakan Penertiban/Pembersihan Personil Sipil dari Oknum "Gerakan 30 September,"* signed on president's behalf by Soeharto (Kepala Staf Komado Operasi Tertinggi/Panglima Operasi Pemulihan Keamanan dan Ketertiban), November 15, 1965, printed in Boerhan and Soebekti, "Gerakan 30 September," 239–48. 關於進一步的討論，見第八與第九章。

68. Roosa, *Pretext for Mass Murder*, 221.

部分比較低階的人物有所關聯，包括Dul Arief與Djahurup這兩名中尉。這兩人都是總統衛隊的成員，並且據信和蘇哈托的親信阿里．穆爾多波上校關係密切。雖然要得出任何結論無疑還需要進一步的研究，但這些關聯至少顯示穆爾多波與蘇哈托有可能涉入劫持以及殺害那些將領的計畫。見Adam, "Ben Anderson's Work on Indonesia."

48. 關於這些關係的詳情，見Wertheim, "Whose Plot?"; Ruth McVey, "A Preliminary Excursion through the Small World of Lt. Col. Untung," unpublished manuscript, n.d.
49. Abdul Latief, *Pleidoi Kol. A. Latief, Soeharto Terlibat G30S* (Jakarta: Institut Studi Arus Informasi, 2000), 279.
50. 關於那場會面及其意涵，有一項比較完整的討論可見於Wertheim, "Whose Plot?," 208–11。拉提夫顯然也在那場疑似政變發生前兩天登門拜訪過蘇哈托夫婦，向他們詢問將領委員會的事情。根據拉提夫的記述，蘇哈托對他說他剛收到將領委員會策劃政變的消息。見Latief, *Pleidoi*, 277.
51. 同上，279。
52. 身為陸軍司令的納蘇蒂安將軍，在一九五九年十月解除了蘇哈托對於中爪哇蒂博尼哥羅師的指揮權。Hamish MacDonald, *Suharto's Indonesia* (Sydney: Fontana, 1980), 32.
53. Sukarno, "Nawaksara," cited in Kammen and McGregror, *Contours of Mass Violence*, 4.
54. Peter Dale Scott, "The United States and the Overthrow of Sukarno, 1965–1967," *Pacific Affairs* 58, no. 2 (Summer 1985): 239–64. 一九六七年，一名與陸軍關係緊密的印尼社會黨高階人士向凱亨表示，十月一日的行動是一項挑釁行為，而且很有可能是由英國情報機構策劃而成。Kahin interview with senior PSI figure, June 14, 1967, Kahin Papers.
55. 關於史考特的論點，有一項評論可見於H. W. Brands, "The Limits of Manipu-lation: How the United States Didn't Topple Sukarno," *Journal of American History* 76 (December 1989): 785–808.
56. Marshall Green, *Indonesia: Crisis and Transformation 1965–1968* (Washington, DC: Compass Press, 1990), 63. 另見B. Hugh Tovar, "The Indonesian Crisis of 1965–1966: A Retrospective," *International Journal of Intelligence and Counterintelligence* 7, no. 3 (Fall 1994): 313–38.
57. 引用於"CIA's Role in Anti-Communist Drive Denied," *Jakarta Post*, November 2, 1994.
58. NSC 5429/5, December 22, 1954, "Statement of Policy by the National Security Council on Current US Policy in the Far East," cited in US Department of State, *Foreign Relations of the United States* [*FRUS*], vol. 12, *East Asia and the Pacific (1952–54)*, part 1:1066.
59. George McT. Kahin and Audrey Kahin, *Subversion as Foreign Policy: The Secret Eisenhower and Dulles Debacle in Indonesia* (New York: New Press, 1995).
60. Draft Letter from CIA Director W. F. Raborn to the President, July 20, 1965, Kahin Papers, "Chronological File."
61. 另外還有一個風險遠遠更高的可能性，則是那些將領遭到的謀害可以理解為一項刻

36. British Embassy Jakarta (Gilchrist) to Foreign Office (Stewart), "Attempted Coup in Indonesia."
37. Taomo Zhou, "China and the Thirtieth of September Movement," *Indonesia* 98 (October 2014): 29–58。周陶沫雖然認為艾地向毛澤東告知了那場運動的計畫，但她提出的證據卻無法證明這項主張。
38. 他們因此寫道：「十月一日政變基本上是一件陸軍內部事務，起源自蒂博尼哥羅師裡的一個小派系，企圖利用蘇卡諾與印尼共產黨領導層以達成其本身的目的，但達成的結果只有無可挽回地破壞了其中一方的道德與政治權威，以及在實體上消滅了另一方。」Anderson and McVey, *A Preliminary Analysis*, 119.
39. Notosusanto and Saleh, *Coup Attempt*. 關於康乃爾學者與陸軍這項爭論的歷史，見Benedict R. O'G. Anderson, "Scholarship on Indonesia and Raison d'Etat: Personal Experience," *Indonesia* 62 (October 1996): 1–18; Asvi Warman Adam, "Ben Anderson's Work on Indonesia Challenged Suharto's Military Rule," *Jakarta Globe*, December 18, 2015; George McT. Kahin, *Southeast Asia: A Testament* (New York: Routledge, 2003), chapter 8.
40. 見安復部彙整而在一九六七年一月由蘇哈托將軍提交給臨時人民協商會議的文件，其中包括訊問報告與非常軍事法庭證詞：Departemen Angkatan Darat, Direktorat Kehakiman, Team Pemeriksa Pusat, "Laporan Team," Jakarta, January 19, 1967, Kahin Papers.
41. Antonie Dake, *The Sukarno File, 1965–1967: Chronology of a Defeat* (Leiden: Brill, 2006).
42. Salim Haji Said, *Gestapu 65: PKI, Aidit, Sukarno, dan Soeharto* (Jakarta: Mizan Publishers, 2015).
43. 在陸軍透過媒體提出其論點之後，不少地方觀察者顯然相信蘇卡諾涉入劫持將領的陰謀，但無意殺害他們。這些觀察者包括了以下這些受到凱亨訪問的人物：伊斯蘭大學生協會的五名領袖，一九六七年六月十八日，雅加達；日惹蘇丹，一九六七年六月十二日；一名印尼社會黨高階人士，一九六七年六月十四日；Sumarman，一九六七年六月二十日，Kahin Papers。
44. George Kahin interview with Johannes Leimena, May 3, 1976, Jakarta, Kahin Papers.
45. 關於達克不經思辨即以維賈納科的證詞為準的做法，有一項嚴厲批評可見於一名前政治犯的回憶錄裡：Tan Swie Ling, *G30S 1965, Perang Dingin dan Kehancuran Nasionalisme: Pemikiran Cina Jelata Korban Orba* (Jakarta: Komunitas Bambu, 2010), 14–17.
46. 在針對蘇卡諾身為共犯這種觀點提出過強烈異議的人士當中，有一人是印尼駐莫斯科（一九六四至一九六七）前大使Manai Sophiaan。他的著作*Kehormatan Bagi Yang Berhak: Bung Karno Tidak Terlibat G30S/PKI* (Jakarta Yayasan Mencerdaskan Kehidupan Bangsa, 1994)在出版當時引發了一波激烈的抗議潮。
47. W. F. Wertheim, "Suharto and the Untung Coup—the Missing Link," *Journal of Contemporary Asia* 1, no. 2 (Winter 1970): 50–57; Wertheim, "Whose Plot?" 蘇哈托也似乎和這項陰謀裡

The Contours of Mass Violence in Indonesia, 1965–68, ed. Douglas Kammen and Katharine McGregor (Singapore: NUS Press, 2012), 25–49.

22. 這個版本和另一個版本帶有引人注目的相似性，也就是出版於一九六八年的中情局官方版本：US Central Intelligence Agency, Directorate of Intelligence, *Indonesia—1965: The Coup That Backfired* (Washington, DC: CIA, 1968)。美國官員也偏好這種觀點。在那場疑似政變發生當時擔任駐雅加達大使館副館長，後來又擔任大使的加爾布雷斯，在一九七一年向凱亨表示，他相信印尼共產黨在十月一日的行動當中扮演了主要角色。George Kahin, interview with Francis Galbraith, June 1, 1971, Jakarta, Kahin Papers.
23. Howard P. Jones, "American-Indonesian Relations," presentation at Chiefs of Mission Conference, Baguio, Philippines, Howard P. Jones Papers, box 21, Hoover Institution Archives, 12, cited in Roosa, *Pretext for Mass Murder*, 193.
24. British Embassy Jakarta (Gilchrist) to Foreign Office (Stewart), "Attempted Coup in Indonesia," October 19, 1965, DH 1015/215, FO 371/180320, National Archives of the United Kingdom [UKNA].
25. 安德森指出，班森「確信印尼共產黨在那場政變失敗之後即被逼進死角，陷入無法翻身的處境」。Benedict Anderson interview with Colonel George Benson, November 10, 1965, personal archive of Ruth T. McVey [McVey Papers], box 9, file 190.
26. George Kahin, interview with Francis Galbraith, June 1, 1971, Jakarta, Kahin Papers.
27. George Kahin interview with five top leaders of the HMI, June 18, 1967, Jakarta, Kahin Papers.
28. Benedict Anderson and Ruth McVey, "What Happened in Indonesia?" *New York Review of Books*, June 1, 1978.
29. Dinas Sejarah TNI-AD, "Crushing the G30S/PKI in Central Java," in *The Indonesian Killings, 1965–1966: Studies from Java and Bali*, ed. Robert Cribb, no. 21 (Clayton, Victoria: Monash Papers on Southeast Asia, 1990), 165.
30. Roosa, "September 30th Movement," 36.
31. 關於喬諾所謂的自白，其內容以及一段長篇評論可見於 Anderson and McVey, *A Preliminary Analysis*, 211–17.
32. 同上，217。
33. Interview with Siauw Giok Tjan, June 14, 1979, McVey Papers, Biog box 2; interview with Supeno and Siauw Giok Tjan, June 16, 1979, McVey Papers, Biog box 2.
34. 舉例而言，見 W. F. Wertheim, "Whose Plot? New Light on the 1965 Events," *Journal of Contemporary Asia* 9, no. 2 (1979): 197–215。另見 interview with Oei Tjoe Tat and Mas B, April 21, 1979, McVey Papers, box 8, file 169a.
35. Interview with SB, April 9, 1979, London, McVey Papers, file 169b.

16. 一九六五年十二月，蘇卡諾駁斥了那些將領遭到身體毀傷的指控，並且引述官方驗屍報告證明他的論點，但沒有獲得任何人的注意。他的呼籲被視為對於左派的片面辯護，並且證明了他對於那些將領的死亡毫無懺悔之心。
17. 關於畢克神父，見Made Supriatma, "Kamerad Dalam Keyakinan: Pater Joop Beek, SJ dan Jaringan BA Santamaria di Asia Tenggara," *Harian Indoprogress*, September 29, 2016.
18. 克勞奇寫道，那些審判的主要目標是「藉由他人削弱總統的可信度，並且證明他無力拯救自己最忠實的同事」。Crouch, *Army and Politics*, 211. 關於那些審判，另見Amnesty International, *Indonesia: An Amnesty International Report* (London: Amnesty International, 1977), 45–54.
19. 勿里達的軍事行動所聚焦的對象是一小群印尼共產黨員，他們在那場大規模殺戮之後，試圖在一批據知同情印尼共產黨的村莊裡成立一個據點。一九六七年，陸軍把這個群體描繪成危險的武裝叛亂分子，而在那個地區展開一場名為「三叉戟行動」(Operasi Trisula) 的全面軍事行動，結果造成數百人死亡。見Vannessa Hearman, "Dismantling the Fortress: East Java and the Transition to Suharto's New Order Regime" (PhD diss., University of Melbourne, 2012). 西加里曼丹的行動則是以受到指控為共產黨員的人士為對象，其中大多數都是華裔印尼人。在這項行動裡，陸軍動員了達雅族 (Dayak) 的人口，並且藉由族裔之間的差異與較勁而煽動他們攻擊以及殺害他們社區裡的華裔人口。見Jamie Davidson and Douglas Kammen, "Indonesia's Unknown War and the Lineages of Violence in West Kalimantan," *Indonesia* 73 (April 2002): 53–87.
20. Majelis Permusyawaratan Rakyat Sementara (MPRS) Republik Indonesia, *Ketetapan MPRS Republik Indonesia No: XXV/MPRS/1966 tentang Pembubaran Partai Komunis Indonesia, Pernjataan Sebagai Organisasi Terlarang Diseluruh Wilajah Republik Indonesia bagi Partai Komunis Indonesia dan Larangan Setiap Kegiatan Untuk Menjebarkan Paham atau Adjaran Komunis/Marxisme-Leninisme*, July 5, 1966.
21. 這項陳述雖然在那場疑似政變之後的幾天內，就已開始出現在危言聳聽的媒體報導裡，但首度系統性的表達卻是在軍隊的一份刊物中提出，Angkatan Bersendjata Republik Indonesia, *40 Hari Kegagalan G-30-S* (Jakarta: Staf Pertahanan Keamanan, 1966)。在一九六八年以英文發表的另一個官方版本，是Nugroho Notosusanto and Ismail Saleh, *The Coup Attempt of the "September 30 Movement" in Indonesia* (Jakarta: Pembimbing Massa, 1968)。官方的印尼文記述，也就是政府所謂的白皮書，則是終於在一九九四年出版為Sekretariat Negara Republik Indonesia, *Gerakan 30 September: Pemberontakan Partai Komunis Indonesia. Latar Belakang, Aksi, dan Penumpasannya* (Jakarta: Sekretariat Negara Republik Indonesia, 1994)。魯薩主張這些陳述在三個關鍵問題上其實各有出入：亦即印尼共產黨所負罪責的本質、那場運動的本質，以及那場運動如何受到摧毀。見John Roosa, "The September 30th Movement: The Aporias of the Official Narratives," in

5. 一九六五年十月一日的事件通常被描述為政變、失敗政變或者流產政變。有些觀察者認為這類用語具有誤導性，因為這些用語顯然接受了一項具有爭議的假設，亦即九三〇運動確實企圖發動政變，並且因此掩飾了這項事實：在十月一日之後的幾個月，發生了陸軍奪權的實際政變。由於這些原因，我把一九六五年十月一日的事件稱為疑似政變。只要在有可能的情況下，我都把領導一九六五年十月一日那項行動的團體稱為九三〇運動。

6. "Initial Statement of Lieutenant Colonel Untung," reprinted in Benedict Anderson and Ruth McVey, *A Preliminary Analysis of the October 1, 1965 "Coup" in Indonesia* (Ithaca, NY: Cornell Modern Indonesia Project, 1971), 164–66.

7. 舉例而言，那份聲明指出：「那些權力饑渴的將領和軍官，不但對手下士兵的命運視而不見，並且在士兵集體受苦的情況下自顧自過著奢華愉悅的生活、侮辱我們的女性，還浪費公帑。我們一定要把這些人踢出陸軍，給予應有的懲罰」。同上，166。

8. "Decree No. 1 on the Establishment of the Indonesian Revolution Council," reprinted in Anderson and McVey, *A Preliminary Analysis*, 167–69. 同樣的，二號令也藉著宣布中校是武裝部隊裡最高的軍階，而實際上把所有的將軍降級，並且把所有支持這場運動的人員晉升一級，在其中扮演直接角色的人員更是晉升兩級。"Decision No. 2 Concerning Demotion and Promotion of Rank," reprinted in Anderson and McVey, *A Preliminary Analysis*, 175–76.

9. 達尼在一九六五年十月一日上午九點三十分簽署了一份命令，支持這場運動的行動。不過，由於種種原因，這份命令一直等到下午才於印尼共和國廣播電臺播送。關於那份命令的內容，見Boerhan and Soebekti, *"Gerakan 30 September,"* 2nd ed. (Jakarta: Lembaga Pendidikan Ilmu Pengetahuan dan Kebudajaan Kosgoro, 1966), 83–84.

10. 關於蘇卡諾的發言內容，見同上，79–81。

11. 關於納蘇蒂安的演說內容，見同上，97–100。

12. 舉例而言，見*Angkatan Bersendjata*, October 9 and 14, 1965; *Duta Masyarakat*, October 13 and 15, 1965.

13. George Kahin interview with Colonel Henu Heli, June 13, 1967, Jakarta, Kahin Papers.

14. 在中爪哇，支持翁東這項運動的關鍵陸軍人員是蒂博尼哥羅師的三寶瓏總部當中的年輕軍官，包括Suherman上校、Marjono上校與Usman Sastrodibroto中校。在日惹，這項運動的部隊殺了兩名囚犯：Katamso Darmokusumo上校與Soegiono中校；但在梭羅與沙拉迪加，所有的囚犯則是都安然獲釋。關於中爪哇在這個時候的狀況，見Anderson and McVey, *A Preliminary Analysis*, 89–101, 106–11, 115–18.

15. 卡門與麥格雷戈在這段時期寫道：「蘇卡諾持續譴責那些公然的謊言以及煽動平民動手報復的宣傳內容，還有屠殺的行為。」Kammen and McGregor, *Contours of Mass Violence*, 3.

Indonesia," in *1965: Indonesia and the World, Indonesia dan Dunia*, ed. Bernd Schaefer and Baskara T. Wardaya, bilingual ed. (Jakarta: Gramedia Pustaka Utama, 2013), 54–55.

69. 關於土地改革引起的衝突，見 Mortimer, *Indonesian Communism*, chapter 7; Robinson, *Dark Side of Paradise*, 235–72.
70. Crouch, *Army and Politics*, 64. 關於印尼共產黨對於土地改革的立場，有一項詳細的記述可見於 Mortimer, *Indonesian Communism*, 132–40.
71. 關於班達貝奇種植園事件，詳見 Crouch, *Army and Politics*, 87–88.
72. 克勞奇寫道：「一九六三年與一九六四年的通貨膨脹幅度分別達到一一九％與一三四％，接著在一九六五年一月至八月間又進一步上升五〇％。在物價持續上漲的同時，出口卻出現下滑，於是外國政府提供新貸款的意願也隨之下降。隨著支付進口貨款的能力下滑，總統因此不得不把「Berdikari」（自力更生）原則宣告為革命五魔咒之一，並且宣布稻米進口將在一九六五年停止，接著紡織品進口也將在一九六六年停止。……另一方面，政府提高收入的能力也出現下降，以致道路、鐵路、港口以及其他基礎設施都陷入破損失修的狀態。」Crouch, *Army and Politics*, 95–96. 另見 J.A.C. Mackie, *Problems of the Indonesian Inflation* (Ithaca, NY: Cornell Modern Indonesia Project, 1967).
73. Crouch, *Army and Politics*, 82.
74. 同上，96。

第三章：藉口

1. 涉入其中的主要陸軍單位是賈克拉比拉瓦團 (Tjakrabirawa Regiment) 第一營、中爪哇的蒂博尼哥羅指揮部 (Diponegoro Command) 第四百五十四營，以及東爪哇的布拉維賈亞指揮部 (Brawijaya Command) 第五百三十營。整體而言，這項運動控制了兩千五百名左右的士兵。
2. 亞尼、Pandjaitan 與 Harjono 這三名將領在遭到劫持期間被殺；Soeprapto、帕曼與 Soetojo 這三名將領則是後續才被殺。
3. 此處的記述主要取自幾個備受信任的資料來源，包括 Harold Crouch, *The Army and Politics in Indonesia* (Ithaca, NY: Cornell University Press, 1978); John Roosa, *Pretext for Mass Murder: The September 30th Movement and Suharto's Coup d'Etat in Indonesia* (Madison: University of Wisconsin Press, 2006); Douglas Kammen and Katharine McGregor, eds., *The Contours of Mass Violence in Indonesia, 1965–68* (Singapore: NUS Press, 2012). 此處的記述也取自凱亨教授在一九六〇年代晚期與一九七〇年代期間對關鍵人物從事的訪談，因為筆者得以獲取那些訪談的筆記。Personal archive of George McT. Kahin [Kahin Papers].
4. 翁東是總統衛隊賈克拉比拉瓦團第一營的營長。扮演了核心角色的其他陸軍軍官，還包括阿卜杜勒・拉提夫上校與蘇帕吉歐准將。

55. 右派當然還有其他若干政黨，包括因為支持區域暴動而在一九六〇年與馬斯友美黨一同遭禁的印尼社會黨；在一九六五年一月遭到「凍結」的平民黨；以及天主教黨。不過，相較於印尼國民黨、伊斯蘭教士聯合會以及馬斯友美黨，這些政黨扮演的角色都比較不重要。

56. 關於伊斯蘭教士聯合會，見Greg Fealy and Katharine McGregor, "East Java and the Role of Nahdlatul Ulama in the 1965–66 Anti-Communist Violence," in *The Contours of Mass Violence in Indonesia, 1965–68*, ed. Douglas Kammen and Katharine McGregor (Singapore: NUS Press, 2012), 104–30. 另見Andree Feillard, *NU vis-à-vis Negara: Pencarian Isi, Bentuk dan Makna* (Yogkakarta: LKiS, 1999).

57. 馬斯友美黨（全名為「Majelis Syuro Muslimin Indonesia」，意為印尼穆斯林諮詢會）原本在一九四三年十一月由日本占領當局成立，目的在於團結印尼內部的伊斯蘭教各群體。見Harry J. Benda, *Crescent and the Rising Sun: Indonesian Islam under the Japanese Occupation* (The Hague: W. van Hoeve, 1958).

58. 關於美國在一九五五年選舉對於馬斯友美黨的支持，見第四章。

59. 關於伊斯蘭大學生協會在這些年間的運作，見M. Alfar Alfian, *HMI, 1963–1966: Menegakkan Pancasila di Tengah Prahara* (Jakarta: Kompas, 2013).

60. 關於印尼國民黨的歷史，見J. Eliseo Rocamora, "Nationalism in Search of an Ideology: Indonesia's Nationalist Party, 1946–1965"(PhD diss., Cornell University, 1974).

61. Crouch, *Army and Politics*, 42.

62. 兩千一百萬這個數字，是據說自願參與「粉碎馬來西亞」這項運動的人數。關於第五軍種的構想以及相關辯論，見同上，86–94。

63. 艾地據說在一九六五年一月向蘇卡諾提出這個想法。見*Harian Rakyat*, January 15, 1965.

64. Crouch, *Army and Politics*, 91.

65. 同上，87–89。

66. 關於吉爾開斯特信函，見Brian May, *The Indonesian Tragedy* (London: Routledge and Kegan Paul, 1978), 125–26。這封信函有一份模糊難辨的複印本與一份日期標注為一九六五年三月二十四日的抄本，收錄在外交部長蘇班卓的一九六六年審判的官方紀錄裡。見*"Gerakan 30 September" Dihadapan Mahmillub, Perkara Dr. Subandrio, Vol. 1* (Jakarta: Pusat Pendidikan Kehakiman A.D., 1967), 102–3。這封信函在第四章有更詳細的探討。

67. 根據其他記述，亞尼將軍向總統報告說確實有一個某種型態的將領委員會，但只是個討論個人問題的論壇而已。有些觀察者猜測認為，將領委員會的傳言是一項刻意挑釁的舉動，由陸軍戰略後備隊情報官阿里．穆爾多波放出，藉此為陸軍戰略後備隊提供攻擊印尼共產黨的藉口。

68. Bradley Simpson, "The United States and the International Dimension of the Killings in

and Ruth McVey (Ithaca, NY: Cornell Southeast Asia Program, 1996), 96–117; Rex Mortimer, *The Indonesian Communist Party and Land Reform, 1954–1965* (Clayton, Victoria: Monash University Centre for Southeast Asian Studies, 1972); Mortimer, *Indonesian Communism*.

44. Memorandum from Executive Secretary of NSC, "US Policy on Indonesia,"December 19, 1960, *Declassified Documents Catalog*, United States, 1982, #592.
45. 一九六七年，反共的印尼社會黨當中的一名高階人物向凱亨表示，艾地任由印尼共產黨過度依賴蘇卡諾：「這一部分是因為艾地的性格，尤其是他的虛榮心與封建觀點，導致他對蘇卡諾的敬畏與景仰達到危險的程度。」George Kahin interview with senior PSI figure, June 14, 1967, Jakarta, Kahin Papers.
46. 戒嚴令從一九五七年三月持續到一九六三年五月，但後來又因為陸軍的要求而在一九六四九月局部恢復實施。這點確保了陸軍的龐大權力得以持續到一九六五年十月發生的事件。Crouch, *Army and Politics*, 76, 33.
47. 關於陸軍權力的根深蒂固，見Lev, *Transition to Guided Democracy*。另見Crouch, *Army and Politics*, 47.
48. 關於印尼陸軍結構與信條的簡短概要，見Robinson, "Indonesia."
49. 原本在一九五八年由陸軍參謀長納蘇蒂安提出，稱為「中道」信條，後來在一九六五年四月經過改進而正式確立為陸軍的「Tri Ubaya Sakti」（三項神聖承諾）信條。Crouch, *Army and Politics*, 82; Robinson, "Indonesia," 232.
50. 納蘇蒂安將軍的高級助理指出，艾地受到查獲的日記把中爪哇與東爪哇部分陸軍情報軍官列為印尼共產黨的同情者。George Kahin interview with Lieutenant Colonel Henu Heli, June 13, 1967, Jakarta, Kahin Papers. 另一名線民向凱亨表示，中爪哇與東爪哇區域領導組織當中的軍事代表有多達百分之三十都是印尼共產黨的支持者。George Kahin interview with Sumarman, June 20, 1967, Jakarta, Kahin Papers. 北蘇門答臘的陸軍當局據說也向美國官員指稱當地部隊有多達百分之三十的士兵同情印尼共產黨。Douglas Kammen, personal communication, January 24, 2017.
51. 舉例而言：「雖然沒有證據顯示歐瑪爾·達尼以及其他空軍高階軍官在意識形態上忠於印尼共產黨，但他們對陸軍抱持的敵意使得他們與印尼共產黨站在同一邊，成為總統支持者而反對陸軍領導層。」Crouch, *Army and Politics*, 84. 關於海軍和警方的立場，見同上，84–85。
52. 同上，37。
53. 關於印尼共產黨在軍隊內部招募成員的嘗試，以及特別行動局的成立，見同上，82–83。
54. 舉例而言，與陸軍之間比較重要的一項緊張關係，就是陸軍司令亞尼將軍和武裝部隊司令納蘇蒂安將軍之間主要出自個人的敵意。關於陸軍和武裝部隊內部的缺乏凝聚力，以及亞尼與納蘇蒂安的決裂，見同上，79–81。

33. 關於蘇卡諾的生平與政治思想，見Legge, *Sukarno*.

34. 蘇卡諾在一九二九年十二月遭到逮捕，而和另外三人一同在一九三〇年受審。他在一九三一年十二月獲釋，但在一九三三年八月又再度被捕，而被羈押到一九四二年大戰爆發為止。Kahin, *Nationalism and Revolution*, 90–94. 蘇卡諾為一九三〇年的審判所撰寫的答辯演說〈印尼控訴！〉(Indonesia Accuses!)，後來成了反殖民民族主義立場的經典論述。見Sukarno, *"Indonesia Accuses!" Sukarno's Defense Oration in the Political Trial of 1930*, ed. And trans. Roger K. Paget (Kuala Lumpur: Oxford University Press, 1975).

35. 見Benedict R. O'G. Anderson, "The Idea of Power in Javanese Culture," in *Culture and Politics in Indonesia*, ed. Claire Holt, Benedict R. Anderson, and James T. Siegel (Ithaca, NY: Cornell University Press, 1972), 1–69. 另見Legge, *Sukarno*.

36. Crouch, *Army and Politics*, 68.

37. 引用於同上，67。

38. 印尼共產黨成立於一九二〇年五月二十三日，其前身東印度群島社會民主聯盟 (Indies Social Democratic Union) 則是成立於一九一四年。Kahin, *Nationalism and Revolution*, 74–75。中國共產黨成立於一九二一年七月一日。

39. Rex Mortimer, *Indonesian Communism under Sukarno: Ideology and Politics, 1959–1965* (Ithaca, NY: Cornell University Press, 1974), 366. Mortimer提供了以下這些成員人數，單位為百萬：印尼共產黨（三・五）、人民青年團（三）、印尼中央職工會（三・五）、印尼農民陣線（九）、印尼婦女運動（三）、人民文化協會（五），以及印尼大學畢業生聯合會（〇・〇七）。另見*Harian Rakyat*, May 14, 1965; Crouch, *Army and Politics*, 67.

40. 舉例而言，見Sudisman, "Analysis of Responsibility: Defense Speech of Sudisman, General Secretary of the Indonesian Communist Party at His Trial before the Special Military Tribunal, Jakarta, 21 July 1967," trans. Benedict Anderson (Melbourne, Victoria: Works Co-operative, 1975); Olle Tornquist, *Dilemmas of Third World Communism: The Destruction of the PKI in Indonesia* (London: Zed Books, 1985).

41. Kahin, *Nationalism and Revolution*, 86. 這場暴動發動於一九二六年十一月十二日，並且在部分區域斷斷續續地延燒到一九二七年初，但涉入其中的人數從來不曾超過幾千人。關於一九二六年暴動以及印尼共產黨的早期歷史，見Ruth McVey, *The Rise of Indonesian Communism* (Ithaca, NY: Cornell University Press, 1965).

42. 新一代的領袖全都是在慕梭領導下於一九四八年八月底新成立的印尼共產黨政治局的成員。一九五一年，艾地二十七歲、盧克曼三十一歲，喬托則是二十三歲。Swift, *Road to Madiun*, 56–57.

43. 見Ruth McVey, "Nationalism, Revolution, and Organization in Indonesian Communism," in *Making Indonesia: Essays on Modern Indonesia in Honor of George McT. Kahin*, ed. Daniel Lev

1951.

21. 舉例而言，見馬斯友美黨發行的報紙*Abadi*, September 4, 1953。關於茉莉芬事件的政府官方記述，見Sekretariat Negara Republik Indonesia, *Gerakan 30 September: Pemberontakan Partai Komunis Indonesia. Latar Belakang, Aksi, dan Penumpasannya* (Jakarta: Sekretariat Negara Republik Indonesia, 1994), 17–23.
22. 舉例而言，見Tim PBNU, *Benturan NU–PKI, 1948–1965* (Jakarta, 2013).
23. 蘇卡諾原本提出的五項原則是民族主義、國際主義（還有人道主義）、民主、社會正義，以及在宗教自由的情境當中信仰上帝。關於班查西拉的起源，見Legge, *Sukarno*, 184–88.
24. 見Herbert Feith, *The Indonesian Elections of 1955* (Ithaca, NY: Cornell Modern Indonesia Project, 1957).
25. 關於特定省分在一九五五年與一九五七年這兩次選舉結果的比較，見J. D. Legge, *Central Authority and Regional Autonomy in Indonesia: A Study in Local Administration, 1950–1960* (Ithaca, NY: Cornell University Press, 1961), 150.
26. 關於這些區域暴動，見George McT. Kahin and Audrey Kahin, *Subversion as Foreign Policy: The Secret Eisenhower and Dulles Debacle in Indonesia* (New York: New Press, 1995); Barbara Harvey, *Permesta: Half a Rebellion* (Ithaca, NY: Cornell Modern Indonesia Project, 1977).
27. Crouch, *Army and Politics*, 39; Daniel Lev, *The Transition to Guided Democracy: Indonesian Politics, 1957–1959* (Ithaca, NY: Cornell Modern Indonesia Project, 1966), 34, 69–70.
28. 見Daniel Lev, *The Transition to Guided Democracy*; Herbert Feith, *The Decline of Constitutional Democracy in Indonesia* (Ithaca, NY: Cornell University Press, 1962).
29. 議會制度經常受到的一項埋怨，就是這種制度經常造就出軟弱又短命的政府。在一九四九年十二月到一九五七年三月這段期間，總共出現了七個內閣，而且沒有一個持續時間超過兩年。Feith, *Decline of Constitutional Democracy*, xvii–xix.
30. Crouch, *Army and Politics*, 45.
31. 關於對抗運動受到看待的這種觀點，見同上，55–62。另見John Subritsky, *Confronting Sukarno: British, American, Australian, and New Zealand Diplomacy in the Malaysian-Indonesian Confrontation, 1961–1965* (New York: St. Martin's Press, 2000).
32. 安德森把這段過程描述為「群眾政治愈來愈快也愈來愈廣地滲入整個印尼社會，〔因此〕這些政黨〔印尼共產黨、印尼國民黨與伊斯蘭教士聯合會〕都能夠在不是完全沒有道理的情況下，聲稱自己是一個條理井然的龐大意識形態『家族』的核心，成員各自多達兩千萬人，而在每個生活領域當中日夜不休地激烈競逐影響力」。Benedict Anderson, "Old State, New Society: Indonesia's New Order in Comparative Historical Perspective," in *Language and Power: Exploring Political Cultures in Indonesia*, ed. Benedict Anderson (Ithaca, NY: Cornell University Press, 1990), 107.

10. 關於印尼民族主義革命，見Kahin, *Nationalism and Revolution*; Anderson, *Java in a Time of Revolution*; Anthony Reid, *The Indonesian National Revolution* (Hawthorn, Victoria: Longman, 1974).
11. 關於印尼陸軍的歷史，見Harold Crouch, *The Army and Politics in Indonesia* (Ithaca, NY: Cornell University Press, 1978)。另見Ulf Sundhaussen, *The Road to Power: Indonesian Military Politics, 1945–1967* (Kuala Lumpur: Oxford University Press, 1982); Geoffrey Robinson, "Indonesia—On a New Course?,"in *Coercion and Governance: The Declining Political Role of the Military in Asia*, ed. Muthiah Alagappa (Stanford, CA: Stanford University Press, 2001), 226–56.
12. 舉例而言，一名瑞士學者獲准查閱先前受到保密的荷蘭軍事檔案之後，就提出了這樣的論點。見Remy Limpach, "Business as Usual: Dutch Mass Violence in the Indonesian War of Independence," in *Colonial Counterinsurgency and Mass Violence: The Dutch Empire in Indonesia*, ed. Bart Luttikhuis and A. Dirk Moses (New York: Routledge, 2014), 64–90; *De Brandende Kampongs van General Spoor* (Amsterdam: Uitgeverij Boon, 2016).
13. 舉例而言，見Anne-Lot Hoek, "Wij gaan het hier nog heel moeilijk krijgen," *NRC Weekend*, January 9–10, 2016; "Ook op Sumatra richtte Nederland en bloedbad aan," *NRC*, February 13, 2016; "Waarheidscommissie Indie is nodig," *NRC Weekend*, October 10, 2015; "Bloedbaden op Bali," *Vrij Nederland*, November 13, 2013.
14. 關於陸軍的教條與結構，見Robinson, "Indonesia," 230–33。另見Ruth McVey, "The Post-Revolutionary Transformation of the Indonesian Military," *Indonesia* 11 (April 1971): 133–42; Crouch, *The Army and Politics in Indonesia*; and Sundhaussen, *The Road to Power.*
15. 由副總統哈達提議並且由時任陸軍副司令的納蘇蒂安上校主導的陸軍「合理化」計畫，目標在於把原有八十萬名正規軍人與非正規軍人的武裝部隊，削減為一個只有十六萬人左右但紀律精良的陸軍。Ruth Ann Swift, *Road to Madiun: The Indonesian Communist Uprising of 1948* (Ithaca, NY: Cornell Southeast Asia Program, 1989), 44.
16. 關於一九四五年中這份雅加達憲章的起源，見Legge, *Sukarno*, 170–71.
17. 關於伊斯蘭之域，見C. van Dijk, *Rebellion under the Banner of Islam: The Darul Islam in Indonesia* (The Hague: Martinus Nijhoff, 1981).
18. 關於茉莉芬事件最完整的記述，見Swift, *Road to Madiun*.
19. 慕梭在一九四八年十月三十一日被殺，另外十一名印尼共產黨領袖則是在十二月中旬遭害。在荷蘭人於一九四八年十二月打破停戰協議之後不久，原本遭到羈押的人士幾乎全部獲得釋放，並且獲准加入戰鬥行列。同上，80。Hamish McDonald寫道，「叛亂到了十二月已受到鎮壓，領導者也遭到處死；好幾千人被殺，還有三萬五千人左右遭到政府逮捕。」Hamish McDonald, *Suharto's Indonesia* (Sydney: Fontana, 1981), 18.
20. 舉例而言，見Mirajadi, "Tiga Tahun Provokasi Madiun," *Bintang Merah*, August–September

33. 在*From Development to Dictatorship*當中，Field顯示美國雖然實際上反對一九六四年的玻利維亞軍事政變，卻還是因為極力支持軍方透過「爭取進步聯盟」(Alliance for Progress) 所主導的現代化計畫，而對政變的結果做出直接貢獻。
34. 舉例而言，見Donald Bloxham, *The Final Solution: A Genocide* (Oxford: Oxford University Press, 2009); Christopher Browning and Jurgen Matthaus, *The Origins of the Final Solution: The Evolution of Nazi Jewish Policy, September 1939–1942* (Lincoln: University of Nebraska Press, 2004); Mann, *Dark Side of Democracy*; Straus, *Order of Genocide*; Valentino, *Final Solutions*; Uğur Ungor, "When Persecution Bleeds into Mass Murder: The Processive Nature of Genocide," *Genocide Studies and Prevention* 1, no. 2 (2006): 173–76.

第二章：先決條件

1. 歐洲人在印尼群島上的活動雖然可以追溯到十六世紀晚期，但荷蘭人稱為荷屬東印度群島的這座殖民地，卻是直到二十世紀的頭十年才形成其最終的型態。在那個時候確立的地理界線，後來就成了在一九四五年八月十七日宣告脫離荷蘭而獨立的印尼共和國的國界。
2. 關於印尼民族主義運動的起源和歷史，見George McT. Kahin, *Nationalism and Revolution in Indonesia* (Ithaca, NY: Cornell University Press, 1952), 37–100.
3. Sukarno, *Nationalism, Islam, and Marxism*, trans. Karel H. Warouw and Peter D. Weldon (Ithaca, NY: Modern Indonesia Project, Southeast Asia Program, Cornell University, 1970). 另見J. D. Legge, *Sukarno: A Political Biography* (Sydney: Allen and Unwin, 1990).
4. 見Geoffrey Robinson, *The Dark Side of Paradise: Political Violence in Bali* (Ithaca, NY: Cornell University Press, 1995), chapters 2, 3, and 6.
5. Benedict Anderson, ed., *Violence and the State in Suharto's Indonesia* (Ithaca, NY: Cornell Southeast Asia Program, 2001), 11. 關於日本占領的政治重要性，見Benedict R. O'G. Anderson, *Java in a Time of Revolution* (Ithaca, NY: Cornell University Press, 1972); Robinson, *Dark Side of Paradise*, chapter 4; Ruth McVey, "The Post-Revolutionary Transformation of the Indonesian Military," *Indonesia* 11 (April 1971): 133–42.
6. 這些團體包括鄉土防衛義勇軍、輔助軍 (Heiho)、真主黨陣線 (Barisan Hizbu-llah)、青年團 (Seinendan)、警防團 (Keibodan)、爪哇服務聯盟 (Jawa Hokokai) 以及先鋒團 (Barisan Pelopor)。見Anderson, *Java in a Time of Revolution*, 22–30.
7. 關於鄉土防衛義勇軍，見Anderson, *Java in a Time of Revolution*, 22–25.
8. 日本戰時軍事政權「經常私下刑求以及公開處決人犯、造成大饑荒，並且在強制勞動營裡造成數十萬人死亡」。Anderson, *Violence and the State in Suharto's Indonesia*, 9.
9. 安德森指出，在日本人抵達印尼的時候，未能逃離的荷蘭人「都被送到嚴苛的拘留營，警衛通常是受過日本人訓練的印尼本土人」。同上，11。

Chicago Press, 1992); Straus, *Making and Unmaking Nations*.

27. 斯特勞斯指出，在亞美尼亞種族滅絕、猶太大屠殺以及盧安達等受到最多研究的種族滅絕案例當中，「地方行為者在辨識以及分類目標群體，還有對他們施加暴力當中，都扮演了關鍵性的角色」。Straus, *Making and Unmaking Nations*, 131.

28. 舉例而言，見Fein, *Accounting for Genocide*; Erwin Staub, *The Roots of Evil: The Origins of Genocide and Other Group Violence* (Cambridge: Cambridge University Press, 1989); Rene Lemarchand, *The Dynamics of Violence in Central Africa* (Philadelphia: University of Pennsylvania Press, 2009); Sara Lipton, *Dark Mirror: The Medieval Origins of Anti-Jewish Iconography* (New York: Metropolitan, 2014).

29. Helen Fein, "Revolutionary and Anti-Revolutionary Genocides: A Comparison of State Murders in Democratic Kampuchea, 1975–1979, and in Indonesia, 1965–1966," *Comparative Studies in Society and History* 35, no. 4 (October 1993), 799. 另見Helen Fein, *Accounting for Genocide*, especially chapter 1; Helen Fein, "Genocide: A Sociological Perspective," *Current Sociology* 38 (Spring 1990): 1–126.

30. 舉例而言，見Doris L. Bergen, *War and Genocide: A Concise History of the Holocaust* (Oxford: Rowman and Littlefield, 2003); Scott Straus, *The Order of Genocide: Race, Power, and War in Rwanda* (Ithaca, NY: Cornell University Press, 2006); Norman Naimark, *Stalin's Genocides* (Princeton, NJ: Princeton University Press, 2007); Manus Midlarsky, *The Killing Trap* (Cambridge: Cambridge University Press, 2005); John W. Dower, *War without Mercy: Race and Power in the Pacific War* (New York: Random House, 1986); Valentino, *Final Solutions*; Melson, *Revolution and Genocide*; Weitz, "Modernity of Genocides."

31. Margaret Keck and Kathryn Sikkink, *Activists beyond Borders: Advocacy Networks in International Politics* (Ithaca, NY: Cornell University Press, 1998); Patrice McMahon, *Taming Ethnic Hatred: Ethnic Cooperation and Transnational Networks in Eastern Europe* (Syracuse, NY: Syracuse University Press, 2007); Anja Jetschke, *Human Rights and State Security: Indonesia and the Philippines* (Philadelphia: University of Pennsylvania Press, 2011); Robinson, *"If You Leave Us Here, We Will Die."*

32. 舉例而言，見Christopher E. Goscha and Christian Osterman, eds., *Connecting Histories: Decolonization and the Cold War in Southeast Asia, 1945–1962* (Stanford, CA: Stanford University Press, 2009)。這項論點也被人以深具說服力的方式套用在玻利維亞、瓜地馬拉、智利以及其他國家。見Thomas C. Field Jr., *From Development to Dictatorship: Bolivia and the Alliance for Progress in the Kennedy Era* (Ithaca, NY: Cornell University Press, 2014); Greg Grandin, *The Last Colonial Massacre: Latin America in the Cold War*, updated ed. (Chicago: University of Chicago Press, 2011); Tanya Harmer, *Allende's Chile and the Inter-American Cold War* (Chapel Hill: University of North Carolina Press, 2011).

17. 舉例而言，見Ann Laura Stoler, *Capitalism and Confrontation in Sumatra's Plantation Belt, 1870–1979* (New Haven, CT: Yale University Press, 1985); Robinson, *Dark Side of Paradise*.
18. Melvin, "Mechanics of Mass Murder"; Robinson, *Dark Side of Paradise*, especially chapters 11–12.
19. Kammen and McGregor, *Contours of Mass Violence*, 1–24; John Roosa, "The State of Knowledge about an Open Secret: Indonesia's Mass Disappearances of 1965–66," *Journal of Asian Studies* 75, no. 2 (May 2016): 281–97; Cribb, "Political Genocides in Postcolonial Asia."
20. 舉例而言，見Hermawan Sulistyo, "The Forgotten Years: The Missing History of Indonesia's Mass Slaughter" (PhD diss., Arizona State University, 1997); Christian Gerlach, *Extremely Violent Societies: Mass Violence in the Twentieth-Century World* (Cambridge: Cambridge University Press, 2010).
21. 關於這項論點的經典陳述，而且至今仍是最周全也最具說服力的一項，見Peter Dale Scott, "The United States and the Overthrow of Sukarno, 1965–1967," *Pacific Affairs* 58, no. 2 (Summer 1985): 239–64.
22. 見Benjamin Valentino, *Final Solutions: Mass Killing and Genocide in the Twentieth Century* (Ithaca, NY: Cornell University Press, 2004); Scott Straus, *Making and Unmaking Nations: War, Leadership, and Genocide in Modern Africa* (Ithaca, NY: Cornell University Press, 2015); Helen Fein, *Accounting for Genocide: National Responses and Jewish Victimization during the Holocaust* (Chicago: University of Chicago Press, 1979).
23. 有幾名學者指出，受到國家資助的準軍事團體和民兵團體是種族滅絕的常見特徵。見Straus, *Making and Unmaking Nations*; Michael Mann, *The Dark Side of Democracy: Explaining Ethnic Cleansing* (New York: Cambridge University Press, 2005).
24. 見Geoffrey Robinson, *"If You Leave Us Here, We Will Die": How Genocide Was Stopped in East Timor* (Princeton, NJ: Princeton University Press, 2010).
25. Eric D. Weitz, *A Century of Genocide: Utopias of Race and Nation* (Princeton, NJ: Princeton University Press, 2003); Eric D. Weitz, "The Modernity of Genocides: War, Race, and Revolution in the Twentieth Century," in *The Specter of Genocide: Mass Murder in Historical Perspective*, ed. Robert Gellately and Ben Kiernan (Cambridge: Cambridge University Press, 2003), 53–74.
26. Ben Kiernan, "Twentieth Century Genocides: Underlying Ideological Themes from Armenia to East Timor," in *The Specter of Genocide: Mass Murder in Historical Perspective*, ed. Robert Gellately and Ben Kiernan (Cambridge: Cambridge University Press, 2003), 29–52; Jacques Semelin, *Purify and Destroy: Political Uses of Massacres and Genocide* (New York: Columbia University Press, 2007); Mann, *Dark Side of Democracy*; Robert Melson, *Revolution and Genocide: On the Origins of the Armenian Genocide and the Holocaust* (Chicago: University of

10. 舉例而言，見前美國大使馬歇爾・格林的回憶錄*Indonesia: Crisis and Trans-formation, 1965–1968* (Washington, DC: Compass Press, 1990)；前中情局雅加達情報站長休伊・托瓦的文章"The Indonesian Crisis of 1965–1966: A Retrospective," *International Journal of Intelligence and Counterintelligence* 7, no. 3 (Fall 1994): 313–38；前中情局駐雅加達官員約翰・皮茲卡羅的文章"The 30 September Movement in Indonesia," *Studies in Intelligence 13* (Fall 1969): 97–111。另見中情局官員福斯特・科林斯與托瓦對於印尼學者喬治・凱亨與奧黛麗・凱亨帶有偏見的攻擊："Sukarno's Apologists Write Again," International Journal of Intelligence and Counterintelligence 9, no. 3 (Fall 1996): 337–57.
11. 這些貢獻極多，無法在此一一列舉，但其中包括幾份絕佳的地方和區域研究、若干一般性與主題性論述，以及愈來愈多由那項暴力的倖存者與加害者所提出的回憶錄與證詞。這些近來出現的學術研究作品，有部分可見於Douglas Kammen and Katharine McGregor, eds., *The Contours of Mass Violence in Indonesia, 1965–68* (Singapore: NUS Press, 2012); Martijn Eickhoff, Gerry van Klinken, and Geoffrey Robinson, eds., *1965 Today: Living with the Indonesian Massacres*. Special Issue, *Journal of Genocide Research* 19, no. 3 (2017).
12. 舉例而言，約書亞・奧本海默那兩部引人入勝的紀錄片就是如此：*The Act of Killing* (Drafthouse Films, 2013), DVD；*The Look of Silence* (Drafthouse Films, 2016), DVD。此外，印尼作家所寫的許多虛構記述也是如此。舉例而言，見Putu Oka Sukanta, "Leftover Soul," in *Silenced Voices: New Writing from Indonesia*, ed. Frank Stewart and John McGlynn (Honolulu: University of Hawaii Press, 2000), 214–23; Mohammad Sjoekoer, "Death," in *Gestapu: Indonesian Short Stories on the Abortive Coup of 30th September 1965*, ed. and trans. Harry Aveling (Honolulu: University of Hawaii Press, 1975), 23–26.
13. Christopher R. Browning, *Ordinary Men: Reserve Police Battalion 101 and the Final Solution in Poland* (New York: HarperCollins, 1993); Alexander L. Hinton, "Why Did You Kill? The Cambodian Genocide and the Dark Side of Face and Honor," *Journal of Asian Studies* 57, no. 1 (February 1998): 93–118.
14. "Indonesia: Vengeance with a Smile," 23.
15. 舉例而言，見Green, *Indonesia*。有一項針對這種論點提出的詳細批評，見Geoffrey Robinson, *The Dark Side of Paradise: Political Violence in Bali* (Ithaca, NY: Cornell University Press, 1995), especially 275–80.
16. Kenneth R. Young, "Local and National Influences in the Violence of 1965," in *The Indonesian Killings, 1965–1966: Studies from Java and Bali*, ed. Robert Cribb, no. 21 (Clayton, Victoria: Monash Papers on Southeast Asia, 1990), 63–100; Margot Lyon, *Bases of Conflict in Rural Java* (Berkeley, CA: Center for South and Southeast Asia Studies Research Monograph No. 3, 1970); Robert W. Hefner, *The Political Economy of Mountain Java: An Interpretive History* (Berkeley: University of California Press, 1990).

注釋

第一章：引言

1. 如同第五章詳述的，這些數字存在不確定性，各方的估計從七萬八千五百人到三百萬人都有。不過，學者之間的普遍共識是約有五十萬人遭到殺害。
2. US Central Intelligence Agency, Directorate of Intelligence, Indonesia—1965: The Coup That Backfired (Washington, DC: CIA, 1968), 71.
3. 舉例而言，這個論點可見於Robert Cribb, "Political Genocides in Postcolonial Asia," in *The Oxford Handbook of Genocide Studies*, ed. Donald Bloxham and A. Dirk Moses (Oxford: Oxford University Press, 2010), 445–65；Jess Melvin, "Mechanics of Mass Murder: How the Indonesian Military Initiated and Implemented the Indonesian Genocide—The Case of Aceh" (PhD diss., University of Melbourne, 2014). 另一方面，種族滅絕一詞已受到其他部分學者捨棄，包括班納迪克·安德森與道格拉斯·卡門在內。同樣值得注意的是，一本探討種族滅絕的標準著作在新近推出的版本當中刪除了關於印尼一九六五至六六年事件的章節：Samuel Totten and William S. Parsons, eds., *Century of Genocide: Critical Essays and Eyewitness Accounts*, 4th ed. (New York: Routledge, 2013).
4. 見"What Happened in 1965," accessed May 23, 2017, http://worldhistory project.org/1965.
5. 在一九六七至一九六八年，陸軍針對被視為印尼共產黨所固守的陣地發起了兩項重大軍事行動，其中一處在西加里曼丹，另一處在中爪哇普沃達迪與東爪哇勿里達的附近。
6. 這些模式反映了我們當前所知的狀況，但不該被視為決定性的描述。要確認這項暴力真正的地理與時間範圍，以及殺戮與羈押之間的關係帶有什麼本質，仍需要更多的研究，尤其是在爪哇與峇里這兩座人口稠密的島嶼以外的地區。
7. Draft Letter from CIA Director W. F. Raborn to the President, July 20, 1965, personal archive of George McT. Kahin [Kahin Papers], "Chronological File."
8. "Indonesia: Vengeance with a Smile," *Time*, July 15, 1966, 26; James Reston, "A Gleam of Light in Asia," *New York Times*, June 19, 1966.
9. US Department of State Report, "Indonesia," [May 1966?], US *Declassified Documents Catalog* [*DDC*], 1994, #3183。國務院的一份歷史紀錄也在一九六八年斷定指出：「印尼從一個逐漸邁向共產控制的國家，轉變為自由世界當中一個負責任的成員，是近年來的一大成功案例。」*Administrative History: State Department*, vol. 1, chapter 7, Section L—Indonesia [ND], DDC, 1994, #3184.

Zurbuchen, Mary. "History, Memory, and the '1965 Incident' in Indonesia." *Asian Survey* 42, no. 4 (2002): 564–81.

——, ed. *Beginning to Remember: The Past in the Indonesian Present*. Seattle: University of Washington Press, 2005.

電影

40 Years of Silence. Directed by Robert Lemelson. Los Angeles: Elemental Productions, 2009. DVD.

Blok aan het Ben, een Gevangenis in Indonesie. The Netherlands, 1969.

Indonesia: The Troubled Victory. NBC, 1969.

Pengkhianatan Gerakan 30 September/PKI. Directed by Arifin C. Noer. Jakarta: Perum Produksi Film Negara, 1984.

Putih Abu-Abu: Masa Lalu Perempuan. Syarikat and Komnas Perempuan, 2016.

Sang Penari. Directed by Ifa Isfansyah. Jakarta: Salto Films, 2011. DVD.

The Act of Killing. Directed by Joshua Oppenheimer. Drafthouse Films, 2013. DVD.

The Look of Silence. Directed by Joshua Oppenheimer. Drafthouse Films, 2016. DVD.

媒體

Agence France-Press

Angkatan Bersendjata

Australian Broadcasting Corporation

Berita Yudha

Duta Masyarakat

Editor

Far Eastern Economic Review

Guardian

Jakarta Globe

Jakarta Post

Kompas

Life

Los Angeles Times

New York Times

Reuters

Suara Indonesia

Surabaya Post

Tempo

Time

Washington Post

Genocide Organized Themselves to Create Change." Paper presented at the annual meeting of the Association for Asian Studies, Chicago, April 2015.

Wardaya, Baskara T. *Bung Karno Menggugat! Dari Marhaen, CIA, Pembantaian Massal '65 hingga G30S*. 7th ed. Yogyakarta: Galang Press, 2009.

———, ed. *Truth Will Out: Indonesian Accounts of the 1965 Mass Violence*. Translated by Jennifer Lindsay. Clayton, Victoria: Monash University Publishing, 2013.

———, ed. *Luka Bangsa Luka Kita: Pelanggaran HAM Masa Lalu dan Tawaran Rekonsiliasi*. 7th ed. Yogyakarta: Galang Press, 2014.

———. "Transitional Justice at the Grass-roots Level: The Case of Sekber '65." Paper presented at the conference 1965 Today: Living with the Indonesian Massacres, Amsterdam, October 2, 2015.

Webb, R.A.F. Paul. "The Sickle and the Cross: Christians and Communists in Bali, Flores, Sumba, and Timor, 1965–1967." *Journal of Southeast Asian Studies* 17, no. 1 (February 1986): 94–112.

Weinstein, Franklin B. "The Uses of Foreign Policy in Indonesia." PhD diss., Cornell University, 1972.

Weissman, Stephen R. "What Really Happened in Congo." *Foreign Affairs* 93, no. 4 (July–August 2014): 14–24.

Weitz, Eric D. *A Century of Genocide: Utopias of Race and Nation*. Princeton, NJ: Princeton University Press, 2003.

———. "The Modernity of Genocides: War, Race, and Revolution in the Twentieth Century." In *The Specter of Genocide: Mass Murder in Historical Perspective*, edited by Robert Gellately and Ben Kiernan, 53–74. Cambridge: Cambridge University Press, 2003.

Wertheim, W. F. "Suharto and the Untung Coup—the Missing Link." *Journal of Contemporary Asia* 1, no. 2 (Winter 1970): 50–57.

———. "Whose Plot? New Light on the 1965 Events." *Journal of Contemporary Asia* 9, no. 2 (1979): 197–215.

Wieringa, Saskia. *Sexual Politics in Indonesia*. New York: Palgrave, 2002.

Wise, David, and Thomas B. Ross. *The Invisible Government*. New York: Random House, 1964.

Young, Kenneth R. "Local and National Influences in the Violence of 1965." In *The Indonesian Killings, 1965–1966: Studies from Java and Bali*, edited by Robert Cribb, no. 21, 63–100. Clayton, Victoria: Monash Papers on Southeast Asia, 1990.

Zhou, Taomo. "China and the Thirtieth of September Movement." *Indonesia* 98 (October 2014): 29–58.

———. "Ambivalent Alliance: Chinese Policy towards Indonesia, 1960–1965," *China Quarterly* 221 (March 2015): 208–28.

Tilly, Charles. *The Politics of Collective Violence*. Cambridge: Cambridge University Press, 2003.

Tim ISAI. *Bayang-Bayang PKI*. Jakarta: Institut Studi Arus Informasi, 1996.

Tim PBNU. *Benturan NU-PKI, 1948–1965*. Jakarta, 2013.

Tohari, Ahmed. "Village Dancer." In *Silenced Voices: New Writing from Indonesia*, edited by Frank Stewart and John McGlynn, 13–23. Honolulu: University of Hawaii Press, 2000.

Topping, Seymour. "Indonesia Haunted by Mass Killing." *New York Times*, August 24, 1966.

Törnquist, Olle. *Dilemmas of Third World Communism: The Destruction of the PKI in Indonesia*. London: Zed Books, 1985.

Totten, Samuel, and William S. Parsons, eds. *Century of Genocide: Critical Essays and Eyewitness Accounts*. 4th ed. New York: Routledge, 2013.

Tovar, B. Hugh. "The Indonesian Crisis of 1965–1966: A Retrospective." *International Journal of Intelligence and Counterintelligence* 7, no. 3 (Fall 1994): 313–38.

Tsai, Yen-ling, and Douglas Kammen. "Anti-Communist Violence and the Ethnic Chinese in Medan, North Sumatra." In *The Contours of Mass Violence in Indonesia, 1965–68*, edited by Douglas Kammen and Katharine McGregor, 131–55. Singapore: NUS Press, 2012.

Üngör, Uğur. "When Persecution Bleeds into Mass Murder: The Processive Nature of Genocide." *Genocide Studies and Prevention* 1, no. 2 (2006): 173–76.

US Central Intelligence Agency, Directorate of Intelligence. *Indonesia—1965: The Coup That Backfired*. Washington, DC: CIA, 1968.

Usamah. "War and Humanity." In *Gestapu: Indonesian Short Stories on the Abortive Coup of 30th September 1965*, edited and translated by Harry Aveling, 12–22. Honolulu: University of Hawaii Press, 1975.

Utrecht, Ernst. "Het Bloedbad op Bali." *De Groene Amsterdammer*, January 14, 1967.

Valentino, Benjamin. *Final Solutions: Mass Killing and Genocide in the Twentieth Century*. Ithaca, NY: Cornell University Press, 2004.

van der Kroef, Justus M. "Indonesia's Political Prisoners." *Pacific Affairs* 49 (1976): 625–47.

van Dijk, C. *Rebellion under the Banner of Islam: The Darul Islam in Indonesia*. The Hague: Martinus Nijhoff, 1981.

van Klinken, Gerry. *The Making of Middle Indonesia: Middle Classes in Kupang Town, 1930s–1980s*. Leiden: Brill, 2014.

van Langenberg, Michael. "Gestapu and State Power in Indonesia." In *The Indonesian Killings, 1965–1966: Studies from Java and Bali*, edited by Robert Cribb, 45–62. No. 21. Clayton, Victoria: Monash Papers on Southeast Asia, 1990.

van Rooijen, Willy. "Murdering Army, Silent Church." *Inside Indonesia* 124 (April–June 2016).

Wandita, Galuh, and Tati Krisnawaty. "The Act of Living: How Women Survivors of Indonesia's

Sulistyo, Hermawan. "The Forgotten Years: The Missing History of Indonesia's Mass Slaughter." PhD diss., Arizona State University, 1997.

———. *Palu Arit di Ladang Tebu: Sejarah Pembantaian Massal yang Terlupakan 1965–1966*. Jakarta: JKG, 2000.

———. "Mass Murder from 1965–1966: Vendetta and Jingiosm." In *The Massacres: Coming to Terms with the Trauma of 1965*, edited by Kurniawan et al., 83–87. Jakarta: Tempo, 2015.

Sulzberger, C. L. "Mass Murders Go on in Indonesia." *New York Times*, April 19, 1966.

Sumarwan, Antonius. *Menyeberangi Sungai Air Mata: Kisah Tragis Tapol '65 dan Upaya Rekonsiliasi*. Yogyakarta: Kanisius, 2007.

Sumiyarsi Siwirini C. *Plantungan: Pembuangan Tapol Perempuan*. Yogyakarta: Pusat Sejarah dan Etika Politik (Pusdep), Universitas Sanata Dharma, 2010.

Sundhaussen, Ulf. *The Road to Power: Indonesian Military Politics, 1945–1967*. Kuala Lumpur: Oxford University Press, 1982.

Sunyoto, Agus, Miftahul Ulum, H. Abu Muslih, and Imam Kusnin Ahmad. *Banser Berjihad Menumpas PKI*. Tulungagung: Lembaga Kajian dan Pengembangan Pimpinan Wilayah Gerakan Pemuda Ansor Jawa Timur and Pesulukan Thoriqoh Agung Tulungagung, 1996.

Suparman, H. *Dari Pulau Buru Sampai ke Mekah: Sebuah Catatan Tragedi 1965*. Bandung: Nuansa, 2006.

Supriatma, Made. "Kamerad Dalam Keyakinan: Pater Joop Beek, SJ dan Jaringan BA Santamaria di Asia Tenggara." *Harian Indoprogress*, September 29, 2016.

Suryawan, I Ngurah. *Ladang Hitam di Pulau Dewata: Pembantaian Massal di Bali 1965*. Yogyakarta: Galangpress, 2007.

Swift, Ruth Ann. *The Road to Madiun: The Indonesian Communist Uprising of 1948*. Ithaca, NY: Cornell Southeast Asia Program, 1989.

Tan Swie Ling. *G30S 1965, Perang Dingin dan Kehancuran Nasionalisme: Pemikiran Cina Jelata Korban Orba*. Jakarta: Komunitas Bambu, 2010.

Tanter, Richard. "Intelligence Agencies and Third World Militarization: A Case Study of Indonesia, 1966–1989." PhD diss., Monash University, 1990.

———. "The Great Killings in Indonesia through the Australian Mass Media." In *1965: Indonesia and the World, Indonesia dan Dunia*, edited by Bernd Schaefer and Baskara T. Wardaya, 129–44. Bilingual ed. Jakarta: Gramedia Pustaka Utama, 2013.

Tapol. "Women on Trial." *Tapol Bulletin* 9 (1975): 1–4.

———. *Indonesia: The Prison State*. London: Tapol, 1976.

———. *Treatment of Indonesian Political Prisoners: Forced Labour and Transmigration*. London: Tapol, 1978.

Monographs in International Studies, 1988.
Staub, Ervin. *The Roots of Evil: The Origins of Genocide and Other Group Violence*. Cambridge: Cambridge University Press, 1989.
Stern. Steve J. *Battling for Hearts and Minds: Memory Struggles in Pinochet's Chile, 1973–1988*. Durham, NC: Duke University Press, 2006.
Stoler, Ann Laura. *Capitalism and Confrontation in Sumatra's Plantation Belt, 1870–1979*. New Haven, CT: Yale University Press, 1985.
Straus, Scott. *The Order of Genocide: Race, Power, and War in Rwanda*. Ithaca, NY: Cornell University Press, 2006.
———. "Destroy Them to Save Us: Theories of Genocide and the Logics of Political Violence." *Terrorism and Political Violence* 24, no. 4 (2012): 544–62.
———. *Making and Unmaking Nations: War, Leadership, and Genocide in Modern Africa*. Ithaca, NY: Cornell University Press, 2015.
Straus, Scott, and Evgeny Finkel. "Macro, Meso, and Micro Research on Genocide: Gains, Shortcomings, and Future Areas of Inquiry." *Genocide Studies and Prevention* 7, no. 1 (Spring 2012): 56–67.
Subritsky, John. *Confronting Sukarno: British, American, Australian, and New Zealand Diplomacy in the Malaysian-Indonesian Confrontation, 1961–1965*. New York: St. Martin's Press, 2000.
Sudisman. "Analysis of Responsibility: Defense Speech of Sudisman, General Secretary of the Indonesian Communist Party at His Trial before the Special Military Tribunal, Jakarta, 21 July 1967." Translated by Benedict Anderson. Melbourne, Victoria: Works Co-operative, 1975.
Sudjatmiko, Iwan Gardono. "The Destruction of the Indonesian Communist Party: A Comparative Analysis of East Java and Bali." PhD diss., Harvard University, 1992.
Sudjinah. *Terempas Gelombang Pasang*. Jakarta: Pustaka Utan Kayu, 2003.
Sufi, Rusdi. *Pernak Pernik Sejarah Aceh*. Banda Aceh: Badan Arsip dan Perpustakaan Aceh, 2009.
Sugama, Yoga. *Memori Jenderal Yoga*. Jakarta: Bina Rena Pariwara, 1990.
Sukanta, Putu Oka. "Leftover Soul." In *Silenced Voices: New Writing from Indonesia*, edited by Frank Stewart and John McGlynn, 214–23. Honolulu: University of Hawaii Press, 2000.
———, ed. *Breaking the Silence: Survivors Speak about the 1965–66 Violence in Indonesia*. Translated by Jennifer Lindsay. Clayton, Victoria: Monash University Publishing, 2014.
Sukarno. *Nationalism, Islam, and Marxism*. Translated by Karel H. Warouw and Peter D. Weldon. Ithaca, NY: Modern Indonesia Project, Southeast Asia Program, Cornell University, 1970.
———. *"Indonesia Accuses!" Sukarno's Defense Oration in the Political Trial of 1930*. Edited and translated by Roger Paget. Kuala Lumpur: Oxford University Press, 1975.
Sulami. *Perempuan—Kebenaran dan Penjara*. Jakarta: Cipta Lestari, 1999.

Honolulu: University of Hawaii Press, 2013.

Sémelin, Jacques. *Purify and Destroy: Political Uses of Massacres and Genocide.* New York: Columbia University Press, 2007.

Setiawan, Hersri. *Aku Eks Tapol.* Yogyakarta: Galang Press, 2003.

Setiyawan, Dahlia G. "The Cold War in the City of Heroes: U.S.-Indonesian Relations and Anti-Communist Operations in Surabaya, 1963–1965." PhD diss., University of California Los Angeles, 2014.

Setiyono, Budi, and Bonnie Triyana, eds. *Revolusi Belum Selesai: Kumpulan Pidato Presiden Sukarno 30 September 1965—Pelengkap Nawaksara.* 2 vols. Semarang: Masyarakat Indonesia Sadar Sejarah, 2003.

Sherman, Scott. "A Return to Java." *Lingua Franca* 11, no. 7 (October 2001): 38–49.

Sidel, John T. *Riots, Pogroms, and Jihad: Religious Violence in Indonesia.* Ithaca, NY: Cornell University Press, 2006.

Simpson, Bradley. *Economists with Guns: Authoritarian Development and U.S.-Indonesian Relations, 1960–1968.* Stanford, CA: Stanford University Press, 2008.

———. "International Dimensions of the 1965–68 Violence in Indonesia." In *The Contours of Mass Violence in Indonesia, 1965–68*, edited by Douglas Kammen and Katharine McGregor, 50–74. Singapore: NUS Press, 2012.

———. "The United States and the International Dimension of the Killings in Indonesia." In *1965: Indonesia and the World, Indonesia dan Dunia*, edited by Bernd Schaefer and Baskara T. Wardaya, 43–60. Bilingual ed. Jakarta: Gramedia Pustaka Utama, 2013.

Sjoekoer, Mohammad. "Death." In *Gestapu: Indonesian Short Stories on the Abortive Coup of 30th September 1965*, edited and translated by Harry Aveling, 23–26. Honolulu: University of Hawaii Press, 1975.

Slamet, Ibrahim. "Letter from Indonesia." *Index on Censorship* 3, no. 1 (1974): 60–64.

Smith, Joseph B. *Portrait of a Cold Warrior.* New York: Putnam, 1976.

Soe Hok Gie. "The Mass Killings in Bali." In *The Indonesian Killings, 1965–1966: Studies from Java and Bali*, edited by Robert Cribb, 252–58. No. 21. Clayton, Victoria: Monash Papers on Southeast Asia, 1990.

Soebandrio, H. *Kesaksianku tentang G-30-S.* Jakarta: Forum Pendukung Reformasi Total, 2000.

Soeharto. *My Thoughts, Words, and Deeds: An Autobiography.* Jakarta: Citra Lamtoro Gung Persada, 1991.

Sophiaan, Manai. *Kehormatan Bagi Yang Berhak: Bung Karno Tidak Terlibat G30S/PKI.* Jakarta: Yayasan Mencerdaskan Kehidupan Bangsa, 1994.

Spores, John C. *Running Amok: An Historical Inquiry.* Southeast Asia Series. No. 82. Athens, OH:

Indonesia. Madison: University of Wisconsin Press, 2006.

———. "The September 30th Movement: The Aporias of the Official Narratives." In *The Contours of Mass Violence in Indonesia, 1965–68*, edited by Douglas Kammen and Katharine McGregor, 25–49. Singapore: NUS Press, 2012.

———. "The State of Knowledge about an Open Secret: Indonesia's Mass Disappearances of 1965–66." *Journal of Asian Studies* 75, no. 2 (May 2016): 281–97.

Roosa, John, Ayu Ratih, and Hilmar Farid, eds. *Tahun yang Tak Pernah Berakhir: Pengalaman Korban 1965: Esai-Esai Sejarah Lisan*. Jakarta: Elsam, 2004.

Rush, James. "Pramoedya Ananta Toer." In *The Ramon Magsaysay Awards*, 12:229–53. Manila: Ramon Magsaysay Foundation, 2003.

Ryter, Loren. "Pemuda Pancasila: The Last Loyalist Free Men of Suharto's Order?" In *Violence and the State in Suharto's Indonesia*, edited by Benedict Anderson, 124–55. Ithaca, NY: Cornell Southeast Asia Program.

Said, Salim Haji. *Gestapu 65: PKI, Aidit, Sukarno, dan Soeharto*. Jakarta: Mizan Publishers, 2015.

Santoso, Aboeprijadi and Gerry van Klinken. "Genocide Finally Enters Public Discourse: The International People's Tribunal 1965." In *1965 Today: Living with the Indonesian Massacres*, edited by Martijn Eickhoff, Gerry van Klinken, and Geoffrey Robinson. Special Issue, *Journal of Genocide Research* 19, no. 3 (2017).

Schaefer, Bernd. "The Two Germanys and Indonesia." In *1965: Indonesia and the World, Indonesia dan Dunia*, edited by Bernd Schaefer and Baskara T. Wardaya, 93–113. Bilingual ed. Jakarta: Gramedia Pustaka Utama, 2013.

Schaefer, Bernd, and Baskara T. Wardaya, eds. *1965: Indonesia and the World, Indonesia dan Dunia*. Bilingual ed. Jakarta: Gramedia Pustaka Utama, 2013.

Schonhardt, Sara. "Veil of Silence Lifted in Indonesia." *New York Times*, January 18, 2012.

Schulte Nordholt, Henk. "A Genealogy of Violence." In *Roots of Violence in Indonesia: Contemporary Violence in Historical Perspective*, edited by Freek Colombijn and Thomas Lindblad, 33–61. Leiden: KITLV Press, 2002.

Schurmann, Franz. *The Logic of World Power: An Inquiry into the Origins, Currents, and Contradictions of World Politics*. New York: Random House, 1974.

Schutte, Heinz. "September 30, 1965, and Its Aftermath in the French Press." In *1965: Indonesia and the World, Indonesia dan Dunia*, edited by Bernd Schaefer and Baskara T. Wardaya, 114–28. Bilingual ed. Jakarta: Gramedia Pustaka Utama, 2013.

Scott, Peter Dale. "The United States and the Overthrow of Sukarno, 1965–1967." *Pacific Affairs* 58, no. 2 (Summer 1985): 239–64.

Sears, Laurie J. *Situated Testimonies: Dread and Enchantment in an Indonesian Literary Archive*.

Prasetyo, Stanley Adi. "Jangan Biarkan Jalan Itu Kian Menyempit dan Berliku." In *Luka Bangsa Luka Kita: Pelanggaran HAM Masa Lalu dan Tawaran Rekonsiliasi*, edited by Baskara T. Wardaya, 259–65. Yogyakarta: Galang Press, 2014.

Prior, John M. "The Silent Scream of a Silenced History: Part One. The Maumere Massacre of 1966." *Exchange: Journal of Missiological and Ecumenical Research* 40, no. 2 (2011): 117–43.

Ransom, David. "The Berkeley Mafia and the Indonesian Massacres." *Ramparts*, October 9, 1970.

Reid, Anthony. *The Indonesian National Revolution*. Hawthorn, Victoria: Longman, 1974.

Reston, James. "A Gleam of Light in Asia." *New York Times*, June 19, 1966.

Ricklefs, Merle C. "The Birth of the Abangan." *Bijdragen tot de Taal-, Land-en Volkenkunde* 162, no. 1 (2006): 35–55.

———. *Islamisation and Its Opponents in Java: A Political, Social, Cultural, and Religious History, c. 1930 to the Present*. Honolulu: University of Hawaii Press, 2012.

Robben, Antonius C.G.M. *Political Violence and Trauma in Argentina*. Philadelphia: University of Pennsylvania Press, 2005.

Robin, Ron. *The Making of the Cold War Enemy: Culture and Politics in the Military-Intellectual Complex*. Princeton, NJ: Princeton University Press, 2001.

Robinson, Geoffrey. *The Dark Side of Paradise: Political Violence in Bali*. Ithaca, NY: Cornell University Press, 1995.

———. "*Rawan* Is as *Rawan* Does: The Origins of Disorder in New Order Aceh." *Indonesia* 66 (October 1998): 127–58.

———. "Indonesia—On a New Course?" In *Coercion and Governance: The Declining Political Role of the Military in Asia*, edited by Muthiah Alagappa, 226–56. Stanford, CA: Stanford University Press, 2001.

———. "People's War: Militias in Indonesia and East Timor." *South East Asia Research* 9, no. 3 (November 2001): 271–318.

———. *"If You Leave Us Here, We Will Die": How Genocide Was Stopped in East Timor*. Princeton, NJ: Princeton University Press, 2010.

———. "State-Sponsored Violence and Secessionist Rebellions in Asia." In *The Oxford Handbook of Genocide Studies*, edited by Donald Bloxham and Dirk Moses, 466–88. Oxford: Oxford University Press, 2010.

Rocamora, J. Eliseo. "Nationalism in Search of an Ideology: Indonesia's Nationalist Party, 1946–1965." PhD diss., Cornell University, 1974.

Rochijat, Pipit. "Am I PKI or Non-PKI?" Translated by Benedict Anderson. *Indonesia* 40 (October 1985): 37–56.

Roosa, John. *Pretext for Mass Murder: The September 30th Movement and Suharto's Coup d'Etat in*

Nishihara, Masashi. *The Japanese and Sukarno's Indonesia: Tokyo-Jakarta Relations, 1951–1966*. Honolulu: University Press of Hawaii, 1976.

Notosusanto, Nugroho, and Ismail Saleh. *The Coup Attempt of the "September 30 Movement" in Indonesia*. Jakarta: Pembimbing Massa, 1968.

———. *Tragedi Nasional Percobaan Kup G30S/PKI di Indonesia*. Jakarta: PT Intermasa, 1989.

Nugroho, Johannes. "Indonesia Can Learn from Timor Leste on Human Rights." *Jakarta Globe*, July 21, 2015.

Oei Tjoe Tat. *Memoar Oei Tjoe Tat: Pembantu Presiden Sukarno*, edited by Pramoedya Ananta Toer and Stanley Adi Prasetyo. Jakarta: Hasta Mitra, 1995.

Olliver, Chloe. "Reconciling NU and the PKI." *Inside Indonesia* (July 2007).

Oppenheimer, Joshua, and Michael Uwemedimo. "Show of Force: A Cinema-Séance of Power and Violence in Sumatra's Plantation Belt." *Critical Quarterly* 54, no. 1 (April 2009): 84–110.

Pamuntjak, Laksmi. *Amba*. Jakarta: Gramedia Pustaka Utama, 2012.

———. "Censorship Is Returning to Indonesia in the Name of the 1965 Purges." *Guardian*, October 27, 2015.

Pauker, Guy. "Political Consequences of Rural Development Programs in Indonesia." *Pacific Affairs* 41, no. 3 (Fall 1968): 386–402.

Peters, Robbie. *Surabaya, 1945–2010: Neighbourhood, State, and Economy in Indonesia's City of Struggle*. Singapore: NUS Press, 2013.

Pietikainen, Petteri. *Madness: A History*. London: Routledge, 2015.

Pizzicaro, John T. "The 30 September Movement in Indonesia." *Studies in Intelligence* 13 (Fall 1969): 97–111.

Poesponegoro, M. D., and N. Notosustanto. *Sejarah Nasional Indonesia*. Vol 6. 6th ed. Jakarta: Balai Pustaka, 1990.

Pohlman, Annie. "A Fragment of a Story: Gerwani and Tapol Experiences." *Intersections: Gender, History, and Culture in the Asian Context* 10 (August 2004).

———. *Women, Sexual Violence, and the Indonesian Killings of 1965–66*. New York: Routledge, 2015.

Pour, Julius P. *Benny Moerdani: Profil Prajurit Negarawan*. Jakarta: Yayasan Kejuangan Sudirman, 1993.

Power, Samantha. *A Problem from Hell: America and the Age of Genocide*. New York: Basic Books, 2002.

Pramoedya Ananta Toer. *This Earth of Mankind*. Translated by Max Lane. New York: Penguin Books, 1996.

———. *The Mute's Soliloquy: A Memoir*. Translated by Willem Samuels. New York: Hyperion East, 1999.

McVey, Ruth. *The Rise of Indonesian Communism*. Ithaca, NY: Cornell University Press, 1965.

———. "The Post-Revolutionary Transformation of the Indonesian Military." *Indonesia* 11 (April 1971): 133–42.

———. "Nationalism, Revolution, and Organization in Indonesian Communism." In *Making Indonesia: Essays on Modern Indonesia in Honor of George McT. Kahin*, edited by Daniel Lev and Ruth McVey, 96–117. Ithaca, NY: Cornell Southeast Asia Program, 1996.

———. "A Preliminary Excursion through the Small World of Lt. Col. Untung." Unpublished manuscript, n.d.

Medvedev, Roy A. *Let History Judge: The Origins and Consequences of Stalinism*. New York: Knopf, 1971.

Melson, Robert. *Revolution and Genocide: On the Origins of the Armenian Genocide and the Holocaust*. Chicago: University of Chicago Press, 1992.

Melvin, Jess. "Mechanics of Mass Murder: How the Indonesian Military Initiated and Implemented the Indonesian Genocide—The Case of Aceh." PhD diss., University of Melbourne, 2014.

———. "Documenting Genocide." *Inside Indonesia* 122 (October–December 2015).

"Membenahi Beberapa Kendala Pembangunan Hukum Moderen Indonesia Sesuai dengan Jiwa Pancasila/UUD 45." Jakarta, April 1, 1995.

Midlarsky, Manus. *The Killing Trap*. Cambridge: Cambridge University Press, 2005.

Mirajadi. "Tiga Tahun Provokasi Madiun." *Bintang Merah*, August–September 1951.

Mortimer, Rex. *The Indonesian Communist Party and Land Reform, 1954–1965*. Clayton, Victoria: Monash University Centre for Southeast Asian Studies, 1972.

———. *Indonesian Communism under Sukarno: Ideology and Politics, 1959–1965*. Ithaca, NY: Cornell University Press, 1974.

Moser, Don. "Where the Rivers Ran Crimson from Butchery." *Life*, July 1, 1966, 26–33.

Moyn, Samuel. *The Last Utopia: Human Rights in History*. Cambridge MA: Harvard University Press, 2012.

Mozingo, David. *Sino-Indonesian Relations: An Overview, 1955–1965*. Santa Monica, CA: Rand Corporation, 1965.

Mrázek, Rudolf. *The United States and the Indonesian Military, 1945–1966*. 2 vols. Prague: Czechoslovak Academy of Science, 1978.

Muldar, Niels. "Abangan Javanese Religious Thought and Practice." *Bijdragen tot de Taal-, Land-en Volkenkunde* 139 (1983): 260–67.

Nadia, Ita F. *Suara Perempuan Korban Tragedi '65*. 3rd ed. Yogyakarta: Galang Press, 2009.

Naimark, Norman. *Stalin's Genocides*. Princeton, NJ: Princeton University Press, 2007.

Nathan, Andrew J. "Who Is Kim Jong-un?" *New York Review of Books*, August 18, 2016.

Metropolitan, 2014.
"Liputan Khusus: Pengakuan Algojo 1965." *Tempo*, October 1–7, 2012.
Lubis, Firman. *Jakarta 1960an: Kenangan Semasa Mahasiswa*. Jakarta: Masup Jakarta, 2008.
Lyon, Margot. *Bases of Conflict in Rural Java*. Berkeley, CA: Center for South and Southeast Asia Studies Research Monograph No. 3, 1970.
Mackie, J.A.C. *Problems of the Indonesian Inflation*. Ithaca, NY: Cornell Modern Indonesia Project, 1967.
———. "Anti-Chinese Outbreaks in Indonesia, 1959–1968." In *The Chinese in Indonesia: Five Essays*, edited by J.A.C. Mackie. Honolulu: University of Hawaii Press, 1976.
Magnis-Suseno, Franz. "Membersihkan Dosa Kolektif G30S." *Kompas*, September 29, 2015.
Mann, Michael. *The Dark Side of Democracy: Explaining Ethnic Cleansing*. New York: Cambridge University Press, 2005.
Marni. "I Am a Leaf in the Storm." Translated by Anton Lucas. *Indonesia* 47 (April 1989): 49–60.
Maxwell, Neville. "CIA Involvement in the 1965 Military Coup: New Evidence from Neville Maxwell." *Journal of Contemporary Asia* 9, no. 2 (1979): 251–52.
May, Brian. *The Indonesian Tragedy*. London: Routledge and Kegan Paul, 1978.
Mazower, Mark. "The Historian Who Was Not Baffled by the Nazis." *New York Review of Books*, December 22, 2016, 70–72.
McBeth, John. "Prisoners of History." *Far Eastern Economic Review*, February 16, 1995, 27–28.
McClintock, Michael, *Instruments of Statecraft: U.S. Guerrilla Warfare, Counter-Insurgency, and Counter-Terrorism, 1940–1990*. New York: Pantheon Books, 1990.
McDonald, Hamish. *Suharto's Indonesia*. Sydney: Fontana, 1981.
McGehee, Ralph. "The CIA and the White Paper on El Salvador." *Nation*, April 11, 1981, 423–25.
McGregor, Katharine. *History in Uniform: Military Ideology and the Construction of Indonesia's Past*. Honolulu: University of Hawaii Press, 2007.
———. "Mass Graves and Memories of the 1965 Indonesian Killings." In *The Contours of Mass Violence in Indonesia, 1965–68*, edited by Douglas Kammen and Katharine McGregor, 234–62. Singapore: NUS Press, 2012.
———. "Memory and Historical Justice for the Victims of Violence in 1965." Paper presented at the conference 1965 Today: Living with the Indonesian Massacres, Amsterdam, October 2, 2015.
———. "The World Was Silent? Global Communities of Resistance to the 1965 Repression in the Cold War Era." Paper presented at the annual meeting of the Association for Asian Studies, Chicago, March 28, 2015.
McMahon, Patrice. *Taming Ethnic Hatred: Ethnic Cooperation and Transnational Networks in Eastern Europe*. Syracuse, NY: Syracuse University Press, 2007.

Luka Kita: Pelanggaran HAM Masa Lalu dan Tawaran Rekonsiliasi, edited by Baskara T. Wardaya, 371–83. Yogyakarta: Galang Press, 2014.

Larasati, Rachmi Diyah. *The Dance That Makes You Vanish: Cultural Reconstruction in Post-Genocide Indonesia*. Minneapolis: University of Minnesota Press, 2013.

Lasamana, Viola. "Remixing Archives of Injustice and Genocide." Paper presented at the conference Memory, Media, and Technology: Exploring the Trajectories of Schindler's List, USC Shoah Foundation, Los Angeles, November 16–18, 2014.

Lashman, Paul, and James Oliver. "How We Lied to Put a Killer in Power." *Independent*, April 16, 2000.

Latief, Abdul. "I, the Accused." In *Silenced Voices: New Writing from Indonesia*, edited by Frank Stewart and John McGlynn, 193–98. Honolulu: University of Hawaii Press, 2000.

———. *Pleidoi Kol. A Latief: Soeharto Terlibat G30S*. Jakarta: Institut Studi Arus Informasi, 2000.

Legge, J. D. *Central Authority and Regional Autonomy in Indonesia: A Study in Local Administration, 1950–1960*. Ithaca, NY: Cornell University Press, 1961.

———. *Sukarno: A Political Biography*. Sydney: Allen and Unwin, 1990.

Lemarchand, René. *The Dynamics of Violence in Central Africa*. Philadelphia: University of Pennsylvania Press, 2009.

Lestariningsih, Amurwani Dwi. *Gerwani: Kisah Tapol Wanita di Kamp Plantungan*. 2nd ed. Jakarta: Kompas, 2011.

Lev, Daniel. "Indonesia 1965: The Year of the Coup." *Asian Survey* 6, no. 2 (February 1966): 103–10.

———. *The Transition to Guided Democracy: Indonesian Politics, 1957–1959*. Ithaca, NY: Cornell Modern Indonesia Project, 1966.

———. "On the Fall of the Parliamentary System." In *Democracy in Indonesia: 1950s and 1990s*, edited by David Bourchier and John Legge, 39–42. No. 31. Melbourne: Monash Papers on Southeast Asia, 1994.

———. *No Concessions: The Life of Yap Thiam Hien, Indonesian Human Rights Lawyer*. Seattle: University of Washington Press, 2011.

Liberation. "Intervention on the Question of Indonesia: Item 9 of the Agenda of the UN Sub-Commission on the Prevention of Discrimination and Protection of Minorities." London, August 1988.

Limpach, Rémy. "Business as Usual: Dutch Mass Violence in the Indonesian War of Independence." In *Colonial Counterinsurgency and Mass Violence: The Dutch Empire in Indonesia*, edited by Bart Luttikhuis and A. Dirk Moses, 64–90. New York: Routledge, 2014.

———. *De Brandende Kampongs van General Spoor*. Amsterdam: Uitgeverij Boon, 2016.

Lipton, Sara. *Dark Mirror: The Medieval Origins of Anti-Jewish Iconography*. New York:

———. *The Asian-African Conference, Bandung, Indonesia.* Ithaca, NY: Cornell University Press, 1956.

———. *Southeast Asia: A Testament.* New York: Routledge, 2003.

Kahin, George McT., and Audrey Kahin. *Subversion as Foreign Policy: The Secret Eisenhower and Dulles Debacle in Indonesia.* New York: New Press, 1995.

Kammen, Douglas, and Katharine McGregor, eds. *The Contours of Mass Violence in Indonesia, 1965–68.* Singapore: NUS Press, 2012.

Kammen, Douglas, and Faizah Zakaria. "Detention in Mass Violence: Policy and Practice in Indonesia, 1965–1968." *Critical Asian Studies* 44, no. 3 (2012): 441–66.

Kartika, Dyah Ayu. "The Politicization of Psychology: The Role of Psychologists in Indonesia's Detention Camps During New Order Era." MA thesis, International Institute of Social Studies, 2016.

Keck, Margaret, and Kathryn Sikkink. *Activists beyond Borders: Advocacy Networks in International Politics.* Ithaca, NY: Cornell University Press, 1998.

Keller, Anett. "How to Deal with the Past? Approaches, Impact, and Challenges of Locally Driven Civil Society Initiatives." Paper presented at the conference 1965 Today: Living with the Indonesian Massacres, Amsterdam, October 2, 2015.

———. *Indonesien 1965ff. Die Gegenwart eines Massenmordes. Ein Politische Lesebuch.* Berlin: Regiospectra, 2015.

Kiernan, Ben. "Twentieth Century Genocides: Underlying Ideological Themes from Armenia to East Timor." In *The Specter of Genocide: Mass Murder in Historical Perspective*, edited by Robert Gellately and Ben Kiernan, 29–52. Cambridge: Cambridge University Press, 2003.

Kirk, Donald. "Bali Exorcises an Evil Spirit." *Reporter*, December 15, 1966, 42–53.

Kolimon, Mery, Liliya Wetangterah, and Karen Campbell-Nelson, eds. *Forbidden Memories: Women's Experiences of 1965 in Eastern Indonesia.* Translated by Jennifer Lindsay. Clayton, Victoria: Monash University, 2015.

Komnas Perempuan. *Kejahatan terhadap Kemanusiaan Berbasis Jender: Mendengarkan Suara Perempuan Korban Peristiwa 1965.* Jakarta: Komnas Perempuan, 2007.

Komunitas Taman 65. *Melawan Lupa: Narasi2 Komunitas Taman 65.* Denpasar: Taman 65 Press, 2012.

Krisnadi, I. G. "Tahanan Politik Orde Baru di Pulau Buru 1969–1979." *Sejarah: Pemikiran, Rekonstruksi, Persepsi* 9 (n.d.): 47–58.

Kurniawan, et al., eds. *The Massacres: Coming to Terms with the Trauma of 1965.* Jakarta: Tempo, 2015.

Lamasitudju, Nurlaela A. K. "Rekonsiliasi dan Pernyataan Maaf Pak Wali Kota." In *Luka Bangsa*

———. *Identity and Pleasure: The Politics of Indonesian Screen Culture*. Singapore: NUS Press, 2014.

Hinton, Alexander L. "Why Did You Kill? The Cambodian Genocide and the Dark Side of Face and Honor." *Journal of Asian Studies* 57, no. 1 (February 1998): 93–118.

Hoehne, Heinze, and Herman Zolling. *The General Was a Spy*. New York: Bantam, 1972.

Hoek, Anne-Lot. "Wij gaan het hier nog heel moeilijk krijgen." *NRC Weekend*, January 9–10, 2016.

Holtzappel, Coen. "The 30 September Movement: A Political Movement of the Armed Forces or an Intelligence Operation?" *Journal of Contemporary Asia* 9, no. 2 (1979): 216–40.

Howland, Richard Cabot. "The Lessons of the September 30 Affair." *Studies in Intelligence* 14 (Fall 1970): 13–29.

Hughes, John. *Indonesian Upheaval*. New York: David McKay Co., Inc., 1967. "Indonesia: Vengeance with a Smile." *Time*, July 15, 1966, 22–26.

Isa, Ibrahim. *Bui Tanpa Jerajak Besi: Pikiran Seorang Eksil Indonesia di Luar Negeri*. Jakarta: Klik Books, 2011.

Iskandar, Maskun. "Purwodadi: Area of Death." In *The Indonesian Killings, 1965–1966: Studies from Java and Bali*, edited by Robert Cribb, 203–13. No. 21. Clayton, Victoria: Monash Papers on Southeast Asia, 1990.

International Center for Transitional Justice and Kontras. *Derailed: Transitional Justice in Indonesia since the Fall of Soeharto*. Jakarta: International Center for Transitional Justice and Kontras, March 2011.

Jay, Robert R. *Religion and Politics in Rural Central Java*. New Haven, CT: Yale University Southeast Asia Studies Program, 1963.

Jeffreys-Jones, Rhodri. *The CIA and American Democracy*. New Haven, CT: Yale University Press, 1989.

Jenkins, David. "Inside Suharto's Prisons." *Far Eastern Economic Review* (October 28, 1977): 8–13.

Jenkins, David, and Douglas Kammen. "The Army Para-Commando Regiment and the Reign of Terror in Central Java and Bali." In *The Contours of Mass Violence in Indonesia, 1965–68*, edited by Douglas Kammen and Katharine McGregor, 75–103. Singapore: NUS Press, 2012.

Jetschke, Anja. *Human Rights and State Security: Indonesia and the Philippines*. Philadelphia: University of Pennsylvania Press, 2011.

Jones, Howard P. *Indonesia: The Possible Dream*. New York: Harcourt Brace Jovanovich, 1971.

Kadane, Kathy. "US Officials' Lists Aided Indonesian Bloodbath in '60s." *Washington Post*, May 21, 1990.

———. "Letter to the Editor." *New York Review of Books*, April 10, 1997.

Kahin, George McT. *Nationalism and Revolution in Indonesia*. Ithaca, NY: Cornell University Press, 1952.

Gerlach, Christian. *Extremely Violent Societies: Mass Violence in the Twentieth-Century World.* Cambridge: Cambridge University Press, 2010.

Goscha, Christopher E., and Christian Osterman, eds. *Connecting Histories: Decolonization and the Cold War in Southeast Asia, 1945–1962.* Stanford, CA: Stanford University Press, 2009.

Grandin, Greg. *The Last Colonial Massacre: Latin America in the Cold War.* Updated ed. Chicago: University of Chicago Press, 2011.

Green, Marshall. *Indonesia: Crisis and Transformation, 1965–1968.* Washington, DC: Compass Press, 1990.

Hardoyo. "Bersih Diri dan Bersih Lingkungan Kas Indonesia." April 18, 1990, n.p.

———. "The Effects of the 'Clean Environment' Campaign in Indonesia." May 1990, n.p.

———. "Implikasi Penegasan Pangab Tentang Penghapusan Stigmatisasi 'ET' pada KTP eks-Tapol/Napol." Jakarta, December 23, 1993, n.p.

———. "Time to End the Cold War on Former Political Prisoners." *Inside Indonesia* (March 1994): 14–15.

Hargyono, Sindhunata. "Buru Island: A Prism of the Indonesian New Order." Draft paper, Northwestern University, 2016.

Harmer, Tanya. *Allende's Chile and the Inter-American Cold War.* Chapel Hill: University of North Carolina Press, 2011.

Harvey, Barbara. *Permesta: Half a Rebellion.* Ithaca, NY: Cornell Modern Indonesia Project, 1977.

Hatley, Ronnie. "'Truth Takes a While, Justice Even Longer.'" *Inside Indonesia* 112 (April–June 2013).

Hearman, Vannessa. "The Uses of Memoirs and Oral History Works in Researching the 1965–1966 Political Violence in Indonesia." *International Journal of Asia Pacific Studies* 5, no. 2 (July 2009): 21–42.

———. "Dismantling the Fortress: East Java and the Transition to Suharto's New Order Regime." PhD diss., University of Melbourne, 2012.

Hefner, Robert W. *The Political Economy of Mountain Java: An Interpretive History.* Berkeley: University of California Press, 1990.

Herlina, Nina. " 'Tata Sunda' Digonceng Konflik Sosial Politik." In *Malam Bencana 1965 Dalam Belitan Krisis Nasional: Bagian II, Konflik Lokal*, edited by Taufik Abdullah, Sukri Abdurrachman, and Restu Gunawan, 51–78. Jakarta: Yayasan Pustaka Obor Indonesia, 2012.

Heryanto, Ariel. "Where Communism Never Dies." *International Journal of Cultural Studies* 2, no. 2 (August 1999): 147–77.

———. *State Terrorism and Political Identity in Indonesia: Fatally Belonging.* New York: Routledge, 2006.

Farid, Hilmar. "Indonesia's Original Sin: Mass Killings and Capitalist Expansion, 1965–66." *Inter-Asia Cultural Studies* 6, no. 1 (2005): 3–16.

Farram, Steven. "The PKI in West Timor and Nusa Tenggara Timur, 1965 and Beyond." *Bijdragen tot de Taal-, Land-en Volkenkunde* 166, no. 4 (2010): 381–403.

Fauzan, H. Firos. *Pengkhianatan Biro Khusus PKI: Pelurusan Sejarah Tragedi Nasional 1 Oktober 1965*. 6th ed. Jakarta: n.p., 2009.

Fealy, Greg. *The Release of Indonesia's Political Prisoners: Domestic versus Foreign Policy, 1975–1979*. Working paper no. 94. Clayton, Victoria: Monash Centre for Southeast Asian Studies, 1995.

Fealy, Greg, and Katharine McGregor. "East Java and the Role of Nahdlatul Ulama in the 1965–66 Anti-Communist Violence." In *The Contours of Mass Violence in Indonesia, 1965–68*, edited by Douglas Kammen and Katharine McGregor, 104–30. Singapore: NUS Press, 2012.

Feillard, Andrée. *NU vis-à-vis Negara: Pencarian Isi, Bentuk dan Makna*. Yogkakarta: LKiS, 1999.

Feillard, Andrée, and Remy Madinier. *The End of Innocence: Indonesian Islam and the Temptation of Radicalism*. Singapore: NUS Press, 2011.

Fein, Helen. *Accounting for Genocide: National Responses and Jewish Victimization during the Holocaust*. Chicago: University of Chicago Press, 1979.

———. "Genocide: A Sociological Perspective." *Current Sociology* 38 (Spring 1990): 1–126.

———. "Revolutionary and Anti-Revolutionary Genocides: A Comparison of State Murders in Democratic Kampuchea, 1975–1979, and in Indonesia, 1965–1966." *Comparative Studies in Society and History* 35, no. 4 (October 1993): 796–823.

Feith, Herbert. *The Indonesian Elections of 1955*. Ithaca, NY: Cornell Modern Indonesia Project, 1957.

———. *The Decline of Constitutional Democracy in Indonesia*. Ithaca, NY: Cornell University Press, 1962.

Fic, Victor. *Anatomy of the Jakarta Coup: October 1, 1965*. New Delhi: Abhinay Publications, 2004.

Field, Thomas C., Jr. *From Development to Dictatorship: Bolivia and the Alliance for Progress in the Kennedy Era*. Ithaca, NY: Cornell University Press, 2014.

"50 Tahun Kemerdekaan RI dan Problem Tapol/Napol di Indonesia." Jakarta, January 28, 1995.

Flor, Alex. "In the Spotlight." *Watch Indonesia*, October 28, 2015.

Friend, Theodore. *Indonesian Destinies*. Cambridge, MA: Harvard University Press, 2003.

Galbraith, Francis J., and Martin Ennals. "What Happened in Indonesia? An Exchange." *New York Review of Books*, February 9, 1978.

Gantan, Josua. "Indonesia Reacts to 'Act of Killing' Academy Nomination." *Jakarta Globe*, January 23, 2014.

Geertz, Clifford. *The Religion of Java*. Glencoe, IL: Free Press, 1960.

in West Kalimantan." *Indonesia* 73 (April 2002): 53–87.

de Bruyne, Marnix. "Hoe Nederlandse psychologen collaboreerden met Soeharto." *Wordt Vervolgd* 12, no. 1 (December 2016–January 2017): 34–35.

Demokrasono, A. Gumelar, and Harsutejo. *Dari Kalong Sampai Pulau Buru: 11 Tahun Dalam Sekapan, Penjara, Pembuangan dan Kerja Rodi (Kisah Tapol Dalam Sketsa).* Yogyakarta: Pusat Sejarah dan Etika Politik, Universitas Sanata Dharma, 2006.

Department of Foreign Affairs, Republic of Indonesia. *Indonesian Government Policy in Dealing with the G-30-S/PKI (The 30th September Movement of the Indonesian Communist Party) Detainees.* Jakarta: Government Printing Office, 1978.

Djakababa, Yosef. "The Construction of History under Indonesia's New Order: The Making of the Lubang Buaya Official Narrative." PhD diss., University of Wisconsin at Madison, 2009.

———. "Narasi Resmi dan Alternatif Mengenai Tragedi '65." In *Luka Bangsa Luka Kita: Pelanggaran HAM Masa Lalu dan Tawaran Rekonsiliasi*, edited by Baskara T. Wardaya, 361–69. Yogyakarta: Galang Press, 2014.

Djie Siang Lan (Lani Anggawati). *Di Dalam Derita Manusia Membaja*. 2nd ed. Klaten: Wisma Sambodhi, 2004.

Dower, John W. *War without Mercy: Race and Power in the Pacific War*. New York: Random House, 1986.

Dwyer, Leslie. "The Intimacy of Terror: Gender and the Violence of 1965–66 in Bali." *Intersections: Gender, History, and Culture in the Asian Context* 10 (August 2004).

Dwyer, Leslie, and Degung Santikarma. " 'When the World Turned to Chaos': 1965 and Its Aftermath in Bali, Indonesia." In *The Specter of Genocide: Mass Murder in Historical Perspective*, edited by Robert Gellately and Ben Kiernan, 289–305. Cambridge: Cambridge University Press, 2003.

Easter, David. "British and Malaysian Covert Support for Rebel Movements in Indonesia During the 'Confrontation,' 1963–1966." *Intelligence and National Security* 14, no. 4 (Winter 1999): 195–208.

Eickhof, Martijn, Donny Danardono, Tjahjono Rahardjo, and Hotmauli Sidabalok. "The Memory Landscapes of '1965' in Semarang," in *1965 Today: Living with the Indonesian Massacres*, edited by Martijn Eickhoff, Gerry van Klinken, and Geoffrey Robinson. Special Issue, *Journal of Genocide Research* 19, no. 3 (2017).

ELSAM. "Pembongkaran Kuburan Massal Peristiwa 1965 di Dusun Masaen, Jembrana." October 29, 2015.

Evans, Bryan, III. "The Influence of the United States Army on the Development of the Indonesian Army (1954–1964)." *Indonesia* 47 (April 1989): 25–48.

Studies 76, no. 4 (November 2017).
Chudori, Leila S. *Pulang*. Jakarta: Kepustakaan Populer Gramedia, 2012.
Colby, William. *Honorable Men: My Life in the CIA*. New York: Simon and Schuster, 1978.
Collins, J. Foster, and B. Hugh Tovar. "Sukarno's Apologists Write Again." *International Journal of Intelligence and Counterintelligence* 9, no. 3 (Fall 1996): 337–57.
Colombijn, Freek, and Thomas Lindblad, eds., *Roots of Violence in Indonesia: Contemporary Violence in Historical Perspective*. Leiden: KITLV Press, 2002.
Conroe, Andrew Marc. "Generating History: Violence and the Risks of Remembering for Families of Former Political Prisoners in Post–New Order Indonesia." PhD diss., University of Michigan, 2012.
Coppel, Charles A. *Indonesian Chinese in Crisis*. Kuala Lumpur: Oxford University Press, 1983.
Cribb, Robert. "Problems in the Historiography of the Killings in Indonesia." In *The Indonesian Killings, 1965–1966: Studies from Java and Bali*, edited by Robert Cribb, 1–44. No. 21. Clayton, Victoria: Monash Papers on Southeast Asia, 1990.
——, ed. *The Indonesian Killings, 1965–1966: Studies from Java and Bali*. No. 21. Clayton, Victoria: Monash Papers on Southeast Asia, 1990.
——. "Genocide in Indonesia, 1965–1966." *Journal of Genocide Research* 3, no. 2 (2001): 219–39.
——. "Unresolved Problems in the Indonesian Killings of 1965–66." *Asian Survey* 42, no. 4 (July–August 2002): 550–63.
——. "The Indonesian Massacres." In *Century of Genocide: Critical Essays and Eyewitness Accounts*, edited by Samuel Totten and William S. Parsons, 234–62. 3rd ed. New York: Routledge, 2009).
——. "Political Genocides in Postcolonial Asia." In *The Oxford Handbook of Genocide Studies*, edited by Donald Bloxham and A. Dirk Moses, 445–65. Oxford: Oxford University Press, 2010.
——. "On Victims Statistics." In *The Massacres: Coming to Terms with the Trauma of 1965*, edited by Kurniawan et al. Jakarta: Tempo, 2015.
Cribb, Robert, and Charles A. Coppel. "A Genocide That Never Was: Explaining the Myth of Anti-Chinese Massacres in Indonesia, 1965–66." *Journal of Genocide Research* 11, no. 4 (December 2009): 447–65.
Crouch, Harold. "Another Look at the Indonesian Coup." *Indonesia* 15 (April 1973): 1–20.
——. *The Army and Politics in Indonesia*. Ithaca, NY: Cornell University Press, 1978.
Curtis, Mark. "Democratic Genocide." *The Ecologist* 26, no. 5 (September–October 1996): 202–04.
Dake, Antonie. *The Sukarno File, 1965–1967: Chronology of a Defeat*. Leiden: Brill, 2006.
Davidson, Jamie, and Douglas Kammen. "Indonesia's Unknown War and the Lineages of Violence

Gellately and Ben Kiernan, 75–96. Cambridge: Cambridge University Press, 2003.

Benda, Harry J. *Crescent and the Rising Sun: Indonesian Islam under the Japanese Occupation*. The Hague: W. van Hoeve, 1958.

"Beberapa Perkembangan, Pemikiran dan Tindakan di Bidang Hak Hak Asasi Manusia 'ET.' " Jakarta, April 14, 1994, n.p.

Bergen, Doris L. *War and Genocide: A Concise History of the Holocaust*. Oxford: Rowman and Littlefield, 2003.

Bloxham, Donald. *The Final Solution: A Genocide* (Oxford: Oxford University Press, 2009).

Boden, Ragna. "Silence in the Slaughterhouse: Moscow and the Indonesian Massacres." In *1965: Indonesia and the World, Indonesia dan Dunia*, edited by Bernd Schaefer and Baskara T. Wardaya, 86–98. Bilingual ed. Jakarta: Gramedia Pustaka Utama, 2013.

Boerhan and Soebekti. *"Gerakan 30 September."* 2nd ed. Jakarta: Lembaga Pendidikan Ilmu Pengetahuan dan Kebudajaan Kosgoro, 1966.

Bourchier, David. "Crime, Law, and State Authority in Indonesia." In *State and Civil Society in Indonesia*, edited by Arief Budiman, 177–211. No. 22. Clayton, Victoria: Monash Papers on Southeast Asia, 1990.

Bowen, John. *Sumatran Politics and Poetics: Gayo History, 1900–1989*. New Haven, CT: Yale University Press, 1991.

Brands, H. W. "The Limits of Manipulation: How the United States Didn't Topple Sukarno." *Journal of American History* 76 (December 1989): 785–808.

Broere, Sebastiaan. "The Gray Area of Indonesian Psychology: The KUN-2 Project, 1968–1976." Draft paper, University of California at Los Angeles, November 2016.

Browning, Christopher R. *Ordinary Men: Reserve Police Battalion 101 and the Final Solution in Poland*. New York: HarperCollins, 1993.

Browning, Christopher, and Jurgen Matthaus. *The Origins of the Final Solution: The Evolution of Nazi Jewish Policy, September 1939–1942*. Lincoln: University of Nebraska Press, 2004.

Budiardjo, Carmel. *Surviving Indonesia's Gulag*. London: Cassell, 1996.

Bunnell, Frederick. "American 'Low Posture' Policy toward Indonesia in the Months Leading up to the 1965 'Coup.' " *Indonesia* 50 (October 1990): 29–60.

Cavoski, Jovan. "On the Road to the Coup: Indonesia between the Non-Aligned Movement and China." In *1965: Indonesia and the World, Indonesia dan Dunia*, edited by Bernd Schaefer and Baskara T. Wardaya, 66–81. Bilingual ed. Jakarta: Gramedia Pustaka Utama, 2013.

Chandler, David. *Voices from S-21: Terror and History in Pol Pot's Secret Prison*. Berkeley: University of California Press, 1999.

Chandra, Siddharth. "New Findings on the Indonesian Killings of 1965–66." *Journal of Asian*

———. Open Letter to President Suharto. March 9, 1990.

———. *Power and Impunity: Human Rights under the New Order*. London: Amnesty International Publications, 1994.

———. *Indonesia: The 1965 Prisoners—A Briefing*. London: Amnesty International Publications, 1995.

Anderson, Benedict R. O'G. *Java in a Time of Revolution*. Ithaca, NY: Cornell University Press, 1972.

———. "The Idea of Power in Javanese Culture." In *Culture and Politics in Indonesia*, edited by Claire Holt, Benedict R. Anderson, and James T. Siegel, 1–69. Ithaca, NY: Cornell University Press, 1972.

———. "Prepared Testimony on Human Rights in Indonesia." In *Human Rights in Indonesia and the Philippines*, 72–80. Washington, DC: US Government Printing Office, 1976. Hearings before the Subcommittee on International Organizations of the Committee on International Relations, House of Representatives, 94th Congress, December 18, 1975, and May 3, 1976.

———. "How Did the Generals Die?" *Indonesia* 43 (April 1987): 109–34.

———. "Old State, New Society: Indonesia's New Order in Comparative Historical Perspective." In *Language and Power, Exploring Political Cultures in Indonesia*, edited by Benedict Anderson, 94–120. Ithaca, NY: Cornell University Press, 1990.

———. "Scholarship on Indonesia and Raison d'Etat: Personal Experience." *Indonesia* 62 (October 1996): 1–18.

———, ed. *Violence and the State in Suharto's Indonesia*. Ithaca, NY: Cornell Southeast Asia Program, 2001.

Anderson, Benedict, and Ruth McVey. *A Preliminary Analysis of the October 1, 1965 "Coup" in Indonesia*. Ithaca, NY: Cornell Modern Indonesia Project, 1971.

———. "What Happened in Indonesia?" *New York Review of Books*, June 1, 1978. Angkatan Bersendjata Republik Indonesia. *40 Hari Kegagalan G-30-S*. Jakarta: Staf Pertahanan Keamanan, 1966.

Angkatan Bersendjata Republik Indonesia. *40 Hari Kegagalan G-30-S*. Jakarta: Staf Pertahanan Keamanan, 1966.

Asia Justice and Rights. *Surviving on Their Own: Women's Experiences of War, Peace, and Impunity*. Jakarta: Asia Justice and Rights, 2014.

———. *Enduring Impunity: Women Surviving Atrocities in the Absence of Justice*. Jakarta: Asia Justice and Rights, 2015.

Bartov, Omar. "Seeking the Roots of Modern Genocide: On the Macro-and Microhistory of Mass Murder." In *The Specter of Genocide: Mass Murder in Historical Perspective*, edited by Robert

Hoover Institution Archives (Howard P. Jones Papers)

Lyndon Baines Johnson Library (LBJ Library)

National Archives and Records Administration, United States (NARA)

National Archives of Canada

National Archives of Sweden (Riksarkivet)

National Archives of the United Kingdom (UKNA)

Personal archive of George McT. Kahin (Kahin Papers)

Personal archive of Ruth T. McVey (McVey Papers)

Seeley G. Mudd Manuscript Library (Mudd Library)

第二手資料

Abdullah, Taufik, Sukri Abdurrachman, and Restu Gunawan, eds. *Malam Bencana 1965 Dalam Belitan Krisis Nasional: Bagian I, Rekonstruksi dalam Perdebatan*. Jakarta: Yayasan Pustaka Obor Indonesia, 2012.

———. *Malam Bencana 1965 Dalam Belitan Krisis Nasional: Bagian II, Konflik Lokal*. Jakarta: Yayasan Pustaka Obor Indonesia, 2012.

Adam, Asvi Warman. *1965: Orang-Orang di Balik Tragedi*. Yogyakarta: Galang Press, 2009.

———. "Pelanggaran HAM Berat Soeharto: Kasus Pulau Buru." In *Luka Bangsa Luka Kita: Pelanggaran HAM Masa Lalu dan Tawaran Rekonsiliasi*, edited by Baskara T. Wardaya, 349–59. Yogyakarta: Galang Press, 2014.

———. "Penyelidikan Pelanggaran HAM Berat Soeharto." In *Luka Bangsa Luka Kita: Pelanggaran HAM Masa Lalu dan Tawaran Rekonsiliasi*, edited by Baskara T. Wardaya, 267–71. Yogyakarta: Galang Press, 2014.

———. "Ben Anderson's Work on Indonesia Challenged Suharto's Military Rule," *Jakarta Globe*, December 18, 2015.

Ahmad, Taufik. "South Sulawesi: The Military, Prison Camps, and Forced Labour." In *The Contours of Mass Violence in Indonesia, 1965–68*, edited by Douglas Kammen and Katharine McGregor, 156–81. Singapore: NUS Press, 2012.

Alfian, M. Alfar. *HMI, 1963–1966: Menegakkan Pancasila di Tengah Prahara*. Jakarta: Kompas, 2013.

Amnesty International. *Indonesia: An Amnesty International Report*. London: Amnesty International Publications, 1977.

———. *Indonesia: Subversion Trials in Yogyakarta*. London: Amnesty International Publications, 1989.

———. *Indonesia: Four Political Prisoners Executed*. London: Amnesty International Publications, February 1990.

———. *Keputusan Presiden No. 370/1965 tentang Penunjukan Mahkamah Militer Luar Biasa untuk Perkara G30S/PKI*. December 4, 1965.

———. *Keputusan Presiden/Panglima Tertinggi Angkatan Bersendjata Republik Indonesia/Panglima Besar Komando Operasi Tertinggi (KOTI), No. 179/KOTI/1965*. December 6, 1965.

———. *Instruksi Presiden 09/KOGAM/1966*.

———. *Keputusan Presiden No. 300/1968 tentang Penertiban Personil Aparatur Negara/Pemerintah*.

———. *Keputusan Presiden No. 63/1985 tentang Tata Cara Penelitian dan Penilaian terhadap Warga Negara Republik Indonesia yang Terlibat G.30.S/PKI yang Dapat Dipertimbangkan Penggunaan Hak Memilihnya dalam Pemilihan Umum*.

———. *Keputusan Presiden No. 16/1990 tentang Penelitian Khusus Bagi Pegawai Negeri Republik Indonesia*, August 17, 1990.

Pusat Penerangan Angkatan Darat Republik Indonesia. *Fakta2 Persoalan Sekitar Gerakan 30 September*. Jakarta: Penerbitan Chusus nos. 1, 2, and 3, October–December 1965.

Republik Indonesia. *Undang-Undang Republik Indonesia Nomor 39 Tahun 1999 tentang Hak Asasi Manusia*.

———. *Undang-Undang Republik Indonesia Nomor 26 Tahun 2000 tentang Pengadilan Hak Asasi Manusia*.

Sekretariat Negara Republik Indonesia. *Gerakan 30 September: Pemberontakan Partai Komunis Indonesia. Latar Belakang, Aksi dan Penumpasannya*. Jakarta: Sekretariat Negara Republik Indonesia, 1994.

State Secretariat of the Republic of Indonesia. *The September 30th Movement: The Attempted Coup by the Indonesian Communist Party: Its Background, Actions, and Eradication*. Jakarta, State Secretariat of the Republic of Indonesia, 1994.

United Nations. Convention on the Prevention and Punishment of the Crime of Genocide. December 9, 1948.

US Department of State. *Foreign Relations of the United States* (*FRUS*). Vol. 12, *East Asia and the Pacific (1952–1954)*.

———. *Foreign Relations of the United States* (*FRUS*). Vol. 22, *Southeast Asia (1955–1957)*.

———. *Foreign Relations of the United States* (*FRUS*). Vol. 23, *Southeast Asia (1961–1963)*.

———. *Foreign Relations of the United States* (*FRUS*). Vol. 26, *Indonesia; Malaysia-Singapore; Philippines (1964–66)*.

引用檔案資料

Declassified Documents Catalog, United States (*DDC*)

Dwight D. Eisenhower Presidential Library

———. *Fact Finding Commission Komando Operasi Tertinggi*. Jakarta, January 10, 1966.

Komisi Nasional Hak Asasi Manusia (Komnas HAM). "Pernyataan Komnas HAM tentang Hasil Penyelidikan Pelanggaran HAM Berat Peristiwa 1965–1966." Jakarta, July 23, 2012.

———. "Laporan Akhir Tim Pengkajian Pelanggaran HAM Berat Soeharto (Sub-Tim Pengkajian Kasus 1965)." In *Luka Bangsa Luka Kita: Pelanggaran HAM Masa Lalu dan Tawaran Rekonsiliasi*, edited by Baskara T. Wardaya, 273–347. Yogyakarta: Galang Press, 2014.

———. *Ringkasan Eksekutif Hasil Penyelidikan Tim Ad Hoc Penyelidikan Pelanggaran HAM yang Berat Peristiwa 1965–1966*. Jakarta, July 23, 2012. In *Luka Bangsa Luka Kita: Pelanggaran HAM Masa Lalu dan Tawaran Rekonsiliasi*, edited by Baskara T. Wardaya, 25–257. Yogyakarta: Galang Press, 2014.

Kopkamtib. *KEP-028/KOPKAM/10/68*, as amended by *KEP 010/KOPKAM/3/1969*.

———. *Petunjuk Pelaksanaan No. PELAK-002/KOPKAM/10/1968 tentang Kebijaksanaan Penyelesaian Tahanan/Tawanan G30S PKI*.

———. *Keputusan Pangkopkamtib No. KEP.06/KOPKAM/XI/1975 tentang Penyempurnaan Ketentuan Tata Cara Pemberian Surat Keterangan Tidak Terlibat G30S.PKI*.

———. *Petunjuk Pelaksanaan Kopkamtib No. JUKLAK 15/KOPKAM/V/1982* [May 27, 1982] *tentang Screening Mental Ideologis terhadap Pelamar untuk Menjadi Pegawai Negeri Sipil Karyawan Instansi Pemerintah/Perusahaan Swasta Vital*.

Kopkamtib, Daerah Djawa Timur. "Pokok-Pokok Kebidjaksanaan tentang Penjelesaian Tahanan/ Tawanan G-30-S/PKI di Djawa Timur." Surabaya, November 6, 1969.

Kopkamtib, Team Pemerika Pusat. *Partai Komunis Indonesia dan G.30.S/PKI*. Djakarta, April 1969.

Majelis Permusyawaratan Rakyat Sementara (MPRS) Republik Indonesia. *Ketetapan MPRS Republik Indonesia No: XXV/MPRS/1966 tentang Pembubaran Partai Komunis Indonesia, Pernjataan Sebagai Organisasi Terlarang Diseluruh Wilajah Republik Indonesia bagi Partai Komunis Indonesia dan Larangan Setiap Kegiatan Untuk Menjebarkan Paham atau Adjaran Komunis/Marxisme-Leninisme*. July 5, 1966.

National Security Archive. "CIA Stalling State Department Histories." July 27, 2001, accessed August 27, 2015, http://nsarchive.gwu.edu/NSAEBB/NSAEBB52/.

"Pertanyaan-Pertanyaan Screening Pegawai Negeri/Swasta yang Masih Bekerja dan yang Akan Masuk (Test)." Photocopy, November 1985.

Presiden Republik Indonesia. *Instruksi Presiden/Pangti ABRI/KOTI No. 22/KOTI/1965—Kepada Kompartimen2/Departemen2, Badan2/Lembaga2 Pemerintah—Untuk Laksanakan Penertiban/ Pembersihan Personil Sipil dari Oknum "Gerakan 30 September."* Signed on president's behalf by Soeharto (Kepala Staf Komado Operasi Tertinggi/Panglima Operasi Pemulihan Keamanan dan Ketertiban), November 15, 1965.

參考文獻

主要資料

Angkatan Bersendjata Republik Indonesia. "Operasi Ksatria 1974: Langkah Mendasar Untuk Penanggulangan dan Pencegahan Bahaya Latent Subversi Kiri." Photocopy, n.d.

Anonymous. "Additional Data on Counter-Revolutionary Cruelty in Indonesia, Especially in East Java." In *The Indonesian Killings, 1965–1966: Studies from Java and Bali*, edited by Robert Cribb, 169–76. No. 21. Clayton, Victoria: Monash Papers on Southeast Asia, 1990.

Bakorstanas. "Coordinating Meeting of Special Review (Litsus) for the Republic of Indonesia Civil Servants, July 19, 1990: Clarification of Presidential Decree No. 16." Translated and reproduced in Asia Watch, "Indonesia: Curbs on Freedom of Opinion," September 4, 1990.

———. "Statement by the Head of the Coordinating Body for Securing National Stability to the Opening of the Coordinating Committee on Departmental and Agency Special Review Units." Jakarta, July 19, 1990. Translated and reproduced in Asia Watch, "Curbs on Freedom of Opinion," September 4, 1990.

Budiardjo, Suwondo. "Salemba: Cuplikan Kecil Derita Nasional." Unpublished typescript, 1979.

Departemen Angkatan Darat, Direktorat Kehakiman, Team Pemeriksa Pusat. "Laporan Team." Jakarta, January 19, 1967.

Dinas Sejarah TNI-AD. "Crushing the G30S/PKI in Central Java." In *The Indonesian Killings, 1965–1966: Studies from Java and Bali*, edited by Robert Cribb, 159–67. No. 21. Clayton, Victoria: Monash Papers on Southeast Asia, 1990.

"Gerakan 30 September" Dihadapan Mahmillub, Perkara Dr. Subandrio. Jakarta: Pusat Pendidikan Kehakiman A.D., 1967.

"Gerakan 30 September" Dihadapan Mahmillub, Perkara Njono. Jakarta: Pusat Pendidikan Kehakiman A.D., 1966.

"Gerakan 30 September" Dihadapan Mahmillub, Perkara Untung. Jakarta: Pusat Pendidikan Kehakiman A.D., 1966.

Kementerian Dalam Negeri. *Instruksi Mendagri No. 32/1981 tentang Pembinaan dan Pengawasan terhadap Eks Tapol/Napol G30S/PKI.*

Kementerian Pendidikan. *Peraturan Menteri Pendidikan Nasional Nos. 22/23/24, 2006.*

Komando Operasi Tertinggi (KOTI). Seksi Penerangan. *Tjatatan Kronologis Disekitar Peristiwa "Gerakan 30 September."* Jakarta, October 22, 1965.

Summit

春山之巔 029

殺戮的季節：一九六五至六六年印尼大屠殺史

The Killing Season : A History of the Indonesian Massacres, 1965-66

作者　傑弗瑞．羅賓遜（Geoffrey B. Robinson）
譯者　陳信宏
總編輯　莊瑞琳
責任編輯　莊舒晴
行銷企畫　甘彩蓉
業務　尹子麟
封面創作　Redi Murti
封面設計　陳永忻
內頁排版　張瑜卿
法律顧問　鵬耀法律事務所戴智權律師

出版　春山出版有限公司
地址　116臺北市文山區羅斯福路六段297號10樓
電話　(02) 2931-8171
傳真　(02) 8663-8233

總經銷　時報文化出版企業股份有限公司
地址　桃園市龜山區萬壽路二段351號
電話　(02) 2306-6842
製版　瑞豐電腦製版印刷股份有限公司
印刷　搖籃本文化事業有限公司

初版一刷　2024年8月
定價　690元
I S B N　978-626-7478-11-0（紙本）
978-626-7478-10-3（EPUB）
978-626-7478-09-7（PDF）

國家圖書館出版品預行編目（CIP）資料

殺戮的季節：一九六五至六六年印尼大屠殺史／傑弗瑞．羅賓遜（Geoffrey B. Robinson）著／陳信宏譯
--初版．--臺北市：春山出版有限公司，2024.08 --面；14.8×21公分．--（春山之巔；029）
ISBN 978-626-7478-11-0（平裝）　1.CST：政治迫害　2.CST：政治變遷　3.CST：共產黨　4.CST：印尼史
574.393　113009092

The book cover illustration credit belongs to the Indonesian edition by Komunitas Bambu in 2018 titled Musim Menjagal. Artist: Redi Murti.

春山 出版

填寫本書線上回函

EMAIL SpringHillPublishing@gmail.com
FACEBOOK www.facebook.com/springhillpublishing/